五代十國文獻叢書

杜文玉 主編

五代十國史料輯存 六

杜文玉 編

鳳凰出版社

6. 教育

五代之亂，天下無復學校。皇朝受命，方削平四方，故於庠序之
事亦未暇及。宋城富人曹誠者，獨首捐私錢建書院城中。前廟、後
堂，旁列齋舍，凡百餘區。既成，邀楚丘戚先生主之。先生名同文，生
唐天祐中，歷五代入本朝，皆不仕，以文學行義爲學者師。及是四方
之士爭趨之，曹氏益復買田、市書以待來者。先生乃制爲學規：凡課
試、講肄、勸督、懲賞莫不有法，寧親、歸沐與親戚還往莫不有時，而皆
曲盡人情，故士尤樂從焉。由此，書院日以浸盛。事聞京師，有詔賜
名應天府書院。先生没，門人私謚爲正素先生。其子綸復以儒學
顯，歷事太宗、真宗兩朝，官至樞密直學士。先生之規後傳於時，及
建太學，詔取以參定學制，予幼時猶及見之。書院，即今之國子
監也。

（宋）徐度：《却掃編》卷上

惟州郡自唐末五代喪亂，學宫盡廢，有司廟祭先聖而已，猶有廢
而不舉者。

（宋）施宿：《會稽志》卷一

唐制，郡邑皆得置夫子廟，自黄巢之亂，存者無幾。崑山之廟，更
五代六十年不建，自本朝太平興國三年，錢氏納土請吏，朝廷始除守
以治之。

（宋）龔明之：《中吴紀聞》卷三

梁開平三年，國子監奏：“修建文宣王廟，請率在朝及天下見任官
俸錢，每貫克留一十五文。”

（元）馬端臨：《文獻通考》卷四一《學校考二》

梁吴藹爲崇政副使，太祖乾化二年，自右散騎常侍遷刑部侍郎，

與宣徽副使、左散騎常侍李玭並充侍講學士。

（宋）王欽若等編纂：《册府元龜》卷五九九《學校部》

後唐段顒爲太常丞。明宗天成二年三月，奏請國學五經博士，各講本經，以申橫經齒冑之義。四年十二月，國子監奏：“伏以國家開設庠序，比要教授生徒，所以日就月將，知討論之不廢卜褅，視學明考校之有程。先生既以親臨，學士豈宜他適？蓋以頃者監名雖補，各以私便無常，且居罔離群，則學能敬業，終成孤陋，誰爲琢磨？但希托迹爲梯媒，只以多年爲次第，罔思蟻術，惟俟鶯遷，忍淹違養之時，徒積觀光之歲。今國家化被流沙漸海，政敷有截無疆，大扇素風，恢張至道。是以重興數仞，分設諸官，教且有常，業成無忒。而況時物甚賤，館舍尤多，諒無懸磬之虞，足得撞鐘之問。但自學徒所好，可以教亦隨機。既欲成名，必須精業。如有好《春秋》者，教之以屬辭比事，三體五情，尊王室而討不庭，昭沮勸而起新舊。其所異同者，則引之以二傳也。如有好《禮》者，則教之以恭儉莊敬，長幼尊卑，言揖讓而知獻酬，明冠昏而重喪祭。其所沿革者，則證之以二禮也。如有好《詩》者，則教之以溫柔敦厚，辨之以草木蟲魚，美盛德而刺淫昏，歌風雅而察正變。如有好《書》者，則教之以疏通知遠，釋之以訓誥典謨，思帝德而敬王言，稽古道而統皇極。如有好《易》者，則教之以潔淨精微，戒之以躁勣競進，體十翼而分象爻，應吉凶而先擬議也。至於歷代子史，備述變通，既屬異端，誠非教本。但以適當凝凍，將近試期，欲講小經，以消短景，今已請《尚書》博士田畝講勘《論語》《孝經》。行莫大於事親，道莫逾於務本。如有京中諸官子弟及外道舉人，況四門博士趙著見講《春秋》，若有聽人，從其所欲。顒俟放榜，別啓諸經，既溫故而知新，惜寸陰而輕尺璧。顒經者若能口誦，碩學者又得指歸，自然縻好爵以當仁，策科名而得俊。幸不孤於選士，冀有益於化風。”從之。

（宋）王欽若等編纂：《册府元龜》卷六〇四《學校部》

王騫爲刑部郎中。天成二年七月，奏請采訪圖籍。

（宋）王欽若等編纂：《册府元龜》卷六〇四《學校部》

杜旳爲國子博士，天成二年八月，以國學所設，比教胄子，近爲外官多占居止，請令止絶。

（宋）王欽若等編纂：《册府元龜》卷六二〇《卿監部》

崔協爲宰相，兼判國子祭酒。天成三年八月，奏請國子監每年祗置監生二百人。自後更與諸道相次解送，至十月三十日滿數爲定。又請頒下諸道州府，各置官學。如有鄉黨備諸文行可舉者，録其事實，申殿監司，方與解送。但一身就業，不得影庇户門。兼大學書生，亦依此例。不得因此便取公牒，輒免本户差役。又每年於二百人數内，不繫時節，有投名者，先令學官考試，較其學業深淺，方議收補姓名。敕宜依長定二百人，其中有藝業精博者，令準近敕考試，及格解送禮部，及第後，據人數却填。五年正月，國子監又奏："當監舊例，初補監生，有束修錢兩貫文，及第後，光學錢一貫文。切緣當監諸色舉人及第後，近日多不於監司出給光學文鈔，及不納光學文錢，只守選限年滿，便赴南曹參選。南曹近年選人，並不收置監司光學文鈔爲憑。請自後欲準例應諸色舉人及第後，並却於監司出給光學文鈔，並納光學錢等。各有所業，次第以備，當逐年修葺公使，奉敕宜準往例指揮。兼自今後凡補監生，須令情願住在監中修學，則得給牒收補。仍據所業次第，逐季考試申奏。其勘到見管監生一百七十八人，仍勒准此指揮。如收補年深，未聞藝業，虛沾補牒，不赴試期，亦委監司簡點其姓名、年月，一一分析申奏。"長興元年春，國子監又請以學生束修及光學錢備監屯修葺公使。從之。

（宋）王欽若等編纂：《册府元龜》卷六二〇《卿監部》

後唐天成三年，宰臣兼判國子祭酒崔協奏："請頒下諸道州府，各置官學。如有鄉黨備諸文行可舉者，録其事實申監司，方與解送。但一身就業,不得影庇門户。"

(元)馬端臨:《文獻通考》卷四六《學校考七》

吕或休爲左補闕。天成四年五月,上書請敕諸道興崇學校。

(宋)王欽若等編纂:《册府元龜》卷六〇四《學校部》

(天成)五年正月五日,國子監奏:"當監舊例,初補監生有束修錢二千,及第後光學錢一千。竊緣當監諸色舉人及第後,多不於監司出給光學文鈔,及不納光學錢,只守選限,年滿便赴南曹參選。南曹近年磨勘選人,並不收竪監司光學文鈔爲憑。請自今後欲準往例,應諸色舉人及第後,並先於監司出給光學文鈔,並納光學錢,等各有所業等第,以備當監逐年公使。"奉敕:"宜準往例,自今後凡補監生,須令情願於監中修學,則得給牒收補,仍據所業次第,逐季考試申奏。如收補年深未聞藝業,虚沾補牒,不赴試期,亦委監司具姓名申奏。"

按:五代弊法,凡官府公使錢,多令居官者自出其費,宰相則有光省錢,御史則有光臺錢,至於監生亦令其出光學錢,則貧士何所從出?既徵其錢,復不蠲其役,待士之意,亦太薄矣。然史所言,多有未曾授業輒取解送者,往往亂離之際,其居學者亦皆苟賤冒濫之士耳。

(元)馬端臨:《文獻通考》卷四一《學校考二》

後唐楊凝式,明宗天成初爲給事中。凝式精選通儒,較定三館圖書。

(宋)王欽若等編纂:《册府元龜》卷六〇八《學校部》

李超爲著作郎。長興元年十月,奏秘書監空有省名,而無廨署藏書之府,無屋一間,無書一卷,非人文化成之道。請依《六典》創修之。

(宋)王欽若等編纂:《册府元龜》卷六〇四《學校部》

馬縞爲太子賓客。長興三年四月，敕："近以遍注石經，雕刻印板，委國學每經差專知業博士儒徒五六人勘讀並注。今更於朝官内别差五人充詳勘官。太子賓客馬縞、太常丞陳觀、祠部員外郎兼太常博士段顒、太常博士路航、屯田員外郎田敏等，朕以正經事大，不同諸書，雖以委國學差官勘注，蓋緣文字極多，尚恐偶有差誤。馬縞已下，皆是碩儒，各專經業，更令詳勘，貴必精研。兼宜委國子監於諸色選人中召能書人，謹楷寫出，旋付匠人雕刻。每五百紙與减一選，所减等第，優與選轉官資。"時宰相馮道以諸經舛謬，與同列李愚委學官等，取西京鄭覃所刊石經，雕爲印板，流佈天下，後進賴之。

（宋）王欽若等編纂：《册府元龜》卷六〇八《學校部》

唐明皇[宗]時，國子司業張溥，奉請復八館以廣生徒。按《六典》，監有六學：國子、太學、四門、律學、書學、算學是也。而溥云八館，謬矣。

（宋）曾慥：《類説》卷三一

後唐明宗天成四年四月，司業張溥請復舊八館，以廣生徒。按《六典》，監有文學、國子、太學、四門、律學、書學，溥言謬矣。

（宋）李上交：《近事會元》卷三

長興元年，國子司業張溥奏請復八館，以廣生徒。古無八館之事，按《六典》，國子監領六學，謂國子、太學、四門、律學、書學、算學是也。而溥妄云八館。

（宋）謝維新：《古今合璧事類備要》後集卷三九

周世宗之二年，始營國子監，置學舍。

（宋）章如愚：《群書考索》後集卷二六

太平興國五年，以江州白鹿洞主明起爲褒信主簿。洞在廬山之陽,嘗聚生徒數百人,李煜有國時,割善田數十頃,取其租廩給之,選太學之通經者,俾領洞事,日爲諸生講誦。於是起建議以其田入官,故爵命之,白鹿洞由是漸廢。

(宋)洪邁:《容齋三筆》卷五

南唐昇元中,白鹿洞建學館,以李道爲洞主,掌其教授。

(宋)祝穆:《古今事文類聚》續集卷八

江州廬山白鹿洞,李氏日常聚書籍,以招徠四方之學者,有善田數十頃給之。選太學中通經者,授以他官,領洞事,以職教授。自江南北,爲學者争凑焉,常不下數百人,厨廩豐給。太平興國初,洞主明起建議,以田入官,而齒仕籍,得蔡州褒信簿。既乏供饋,學徒日散,室廬隳壞,因而廢焉。

(宋)江少虞:《宋朝事實類苑》卷六一

五代學校不修,學者多各從其師,是以廬山有白鹿洞書院、嵩陽、嶽麓,亦各有書院。

(宋)曾鞏:《隆平集》卷一

五代所以擾攘分裂,大亂不止者,正以自唐之末,君臣上下謂學校爲無益,指聖賢爲迂闊,視君如奕棋,殺人如刈草,禮義消亡,風俗大壞故也。

(宋)周必大:《文忠集》卷一六一

自唐季至於五代用兵,而教事闕。聖人作,四方次第平,以俎豆勝干戈,而天下靡然,日趨於文。蓋宋受命四年,遂平荆湖,又十有一年,尚書朱洞來守長沙,作書院嶽麓山下。

(宋)陳傅良:《止齋集》卷三九

竇氏莊，在蘇州城東，五代周諫議大夫竇禹鈞故居也。莊南建義塾四十餘楹，聚書數千卷，禮文儒，延置師席。凡四方有志於學者，聽其自至，貧無供需者，咸資之。

（明）彭大翼：《山堂肆考》卷二六

先聖廟及縣學，本在縣南，南唐保大八年置。今附於州學。

（宋）羅願：《新安志》卷三

南唐置學官，濱秦淮，開國子監。

（明）顧起元：《客座贅語》卷八

李建勛罷相江南，出鎮豫章。一日，與賓僚游東山，各事寬履輕衫，携酒肴，引步於漁溪樵塢間，遇佳處則飲。忽平田間一茆舍，有兒童誦書聲，相君携策就之，乃一老叟教數村童。叟驚悚離席，改容趨謝，而翔雅有體，氣調瀟灑。丞相愛之，遂觴於其廬，置之客右，叟亦不敢輒談。李以晚渴，連食數梨，賓僚有曰：“此不宜多食，號爲五臟刀斧。”叟竊笑。丞相曰：“先生之哂，必有異聞。”叟謝曰：“小子愚賤，偶失容於鈞重，然實無所聞。”李堅質之，仍脅以巨觥，曰：“無説則沃之。”叟不得已，問説者曰：“敢問‘刀斧’之説有稽乎？”曰：“舉世盡云，必有其稽。”叟曰：“見《鶡冠子》，所謂五臟刀斧者，非所食之梨，乃離別之‘離’爾。蓋言人之別離，戕伐胸懷，甚若刀斧。”遂就架取一小策，振拂以呈丞相，乃《鶡冠子》也。檢之，如其説，李特加重。

（宋）文瑩：《湘山野録》卷上

楚馥爲《尚書》博士。長興三年，奏請皇子習《尚書》，知君臣父子之義。

（宋）王欽若等編纂：《册府元龜》卷六〇四《學校部》

漢隱帝乾祐元年四月，國子監上言，在監雕印板九經内，只《周禮》《儀禮》《公羊》《穀梁》四經，未有印板。今欲集學官較勘四經文字，雕造印板，從之。

（宋）王欽若等編纂：《册府元龜》卷六〇八《學校部》

漢司徒詡爲禮部侍郎。乾祐三年，上言：“臣聞致理之方，咸資稽古。多聞之道，詎捨群書。歷代已來，斯文不墜。石渠蓬閣，今則闕於芸編；百氏九流，在廣頒於搜訪。唐朝並開三館，皆貯百家，開元之朝，群書大備，離亂之後，散失頗多。臣請國家開獻書之路，凡天下文儒、衣冠舊族，有收得三館亡書，許投館進納。據卷帙多少，少則酬之以繒帛，多則酬之以官資。自然五六年間，庶幾粗備。”從之。

（宋）王欽若等編纂：《册府元龜》卷六〇四《學校部》

周廣順二年六月，以文宣王四十三代孫、前曲阜縣令孔仁玉復爲曲阜縣令，仍賜緋魚袋。以亞聖顔淵裔孫顔涉爲曲阜縣主簿。仍敕兗州修葺祠宇，墓側禁樵采。時車駕親征，兗州初平，遂幸曲阜，謁孔子祠。既奠，將致敬，左右曰：“仲尼，人臣也，無致敬之禮。”上曰：“文宣百代帝王師，得無拜之！”即拜奠於祠前。

致堂胡氏曰：“人爲諂諛，趨利而不顧義者也。孔子大聖，途之人猶知之，豈以位云乎？如以位，固異代之陪臣也；如以道，則配乎天地；如以功，則賢乎堯舜。卒伍一旦爲帝王，而以異代陪臣臨天下之大聖，豈特趨利道諛，又無是非之心矣。斯臣也，當周太祖時以拜孔子爲不可，則當石高祖時必以拜契丹爲可者。是故君子有言：天下國家所患，莫甚於在位者不知學。在位者不知學，則其君不得聞大道，則淺俗之論易入，理義之言難進，人主功德高下一繫於此。然則學乎學乎，豈非君臣之急務哉！”

（元）馬端臨：《文獻通考》卷四三《學校考四》

周田敏，初仕漢，乾祐中爲户部侍郎，兼國子祭酒。時桑維翰執政，時或有不悦敏者，言未有學官兼丞郎者；又言敏長於經義，唯學官最稱職。維翰乃去户部侍郎，祇爲祭酒加檢校右僕射。尋而復除右丞，兼判國學。

（宋）王欽若等編纂：《册府元龜》卷五九七《學校部》

周田敏爲尚書左丞，兼判國子監事。廣順三年六月，敏獻印板書《五經文字》《五經字樣》各二部，一百三十策。奏曰："臣等自長興三年校勘雕印九經書籍，經注繁多，年代殊邈，傳寫紕繆，漸失根源。臣守官膠庠，職司較定，旁求援據，上備雕鎸。幸遇聖明，克終盛事。播文德於有截，傳世教以無窮。謹具陳進。"先是，後唐宰相馮道、李愚重經學，因言漢時崇儒，有三字石經，唐朝亦於國學刊刻。今朝廷日不暇給，無能别有刊立。嘗見吳蜀之人鬻印板文字，色類絶多，終不及經典。如經典校定，雕摹流行，深益於文教矣。乃奏聞。敕下儒官田敏等考校經注。敏於經注長於詩、傳，孜孜刊正，援引證據，聯爲篇卷，先經奏定，而後雕刻。乃分政事堂厨錢及諸司公用錢，又納及第舉人禮錢，以給工人。

（宋）王欽若等編纂：《册府元龜》卷六〇八《學校部》

周樊倫爲國子司業。太祖廣順末，尚書左丞田敏判國子監，獻印板九經，書流行而儒官素多是非。倫乃掇拾舛誤，訟於執政。又言敏擅用賣書錢千萬，請下吏訊詰。樞密使王峻素聞敏大儒，佐佑之，密訊其事，構致無狀，然其書至今是非未息。

（宋）王欽若等編纂：《册府元龜》卷六〇八《學校部》

尹拙爲國子監祭酒，顯德二年二月，中書奏："拙狀稱準敕校勘《經典釋文》三十卷，雕造印板。伏以陸氏《釋文》，唐初撰集，綿歷歲月，傳寫失真。非多聞博識之人，通幽洞微之士，重其商確，必致乖訛。況今朝廷富有鴻碩，如兵部尚書張昭、太常卿田敏，皆文儒之領袖也。或家藏萬卷，或手校六經，實後學之宗師，爲當今之雄。尚伏乞察，以事繼垂教，情非屬私，特賜敷揚，俾同讎校。"敕曰："經典之來，訓釋爲重。須資鴻博，共正疑訛。庶使文字精研，免至傳習眩惑。其《經典釋文》，已經本監官員校勘外，宜差兵部尚書張昭、太常卿田敏詳校。"

（宋）王欽若等編纂：《册府元龜》卷六〇八《學校部》

宋初，增修國子監學舍，周顯德二年，以天福普利禪院建國子監。修飾先聖十哲像，畫七十二賢及先儒二十一人像於東西廊之板壁。

（元）馬端臨：《文獻通考》卷四二《學校考三》

周顯德二年，以天福普利一作刹禪院爲國子監。置學舍。藝祖受禪增修學舍，修飾先聖十哲像，及先儒何休等二十一人畫像分列兩廡。御制先聖、亞聖二贊，命宰臣、兩制以下分撰餘贊。三幸太學，閲土木之功。陶穀爲之記。

（宋）王應麟：《玉海》卷一一二《學校》

顯德三年十二月，詔委中書門下於朝官内選差三十人，據見在書籍，各求真本校勘，刊正謬誤。仍於逐卷後署校勘官姓名，宜令官司逐月具功課申報中書門下。

（宋）王欽若等編纂：《册府元龜》卷六〇八《學校部》

周世宗之二年，始營國子監，置學舍。上既受禪，即詔有司增葺祠宇，塑繪先聖、先賢、先儒之像。上自贊孔、顏，命宰臣、兩制以下分撰餘贊，車駕一再臨幸焉。按《山堂考索》載六月辛卯復幸國子監，今此書未明載。又考《宋史》及《宋史記》《續通鑑》諸書皆不載，謹識以備考。於是，左諫議大夫河南崔頌判監事，始聚生徒講書，上聞而嘉之。乙未，遣中使遍賜以酒果。尋又詔用一品禮，立十六戟於文宣王廟門。據《實録本紀》及《會要》，太祖以建隆二年十一月始幸國子監，三年正月又幸。而《祖宗故事》乃云元年正月初幸,二月再幸,因詔增葺祠宇,塑繪聖賢。其年月與諸書特異,今不取。若增葺祠宇,塑繪聖賢,則《會要》固以爲國初事,不緣幸監然後有此舉也。《故事》蓋誤耳。頌,協子。初見廣順元年三月。

　　（宋）李燾:《續資治通鑑長編》卷三,太祖建隆三年（962）

　　先時南唐昇元中,白鹿洞建學館,以李道爲洞主,掌其教授。

　　　　　　（元）馬端臨:《文獻通考》卷四六《學校考七》

　　庚申,降樞密副使、刑部侍郎晏殊知宣州。先是,太后召張耆爲樞密使,殊言:“樞密與中書兩府,同任天下大事,就令乏賢,亦宜使中材處之。耆無它勳勞,徒以恩幸,遂極寵榮,天下已有私徇非材之議,奈何復用爲樞密使也?”太后不悅。於是從幸玉清昭應宮,從者持笏後至,殊怒,撞以笏,折其齒。監察御史曹修古、王沿等劾奏:“殊身任輔弼,百僚所法,而忿躁無大臣體。古者三公不按吏,先朝陳恕於中書榜人,即時罷黜。請正典刑,以允公議。”殊坐是免,尋改知應天府。殊至應天,乃大興學,范仲淹方居母喪,殊延以教諸生。自五代以來,天下學廢,興自殊始。論張耆不可爲樞密,據張唐英《政要》及歐陽修《神道碑》,史不載也。

　　（宋）李燾:《續資治通鑑長編》卷一〇五,仁宗天聖五年（1027）

　　（紹興十三年十二月）癸巳,上謂宰執曰:“學校者,人材所自出。人才須素養。太宗置三館養天下之士,至仁廟,人才輩出爲用。”秦檜曰:“國朝崇儒重道,變故以來,士人雖陷虜者,往往能守節。乃教育之效也。”上曰:“然。五代之季,學校不修,故無名節。今日若不興學校,將來安得人才可用耶?”

　　　　　　（清）徐松輯:《宋會要輯稿》崇儒一之三六

　　藩、漢官子孫有秀茂者,必令學中國書篆,習讀經史。自與朝廷通好已來,歲選人材尤異,聰敏知文史者,以備南使。故中朝聲教,皆

略知梗概。至若營井邑以易部落，造館舍以變穹廬，服冠帶以却氈
毬，享厨炊以屏毛血，皆幕中國之義也。

賈敬顏:《五代宋金元人邊疆行記十三種疏證稿》引《乘軺録》

7. 書法

梁朱友倫，太祖仲兄存次子。幼歲從師讀書，稍長學歐陽詢筆
迹，甚得其體勢。弱冠有壯志，嘗侍立帝側，陳自試之請，帝笑曰:"昔
之東阿，今復爾耳。"

（宋）王欽若等編纂:《册府元龜》卷二六六《宗室部》

周馬裔孫爲太子詹事，嗜八分書，題署酬答，必存其迹。

（宋）王欽若等編纂:《册府元龜》卷八六一《總録部》

楊凝式以右僕射致仕，凝式善於筆札，居壁藍墻之間，往往恣其
題紀。

（宋）王欽若等編纂:《册府元龜》卷八六一《總録部》

草書僧文英大師彦儔，始在洛都。明宗世子秦王從榮，復厚遇
之。後有故，南居江陵西湖曾口寺。一日恍惚，忽見秦王擁二十騎詣
寺，訪彦儔。彦儔問大王何以此來，恰來對，倏而不見。彦儔方訪於
人，不旬日，秦王遇害。

（宋）李昉:《太平廣記》卷三五三，僧彦儔

楊凝式少師，唐昭宗朝爲直史館，宰相涉之子也。朱全忠逼唐禪
位，涉爲奉傳國寶使，凝式曰:"大人爲唐宰相，使國家至此，不可謂無
過。況乎持天子璽綬與人，雖保富貴，奈千載何？盍辭之!"涉大駭
曰:"汝欲滅吾族!"神色不寧者數日。全忠既篡弑，凝式歷梁、唐、晉

三朝，陽狂不任事，累官至太子少師。其書法自顏、柳以入二王之妙。居洛陽延福坊，每出，道從輿馬在前，多步行於後。一日欲游天官寺，從者曰："曷往廣受寺？"亦從之。今兩寺壁間題字爲多。多寶塔院有遺像尚存。近歲劉壽臣爲留臺，於故按牘中得少師自書假牒十數紙，皆楷法精絶。世論少師書以行草爲長，誤矣。

（宋）邵伯温：《邵氏聞見録》卷一六

洛中諸寺院有楊少師、李西臺書。少師名凝式，唐相收、梁相涉之後。仕後唐、晉、漢間。筆力遒放，當時罕及。華嚴院東壁題詩曰："院似禪心静，花如覺性圓。自然知了義，争肯學神仙。"西臺，即建中，酷愛楊書，旁題云："枯杉倒檜霜天老，松烟麝煤陰甫寒。我亦生來言書癖，一回入寺一回看。"觀音院有牡丹，相傳唐武后植者。西臺有詩，亦親書，云："微動風枝生麗態，半開檀口露濃香。秦時避世宫娥老，舊日顏容舊日妝。花譜名將第一論，洛中最是此花繁。不當更道木芍藥，枝上恐傷妃子魂。西臺書。"洛人甚重之。

（宋）吴曾：《能改齋漫録》卷一一

唐末五代，字學大壞，無可觀者。其間楊凝式至國初李建中妙絶一時，而行筆結字亦主於肥厚，至李昌武以書著名，而不免於重濁。故歐陽永叔評書曰："書之肥者譬如厚皮饅頭，食之味必不佳，而世命之爲俗物矣。"亦有激而云耳。江南李後主善書，嘗與近臣語書，有言顏魯公端勁有法者，後主鄙之曰："真卿之書，有楷法而無佳處，正如叉手並脚田舍漢耳。"

（宋）魏泰：《東軒筆録》卷一五

翰林學士院，自五代已來，兵難相繼，待詔罕習王書，以院體相傳，字勢輕弱，筆體無法，凡詔令刻碑，皆不足觀。太宗留心筆札，即位之後，募求善書，許自言於公車。置御書院，首得蜀人王著，以士人任簿尉，即召爲御書院祗候，遷翰林侍書。著善草隸，獨步一時。永

禪師真草千字文，缺數百字，著補之刻石，但得形範，而無神妙，世亦
寶重之。修東嶽廟立碑，命著書，著時任著作佐郎，辭以官卑，不稱題
刻，即日遷著作郎。時吕文仲爲翰林侍讀，與著更宿禁中。太宗每歲
九月後，至暮夜即召宿直侍書及待詔，書藝於内東門北偏小殿内。張
燭令對御書字，或問以外事，常以至乙夜而罷。著善大書，其筆甚大，
全用勁毫，號散卓筆。市中鬻者，一管百錢。初以紙一番，令書八字，
又一番，令書六字，又一番四字，又一番兩字，又一番一字，皆極於遒
勁。上稱善厚賞之。著後官至殿中侍御史，賜金紫。太平興國中，選
善書者七人，補翰林待詔，各賜緋銀魚袋、錢十萬，并兼御書院祗候，
更配兩院。餘者以次補外官，自是内署書詔，筆體一變，燦然可觀，人
用傳寶，遠追唐室矣。

（宋）楊億：《楊文公談苑》

王著爲僞蜀明經，善正書行草，深得家法。

（宋）文瑩：《玉壺清話》卷五

江南徐鉉善小篆，映日視之，書中心有一縷濃墨，正當其中。至
屈折處，亦當中無偏側。乃筆鋒直下不倒側，故鋒常在畫中，此用筆
之法也。

（宋）孔平仲：《孔氏談苑》卷四

番陽董氏，藏懷素草書《千文》一卷，蓋江南李主之物也。建炎己
酉，董公逌從駕在維揚，適敵人至，逌盡弃所有金帛，惟袖《千文》南
渡。其子弅尤極珍藏，一日朱丞相奏事畢，上顧謂曰：“聞懷素《千
文》真迹在董弅處，卿可令進來。”丞相諭旨，弅遂以進。

（宋）曾敏行：《獨醒雜志》卷六

蘭亭石刻，惟定武者得其真。蓋唐太宗以真迹刻之學士院。朱
梁徙置汴都。石晉亡，耶律德光輦而歸。德光道死，與輜重俱弃之中

山之殺虎林。慶曆中爲土人李學究所得,韓魏公索之急。李瘞諸地
中,而別刻以獻。李死,其子乃出之,宋景文公始買置公帑。熙寧間,
薛師正向爲帥,其子紹彭又刻別本留公帑,携古刻歸長安。大觀中,
詔取置宣和殿。靖康之變,虜襲以紅毯,輦歸。今東南諸刻無能仿佛
者。天台桑澤卿世昌編《蘭亭博議》一書,甚詳。與時參會衆説,芟繁
撮要,記其本末如此。所取何子楚蓮之辭居多,諸説之異同者,則附
著其下。雖未能定其孰是孰非,然薛師正長安人,王順伯謂其携以歸
洛;宗忠簡守汴,日夕從事戰守,且其天姿剛正。王仲言謂其爲人主
搜羅玩物於艱難之時,皆不敢謂然。開元九年置朔方節度,自是始有
方鎮,周希稷所云,乃是全不知有史策,若謂太宗分賜諸郡,猶可也。
夫以一石刻之微,而言人人殊,莫能定於一,然後知考古之難也。

(宋)趙與時:《賓退録》卷一

　　五代、本朝臣下臨帖真迹。用皂鸞綾褾,碧鸞綾裏,白鸞綾引首,
夾背蠲紙贉,玉軸或瑪瑙軸。

(宋)周密:《齊東野語》卷六

　　本朝承五季之後,無復字畫可稱,至太宗皇帝始搜羅法書,備盡
求訪。

(宋)陳鵠:《西塘集耆舊續聞》卷三

　　本朝自建隆以後,平定僭僞,其間法書名迹,皆歸秘府。

(宋)陳鵠:《西塘集耆舊續聞》卷三

　　江南徐鉉善小篆,映日視之,畫之中心,有一縷濃墨,正當其中;
至於屈折處,亦當中,無有偏側處。乃筆鋒直下不倒側,故鋒常在畫
中。此用筆之法也。鉉嘗自謂:"吾晚年始得蠲匾之法。"凡小篆喜瘦
而長,蠲匾之法,非老筆不能也。

(宋)沈括:《夢溪筆談》卷一七

五代十四軸:南唐李後主書《誦經回向詞》一,發願文一,詩詞一,《招賢詩》一。錢王牒一。楊凝式二帖一,又四帖一,《記崔處士詩》一。宋齊邱《延賓亭記》一。徐鉉《送净公上人東游詩》一。徐知訓臨王羲之帖一。南唐沙門應之《千文》一。南唐人臨李陽冰小篆一,《序洛詩稿》一。

(南宋)佚名:《南宋館閣續録》卷三

鄭工部文寶在江南,師徐騎省鉉小篆,嘗篆《千字文》以示鉉,其字字不出一中指之甲。騎省嘗曰:"篆難於小,而易於大。鄭子小篆,李陽冰不及,若大篆,可兼爾。"

(宋)江少虞:《宋朝事實類苑》卷五二

青州龍興寺天宫院石柱,有韓熙載墨迹。王子融宰益都日,將遣工刻,其兄沂公止之曰:"似墨迹,難得也。"元豐中,予假守是州,推官汪衍恐其難久,遂刊焉。既而,予與汪同聞張擇賓郎中道沂公止之之因,頗恨不模於他石。

(宋)龔鼎臣:《東原録》

梁太祖朱氏,諱温。批答賀表行書字體,雖純熟,然乏氣韻,當是筆吏所書。方時温以唐之臣子,盜竊神器,故多引瑞物爲受命之符。唐王天下以土德,而繼土者莫若金,於是梁以金承之,而色尚白,所有之郡縣,至有以白烏、白兔、白鸚鵡、白鹿爲獻者。此表獻白鹿也。其奏章之臣,則有若韓建,有若楊陟,有若薛貽矩。實在開平即位之歲,是其區區急於符契,以厭人心。曾不知三代受命不約而應,如黄龍輔舟,銀溢赤山,烏流王屋,以表殊休者,亦固有自。時其承正統,又歷年滋久,且無非應天順人而作。如温者,偶以黄巢餘黨乘不利之際,初云歸順,終乃攘奪。其自視治世,一顯諸侯爲不足,况復區區引符命哉!今御府所藏行書一:《御批祥瑞表》。

(宋)佚名:《宣和書譜》卷一

梁末帝,諱瑱,太祖溫第四子也。以唐文德元年生於東京。美容儀,爲人沈厚,未嘗妄語言,喜與聞人儒士游。唐光化元年授河南府參軍。溫受禪,封瑱均王。僞鳳曆元年二月,瑱即位。瑱無他伎,喜弄翰墨,多作行書批敕,大者或近盈尺。筆勢結密,有王氏羲、獻帖法,流傳到今,覽之便知,非侍書者,所能及也。今御府所藏行書一:《正明敕》。

(宋)佚名:《宣和書譜》卷一

周世宗,柴氏,諱榮,睿武孝文皇帝太祖聖穆柴后之侄也。丱歲事君后以孝謹聞,太祖愛之,及長,委以主器之重,乃克負荷。迨其繼明在御,因任舊臣,相與紹述前烈,增大基構。摧高平之陣,而勍敵挫氣;還秦鳳之封,而遠土開疆。以至江北、燕南,取之如拾荆。自非英傑之主,能克家若是耶? 故宜神武之略,氤氳盤礴,發於筆端,其運用處,自已過人遠甚。觀《賜張昭詔》,有行書法,亦可見其略也。今御府所藏行書一:《賜張昭詔》。

(宋)佚名:《宣和書譜》卷一

五代時南唐僞主李煜,割據江左,輕如鴻毛。有一徐鉉,篆畫高古,人亦爲之改觀,信此學之在世,其存亡與人爲重輕也。

(宋)佚名:《宣和書譜》卷二

徐鉉,字鼎臣,江左人。仕江南僞主李煜,官至御史大夫。以文雅爲世推右。來使本朝,一時士人想望其風采。江南既平,隨煜歸朝。當太宗時直學士院,典誥命稱得體。留心隸書,嘗患字畫汩以俗學,乃以隸字錄《說文》,如蠅頭大,累數萬言,以訓後學。尤善篆與八分,識者謂自陽冰之後,續篆法者惟鉉而已。在江左日,書猶未工,及歸於我朝,見李斯《嶧山》字摹本,自謂冥契,乃搜求舊字,焚擲略盡,悟昨非而今是耳。後人跋其書者,以謂筆實而字畫勁,亦似其文章。至於篆籀,氣質高古,幾與陽冰並驅爭先,此非私言,天下之言也。嘗奉詔校定許慎《說文》三十卷行於世。又謂自暮年方得喎匾法,識者然之。今御府所藏篆書七：《大道不器賦》上下二、《蟬賦》一、篆隸二、《千文》二。

（宋）佚名：《宣和書譜》卷二

　　道士杜光庭，字賓聖，道號東瀛子，括蒼人也。傳授真大師，特進檢校太傅、太子賓客兼崇文館大學士，行尚書户部侍郎、廣成先生、上柱國、蔡國公。光庭初意喜讀經史，工詞章翰墨之學。懿宗設萬言科取士，光庭試其藝不中，乃弃儒衣冠入道游。意淡漠，著道家書頗研極至理，至條列科教自漢張道陵暨陸修靖撰集已來，始末備盡，於今羽流咸宗之。僖宗臨御，光庭始充麟德殿文章應制，一時流輩爲之斂袵，皆曰學海千尋，辭林萬葉，扶宗立教，海内一人而已。嘗撰《混元圖》《紀聖賦》《廣聖義歷帝紀》暨歌詩雜文僅百餘卷。喜自録所爲詩文而字皆楷書，人争得之，故其書因詩文而有傳。要是得烟霞氣味，雖不可以擬倫羲、獻，而邁往絶人，亦非世俗所能到也。光庭嘗一日忽謂門人曰：“青城方創真宫，工未畢，上帝命乑作岷峨主司，恐不久於人間世。”他日，因復謂真宫成矣，遂披法服與門弟子别而卒，異哉！信人材不特人間少，天上亦少。昔李賀以天上玉樓成，賀作記而去，其類是矣。今御府所藏正書一：《送先輩詩》。

（宋）佚名：《宣和書譜》卷五

　　吳越國錢鏐，杭州臨安人。倜儻有大度，意氣雄傑，乘唐末亂離，依閭里董昌，嘯聚烏合之衆，名爲禦寇而實自蹈之。然卒能用僖宗詔命，削平江浙而據有也。當時以鎮海軍節度使復領鎮東節制，精兵及三萬。昭宗即位，加太子中書令，封本郡王。梁室繼興，爲尚父，進封吳越國王。至於後唐，遂獨有方面，號令一十三郡，垂四十年。修中州貢賦籍無虛日，風物繁庶，族系侈靡，浙人俚語目之曰“海龍君”，言富盛若彼也。方其與群英争逐，横槊馬上，何暇議文墨耶？然而喜作正書，好吟咏，通圖緯學，晚歲復降己下士。幕客羅隱雅好譏評，雖及鏐微時事，怡然不怒，人以大度稱之。狀貌凛凛，亦人間一英物也。

所書復剛勁結密,似非出用武手,殆未易以學者規矩一律擬議耳。逮
藝祖有天下,其孫俶能納土稱藩,遂使後世子孫縻我爵祿,承承不絕,
亦其英風餘澤,沾丐雲仍者多矣。今御府所藏正書一:《貢棗帖》。

(宋)佚名:《宣和書譜》卷五

　　南唐僞主李璟,字伯玉,先主昇之長子,違命侯煜之父也。幼已
穎悟,既爲主器,即典軍旅,撫下有方略,時皆歸之。及嗣昇位,能奉
中州,以恩信結鄰壤,江左老稚不勤兵革者十有九年,亦霸道之雄也。
宋齊丘以舊臣與先主爲布衣交,挾不賞之功,跋扈無前,即竄而死之,
又其果敢如此。然於用武之時,乃能亹亹修文,圖回治具,故史稱其
富文學。工正書,觀其字乃積學所致,非偶合規矩。其後煜亦以書
名與錢俶相先後,蓋其源流本有自也。今御府所藏正書一:《邊鎬
奏狀》。

(宋)佚名:《宣和書譜》卷五

　　薛貽矩,字熙用,河東聞喜人也。唐乾符中,登進士第,歷集賢校
理、翰林學士。晚事梁,太祖愛其才,禮加優異,累官自僕射至守司
空。貽矩風儀秀聳,所與游者咸一時之英傑。自此聲名籍甚,喜弄翰
墨,正書得古人用筆意。且唐末接五代,工書者筆迹疑皆掃地矣,觀
其《贈辯光草書序》,秀潤可觀,一時學者亦鮮儷焉。今御府所藏正書
一:《贈辯光草書序》。

(宋)佚名:《宣和書譜》卷五

　　盧汝弼,字子諧,不知何許人也。祖綸,唐貞元中有詩名。父簡
求,爲河東節度使。汝弼少力學,不喜爲世胄,篤意科舉,登進士第,
文彩秀麗,一時士大夫稱之。復留意書翰,作正書取法有歸。當五季
士風凋弊,以字畫名家者尤少,汝弼能力振所學,誠不易得。官至祠
部郎中、知制誥,贈兵部尚書。今御府所藏正書一:《贈辯光詩》。

(宋)佚名:《宣和書譜》卷六

豆盧革，史失其世系。遭五代離亂，避地鄜延，守中山王處直辟爲幕官。同賦牡丹，革以桑柘對，處直雅器重，遷節度判官。唐莊宗講求賢相，或以革名家子舉之，遂召拜左丞相。作正書，雖有隱者態度，然要之不出五季人物風氣，其點畫同爲一律，非若楊凝式之書，在季世翰墨中如景星鳳凰之傑出，宜革輩皆不以書得名也。今御府所藏一十：正書《開講帖》《友公大德帖》《鄭長官帖》《王郎君帖》，行書《大德帖》《吾師帖》《寒食帖》《買花帖》《頂辭帖》《田園帖》。

（宋）佚名：《宣和書譜》卷六

王仁裕，字德輦，天水人也。官至太子少師。幼不羈，惟以狗馬彈射爲務。中年銳意於學。一夕，夢剖其腹腸胃，引西江水以浣之，睹水中沙石，皆有篆文。及寤，胸中豁然。自是文性超敏，洞曉音律，作詩僅千篇，目之曰《西江集》。嘗觀《列禦寇》，言神遇爲夢，謂以一體之盈虛消息，皆通於天地，應於萬物，非偶然也。王獻之夢神人論書而字體加妙，李嶠夢得雙筆而爲文益工，斯皆精誠之至而感於鬼神者也。仁裕翰墨雖無聞於時，觀其《送張禹偁詩》，正書清勁，自成一家，豈非濯西江水之效歟？今御府所藏正書一：《送張禹偁詩》。

（宋）佚名：《宣和書譜》卷六

楊邠，魏州冠氏人也。少爲州掌籍吏。事漢高祖，官至樞密使。隱帝即位，加中書侍郎、平章事。邠長於吏事，執政以來，帑藏實，兵甲完，國用不乏，邊鄙肅靜，皆其功也。末年留意搢紳，延客門下，知經史有用，乃課吏傳寫。至其作正書，雖不能造鍾、王之藩翰，然氣格超邁，粗有可觀。今御府所藏正書一：《清潭》等帖。

（宋）佚名：《宣和書譜》卷六

釋齊己，姓胡，潭州益陽人。少爲浮圖氏，學戒律之外，頗好吟咏。亦留心書翰，傳佈四方，人以其詩並傳，逮今多有存者。嘗住江陵之龍興寺,與鄭谷酬唱,積以成編,號《白蓮集》,行於世。筆迹灑落,得行字法,望之知其非尋常釋子所書也。頸有瘤,人號"詩囊"也。然操行自高,未始妄謁侯門以冀知遇,人頗稱之。以是無今昔遠近,人知齊己名,是亦墨名而儒行者耶,故世之所傳多詩什稿草。今御府所藏九:行書《擬嵇康絶交書》、《謝人惠筆詩》、《懷楚人詩》、《渚宫書懷》等詩、《送冰禪侄詩》、《寄冰禪德詩》、《冰禪帖》,正書《廬岳詩》《寄明上人詩》。

(宋)佚名:《宣和書譜》卷一一

　　羅隱,字昭諫,餘杭人也。生於唐末,有詩名,尤長於咏史。多不稱意,窮愁感慨之間,言或譏諷怒張,以故爲時所黜。初名横,以十上不中第,乃更今名。始到浙右謁錢鏐,懼不見納,遂以所爲《夏口詩》標於卷首。其卒章云:"一個禰衡容不得,思量黄祖漫英雄。"鏐覽之大笑,因加殊遇。鏐一日受朝廷節制之命,令沈崧者草謝表,崧盛述浙右之富。隱即諭崧曰:"方兵火之餘,豈宜作此語。"即更之云:"天寒而麋鹿曾游,日暮而牛羊不下。"朝廷見之曰:"此羅隱辭也。"梁開平初。太祖以右諫議大夫召,不至。後節度使羅紹威密表薦爲給事中。隱雖不以書顯名,作行書尤有唐人典刑,觀其《羅城記稿》諸帖,略無季世衰弱之習,蓋自胸中所養,不爲世俗淺陋所移爾。今御府所藏行書四:《外羅城記稿》《三十一郎帖》《喜慰帖》《華陰樵寄帖》。

(宋)佚名:《宣和書譜》卷一一

　　韋莊,字端己,杜陵人也,官至平章事。性疏曠,不以小節自拘。唐乾寧中舉進士第。有詩云:"大道不將爐冶去,有心重築太平基。"時人以其有宰相器。李詢爲兩川宣諭使,辟爲判官。莊以中原多事,潛依王建,建奏爲掌書記,尋爲起居舍人。及建開國,委任於莊,制度、號令、刑政、禮樂,皆莊所定。當時以作字名於世,但今所見者少。觀《借書》諸帖,有行書法,非潛心於古而一意文詞翰墨間,未易至此也。今御府所藏行書三:《借書帖》《借樂章帖》《米團帖》。

(宋)佚名:《宣和書譜》卷一一

潘佑,史失其傳,仕江南僞主李煜。端方剛介,不親外務,閉户讀書,博通經史,文章富贍,尤長於論議,時譽藹然。韓熙載、陳喬共薦之,以秘書省正字釋褐,累遷中書舍人。當時禮制損益,參決於佑,凡所論列,利害明白,文彩可觀。煜頗奇其説,遂見施用,由是恩寵特異。觀其行書草帖,筆迹奕奕,超拔流俗,殆有東晉之遺風焉。今御府所藏行書一:《許堅》等詩。

(宋)佚名:《宣和書譜》卷一一

張徐州者,失其名,因官徐州,故以爲稱。業儒學,喜翰墨,志趣曠達,不以利名,芥蒂於胸次。作詩五篇,以"勸君"二字寓於其中,大抵以外形骸、齊鵬鷃爲達理,豈與束縛名利之場者同日而語哉! 故其胸中流出而見於筆畫者,無復有抗塵走俗之狀。作行書亦自不凡,筆力清勁,勢若削玉。因閲其詩,抑又使人起物外之想云。今御府所藏行書一:《勸君詩》。

(宋)佚名:《宣和書譜》卷一一

孫昭祚,亡其系,中書堂吏也。習翰墨,尤長歐陽詢行書法,嘗用其體書《千文》傳於世。昔詢論書,要在凝神静慮,審字勢;四面停匀,八邊具備,長短合度,粗細折中;以謂忙則失勢,緩則骨癡,瘦則形枯,肥則質濁:此是最要妙處。及觀昭祚行書《四色牡丹賦》,皆優游乎規矩之間,非深契其旨,詎能臻是耶? 今御府所藏行書五:《四色牡丹賦》、《終南山賦》、《陽春曲》等詩、《竹拄杖》等詩、《朱陳村》等詩。

(宋)佚名:《宣和書譜》卷一一

釋應之,莫知世次。作行書,嘗以文絹寫進士沈崧《曲直不相入賦》,頗有氣骨。然筆法本學柳公權,至其分間布置,則殊乏飄逸,故學者病之。昔公權作字,初出鍾、王,及其成就,則乃有驚鴻飢鷹之力。所以名高當世。而外夷入貢,別載貨貝以購其書。如應之,豈得有此耶?譬之傳神寫照,或得其形似,而精神凝仁處,固未嘗見之耳。然非此則不足以見優劣云。今御府所藏行書二:《曲直不相入賦》《即事》等詩。

(宋)佚名:《宣和書譜》卷一一

　　江南僞後主李煜,字重光。早慧,精敏審音律,善書畫。其作大字,不事筆卷帛而書之,皆能如意,世謂"撮襟書"。復喜作顫掣勢,人又目其狀爲"金錯刀"。尤喜作行書,落筆瘦硬而風神溢出,然殊乏姿媚,如窮穀道人,酸寒書生,鶉衣而鳶肩,略無富貴之氣。要是當我祖宗應運之初,揭雲漢奎壁昭回在上,彼竊據方郡者,皆奄奄無氣,不復英偉,故見於書畫者如此。方煜歸本朝,我藝祖嘗曰:"煜雖有文,只一翰林學士才耳。"乃知筆力縱或可尚,方之雄才大略之君,亦幾何哉!今御府所藏行書二十有四:行書《淮南子》、《春草賦》、《義天秤尺記》、《浩歌行》、《克己處分》、《批元奏狀》、《禮三寶衆聖賢儀》、《八師經》、《宮相詩》、《李璟草堂》等詩、《高秋》等詩、《牡丹》等詩、《古風詩》二、《論道帖》、《招賢詩帖》、《樂章羅帖》、《樂府》三、《臨江仙》、《雜文稿》,正書《金書心經》《智藏道師真贊》。

(宋)佚名:《宣和書譜》卷一二

　　釋貫休,字德隱,姓姜,婺州蘭溪人。七歲出家,日誦書每過千字,不復遺忘,工爲歌詩,多警句,膾炙人口。以至丹青之習,皆怪古不媚,作《十六大阿羅漢》,筆法略無蹈襲世俗筆墨畦畛,中寫己狀,眉目亦非人間所有近似者。天復中入蜀,往益州東禪院,賜號"禪月"。作字尤奇崛,至草書益勝,嶄峻之狀,可以想見其人。喜書《千文》,世多傳其本,雖不可以比迹智永,要自不凡。有歌詩千餘首,號《禪月集》,行於世。今御府所藏八:草書《常侍帖》、《千文》六,行書《夢游仙詩》。

（宋）佚名：《宣和書譜》卷一九

薛存貴，史失其傳，考其字畫，定非凡陋人也。然喜作草書，頗有晉宋間風度。所書雖出於一手，而變態百出，或妍或醜，其溫潤足繩墨處，便類獻之字學；而剛勁乏嫵媚處，則李煜金錯刀書之儔侶也。昔人學書未必不盡工，而罪在胸次，如存貴，端是學者之書，蓋不必工字而字自應佳耳。今御府所藏草書五：《應舉帖》《西征帖》《秋熟帖》《到城帖》《到任帖》。

（宋）佚名：《宣和書譜》卷一九

楊凝式，華陰人也。形貌寢侻，然精神矍然，要大於身。善文詞，出時輩右。唐昭宗時，初登進士第，終唐之世，爲秘書郎、直史館。仕梁，至考功員外郎，歷後唐至兵部侍郎，於晉以太子少保分司西洛，至漢遷太子少師，至周遷太子太保，自晉迄周，朝廷皆以元老大臣優禮之。喜作字，尤工顛草，居洛下十年，凡琳宮、佛祠牆壁間，題紀殆遍。然揮灑之際，縱放不羈，或有狂者之目。歐陽修嘗跋其字，以謂自唐亡道衰，四海困於兵戈，及我宋興，天下復歸於治，蓋百有五十餘年，五代之間有一楊凝式，建隆已後有一李建中，二人筆法不同，而書名皆爲一時之絕。後之議者又以謂唐末五代文章卑污，字畫隨之。若李建中書，猶有五代以來衰亂之氣，而凝式筆迹獨爲雄強，與顏真卿行書相上下，自是當時翰墨中豪傑，蓋昔之名世之書，惟二王而已，後人仿之莫得其點畫。凝式稽究其學，遂能超逸如此。則知作字非小道，而凝式所得可以語其崖略也。今御府所藏三：草書《古意帖》，正書《韭花帖》，行書《乞花帖》。

（宋）佚名：《宣和書譜》卷一九

秦忠懿王錢俶，武肅王鏐之孫，文穆王元瓘之子。錢氏自唐乾寧間據有浙右，至我宋之興，凡三世四王，使一方氂倪不識兵革而睹太平之盛,錢氏之力也。初,元瓘有子曰佐,嗣元瓘位,是爲忠獻,在位未幾而忠懿特以弟繼其昭穆。藝祖應運,率先臣服。開寶八年,朝廷將舉兵平江左,李煜密貽書於俶曰:"今日無我,明日豈有王? 一旦明天子易位,酬勞王亦大梁一布衣耳。"俶表其書來上,藝祖嘉其忠。江南平,與其子惟濬,妻孫氏來朝。藝祖遣皇子至睢陽迎勞,對見禮皆從異等,賜禮賢宅以館之,而締構宏壯,至於供帳帟幕什物,種種畢具,俶來如歸。已而遣就國,而留其子入侍。至太宗即位之明年,俶盡籍其府庫、地圖以獻,乃封王淮海國。久之,又王漢南國。上章遜避,遂止王許,未幾,徙王鄧。端拱元年八月二十四日,太宗以其誕日,遣使賜器幣,方與使者燕罷,及暮,有大星流殞於正寢,光照户外,而是夕以訃聞。於是朝廷追封王秦國,謚曰忠懿。方浙右富庶登豐之久,上下無事,惟以文藝相高,故俶尤喜翰墨,而作字善顛草,其斡旋盤結不減古人。太宗遣使取其草書以進,俶乃以舊習絹圖上之。詔賜以玉硯、金匣、象管、蜀箋等,且示寵焉。然當時降王有始有卒無如俶者,蓋以能先諸國作我藩服。其後子孫繼登顯仕,垂榮無窮,信萬世臣子之勸也。今御府所藏草書二:《國子直講補牒》《手簡》。

(宋)佚名:《宣和書譜》卷一九

(八分書)誥:朱全忠、李能、羅隱。……五代制:後唐李彦超;誥:蜀王宗綰二、晉趙仁寶;牒:後唐趙仁寶、南唐國導師告、日本國康保偽告二、大理國相國布變誥、大理國督爽牒。

(宋)佚名:《宣和書譜》卷二〇

楊凝式,字景度。書天真爛熳,縱逸類顏魯公《爭坐位帖》。秘閣校理蘇澥家有三帖,第一白麻紙,曰"景度上大仙",第二、第三小字,與薛紹彭家所藏正書相似。余三次易得,後以第一易與王詵,第二易與劉涇。余家今收褚紙,上詩云:"春來冰未泮,冬至雪初晴。爲報方袍客,豐年瑞已成。"王以畫易於趙叔盎,紛披老筆,王安石少嘗學之,人不知也。元豐六年,余始識荆公於鍾山,語及此,公大賞嘆曰:"無人知之。"其後與余書簡皆此等字。

(宋)米芾:《書史》

張直清家楊凝式數帖,真行甚好。

(宋)米芾:《書史》

釋貫休,蘭溪人。善歌詩,工草隸,南土皆比之懷素,尤善丹青,多畫佛像。

(宋)陳思:《書小史》卷一〇

五代楊凝式,字景度,唐相涉之子。有文辭,善筆札,歷仕梁、唐、晉三朝,佯狂不任事,累官至太子少師,致仕居洛陽延福坊。其書法自顏以入二王之妙,洛人得凝式真迹,夸詡以爲希世珍。西洛寺觀二百餘,所題寫幾遍,時人以"楊風子"呼之。

(宋)陳思:《書小史》卷一〇

羅紹威,字端己,魏州貴鄉人。仕梁,累拜太師、中書令。少好學,工書,頗知屬文,聚書數萬卷,開館以延四方之士。

(宋)陳思:《書小史》卷一〇

馬允孫,字慶先,棣州人。少好學,事後唐爲宰相,晉時以太子賓客,罷歸洛陽,嗜八分書。

(宋)陳思:《書小史》卷一〇

李鶚,後唐清泰中,仕至國子丞,九經印板多其所書。當時頗貴重之,其筆法蓋出歐陽率更,然窘於法度,而韻不能高,非名書也。

(宋)陳思:《書小史》卷一〇

李從曮，茂貞之子。善書畫，仕後唐，襲爲鳳翔節度。

（宋）陳思：《書小史》卷一〇

南唐後主李煜，字重光。善屬文，工書畫。王師克金陵，俘至京師，赦之爲違命侯。煜又能作撮金書，自言得筆法於先王，然枯勁無可取者。

（宋）陳思：《書小史》卷一〇

韓熙載仕李煜，官至中書侍郎，才俊氣逸，工書畫，特善八分，皆冠絶當時。

（宋）陳思：《書小史》卷一〇

徐鉉，字鼎臣，金陵人。隨李煜歸朝，官至散騎常侍。好字學，善篆隸。初學李陽冰，後得李斯《嶧山碑》，潛思改作，遂逼其勢。弟鍇，亦能八分、小篆，而筆法頗少力，其在江南皆以文翰知名，號“二徐”，爲學者所宗。

（宋）陳思：《書小史》卷一〇

郭忠恕，字恕先，洛陽人。七歲童子及第，漢、周之際爲湘陰公從事。工古文小篆、八分，亦能楷法，尤善字學，著《古文汗簡》十卷，全仿許氏《説文》偏旁，凡五百四十一字。太宗朝，官至國子監主簿。

（宋）陳思：《書小史》卷一〇

徐鉉，字鼎臣……騎省敏於文，爲江表冠，中朝士大夫皆推與之。尤善篆、八分書，精於字學。蓋自陽冰之後，篆法中絶，而騎省於危亂之間能存其法。歸遇真主，字學復興，其爲功豈淺哉。初雖患骨力歉陽冰，然其精熟奇絶，點畫皆有法。及入朝見嶧山摹本，自謂得師於天之際，搜求舊迹，焚擲略盡，較其所得，可以及妙。嘗被詔刊定許慎《説文》，今行於世。弟鍇，得兄之學而譽相上下，世號“二徐”。江南有王文秉者,篆體精勁,遺迹要寶。其後鄭文寶、查道襲皆善隸、篆,由騎省發之,後皆爲顯人。又有李無惑者,同安人,太宗時翰林待詔。深得陽冰之法,遒健端直,見稱於楊文公。吳浩,錢唐人。浩筆尤妙,世莫能偕,無惑常蓄藏之,語人曰:"浩死當絶筆矣。"無惑後爲參軍宰邑,歲常寄萬錢市大筆於浩。

(宋)朱長文:《續書斷》

錢俶,字文德。武肅王之孫,文穆王忠獻王之弟。……善草書,太宗嘗遣取之,王以舊所書絹圖上之,詔褒飾,因賜玉硯金匣、紅緑牙管筆、龍鳳墨、蜀箋盈丈,紙皆百番。

(宋)朱長文:《續書斷》

李煜,字重光。……頗尚儒雅,工筆札,遺迹甚勁鋭。今清凉寺有德慶堂榜猶在。

(宋)朱長文:《續書斷》

王著,字知微。初仕僞蜀,蜀平歸朝,遷衛寺丞。……著善正書,行書兼精。

(宋)朱長文:《續書斷》

郭忠恕,字恕先,洛陽人。少能屬文,善史書、小草,尤工真楷。

(宋)朱長文:《續書斷》

句中正,字坦然,華陽人也。精於篆籀,兼真、行、草。

(宋)朱長文:《續書斷》

《質論》,李後主與徐鉉書云:爲爾於《質論》前作得一小序,子即此論也。

(宋)黄伯思:《東觀餘論》卷下

洛人好楊凝式少師書，信可傳寶。但自唐中世來，漢、晉書法不傳，如凝式輩所祖述者不遠，會稽父子筆法似不如是。洛人得楊真迹，夸詡以爲希世珍，所謂子誠齊人耳。

（宋）黄伯思：《東觀餘論》卷上

楊凝式在五代，最號能書，每不自檢束，號"楊風子"，人莫測也。其筆札豪放，傑出風塵之際。歷後唐、周、漢，卒能全身名，其知與字法亦俱高矣。在洛中往往有題記，平居好事者並壁匣置坐右，以爲清玩。

（宋）趙構：《翰墨志》

前蜀王氏朝僞相王鍇，字鱣祥。家藏書數千卷，一一皆親迹，並寫藏經，每趨朝，於白藤檐子内寫書，書法尤謹，近代書字之淫者也。

（宋）釋適之：《金壺記》

僞蜀士人馮偘能書，得二王之法。然以二指掐管而書，每故筆必二爪迹，可深二三分，斯書札之異也。

（宋）釋適之：《金壺記》

僞唐李建勛，有詩一絶送八分書與友，曰："跁跒爲詩跁跒書，不封將去寄仙都。仙翁拍手應相笑，得似秦朝次仲無。"

（宋）釋適之：《金壺記》

宋徐鉉，字鼎臣，陳彭年皆公集序曰："六書之藝，少而留心；二篆之蹤，老而盡妙。"

（宋）釋適之：《金壺記》

五代梁楊凝式，善行草書，官至左僕射，而西洛寺觀三百餘處題幾遍，時人以其狂縱，以"風子"呼之。

（宋）馬永易：《實賓録》卷五

　　蔡君謨爲本朝第一，五代楊凝式，筆迹雄强，往往與顔柳相上下。

（宋）佚名：《錦绣萬花谷》前集卷三一

　　唐以身、言、書、判設科，故士皆習書，有晉宋餘風。今有得唐人遺迹，雖不知名，亦往往可觀。宋朝此科廢，書遂無用於世，非自好之者不習，故工者亦少，亦勢使之然也。

（宋）佚名：《南窗記談》

　　僞蜀時，吳王遣内客省使高弻通好，持國書於蜀，因獻僞皇太子王義之石本《蘭亭》一軸。當時識者議此本是義之撰序，後刻石於蘭亭者，僞皇太子攻王書，體法精妙，弻故有是獻。僞翰林待詔米道鄰侍書於太子，掌書法百餘卷，皆是二王法帖、古來名賢墨迹，及石本者。迨聖朝伐蜀，其書帖盡歸米道鄰私家。至乾德中，有鬻彩箋王七郎名文昌，與道鄰世舊，道鄰因文昌石本《蘭亭》，即吳使高弻獻太子者。文昌好博雅，古來名書多收藏之，義之真書《樂毅論》《黄庭經》，草書十七帖，晉、魏、兩漢至李唐名臣墨迹及石本，皆萃於家。當時與往還好書者，毛熙震、王著、勾中正、張仁戩、黄居實、張德釗、張文懿、史戴、滕昌祐、石恪、李德華、陳熙載、僧懷戩義西嘗訪之，閲其所藏，終日忘倦。太平興國初，光禄卿高公保寅，即渚宫高氏之後，入川爲九州巡檢，休復嘗謁見之，因得張藻山水一軸，義之墨迹《蘭亭》一軸，注“崇山”二字、“圍者乎”三字，皆是趙模、諸葛貞拓者，檀香軸，古錦標，皆烟晦蟲蠹，時得與諸賢往復玩之。甲午歲，家藏書畫焚掠殆盡。今蜀中兩經寇亂，諸家名書古畫罕得見聞，故備言之爾。

（宋）黄休復：《茅亭客話》卷三

　　五代四海分裂，士大夫生長干戈於積尸白刃之間，時時猶有以揮翰，馳名於當世者，豈又唐之餘習乎！如王文秉之小篆，李鄂、郭忠恕之楷法，楊凝式之行草，至於羅紹威、錢俶皆武夫驕將之子，酣樂於狗馬聲色者，其於字畫亦有以過人。

（宋）歐陽修：《文忠集》卷七三

　　右《雙溪院記》，徐鉉書。鉉與其弟鍇，皆能八分、小篆，而筆法
頗少力，其在江南皆以文翰知名，號"二徐"，爲學者所宗。蓋五代
干戈之亂，儒學道喪，而二君能自奮，然爲當時名臣。而中國既苦
於兵，四方僭僞割裂，皆褊迫擾攘不暇，獨江南粗有文物，而二君者
優游其間。及宋興，違命侯來朝，二徐得爲王臣，中朝人士，皆傾慕
其風采。

（宋）歐陽修：《文忠集》卷一四三

　　右小篆《千字文》者，江南人王文秉書，其後題云"大唐庚申歲
者"，建隆元年也。僞唐李煜自周師取淮南，畫江爲界以稱臣，遂削去
年號，奉周正朔，然世宗特許其稱帝，故文秉猶稱唐而不書年號，直云
"庚申歲"也。文秉在江南，篆書遠過徐鉉，而鉉以文學名重當時，文
秉人罕知者，學者皆云鉉筆雖未工而有字學，一點一畫皆有法也。文
秉所書，獨余《集録》屢得之，此本得於太學。楊南仲《紫陽石磬銘》
者，張獻撰，亦文秉書也。

（宋）歐陽修：《文忠集》卷一四三

　　右《紫陽石磬銘》，余獨録於此，而不附他書者，文秉之書罕見於
今也。小篆自李陽冰後，未見工者。文秉，江南人，其字畫之精，遠過
徐鉉，而中朝之士不知文秉，但稱徐常侍者，鉉以文章有重名於當時
故也。歲在辛酉，晉天福六年，李昇之昇元五年也。五代干戈之際，
士之藝有至於斯者，太平之世，學者可不勉哉！

（宋）歐陽修：《文忠集》卷一四三

　　右小字《説文字源》，郭忠恕書。忠恕者及事皇朝，其事見實録，
頗奇怪，世人但知小篆，而不知其楷法尤精，然其楷字，亦不見刻石

者,蓋惟有此耳,故尤可惜也。五代干戈之際,學校廢,是謂君子道消之時,然猶有如忠恕者。國家爲國百年,天下無事,儒學盛矣,獨於字書忽廢,幾於中絶,令求如忠恕小楷,不可得也。故余每與君謨嘆息於此也。石在徐州。

(宋)歐陽修:《文忠集》卷一四三

右《陰符經》,郭忠恕書。篆法自唐李陽冰後,未有臻於斯者。近時頗有學者,曾未得其髣髴也。《實錄》言忠恕死時甚怪,豈亦異人乎? 其楷書尤精也。

(宋)歐陽修:《文忠集》卷一四三

李後主與徐鉉帖,在王編修銍家,凡數紙,所謂小字,如聚鍼鐵者。

(宋)施宿:《嘉泰會稽志》卷一六

《談苑》:翰林院自五代以來,字勢輕弱,筆體無法。太宗即賜筆札,求善書,許自言。首得蜀人王著,即召爲侍書。著善草隸,獨步一時。初以紙一番,令書八字,又令書六字,至一字,皆極遒勁。自是書體一變,粲然可觀。

(明)彭大翼:《山堂肆考》卷一三三

南唐《玉龍堂玄元像記》。徐鍇文,在石城。
《李順公碑》。高越書,在西門外石子岡下。
南唐《追封慶王碑》。在城南婁湖橋,韓熙載作,徐鉉篆額。
《德慶堂題榜》。李後主書,宋僧曇月刻石,在清凉寺。
《寶華宮碑》。南唐行書,八品方山。
……

南唐宋齊丘《鳳凰臺詩》。石在臺上。
……

《本業寺記》。南唐僧契撫作，東山任德筠書。

（明）顧起元：《客座贅語》卷五

樓大防云：“家有唐氏風憲記晁以道纂記許氏文字。南唐李後主謂，善法書者，各得右軍之一體，若虞世南得其美韻，而失其俊邁；歐陽詢得其力，而失其溫秀；褚遂良得其意，而失其變化；薛稷得其清，而失於窘拘；顏真卿得其筋，而失於粗魯；柳公權得其骨，而失於生獷；徐浩得其肉，而失於俗；李邕得其氣，而失於體格；張旭得其法，而失於狂。獨獻之俱得，而失於驚急，無蘊藉態度。觀此言，則是終無有得其全者。

（元）陸友仁：《硯北雜志》卷上

江南李中主兄弟四人圍棋，屏上書樂天前詩，紙上着色人皆如生。

（元）陸友仁：《硯北雜志》卷上

袁伯長有李後主所用玉筆管，上有鐫字，文鏤甚精，云得之史丞相家，賈似道“悅生”印，亦在其處。

（元）陸友仁：《硯北雜志》卷上

南唐雖僭偽一方，風流特甚，逮今楮墨書畫，皆爲世寶，人物文章亦盛。

（元）陸友仁：《硯北雜志》卷上

右楊凝式題名，並李西臺詩附。自唐亡道喪，四海困於兵戈，及聖宋興，天下復歸於治，蓋百有五十餘年。而五代之際有楊少師，建隆以後稱李西臺，二人者，筆法不同，而書名皆爲一時之絕，故並録於此。

（宋）歐陽修：《集古録》卷一〇

右《雙溪院記》，徐鉉書。鉉與其弟鍇，皆能八分小篆，而筆法頗少力，其在江南，皆以文翰知名，號“二徐”，爲學者所宗。蓋五代干戈之亂，儒學道喪，而二君能自奮，然爲當時名臣。而中國既苦於兵，四方僭僞割裂，皆褊迫擾攘不暇，獨江南粗有文物，而二君者，優游其間。及宋興，違命侯來朝，二徐得爲王臣。中朝人士皆傾慕其風采，蓋亦有以過人者，故特録其書爾。若小篆，則與鉉同時有王文秉者，其筆甚精勁，然其人無足稱也。治平元年上元日書。

（宋）歐陽修：《集古録》卷一〇

右小篆《千字文》者，江南人王文秉書，其後題云“大唐庚申歲者”，建隆元年也。僞唐李煜自周師取淮南，畫江爲界，以稱臣遂削去年號，奉周正朔。然世宗特許其稱帝，故文秉猶稱唐，而不書年號，直云“庚申歲”也。文秉在江南，篆書遠過徐鉉，而鉉以文學名重當時，文秉人罕知者，學者皆云鉉筆雖未工而有字學，一點一畫皆有法也。文秉所書，獨余《集録》屢得之，此本得於太學。楊南仲《紫陽石磬銘》者，張獻撰，亦文秉書也。

（宋）歐陽修：《集古録》卷一〇

右《紫陽石磬銘》，余獨録於此，而不附他書者，文秉之書罕見於今也。小篆自李陽冰後，未見工者。文秉，江南人，其字畫之精遠過徐鉉，而中朝之士不知文秉，但稱徐常侍者，鉉以文章有重名於當時故也。歲在辛酉，晉天福六年，李昇之昇元五年也。五代干戈之際，士之藝有至於斯者，太平之世，學者可不勉哉。

（宋）歐陽修：《集古録》卷一〇

右《秦嶧山碑》者，始皇帝東巡，群臣頌德之辭。至二世時，丞相李斯始以刻石，今嶧山實無此碑。而人家多有傳者，各有所自來。昔徐鉉在江南以小篆馳名，鄭文寶其門人也，嘗受學於鉉，亦見稱於一時。此本文寶云，是鉉所模。文寶又言嘗親至嶧山訪秦碑,莫獲,遂以鉉所模刻石於長安,世多傳之。余家集録別藏泰山李斯所書數十字尚存,以較模本,則見真僞之相遠也。治平元年六月立秋日。

(宋)歐陽修:《集古録》卷一

唐末五代文章卑泥,字畫從之,而楊凝式筆迹雄强,往往與顔柳相上下。今世多稱李建中、宋宣獻,此二人書僕所不解,宋寒而李俗,殆是浪得名耳。惟蔡君謨書姿格既高,而學亦至當,爲本朝第一。

(宋)蘇軾:《仇池筆記》卷下

僕嘗論蔡君謨書爲本朝第一,議者多以爲不然,或謂君謨書爲弱,殊非知書者。若江南李主外險而中實,無有此真,可謂弱者。以李主爲勁,則宜以君謨爲弱。

(宋)蘇軾:《仇池筆記》卷下

8. 樂舞

昭宗末,京都名娼妓兒,皆爲强諸侯所有。供奉彈琵琶樂工,號"關別駕"。小紅者,小名也。梁太祖求之,既至,謂曰:"爾解彈手不采桑乎。"關俯而奏之。及出,又爲親近者,俾其彈而飲酒,由是失意,不久而殂。復有琵琶石潨者號"石司馬",自言早爲相國令狐綯見賞,俾與諸子渙、灃,連水邊作名。亂後入蜀,不隷樂籍,多游諸大官家,皆以賓客待之。一日會軍校數員,飲酒作歡,石潨以胡琴在坐,非知音者,喧嘩語笑,殊不傾聽。潨乃撲檀槽而訴曰:"某曾爲中朝宰相供奉,今日與健兒彈而不我聽,何其苦哉。"於時識者嘆訝之。

(宋)李昉:《太平廣記》卷二〇五《樂三·關別駕》

後唐依前制,獨宗廟四室別立舞名。懿宗用《昭德之舞》,獻祖用《文明之舞》,太祖用《應天之舞》,昭宗用《永平之舞》,莊宗用《武成之舞》,明宗用《雍熙之舞》。

(元)馬端臨:《文獻通考》卷一四五《樂考一八》

　　梁制十二雅樂章,凡二十五曲。太祖開平二年,始議饗廟郊祀,詔張兗、楊煥等共撰樂曲。郊祀降神奏《慶和》,皇帝行奏《慶順》,奠玉幣登歌奏《慶平》,迎俎奏《慶蕭》,恭祖室奏《象功》舞歌,列祖室奏《昭德》舞歌。其後裴文矩奏而更之,故昊天上帝降神奏《永同》,皇帝行奏《大同》,奠玉幣奏《順同》,酌獻奏《壽同》,飲福酒奏《福同》,退文迎武奏《混同》,亞獻終獻奏《咸熙》,朝會迎送皇帝奏《大同》,群臣行奏《混同》,其歌聲靡曼而胡鄭交奏。後唐並用唐樂,惟撰定廟室六曲而已。懿祖室奏《昭德》之歌,獻祖室奏《文明》之歌,太祖室奏《應天》之歌,昭宗室奏《永平》之歌,莊宗室奏《雍熙》之歌。晉郊廟樂章史志不錄,疑當時未暇論著也。惟《大周正樂》記崔梲言,所造朝會十一曲,當時已被於樂府。而盧詹、張允等所撰宗廟十五曲,標題雜舛,豈未嘗被於弦歌而然邪?

　　陳氏《樂書》曰:"竊觀漢高祖天福中,元日大饗,樂工登歌,其聲大類《薤露》《虞殯》,而舞亦不成列,則禮樂已消亡矣。是時出狩於鄴,而安重進、安鐵胡舉兵已叛,豈禮樂崩壞所致然邪?"

　　漢高祖受命初年,張昭改宗廟樂歌,撰次郊祀朝會等曲甚備。而五郊迎氣諸祀,但記用樂,不見其曲,所可紀者特宗廟七室之樂而已。故太祖室奏《至德之歌》,文祖室奏《靈長》之歌,德祖室奏《積善》之歌,翼祖室奏《顯仁》之歌,顯祖室奏《章慶》之歌,高祖室奏《觀德》之歌。由此觀之,豈張昭所建未之或用邪?

(元)馬端臨:《文獻通考》卷一四三《樂考一六》

　　梁太祖開平初,造《崇德》之舞,以祀昊天;《開平》之舞,以享宗廟。然廟有四室,室為一舞。一室曰《大合》之舞,二室曰《象功》之舞,三室曰《來儀》之舞,四室曰《昭德》之舞。

(元)馬端臨:《文獻通考》卷一四五《樂考一八》

後唐莊宗起於朔野，所好不過胡部鄭聲，先王雅樂，殆將掃地。

莊宗廟酌獻，舞《武成》之舞，明宗廟酌獻，舞《雍熙》之舞，各有登歌樂章一首。

（元）馬端臨：《文獻通考》卷一二九《樂考二》

長興三年九月壬辰，宴群臣於長春殿，教坊進新曲。是日奏畢，賜名曰《長興樂》。

（宋）王欽若等編纂：《冊府元龜》卷五七〇《掌禮部》

末帝清泰元年五月，太常卿盧文紀言：“明宗皇帝祔廟，其一室酌獻舞曲歌辭，臣請名《雍熙》之舞。”從之。

（宋）王欽若等編纂：《冊府元龜》卷五七〇《掌禮部》

後唐清泰之初，王仁裕從事梁苑，時范公延光師之。春正月，郊野尚寒，引諸幕僚，餞朝客於折柳亭。樂則於羽，而響鐵獨有宮聲，泊將摻執，竟不諧和。王獨訝之，私謂戎判李大夫式、管記唐員外獻曰：“今日必有讟張之事，蓋樂音不和。今諸音舉羽，而獨扣金有宮聲。且羽爲水，宮爲土，水土相克，得無憂乎？”於時筵散，朝客西歸。范公引賓客，繼鷹犬，獵於王婆店北。爲奔馬所墜，不救於荒陂。自辰巳至午後，絕而復蘇。樂音先知，良可至矣。

（宋）李昉：《太平廣記》卷二〇四《樂二·王仁裕》

（天福）四年十二月庚戌，禮官奏：“歲正旦，王公上壽，皇帝舉酒。奏《玄同》之樂。再飲、三飲，並奏《文通》之樂。三飲訖，群臣再拜，樂奏《大同》，蕤賓之鐘，左右皆應。”是月壬戌，又奏：“正旦上壽，宮懸歌舞未全，且請雜用九部雅樂，歌教坊法曲。”從之。

（宋）王欽若等編纂：《冊府元龜》卷五七〇《掌禮部》

周王仁裕，初仕晉爲司封郎中。仁裕爲文之外，亦曉音律。天福五年八月戊申,宴群臣於永福殿,樂奏黃鍾。仁裕曰:"音不純肅,聲不和振,其將有爭者乎?"或問之曰:"奚以知其然?"對曰:"夫樂有天地辰宿,有軌數形色,有陰陽逆順,有離合隱見。天數五,地數六。六五相合,十一月而生黃鍾。黃鍾者,同律之主,五音之元宮也。子、寅、卯、巳、未、酉、戌,謂之羽;子、寅、辰、午、未、酉、亥,謂之宮;子、丑、卯、巳、未、申、戌,謂之角;子、卯、辰、巳、未、酉、戌,謂之商。四者靡靡成章,峻而且厲。鄭衛之音,此之謂也。雖高有所忽微,中有所闕漏,與夫推曆生律,以律合呂,九六之偶,旋相爲宮。三正生天地之美,七宗固陰陽之序者,於其通人神,宣歲功。生成軌儀之德,紀協長大之算,則精粗異矣。在乎審治亂,察盛衰,原性情,應形兆,則殊途而同歸也。三正者,一爲天,二爲地,三爲人。七宗者,黃鍾爲宮,太簇爲商,姑洗爲角,林鍾爲徵,南呂爲羽,應鍾爲變宮,蕤賓爲變徵。角爲木,商爲金,宮爲土,變徵爲日,變宮爲月,徵爲火,羽爲水。龍角、元龜、天豕、井侯主乎角,平亢、河鼓、婁聚、輿鬼主乎商,天根、須女、庖俎、鳥喙主乎宮,辰馬、陰虛、旄頭、天都主乎變徵,大火、丘封、天高、鳥搏主乎變宮,龍尾、元室、四兵、天倡主乎徵,天津、東璧、參伐、輨車主乎羽。角之數六十有四,商之數七十有二,宮之數八十有一,變徵之數五十有六,變宮之數四十有二,徵之數五十有四,羽之數四十有八,極商之數九十,陽之數一百二十有八,陰之數一百一十有二,五音之數畢矣。神無形而有化,處乎聲數之間。故昭之以音,合之以算。音以定主,算以求象,觸於耳而徹於心,繇是而知也夫,何疑哉。"

(宋)王欽若等編纂:《冊府元龜》卷八五七《總錄部》

(天福五年)十一月冬至,帝受朝於崇元殿,王公上壽,列二舞於樂懸之北。舉觶,奏《玄同》之樂。三爵,奏《文同》之樂。帝舉食,文武歌《昭德》之舞,又歌《成功》之舞。上舉四爵,登歌作。群臣飲,懸下樂作,又奏龜茲樂一部,以俟食畢。時以二舞久廢,自此復興。樂工、舞人多取教坊伶官充用,其歌聲靡曼,抗墜端折,舞容綴兆,屈伸俯仰,勔作皆合節,無離謾遲速之累。及龜茲樂終,乃奏《霓裳法曲》。朝士咸以官舞奕舞,所謂雅部,而鄭、衛之音更奏其內,甚非禮也。其後樂司自名一舞即及音聲人,多出市井之徒,限六十日教習。教習未畢,會正旦上壽,登歌登聲,則悲離煩慝,如《薤露》《虞殯》之音,其舞進退不成旅,蹈厲不應方。識者皆曰:"歌舞所以遵德,禮樂所以觀政,今大失其序,無嘉成之節。季丸無譏者,此近之矣。"故其年駕幸鄴都,安從進、安重榮皆興兵向闕,明年高祖晏駕,次年契丹入寇。至哉吉凶形兆之於樂也,昭昭然其若是,其可不重乎?

(宋)王欽若等編纂:《冊府元龜》卷五七〇《掌禮部》

(天福)五年,詔太常復文武二舞,定正、至朝會樂章。自唐末喪亂,禮樂制度亡失已久,太常卿崔梲與御史中丞竇貞固、刑部侍郎呂琦、禮部侍郎張允等草定之。其年冬至,高祖會朝崇元殿,廷設宮懸,二舞在北,登歌在上。文舞郎八佾六十有四人,冠進賢,黃紗袍,白中單,白練襠襡,白布大口褲,革帶履。左執籥,右秉翟。執纛引者二人。武舞郎八佾六十有四人,服平巾幘,緋絲布大袖,繡襠,甲金飾,白練襠,錦騰蛇起梁帶,豹文大口褲,烏靴,左執干,右執戚。執旌引者二人。加鼓吹十二案,負以熊豹,以象百獸率舞。案設羽葆鼓一,大鼓一,金錞一。歌、簫、笳各二人。王公上壽,天子舉爵,奏《玄同》。三舉,登歌,奏《文同》。舉食,文舞舞《昭德》,武舞舞《成功》之曲。禮畢,高祖大悅。賜梲金帛,群臣左右睹者皆嗟嘆。然禮樂廢久,而製作簡繆,又繼以龜茲部《霓裳法曲》,參亂雅音,其樂工舞郎,多教坊伶人、百工商賈、州縣避役之人,又無老師良工教習。明年正旦,復奏於廷,而登歌發聲悲離煩慝,如《薤露》《虞殯》之音,舞者行列進退,皆不應節,聞者皆悲憤。其年高祖崩。開運二年,太常少卿陶穀奏廢二舞。明年,契丹滅晉,耶律德光入京師,太常請備法駕奉迎,樂工教習鹵簿鼓吹,都人聞者爲之流涕焉。

(元)馬端臨:《文獻通考》卷一二九《樂考二》

晉高祖初,詔崔梲等制定樂舞。梲等講求唐制,盡復其器服工員。改文曰《昭德》之舞,武曰《成功》之舞。始爲大會陳之,並推取教坊諸工以備行列,屈信俯仰,頗有儀度。其後太常更自廣募工員,多出市人,閱習未幾,而元會朝饗,遂用寺工,以陳於廷,進退無旅,而歌如《虞殯》。當時識者觀之,知晉之將亡兆於此矣。

(元)馬端臨:《文獻通考》卷一四五《樂考一八》

少帝以天福七年即位,禮儀使奏:"奉敕撰高祖皇帝祔饗太廟酌獻樂章舞名,伏請以《咸和》之舞爲名者。"敕:"恭依典禮。"

(宋)王欽若等編纂:《册府元龜》卷五七〇《掌禮部》

晉崔稅判太常卿公事。時二舞久廢,有詔修舉。稅撰樂章新詞,教舞童歌之。高祖賞焉,錫賚甚厚,直拜太常卿。

(宋)王欽若等編纂:《册府元龜》卷六二〇《卿監部》

後漢高祖受命,判太常寺張昭奏改唐祖孝孫所定《治康》之舞爲《治安》之舞,《凱安》之舞爲《振德》之舞。又改貞觀中《九功舞》爲《觀象》之舞,《七德舞》爲《講功》之舞。其《治安》《振德》二舞,請依舊郊廟行用,以文舞降神、武舞送神;其《觀象》《講功》二舞,請依舊宴會行用。昔周朝奏六代之樂,即今二舞之類是也。其賓祭常用,別有《九夏》之樂,即《肆夏》《皇夏》等是也。梁武帝善音樂,改《九夏》爲《十二雅》,前朝祖孝孫改"雅"爲"和",示不相沿也。今改"和"爲"成",取《韶》樂九成之義也。《十二成》樂曲名:祭天神奏《豫和》,今改爲《禋成》之樂;祭地祇奏《順和》,今改爲《順成》之樂;祭宗廟奏《永和》,今改爲《裕成》之樂;祭天地、宗廟登歌奏《蕭和》,今改爲《蕭成》之樂;皇帝臨軒奏《太和》,今改爲《政成》之樂;王公出入奏《舒和》,今改爲《弼成》之樂;皇帝食舉及飲宴奏《休和》,今改爲《德成》之樂;皇帝受朝、皇后入宮奏《正和》,今改爲《宸成》之樂;皇太子軒懸,出入奏《承和》,今改爲《允成》之樂;正、至皇帝禮會登歌奏《昭和》,今改爲《慶成》之樂;郊廟俎入奏《雍和》,今改爲《騂成》之樂;皇帝祭享、酌獻、讀祝文及飲福、受胙奏《壽和》，今改爲《壽成》之樂。祖孝孫元奏《十二和》曲，開元中又奏《三和》，遂有《十五和》之名。梁置《十二雅》，蓋取十二天之成數，契八音十二律之變，輒益《三和》，有乖稽古。又緣祠祭所用，不可盡去，今取其一焉。祭孔宣父、齊太公廟：降神奏《宣和》，今改爲《師雅》之樂；三公昇殿、會訖降階屨行奏《祴和》，今廢，同用《弼成》之樂；享先農、籍田奏《豐和》，今廢，同用《順成》之樂；已上四舞、十二成、雅樂名。皇帝至、正受朝賀用樂次第：正仗，公卿入，奏《弼成》之曲；冬仗，公卿入，奏《弼成》之曲；皇帝坐，奏《政成》之曲；正仗與冬仗同。公卿獻壽，奏《壽成》之曲；正、冬仗同。皇帝舉爵，奏《德成》之曲；正、冬仗同。皇帝興，奏《政成》之曲；正、冬仗同。群臣會畢降階，奏《弼成》之曲；正、冬仗同。公卿出，奏《弼成》之曲。正、冬仗同。

（元）馬端臨：《文獻通考》卷一二九《樂考二》

漢高祖即位之初，太常張昭進言，唐有《治康》《凱安》《七德》《九功》四舞，不可廢罷，宜更名號，示不相襲也。故《治康》曰《治安》之舞，《凱安》曰《振德》之舞，《九功》曰《觀象》之舞，《七德》曰《講功》之舞。《治安》《振德》用之郊廟，《觀象》《講功》施之燕享。又宗廟四室，室別名舞，一室曰《靈長》之舞，二室曰《積善》之舞，三室曰《顯仁》之舞，四室曰《章慶》之舞。未幾，高祖廟有司上《觀德》之舞云。

（元）馬端臨：《文獻通考》卷一四五《樂考一八》

（天福十二年）九月，權判太常卿張昭上議曰："臣聞歌以詠德，舞以象功，必於開創之時，便定聲詩之制。蓋以鋪舒文教，宣暢武經。觀舜帝《簫韶》，則揖讓之儀可見；睹周家《大武》，則蹈厲之世如存。儻無夔練管弦，且調鍾律，何以顯文祖受終之迹，紀盟津誓衆之年。是以王者功成，必須有作。伏惟皇帝陛下身爲律度，叾協《莖》《英》，倦聞臥聽之音，思奏無邪之頌，將欲配祖宗於清廟，禮天地於圓丘。是以正八佾之羽旄，考四廂之金石，俾其合叙，靡至奪倫。臣謬以菲才，暫司樂職。周朝用六代之舞，粗識旨歸；秦帝改五行之歌，頗詳沿革。今宮懸一部，歷代雅音，其登歌象舞之詩，孝享嚴禋之用，調須合度，奏亦有倫。近日改更，率違根本，徒呈章句之學，安論製作之緜。臣謹詳按舊章，發揮新意，不改旋宮之義，別爲雅樂之名，翼自我朝，以爲定制。"又議改二舞名曰："昔周公相成王制禮，殿庭遍奏六代舞，所謂《雲門》《大咸》《大韶》《大夏》《大濩》《大武》也。周室既衰，王綱不振，諸樂皆廢，惟《大韶》《大武》二曲存焉。秦漢以來名爲二舞。文舞，《韶》也；武舞，《武》也。漢時改爲《文始》《五行》之舞，歷代因而不改。貞觀作樂之時，祖孝孫改隋文舞爲《治康》之舞，武舞爲《凱安》之舞。貞觀中，有《秦王破陣樂》《功成慶善樂》二舞，樂府又用爲二舞，是舞有四焉。前朝行用年深，不可遽廢，俟國家偃息靈臺，即別召工師，更其節奏。今且改其名，具書如右。祖孝孫所定二舞，曰《治康》之舞，請改爲《治安》之舞；取《禮》"治世之音安以樂"義。武舞曰《凱安》之舞，請改爲《振德》之舞。取振旅士德之義。貞觀中二舞名，文舞《功成慶善樂》，前朝名爲《九功舞》，請改爲《觀象》之舞；取《易》"君子居則觀其象"義。武舞《秦王破陣樂》，前朝名爲《七德舞》，請改爲《講功》之舞。取講武策勛義。其《治安》《振德》二舞，請依舊郊廟行用，以文舞降神，武舞送神。其《觀象》《講功》二舞，請依舊宴會行用。請改十二和樂。昔周朝奏六代之樂，即今二舞之類是也。其賓祭常用，別有《九夏》之樂，即《肆夏》《皇夏》等名是也。梁武帝善音樂，改《九夏》爲《十二雅》。前朝祖孝孫改"雅"爲"和"，示不相沿也。臣今改爲"成"，取《韶》樂九成之義。《十二成》樂曲名：祭天神奏《豫和》之樂，請改爲《禋成》之樂；祭地祇奏《順和》，請改爲《順成》；祭宗廟奏《永和》，請改爲《裕成》；祭天地、宗廟、登歌奏《肅和》，請改爲《肅成》；皇帝臨軒奏《太和》，請改爲《政成》；王公出入奏《舒和》，請改爲《弼成》；皇帝食舉及飲宴奏《休和》，請改爲《德成》；皇帝受朝、皇后入宮奏《正和》，請改爲《宸成》；皇太子軒懸出入奏《承和》，請改爲《裔成》；元日、冬至皇帝禮會、登歌奏《昭和》，請改爲《慶成》；郊廟俎入奏《雍和》，請改爲《騂成》；皇帝祭享、酌獻、讀祝文及飲福、受胙奏

《壽和》，請改爲《壽成》。祖孝孫原定《十二和》曲，開元朝又奏三和，遂有"十五和"之名。凡制作禮法，動依典故。梁置《十二雅》，蓋取十二天之成數，契八音十二律之變，軌益以三和，有乖稽古。又緣祠祭所用，不可盡去，臣取其一焉，祭孔宣父、齊太公廟降神奏《宣和》，請改《師雅》之樂；三公昇殿、會訖下階，履行奏《祴和》，請廢，同用《弼成》；享先農、耕籍田奏《豐和》，請廢，同用《順成》。"

（宋）王欽若等編纂：《册府元龜》卷五七〇《掌禮部》

隱帝乾祐元年七月，禮儀使張昭上高祖廟奠獻舞曲名並歌調，表曰："臣聞《書》稱舜、禹之歌，《詩》載商、周之頌，蓋示清廟貽謀之本，表玄王創業之難。固宜播在謳謠，被之弦管，永煥斷鰲之迹，式彰伐鼓之勤。伏惟高祖睿文聖武昭肅孝皇帝龍躍唐郊，龜謀代邸，應黃星而恢帝緒，彌青犢以正乾綱。爰在出潛，備經歷試。逐陰山之醜類，令振北門；持分陝之權衡，化流南國。大勳允集，駿命攸歸，庬頭落而外敵亡，蜀井燃而漢圖霸。大驅渾酪，重滌寰瀛。按稷嗣之舊儀，遵未央之故事，祇見天地，朝拜寢園，誓帶礪以賞功臣，儼環當而酬佐命。比昭烈之雄玉壘，寄奴之王金陵，瞻彼一隅，寧光二祖。湛湛清洛，峨峨德陽，上林之樸柳重芳，南頓之嘉禾再茂。洪惟聖考，無忝神宗，黎民方慶其削平，仙馭奄辭於顧復。今則蚩開畢陌，龍去鼎湖，九虞之尸祝虛陳，三后之衣冠已祔。崇牙設簴，萬舞盈庭。睹總幹山立之人，如觀牧野；聽夏籥序興之韻，似宴橫汾。象功之舞雖陳，咏德之歌仍缺。昔秦王破陣，周帝降成，而猶寫在宮商，形於綴兆，聖作物睹，夫何讓焉！臣載考聲詩，恭詳典禮，《書》曰：'七世之廟，可以觀德。'高祖皇帝廟室奠獻舞曲，請以觀德爲名。"

（宋）王欽若等編纂：《册府元龜》卷五七〇《掌禮部》

（廣順元年）五月，太常卿邊蔚上言："王者誕膺駿命，光啓皇圖。應天順人之期，時聞有異；制禮作樂之道，理亦同歸。所以堯作《大章》，周爲《大武》，克表欽明之運，爰形蹈厲之容。歷代而然，舊章斯

在。伏惟皇帝陛下，上承帝祉，下感人心。必修逸禮而秩無文，執古
道而御今有。朱弦寶瑟，將觀清廟之登歌；方澤圓丘，欲祀二儀而展
禮。爰詔執事，俾易舊章，庶成雅頌之聲，仰達神明之德。臣學窺周、
孔，職嗣夷、夔。諧虞庭之八音，未觀率舞；審姬朝之六奏，微辨象成。
輒變大予，以明光宅。所議改舞名，遠自秦漢，下泊隋唐。六代之舞
不全，四懸之器徒在。陳周之後，唯有《大韶》《大武》之曲，歷代相
沿，以爲二舞。祖孝孫目文舞曰《治康》，武舞曰《凱安》。貞觀中，復
有《功成慶善樂》，爲《九功舞》；《秦王破陣樂》，爲《七德舞》。近朝
多故，舞位虛陳，雖未至於盡亡，實罕明於述作。侯五兵不試，九序載
歌，特委名臣，重修盛禮。使朱幹王戚，無差綴兆之容；《大夏》《雲
門》，復振鏗鏘之韻。臣今沿革止異，名言具修如別。前朝改祖孝孫
所定二舞名，文舞曰《治安》之舞，武舞曰《振德》之舞，今請改《治安》
爲《政和》之舞，《振德》爲《善勝》之舞。前朝改貞觀中二舞名，文舞
曰《觀象》之舞，武舞曰《講功》之舞，今請改《觀象》爲《崇德》之舞，
《講功》爲《象成》之舞。又議改十二成：在昔周邦，善行古道。奏六
代之樂，則《大章》《大濩》之倫；列《九夏》之名，乃《皇夏》《肆夏》之
類。及至梁室，爲十二雅之樂。唐朝改雅爲和，前朝改和爲成，皆用
殊時之制。臣今改成爲順。十二順樂曲名：祭天神奏《禋成》，請改爲
《昭順》之樂；祭地祇奏《順成》請改爲《寧順》之樂；祭宗廟奏《裕
成》，請改爲《肅順》之樂；祭天地、宗廟、登歌奏《肅成》，請改爲《感
順》之樂；皇帝臨軒奏《政成》，請改爲《治順》之樂；王公出入奏《弼
成》，請改爲《忠順》之樂；皇帝食舉奏《德成》，請改爲《康順》之樂；皇
帝受朝、皇后入宮奏《宸成》，請改爲《雍順》之樂；皇太子軒懸出入奏
《裔成》，請改爲《溫順》之樂；元日、冬至皇帝禮會，登歌奏《慶成》，請
改爲《禮順》之樂；郊廟、俎入奏《騂成》，請改爲《禋順》之樂；皇帝祭
享、酌獻、讀祝及飲福、受胙奏《壽成》，請改爲《福順》之樂。梁武帝
改《九夏》爲十二雅，以協陽律、陰呂、十二管旋相之義。祖孝孫改爲
十二和。開元中，乃益三和。前朝去三和，改一雅。臣今以爲，名既
異時，作宜稽古，今去其雅，只用十二順之曲。祭孔宣父，齊太公廟，

降神奏《師雅》,請同用《禮順》之樂;三公昇殿、會訖下階履行同用《弼成》,請同用《忠順》之樂;享先農及籍田同用《順成》,請同用《寧順》之樂;正冬仗、公卿入並奏《忠順》之樂;皇帝坐奏《治順》之曲;皇帝舉爵奏《康順》之曲;群臣會畢降階奏《忠順》之曲;公卿獻壽奏《福順》之曲;公卿出奏《忠順》之曲;皇帝謁太廟用樂歌詞:降神用文舞,奏《肅順》之曲;皇帝行奏《治順》之曲;登歌、酌獻奏《感順》之曲;迎俎奏《禋順》之曲;皇帝飲福奏《福順》之曲;送文舞出,迎武舞入,奏《忠順》之曲,武舞奏《善勝》之曲;徹俎奏《肅順》之曲;送神奏《肅順》之曲。皇帝南郊大禮歌祠:降神用文舞,奏《昭順》之曲;皇帝行奏《治順》之曲;登歌、奠玉幣奏《感順》之曲;迎俎奏《禋順》之曲;皇帝初獻奏《福順》之曲;亞獻同奏《福順》之曲;皇帝飲福奏《福順》之曲;送神文舞出,迎武舞入,奏《忠順》之曲;武舞奏《善勝》之曲;送神奏《昭順》之曲。"

(宋)王欽若等編纂:《冊府元龜》卷五七〇《掌禮部》

周太祖廣順元年,太常卿邊蔚奏改前朝《治安》爲《政和之舞》,《振德》爲《善勝之舞》,《觀象》爲《崇德之舞》,《講功》爲《象成之舞》。又議改《十二成樂曲》爲《十二順》:曰《昭順》,曰《寧順》,曰《肅順》,曰《感順》,曰《治順》,曰《忠順》,曰《康順》,曰《雍順》,曰《溫順》,曰《禮順》,曰《禋順》,曰《福順》。

(元)馬端臨:《文獻通考》卷一二九《樂考二》

周廣順初,太常卿邊蔚奏,改《治安》爲《政和之舞》,《振德》爲《善勝之舞》,《觀象》爲《崇德之舞》,《講功》爲《象成之舞》。宗廟樂舞:信祖廟舞《肅雍之舞》,僖祖廟舞《章德之舞》,義祖廟舞《善慶之舞》,慶祖廟舞《觀成之舞》,太祖廟舞《明德之舞》,世宗廟舞《定功之舞》。

(元)馬端臨:《文獻通考》卷一四五《樂考一八》

　　(顯德)六年正月,樞密使王朴上疏云:“臣聞禮以檢形,樂以治心。禮樂者,聖人之大教也。形體順於外,心氣和於内,而不治者,未之有也。故理定必制禮,功成必作樂。一人作之於上,萬人化之於下。政令不嚴,功力不勞,而天下理者,禮樂也。行政者,禮也;成禮者,樂也。故聖人盡心焉。夫樂作於人心,成聲於物,聲樂既和,反感於人心者也。所假之物,大小有數。九者,成數也,是以黄帝吹九寸之管,得黄鐘之聲,爲樂之端也。半之,清聲也。倍之,緩聲也。三分其一,次損益之,相生之聲也。十二變而復黄鍾,聲之總數也。乃命之曰十二律。旋迭爲均,均有七調,合八十四調,播之於八音,著之於歌頌。將以奉天地,事祖宗,和君臣,接賓旅,恢政教,厚風俗,以其功德之形容告於神明,俾百代之後,知邦國之所緣興,風教之所緣行者也。宗周而上,率緣斯道,自秦而下,旋宫聲廢。洎東漢,雖有太子丞鮑鄴興之,亦人亡而息,無嗣續之者。漢至隋垂十代,凡數百年,所存者黄鐘之宫一調而已。十二律中,唯用七聲,其餘五律,謂之啞鐘,蓋不用故也。唐太宗有知人之明,善復古道,故用祖孝孫、張文收考正雅樂,而旋宫八十四調復見於時,在懸之器,方無啞者。所以知太宗之道,與三、五同功焉。安史之亂,京都爲墟,器之與工,十不存一,所用歌奏,漸多紕繆。逮乎黄巢之餘,工器都盡,購募不獲,文記亦亡,集官酌詳,終不知其制度。時有太常博士商盈孫,按《周官·考工記》之文,鑄鎛鐘十二,編鐘二百四十。處士蕭承慶校定石磬,今之在懸者是也。雖有樂器之狀,殊無相應之和。逮乎僞梁、後唐,歷晉與漢,皆享國不遠,未暇及於禮樂。至於十二鎛鐘,不問聲律宫商,但循環而擊,編鐘、編磬徒懸而已。絲、竹、匏、土,僅有七聲,作黄鐘之宫一調,亦不和備,其餘八十三調,於是乎泯絶。樂之缺壞,無甚於今。陛下天縱文武,奄宅中區。上黨一戰,并胡喪氣。東西二征,秦吴開境。大功既著,思復三代之風。遺文絶編,咸令遐訪,墜典庶務,無不聿修。宗廟朝廷之儀,車服物象之數,於是乎昭明。遂召樂懸,親自考聽,知其亡失,深動上心,乃命中書舍人竇儼參詳太常樂事。不逾月,調品八音,初家和會。以臣曾學律歷,宣示古今樂録,令臣討論,臣雖不敏,敢不奉詔。遂依唐法,以秬黍較定尺度。長九寸,虛徑三分,爲黃鐘之管,與見在黃鐘之聲相應。以上下相生之法推之,得十二律管。以爲衆管互吹,用聲不便,乃作律準。十三弦宣聲,長九尺張弦,各如黃鐘之聲。以第八弦六尺,設柱爲林鐘;第三弦三尺,設柱爲太簇;第十弦五尺三寸四分,設柱爲南呂;第五弦七尺一寸三分,設柱爲姑洗;第十二弦四尺七寸五分,設柱爲應鐘;第七弦六尺三寸三分,設柱爲蕤賓;第八弦八尺四寸四分,設柱爲大呂;第九弦五尺六寸三分,設柱爲夷則;第十弦七尺五寸一分,設柱爲夾鐘;第十一弦五尺一分,設柱爲無射;第十二弦六尺六寸八分,設柱爲中呂;第十三弦四尺五寸,設柱爲黃鐘之清聲。十二聲中,施用七聲迭爲均焉。均之主者,宮也,徵、商、羽、角、變宮、變徵次焉。發其均主之聲,歸乎本音之律,七聲迭應而不亂,乃成其調。均有七調,聲有十二均,合八十四調,歌奏之曲,繇之出焉。旋宮之聲久絶,一日而補,出臣獨見,恐未詳悉,望下中書門下,集百官及内外知音者校其得失,然後依調制曲。八十四調,曲有數百,見存者九曲而已,皆調之黃鐘之宮聲。今詳其音數,内三曲即是黃鐘宮聲,其餘六曲,錯雜諸調,蓋傳習之誤也。唐初雖有旋宮之樂,至於用曲,多與禮文相違。既不敢用唐爲則,臣又懼學獨力,未能備究古今,亦望集多聞知禮之者,上本古典,下順常道,定其義理。於何月行何禮,合用何調何曲,聲數長短幾變成,議定而制曲,方可久長行用。所補雅樂旋宮八十四調,並所定尺、所吹黃鐘管、所作律準,謹并上進。去聖逾遠,獨學難周,莫副天心,空塵聖鑒。"疏奏,帝善之,乃詔尚書省集百官詳定。兵部尚書張昭等獻議曰:"伏睹樞密使王朴奏,太常寺樂懸鐘石不和,今依古準法均調,月律十二管旋相爲宮,定八十四調,以下太常寺教習三十五調訖,望集衆官詳議,於何月行何禮,用何曲調,及聲數變數,欲議定而制曲者。伏奉命,敕據王朴所奏事下尚書省,集三省官、翰林學士、御史臺、太常寺官員及禮官、博士等,同商榷前代沿革典故,並據所習新聲律準管尺等,參詳可否,議定奏聞者。臣等聞:"昔帝鴻氏之制樂也,將以範圍天地,協和人神,張八節之風聲,測四時之正氣。氣之清濁,不可以筆授,聲之善否，不可以口傳，故鼎氏鑄金，伶倫截竹，爲律吕相生之管，宫商正和之音。乃播之於管强，宣之於鐘石，然後覆載之情訢合，陰陽之氣和同，八氣從律而不奸，五聲成文而不亂。空桑、孤竹之韻，足以禮神；《雲門》《大夏》之容，無虧觀德。然月律有還宫之法，備於大師之職。經秦滅學，雅道凌夷。漢初，制氏所調唯存鼓舞，旋宫十二均更用之法，世莫行聞。漢元帝時，京房善《易》别音，探求古義，以《周官》均法，每月更用五音，乃立準調，旋相爲宫，成六十調。又以日法折爲三百六十，傳於樂府，而編懸復舊，律吕無差。遭漢中微，雅音淪缺，京房準法，屢有言者，事終不成。錢樂空記其名，沈重但條其説，六十律法，寂寥不嗣。梁武帝素精音律，自造四通十二笛，以領八音。又引古五造、二變之音，旋相爲宫，得八十四調，與律準所調，音同數異。侯景之亂，其音又絶。隋朝初定雅樂，羣黨沮議，歷載不成。而沛公鄭譯因龜兹琵琶七音，以領月律，五更、二變，七調克諧，旋相爲宫，復爲八十四調。工人萬寶常又減其絲數，稍令古淡。隋高祖不重雅樂，令儒官集議。博士何妥駁奏，其鄭、萬所奏八十四調并廢。隋代郊廟所奏，唯黄鐘一均，與五郊迎氣雜用蕤賓，但七調而已。其餘五鐘，懸而不作。三朝宴樂，用縵九部，迄於革命，未能改更。唐太宗爰命舊工、祖孝孫、張文收整比鄭譯、寶常所均七音八十四調，方得絲管并懸，鐘石俱奏，七始之音復振，四廂之韻皆調。自安史亂離，咸秦蕩覆。崇牙樹羽之器，掃地無餘；戞擊搏拊之工，窮年不嗣。郊廟所奏，何異南箕，波蕩不還，知音殆絶。臣等竊以音之所起，出自人心，夔、曠不能長存，人事不能常泰，人亡則音息，世亂則樂隳。若不深知禮樂之情，安明製作之本！伏惟皇帝陛下心苞萬化，學富三雍。觀兵耀武之功，已光鴻業；尊祖禮神之致，尤軫皇情。乃睠奉常，痛淪樂職，親閲四懸之器，思復九奏之音，爰命庭臣，重調鐘律。臣等據樞密使王朴條奏，校京房之律法，練梁武之道音，考鄭譯、寶常之七均，校孝孫、文收之九變，積黍累以審其度，聽聲詩以測其情，依權衡嘉量之前文，得備數和聲之大旨，施於鐘簴，足洽簫韶。臣等今月十九日於太常寺，集命太樂令賈峻奏王朴新法黄鐘調七均，音律和諧，不相凌越。其餘十一管諸調，望依新法教習，以備禮寺施用。其五郊天地、宗廟、社稷、三朝大禮，合用十二管諸調，並載《唐史》《開元禮》，近代常行。廣順中，太常卿邊蔚奉敕定前件祠祭朝會舞名、舞曲、歌詞，寺司合有簿籍，伏恐所定曲新法曲調聲韻不協，請下太常寺檢詳校試。如或乖忤，請本寺依新法聲調，別撰樂章舞曲，令歌者誦習，永爲一代之法，以光六樂之書。"議上，詔曰："禮樂之重，國家所先。近朝以來，雅音全廢，雖時運之多故，亦官守之因循。遂使擊拊之音，空留梗概；旋相之法，莫究指歸。樞密使王朴博識古今，懸通律呂，討尋舊典，撰集新聲，復六代之正音，成一朝之盛事。其王朴所奏旋宮新詞，宜依張昭等議狀施行。仍令有司依調制曲，其間或有凝滯，更取王朴裁酌施行。"先是，雅音廢墜久矣，累朝已來，未能考正。是歲，將立歲仗，有司以崇牙樹羽宿設於殿庭，帝因親臨樂懸，試其聲奏，見鐘磬之類有施而不擊者，訊於工師，皆不能對。帝甚惻然，乃命翰林學士、判太常事竇儼參詳其失，又命朴考正其聲，朴因獻是議，及以所作律準上進。帝覽而稱善，因命百官議而行之。

  （宋）王欽若等編纂：《冊府元龜》卷五七〇《掌禮部》

  周世宗顯德六年，樞密使王朴上疏，曰："臣聞樂作於人心，成聲於物，聲氣既和，反感於人心者也。所假之物，大小有數。九者成數也，是以黃帝吹九寸之管，得黃鐘之聲，爲樂之端也。半之，清聲也。倍之，緩聲也。三分其一以損益之，相生之聲也。十二變而復黃鐘，聲之總數也。乃命之曰十二律。旋迭爲均，均有七調，合八十四調，播之於八音，著之於歌頌。將以奉天地，事祖宗，和君臣，接賓旅，恢政教，厚風俗，以其功德之形容告於神明，俾百代之後知邦國之所由行者也。宗周而上，率由斯道，自秦而下，旋宮聲廢。洎東漢雖有太子丞鮑鄴興之，亦人亡而音息，無嗣續之者。漢至隋垂十代，凡數百年，所存者黃鍾之宮一調而已。十二律中，唯用七聲，其餘五調謂之啞鐘，蓋不用故也。唐太宗有知人之明，善復古道，乃用祖孝孫、張文收考正雅樂，而旋宮八十四調復見於時，在懸之器，方無啞者。所以知太宗之道與三五同功焉。安史之亂，京都爲墟，器之與工，十不存一，所用歌奏，漸多紕繆。逮乎黃巢之餘，工器俱盡，購募不獲，文記亦亡，集官酌詳，終不知其制度。時有太常博士殷盈孫，按《周官·考工記》之文，鑄鐘十二，編鐘二百四十。處士蕭承訓校定石磬，今之在懸者是也。雖有樂器之狀，殊無相應之和。逮乎僞梁、後唐，歷晉與漢，皆享國不遠，未暇及於禮樂。至於十二鎛鐘，不問聲律宮商，但循環而擊之，編鐘、編磬徒懸而已。絲、竹、匏、土僅七聲，作黃鐘之宮一調，亦不和備，其餘八十四調於是乎泯滅。樂之缺壞，無甚於今。陛下天縱文武，奄宅中區，思復三代之風，臨視樂懸，親自考聽，知其亡失，深動上心，乃命中書舍人竇儼參詳太常樂事，不逾月調品八音，粗加和會。以臣曾學律曆，宣示古今樂録，令臣討論。臣雖不敏，敢不奉詔。遂依周法，以秬黍校定尺度，長九寸，虛徑三分，爲黃鐘之管，與見在黃鐘之聲相應。以上下相生之法推之，得十二律管。以爲衆管至吹，用聲不便，乃作律準十三弦，宣聲長九尺，張弦各如黃鐘之聲。以第八弦六尺，設柱如林鐘；第三弦八尺，設柱爲太蔟；第十弦五尺三寸四分，設柱爲南呂；第五弦七尺一寸三分，設柱爲姑洗；第十二弦四尺七寸五分，設柱爲應鐘；第七弦六尺三寸三分，設柱爲蕤賓；第二弦八尺四寸四分，設柱爲大呂；第九弦五尺六寸三分，設柱爲夷則；第四弦七尺五寸一分，設柱爲夾鐘；第十一弦五尺一分，設柱爲無射；第六弦六尺六寸八分，設柱爲中呂；第十三弦四尺五寸，設柱爲黃鐘之清聲。十二聲中，旋用七聲爲均，爲均之主者，惟宮也，征、商、羽、角、變宮、變征次焉。發其均主之聲，歸乎本音之律，七聲迭應而不亂，乃成其調。均有七調，聲有十二均，合八十四調，歌奏之曲，由之出焉。旋宮之聲久絶，一日而補，出臣獨見，恐未詳悉，望下中書門下，集百官及内外知音者較其得失，然後依調制曲。八十四調，曲有數百，今見存者九曲而已，皆謂之黃鐘之宮聲。其餘六曲，錯雜諸調，蓋傳習之誤也。唐初雖有旋宮之樂，至於用曲，多與禮文相違。既不敢用唐爲則，臣又慚學獨力，未能備究古今，亦望集多聞知禮樂者，上本古典，下順常道，定其義理，於何月行何禮，合用何調曲，聲數長短，幾變幾成,議定而制曲,方可久長行用。所補雅樂旋宮八十四調,并所定尺,所吹黃鐘管、所作律準,謹并上進。"乃詔尚書省集百官詳議。兵部尚書張昭等議於太常寺:"命太樂令賈峻奏王朴新法黃鐘調七均,音律和諧,不相凌越。其餘十一管諸調,望依新法教習,以備禮寺施用。"從之。

(元)馬端臨:《文獻通考》卷一三一《樂考四》

風鐸

後周世宗朝,長孫紹遠初爲太常,廣造樂器,無不克諧,惟黃鐘不調,居嘗患之,後因聞浮屠第三層上鳴鐸聲,雅合宮調,取而配奏之,果諧韻矣。

(元)馬端臨:《文獻通考》卷一三四《樂考七》

後周世宗詔王朴詳定雅樂,樸以爲今之鐘磬在架者,皆唐商盈孫所定,雖有作器之名,而無相應之實。至於十二鎛鐘,不考宮商,但循環擊之,鐘磬徒架而已。朴乃作准求律,以備樂器。張昭等議,以爲朴之新法,可習而行之。未幾,朴卒。明年,周室禪位,故器服制度,粗而未完。

(元)馬端臨:《文獻通考》卷一四〇《樂考一三》

周樂章

五代自梁、唐、晉、漢以來,樂器散失殆盡,唯大祠郊廟用樂,凡十有四焉。南郊四祭,降神奏《昭順》,六變,行奏《治順》,奠幣奏《感順》,迎俎奏《禋順》,初獻奏《福順》,飲福、亞獻、終獻同上,進文奏《忠順》,迎武奏《善勝》,送神奏《昭順》。太廟五祭:迎神奏《蕭順》,《九成》,行奏《治順》,酌獻奏《感順》,迎俎奏《禋順》,飲福奏《福順》,送文舞出、亞獻,上奏《忠順》,迎武舞入、終獻,上奏《善勝》,徹及送神奏《蕭順》。宣懿廟五祭:迎神奏《恭順》,《九成》,行奏《治順》,酌獻奏《大順》,迎俎奏《禋順》,飲福奏《和順》,亞獻,上奏《忠順》，終獻，上奏《感順》。自餘祠祭，並不用樂焉。

（元）馬端臨：《文獻通考》卷一四三《樂考一六》

繞殿雷

馮道之子能彈琵琶，以皮爲弦。世宗令彈，深善之，因號琵琶爲繞殿雷。

（宋）曾慥：《類説》卷二六

《崇文目》：《大周正樂》一百二十卷。《通鑒》顯德五年十一月庚戌，敕竇儼集《通禮》《正樂》。先是四年九月，儼上疏請討論禮儀，考正鐘律。《中興書目》：《大周正樂》八十八卷，周顯德間，中書舍人竇儼撰。儼承詔訂論歷代樂名、樂儀、樂議、樂音、樂圖、樂章、樂器、樂曲及夷樂之名甚備。按儼末卷論叙云：“詔編樂書叙論譜記凡八十四卷，象八十四調，新曲譜三十六卷，合前爲十二帙，象期之數。今書八十四卷具存，曲譜惟有黃範大吕四卷，餘皆缺。”竇儼傳世宗患雅樂峻，皆詔儼兼太常與樞密王朴作律，準儼編古今樂事爲《正樂》，成一百二十卷藏史閣。《會要》顯德六年正月王朴上疏曰：“唐太常博士殷盈孫鑄鑄鐘十二，編鐘二百四十。處士蕭承訓校定石磬，今在縣垂者是也。梁、唐、晉、漢僅有七聲作黃鐘之宮一調，其餘八十三調於是泯絶，宜示古今樂録令。臣討論遂作律準十三弦用七聲爲均，均有七調聲，有十二均，合八十四調，所補雅樂旋宮八十四調，並所定尺，所吹黃鐘管，所作律準，并上進。”詔百官詳議依新法教習。廣順元年八月太常卿邊蔚奏改十二成爲十二順，二舞名爲崇德、象成。

（宋）王應麟：《玉海》卷一〇五《音樂》

（王）衍之末年，率其母后等同幸青城，至成都山上清宮。隨駕宮人皆衣畫雲霞道服。衍自製《甘州曲辭》，親與宮人唱之曰：“畫羅裙，能結束，稱腰身，柳眉桃臉不勝春，薄媚足精神。可惜許，淪落在風塵。”宮人皆應聲而和之。衍之本意以神仙而在凡塵耳。後衍降中原,宮妓多淪落人間,始驗其語。後朝廷追封順正公。

(明)陶宗儀:《說郛》卷六四《五國故事》

(乾德)五年三月上巳,宴怡神亭,婦女雜坐,夜分而罷。衍自執板,唱《霓裳羽衣》及《後庭花》《思越人》曲。

(明)陶宗儀:《說郛》卷四五《蜀檮杌》

(乾德五年)重陽,宴群臣於宣華苑,夜分未罷。衍自唱韓琮《柳枝詞》曰:"梁苑隋堤事已空,萬條猶舞舊春風。何須思想千年事,惟見楊花入漢宮。"內侍宋光溥咏胡曾詩曰:"吳王恃霸弃雄才,貪向姑蘇醉綠醅。不覺錢唐江上月,一宵西送越兵來。"衍聞之不樂,於是罷宴。

(明)陶宗儀:《說郛》卷四五《蜀檮杌》

(廣政十四年)三月,宴後苑,放士庶入觀。時徘優有唱《康老子》者,昶問李昊等其曲所出,皆不能對。徐光溥曰:"康老而無子,故制此曲。"
唐英按:康老子即長安富家子。開元中,落拓不事生業,好與梨園樂工游。一旦,家資蕩盡,窮悴而卒。樂工嘆之,因爲此曲。又一名曰《得至寶》。光溥不知而妄對也。

(明)陶宗儀:《說郛》卷四五《蜀檮杌》

王蜀黔南節度使王保義,有女適荆南高從誨之子保節。未行前,暫寄羽服,性聰敏,善彈琵琶。因夢異人,頻授樂曲。所授之人,其形或道或俗,其衣或紫或黃。有一夕而傳數曲,有一聽而便記者。其聲清越與常異,類於仙家《紫雲》之亞也。乃曰:"此曲譜請元昆制序,刊石於甲寅之方。"其兄即荆南推官王少監貞範也,爲制序刊石。
所傳曲,有《道調宮》《王宸宮》《夷則宮》《神林宮》《蕤賓宮》《無射宮》《玄宗宮》《黃鐘宮》《散水宮》《仲呂宮》。商調,《獨指泛清商》

《好仙商》《側商》《紅綃商》《鳳抹商》《玉仙商》。角調,《雙調角》《醉吟角》《大吕角》《南吕角》《中吕角》《高大殖角》《蕤賓角》。羽調,《鳳吟羽》《背風香》《背南羽》《背平羽》《應聖羽》《玉宫羽》《玉宸羽》《風香調》《大吕調》。其曲名一同人世,有《凉州》《伊州》《胡渭州》《甘州》《緣腰》《莫靼》《項盆樂》《安公子》《水牯子》《阿濫泛》之屬,凡二百以上曲。所異者,徵調中有《湘妃怨》《哭顔回》。常時胡琴不彈徵調也。王適高氏,數年而亡,得非謫墜之人乎。孫光憲子婦,即王氏之侄也,記得一兩曲,嘗聞彈之,亦異事也。

(宋)李昉:《太平廣記》卷二〇五《王氏女》

陳氏《樂書》曰:故江南僞唐李煜樂曲有《念家山破》識者謂不祥之兆也。我宋龍興,開寶八祀,悉收其地,煜乃入朝,國破念家山之應也。

(元)馬端臨:《文獻通考》卷一四二《樂考一五》

亡國之音信然,不止《玉樹後庭花》也。南唐後主精於音律,凡變曲莫非奇絶。開寶中,國將除,自撰《念家山》一曲,既而廣爲念家山破,其讖可知也。宫中民間日夜奏之,未及兩月傳滿江南。蓋李氏將亡,雖聰明睿智不能無感其怨,於今音尚在焉。

(明)陶宗儀:《説郛》卷四〇《野説》

《霓裳羽衣曲》,自兵興之後絶無傳者。江南周后按譜尋之,盡得其聲。

(明)陶宗儀:《説郛》卷三《江南别録》

馮瀛王道,德度凝厚,事累朝,體貌山立。其子吉,特浮薄無檢,爲少卿。善琵琶,妙出樂府,世無及者。父酷戒之,略不少悛。一日家宴,因欲辱之,處賤伶之列,衆執器立於庭,奏數曲罷,例以纏頭縑鑼隨衆伶給之。吉置縑鑼於左肩,抱琵琶按膝長跪,厲聲呼謝而退,

家人大笑於箔，回首謂父曰："能爲吉進此技於天子否?"凡賓僚飲聚，
長爲不速，酒酣即彈，彈罷起舞，舞罷作詩，昂然而去，自謂曰"馮三
絕"。及撰昭憲太后謚議，舉朝嘆服。乾德四年郊，禮容樂節，刊正漸
備，有司奏其闕典，但少宗廟殿庭宮懸三十六架，加鼓吹熊羆十二。
"按《樂禮》，朝會登歌用《五瑞》，郊廟奠獻用《四瑞》，回至樓前奏
《采茨之曲》，御樓奏《隆安之曲》，各用樂章。又《八佾》之舞，以象文
德武功，請用《玄德昇聞》《天下大定》之舞。"率從其請。

（宋）文瑩:《玉壺清話》卷二

五代符存審，少微賤，嘗犯法，當死。臨刑指旁壞垣顧主者曰:
"願就死於彼，冀得垣土覆尸。"主者哀而許之，爲徙垣下。而主將方
飲酒，顧其愛妓，思得善歌者佐酒。妓言有符存審，嘗爲妾歌，甚善。
主將馳騎召存審，而存審以徙垣下，故未加刑。因召至飲所，使歌，悅
之，得不死。故今樂府名有符存審。

（明）彭大翼:《山堂肆考》卷一六一

五代王仁裕，性曉音律。石晉初，定雅樂，奏於永福殿。仁裕聞
之曰:"黄鐘音不純肅，而無和聲，當有爭者，起於禁中。"已而果有兩
軍校鬥於昇龍門。

（明）彭大翼:《山堂肆考》卷一二五

五代之亂，大樂淪散。王朴始用尺定律，而聲與器皆失之，故太
祖患其聲高，減一律。至是，又減半。然太常樂比唐聲猶高五律，比
今燕樂高三律。

（宋）彭百川:《太平治迹統類》卷七

周顯德中，嘗詔王朴考正雅樂。樸以爲十二律管互吹，難得其
真，乃依京房爲律準，以九尺之十三，依管長斷分寸設柱，用七聲爲
均，樂乃和。至景祐元年九月，帝御觀文殿，詔取王朴律準觀視，御筆

篆寫"律準"字於其底,復付太常秘藏,本寺模勒刻石於廳事。博士、直史館宋祁爲之贊,其詞曰:"有周有臣,嗣古成器。玄寫琯音,柱分律位。俾授攸司,謹傳來世。上聖稽古,規庭閲視。嘉御正聲,親銘寶字。奎鈎奮芒,河龍獻勢。樂府增榮,乾華俯賁。用協咸韶,永和天地。"

(宋)袁褧:《楓窗小牘》卷下

國朝雅樂,即用王朴所制周樂。

(宋)江少虞:《宋朝事實類苑》卷一九

國朝雅樂,即用王朴所制周樂。太祖時,和峴以爲聲高,遂下其一律。

(宋)歐陽修:《歸田録》卷一

啞鍾以避宫聲。王朴當五代之末,杜撰得個樂,當時有幾鐘,名爲啞鐘,不曾擊。蓋古人制此,不擊以避宫聲,若一例皆擊,便有陵節之患。

(宋)章如愚:《群書考索》別集卷一五

周世宗留意雅樂,時王朴、竇儼俱號知音。顯德中,命朴、儼考正八音,爲一代之樂。朴乃以古黑黍之法,以審其度,造成律吕,以定六律六吕,旋相爲宫之義。

(宋)章如愚:《群書考索》卷五三

周相王朴既定樂,本朝因用之。神文嘗詔和峴等修焉,又有和氏樂,神文復命李照别制,然所用者惟王樂耳。永豐間,永裕遣知音者講繹是正,遂廢王樂而用李樂。範蜀公以謂宫商之不相比,乃自製上之。元祐初,太常審議,卒用李樂。協律郎陳沂聖與謂予曰:"王樂高二律,是以太簇爲黄鍾也;範樂下二律,以無射濁倍爲黄鍾也。其得中聲之合,惟李照樂云。"

（宋）王得臣:《麈史》卷上

　　古樂之亡,自暴秦始。其後大亂相尋,王莽、赤眉、五胡、安史、黄巢之亂,遺器焚毁,不可復見者多矣。至於柴氏之世,僅有存者,又皆漢以後之各以意仿彿效爲者;於是周主榮鋭意修復,以屬之王朴。朴之説非必合於古也,而指歸之要,庶幾得之矣。至宋而胡安定、范蜀公、司馬温公之聚訟又興,蔡西山掇拾而著之篇,持之確,析之精。雖然,未見其見諸行事者可以用之也。

　　……嗚呼! 王朴極其思慮,裁以大綱,樂可自是而興矣。至靖康之變,法器復亡,淫聲胡樂,爐亂天下之耳,且不知古樂之爲何等也。有製作之聖、建中和之極者出焉,將奚所取正哉? 如朴之説,固可采也。九寸之黄鐘,以累黍得其度數,有一定之則矣。而上下損益,盡之十二變而止。而用黄鐘以成衆樂也,不限於九寸,因而高之,因而下之,皆可葉乎黄鐘之律。則九其九而黄鐘之繁變皆在焉,則十一律、七調、十二均之繁變皆在焉。巧足以制其器,明足以察其微,聰足以清其紀,心足以窮其理,約舉之而義自弘,古樂亦豈終不可復哉? 若苟細煩密之説,有名有數,而不能有實,只以焚人之心志,而使不敢言樂,京房以下之所以爲樂之贅疣也。折中以成必簡之元聲,尚以俟之來哲。

（清）王夫之:《讀通鑑論》卷三○

　　（寶）儼乃儀之仲弟也。嘗與儀連翩知貢舉、直内制,時比之二陸焉。昆季五人,皆擢進士第,時亦謂之"五龍"。閨門之盛,近實罕比。周世宗顯德五年冬,將立歲仗,前一日親至於樂懸之下,問雅音於工師,皆不能答。因令儼知太常卿事,與樞密使王朴同詳定之。乃用古累黍之法,以審其度,造成律準,其形如琴而巨,凡十二弦,以定六律、六吕,旋相爲宫之義,世宗善之。至是登歌酌獻,始有倫矣。

（宋）洪遵:《翰苑群書》卷八

晉公嘗言,竇家二侍郎,儼爲文宏贍,不可企及。有集一百卷,得常楊之體,又撰釋門數事五十件,從一至百數皆節其要妙典故。又善術數,聽聲音,而興廢之世,撰《大周樂正》一百卷。周世宗時,用兄儀在翰林爲學士,常鄙其詭怪。世宗常令陶人應二十四氣,燒瓦二十四片,各題識其節氣,遂隔簾敲響,令下云無差謬。嘗指明德門謂盧、楊二校書曰:"此門相次變爲大宮闕,兵漸消偃,天下太平,幾乎似開元天寶耳。然京師人却甚逼迫,二校書將來富貴,皆見之也。"

(宋)江少虞:《宋朝事實類苑》卷四八

又,晉公嘗言:"竇家二侍郎,儼爲文宏贍,不可企及。"有集一百卷,得常、楊之體。又撰《釋門數事》五十件,從一至百數,皆節其要妙、典故。又善術數,聽聲音而知興廢之未兆,撰《大周樂正》一百卷。周世宗時,同兄儀在翰林爲學士,儀常鄙其詭怪。世宗常令陶人應二十四氣,燒瓦二十四片,各題識其節氣,遂隔簾敲響,令辯之,一無差謬。常指明德門,謂楊盧二校書曰:"此門相次變爲大宮闕,兵漸銷偃,天下太平,幾乎似開元、天寶間耳。然京師人却漸逼迫。二校書將來富貴,皆見之也。盧雖甚貴,其如壽不及楊。"

(宋)潘汝士:《丁晉公談錄》

竇禹鈞生五子:儀、儼、侃、偁、僖等,相繼登科,馮瀛王贈禹鈞詩,有"靈椿一樹老,丹桂五枝芳"。時號"竇氏五龍"。昆仲材業,儀、儼尤著。儀爲禮部侍郎,太祖欲相之。趙韓王自寡學,忌儀明博,亟引薛居正參大政以塞之。弟儼素蘊文學,爲周世宗所重,判太常寺,校管籥鐘磬,辨清濁上下之數,分律吕還相之法,去京房清宮一筭,調之二年,方合大律。又善樂章,凡三弦之通,七弦之琴,十二弦之箏,二十五弦之瑟,三漏之篴,七漏之笛,八漏之籬,十七管之笙,二十三管之簫,皆立譜調,按通而合之。器雖異而均和不差,編於歷代樂章之後,目曰《大周正樂譜》。樂寺掌之,依文教習。尤善推步星歷,與盧多遜、楊徽之同在諫垣,預謂二公曰:"丁卯歲,五星當連珠於奎,奎主文,又在魯分,自此天下始太平,二拾遺必見之,老夫不與也。"果在乾德丁卯歲,五星連珠於奎,太宗鎮袞、海。其明博如此。

(宋)文瑩:《玉壺清話》卷二

楊文公《談苑》載:"徐鍇仕江南爲中書舍人,校秘書時,吳淑爲校理。古樂府中有摻字,淑多改作操,蓋以爲章草之變。鍇曰:'不可,非可以一例。若《漁陽摻》,音七鑒反,三撾鼓也。禰衡作《漁陽摻》撾,古歌云:'邊城晏開《漁陽摻》,黄塵蕭蕭白日暗。'淑嘆服之。"餘案,詩遵大路篇云:"摻執子之袪兮"。陸德明音所覽反,及所斬反。葛屨篇:"摻摻女手。"則又音以所銜、所感、息廉三反。則摻字元非一義。梁王僧孺咏擣衣詩云:"散度廣陵音,摻寫漁陽曲。"自注云:"摻音憾"。然則摻字僧孺自有明注,不惟吳淑不知,而鍇復不援以爲證何耶? 桓譚《新論》有微子摻、箕子摻。乃知摻者,古已有之。

(宋)吳曾:《能改齋漫録》卷三

五代張薦明爲道士,高祖召見,延入内殿。薦明聞宮奏時鼓曰:"陛下聞鼓乎? 其聲一而已。五音十二律,鼓無一焉,然和之者鼓也。"

(唐)白居易、(宋)孔傳:《白孔六帖》卷六二

宋朝循舊制,教坊凡四部。其後平荆南得樂工三十二人,平西川得一百三十九人,平江南得一十六人,平太原得一十九。餘藩臣所貢者八十三人,又太宗藩邸有七十一人。由是四方執藝之精者,皆在籍中。

(宋)孟元老:《東京夢華録》卷九

馬氏南平王時,有王姓者善琵琶,忽夢異人傳之數曲,仙家紫雲之亞也。及云此譜,請元昆制叙,刊石於甲寅之方。與世異者,有獨指泛清商,醉吟商、鳳鳴羽,應聖羽之類。余先友田爲不伐,得音律三

昧,能度醉吟商應聖羽二曲,其聲清越,不可名狀,不伐死矣。恨此曲不傳。

(宋)吳炯:《五總志》

乾德四年,詔太常寺,大朝會復用二舞。先是,晉天福末,戎虜亂華,中朝多事,遂廢之,至是始復。是歲冬至,御乾元殿,始用雅樂登歌。

(宋)江少虞:《宋朝事實類苑》卷二○

五代崔梲復文武二舞,王公上壽,天子舉爵。

(唐)白居易、(宋)孔傳:《白孔六帖》卷六○

五代《崔悅傳》:文舞郎左執籥。

(明)彭大翼:《山堂肆考》卷一六三

崔梲遷太常,高祖詔太常復文武二舞。冬至,高祖會朝崇元殿庭,設宮縣二舞在北,登歌在上,文舞郎八佾六十有四人,冠進賢冠、黃紗袍、白中單、白練襈襠、白布大口褲、革帶、履,左執籥,右秉翟,執縣引者二人;武舞郎八佾六十有四人,服平巾幘、緋絲在大紬、繡襠、甲金、飾白練襠,錦騰蛇起梁帶、豹文大口褲、烏鞾,左執干,右執戚。執旌引者二人。加鼓吹十二按,負以熊豹,以象百獸率舞。按設羽葆鼓一,大鼓一,金錞一,歌簫笳各二人。王公上壽,天子舉爵。奏玄同三,舉登歌,文同舉食。文舞舞《昭德》,武舞舞《成功》之曲。禮畢,高祖大悅,賜梲金帛,群臣左右,睹者皆嗟嘆之。

(唐)白居易、(宋)孔傳:《白孔六帖》卷六一

9. 雕塑建築

(開平元年)五月改文思院爲乾文院,同和院改爲佐鸞院。以西

都水北宅爲大昌宫。

（宋）王欽若等編纂：《册府元龜》卷一九六《閏位部》

（開平元年）六月，以西都徽安門北路逼近大内宫垣，兼非民便，令移自榆林直趣端門之南。

（宋）王欽若等編纂：《册府元龜》卷一九六《閏位部》

（開平）二年七月甲午，以高明門外繁臺爲講武臺。是臺，西漢梁孝王之時嘗按歌閲樂於此，當時因名曰“吹臺”。其後有繁氏居於其側，里人乃以姓呼之。時代綿寝，雖官吏亦從俗焉。帝每登眺，蒐乘訓戎，宰臣以是事奏而名之。

（宋）王欽若等編纂：《册府元龜》卷一九六《閏位部》

（開平）三年正月，改西京貞觀殿爲文明殿，含元殿爲朝元殿。

（宋）王欽若等編纂：《册府元龜》卷一九六《閏位部》

（開平三年）二月，改思政殿爲金鑾殿，敕東都曰：“自昇州作府，建邑爲都，未廣邦畿，頗虧國體。其以滑州酸棗縣、長垣縣、鄭州中牟縣、陽武縣、宋州襄邑縣、曹州戴邑縣、許州扶溝、鄢陵縣、陳州太康縣等九縣，宜並割屬開封府，仍昇爲畿縣。”

（宋）王欽若等編纂：《册府元龜》卷一九六《閏位部》

（開平三年）七月，改章善門爲左右銀臺門，其左右銀臺門却改爲左右興善門。

（宋）王欽若等編纂：《册府元龜》卷一九六《閏位部》

梁趙珝，爲忠武軍節度使。陳州土壤卑疏，每歲壁壘摧圮，工役不逮。珝遂營度，力用以甃周砌四墉，自是無淋潦之虞。

（宋）王欽若等編纂：《册府元龜》卷四一〇《將帥部》

（同光元年）十二月壬申，敕：“汴州僞庭所立殿宇、諸門並去牌額，復本名。其宣武軍額置於咸安門，所在宮苑即充行宮，應有不合安鴟吻處，並可去之。”

（宋）王欽若等編纂：《册府元龜》卷一四《帝王部》

（同光）二年正月丁未，敕：“朝元殿北是明堂殿，僞梁改爲朝元殿，今復舊名。其崇勛殿宜改爲中興殿，應順門改爲永曜門，太平門改爲萬春門，通政門改爲廣政門，鳳鳴門改爲韶和門，萬春門改爲中興門，解卸殿改爲端明殿。”

（宋）王欽若等編纂：《册府元龜》卷一四《帝王部》

（同光二年）八月，敕：“三川奧壤，四海名區，爲帝王光宅之都，乃符瑞薦臻之地。周朝始建，卜年遂啓於延洪；漢室中興，即土是圖於遠大。咸兹建極，至我本朝，壯麗可觀，浩穰爲最。千門萬戶，實爲富庶之鄉；接廉連甍，宛有昇平之俗。而自僞梁僭逆，諸夏憑陵，尋干戈而虐用蒸黎，恣塗炭而毒流草木，依憑兔苑，嘯聚鴟巢，遂令輦轂之間，鞠興蕪没之嘆。朕自削平大憝，纂嗣丕圖，重興卜洛之都，永啓朝宗之會，將資久遠，須議葺修，務令壯觀於九重，實在駢羅於萬戶。京城應有空閒地，任諸色人請射蓋造；藩方侯伯，内外臣僚，於京邑之中，無安居之所，亦可請射，各自修營。其空閒有主之地，仍限半年，本主須自修，蓋如過限不蓋屋宇，亦許他人占射。貴在成功，不得虛占。”是月辛巳，詔曰：“朕刷蕩妖氛，收復京輦，三靈胥悦，萬國駿犇。凡在照臨，畢同欣戴，或出司土宅，入覲朝廷。若無列第於神州，何表愛君之誠節？諸道節度、觀察、防御、團練、刺史等並宜令洛京修宅一區，既表皇居之壯麗，復佳清洛之浩穰，因我后之化家，睹群居之戀闕。”

（宋）王欽若等編纂：《册府元龜》卷一四《帝王部》

（同光二年八月）壬午，西都奏重修華清宮温湯屋宇。

（宋）王欽若等編纂：《册府元龜》卷一四《帝王部》

（同光三年）四月壬寅，武德使上言重修嘉慶殿，請丹漆金碧以營之。帝曰：“此殿爲火所廢，不可不修，但務宏壯，何煩華侈。”尋改爲廣壽殿。

（宋）王欽若等編纂：《册府元龜》卷一四《帝王部》

（同光三年）六月壬戌，敕河南府開永通、厚載二門，應京城内空閒地如本主有力，即速令蓋造，若不修營，即許諸色人請射起屋。其月，左諫議大夫崔憶上言曰：“臣伏見洛都頃當制葺之初，荒凉至甚，才通行逕，遍是荆榛，此際集人開耕，便許爲主，或農或圃，逾三十年。近歲居人漸多，里巷頗隘，須增屋室，宜正街坊。都邑之制度既成，華夏之觀瞻益壯。因循未改，污濁增深，竊惟舊制：宮苑之側，不許停穢惡之物，今以菜園相接，宗廟、祠宇、公府、民家穢氣薰蒸，甚非蠲潔，請議條制，俾令四方則之。”

（宋）王欽若等編纂：《册府元龜》卷一四《帝王部》

（同光三年）八月，左補闕楊途奏：“明君舉事，須合前規。竊見京城之内，尚有南州、北州，縱市井不可移改，城池即宜毁廢。復見都城舊墻，多已摧塌，不可使浩穰神京，旁通綠野，徘徊壁壘，俯近皇居，無或因循，常宜修葺。”初，光啓末，張全義爲河南尹，爲蔡賊所攻，乃於南市一方之地築壘自固，後更於市南，又築嘉善坊爲南城。天復修都之際，元未毁撤，途所奏頗適事宜。

（宋）王欽若等編纂：《册府元龜》卷卷一四《帝王部》

（同光三年）九月，中書奏：“右補闕楊途先奏毁廢京内南北城，臣簡到同光二年八月二十七日河南尹張全義奏：‘臣自僖宗朝叨蒙委寄，節制洛京，臨莅之初，須置城壘，臣乃取南市曹界分兼展一兩坊地修築兩城，以立府衙廨署。’今區宇一平，理合毁廢，其城濠如一時平治，即計功不少，百姓忙時，難爲差使，今欲且平女墻及擁門，餘候農隙，別取進止者。奉敕：‘京都之内，古無郡城，本朝多事以來，諸侯握兵自保,張全義土功斯毀,李罕之塞地猶存,時既朗清,故宜除鏟。'若時差夫役,又恐擾人,宜令河南府先分擘出舊日街巷,其城壕許人占射平填,便任蓋造屋宇。其城基內舊有巷道處,便爲巷道,不得因循,妄有侵佔。仍請限一月,如無力平鏟,許有力人户占射平填。"

（宋）王欽若等編纂:《册府元龜》卷卷一一四《帝王部》

（同光三年九月）庚申,新作興教門樓。

（宋）王欽若等編纂:《册府元龜》卷卷一一四《帝王部》

天成元年七月,中書門下奏:"太原潛龍宅,請以積慶宮爲名。"從之。

（宋）王欽若等編纂:《册府元龜》卷一七二《帝王部》

西方鄴爲夔峽節度,天成元年十月,奏瞿城峽口增修寨柵。

（宋）王欽若等編纂:《册府元龜》卷四一〇《將帥部》

（天成元年）十一月庚寅,宗正少卿李蕘奏:"恭陵所其山園之內,被民户起舍屋居止,臺觀皆被侵,耕柏城松逕,樵采殆盡。乞下本縣與寺司重定,完本園林地畝。"從之。

（宋）王欽若等編纂:《册府元龜》卷三一《帝王部》

（天成）二年二月庚戌,敕河南府新安縣宜昇爲次赤,以雍陵在焉。

（宋）王欽若等編纂:《册府元龜》卷三一《帝王部》

王晏球,爲北面招討副使。天成二年九月,奏準宣差兵士,築城於閻溝店。初,詔城良鄉,復設壁於此,蓋取幽涿之中塗,以備鮮卑之抄掠也。

（宋）王欽若等編纂:《册府元龜》卷四一〇《將帥部》

天成四年四月壬寅，武德使上言重修嘉慶殿，請丹漆金碧以瑩之。帝曰："此殿爲火所廢，不可不修，但務宏壯，何煩華侈。"尋改爲廣壽殿。

（宋）王欽若等編纂：《册府元龜》卷五六《帝王部》

杜璟爲殿中丞，天成四年六月，上言以本司法物寄於寺觀，請量修公署。

（宋）王欽若等編纂：《册府元龜》卷六二〇《卿監部》

（長興）二年六月戊辰，應京城六街及諸閭坊先許人修建屋室，近聞侵地太多，乃至不通車駕。今後蓋造，外須通車馬，或有越衆牽蓋，並須晝時毀拆。並果園、池亭外，餘種蒔菜園空閒田地，如本自辦，即限三月内蓋造須畢；如自不辦，并許人收買。敕旨："伊洛之都，皇王所宅，乃夷夏歸心之地，非農桑取利之田，當亂離而曾是荒凉，及開泰而競爲修葺，從來闃寂，多已駢闐，永安天邑之居，宜廣神州之制。宜令御史臺、兩街使、河南府專切依次第擘畫，曉示衆多，勿容侵越。或有利便，亦可臨時詳度奏聞。"其月，河南府奏："準敕京城坊市人户菜園許人收買，切慮本主占佃年多，以鬻蔬爲業，固多貧竇，豈辦蓋造，恐資有力，轉傷貧民。"敕旨："都邑之間，殷繁是貴，欲九重之轉，盛在百堵，以齊興作，斷自於不疑，出令必歸於畫一。比據巡司申奏，爲有亂射土田，遂設規程，令還價直。只要增修舍屋，添益閭閻，貴使華夏，共觀壯麗。朝廷以邦本興隆之計，務使駢闐，府司以園圃價例之間，恐傷貧下，備詳敷奏，須議允俞。其在京諸坊，若是有力人户及形勢職掌曹司等已有居第，外於別處及連宅置得菜園，令園子主把或典賃與人者，並準前敕價例出賣，不得輒有違越。如實是貧窮不濟人户，置得園圃年多，手自灌園，身自賣菜以供衣食者，則與等第特添價直，仍使買者不得廣置地位。各量事力，須議修營，並要酌中，庶無逾越。"

（宋）王欽若等編纂：《册府元龜》卷一四《帝王部》

（長興）三年二月庚午，修平頭門樓畢，名乾通之門。

（宋）王欽若等編纂：《册府元龜》卷一四《帝王部》

（長興三年）七月，汴州李從曠奏當州舊司天臺有銅渾儀並板閣，並在露地損爛，欲毀拆。敕旨復令繕理，不得輒毀。

（宋）王欽若等編纂：《册府元龜》卷一四《帝王部》

（長興）三年七月，宗正寺奏："今年經大雨，太廟正殿疏漏，門樓墊陷，宮墻及神門外仗舍并皆缺漏，請下所司修補。"司天以暮年不宜興造，請隨缺壞處量事增修。從之。

（宋）王欽若等編纂：《册府元龜》卷三一《帝王部》

（長興）四年六月，詔宮西新園宜名永芳園，其間新殿宜名和慶殿。

（宋）王欽若等編纂：《册府元龜》卷一四《帝王部》

愍帝應順元年閏正月甲寅，集賢院上言："以赦書修創凌烟閣，詔問閣高下等級。其凌烟閣，都長安時在西内三清殿側，畫像皆北向，閣有中隔，隔内北面寫功高宰輔，南面寫功高諸侯王，隔外面次第圖畫功臣、題贊。自西京版蕩，四十餘年，舊日主掌官吏及畫像工人淪喪，集賢院所屬寫真官、畫真官人數不少，都洛後廢職。今將特起閣，請先定佐命功臣人數，請下翰林院，預令寫真本，及下將作差人與畫工，序間架修建。"院内先有寫真官沈居隱、畫真官王武瓊二人，相次淪亡，無人應用，詔集賢御書院復置寫真官、畫真官各一員，餘依所奏。

（宋）王欽若等編纂：《册府元龜》卷一四《帝王部》

（清泰）三年五月太常奏：於河南府東權立宣憲皇后寢宮。從之。

（宋）王欽若等編纂：《册府元龜》卷三一《帝王部》

（清泰三年）六月，御敷政殿，遣工部尚書崔居儉奉宣憲皇太后寶册於寢宮。時陵園在河東，適會兵興，故權於京城修奉寢宮上謚焉。

（宋）王欽若等編纂：《册府元龜》卷三一《帝王部》

趙德鈞爲幽州節度使。同光末，於閻溝築城，以戍兵守之，因名良鄉縣。自是稍息虜寇。自幽州東十里外，州人不敢樵牧，後德鈞又於州東五十里故潞縣，擇潞河築城，以兵守之，而近州民方敢耕稼。自擒破惕隱禿餒之後，德鈞又於其東築三河城，以遏虜寇。三河接薊州，有漕運之利。初，聚工興築，虜騎遮我糧船，云：“此我疆界，安得設板築？”德鈞以禮責之，出師將擊，虜乃退去。故城守堅完，到今爲形勝之要。

（宋）王欽若等編纂：《册府元龜》卷四一〇《將帥部》

靈芳國

後唐龍輝殿，安假山水一鋪，沉香爲山阜，薔薇水、蘇合油爲江池，零藿、丁香爲林樹，薰陸爲城郭，黃紫檀爲屋宇，白檀爲人物，方圍一丈三尺，城門小牌曰“靈芳國”。或云平蜀得之者。

（明）陶宗儀：《説郛》卷六一《清異録》

晉高祖天福二年正月丙寅，改中興殿、中興門爲天福殿、天福門。五月丙辰，御史中丞張昭遠奏：“汴州在梁室朱氏稱制之年，有京都之號，及唐莊宗平河南，復廢爲宣武軍。至明宗行幸之時，掌事者因緣修葺衙城，遂挂梁室時宮殿門牌額，當時識者或竊非之。一昨車駕省方，暫居梁苑，臣觀衙城内齋閣牌額，一如明宗行幸之時，無都號而有殿名，恐非典據。臣竊尋秦漢已來，寰海之内，鑾輿所至，多立宮名。近代隋室於揚州立江都宮，太原立汾陽宮，岐州立仁壽宮。唐朝於太原立晉陽宮，同州立長春宮，岐州立九成宮。宮中殿閣，皆題署牌額，以類皇居。臣伏準故事，請於汴州衙城門權挂一宮門牌額，則其餘齋

閣,並可以取便爲名,庶使天下式瞻,稍爲宜稱者。"敕旨:行闕宜以大
寧宮爲名,其餘候續敕處分。

（宋）王欽若等編纂:《册府元龜》卷一四《帝王部》

（天福二年）七月,改玄德殿爲廣政殿,玄德門爲廣政門。

（宋）王欽若等編纂:《册府元龜》卷一四《帝王部》

（天福二年）十一月,改洛京潛龍宅爲廣德宮,北京潛龍宅爲興
義宮。

（宋）王欽若等編纂:《册府元龜》卷一四《帝王部》

（天福）三年十月丙辰,詔曰:"爲國之規,在於敏政;建都之法,
務要利民。歷考前經,朗然通論,顧惟涼德,獲啓丕基。當數朝戰伐
之餘,是兆庶傷殘之後,車徒既廣,帑廩咸虛。經年之輓粟飛芻,繼日
而勞民動衆,嘗煩漕運不給供須。今汴州水陸要衝,山河形勢,乃萬
庾千厢之地,是四通八達之郊。爰自按巡,益觀宜便,俾昇都邑,以利
兵民。汴州宜陞爲東京,置開封府,仍陞開封、浚儀兩縣爲赤縣,餘昇
爲畿縣。應舊制開封府時所管屬縣,并可仍舊割屬收管,亦昇爲畿
縣。其洛京改爲西京,其雍京改爲晉昌軍。"丁亥,詔改太寧宮門爲明
德門,又改京城諸門名額,南門尉氏門以薰風爲名,西二門鄭門、梁門
以金義、乾明爲名,北二門酸棗、封丘門以玄化、宣陽爲名,東二門曹
門、宋門以迎春、仁和爲名。

（宋）王欽若等編纂:《册府元龜》卷一四《帝王部》

（天福）四年二月辛卯,改東京玉華殿爲永福殿。三月己卯,改明
德殿爲滋德殿,宮城南門同名故也。

（宋）王欽若等編纂:《册府元龜》卷一四《帝王部》

（天福）六年八月壬子,敕改鄴都皇城南門應天門爲乾明門,大名

館爲都亭驛。

（宋）王欽若等編纂：《册府元龜》卷一四《帝王部》

（天福）七年閏三月，敕改宣明門爲朱鳳，武德殿爲視政，文思殿爲崇德，畫堂爲太清，寢殿爲乾福，其門悉從殿名。皇城南門改爲乾明，北爲玄德，東爲萬春，西爲千秋。

（宋）王欽若等編纂：《册府元龜》卷一四《帝王部》

（天福七年）四月乙丑，敕改鄴都羅城及大城諸門：羅城南博門爲廣運門，觀音門爲金明門，橙槽門爲清景門，寇氏門爲永芳門，朝城門爲景風門，大城南門爲昭明門，觀德門爲廣義門，北河門爲靖安門，魏縣門爲膺福門，尉氏門爲迎春門，朝臣門爲興仁門，上斗門爲延清門，下斗門爲通遠門。

（宋）王欽若等編纂：《册府元龜》卷一四《帝王部》

周太祖廣順元年六月，以唐都長安時京城等門北定今東京諸門，薰風等爲京城門，明德門爲皇城門，啓運等爲宮城門，昇龍等爲宮門，崇元等爲殿門。

（宋）王欽若等編纂：《册府元龜》卷一四《帝王部》

張廷翰爲冀州刺史，廣順元年八月，奉詔率白丁修武疆深州城隍。

（宋）王欽若等編纂：《册府元龜》卷四一〇《將帥部》

（廣順）二年正月，詔開封府修補京師羅郭，率府界丁夫五萬五千板築，旬日罷，以積年不修，不可通過，兼淘抒舊壕，免雨水壞民廬舍故也。

（宋）王欽若等編纂：《册府元龜》卷一四《帝王部》

（廣順）三年六月，洛京武行德言五鳳樓西面朵樓北塼座落一丈三尺。

（宋）王欽若等編纂：《册府元龜》卷一四《帝王部》

（廣順三年）十月，敕："入厚載門内向東横街東北屋宇，宜令弘文館、史館、集賢等三館於此分擘廨署。"

（宋）王欽若等編纂：《册府元龜》卷一四《帝王部》

（顯德）二年四月，詔曰："惟王建國，實曰京師，度地居民，固有前則。東京華夷臻凑，水陸會通，時向隆平，日增繁盛。而都城因舊，制度未恢，諸衛軍營，或多窄陋，百司公署，無處興修。加以坊市之中，邸店有限，工商外至，億兆無窮，僦賃之資，增添不定，貧闕之户，供辦實艱。而又屋宇交連，街衢湫隘，入夏有暑濕之苦，居常多烟火之憂。將便公私，須廣都邑，宜令所司於京城四面，别築羅城，先立標幟，候將來冬末春初農務閑時，即量差近甸人夫漸次修築。春作才動，便令放散，如或土功未畢，則迤邐次年修築，所冀寬容辦集。今後凡有營葬及興置宅竈井草市並須去標幟七里外，其標幟内候官中擘畫，定街巷、軍營、倉場、諸司公廨院，務了，即任百姓營造。"

（宋）王欽若等編纂：《册府元龜》卷一四《帝王部》

周李重進，爲淮南道行營招討使。顯德二年十一月，上言淮宣夾淮城正陽、下蔡功畢，仍以圖上進。

（宋）王欽若等編纂：《册府元龜》卷四一〇《將帥部》

（顯德）三年六月癸亥，詔曰："輦轂之下，謂之浩穰，萬國駿奔，四方繁會。此地比爲藩翰，近建京都，人物諠闐，閭巷隘陋，雨雪則有泥濘之患，風旱則多火燭之憂，每遇炎蒸，易生疫疾。近者開廣都邑，展引街坊，雖然暫勞，久成大利。朕昨自淮上回，及京師，周覽康衢，更思通濟，千門萬户，庶諧安逸之心，盛暑隆冬，倍減寒温之苦。其京城内街道閣五十步者,許兩邊人户各於五步内取便種樹掘井、修蓋凉棚,其三十步以下至二十五步者,各與三步,其次有差。"

(宋)王欽若等編纂:《册府元龜》卷一四《帝王部》

(顯德)五年五月,賜東京新城諸門名額:在寅曰寅賓門,在辰曰延春門,在巳曰朱明門,在午曰景風門,在未曰畏景門,在申曰迎秋門,在戌曰肅政門,在亥曰玄德門,在子曰長景門,在丑曰愛景門。改大内東偏舊賓天門爲通苑門,又以京城東新修驛爲懷信驛,以待江南貢使焉。

(宋)王欽若等編纂:《册府元龜》卷一四《帝王部》

恭帝顯德六年十二月,改萬歲殿爲紫宸殿。

(宋)王欽若等編纂:《册府元龜》卷一四《帝王部》

梁金鑾殿 文明殿 朝元殿

梁開平二年正月改思政殿爲金鑾,貞觀殿爲文明,含元殿爲朝元西京洛陽。乾化元年置金鑾殿大學士,以敬翔爲之。

(宋)王應麟:《玉海》卷一六〇《宫室》

後唐端明殿

端明殿西京同光二年正月丁未改。天成元年五月以馮道、趙鳳爲學士。太平興國三年改爲武德殿,在延春殿北。

唐趙鳳爲相奏事中興殿

晉天福二年五月,以汴州行闕爲大寧宫。劉昫以端明殿學士拜相,入謝端明殿,時以爲榮。

(宋)王應麟:《玉海》卷一六〇《宫室》

宋朝都亭驛

晉天福五年九月戊子,改東京上源驛爲都亭驛,在光化坊。舊制待河西蕃部,其後專館契丹使。

(宋)王應麟:《玉海》卷一七二《宮室》

建隆修都城

東京舊城周回二十里一百五十五步即汴州城。……大內據闕城西北,宮城周回五里。新城周回四十八里二百三十三步,周世宗廣而新之。顯德二年四月,展外城王朴主營度,薛可高史儉、蓋萬、康彥環之徒司工築舉。宋渭曹鄭之民十餘萬城之,農隙興板築,東畚則罷,陶穀爲之頌。三年彰信節度使韓通築。王朴傳云:"廣新城通道路壯偉宏闊,今京師之制多其所規爲"。

(宋)王應麟:《玉海》卷一七四《宮室》

乾德乾元殿崇元殿 朝元殿天安殿

梁曰崇元梁開平元年四月改正衙殿爲崇元。建隆元年八月朔入閣,二年正月、五月朔,受朝於崇元。

太平興國文德殿 文明殿

後唐曰:端明。國初改文明。太平興國九年五月丁丑,殿災。七月壬子改今名,即正衙殿。

明道紫宸殿 崇德殿

舊名崇德殿在宣祐門西。明道元年十月甲辰,改紫宸後周顯德六年十二月改萬歲殿爲紫宸。

(宋)王應麟:《玉海》卷一六〇《宮室》

建隆洛陽宮殿圖

東京大內據闕城之西北宮城周回五里即唐宣武節度使治所,梁以爲建昌宮,後唐復爲宣武軍治,晉爲太寧宮。國朝建隆三年五月,詔廣皇城命有司畫洛陽宮殿,按圖而修之,自是皇居壯麗矣。

(宋)王應麟:《玉海》卷一五八《宮室》

歷代樓名
五代玄武

（宋）王應麟：《玉海》卷一六四《宮室》

建隆玉津園 ……周顯德中置，本朝因之。

（宋）王應麟：《玉海》卷一七一《宮室》

歷代園名
五代
金鳳　玉津

（宋）王應麟：《玉海》卷一七一《宮室》

五代宮名
大明　大寧　至德　建昌　興聖　長春　大昌　積慶　廣德
興義　慶昌　太平　長壽　昇平

（宋）王應麟：《玉海》卷一五八《宮室》

小蓬萊
違命侯苑中鑿池，廣一頃，池心疊石象三神山，號“小蓬萊”。

（明）陶宗儀：《説郛》卷六一《清異録》

會龍橋
蜀相許寂相王衍，衍終秦川。寂至洛，以尚書致政，葺園館，引水
爲溪，架巨竹爲橋，號“會龍橋”，謂竹可以化龍耳。

（宋）陶穀：《清異録》卷下

（乾德三年）五月，宣華苑成，延袤十里，有重光、太清、延昌、會真
之殿，清和、迎仙之宮，降真、蓬萊、丹霞之亭。土木之功，窮極奢巧。
衍數於其中，爲長夜之飲，嬪御雜坐，烏履交錯。嘗召嘉王宗壽赴宴，

宗壽因持杯諫衍，宜以社稷爲念，少節宴飲。其言慷慨，激切流涕，衍有愧色。佞臣潘在迎、顧在珣、韓昭等奏曰："嘉王從來酒悲，不足怪也。"乃相與諧謔戲笑。衍命宮人李玉簫歌衍所撰宮詞，送宗壽酒。宗壽懼禍，乃盡飲之。在迎曰："嘉王聞玉簫歌即飲，請以玉簫賜之。"衍曰："王必不納。"衍宮詞曰："輝輝赫赫浮五雲，宣華池上月華新。月華如水浸宮殿，有酒不醉真癡人。"宗壽字永年，王建之族子。

（明）陶宗儀：《説郛》卷四五《蜀檮杌》

（廣政十五年）三月，以趙廷隱別墅爲崇勛園，幅圓十餘里，臺榭亭沼，窮極奢侈。

（明）陶宗儀：《説郛》卷四五《蜀檮杌》

（王）衍即僞位，荒淫酒色，出入無度。嘗以繒彩數萬段，結爲彩樓。山上立宮殿亭閣，一如居常之制。衍宴樂其中，或逾旬不下。又別立一彩亭於山前，列以金銀、錡釜之屬，取御厨食料，烹燀於其間。衍憑彩樓以視之，謂之"當面厨"。彩山之前，復穿一渠，以通其宮中。衍乘醉，夜下彩山，即泛小龍舟於渠中，使宮人乘短畫船，倒執炬蠟千餘條，逆照水面，以迎其船。歌樂之聲，沸於渠上。及抵宮中，復酣宴至晚。彩樓山遇風雨霜雪所損，乃重易之，無所愛惜。好戴大帽，蓋欲混己，而人以爲泥首包羞之兆耳。

（明）陶宗儀：《説郛》卷六四《五國故事》

（劉）巖暴政之外，惟以治宮殿爲務，故作昭陽諸殿，秀華諸宫，皆極瓌麗。昭陽殿以金爲仰陽，銀爲地面。檐楹椽桷，亦皆飾之以銀。殿下設水渠，浸以真珠。又琢水晶、琥珀爲日月，列於東西二樓之上。巖親書其榜，其餘宮室、殿宇悉同之。

（明）陶宗儀：《説郛》卷六四《五國故事》

旖旎山

高麗舶主王大世,選沉水近千片,疊爲旖旎山,象衡岳七十二峰。錢俶許黄金五百兩,竟不售。

(明)陶宗儀:《說郛》卷六一《清異録》

覽驥亭

周初樞密王峻會朝臣,予亦預。吏引坐覽驥亭,深不喻其名,呼吏問之,曰:"太尉暇日悉閱厩馬於此爲娛玩焉。"

(明)陶宗儀:《說郛》卷六一《清異録》

自在窗

韓熙載家,通縱姬侍,第側建橫窗,絡以絲繩,爲觀玩之地。初惟市物,後或調戲贈與,所欲如意。時人目爲"自在窗"。

(明)陶宗儀:《說郛》卷六一《清異録》

輝居建康,春時偕一二鄰曲,至内後景陽臺,臺之下一尼庵少憩。見若琉璃色一瓦桱,徑二尺許,厚三四寸,中空,用以閣盆盎。叩之,鏗然有聲。尼云:近墾地得之,乃李後主用此引後湖水入宫中。雖瓦礫微物,亦有時而顯晦。又至白下門外齊安院,主僧曰:近治地得一玉杯,已碎;銀一鋌,上刻"永定公主爲志公和尚浄發之資,一樣十鋌"。"行人問宫殿,耕者得珠璣",誠不吾欺。

(宋)周輝:《清波雜志》卷三

蜀先主祠,在成都錦官門外。西挾即武侯祠,東挾即後主劉禪祠。蔣公堂帥蜀,以禪不能保有土宇,因去之。大慈寺有蜀後主王衍銅像,程公堂權帥,毁以鑄鐘。蜀語曰:"任是兩王,難當二堂。"

(宋)吴曾:《能改齋漫録》卷一二

契丹東丹王突欲買巧石數峰,目爲空青府。

(宋)陶穀:《清異錄》卷上

趙光逢奴往淮壖,偶得一石,四邊玲瓏類火。光逢愛之,名曰圓光石。

(宋)陶穀:《清異錄》卷上

桑維翰壽辰,韋潛德獻太湖石一塊,上有鐫字金飾,曰寵仙。

(宋)陶穀:《清異錄》卷上

違命侯苑中鑿地廣一頃,池心疊石象三神山,號小蓬萊。

(宋)陶穀:《清異錄》卷上

劉鋹好治宮室,欲購怪石,乃令國中以石贖罪。富人犯法者,航海於二浙買石輸之。今城西故苑藥洲有九石,皆高數丈,號"九曜石"。

(宋)朱彧:《萍洲可談》卷二

錢氏據兩浙時,於杭州梵天寺建一木塔,方兩三級,錢帥登之,患其塔動。匠師云:"未布瓦,上輕,故如此。"乃以瓦布之,而動如初。無可奈何,密使其妻見喻皓之妻,賂以金釵,問塔動之因。皓笑曰:"此易耳。但逐層布板訖,便實釘之,則不動矣。"匠師如其言,塔遂定。蓋釘板上下彌束,六幕相聯如胠篋。人履其板,六幕相持,自不能動。人皆伏其精練。

(宋)沈括:《夢溪筆談》卷一八

10. 科技

(1) 天文曆算

梁太祖開平二年夏四月辛丑,熒惑犯上將。乾化二年正月,熒惑犯房第二星。戊申,月犯心大星。四月甲寅,月掩心大星。五月壬戌,熒惑犯心大星,去心四度,順行。心,帝王之星。其年六月五日,帝崩。

梁主瑱貞明四年十二月,鎮星犯文昌上將。

(元)馬端臨:《文獻通考》卷二八九《象緯考一二》

梁太祖開平四年十二月庚午,月食。

(元)馬端臨:《文獻通考》卷二八五《象緯考八》

梁太祖開平五年正月丙戌朔,日有食之。乾化元年正月丙戌朔。

(元)馬端臨:《文獻通考》卷二八三《象緯考六》

梁太祖乾化元年五月,客星犯帝座。

(元)馬端臨:《文獻通考》卷二九四《象緯考一七》

梁太祖乾化元年十一月,甲辰夜,東方有流星如數升器,出畢宿口,曳光三丈餘,有聲如雷。

(元)馬端臨:《文獻通考》卷二九一《象緯考一四》

唐莊宗同光三年四月癸亥朔,司天奏在昴。主歲大旱。

明帝天成元年八月乙酉朔,二年八月已卯朔,三年二月丁丑,其日陰雲不見,百官稱賀。長興元年六月癸巳朔,二年十一月甲申朔。先是司天奏:朔日合食二分。伏緣所食微少,太陽光影相鑠,伏恐不辨虧闕。請其日不入閣,百官不守司,從之。

(元)馬端臨:《文獻通考》卷二八三《象緯考六》

後唐明宗天成元年三月,惡星入天庫,流星犯天棓。

(元)馬端臨:《文獻通考》卷二九〇《象緯考一三》

後唐明宗天成元年,十月己丑至於庚子,日月赤而無光。二年二月乙酉,日中有黑氣,狀如雞卵。

(元)馬端臨:《文獻通考》卷二八四《象緯考七》

後唐明宗天成二年十二月壬辰酉時,西南方有赤氣,如火焰焰,約二千里。占者云:"不出二年,其下當有大兵。"

(元)馬端臨:《文獻通考》卷二九四《象緯考一七》

後唐莊宗同光二年八月,熒惑犯星。九月,熒惑在江東犯第一星。是年大水。三年丙申,熒惑犯上相。四月甲子,熒惑犯左執法。六月丙寅,歲星犯右執法。

明宗天成元年四月庚戌,金犯積尸。七月己未,月犯太白。乙丑,月入南斗魁。八月癸卯,太白犯心大星。乙巳,月犯五諸侯。辛亥,熒惑犯上將。九月丁巳,月犯心大星。己巳,月犯昴。庚午,熒惑犯右執法。己卯,熒惑犯左執法。十月戊子,熒惑犯上相。丙午,月掩左執法。十一月丁丑,月暈匝火、木。戊寅,月犯金、木、土。十二月,熒惑犯氐。乙巳,月掩心庶子。二年二月辛卯,熒惑犯鍵閉。三月,月掩鬼。己巳,熒惑犯上相。乙亥,月入羽林。四月丁亥,月犯左執法。癸卯,月入羽林。六月辛丑,熒惑犯房。庚子,月犯五諸侯。九月壬子,歲犯房。庚申,月入羽林。壬申,月犯上將。十月壬午,月犯五諸侯。十一月乙卯,月入羽林。三年四月丁酉,月犯五諸侯。五月丁巳,月掩房距星。六月乙酉,月掩心庶子。癸巳,月入羽林。七月,月入南斗魁。閏八月,熒惑犯上將。戊申,月犯南斗。乙卯,熒惑犯右執法。庚戌,太白犯右執法。十一月,月掩軒轅大星。乙未,太白犯鎮,月掩房。十二月,熒惑犯房。四年正月癸巳,月入南斗魁。二月,月及火、土合於鬥。三月,歲犯牛。七月丁丑,月入南斗。九月丙子,熒惑入哭星。長興元年六月乙卯,太白犯天鐏。八月己亥,月犯南斗。乙卯,月犯積尸。十一月,熒惑犯氐。十二月,熒惑犯天江。二年正月,太白犯羽林。庚辰,月犯心距星。二月丁未,月犯房。四月,熒惑犯羽林。八月丁巳,辰犯端門。十一月丙戌,太白犯鍵閉。三年四月庚辰,熒惑犯積尸。九月庚寅,太白犯哭星。十一月己亥,太白犯壁壘。四年九月辛巳,太白犯右執法。六月甲戌,太白犯右執法。

(元)馬端臨:《文獻通考》卷二八九《象緯考一二》

唐莊宗同光三年三月戊申,月食。九月甲辰,月食。

明宗天成三年十二月乙卯,月食。四年六月癸丑,月食,既。十二月庚戌,月食,既。

(元)馬端臨:《文獻通考》卷二八五《象緯考八》

開寶日曆……唐明宗命端明樞密二學士修日曆顯德元年十月修,明宗之制。近此事皆廢,宜命宰輔每日紀錄,詔參政多遵典其事。

(宋)王應麟:《玉海》卷四七《藝文》

後唐明宗天成三年十月庚午,彗出西南,長丈餘,東南指,在牛宿五度,至三夕不見。

廢帝清泰三年九月己丑,彗出虛、危,長尺餘,形微細,經天壘、哭星。其年十一月,帝遇難,晉高祖登位。

(元)馬端臨:《文獻通考》卷二八六《象緯考九》

後唐莊宗同光三年六月甲申,衆星交流;丙戌,衆星交流。庚寅夜一鼓,西南有流星約七十餘,皆有尾迹,西南流;其年七月,皇太后崩。辛卯,衆小星流於西南。九月丁未,天狗墮,有聲如雷,野雉皆雊。

明宗天成元年六月乙未,衆小星交流。二年三月庚申,衆小星流於西北。三年，自正月至於六月，宗人、宗正搖不止。長興元年九月辛酉，衆小星交流而隕。丙戌夜二鼓初，東北方有小流星入北斗魁滅。至五鼓初，西北方次北有流星，狀如半昇器，初小後大，速流入奎滅，尾迹凝天，屈曲似雲而散，光明燭地。又東北有流星，如大桃，出下臺星，向西北速流，至斗柄第三星旁滅。五鼓後至明，中天及四方有小流星百餘，流注交橫。六月庚午，衆星交流。七月乙亥朔，衆星交流。

閔帝應順元年二月丁酉，衆星流於西北。

末帝清泰元年九月辛丑，夜五鼓初，有大星如五斗器，西南流，尾迹長數丈，色赤，移時盤屈如龍形，蹙縮如二鑼，相斗而散。又一星稍小，東流，有尾迹凝成白氣，食頃方散。

（元）馬端臨：《文獻通考》卷二九一《象緯考一四》

後唐莊宗同光三年六月甲子，太白晝見。已巳，見。

明宗天成元年七月庚申，太白晝見。長興二年五月癸亥，見。閏五月己巳，歲晝見。八月戊子，太白晝見。十月壬辰，太白晝見。四年五月癸卯，太白晝見。

末帝清泰元年五月己未，太白晝見。

（元）馬端臨：《文獻通考》卷二九三上《象緯考一六上》

後唐莊宗同光二年八月甲申，歲星、熒惑合，在翼十四度。三年九月丙辰，太白、歲星相犯。

明宗天成二年正月甲戌，熒惑、歲星相犯。三年春正月壬申，金、火合於奎。九月庚辰，鎮星、歲星合於箕。辛巳，太白、熒惑合於軫。十二月壬寅，金、木相犯於斗。

（元）馬端臨：《文獻通考》卷二九三下《象緯考一六下》

後唐袁弘御爲雲中從事，尤精算術。同府令算庭下桐樹葉數，即自起量樹，去地七尺，圍之，取圍徑之數布算，良久曰：“若干葉。”衆不能覆。命撤去二十二葉，復使算。曰："已少向者二十一葉矣。"審視之，兩葉差小，止當一葉耳。節度使張敬達有二玉碗，弘御量其廣深，算之曰："此碗明年五月十六日巳時當破。"敬達聞之曰："吾敬藏之，能破否？"即命貯大籠，籍以衣絮，鎖之庫中。至期，庫屋梁折，正壓其籠，二碗俱碎。太僕少卿薛文美同府親見。

（宋）李昉：《太平廣記》卷二一五《算術·袁弘御》

晉高祖天福六年九月壬子，彗出西方，掃天市垣，長丈餘。八年十月庚戌，彗見東方，西指尾迹長一尺，在角九度。

（元）馬端臨：《文獻通考》卷二八六《象緯考九》

後晉高祖天福元年，十二月己卯朔，日有白虹二。三年三月壬子，日有白虹。

（元）馬端臨：《文獻通考》卷二八四《象緯考七》

晉高祖天福二年七月丙寅，月食。五年十一月丁丑，月食。
出帝開運元年三月戊子，月食。九月乙酉，月食昴。

（元）馬端臨：《文獻通考》卷二八五《象緯考八》

晉高祖天福三年三月壬申，夜四鼓後，東方有大流星，狀如三昇器，其色白，尾迹長二尺餘，屈曲流出河鼓星東三尺東流丈餘滅。

（元）馬端臨：《文獻通考》卷二九一《象緯考一四》

晉高帝天福元年三月，熒惑犯積尸。三年五月壬子，月犯上將。四年四月辛巳，太白犯東井北轅。甲午，太白犯五諸侯。五月，太白犯輿鬼中星。九月癸未，月掩畢。六年八月辛卯，太白犯軒轅。九月己卯，熒惑犯上將。八年八月丙子，熒惑犯右掖。十月丙辰，熒惑犯進賢。十一月，月犯房。

（元）馬端臨：《文獻通考》卷二八九《象緯考一二》

　　出帝開運元年二月壬戌,太白犯昴。己巳,熒惑犯天鑰。四月丁巳,太白犯五諸侯。七月,月犯熒惑。壬午,月入南斗。庚寅,月、太白犯東井。八月甲辰,熒惑入南斗。九月丙子,月入南斗。庚寅,月犯五諸侯。十月癸卯,月入南斗。十一月辛巳,月犯昴。二年七月,月犯角。壬寅,月犯心前大星。庚戌,歲犯井鉞。八月甲戌,歲犯東井。九月己酉,月犯昴。甲寅,太白犯南斗魁。十一月,太白犯哭星。癸丑,月掩距星。戊午,月犯心後星。

　　　　　　(元)馬端臨:《文獻通考》卷二八九《象緯考一二》

　　晉出帝開運元年十二月癸丑,太白犯辰。

　　　　　　(元)馬端臨:《文獻通考》卷二九三下《象緯考一六下》

　　晉高祖天福二年正月二日夜初,北方有赤氣,西至戌亥地,東北至丑地,南北闊三丈,狀如火光,赤氣內見紫微宮及北斗諸星。至三點後,內有白氣數條,次西行,至夜半子時方散。八年正月丙戌,黃霧四塞。九年正月乙未,大霧中二白虹相偶。四月庚戌,大霧中有蒼白二虹。

　　末帝開運元年正月乙未,大霧中有白虹相偶。占者云:"海淫所興,其將有戰。"時帝在澶州,與契丹相守。

　　　　　　(元)馬端臨:《文獻通考》卷二九四《象緯考一七》

　　漢高祖天福十二年十二月乙未,月食。

　　　　　　(元)馬端臨:《文獻通考》卷二八五《象緯考八》

　　漢高帝天福十二年十月己丑,太白犯亢距星。十一月,月犯昴。乙亥,月掩心大星。己卯,月犯南斗。

　　隱帝乾祐元年四月,月犯南斗。乙未,月入南斗。七月,月掩心庶子星。八月,鎮犯太微西垣。戊戌,歲犯右執法。九月,月掩鬼。十月,歲犯左執法。二年六月壬午,月犯心。丙戌,月犯天關。八月乙亥,月犯房次將。九月壬寅,太白犯右執法。辛酉,鎮犯右執法。

甲寅，月犯昴。三年二月，月犯昴。六月，鎮犯左掖。七月，熒惑犯司怪。八月，太白犯房。庚戌，太白犯心大星。十月，月犯心大星。

（元）馬端臨：《文獻通考》卷二八九《象緯考一二》

漢高祖天福十二年四月丙子，太白晝見。

隱帝乾祐二年四月壬午，太白晝見。

（元）馬端臨：《文獻通考》卷二九三上《象緯考一六上》

漢高祖天福十二年六月，鎮星、太白、歲星、熒惑聚於張。占者云："有帝王興於周者。"高祖起義，自平陽趨洛，以應之。及隱帝將嗣位，又封周王。暨周太祖登位，以姬姓之後，復繼宗周。天人之符，乃有所屬。

隱帝乾祐二年九月庚戌，太白犯鎮。丁卯，太白犯歲。鎮自元年八月己丑入太微垣，犯上將、執法、內屏、謁者，鈎已往來，至是歲十一月辛亥而出凡四百四十三日，十一月辛酉，太白犯木。

（元）馬端臨：《文獻通考》卷二九三下《象緯考一六下》

周大祖廣順元年十一月甲子，白虹竟天。

（元）馬端臨：《文獻通考》卷二九四《象緯考一七》

周太祖廣順元年二月，歲犯咸池。已未，熒惑犯五諸侯。三月，歲守心。己卯，熒惑犯鬼。壬午，熒惑犯天尸。四月，歲犯鈎鈐。二年七月，熒惑犯井鉞。八月，熒惑犯天鐏。九月，熒惑犯鬼。庚辰，太白掩右執法。十月，太白犯進賢。

（元）馬端臨：《文獻通考》卷二八九《象緯考一二》

周太祖廣順元年十一月，辰星歲星合宿於尾，幽燕之分。占："其地合有變，兼主饑饉、疾疫。"

（元）馬端臨：《文獻通考》卷二九三下《象緯考一六下》

周太祖廣順二年,太白經天。

（元）馬端臨:《文獻通考》卷二九三上《象緯考一六上》

周世宗顯德元年正月庚寅,有大星墜,有聲如雷,牛馬皆逸,京城以爲曉鼓,皆伐鼓應之。三年正月癸亥,五鼓後有大星出南斗,東北流丈餘滅。

（元）馬端臨:《文獻通考》卷二九一《象緯考一四》

周世宗顯德三年正月壬戌夜,有星孛於參宿,其芒指於東南。

（元）馬端臨:《文獻通考》卷二八六《象緯考九》

後周世宗顯德三年十一月庚午,白虹貫日。

《五代史·司天考》論曰:"五代亂世,文字不完,史官所記亦有詳略,其日月五星之變,大者如是。日有冠珥、環暈、纓紐、負抱、戴履、背氣,十日之中常七八,其繁不可勝書,而背氣尤多。"

顯德七年正月癸卯,日既出,其下復有一日相掩,黑光磨蕩久之。時太祖北征,知星者苗訓指謂親吏楚昭輔曰:"天命也。"是日,周恭帝遜位。

（元）馬端臨:《文獻通考》卷二八四《象緯考七》

三年四月,熒惑犯靈臺。五月,熒惑犯上將。丙申,熒惑犯右執法。七月,月犯房。

世宗顯德六年六月,熒惑與心大星合度,光芒相射。其月帝崩。先是,熒惑勾巳於房、心間,凡數月,至上臨崩之前一夕,與心大星合度,是夜方順行。

（元）馬端臨:《文獻通考》卷二八九《象緯考一二》

王朴爲樞密使,朴多所該綜,至如星緯聲律,莫不畢殫其妙。所撰《大周欽天曆》及《律準》並行於世。

（宋）王欽若等編纂:《册府元龜》卷八五七《總錄部》

周趙廷乂世爲星官，兼通三式。而於袁許之鑒，尤長於氣色。清泰末，胡果通爲司天監，廷乂專待詔內廷，嘗與樞密學士呂琦同宿。琦從容密問國家運祚，廷乂曰："來年厄會之期，俟過別論。"琦敦訊不已，廷乂曰："保邦在刑政，保祚在福德。於刑政則術士不敢言，奈際會諸公，罕有福德者。下官竊有恤緯之憂。"尋而晉高祖入洛，翟光鄴權知永興軍，膚革肥晳，善於攝養，趙廷乂謂人曰："翟君外厚而內薄，雖貴而無壽。"果如其言。

（宋）王欽若等編纂：《册府元龜》卷八六○《總錄部》

（乾德五年）十月，彗星見，長丈餘，在井鬼之次。司天言："恐國家有大災，宜修德以禳之。"詔於玉局建置道場，以答天變。右補闕張雲上疏言："此是百姓怨氣上徹於天，成此彗星。彗者，除舊布新之義。此乃亡國之兆，豈祈禱之可弭！"衍怒，流於黎州。雲，唐安人，立朝謇諤，自比朱雲，權幸多嫉之。宣徽使景潤澄嘗謂曰："昔朱雲請斬馬劍以腰斬張禹，今上方只有殺雞刀，卿欲用乎？"雲曰："雞刀雖小，亦可斬群狗。"潤澄憾之，至是奏云謗國，遂有黎州之貶。雲多病，行至臨邛卒。

（明）陶宗儀：《說郛》卷四五《蜀檮杌》

扶風馬處謙病瞽，厥父俾其學易，以求衣食。嘗於安陸鬻筮自給，有一人謁筮，謂馬生曰："子之筮未臻其妙，我有秘法，子能從我學之乎？"馬生乃隨往。郡境有陶仙觀，受星算之訣，凡一十七行。因請其爵里，乃云："胡其姓而恬其名。"誡之曰："子有官祿，終至五十二歲。幸勿道我行止於王侯之門。"馬生得訣，言事甚驗。趙匡明弃荊入蜀，因隨至成都。王先主嘗令杜光庭先生，密問："享壽幾何？"對曰："主上受元陽之氣，四斤八兩。"果七十二而崩。四斤八兩，即七十二兩也。馬生官至中郎金紫，亦五十二而殞。

（宋）李昉：《太平廣記》卷二一五《算術·馬處謙》

歷象，王者所以正一氣之元，宣萬邦之命，而古今所紀，考審多差。

（唐）白居易、（宋）孔傳：《白孔六帖》卷一

天福用調元曆，周顯德用欽天曆，本朝太祖用應元曆。

（宋）江少虞：《宋朝事實類苑》卷三三

五代之初，因唐之故，用《崇元曆》。至晉高祖，馬重績始更造新曆，不復古。……周廣順中，王處訥私撰《明元曆》，民間又有《萬分曆》，西蜀有《永昌曆》，南唐有《齊政曆》。五代曆家可考見者，止於此。周世宗詔王朴定大曆，設通經統三法，以歲軌離交，朔望周變，率策之數，步日月五星，爲《欽天曆》。

（宋）潘自牧：《記纂淵海》卷三

《五代史馬重績傳》："重績言漏刻之法，以中星考晝夜爲一百刻，八刻六十分刻之二十爲一時，時以四刻十分爲正。此自古所用也。今失其傳，以午正爲時始，下侵未四刻十分而爲午，由是晝夜昏曉皆失其正，請依古改正，從之。"《五代會要》："晉天福三年，司天監奏《漏刻經》云：晝夜一百刻，分爲十二時，每時有八刻三分之一，六十分爲一刻，一時有八刻二十分。"《玉海》："每時初行一刻，至四刻六分之一爲時正，終八刻三分之一則交入次時。"《國史志》：'每時八刻二十分，每刻一擊鼓，八鼓後進時牌，餘二十分爲雞唱，唱絕擊一十五鼓，爲時正。'"

（清）顧炎武著，黃汝成集釋：《日知錄集釋》卷三〇

五代初用唐曆，並閏國曆，凡有八家。晉高帝《調元曆》。馬重績因曹士薦，《符天小曆》不復雅古，上元起唐天寶十四年乙未爲上元，以正月雨水爲氣首，行之五年輒差，復用《崇元曆》。周有《明元曆》，王處訥私撰。又有《萬分曆》。蜀有《永昌曆》、《正象曆》。南唐有《齊政曆》。周世宗

有《欽天曆》。王朴造。

（宋）章如愚：《群書考索》續集卷二二

五代初用唐《崇元曆》，而晉高祖時，馬重績始更造新曆，不復推古上元甲子冬至七曜之會。而起唐天寶十四載乙未爲上元，用正月雨水爲氣首。初，唐建中時術者曹士蒍始變古法，以顯慶五年爲上元，雨水爲歲首，號《符天曆》，然世謂之"小曆"，只行於民間。而重績乃用以爲法，遂施於朝廷，賜號《調元律》。行之五年輒差，而復《崇元曆》。周廣順中，博士王處訥私撰《明元曆》於家，民間又有《萬分曆》，而蜀有《永昌曆》《正象曆》，南唐有《齊政曆》，五代之時大略如此。而《調元曆》法既非古，《明元》又藏其家，《萬分》止行民間，其法既不足紀，而《永昌》《正象》《齊政曆》皆止用於其國，今亦亡矣。周世宗內修法度，王朴通於曆數，乃詔朴撰。歲餘，朴奏曰："自唐季以來，亂日失天，陛下考古道，舉墜典，敢不奉詔。乃包萬象以爲法，齊七政以立元，測圭箭以候氣，審朓朒以定朔，明九道以步月，按疾遲以推星，考黃道之邪正，辨天勢之昇降，而交蝕詳焉。"乃以一篇步日，一篇步月，一篇步星，以卦氣滅没爲下篇，都四篇，曆經一卷，曆十一卷，顯德三年，七政細行曆一卷。爲欽天曆。世宗嘉之，詔司天監用之。以明年朔旦爲始。顯德欽天曆行，自前諸曆並廢用。五代曆，修王朴曆成，王處訥謂之曰："此曆可且行久則差矣。"既而果然，宋興乃命處訥正之。

（宋）章如愚：《群書考索》卷五四

五代初，因唐故用《崇玄曆》，遭士蒍撰《符天曆》，馬重績用《調元曆》，王處訥私撰《明玄曆》，民間又有《萬分曆》，蜀有《永昌曆》、《正象曆》，南唐有《齊政曆》，王朴造《欽天曆》。

（宋）錢端禮：《諸史提要》卷一五

近有鍾離令王仁岫，善工算，因集八卦五曹算法云："用十二文牌子布位，先須正坐其身，以坐位便居北方也。每牌子拘一位，每位從一至十起,坎爲初巡指八方,以方爲首。八卦既畢,却取其陰,橫九竪十,積爲前位,常以九九正文,顛倒呼命,瞻前顧後,逐位取了。須是明其九九正文,進退精熟,方可入於諸法,次第加減。一位因望折倍減,五門不雜於五曹,五曹秤尺地倉金,五數悉通於一位。或遇前後隔位,即以辰次而空之。或遇除減并繁,別以閏牌而貼之。總而存亡除留,自然明其向背。既轉移而得理,則絲忽而無差。但用諸法徑門,取其簡要,若類鼓珠之法,且凝滯於乘除。此法乃至開方、立方、求一立一,皆可通其體例耳。"

(宋)錢易:《南部新書》卷一〇

(2) 醫學

梁段深,不知何許人。開元中,以善醫待詔於翰林。時太祖抱疾久之,其溲甚濁。僧曉微時藥有征,賜紫衣師號,錫賚甚厚。頃之疾發,曉微剥服色,去師號。因召深問曰:"疾愈,復作草藥,不足恃也。我左右粒石,而效者衆矣,服之何如?"深對曰:"臣嘗奉詔診切,陛下積憂勤勞。失護,脉代芤而心益虛。臣以爲宜先治心,心和平而溲變清,當進飲劑而不當粒石也。臣謹按太倉公傳曰:'中熱不溲者,不可服石。石性精悍,有大毒。凡餌毒藥,如甲兵,不得已而用之,非有危殆,不可服也。'"太祖善之,令進飲劑,疾稍愈,乃以幣帛賜之。

(宋)王欽若等編纂:《册府元龜》卷八五九《總録部》

懷厚樸之才

盧端爲莊宗館記,會醫官陳玄補太原府醫學博士,端草制云:"既懷厚樸之材,宜稱從容之職。"

(宋)曾慥:《類説》卷一二《記異録》

蜀上醫

昔秦醫在晉,知膏肓之病難醫;楚療於申,辨血氣之容是詐。其次劉根召鬼,不爲無神,文摯封人,顯彰有術。虞少卿洮,蜀之上醫

也。長興初,佐蜀董太尉久患渴疾,遣押衙李彥求醫。孟蜀祖遣虞卿
而往。虞卿既至,董公曰:"璋之所患,經百名醫而無征,差者何也?"
虞卿對曰:"君之疾非唯渴漿,而似渴士。得其多士,不勞藥石而自愈
矣。"董公大悅。時董公有面南之志,虞卿故以此言譏之。又曰:"洮
聞天有六氣,降爲六淫。淫生六疾,害於六腑。六氣者,陰陽風雨晦
明也。是以六淫隨焉,六疾者,寒熱末腹惑心也,是以六腑隨焉。故
心爲離宮,腎爲水臟,晦明勞役,百疾生焉。大凡視聽至煩,皆有所
損。心煩則亂,事煩則變,機煩則失,兵煩則反。五音煩而損耳,五色
煩而損目,滋味煩而生疾,五音煩而損耳,五色煩而損目,滋味煩而生
疾,男女煩而減壽。古者君子,莫不誡之。君今日有萬思,時有萬機,
樂淫於外,女淫於內。渴之難療,其由此乎。"虞卿之在東蜀也,如處
賊圍,節食假寐,董公疾既平復,於是厚禮歸之。乃知蜀之上醫,有知
稽古者也。

(後蜀)何光遠:《鑒誡錄》卷三

陳立,京兆人,家世爲醫。後唐明宗朝,爲太原少尹。集平生驗
方七十五首,並修合藥法百件,號曰《要術》,刊石置於太原府衙之左,
以示於眾,病者賴焉。

(宋)王欽若等編纂:《冊府元龜》卷八五九《總錄部》

後唐孟繼瑜,長安醫工。帝留守時,暴疾,以醫效乃攝任。洎帝
起兵鳳翔,繼瑜在長安謁見,從至洛,屢進方藥。年內改諸寺少卿,奉
使涇州,翰林諸醫莫得爲比。

(宋)王欽若等編纂:《冊府元龜》卷八五九《總錄部》

晉蔡州巡官宗夢征善醫,居東京。開運二年秋,解玉巷東有病
者,夜深來召,乘馬而至。將及四更,去解玉巷口民家門前,有一物,
立而動,其形頗偉,若黑霧亭亭然。僕者前行,愕立毛豎,馬亦鼻鳴耳
聳不進。宗則強定心神,策馬而去。比其患者之家,則不能診脈,尤

覺恍惚矣。既歸伏枕，凡六七日方愈。

（宋）李昉：《太平廣記》卷三六七《妖怪九·宗夢征》

周張泳，顯德初進新集《普濟方》五卷，詔付翰林院考驗，尋以泳爲翰林醫官。

（宋）王欽若等編纂：《册府元龜》卷八五九《總録部》

劉翰，顯德初進《經用方書》一部三十卷，《論候》一十卷，《今體治世集》二十卷。上覽而嘉之，乃以爲翰林醫官，其書付史館。

（宋）王欽若等編纂：《册府元龜》卷八五九《總録部》

火燒瘡無出醋泥，甚驗。孫光憲嘗家人作煎餅，一婢抱玄子擁爐，不覺落火炭之上，遽以醋泥傅之，至曉不痛，亦無瘢痕。是知俗説不厭多聞。

（宋）李昉：《太平廣記》卷二二〇《醫三·孫光憲》

王蜀將田承肇常領騎軍戍於鳳翔，因引騎潛出，解鞍憩於林木之下。面前忽見方圓數尺静地中，有小樹子一莖高數尺。並無柯葉，挺然而立，尤甚光滑。肇就之玩弄，以手上下摩娑。頃刻間，手指如中毒藥，苦不禁。於是鞭馬歸營，至，臂膊已粗於桶。時有村嫗善禁，居在深山中，急使人召得，已將不救。嫗曰：“此是胎生七寸蛇戲處，噴毒在樹木間。捫者樹枝立合，致卒。”肇曰：“是也。”急使人就彼劚之，果獲二蛇，長六七寸，斃之，嫗遂禁勒，自膊間趁，漸漸下至於腕，又並趁入食指，盡食指一節，趁之不出，蹙成一球子許肉丸。遂以利刀斷此一節，所患方除。其斷下一節，巨如一氣球也。

（宋）李昉：《太平廣記》卷二二〇《醫三·田承肇》

江南吉州刺史張曜卿，有傔力者陶俊性謹直。嘗從軍征江西，爲飛石所中，因有腰足之疾，恒扶杖而行。張命守舟於廣陵之江口，因至白沙市,避雨於酒肆,同立者甚衆。有二書生過於前,獨顧俊,相與言曰:"此人好心,宜爲療其疾。"即呼俊,與藥二丸曰:"服此即愈。"乃去。俊歸舟吞之。良久,覺腹中痛楚甚,頃之痛止,疾亦多差,操篙理纜,尤覺輕健。白沙去城八十里,一日往復,不以爲勞。後訪二書生,竟不復見。

(宋)李昉:《太平廣記》卷二二○《醫三·陶俊》

江南刑部郎中張易少居莆川,病熱,困憊且甚。恍惚見一神人長可數寸,立於枕前,持藥三丸曰:"吞此可愈。"易受而亟吞之,二丸嗛之,一丸落席有聲,因自起,求之不得。家人驚問何爲,具述所見,病因即愈。爾日出入里巷,了無所苦。

(宋)李昉:《太平廣記》卷二二○《醫三·張易》

視虛實用藥

陳昭遇善醫,絕不讀書,隨劉鋹歸朝,持藥囊日閱數百人,其風勞冷氣之候,皆默識之,然後視其老幼虛實,按古方用湯劑,鮮不愈者。實未嘗尋脉訣也,世以爲神醫。莊周所謂"懸解",童過所謂"讀書百遍義自見",是也。

(宋)曾慥:《類説》卷五三《談苑》

(3) 印刷

毋丘儉貧賤時,嘗借《文選》於交游間,其人有難色,發憤異日若貴,當板以鏤之遺學者。後仕王蜀爲宰,遂踐其言刊之。印行書籍,創見於此。事載陶岳《五代史補》。後唐平蜀,明宗命太學博士李鍔書《五經》,仿其製作,刊板於國子監。監中印書之始。今則盛行於天下。蜀中爲最。明清家有鍔書印本《五經》存焉,後題長興二年也。

(宋)王明清:《揮麈餘話》卷二

世言雕板印書始馮道,此不然,但監本五經板,道爲之爾。《柳玼家訓》序,言其在蜀時,嘗閱書肆,云"字書、小學,率雕板印紙",則唐固有之矣,但恐不如今之工。今天下印書,以杭州爲上,蜀本次之,福建最下。京師比歲印板,殆不減杭州,但紙不佳;蜀與福建多以柔木刻之,取其易成而速售,故不能工;福建本幾遍天下,正以其易成故也。

(宋)葉夢得:《石林燕語》卷八

版印書籍,唐人尚未盛爲之,自馮瀛王始印《五經》,已後典籍,皆爲版本。

(宋)沈括:《夢溪筆談》卷一八

馮道取西京鄭覃所刊石經,雕爲印板,流佈天下,後進賴之,武若開我宋文明之治。癡頑老子廣經學之門,此老篤行有古人風。值武君無禮無義,互相吞啖,篡奪日尋,使不得死臣節爲恨。

(宋)謝采伯:《密齋筆記·續》卷五

五代和凝爲文章,以多爲富,有集百餘卷,自鏤板行於世,識者非之。

(宋)祝穆:《古今事文類聚》別集卷二

唐以前書籍皆寫本,未有模印之法,人以藏書爲貴,雖不多而藏者精於讎對,故往往皆有善本,學者以傳錄之艱,故其誦讀亦精詳。五代時,馮道奏請,始官鏤《六經》板印行。

(宋)祝穆:《古今事文類聚》別集卷三

後唐明宗長興三年二月,中書奏乞依石經文字,刊九經書印版。從之。

(宋)李上交:《近事會元》卷三

（長興二年）春二月，初令國子監校定《九經》雕印，至周廣順三年版成印行。

（元）覺岸：《釋氏稽古略》卷三

雕印《周》《儀》二禮、《公》《穀》二傳
漢隱帝乾祐二年五月於國子監置也。

（宋）李上交：《近事會元》卷三

《筆叢》：雕本肇自隋時，行於唐世，擴於五代，精於宋人。

（清）陳元龍：《格致鏡原》卷三九

11. 佛教

唐天祐中，太原僧惠照因夢鎮州南三十里廢相國寺中埋鐵塔，特往訪之。至界上，爲元戎王中令鎔所知，延在衙署供養。衙將任友義慮是鄰道諜人，或致不測，懇要詰而逐之。元戎始疑，惠具以尋塔爲對。遂差於府南三十里訪之，果得相國寺古基，掘其殿砌之前，得鐵塔，上刻三千人姓名，悉是見在常山將校親軍，唯任友義一人無名，乃知冥數前定。刻斯塔者，何神異哉。

（宋）李昉：《太平廣記》卷一〇一《鎮州鐵塔》

梁太祖開平元年五月，廢雍州太清宮，改西都太微宮、亳州太清宮皆爲觀，諸州紫極宮皆爲老君廟。

（宋）王欽若等編纂：《册府元龜》卷一九四《閏位部》

（開平元年）六月，改耀州報恩禪院爲興國寺。

（宋）王欽若等編纂：《册府元龜》卷一九四《閏位部》

（開平）二年六月，邕州奏鎮鄉山僧法通、道璘有道行，各賜紫衣。

（宋）王欽若等編纂：《冊府元龜》卷一九四《閏位部》

（開平）二年七月癸巳，敕禁屠宰兩月。

（宋）王欽若等編纂：《冊府元龜》卷一九五《閏位部》

（開平）三年，福建節度使王審知奏捨錢造寺一所，請賜寺額。敕名大梁萬歲之寺，仍許度僧四十九人。

（宋）王欽若等編纂：《冊府元龜》卷一九四《閏位部》

（開平）四年正月，賜湖南開元寺禪長老可復號惠光大師，仍賜紫衣。

（宋）王欽若等編纂：《冊府元龜》卷一九四《閏位部》

（開平）五年二月，泌州置善護寺。

（宋）王欽若等編纂：《冊府元龜》卷一九四《閏位部》

乾化元年六月，詔修天宮、佛寺。又，湖南奏潭州僧法思、桂州僧歸真並乞賜紫衣，可之。

（宋）王欽若等編纂：《冊府元龜》卷一九四《閏位部》

（乾化）二年夏，文武官並詣佛寺，爲皇帝設齋，命閣門使李元持香合賜之。又，中書奏爲皇帝於長壽寺啓消災道場。

（宋）王欽若等編纂：《冊府元龜》卷一九四《閏位部》

傳法院，舊曰譯經院。太祖乾德三年十二月，滄州僧道圓詣西域還，表獻貝葉梵經四十二夾。道圓晉天福中往，在塗十二年，住天竺六年，還經于闐，與其使偕至。太祖召問所歷山川道里，賜紫衣、器［幣］，館於京寺。

（清）徐松輯：《宋會要輯稿》道釋二之五

（太平興國）八年十月，天息灾等言："臣竊以教法未流，歷朝翻譯，宣傳佛語，並在梵僧，而方域遐阻，或梵僧不至，則譯場廢絶。望令兩街選童子五十人，令習梵字學。"從之，命高品王文壽集京城童行五百人，選得惟净等十人引見便坐，詔送院受學。惟净者，吴王李煜弟從鎰之子，性穎悟，口授梵章，即曉其義，遍識西域字，歲餘，度爲僧，手寫梵經以獻。自後依法賢授學，爲梵學筆受，賜紫衣，號光梵大師。大中祥符後，令同譯經，爲試光禄卿。

（清）徐松輯：《宋會要輯稿》道釋二之六

普安禪院，周顯德中建，建隆初賜額，昭憲太后建佛殿。

（清）徐松輯：《宋會要輯稿》道釋二之一二

末帝龍德初，祠部員外郎李樞上言，請禁天下私度僧尼及不許妄求師號、紫衣。如願出家受戒者，皆須赴闕比試藝業、施行。願歸俗者，一聽自便。詔曰："兩都左右街賜紫衣及師號僧，委功德使具名奏聞。今後有闕方得奏薦，仍須道行精至，夏臘高深，方得補填。每遇明聖節，兩街各許官壇度七人。諸道如要度僧，亦仰就京官壇，仍令祠部給牒。今後只兩街置僧録，諸道僧正並廢。"

（宋）王欽若等編纂：《册府元龜》卷一九四《閏位部》

梁李鄷爲太子太傅，末帝詔曰："李鄷多因釋教，誑惑群情，此後不得出入無常。"

（宋）王欽若等編纂：《册府元龜》卷九二七《總録部》

梁張策，妙通因果，酷奉空教。未弱冠落髮爲僧，居雍之慈見精廬，頗有高致。廣明末，大盜犯闕，策遂返初服，奉父母逃難，君子多之，後爲刑部侍郎平章事。

（宋）王欽若等編纂：《册府元龜》卷八二一《總録部》

後唐莊宗同光二年九月，敕：“天下應有本朝所造寺觀，宜令所在長吏取寺司常住物添修，至萬壽節日須畢其功。”

（宋）王欽若等編纂：《冊府元龜》卷五二《帝王部》

（同光二年）十一月甲戌，河南尹張全義奏：“萬壽節於嵩山開琉璃戒壇，度僧百人。”敕：“張全義首冠王臣，心明佛性，資善弘於净衆，增福聚於皇基。將欲壇啓琉璃，人銓鴛鷺，實彰忠節，宜示允俞。”

（宋）王欽若等編纂：《冊府元龜》卷五二《帝王部》

（同光二年）十二月乙亥，幸廣化寺祈雪。

（宋）王欽若等編纂：《冊府元龜》卷五二《帝王部》

（同光）二年正月，幸鄴都，登黎陽山，燔香於大像前。

（宋）王欽若等編纂：《冊府元龜》卷五二《帝王部》

（同光二年）五月戊申，幸龍之廣化寺，開佛塔請雨。

（宋）王欽若等編纂：《冊府元龜》卷五二《帝王部》

明宗天成元年十一月，敕：“佛氏之教，其來久矣。既爲空寂之門，不無高潔之士。自淳風久散，至道莫隆，漸容游惰之徒，雜處緇黄之衆，罔尊禁戒，唯切經求。托形勢以擾人，蓄資財而潤己，將思縱志，肯樂聚居？多於閭巷之間，別構住持之所，妄陳福業，潛誘聾愚，或移動居人，或侵并物業。如斯之弊，其徒日繁。朕方静寰區，務康黎庶，貴臻有益，共洽無私。宜令遍行告諭，應今日已前修蓋得寺院，無令毀廢；自此已後，不得輒有建造。如要願在僧門，亦宜準佛法條例，官壇受戒，不得擅私剃度。”

（宋）王欽若等編纂：《冊府元龜》卷五二《帝王部》

（天成）二年六月，詔以僧尼不歸寺院，競占民舍以居之，訛濫日甚,敕除名額。寺院外無堂殿佛像者,並勒毀之。

　　　　　（宋）王欽若等編纂:《册府元龜》卷一六〇《帝王部》

　　（天成）二年九月,益州孟之祥令僧五人持佛牙,長一寸六分,云:
"僖宗幸蜀時留之,今屬應聖嘉節,願資壽命。"宣示近臣。

　　　　　（宋）王欽若等編纂:《册府元龜》卷五二《帝王部》

　　（天成二年）十月,五臺山王子寺主僧人廷果狀稱爲先師廣法大
師誠惠建塔,請名謚爲法雨大師,慈雲之塔。

　　　　　（宋）王欽若等編纂:《册府元龜》卷五二《帝王部》

　　（天成三年）閏八月辛亥,敕準兵部郎中蕭願奏,大忌齋僧、道各
一百人,列聖忌辰齋僧、道五十人。

　　　　　（宋）王欽若等編纂:《册府元龜》卷三一《帝王部》

　　（天成）四年八月,澤州盤亭山千峰禪寺僧洪密狀奏:"當院創感
應舍利塔一所,乞賜塔額。"乃賜號爲"圓空之塔"。

　　　　　（宋）王欽若等編纂:《册府元龜》卷五二《帝王部》

　　長興四年七月,命中使押絹五百匹,施五臺山僧齋料。

　　　　　（宋）王欽若等編纂:《册府元龜》卷五二《帝王部》

　　末帝清泰元年七月,遣供奉官鄭延遂往鳳翔,詔胡僧阿闍黎。
初,帝在藩,屢與僧言闍黎行高,知前事,帝深重之。

　　　　　（宋）王欽若等編纂:《册府元龜》卷五二《帝王部》

　　（清泰元年）九月,詔鳳翔發遣僧祐聖大師至京師。

　　　　　（宋）王欽若等編纂:《册府元龜》卷五二《帝王部》

（清泰）二年正月千秋節，樞密使趙延壽獻金繒並《大乘經》十卷，忻州刺史劉處讓獻金字《法華經》一部，太原多僧舍資福一宗，尤事禪譯，文武間好佛者多湊其門，帝頗宗奉。及鎮河中，鳳翔僧知數者數言帝有金輪之位，岐僧阿闍黎言事多從，故延壽、處讓有是貢獻。

（宋）王欽若等編纂：《冊府元龜》卷五二《帝王部》

（清泰二年）四月丙寅，河中栖岩寺弘福院僧惠鑒，言先師在龍潛時施財起塔，奏號靈應之塔；師未有諡，詔賜諡真寂。丁卯，遣供奉官李彥驤鳳翔法門寺飯僧尼道俗，帝舊游故也。乙酉，功德使言：“左右街僧錄可肇報在京諸寺院童子行者，於千春節考録，及限各給得文，許令披剃，及僧尼沙彌年滿二十受具戒。伏乞開置官壇，緣四月十五日僧門結夏至七月十五日方滿，至千春節前開置戒壇。”從之。時功德使奏：“每年誕節，諸州府奏薦僧道，其僧尼欲立講論科、講經科、表白科、文章應制科、持念科、禪刹聲讚科，道士女冠經法科、講論科、文章應制科、表白科、聲讚科、焚修科，以試其能否。”從之。

（宋）王欽若等編纂：《冊府元龜》卷五二《帝王部》

（清泰二年）八月，杭州錢元瓘言：“襲爵四年，曾無顯效，受鳳池之真命，降龍册以雙封。臣特於府城外造寺一所，前百步起樓號奉固。其寺額，乞以龍册爲名。”詔曰：“錢元瓘效忠建寺，比爲誕節齋僧，龍册爲名，未稱勤懇，宜號千春寺。”

（宋）王欽若等編纂：《冊府元龜》卷五二《帝王部》

（清泰二年）十月，鳳翔言僧阿闍黎卒，帝嗟惜之，命翰林學士爲志石。

（宋）王欽若等編纂：《冊府元龜》卷五二《帝王部》

（清泰）三年，遣供奉官劉處賓往鳳翔法門寺。四月八日，設大齋會。

（宋）王欽若等編纂：《冊府元龜》卷五二《帝王部》

張希崇爲汝州防禦使,母先爲尼,賜"紫衣師"號。

(宋)王欽若等編纂:《册府元龜》卷一三一《帝王部》

晉高祖天福二年正月,敕:"西天中印土摩竭陀舍衛國大菩提寺三藏陀闍黎賜紫,沙門室利縛羅(上靬下剌)宜賜號弘梵大師。"

(宋)王欽若等編纂:《册府元龜》卷五二《帝王部》

(天福)三年十一月庚午,西京左右街僧録可肇等賫佛牙到闕。宣付汴京收掌。

(宋)王欽若等編纂:《册府元龜》卷五二《帝王部》

(天福三年)十二月戊子,敕:"河陽、邢州潛龍舊宅,先令選名僧住持,宜賜院額。其河陽曰開晉禪院;邢州曰廣法禪院。"

(宋)王欽若等編纂:《册府元龜》卷五二《帝王部》

研金虛縷沉水香紐列環

晉天福三年,賜僧法城跋遮那袈裟環也。王言云:"敕法城,卿佛國棟梁,僧壇領袖,合遣內官賜卿研金虛縷沉水香紐列環一枚,至可領取。"

(明)陶宗儀:《説郛》卷六一《清異録》

(天福)四年二月庚子,以天和節,僧尼賜紫衣、師號者一百有五,寺宇賜名額者凡二十有三:襄州香界,延州衆寶,邢州普會,相州安福,懷州普護,鳳翔寶蓮,鄭州妙香,棣州净念,洺州天花,汾州普照,洛京廣福,鳳州弘利,京兆悟空,并州定果,徐州空寂,宋州普福,遼州澄節,許州菩提、靖教,陳州花臺、定業,東京金明、善會。

(宋)王欽若等編纂:《册府元龜》卷五二《帝王部》

(天福四年)十二月丙辰,敕:"凡爲精舍,將結勝緣,清虛則神亦相依,混亂則人皆不重。其或偶然乘興,率爾栖心。鄉村接漁獵之家,塵里定屠沽之户,佛雖無染,僧豈不輕。宜崇釋梵之因,永肅人天之化。所有自前院宇,即且依舊住持;今後城郭村坊,一切不得創造。"

(宋)王欽若等編纂:《册府元龜》卷五二《帝王部》

(天福)五年二月甲子,天和節,道釋賜紫衣、師號者凡九十人,寺宇賜名額者凡二十五所:東京寶繩、寶像、寶花、法林,西京惠雪,京兆普静,兖州等覺、玄機,蔡州吉祥,懷州妙理,襄州護國,許州定水,貝州寶刹,博州金繩,耀州密行,代州仁壽,鄆州感化,潞州妙士,定州毗城,岐州善覺、遺相,澤州解空,慈州集聖,鄆州真覺。

(宋)王欽若等編纂:《册府元龜》卷五二《帝王部》

(天福五年)四月癸卯,建金界寺於五臺,立峻極院於嵩嶽。

(宋)王欽若等編纂:《册府元龜》卷五二《帝王部》

(天福)六年二月戊午,天和節,道釋賜紫衣、師號者,凡百三十有四;寺宇賜名額者凡五十有九:東京净聖、資壽,西京仁聖、青蓮、延慶,北京静覺,鳳翔弘化,定州法海,孟州興惠,趙州興法,襄州延壽,延州興果,相州妙勝,潞州慈雲,汝州清凉,安州竺乾,陝州仁壽,邢州閑心,濮州樂壽。

(宋)王欽若等編纂:《册府元龜》卷五二《帝王部》

(天福六年)五月甲辰,加隰彌陀國僧喹哩以佛牙泛海而至。

(宋)王欽若等編纂:《册府元龜》卷五二《帝王部》

(天福六年)十二月壬子,遣内班史延韜部署僧十四人,宗城縣開置道場,以鎮人爲安重榮脇制而有殺戮,崇其福事。

(宋)王欽若等編纂:《册府元龜》卷五二《帝王部》

（天福）七年正月，遣內班衛延韜鎮州開置水陸道場。

（宋）王欽若等編纂：《冊府元龜》卷五二《帝王部》

（天福七年）三月壬子，天和節，三京諸道州府奏："僧尼道士乞紫衣、師號凡百人，寺觀名額五十餘處。"悉從之。

（宋）王欽若等編纂：《冊府元龜》卷五二《帝王部》

（天福七年）五月乙未，秦州侯益奏："臣頃歲曾爲偏將，往伐叛逆。有願如範延光歸降，兵無血刃，即於招討使楊光遠中軍寨建一佛刹。自後延光果能歸款，克契發心。光遠尋施錢三百貫文，與臣共力營葺。今修成天王院一所，乞賜名額。"敕以福順天王院爲名。

（宋）王欽若等編纂：《冊府元龜》卷五二《帝王部》

少帝開運二年六月，定州奏："據郎山招收指揮使孫方簡狀，當山有僧院，地居山谷，道扼鄉閭。自蕃戎騷動已來，邊界驚移之後，多聚強壯，自辦戈矛，每遇賊軍，皆獲勝捷。其郎山爲易州之中路，滿縣之鄰封，通此往來，最爲要害。乞賜院額者。"敕以勝福之院爲名。

（宋）王欽若等編纂：《冊府元龜》卷五二《帝王部》

少帝開運二年秋，左諫議大夫李元龜奏請禁止天下僧尼典買院舍，從之。

（宋）王欽若等編纂：《冊府元龜》卷一六〇《帝王部》

晉王建立爲青州節度，晚年歸心釋氏，飯僧營寺，戒殺慎獄，民稍安之。

（宋）王欽若等編纂：《冊府元龜》卷八二一《總錄部》

晉馬胤孫罷相爲太子賓客，胤孫少慕韓愈之爲文，故不重佛。及退居里巷,追感唐帝平昔之遇,乃依長壽僧舍讀佛書,冀申冥報。歲餘,枕籍黃卷中,見"華嚴楞"詞理富贍,由是酷賞之,仍抄錄事相形於歌咏,謂之《法喜集》。又纂諸經要言爲《佛國記》,凡數千言。或嘲之曰:"公生平以博弈韓愈爲高識,何前倨而後恭,是佛佞公邪?公佞佛邪?"胤孫笑而答曰:"佛佞子則多矣。"

(宋)王欽若等編纂:《冊府元龜》卷八二一《總錄部》

周宋彥筠,初仕晉,爲同州節度使。貪鄙無術,溺於釋氏,唯營寺繢塑、香燈幢幡、僧尼資貝之類,則捨之無慳。日給數十千,多取於四民,以充其費。後爲幽州節度使,所貯資金,多奉釋氏。嘗謂人曰:"吾前後供僧一千餘萬,造佛宮九十餘所。"又嘗召僧讀《畢生經》,日課若干卷。至瞑目以來,令不負所課。如嬰疾闕讀,隨即填補。立券設咒,每僧給二十緡。僧至者甚衆,乃減緡一半。未幾,只給三緡。其無行貪狠之僧,利其緡,投券者填咽。彥筠患之,乃止。初,彥筠一旦與其主母有微忿,遽擊殺之。自後常有所睹,彥筠心不自安,乃修浮屠,法以禳之。因而溺志於釋氏,其後每歲,至金仙入涅槃之日,常衣斬縗,號慟於其像前,其佞佛也如是。家有婢妾數十人,皆令削髮披緇,以侍左右,大爲當時所誚。

(宋)王欽若等編纂:《冊府元龜》卷九二七《總錄部》

桑維翰爲侍中,天福末,奏:"臣落京章善坊捨宅爲僧院,乞賜名額。"敕以"奉仙禪院"爲名。

(宋)王欽若等編纂:《冊府元龜》卷八二一《總錄部》

和凝爲右僕射、平章事。天福末,奏:"臣滑州捨宅爲僧院,便令親妹尼福因往彼住持,乞頒名額,兼賜紫衣。"敕以"悟真禪院"爲名,福因宜賜紫衣。

(宋)王欽若等編纂:《冊府元龜》卷八二一《總錄部》

漢隱帝乾祐二年,太子率更令李守瓊上言二事:"其一,沙門著紫,比非佛門,貴務奢華,以邀名利。諸處奏薦,蓋出顏情。以臣愚見,不敢便望止絕。每歲誕節前據所奏薦,便令其身隨薦章詣闕,令功德使召兩院僧官,考試所業長短,以行恩澤,庶絕濫舉之門。"

(宋)王欽若等編纂:《册府元龜》卷五二《帝王部》

隱帝乾祐二年,國子司業樊倫上言:"游惰之民,多歸僧舍,朝廷用兵,須豐軍食。請三五年間止絕僧尼戒壇,兼禁私行剃度。"從之。

(宋)王欽若等編纂:《册府元龜》卷一六〇《帝王部》

周太祖廣順二年十一月,以在京潛龍宅爲佛宮,賜額號天聖禪寺。

(宋)王欽若等編纂:《册府元龜》卷五二《帝王部》

(廣順)三年十一月,中印寺僧法進賜紫衣。

(宋)王欽若等編纂:《册府元龜》卷五二《帝王部》

世宗顯德元年三月,親征河東。四月丁巳,幸團柏谷佛寺,賜主寺僧紫衣。

(宋)王欽若等編纂:《册府元龜》卷五二《帝王部》

(顯德元年)九月,以潛龍宮爲皇建禪院,遣沙門清興主之。

(宋)王欽若等編纂:《册府元龜》卷五二《帝王部》

(顯德元年九月)是月,齊州沙門義楚進《釋氏六帖》三十卷。義楚少負名操,亦通儒學,將佛書麗事,以類相從,擬白氏儒書所集。帝覽而嘉之,賜以紫衣,其書付史館。

(宋)王欽若等編纂:《册府元龜》卷五二《帝王部》

（顯德）四年十月，賜京城内新四寺額，以天清、顯静、顯寧、聖壽爲名。

（宋）王欽若等編纂：《册府元龜》卷五二《帝王部》

（顯德）五年四月，征淮南回。戊午，至泗州，幸普光王寺，賜寺僧帛有差。

（宋）王欽若等編纂：《册府元龜》卷五二《帝王部》

（顯德五年）六月庚午，内出御衣六百餘事、錢四十萬、羅縠百匹，分賜兩街僧道，令僧道修寺觀。

（宋）王欽若等編纂：《册府元龜》卷五二《帝王部》

（顯德）六年四月，幸滄州，駐蹕於乾寧軍，賜於城内二寺名額，一曰迎鑾，二曰順聖。從寺僧之請也。

（宋）王欽若等編纂：《册府元龜》卷五二《帝王部》

李穀，顯德中同平章事。穀以本貫河南府洛陽縣清風鄉高陽里，本居經黄、蔡亂離，園廬蕩盡，穀養於外祖，亦其舊墟。穀於其地置蘭若，命僧居之，以申罔極之感。

（宋）王欽若等編纂：《册府元龜》卷八二一《總録部》

世俗傳訛惟祠廟之名爲甚。今都城西崇化坊顯聖寺者，本名蒲池寺。周氏顯德中增廣之，更名顯聖。而俚俗多道其舊名，今轉爲菩提寺矣。

（明）陶宗儀：《説郛》卷二三《歸田録》

龍興寺

汴都舊有龍興寺，周世宗廢爲倉。國初，寺僧屢訴，求復爲寺。太宗怒其煩瀆，遣使持劍誅之，且曰：“懼即斬，不懼再奏。”僧臨刑不懼,太宗甚喜,即日復爲寺。

(宋)曾慥:《類説》卷二七《唐宋遺史》

太平興國寺

太平興國寺,舊龍興寺也。世宗廢爲龍倉。國初,寺主僧屢撾鼓求復爲寺。上遣中使持劍令斷首,仍戒曰:"怖畏即斬之,或臨刑無懼,即未可斬。"既訊其僧,神色自若,引頸就戮。上大感嘆,復以爲寺。又修舊封禪寺爲開寶寺。

(宋)曾慥:《類説》卷五三《談苑》

毀銅佛鑄錢

周世宗毀銅佛像鑄錢,曰"佛教以爲頭目髓腦有利於衆生,尚無所惜,寧復以銅像爲愛乎。"鎮州大悲銅像,甚有靈應,擊毀之際,以斧鑼自胸鏡破之。後世宗北征,病疽發胸間,咸謂報應。

(宋)曾慥:《類説》卷五三《談苑》

偽蜀王先主,未開國前,西域僧至蜀。蜀人瞻敬,如見釋迦。舍於大慈三學院,蜀主復謁坐於廳,傾都士女,就院不令止之。婦女列次禮拜,俳優王舍城飄言曰:"女弟子勤苦禮拜,願後身面孔,一切似和尚。"蜀主大笑。

(宋)李昉:《太平廣記》卷二五二《詼諧八·王舍城》

三蜀有長鬚長老,自言是宰相孔謙子,莫知誰何。不剃髮鬚,皓然垂腹,擁百餘衆,自江湖入蜀。所在甿俗,瞻駭儀表,爭相騰踐而禮其足。凡所經由,傾城而出,河目海口,人莫之測。至蜀,螺鈸迎焉。先謁樞密使宋光嗣,因問曰:"師何不剃鬚?"答曰:"落髮除煩惱,留髭表丈夫。"宋大恚曰:"吾無髭,豈是老婆耶?"遂揖出,俟剃却髭,即引朝見。徒衆既多,旬日盤桓,不得已剃髭而入。徒衆恥其失節,悉各散亡。偽蜀主問曰:"遠聞師有長鬚之號,何得如是?"對曰:"臣在江湖,嘗聞陛下已證須陀洹果,是以和鬚而來;今見陛下將證阿那舍果,是以剃鬚而見。"少主初未喻,首肯之。及近臣解釋,大爲歡笑。後住持静亂寺,數爲大衆論訟,有上足,以不謹獲罪。伶人藏柯曲深慕空門,而不知其中猥細,謂是清静,捨俗落髮。謹事瓶鉢,漸見穢濫,詬詈而出,以袈裟挂於寺門曰:"吾比厭俗塵,投身清潔之地,以滌其業障。今大師之門,甚於花柳曲,吾不能爲之。"遂復歸於樂籍。蜀人謂師曰:"一事南無,折却長鬚。"

(宋)李昉:《太平廣記》卷二六二《嗤鄙五·長鬚僧》

後主奉竺乾之教,多不茹葷,嘗買禽魚,爲之放生。

(明)陶宗儀:《説郛》卷五八《江表志》

後主好佛

後主酷信浮圖,朝退與后頂僧伽帽、衣袈裟、誦佛書、拜跪頓顙,爲瘤贅。親爲桑門削作厕簡,自試之腮頰,少有澀滯者。再爲治之,其手不收,學佛握印而行。建康中,僧至萬餘。僧犯奸,有司具牘還俗,後主令禮佛三百拜免刑。北朝陰選少年有經業口辯者往化之。後主崇奉,謂之一佛出世,朝夕與論,六根四諦,天堂地獄,循環果報,號曰小長老。又説令廣施利造塔像,身被紅羅,銷金三事,後主嫌其大奢,乃云:"陛下不讀《華嚴》,安知佛富貴。"自是兵機守御皆弛,財用益竭。又於牛頭山大起蘭若,聚徒千衆,日暮設齋,無非珍饌,一日食之不盡,明旦再具,謂之折倒,時以爲讖。王師克池州,令僧俗兵士念"救苦觀世音菩薩"。

(宋)曾慥:《類説》卷一八《江南野録》

偎紅倚翠大師

李煜在國,微行娼家,遇一僧張席,煜遂爲不速之客。僧奉酒令、謳吟、吹彈,莫不高了,見煜明俊醖藉,氣合相愛重。煜乘醉大書石壁曰:"淺斟低唱,偎紅倚翠大師。鴛鴦寺主,持風流教法。"久之,僧擁

妓入屏帷，煜徐步而出，僧、妓竟不知煜爲誰也。煜嘗密諭徐鉉，鉉言
於所親焉。

（明）陶宗儀：《説郛》卷六一《清異録》

江南李主佞佛，度人爲僧，不可數計。

（明）陶宗儀：《説郛》卷九六《燕翼詒謀録》

李昱爲師子國王

賈黃中守金陵，恍惚有人展刺云："前國主李昱祇謁。"既見，乃清
瘦道士也。賈知其意，乃曰："太師安得及此。"李曰："某幼擇釋氏，
未至通達，誤有所見，今爲師子國王，適思鍾山，故來相見。"懷中取詩
授賈，忽然不見。詩曰："異國非所志，煩勞殊未閑。風濤千萬里，無
復見鍾山。"載閲之，隨手灰滅。

（宋）曾慥：《類説》卷八《乘異記》

李宗爲舒州刺史，重造開元寺。工徒始集，將浚一廢井。井中有
斷碑，其文不識。是夜，李宗夢一人，"自稱郭厚，葬此。前土寇犯闕，天下亂，
僧輩利吾行資，殺我投此井中，今骸骨在是，爲我白李公，幸葬我，無
見弃也。"主者以告宗，翌日親至井上，使發之，果得骸骨。即爲具衣
衾棺椁，設祭而葬之。葬日，伍伯復仆地，鬼告曰："爲我謝李公，幽魂
處此已三十年，籍公之惠，今九州社令，已補我爲土地之神，配食於此
矣。"寺中至今祀之。

（宋）李昉：《太平廣記》卷三一四《郭厚》

江南初平，汰李氏時所度僧十減六七。胡旦曰："彼無田廬可歸，
將聚而盜，悉黥爲兵。"《胡旦傳》。

（明）陶宗儀：《説郛》卷一二《悦生隨抄》

唐自元和以後，不復譯經。江南始用兵之歲，有中天竺摩伽陁國

僧法天者至鄜州，與河中梵學僧法進共譯經義，始出《無量壽》《尊勝》二經、《七佛贊》，法進筆受綴文，知州王龜從潤色之，遣法天、法進獻經闕下。太祖召見慰勞，賜以紫方袍。法天請游名山，許之。上即位之五年，又有北天竺迦濕彌羅國僧天息灾、烏填曩國僧施護繼至，法天聞天息灾等至，亦歸京師。上素崇尚釋教，即召見天息灾等，令閱乾德以來西域所獻梵夾。天息灾等皆曉華言，上遂有意翻譯，因命内侍鄭守鈞就太平興國寺建譯經院。是月，院成，詔天息灾等各譯一經以獻，擇梵學僧常謹、清沼等與法進同筆受綴文，光禄卿湯悦、兵部員外郎張洎參詳潤色之，内侍劉素爲都監。

（宋）李燾：《續資治通鑒長編》卷二三，太宗太平興國七年（982）

唐主命兩省侍郎、諫議大夫、給事中、中書舍人、集賢勤政殿學士分夕於光政殿宿直，與之劇談，或至夜分乃罷。唐主事佛甚謹，中書舍人張洎每見輒談佛法，由是驟有寵。初，唐主於宫苑造寺，僧尼常數百人，先代嬪嬙，悉度爲尼。朝退，則僧服誦經，拜跪盡瘁，不厭。僧或犯奸，有司請論如律，唐主曰："刑之，則縱其欲矣。"但令禮佛三百，赦其罪。有爲塔像佛飾侈靡者，唐主尤之。僧曰："陛下不讀《華嚴經》，豈知佛富貴乎？"國人化之，佛事逾熾。當時大臣亦多蔬食持戒以奉佛，中書舍人徐鉉獨否，然絶好鬼神之説。徐鉉，初見天福十二年，會稽人。張洎，初見顯德六年，全椒人。

（宋）李燾：《續資治通鑒長編》卷八，太祖乾德五年（967）

舒州司士參軍黄仁瀇，自言壬子歲，罷隴州汧陽主簿，至鳳翔城。有文殊寺，寺中土偶數十軀，忽自然搖動，狀如醉人，食頃不止。觀者如堵，官司禁止之。至今未知其應。

（宋）李昉：《太平廣記》卷三六七《黄仁瀇》

今人以月一日、八日、十四日、十五日、十八日、二十三日、二十四日、二十八日、二十九日、三十日不食肉，謂之"十齋"，釋氏之教也。

予按《唐會要》武德二年正月二十四日詔：自今以後每年正月、九月及每月十齋日並不得行刑，所在公私，宜斷屠釣，永爲常式。乾元元年四月二十二日敕：每月十齋日及忌日並不得采捕、屠宰，仍永爲式。其來尚矣。《九國志》亦載南唐大臣多蔬食，月爲十齋。今斷獄律疏議列此十日爲之“十直日”。

（明）陶宗儀：《説郛》卷三《賓退録》

吉祥院，鄞縣東南一里一百步。晉天福五年建，六年以釋天院爲名。皇朝大平興國八年，改賜今額。

（宋）羅濬：《寶慶四明志》卷一一

延慶寺，子城南三里。周廣順三年建，曰報恩院。皇朝至道中，僧知禮行學俱高，真宗皇帝遣使加禮。大中祥符三年，改院名延慶。

（宋）羅濬：《寶慶四明志》卷一一

白衣廣仁院，子城西。舊號净居報仁院，唐長興元年七月建。清泰二年十月爲净居院，續因祈禱靈應，復加“報仁”二字。皇朝治平元年十一月十三日，賜今額。

（宋）羅濬：《寶慶四明志》卷一一

聖功院，子城西南四里半。本崇教院也，周顯德元年建。

（宋）羅濬：《寶慶四明志》卷一一

廣福院，子城西南一里半。舊號羅漢院，漢乾祐二年建。皇朝太平興國九年，賜今額。

（宋）羅濬：《寶慶四明志》卷一一

東壽昌院，子城東南一里。唐清泰二年，僧子麟禪師往高麗、日本、百濟諸國，傳持天台教法。高麗國王遣使李仁旭輩，送還明州，錢氏因矑徐蘊鄉園地建院，以安其衆。晉天福七年，吳越國王命以爲保安院。皇朝治平元年，賜永安院。

（宋）羅濬：《寶慶四明志》卷一一

景德寺，子城東南二里。舊號鄞江院，唐清泰元年建。皇朝大中祥符元年，賜今額。

（宋）羅濬：《寶慶四明志》卷一一

天封院，鄞縣南一里半。舊號天封塔院，漢乾祐五年建。皇朝大中祥符三年，改賜今額。

（宋）羅濬：《寶慶四明志》卷一一

大中祥符寺，子城南一里半。舊號崇福寺，周廣順元年建。

（宋）羅濬：《寶慶四明志》卷一一

能仁觀音院，縣西南二里半。舊號報慈院，院瀕西湖，本節度使錢公億捨宅爲之。

（宋）羅濬：《寶慶四明志》卷一一

興教院，子城東南二里。舊號新居禪院，梁貞明二年建。皇朝大中祥符元年，賜今額。

（宋）羅濬：《寶慶四明志》卷一一

奉聖院，子城東南二里。舊號净居禪院，唐天祐二年建。皇朝大中祥符元年，賜今額。

（宋）羅濬：《寶慶四明志》卷一一

五峰山崇福院，縣（鄞縣）東南五十里。舊號五峰院，晉天福六年建。皇朝大中祥符三年賜額。

（宋）羅濬：《寶慶四明志》卷一三

畔跨山崇果院，縣（鄞縣）東五十五里。晉開運二年建，皇朝大中祥符三年賜額。

（宋）羅濬：《寶慶四明志》卷一三

白雲延祥院，縣（鄞縣）東南八十里。皇朝乾德五年建，大中祥符三年賜額。

（宋）羅濬：《寶慶四明志》卷一三

資教院，縣（鄞縣）西四十里。舊號廣德院，周顯德元年建。皇朝治平元年，賜今額。

（宋）羅濬：《寶慶四明志》卷一三

悟真院，縣（鄞縣）東南五十里。漢乾祐二年建，皇朝治平元年賜額。

（宋）羅濬：《寶慶四明志》卷一三

治平院，縣（鄞縣）南三十里。後唐清泰二年建，名保豐。皇朝治平元年，賜今額。

（宋）羅濬：《寶慶四明志》卷一三

廣壽寺，縣（鄞縣）東五里。周廣順元年建，號崇寧院。皇朝慶曆七年，賜今額。

（宋）羅濬：《寶慶四明志》卷一三

廣嚴院，縣（鄞縣）東四里。舊號華嚴院，晉開運元年建。皇朝治平二年,賜今額。

(宋)羅濬:《寶慶四明志》卷一三

　　普和院,縣(鄞縣)東南五十五里。漢乾祐二年建,名靈影。皇朝慶曆七年,賜今額。

(宋)羅濬:《寶慶四明志》卷一三

　　圓通院,縣(鄞縣)南三十五里。唐天祐十年建,名東林。皇朝治平二年,賜今額。

(宋)羅濬:《寶慶四明志》卷一三

　　普安院,縣(鄞縣)南五十里。梁乾化二年建,名茆山。皇朝治平元年,賜今額。

(宋)羅濬:《寶慶四明志》卷一三

　　明心院,縣(鄞縣)南三十五里。晉天福五年建,名厲山。皇朝治平二年,賜今額。

(宋)羅濬:《寶慶四明志》卷一三

　　慧燈院,縣(鄞縣)東南二十五里。舊號朱村院,皇朝建隆二年建。治平二年,改賜今額。

(宋)羅濬:《寶慶四明志》卷一三

　　福聖院,縣(鄞縣)東南四十里。舊號東山塔院,皇朝乾德四年建。治平元年,改賜今額。

(宋)羅濬:《寶慶四明志》卷一三

　　清修院,縣(鄞縣)西南八十里。舊號清凉院,皇朝乾德二年建。

大中祥符元年,賜今額。

(宋)羅濬:《寶慶四明志》卷一三

廣修院,縣(鄞縣)東六十五里。晉天福五年建,皇朝大中祥符元年賜額。

(宋)羅濬:《寶慶四明志》卷一三

禪岩院,縣(鄞縣)西南八十里。梁貞明元年建。

(宋)羅濬:《寶慶四明志》卷一三

慈雲院,縣(鄞縣)南三十里。漢乾祐二年建,名李浦。皇朝治平二年,賜今額。

(宋)羅濬:《寶慶四明志》卷一三

法雲院,縣(鄞縣)東七里。皇朝乾德六年建,號甬東浴院。治平二年,賜今額。

(宋)羅濬:《寶慶四明志》卷一三

多福院,縣(鄞縣)東五里。皇朝乾德三年建,治平元年,賜今額。

(宋)羅濬:《寶慶四明志》卷一三

寶林院,縣(鄞縣)南三十五里。舊號報國西林院,晉開運三年建。皇朝治平元年,賜今額。

(宋)羅濬:《寶慶四明志》卷一三

延壽王廣福院,縣(鄞縣)東南六十里。舊號延壽王院,晉天福二年建。皇朝熙寧元年,增“壽聖”二字。

(宋)羅濬:《寶慶四明志》卷一三

尊教院,縣(鄞縣)東南四十里。晉天福三年建。名慧日。皇朝治平元年,賜今額。

(宋)羅濬:《寶慶四明志》卷一三

能仁院,縣(鄞縣)西南十里。皇朝乾德中建,號東安院。咸平六年,改承天院。政和七年五月,御筆改今額。

(宋)羅濬:《寶慶四明志》卷一三

崇法院,縣(鄞縣)南五里。舊號焚化院,皇朝乾德五年建。大中祥符三年,賜今額。

(宋)羅濬:《寶慶四明志》卷一三

天壽院,縣(鄞縣)西南六十里。舊號天井院,皇朝建隆元年建。治平元年,改賜今額。

(宋)羅濬:《寶慶四明志》卷一三

惠安院,縣(鄞縣)東四十里。晉天福三年建,皇朝大中祥符三年賜額。

(宋)羅濬:《寶慶四明志》卷一三

空相院,縣(鄞縣)西南七十里。舊號四明保安院,晉開運二年建。皇朝治平二年,賜今額。

(宋)羅濬:《寶慶四明志》卷一三

妙智院,縣(鄞縣)西南七十里。舊號觀音庵,漢乾祐二年建。皇朝治平元年,賜今額。

(宋)羅濬:《寶慶四明志》卷一三

慈福院,縣(鄞縣)東三十里。舊號盛店保安院,周顯德二年建。

皇朝治平元年,賜今額。

(宋)羅濬:《寶慶四明志》卷一三

慈恩院,縣(鄞縣)西南九十里。舊號小溪松岩院,晉天福九年建。皇朝治平二年十月,賜今額。

(宋)羅濬:《寶慶四明志》卷一三

普光院,縣(鄞縣)東四十五里。舊號光化院,晉開運二年建。皇朝治平元年,賜今額。

(宋)羅濬:《寶慶四明志》卷一三

净衆院,縣(鄞縣)東二十里。舊號齋堂院,皇朝開寶二年建。治平二年,改賜今額。

(宋)羅濬:《寶慶四明志》卷一三

阮山廣福院,縣(鄞縣)東九十里。漢乾祐二年建,號阮庵。皇朝熙寧二年正月,賜壽聖院額。紹興三十二年,改今額。

(宋)羅濬:《寶慶四明志》卷一三

多寶院,縣(鄞縣)東南八十里。舊號管江院,皇朝開寶元年建。治平二年,改賜今額。

(宋)羅濬:《寶慶四明志》卷一三

大中祥符寺,縣(鄞縣)東五十里。晉天福三年建,名西溪。皇朝治平三年,賜名法寶。嘉定中,史尚書請爲功德寺。十七年,改今額。

(宋)羅濬:《寶慶四明志》卷一三

安岩山華嚴院,縣(奉化縣)南五十里。舊名四明院,漢乾祐三年置。皇朝天聖中,居照禪師遷入山數里。慶曆三年,改今額。

（宋）羅濬:《寶慶四明志》卷一五

清凉院,縣(奉化縣)東九十里。朱梁龍德二年,茅將軍捨宅爲之,吳越王錢氏給額曰“歸順”。皇朝治平中,賜今額。

（宋）羅濬:《寶慶四明志》卷一五

解空院,縣(奉化縣)東八十里。唐長興元年置,名泰靖。皇朝治平二年,改今額。

（宋）羅濬:《寶慶四明志》卷一五

栖真院,縣(奉化縣)東七十里。晉天福八年置,名栖鳳。皇朝治平二年,改今額。

（宋）羅濬:《寶慶四明志》卷一五

興化院,縣(奉化縣)東七十里。唐長興元年置,名墅市。皇朝治平二年,改今額。

（宋）羅濬:《寶慶四明志》卷一五

清福院,縣(奉化縣)東七十里。晉天福八年置,名太清。皇朝治平二年,改今額。

（宋）羅濬:《寶慶四明志》卷一五

演教院,縣(奉化縣)西十里。後唐清泰二年置,名鹿苑。皇朝治平二年,改今額。

（宋）羅濬:《寶慶四明志》卷一五

禪悦院,縣(奉化縣)北二十里。舊名保安,皇朝開寶二年置。治平二年,改今額。

(宋)羅濬:《寶慶四明志》卷一五

明化院,縣(奉化縣)東十里。舊名建城,唐寶曆二年置,光化中改名建寧。梁開成(平)中,改名善因。皇朝大中祥符元年,改今額。

(宋)羅濬:《寶慶四明志》卷一五

清蓮院,縣(奉化縣)西南五十里。後唐清泰二年建,號靈峰。皇朝治平二年,賜今額。

(宋)羅濬:《寶慶四明志》卷一五

法昌院,縣(奉化縣)北二十五里。舊名石芝,皇朝開寶元年置。治平二年,改今額。

(宋)羅濬:《寶慶四明志》卷一五

宣密院,縣(奉化縣)東九十里。晉開運二年置,名桐照。皇朝治平二年,改今額。

(宋)羅濬:《寶慶四明志》卷一五

鄞城山廣福院,縣(奉化縣)東五十里。唐景福元年置,後唐清泰初,吳越錢氏給額曰鄞城。皇朝治平元年。改壽聖。紹興三十二年。改今額。

(宋)羅濬:《寶慶四明志》卷一五

惠日院,縣(奉化縣)西二十里。晉天福五年置,名慈林。皇朝治平二年,改今額。

(宋)羅濬:《寶慶四明志》卷一五

法海院,縣(奉化縣)東南十里。晉天福元年置,名龍潭。皇朝治平二年，改今額。

（宋）羅濬：《寶慶四明志》卷一五

廣福院，縣（奉化縣）南五十里。晉開運三年置，名雲蓋庵。皇朝熙寧中，賜額壽聖。紹興三十二年，改今額。

（宋）羅濬：《寶慶四明志》卷一五

禪寂院，縣（奉化縣）南四十里。周廣順二年置，名登山。皇朝治平二年，改今額。

（宋）羅濬：《寶慶四明志》卷一五

慈覺院，縣（奉化縣）北二十里。晉天福五年置，名興福。皇朝治平二年，改今額。

（宋）羅濬：《寶慶四明志》卷一五

净業院，縣（奉化縣）北二十五里。梁貞明二年置，名塔岩。皇朝治平二年，改今額。

（宋）羅濬：《寶慶四明志》卷一五

净隱院，縣（奉化縣）東北一十里。晉天福五年置，名名山。皇朝治平二年，改今額。

（宋）羅濬：《寶慶四明志》卷一五

净名院，縣（奉化縣）東北十里。梁乾化二年置，名安寧。皇朝治平三年，改今額。

（宋）羅濬：《寶慶四明志》卷一五

廣濟院，縣（奉化縣）北二十五里。皇朝建隆二年，僧師悟造廣濟橋於大江之側,而院與橋同置。大中祥符元年,賜今額。

(宋)羅濬:《寶慶四明志》卷一五

淨惠院,縣(奉化縣)東北四里。周顯德四年置,皇朝天聖三年,賜今額。

(宋)羅濬:《寶慶四明志》卷一五

報國院,縣(奉化縣)南二十里。晉天福二年置,皇朝治平二年,賜今額。

(宋)羅濬:《寶慶四明志》卷一五

香山智度寺,縣(慈溪縣)東三十五里山,舊名達蓬。……晉天福七年,吳越王賜號常寂大師。錢億爲州牧,迎致府庭,以針刺其膚,飛血如綫,億大悔謝,欲致城中之興國寺,舉者莫前,遂遣還山。……皇朝天聖元年,賜寺額。

(宋)羅濬:《寶慶四明志》卷一七

定香院,縣(慈溪縣)西六十里。晉天福八年置,名太平。皇朝治平二年八月,改賜今額。

(宋)羅濬:《寶慶四明志》卷一七

赭山清果院,縣(慈溪縣)西南十里。周顯德六年置,名赭山。皇朝治平二年,改賜今額。

(宋)羅濬:《寶慶四明志》卷一七

雲湖慶安院,縣(慈溪縣)西北一十五里。周顯德四年置。名保安。皇朝治平元年,改賜今額。

(宋)羅濬:《寶慶四明志》卷一七

禪于山吉祥院,縣(慈溪縣)西南四十里。晉天福八年置,曰禪于院。皇朝治平二年八月,改賜今額。

(宋)羅濬:《寶慶四明志》卷一七

白岩院,縣(慈溪縣)西南六十里。皇朝乾德四年置,天聖中賜今額。

(宋)羅濬:《寶慶四明志》卷一七

金繩院,縣(慈溪縣)西四十里。唐天祐中,慧孜、法通二僧以古華嚴址創之。後唐清泰二年,錢氏名以護國。皇朝大中祥符中,改賜今額。

(宋)羅濬:《寶慶四明志》卷一七

證心院,縣(慈溪縣)西五十里。晉天福七年置,名新慶。皇朝治平二年,改賜今額。

(宋)羅濬:《寶慶四明志》卷一七

定慧院,縣(慈溪縣)西南六十里。晉開運二年置,名支山。皇朝治平元年,改賜今額。

(宋)羅濬:《寶慶四明志》卷一七

法蓮院,縣(慈溪縣)東南一十五里。舊名蓮花,吳越寶正二年置。皇朝治平元年,改賜今額。

(宋)羅濬:《寶慶四明志》卷一七

白龍慈化院,縣(慈溪縣)東南十里。五代漢乾祐中,僧師晉結宇於此,日誦《法華經》,嘗有白龍矯首室外。皇朝建隆二年置院,因號白龍。治平元年,改賜今額。

(宋)羅濬:《寶慶四明志》卷一七

定林院,縣(慈溪縣)東二十五里。舊名峰山院,晉天福二年,惟實禪師開基。皇朝天聖五年,改賜今額。

(宋)羅濬:《寶慶四明志》卷一七

本覺院,縣(定海縣)東南一百二十里。舊名彌勒,周顯德六年置。皇朝治平二年,改今額。

(宋)羅濬:《寶慶四明志》卷一九

妙勝院,縣(定海縣)西三十里。後唐清泰年中置,名永安。皇朝治平元年,改今額。

(宋)羅濬:《寶慶四明志》卷一九

正覺院,縣(定海縣)西北六十四里。周廣順元年置,名回峰。皇朝治平二年,改今額。

(宋)羅濬:《寶慶四明志》卷一九

永寧院,縣(定海縣)西十五里。舊名寧波,晉天福中置。皇朝治平元年,改今額。

(宋)羅濬:《寶慶四明志》卷一九

惠寂院,縣(定海縣)南七十五里。晉開運年中置,名蘆浦庵。皇朝治平元年,改今額。

(宋)羅濬:《寶慶四明志》卷一九

泗洲院,縣(定海縣)南三十里。後唐清泰四年,有石佛因水自山流下,僧清立,因立精舍。

(宋)羅濬:《寶慶四明志》卷一九

寂照院,縣(定海縣)南九十里。梁貞明中置,名保安。皇朝治平二年,改今額。

(宋)羅濬:《寶慶四明志》卷一九

崇法院,縣(定海縣)西一十五里。舊名回向院,皇朝建隆三年置。治平元年,改今額。

(宋)羅濬:《寶慶四明志》卷一九

靈峰院,縣(定海縣)南四十里。周廣順元年置,名保安。皇朝治平元年,改今額。

(宋)羅濬:《寶慶四明志》卷一九

净嚴院,縣(定海縣)南三十里。漢乾祐二年置,名練盆。皇朝治平元年,改今額。

(宋)羅濬:《寶慶四明志》卷一九

興善院,縣(定海縣)南五十里。唐天成二年置,名保安。皇朝治平二年,改今額。

(宋)羅濬:《寶慶四明志》卷一九

九峰山吉祥院,縣(昌國縣)北六十里。唐開元中,高僧惠超居是山香柏岩,草衣木食,遂開此山。其岩高峻,不可到,時聞鐘磬聲而已。漢乾祐二年,號曰崇福。皇朝治平元年,賜今名。

(宋)羅濬:《寶慶四明志》卷二〇

萬壽院,縣(昌國縣)東北三十里。舊名永福,皇朝建隆元年建。治平元年,賜今額。

保寧院,縣(昌國縣)東南海中。舊名保安,晉天福元年建。皇朝治平二年,賜今額。

(宋)羅濬:《寶慶四明志》卷二〇

　　祖印院,縣(昌國縣)東北海中。舊名蓬萊,晉天福五年建。皇朝治平二年,賜今額。

(宋)羅濬:《寶慶四明志》卷二〇

　　梅嶺山觀音寶陀寺,在東海中。梁正明二年建,因山爲名寺,以觀音著靈,使高麗者必禱焉。皇朝元豐三年,有旨令改建,賜名寶陀。

(宋)羅濬:《寶慶四明志》卷二〇

　　回峰院,縣(昌國縣)西,皇朝建隆元年建。

(宋)羅濬:《寶慶四明志》卷二〇

　　興善院,縣(昌國縣)西三十里。後唐天成二年建,名小善。皇朝治平元年,賜今額。

(宋)羅濬:《寶慶四明志》卷二〇

　　超果院,縣(昌國縣)東海中。舊名資福,晉天福二年建。皇朝治平二年,賜今額。

(宋)羅濬:《寶慶四明志》卷二〇

　　化城院,縣(昌國縣)西海中。舊名羅漢,乾祐元年建。皇朝治平二年,賜今額。

(宋)羅濬:《寶慶四明志》卷二〇

　　資福院,縣(昌國縣)東北海中,晉天福八年建。

(宋)羅濬:《寶慶四明志》卷二〇

華雲寺,縣(昌國縣)東北海中。舊名香蘭,周顯德七年建。皇朝治平元年,改賜空王。

(宋)羅濬:《寶慶四明志》卷二〇

封崇院,縣(昌國縣)東海中。舊名資福,又名資國,周廣順元年建。皇朝大中祥符三年,賜今額。

(宋)羅濬:《寶慶四明志》卷二〇

隆教院,縣(昌國縣)東北四十里。漢乾祐二年建,名降錢。皇朝大中祥符三年,賜今額。

(宋)羅濬:《寶慶四明志》卷二〇

保安院,縣(昌國縣)東北海中,漢乾祐二年建。

(宋)羅濬:《寶慶四明志》卷二〇

梵慧院,縣(昌國縣)西海中。唐咸通中建,漢乾祐二年,立名壽聖。皇朝開寶二年,改賜超果。治平二年,再賜今額。

(宋)羅濬:《寶慶四明志》卷二〇

普濟院,縣(昌國縣)西海中。舊名山門,漢乾祐元年建。皇朝治平二年,賜今額。

(宋)羅濬:《寶慶四明志》卷二〇

普明院,縣(昌國縣)西北海中,古泗洲堂也。窣堵波二,以鐵爲之,世傳阿育王所鑄,錢氏忠懿王實之於此。皇朝大中祥符中,賜院額。

(宋)羅濬:《寶慶四明志》卷二〇

瑞雲峰延壽院,縣(象山縣)北七里。舊名龍壽院,漢乾祐二年置。王説記皇朝治平二年,改賜今額。

（宋）羅濬：《寶慶四明志》卷二一

智門院,縣(象山縣)西二十五里。舊名保安院,周顯德四年置。皇朝治平二年,改賜今額。

（宋）羅濬：《寶慶四明志》卷二一

常樂院,縣(象山縣)東北三十里。唐乾寧中,刺史黄晟建。皇朝乾德二年,賜號慶寶院。久而圮。嘉祐八年,易爲十方僧道相文應重修。治平二年,改賜今額。

（宋）羅濬：《寶慶四明志》卷二一

太平廣福寺,縣(象山縣)西南五十里。皇朝建隆三年置,熙寧元年賜額。

（宋）羅濬：《寶慶四明志》卷二一

蓬萊山廣福院,縣(象山縣)西南三十里。舊名蓬萊院,漢乾祐元年置。皇朝熙寧元年,改名壽聖,權婺州永康縣劉渭記。紹興三十二年,改賜今額。

（宋）羅濬：《寶慶四明志》卷二一

護境廣福院,縣(象山縣)東北二十里。皇朝建隆二年置,熙寧元年加賜“壽聖”二字。紹興三十二年,改賜今額。

（宋）羅濬：《寶慶四明志》卷二一

寶梵院,縣(象山縣)東北一百三十步。舊名東禪院,皇朝建隆二年置。治平二年,改賜今額。

（宋）羅濬：《寶慶四明志》卷二一

廣福保寧院,縣(象山縣)西南二十里。舊名保寧院,周顯德五年置。皇朝熙寧元年加賜"壽聖"二字。紹興三十二年,改賜今額。

(宋)羅濬:《寶慶四明志》卷二一

玉泉廣福院,縣(象山縣)東北二十里。皇朝乾德二年置,熙寧元年,加賜"壽聖"二字。紹興三十二年,改賜今額。

(宋)羅濬:《寶慶四明志》卷二一

瑞龍廣福院,縣(象山縣)東南十五里。皇朝乾德四年置,熙寧元年加賜"壽聖"二字。紹興三十二年,改賜今額。

(宋)羅濬:《寶慶四明志》卷二一

新安院,縣(象山縣)南八十里,周廣順三年置。

(宋)羅濬:《寶慶四明志》卷二一

伍師院,縣(象山縣)西南三十里,周廣順三年置。

(宋)羅濬:《寶慶四明志》卷二一

天寧寺,在西北隅惠政橋。唐爲國寧寺,大中五年置。……建隆間,康憲錢公億建鐵塔,徙奉化岳林寺深沙神於西廊,乃工人王百藝極雕刻之巧而爲之,嘗現光明,鼠雀不敢近。

(元)袁桷:《延祐四明志》卷一六

寶雲寺,在西南隅,行春坊東。宋開寶元年,僧義通,字惟遠,本高麗人,自三韓來,譽振中國,知禮尊式,子衿是其門人之上足。漕使顧承徽捨宅爲義通傳道處,實名傳教。僧逾二紀而逝,既茶毗弟子收骨葬於育王山之陽,累石爲塔,有記侍御王伯庠書,刻於石。大平興國七年,賜額寶雲。

(元)袁桷:《延祐四明志》卷一六

景福寺,在東南隅。舊號水陸蓮花院,宋建隆二年建。大中祥符三年,改今額。

(元)袁桷:《延祐四明志》卷一六

景德寺,在東南隅。唐清泰元年建,號鄞江院。宋大中祥符元年賜額。

(元)袁桷:《延祐四明志》卷一六

大中祥符寺,在東南隅天封塔北。周廣順元年,號崇福寺。宋端拱中,僧從信以精琴既至京師,召見賜食,賚金帛,錫號三惠大師。大中祥符元年賜額。

(元)袁桷:《延祐四明志》卷一六

普净寺,縣(鄞縣)西南七十里。舊號頂峰庵,宋建隆二年建,大中祥符三年,賜今額。

(元)袁桷:《延祐四明志》卷一七

四明寺,縣(鄞縣)南二十里。舊號鄞水院,唐天福二年建。宋大中祥符元年,賜今額。

(元)袁桷:《延祐四明志》卷一七

治平寺,縣(鄞縣)南三十里。後唐清泰二年建,名保豐。宋治平元年賜額。

(元)袁桷:《延祐四明志》卷一七

普和寺,縣(鄞縣)西南五十五里。漢乾祐二年建,名靈影。宋慶曆七年賜額。

(元)袁桷:《延祐四明志》卷一七

惠燈寺，縣（鄞縣）東南二十五里。舊號朱村院，宋建隆二年建。治平二年，賜今額。

（元）袁桷：《延祐四明志》卷一七

普照寺，縣（鄞縣）南七里。舊號明福院，宋乾德二年建。治平二年，賜今額。

（元）袁桷：《延祐四明志》卷一七

珠山淨土寺，縣（鄞縣）東六十里。晉天福元年建，號珠山院。宋治平元年賜額。

（元）袁桷：《延祐四明志》卷一七

資福寺，縣（鄞縣）西南六十里。唐光啓二年，僧志回建。光化四年，賜名廣學。同光四年，改名隱學。宋大中祥符元年，改名資壽，咸平三年賜額。

（元）袁桷：《延祐四明志》卷一七

告成教院，州（奉化州）東半里。後周開寶中置，舊名光教，即樓評事宅基。宋大中祥符，改今額。

（元）袁桷：《延祐四明志》卷一七

淨慧院，州（奉化州）東北四里。周顯德中，祖師璡建。宋天聖中，賜今額。

（元）袁桷：《延祐四明志》卷一七

明化教院，州（奉化州）東一十里。舊名建城，唐寶曆初創。光化中，改名建寧。梁開成（平）中，改名善因。宋祥符初，改今額。

（元）袁桷：《延祐四明志》卷一七

安岩法華禪寺，州（奉化州）南五十里。舊名四明院，漢乾祐中置。宋天聖中，居照禪師遷入山數里。慶曆中，改今額。

（元）袁桷：《延祐四明志》卷一七

靈隱禪寺，州（奉化州）西南七十里。舊名國寧，唐天祐初置。後梁乾化初，刺史黃顥重建，改静泰。宋治平初，改今額。

（元）袁桷：《延祐四明志》卷一七

安住教院，州（奉化州）南四十里。後唐清泰間置，宋治平初改今額。

（元）袁桷：《延祐四明志》卷一七

仁濟律院，州（奉化州）南一十五里。舊名寶國院，宋開寶三年建。淳熙間，參政樓公請今額。

（元）袁桷：《延祐四明志》卷一七

崇勝院，州（奉化州）南五十里。舊名固海，唐天成中置。宋治平初賜今額。

（元）袁桷：《延祐四明志》卷一七

泗州律寺，縣（定海縣）南三十里。唐清泰中，有石佛因水自山流下，僧清立因創精舍，後改今額。

（元）袁桷：《延祐四明志》卷一八

洞山教寺，縣（定海縣）西北八十里。唐開平初置，宋祥符請額曰幽栖。洞山乃將軍山洞也。

（元）袁桷：《延祐四明志》卷一八

白岩教寺，縣（慈溪縣）西南三十里。宋乾德中建，天聖中賜額。

（元）袁桷：《延祐四明志》卷一八

蘆山普光律寺,縣(慈溪縣)西南二十五里。唐清泰間建,治平初賜額。

(元)袁桷:《延祐四明志》卷一八

蓬萊山廣福寺,縣(象山縣)西南三十里。舊名蓬萊院,漢乾祐初置。熙寧初,改壽聖,紹興間改今額。

(元)袁桷:《延祐四明志》卷一八

護境寺,縣(象山縣)東北二十里。建隆初置,熙寧初,加壽聖。紹興間改今額。

(元)袁桷:《延祐四明志》卷一八

任師寺,縣(象山縣)西南五十里,周廣順中置。

(元)袁桷:《延祐四明志》卷一八

悟空寺,在鎮西南荆山。建隆二年,僧德昇開山爲永安寺,治平元年賜額。

(宋)常棠:《海鹽澉水志》卷五

廣慧禪院,在金粟山下。國初,錢武肅王賜號施茶院,祥符元年改今額。

(宋)常棠:《海鹽澉水志》卷五

法院,在鎮西北五里若山。周顯德六年,僧寶强立觀音院,治平元年得額。

(宋)常棠:《海鹽澉水志》卷五

桐山院,在(淳安縣)長樂鄉,後唐長興三年建。

(宋)鄭瑶、方仁榮:《景定嚴州續志》卷六栖霞院,在(桐廬縣)定安鄉,距縣四十里,乾德間建。

(宋)鄭瑶、方仁榮:《景定嚴州續志》卷七

建平院,在(桐廬縣)定安鄉,距縣四十里,吳越時建。

(宋)鄭瑶、方仁榮:《景定嚴州續志》卷七

吉祥院,在(桐廬縣)定安鄉,距縣四十里,晉天福間建。

(宋)鄭瑶、方仁榮:《景定嚴州續志》卷七

建興院,在(桐廬縣)質素鄉,距縣三十里,周顯德間建。

(宋)鄭瑶、方仁榮:《景定嚴州續志》卷七

孝明尼院,在(分水縣)分水鄉大雛源,去縣五十里。錢王時,鄉民駱業以親病,祈福獨緣建。其開山尼曰善通,寺有都元帥判押執狀。

(宋)鄭瑶、方仁榮:《景定嚴州續志》卷九

精嚴寺,在郡治西北一百八十步。

考證:晉成帝時徐尚書別業。因夜井發光,遂奏請捨宅爲寺,賜名靈光。錢文穆王時立山門,掘地得一小龜,介甲分明,尾繞身一匝,遂改爲靈龜寺。天福四年,升縣爲州時,敕"本寺應瑞吳越,呈祥天下",不許改額,復名靈光。宋祥符中,賜今額。

(元)徐碩:《至元嘉禾志》卷一〇

兜率寺,在郡治東北一里。考證:舊放生池也。唐乾元元年置,名法空寺。錢氏改爲輪王寺。宋大中祥符元年,賜名兜率。

(元)徐碩:《至元嘉禾志》卷一〇

超果寺,在(松江)府西南三里。考證:本名長壽,唐咸通十五年

心鏡禪師造。……宋治平間,改今額,有觀音大士像,寺有石刻云:本錢武肅王宮中所祈禱者。太平興國中,錢氏歸國,僧慶依得之。

(元)徐碩:《至元嘉禾志》卷一〇

興聖院,在(松江)府東南二百步。考證:按《孤山閑居集》載《興聖院結界序》,漢乾祐二年,邑人張瑗之子仁捨宅爲寺,名興國長壽。宋祥符中,改覺玄院,後改今額。

(元)徐碩:《至元嘉禾志》卷一〇

靜安寺,在(松江)府東北一百里。考證:元滬瀆也。按寺記,吳大帝赤烏中建,號滬瀆重玄寺。佛法入中國,雖始於漢,而吳地未有寺也。赤烏十年,僧康會入境,孫仲謀始爲立寺建業,曰建初。建初者,言江東初有佛法也,豈滬瀆寺相繼創建耶。景筠《石幢記》,中間號永泰禪院。宋祥符元年,改今額。《釋迦方志》云:晉建興元年,有二石像浮於吳松江口,吳人朱膺等迎至滬瀆重玄寺,像背題曰"維衛",曰"迦葉"。《松陵集》:建興八年,漁者於滬瀆沙汭獲石鉢,以爲臼類,革而用之。佛像見於外,漁者異之,乃以供二聖。佛與鉢皆在平江府開元寺。有毗盧遮那佛,吳越王瑜迦道場中像佛,五藏皆書錢氏妃嬪名氏。

(元)徐碩:《至元嘉禾志》卷一〇

圓智寺,在(松江)府北二十九里于山。考證:舊名禪居。按《宗毅寺記》,唐大中十三年建於邑西南二里。晉天福中,水壞寺基,始遷於此。宋太平興國中,都水使錢綽始建造堂宇。有僧憙蟾入天台韶國師室,來住北寺,人多歸之,精舍始完備。朝廷賜蟾師號曰"崇惠明教"。治平中,賜今額。

(元)徐碩:《至元嘉禾志》卷一〇

寶雲寺,在(松江)府南三十五里。考證:初名法雲寺,在顧亭林市西北隅,唐大中十三年建。晉天福五年,湖水壞寺基,始遷寺南高基,即陳顧黃門故宅。按亭林《法雲寺感夢伽藍神記》云:開運元年造。

(元)徐碩:《至元嘉禾志》卷一〇

空相寺,在(松江)府東北八十里。考證:元名龍華寺,張仁泰請於錢忠懿王始建。宋治平元年,改今額。西北隅有白蓮教院。

(元)徐碩:《至元嘉禾志》卷一〇

普照寺,在(松江)府西二百八十步。考證:唐乾元中建,名大明寺。宋祥符間,改今額。……寺有地方天王祠,吳越王加封護國,石刻存焉。

(元)徐碩:《至元嘉禾志》卷一〇

福喜院,在(松江)府西北九十里,地名趙屯。考證:梁貞明六年,僧智道立精舍。晉天福二年,賜名尊勝院。宋大中祥符元年,改賜今額。

(元)徐碩:《至元嘉禾志》卷一〇

明行院,在(松江)府西北五十里南橋。考證:晉天福五年,里人蔣漢珹造,請於忠懿王,始名安和院。至宋太平興國八年,改賜今額。

(元)徐碩:《至元嘉禾志》卷一〇

七寶院,在(松江)府東北七十五里。考證:元福壽禪院。宋大中祥符元年,賜今額。寺有五代時檜,今已合抱。

(元)徐碩:《至元嘉禾志》卷一〇

明心院,在(松江)府北三十五里北橋。考證:元華嚴院。按錢武肅王《立寺記》,都水使者錢綽造。武肅王以誦《華嚴》僧居之,因以爲華嚴院。宋治平二年，賜今額。

（元）徐碩：《至元嘉禾志》卷一〇

海慧院，在（松江）府西六十里白牛鎮。考證：宋建隆初，里人姚
廷睿以宅爲寺，初名興國福壽院。治平元年，改今額。姚即爲伽
藍神。

（元）徐碩：《至元嘉禾志》卷一〇

惠寂院，在（嘉興）縣東一十八里。考證：唐乾元間創，會昌間廢，
咸通六年復立，咸通九年爲光福院。長興三年，有寧海僧栖法、紹光
聞於吳越文穆王，重立。宋治平元年十月，賜名惠寂，崇奉靈感觀音大
士香火，聖像得於杭人張嵩家藏。昔石晉天福間，有僧道翊，一夕見天
竺山間光明，得奇木，命匠者孔仁謙刻觀音像。吳越忠懿王夜夢白衣仙
人求治其居，左右曰：“天竺觀音，白衣像也。”乃一新道場。此鄉耆舊
相傳，惠寂觀音大士與天竺同一木，既聖像自杭得之，則不爲無所自矣。

（元）徐碩：《至元嘉禾志》卷一一

能仁院，在（嘉興）縣西北二十七里。考證：舊名福業院。唐武宗
會昌五年廢，宣宗大中二年給元額。五代石少主開運二年，改爲報國
院。宋真宗大中祥符元年，改承天院。徽宗政和七年，改今名。

（元）徐碩：《至元嘉禾志》卷一一

净相寺，在（嘉興）縣東南三十六里。考證：梁武帝賜額爲梁福
寺，後廢。漢南王重立。天福七年，武肅王重修。祥符戊申，改今名。

（元）徐碩：《至元嘉禾志》卷一一

興善院，在（嘉興）縣東南三十里。考證：梁天監二年置。周顯德
五年，改報恩院。宋治平元年，改今名。

（元）徐碩：《至元嘉禾志》卷一一

净衆寺,在(嘉興)縣東四十里。考證:宋乾德二年,百姓李德榮捨宅爲大聖寺。治平二年十月,改今名。

(元)徐碩:《至元嘉禾志》卷一一

净土寺,在(嘉興)縣東三十六里。考證:邑人陸求宅基也,曾收得唐咸通十二年石幢。至清泰元年奏漢南王,捨宅爲安福寺。宋祥符元年,賜今名。

(元)徐碩:《至元嘉禾志》卷一一

圓通寺,在(嘉興)縣東三十六里。考證:元有荒廢寺基,周顯德五年,百姓茆承翰申漢南王,乞於古迹寺基立,名寧國寺。宋治平元年十一月,改今名。

(元)徐碩:《至元嘉禾志》卷一一

資聖寺,在(海鹽)縣西五十步。考證:舊經云:本普明院。舊記云:晉右將軍戴威之宅,一日井中發五色光,威以爲奇,遂捨宅爲寺。司徒王詢建,爲伽藍神,得名光興。事見吳郡陸崧《塔記》。乾祐中,改重光。宋祥符中,改普明。天僖二年,改今額。

(元)徐碩:《至元嘉禾志》卷一一

德藏寺,在(海鹽)縣北五十五里當湖市。考證:唐會昌元年立,光啓初廢。後唐清泰中,鄉民丘邵請即故居新之,名曰寶興。宋大中祥符間,改今名。

(元)徐碩:《至元嘉禾志》卷一一

廣惠禪院,在(海鹽)縣西三十六里金粟山。考證:宋開寶己巳,錢武肅王號施茶院。祥符元年,改今名。

(元)徐碩:《至元嘉禾志》卷一一

南廣福尼寺,在(崇德)縣東南二百步運河東。考證:本梁朝天監古寺。唐(梁)開平二年置,名寶壽。宋治平元年,改壽聖。紹興三十二年,改今名。

(元)徐碩:《至元嘉禾志》卷一一

北廣福尼寺,在(崇德)縣西北二百步。考證:本梁朝天監古寺。晉天福八年修置,名妙善。宋治平四年,賜名壽聖。

(元)徐碩:《至元嘉禾志》卷一一

祇園寺,在(崇德)縣西北三十五里洲錢村。考證:舊經云:本梁朝天監古寺。周廣順三年修置,爲大喜寺。宋大中祥符元年,改今名。

(元)徐碩:《至元嘉禾志》卷一一

崇勝院,在(崇德)縣東南三里。考證:晉開運二年,吳越陪臣徐頵捨宅爲之,名法華。宋治平元年,賜今名。

(元)徐碩:《至元嘉禾志》卷一一

澄寂院,在(崇德)縣西北一十二里羔羊村。考證:梁天監二年置,爲靜林寺。開平二年,改爲雙林院。宋祥符元年,改今名。

(元)徐碩:《至元嘉禾志》卷一一

演教院,在(崇德)縣東一十八里。考證:晉天福八年置,爲保安院。宋治平元年,改今名。

(元)徐碩:《至元嘉禾志》卷一一

證聖院,在(崇德)縣北三十里錢林村。考證:吳越錢王鏐微時,有舊館於此,後貴,改爲祖祠。已而道弘師庵於祠側,王聞其道行孤高,乾寧二年建寺居之,曰寶林方丈。後園亭扁清樂,亭舊有池,種千葉蓮,園多語兒梨、千葉無核棗,歲獻錢王。宋大中祥符元年,改今名。

(元)徐碩:《至元嘉禾志》卷一一

惠雲院,在(崇德)縣北四十里鳳鳴市。考證:周廣順二年,漢南王建,名鳳鳴院。宋治平,改今名。

(元)徐碩:《至元嘉禾志》卷一一

寂照院,在(崇德)縣東六十里千金鄉屠甸村。考證:經始不知何代,晉天福間重建,名國清報恩院。宋治平間改今名。

(元)徐碩:《至元嘉禾志》卷一一

景德禪院,在(嘉興)縣西五里。考證:舊志云元焚化院。宋建炎三年,守臣程少卿奏改今額。按本院碑記:其初寺基下是白龍潭,凡遇風濤,危難;或遇天晴,有白光三道。其僧行雲積土填潭,造塔三座於光起之處,時人稱爲三塔灣。……又按本院碑記,錢氏賜額爲保安院。宋景德年間,每州各立景德院,遂以保安院改今名。宣和年間毀,大觀年間重建。

(元)徐碩:《至元嘉禾志》卷一一

阿育王塔,臨淄城西。《高僧傳》:石虎於臨漳修治舊塔,少承露盤。佛圖澄曰:臨淄阿育王塔,地中有佛像、承露盤,虎掘得之。《齊記》補云:唐太和中建寺,五代無棣僧道圓居之,與宋太祖有舊,加號"蓋國大師",增塔爲十二級。祥符中,更名廣化寺。

(元)于欽:《齊乘》卷四

隆教寺,在富都鄉之七都。漢乾祐二年建,後燬於火。僧清□度土奠基,遷於□屏。大元混一後,住持行圓重建選佛堂。

(元)馮福京、郭薦:《昌國州圖志》卷七

祖印寺,在州治東南。寺元在朐山,舊名蓬萊,晉天福五年建。往宋治平二年,賜今額。

(元)馮福京、郭薦:《昌國州圖志》卷七

保寧寺,在安期鄉之馬秦山。舊名保安,晉天福元年建。往宋治平二年,賜今額。

(元)馮福京、郭薦:《昌國州圖志》卷七

華雲寺,在蓬萊之朐山。舊名香蘭,周顯德七年建。往宋高宗南渡,改錫今額。郡人迂齋樓公有跋,石刻尚存。

(元)馮福京、郭薦:《昌國州圖志》卷七

普明寺,在蓬萊岱山。古泗洲堂、窣堵波二,以鐵爲之,世傳阿育王所鑄。錢氏忠懿王實之於此。往宋大中祥符中,賜今額。

(元)馮福京、郭薦:《昌國州圖志》卷七

資福寺,在蓬萊之五都,晉天福八年建。

(元)馮福京、郭薦:《昌國州圖志》卷七

封崇寺,在安期鄉之桃花。舊名資福,又名資國,周廣順元年建。往宋大中祥符三年,賜今額。

(元)馮福京、郭薦:《昌國州圖志》卷七

保安寺,去州東北金塘鄉之蘭山,漢乾祐二年建。

(元)馮福京、郭薦:《昌國州圖志》卷七

翠蘿寺,在金塘鄉之海西。成於唐開成,廢於會昌。往宋建隆中,錫以銅鐘。吳越國受封奉國,又鎮以鐵塔。寺一名金鐘。

(元)馮福京、郭薦:《昌國州圖志》卷七

化成寺,在金塘鄉之烈港。舊名羅漢,漢乾祐元年建。往宋治平二年,賜今額。

(元)馮福京、郭薦:《昌國州圖志》卷七

普濟寺,在金塘。周廣順元年,黃檗山僧神靜開山,名山門院。往宋治平二年,賜額。

(元)馮福京、郭薦:《昌國州圖志》卷七

梵慧寺,在金塘。唐咸通間建,漢乾祐二年名壽聖。往宋開寶二年,改名超果。治平二年,賜今額。

(元)馮福京、郭薦:《昌國州圖志》卷七

超果寺,在蓬萊鄉之岱山。舊名資福,晉天福二年建。往宋治平二年,賜今額。參政樓公鑰有記。

(元)馮福京、郭薦:《昌國州圖志》卷七

萬壽寺,在富都鄉之五都。舊名永福,往宋建隆元年建。治平元年,賜今額。

(元)馮福京、郭薦:《昌國州圖志》卷七

回峰寺,在金塘鄉之岑江。往宋建隆元年建,賜今額。

(元)馮福京、郭薦:《昌國州圖志》卷七

保寧禪寺,在城內飲虹橋南、保寧坊內。吳大帝赤烏四年,爲西竺康僧會建寺,名建初。晉、宋有鳳翔集此山,因建鳳凰臺於寺側。宋更寺名曰祇園。昇明二年,齊太祖爲比丘法願造寺於其地,得外國磚爲白塔,又名白塔。唐開元中,寺僧大惠禪師者,明皇召至長安,尋求歸山,詔可之,因改其寺爲長慶寺,其額韓擇木書。南唐保大中,齊王景達爲先主造寺,因名奉先。宋太平興國中,賜額曰保寧。

(元)張鉉:《至正金陵新志》卷一一下

能仁寺在臺治東南。劉宋元嘉二年,文帝爲高祖建,名報恩。唐會昌中廢。吳大和六年,毗陵郡公徐景運爲其親重建,曰報先院。南唐昇元中,改爲興慈院。至開寶中,又廢。後有里人捨宅復爲興慈院。

(元)張鉉:《至正金陵新志》卷一一下

太平興國禪寺,在蔣山,去府城十五里。梁武帝天監十三年,以定林寺前岡獨龍皁葬志公,永定公主以湯沐之資,造浮圖五級於其上。十四年,即塔前建開善寺,即今寺基。唐乾符中,改爲寶公院。南唐昇元中,徐德裕重修,後主又改爲開善道場。至太平興國五年,改賜今額。

(元)張鉉:《至正金陵新志》卷一一下

清凉廣惠禪寺,在石頭城,去府城一里。吳順義中,徐溫建爲興教寺。南唐昇元初,改爲石頭清凉大道場。宋太平興國五年,改今額。

(元)張鉉:《至正金陵新志》卷一一下

壽寧寺,在府城北隅,即舊廣孝寺基。按《圖經》本,在欽化橋街西,江寧縣治南。梁普通元年,造大愛敬寺於鍾山南。唐乾符中,重修。廣明元年,改廣明愛敬禪院。南唐改廣孝禪院。開寶七年,徙入城中。南唐張洎捨宅置,淳化五年改今額。《慶元志》:壽寧禪院,宋參政張洎,南唐賜第也。至道中,捨宅爲寺,並城北廣孝寺入焉。

(元)張鉉:《至正金陵新志》卷一一下

崇勝戒壇院,即古瓦官寺,又爲昇元寺,在城西南隅。實録:晉哀帝興寧二年,詔移陶官於淮水北,遂以南岸陶地施,僧慧力造瓦官寺。《慶元志》:舊或作瓦棺者,非也。《南史》:師子國,晉義熙初,始遣使獻玉像,經十載乃至,像高四尺二寸,玉色潔潤,形製尤殊特,殆非人工。此像歷晉宋,在瓦官寺,先有徵士戴安道手製佛像五軀及顧長康《維摩圖》,世號三絶。至齊東昏,遂毀玉像爲潘貴妃釵釧。《十國志》：南唐昇元二年，改瓦官寺爲昇元寺，吳興閣爲昇元閣。《乾道志》：吳順義中，改吳興寺，南唐改昇元寺。太平興國五年，賜今額。

（元）張鉉：《至正金陵新志》卷一一下

鹿苑寺，舊名法光寺，即梁蕭帝寺也，在今城東南隅。宋元絳重建。……唐保大易名法光。至宋，敕改今額。

（元）張鉉：《至正金陵新志》卷一一下

嚴因崇報禪寺，即景德栖霞寺，在今城東北之攝山，去城四十五里。齊永平七年，明僧紹捨宅爲寺。……武帝會昌中廢，宣宗大中五年重建。南唐高越、林仁肇建塔，徐鉉書額曰"妙因寺"。宋太平興國五年，改爲普雲寺。景德五年，又改爲栖霞禪寺。元祐八年，改賜今額。

（元）張鉉：《至正金陵新志》卷一一下

同泰寺，舊志在梁時北掖門外、路西南，與臺城隔路。《實錄》：梁大通元年，創北寺，寺在宮後，別開一門，名大通，對寺南門，造大佛閣七層。大同十年震，火所焚略盡，即更造，未就，而侯景亂。南唐改爲净居寺，尋又改圓寂寺，其半爲法寶寺。

（元）張鉉：《至正金陵新志》卷一一下

景德寺，在城内嘉瑞坊，舊崇孝寺也。楊吳置。宋景德中，改今額。

（元）張鉉：《至正金陵新志》卷一一下

證聖寺，在宋行宮後。南唐保大中，木平和尚居此寺，故里俗至今呼爲木平寺。

（元）張鉉：《至正金陵新志》卷一一下

寶戒寺，在龍翔寺西。本迦毗羅寺，南唐改真際寺。宋開寶二年，改今額。

（元）張鉉：《至正金陵新志》卷一一下

殊勝寺,在城南門外。本宋福興寺。南唐後主葬照禪師於此,因名塔院。

（元）張鉉:《至正金陵新志》卷一一下

百福院,在城南五里。梁天監中置,名解脱。南唐以葬證寂禪師,起塔因爲寂樂院,後改今名。

（元）張鉉:《至正金陵新志》卷一一下

净妙寺,即齊安寺,南唐昇元中建。政和中,改賜今額。舊臨官路,今移置高隴,面秦淮,在城東門外四里。

（元）張鉉:《至正金陵新志》卷一一下

天王院,在上元縣靖安鎮,去城十七里。梁普通二年建,初名頭陀寺。建隆四年,改今額。

（元）張鉉:《至正金陵新志》卷一一下

寶林寺,在城西北二十五里。《舊圖》云:本同行寺。梁天監中,武帝與志公同游此山,見林巒殊勝,命建寺,因名同行,亦名聖游寺。後改爲秀岩院。唐會昌中廢。吴太和中復建,後改爲秀峰院。至嘉祐中,改賜今額。

（元）張鉉:《至正金陵新志》卷一一下

祈澤治平寺,《乾道志》:在城東二十五里、驛路北。宋少帝景平元年建。梁朝置龍堂,有初法師者,結茅山下,誦《法華經》,有東海龍女來聽。師曰:"此山乏水,爲我開一泉,可乎?"後數日,風雷良久,有清泉涌座下。南唐保大中,以旱祈雨於舊寺基,信宿而雨。自後以爲祈禱之所。治平中,改賜今額。

（元）張鉉:《至正金陵新志》卷一一下

衡陽寺,在上元縣清風鄉。《乾道志》:衡陽資福禪院,去城東北四十里,即古寶城寺基。唐天祐三年,徐溫重建,賜今額。

(元)張鉉:《至正金陵新志》卷一一下

隱静院,在上元縣宣義鄉。《乾道志》:在城東近雁門山,去城四十里。梁天監二年建,初名永建寺。南唐保大中,重修改今額。《實録》:梁天監二年李師利造永建寺,北去縣六十里。寺有乾德四年石刻,云唐上都左街雁門隱静院,始建於宋元嘉,廢於唐會昌。乾德二載,耆艾詣南唐主,請重建焉。

(元)張鉉:《至正金陵新志》卷一一下

杜桂院,在上元縣丹陽鄉。《乾道志》:在城東南六十里,南唐保大六年,建在杜桂村,因爲院額。今名香林寺,又曰香林院,在赤山西。

(元)張鉉:《至正金陵新志》卷一一下

了緣塔院,《乾道志》:在鍾山後,梁普通中置,初爲福静寺。南唐保大九年,改今額。

(元)張鉉:《至正金陵新志》卷一一下

方樂院,《乾道志》:在城東北六十里神泉鄉,本梁方樂寺基。南唐昇元元年重建,今亦名常樂院。

(元)張鉉:《至正金陵新志》卷一一下

玉泉院,《乾道志》:在城東北六十里,本古泉院基。吴武義中,徐溫重建。

(元)張鉉:《至正金陵新志》卷一一下

延福禪院,《乾道志》在城東南六十里,梁普通中,爲静福院。南唐時修,改今額。

(元)張鉉:《至正金陵新志》卷一一下

崇因寺,在城南十二里。舊《圖經》云:本宋曠野寺,齊廢,梁大同中復。唐開元中,改禪居院。吳大和二年,改崇果院。宋改今額。

(元)張鉉:《至正金陵新志》卷一一下

普光寺,在城南門外。《乾道志》:宋置爲天王寺,至梁爲昭明太子果園,吳爲徐景通園。南唐保大四年,更置奉先禪院,葬曇雲師,起塔,因名寶光塔院。今名普光寺。

(元)張鉉:《至正金陵新志》卷一一下

無相塔院,《乾道志》:在城南七里。南唐葬清涼禪師,起塔,因名無相塔院,韓熙載爲碑,今存。

(元)張鉉:《至正金陵新志》卷一一下

歸寂塔院,《乾道志》:在城南七里。宋泰始二年建,初號永安寺院。唐保大二年,起塔,號歸寂,因名院。

(元)張鉉:《至正金陵新志》卷一一下

延壽院,《乾道志》:本幽栖寺,在城南四十里祖堂山南。唐貞觀中,四祖道信禪師傳心印於此。光啓四年廢,吳太和二年重置,改今額。

(元)張鉉:《至正金陵新志》卷一一下

福昌院,《乾道志》:院本資善院,在城南四十里牛頭山前,古常樂寺基,與延壽院相鄰。唐天祐中置,南唐後主改今額。

(元)張鉉:《至正金陵新志》卷一一下

看經院,《乾道志》:在城南四十里,建隆二年置,地名任店。

(元)張鉉:《至正金陵新志》卷一一下

净果院,《乾道志》:在城南五十里吉山南,本梁永泰寺基。南唐葬净果大師,起塔,因名净果塔院。

(元)張鉉:《至正金陵新志》卷一一下

净居院,《乾道志》:在城南五十里,本唐天福寺。會昌中廢,南唐時,復置爲净住院。治平二年,改今額。

(元)張鉉:《至正金陵新志》卷一一下

大仁院,《乾道志》:在城南七十里,近慈湖界。唐明宗時,有僧結茅於此,講《仁王經》。南唐給額爲仁王院,治平二年,改今額。

(元)張鉉:《至正金陵新志》卷一一下

佛龕院,亦名慈相。《乾道志》:在城西南六十里上公山,梁佛壇寺基。南唐保大十二年重置,治平二年改慈相院,一説吴赤烏二年置廣濟山佛龕院,即此。

(元)張鉉:《至正金陵新志》卷一一下

净相院,《乾道志》:在城西南六十里,唐天祐十八年建。南唐後主給額爲泗州塔院。至崇寧中,改今額,俗呼後籬寺。

(元)張鉉:《至正金陵新志》卷一一下

隆教院,《乾道志》:在城東南八十五里,梁大同二年建,初號金口寺,蓋里名也。楊吴順義二年,改靈鷲院。治平元年,改今額。

(元)張鉉:《至正金陵新志》卷一一下

崇明寺,《乾道志》:在句容縣東,晉咸寧元年,居士司徒察捨宅爲義和寺。唐會昌中廢,天祐二年重建。太平興國五年,改今額。

(元)張鉉:《至正金陵新志》卷一一下

興教院，《乾道志》：在句容縣東北。《舊經》云：晉咸淳中置爲觀音院，南唐時重修。太平興國五年，改今額。

（元）張鉉：《至正金陵新志》卷一一下

崇報院，舊名正覺寺，在句容縣北六十里。楊吳順義中建，《县志》：唐懿宗咸通中建，名正覺。

（元）張鉉：《至正金陵新志》卷一一下

興教院，舊名永安院。《乾道志》：在溧水州西三百步、臨淮門外。唐天復元年置。大中祥符四年，改今額。淳熙八年，爲禪院。《舊經》又謂本名永廣。楊吳時，縣令孔敦祐奏爲藝皇崇修，更名興教。今爲禪寺。

（元）張鉉：《至正金陵新志》卷一一下

法華寺，《舊經》：尼寺，在溧水州西一里。唐天祐中建。

（元）張鉉：《至正金陵新志》卷一一下

儒童寺，舊名孔子寺，在溧水州南七十五里。大唐景福二年置，南唐昇元二年，改今額。

（元）張鉉：《至正金陵新志》卷一一下

僧伽大聖行化之地，有三塔存焉。《縣志》：昔錢氏奪南唐地，作鐵梁堰爲厭勝，禪院因廢，獨存一塔。治平中，僧奉琳建有寒光亭。

（元）張鉉：《至正金陵新志》卷一一下

永福尼寺，《乾道志》：在廣濟倉東，舊在冶城東南。本晉開福寺，後徙此，改景福寺。南唐避諱改額。

（元）張鉉：《至正金陵新志》卷一一下

乾明尼寺，《乾道志》：在城内東南祥鸞坊，南唐太廟基，後主宫中置歸德、永募二尼院。開寶中廢，移二院尼置寺，徙妙果院尼同居。太平興國五年，賜額。

（元）張鉉：《至正金陵新志》卷一一下

（漳州）自唐迄元，境内寺院大小至六百餘所，今廢寺多所並入，而合爲五禪寺，開元、法濟、争衆、南山、龍山。帶糧米二千三百二十餘石，各縣寺觀亦有苗米，惟五禪最多。或云此即五代時，定撥民田給僧者也。

（清）顧炎武：《天下郡國利病書》

無著禪師文喜，俗姓朱氏，語兒人也。七歲授禮崇福僧爲師，參禮大慈山性空禪師，送供往臺山參禮禪僧。光啓三年，吴越王賜號無著。光化二年，告衆曰：三界心盡是涅槃。言訖，趺坐而化。

（元）徐碩：《至元嘉禾志》卷一四

（中國）最晚旅行家之一繼業，受皇帝派遣，率 300 僧徒，旅居印度（964—976），追尋佛迹，收集貝葉書。

（英）格爾撰、（法）考迪埃修訂：《東域紀程録：古代中國見聞録》第三章

周世宗大毁佛寺

歐《周世宗紀》：“顯德二年夏五月甲戌，大毁佛寺，禁民親無侍養而爲僧尼及私自度者。”薛《史》全録詔文八百餘字。歐公括爲十九字，誠簡净，然此乃當時實政，今薛《史》復出，讀之殊不厭其繁也。詔文有云：“近年私度僧尼，日增猥雜，漏網背軍之輩，苟剃削以逃刑；行奸爲盗之徒，托住持而隱惡。將隆教法，須辨否臧，諸道州府縣鎮應有敕額寺院，一切仍舊；其無敕額者，並仰停廢”云云。予得澤州陽城縣《龍泉禪院記》拓本，守澤州司法參軍徐綸撰，末題“大周開基之二載，歲值壬子，三月壬申記”。是周太祖廣順二年也。又有鄉貢進士王獻可撰後

記一篇,末題"顯德三年歲次丙辰九月丙申記",則當世宗時。前記言:
"主僧憖公請於郡牧,因飛箋奏於唐乾寧元年十月降敕額爲龍泉禪
院。"後記則云:"大周皇帝承祧之二祀,震雄風,匡霸業,從諫諍,遂賢
良。外則以四夷未王,尚征伐而執戎事;内則以百揆方序,興禮樂而敷
文德。皇綱既已大矣,儒風又已享矣。乃有釋教,爰疚宸衷,慮真俗而
相參,遂鼎革而垂制。凡曰梵宇,悉去無名。九州四海之中,設像栖真
之所並掃地矣。是院以有唐乾寧元年所賜敕額,時雖綿遠,名仍顯著。
徵其驗而斯在,詢其由而匪虚。遂免雷同,得安雲構。蓋存舊制,式葉
新規。得非澄汰合宜,隆替有時乎?"此皆與歐、薛二史合。

(清)王鳴盛:《十七史商榷》卷九四

盧山圓通寺在馬耳峰下,江左之名刹也。南唐時賜田千頃,其從
數百衆,養之極其豐厚。王師渡江,寺僧相率爲前鋒以抗。未幾,金
陵城陷,其衆乃遁去。使李煜愛民如僧,則其民亦皆知報國矣。

(宋)曾敏行:《獨醒雜志》卷一

西京應天寺,本後唐夾馬營。大中祥符二年,以太祖誕聖之地,
建寺錫名。東京啓聖院,本晉護聖營,以太宗誕聖之地,太平興國六
年建寺。雍熙二年寺成,賜名。二寺皆奉祖宗神御。

(宋)王明清:《揮麈前録》卷一

五代時,有僧某卓庵道邊,蓺蔬丐錢。一日晝寢,夢一金色黄龍,
食所蓺萵苣數畦。僧寤驚,且曰:"必有異人至。"已而見一偉丈夫,於
所夢之所取萵苣食之。僧視其狀貌凛然,遂攝衣延之,饋食甚勤。頃
刻告去,僧囑之曰:"富貴無相忘。"因以所夢告之,且曰:"公他日得
志,願爲老僧只於此地建一大寺。"偉丈夫乃藝祖也。既即位,求其
僧,尚存。遂命建寺,賜名普安,都人稱爲"道者院"。則壽皇聖帝王
封之名已兆於此。

(宋)周煇:《清波雜志》卷一

　　東坡言：普安禪院，初在五代時，有一僧曰某者，卓庵道左，蓺蔬
丐錢，以奉佛事。一日，於庵中晝寢，夢一金色黃龍來食所蓺萵苣數
畦。僧寤，驚曰：“是必有異人至此。”已而見一偉丈夫於所夢地取萵
苣食之。僧視其貌，神色凜然，遂攝衣迎之，延於庵中，饋食甚勤。復
取數鐶餞之，曰：“富貴無相忘。”因以所夢告之，且曰：“公他日得志，
願爲老僧只於此地建一大寺，幸甚。”偉丈夫乃蓺祖也。既即位，求其
僧，尚存，遂命建寺，賜名曰“普安”，都人至今稱爲道者院。元祐八
年，因送范河中是院，閑言之爾。

（宋）李廌：《師友談記》

　　《東京記》曰：周世宗顯德五年，以相國寺僧衆居隘，就寺蔬圃，別
建置院分居之，俗號東相國寺。六年，賜額曰：天壽。恭帝誕節名也。

（宋）高承：《事物紀原》卷七

　　《五代會要》曰：周顯德四年九月，賜京城内新修四大寺額，以天
清、顯靜、顯寧、聖壽爲名。聖壽後又改曰顯聖。是則四寺之始也。

（宋）高承：《事物紀原》卷七

　　普安院，周顯德中建，建隆初賜今額。

（宋）高承：《事物紀原》卷七

　　天清寺在陳州門裏繁臺上，周世宗顯德中創建，世宗初度之日，曰“天清
節”，故名其寺亦曰天清。寺之内磚塔曰興慈塔，俗名繁塔。宋太宗太平興國二
年重修。

（明）李濂：《汴京遺迹志》卷一〇

　　按後晉天福四年，僧道翊結廬天竺山，得夜明木，刻爲寶相。至
錢氏忠懿王俶，夜夢白衣，始創寺，以妥其像。

（宋）潛説友：（咸淳）《臨安志》卷四二

中竺天寧萬壽永祚禪寺：開皇十七年，千歲寶掌禪師從西土來此山，入定建立道場。按太平興國元年，錢氏建寺，舊爲崇壽院。政和四年，改賜今額。

（宋）潛説友：（咸淳）《臨安志》卷八〇

上天竺靈感觀音寺：後晉天福四年，僧道翊結廬山中，夜有光，就視得奇木，命孔仁謙刻觀音像。會僧勛從洛陽持古佛舍利來，因納之頂間，妙相具足。錢忠懿王夢白衣人求治其居，王感寤，乃即其地創佛廬，號天竺看經院。

（宋）潛説友：（咸淳）《臨安志》卷八〇

顯親多福院，天福五年，吳越王建，舊名光福。治平二年改多福。

（宋）潛説友：（咸淳）《臨安志》卷八〇

寶勝院，在石函橋西。乾德五年，吳越王建，舊名應天。治平二年改今額。

（宋）潛説友：（咸淳）《臨安志》卷八〇

清心院，舊名涌泉，天福五年建。治平二年改今額。

（宋）潛説友：（咸淳）《臨安志》卷八〇

精進院，在溜水橋東，開運元年建，舊名精修。治平二年改今額。

（宋）潛説友：（咸淳）《臨安志》卷八〇

不空院，廣順元年，吳越王建，舊名傳經。治平二年改今額。

（宋）潛説友：（咸淳）《臨安志》卷八〇

報先明覺院，在西溪。建隆二年，吳越王建，舊名報先。治平二年改今額。

（宋）潛説友：（咸淳）《臨安志》卷八〇

崇真院，天福六年，吳越王建，舊名永福。治平二年改今額。

（宋）潛説友：（咸淳）《臨安志》卷八〇

妙應院，吳越王建，舊名靈應。治平二年移請今額。

（宋）潛説友：（咸淳）《臨安志》卷八〇

豐樂院，在清修院北。乾德元年，吳越臣田氏捨宅爲寺，舊名歲豐。治平二年改今額。

（宋）潛説友：（咸淳）《臨安志》卷八〇

觀音妙智院，開寶間，張彦捨宅爲寺，舊名報國觀音。紹興間改今額。

（宋）潛説友：（咸淳）《臨安志》卷八〇

正等院，在調露鄉。開寶間建，舊名永福。治平二年改今額。

（宋）潛説友：（咸淳）《臨安志》卷八〇

慶恩院，開運元年，吳越王建，舊名國恩。治平二年改今額。

（宋）潛説友：（咸淳）《臨安志》卷八〇

無净院，天福中建，舊額鎮安。治平二年改今額。

（宋）潛説友：（咸淳）《臨安志》卷八〇

真寂院，開運三年，吳越王建，舊名雲岫。熙寧元年賜今額。

（宋）潛説友：（咸淳）《臨安志》卷八〇

保寧院，在普濟橋南。清泰中，吳越王建，舊名無量壽。治平二年改今額。

（宋）潛説友：（咸淳）《臨安志》卷八一

普濟院，在欂木橋東。太平興國元年，吳越王建。

（宋）潛説友：（咸淳）《臨安志》卷八一

寶積院，天福七年，施光慶捨宅爲寺，舊名崇福，後改今額。

（宋）潛説友：（咸淳）《臨安志》卷八一

永寧院，在馬婆巷。乾德二年，錢忠懿王建，舊名還鄉。治平間改賜今額。

（宋）潛説友：（咸淳）《臨安志》卷八一

慈雲院，在新門外。顯德二年建，名慈濟。大中祥符二年改今額。

（宋）潛説友：（咸淳）《臨安志》卷八一

福昌院，在候潮門外。太平興國三年，薛忠捨宅爲寺，舊名寧邦。大中祥符元年改今額。

（宋）潛説友：（咸淳）《臨安志》卷八一

殊勝寺，在艮山門外三里。建隆元年，吳越王建，元係最勝寺。治平三年改賜今額。

（宋）潛説友：（咸淳）《臨安志》卷八一

延壽院，在艮山門外臨江鄉白石。建隆二年建。

（宋）潛説友：（咸淳）《臨安志》卷八一

崇聖院,吳越王建,舊在鳳凰山。淳熙四年移建爲澧恭惠王功德院。

（宋）潛說友:（咸淳）《臨安志》卷八一

觀音法濟院,天福間,吳越王建,舊名觀音。治平二年改今額。

（宋）潛說友:（咸淳）《臨安志》卷八一

悟空院,錢塘亦有之,天福七年,吳越王建,舊名崇新。大中祥符元年改今額。

（宋）潛說友:（咸淳）《臨安志》卷八一

長明院,開寶四年,錢忠懿王建,舊名法燈。治平二年改今額。

（宋）潛說友:（咸淳）《臨安志》卷八一

長壽院,在螺螄橋東。天福三年,吳越王建,舊名觀音。大中祥符中改今額。

（宋）潛說友:（咸淳）《臨安志》卷八一

永興院,會同二年吳越王建。嘉熙二年,江潮冲壞院,僧別僦屋以奉香火。

（宋）潛說友:（咸淳）《臨安志》卷八一

普覺院,乾德三年,錢氏建,舊名恩德。大中祥符中改今額。

（宋）潛說友:（咸淳）《臨安志》卷八一

如意院,建隆中,吳越王建,舊名報恩。大中祥符元年改今額。

（宋）潛說友:（咸淳）《臨安志》卷八一

歸仁院,吳越王建,舊名歸義。治平中改今額。

（宋）潛說友:（咸淳）《臨安志》卷八一

華藏院，清泰二年，吳越王建，舊額報恩。大中祥符元年改今額。

（宋）潛説友：（咸淳）《臨安志》卷八一

廣度院，顯德二年，吳越王建，舊名文殊普賢。大中祥符二年改今額。

（宋）潛説友：（咸淳）《臨安志》卷八一

昭化院，顯德二年，吳越王建，舊名龍含。大中祥符中改今額。

（宋）潛説友：（咸淳）《臨安志》卷八一

歸德院，正（貞）明元年，錢氏建。

（宋）潛説友：（咸淳）《臨安志》卷八一

因果院，開運二年，錢忠懿王建，舊名崇壽。大中祥符元年改今額。

（宋）潛説友：（咸淳）《臨安志》卷八一

長生院，顯德四年，吳越王建。

（宋）潛説友：（咸淳）《臨安志》卷八一

延壽院，應順元年，吳越王建。

（宋）潛説友：（咸淳）《臨安志》卷八一

仙林定香院，舊爲香積院，在西湖上，乾德四年許王建。

（宋）潛説友：（咸淳）《臨安志》卷八一

栖禪院，在艮山門外半里。吳越王建，舊爲觀音院。建炎間改賜今額。

（宋）潛説友：（咸淳）《臨安志》卷八一

崇福院,開運三年,郡人以地易仁王院菜園,建護國仁王院,後改寶壽。大中祥符元年改今額。

(宋)潛説友:(咸淳)《臨安志》卷八一

看經院,在范浦鎮河下。顯德四年,錢氏建。

(宋)潛説友:(咸淳)《臨安志》卷八一

法輪院,錢氏時,有於榛莽中獲觀音、泗洲二像,知爲廢寺,遂建僧坊,名曰觀音。長興中,改安國。大中祥符間改今額。

(宋)潛説友:(咸淳)《臨安志》卷八一

保慶院,顯德元年,錢氏建,舊名保安。治平間改今額。

(宋)潛説友:(咸淳)《臨安志》卷八一

崇善寺,天福七年,僧處齋建,舊名衆善。治平二年改今額。

(宋)潛説友:(咸淳)《臨安志》卷八一

梵天院,在安仁東鄉。天祐元年,吳越王建,元係順天院。治平二年改今額。

(宋)潛説友:(咸淳)《臨安志》卷八一

福濟院,在廉德鄉之橫塘。錢氏時,朱可榮捨地建,名資福利濟。治平二年改今額。

(宋)潛説友:(咸淳)《臨安志》卷八一

廣教院,天福中,吳越王建,舊名傾心。大中祥符中改今額。

(宋)潛説友:(咸淳)《臨安志》卷八一

寶嚴院,在肇元鄉。元係寶勝院,乾德六年,郡人全仁暉捨地建屋。治平中改今額。

（宋）潛説友：（咸淳）《臨安志》卷八一

萬安院，在大雲鄉。顯德間建。

（宋）潛説友：（咸淳）《臨安志》卷八一

蓮華院，在永和鄉。建隆元年建。

（宋）潛説友：（咸淳）《臨安志》卷八一

永慶院，在永和鄉桐扣村。清泰二年，吳越王建。

（宋）潛説友：（咸淳）《臨安志》卷八一

明覺院，在永和鄉。天福三年，吳越王建，元係丁山羅漢院。治平二年改今額。

（宋）潛説友：（咸淳）《臨安志》卷八一

净信院，在桐扣山。天福六年，邑人周璉捨宅爲寺，舊名恩平。治平二年改今額。

（宋）潛説友：（咸淳）《臨安志》卷八一

崇果院，顯德二年，吳越王建，舊名羅漢。治平中改今額。

（宋）潛説友：（咸淳）《臨安志》卷八一

興教院，天福間，錢氏建，舊名興善。治平二年改今額。

（宋）潛説友：（咸淳）《臨安志》卷八一

寶嚴院，在肇元鄉。乾德間建。

（宋）潛説友：（咸淳）《臨安志》卷八一

普寧院,在大雲鄉六都。天福間,錢氏建。治平中改今額。

(宋)潛説友:(咸淳)《臨安志》卷八一

安隱院,在臨平山之南。清泰元年,吳越王建,舊名安平,或謂安平,以前又名永興。蓋寺外有石幢,鐫云於永興寺前建塔。

(宋)潛説友:(咸淳)《臨安志》卷八一

大慈院,正(貞)明二年,吳越王建,舊名大安。治平二年改今額。

(宋)潛説友:(咸淳)《臨安志》卷八一

遍福院,在赤岸。天福七年,吳越王建,舊名衆善。治平二年改今額。

(宋)潛説友:(咸淳)《臨安志》卷八一

佛日净慧寺,天福七年,吳越王建,爲佛日院。大中祥符元年改今額。

(宋)潛説友:(咸淳)《臨安志》卷八一

永慶院,清泰二年,吳越王建。

(宋)潛説友:(咸淳)《臨安志》卷八一

明覺院,天福三年,吳越王建。

(宋)潛説友:(咸淳)《臨安志》卷八一

吉祥院,天福五年建,舊額福臻。紹定四年移請今額。

(宋)潛説友:(咸淳)《臨安志》卷八一

廣安廣福院,天福八年,文穆王建,舊額慶安。熙寧元年改今額。

(宋)潛説友:(咸淳)《臨安志》卷八一

妙果院,舊爲興福庵。乾道八年,移請在城妙果廢院爲額。按舊志有妙果尼寺,在金地山。清泰二年,錢氏建號金地寺。

（宋）潛説友:（咸淳）《臨安志》卷八二

上石龍永壽寺,在慈雲嶺下。天福七年,吳越王建,舊名資賢。大中祥符元年改今額寺。

（宋）潛説友:（咸淳）《臨安志》卷八二

南高峰塔,天福中建,高可十丈。

（宋）潛説友:（咸淳）《臨安志》卷八二

六和塔,在龍山月輪峰,即舊壽寧院。開寶三年,智覺禪師延壽始於錢氏南果園開山建塔,因即其地造寺,以鎮江潮。塔高九級,長五十餘丈,内藏佛舍利,或時光明焕發,大江中舟人瞻見之。後廢。

（宋）潛説友:（咸淳）《臨安志》卷八二

雷峰塔,在南山。郡人雷氏居焉,錢氏妃於此建塔,故又名黃妃,俗又曰黃皮塔。以其地嘗植黃皮,蓋語音之訛耳。

（宋）潛説友:（咸淳）《臨安志》卷八二

千頃廣化院,在木子巷北。開平元年,吳越王錢氏建,舊名千頃。大中祥符九年改今額。

（宋）潛説友:（咸淳）《臨安志》卷七六

净住院,在觀橋東。後梁時建,舊名慈光。錢氏改今額。

（宋）潛説友:（咸淳）《臨安志》卷七六

天長净心寺,在磚街巷南,晉天福四年錢氏建,舊名天長。大中祥符元年改賜今額。

（宋）潜説友：（咸淳）《臨安志》卷七六

智聖院，天福二年錢氏建，舊名衆安。治平二年改今額。

（宋）潜説友：（咸淳）《臨安志》卷七六

净戒院，在太一宫道院之北。龍德二年錢氏建，舊名青蓮。大中
祥符九年改賜今額。

（宋）潜説友：（咸淳）《臨安志》卷七六

翔鸞院，在餘杭門裏。後唐清泰元年錢氏建，舊名普光。

（宋）潜説友：（咸淳）《臨安志》卷七六

普照院，在艮山門裏匡武亭。天福八年錢氏建，舊名報國千佛
院。大中祥符六年改賜今額。

（宋）潜説友：（咸淳）《臨安志》卷七六

妙慧院，開運元年錢氏建，舊名華藏。治平六年改賜今額。

（宋）潜説友：（咸淳）《臨安志》卷七六

七寶院，在鹽橋東。舊在七寶山，貞明七年錢氏建，舊名上方多
福。大中祥符初改今額。

（宋）潜説友：（咸淳）《臨安志》卷七六

聖果寺，在包家山。舊在鳳凰山之右，錢氏建，有介亭、排牙石、
石衕。

（宋）潜説友：（咸淳）《臨安志》卷七六

石佛，梁開平四年，錢氏鎸凰彌陀觀音勢至三佛於石上。蔣之奇詩曰：歸

然三石佛,若在嘉州岸。

(宋)潛説友:(咸淳)《臨安志》卷七六

梵天寺,乾德中,錢氏建。舊名南塔,治平中改賜今額。

(宋)潛説友:(咸淳)《臨安志》卷七六

釋迦真身舍利塔:《吳越備史》云:錢武肅王於明州育王寺迎釋迦舍利,建塔於城南。顯德五年火。開寶元年,忠懿王重建。錢氏納土,舍利入京,置在開寶寺。

(宋)潛説友:(咸淳)《臨安志》卷七六

金銀書大藏經:吳越忠懿王建大藏經五千四十八卷,碧紙銀書,每至佛號則以金書牙籤銀軸製,甚莊嚴。

(宋)潛説友:(咸淳)《臨安志》卷七六

廣嚴院,在御厨南營裏。後唐清泰元年,錢氏建於七寶山,舊額瑞隆。治平二年改賜今額。

(宋)潛説友:(咸淳)《臨安志》卷七六

寶月院,在寶山。龍德三年,錢氏建,舊名瑞像。大中祥符元年賜今額。

(宋)潛説友:(咸淳)《臨安志》卷七六

光相壽昌院,建隆元年錢氏建,舊額光相。大中祥符元年改賜今額。

(宋)潛説友:(咸淳)《臨安志》卷七六

百福院,天祐(福)中錢氏建,舊名資壽。大中祥符中改賜今額。

(宋)潛説友:(咸淳)《臨安志》卷七六

吳山智果院,吳越王錢氏建,舊名石佛。祥符中改賜今額。

（宋）潛説友:（咸淳）《臨安志》卷七六

上方院,後梁貞明七年錢氏建,舊額上方多福。大中祥符改賜今額。

（宋）潛説友:（咸淳）《臨安志》卷七六

崇壽院,天福九年錢氏建,舊在崇新門外,中廢。

（宋）潛説友:（咸淳）《臨安志》卷七六

净明院,自郊臺齋宮人,天福七年吳越王建,舊額廣濟。

（宋）潛説友:（咸淳）《臨安志》卷七七

龍華寶乘院,開運二年,吳越王仁(錢)弘佐捨瑞荨内園建,仍造傅大士塔。大中祥符九年改今額。

（宋）潛説友:（咸淳）《臨安志》卷七七

天華寺,清泰元年吳越王建,係鏡清禪師道場,舊名千春龍册。大中祥符中改今額。

（宋）潛説友:（咸淳）《臨安志》卷七七

感業寺,乾德三年吳越王建,舊名天龍。大中祥符元年改今額。

（宋）潛説友:（咸淳）《臨安志》卷七七

大通院,顯德二年吳越王建,舊名顯明。治平二年改今額。

（宋）潛説友:（咸淳）《臨安志》卷七七

天真院,龍德元年吳越王建,舊名登雲臺。大中祥符元年改今額。

（宋）潛説友:（咸淳）《臨安志》卷七七

道林院,廣順元年吳越王建,舊名普濟。大中祥符二年改今額。

(宋)潛説友:(咸淳)《臨安志》卷七七

般若院,乾德四年,吳越王子秦王建。

(宋)潛説友:(咸淳)《臨安志》卷七七

寶惠院,天福二年吳越王建,舊名普濟。太平興國中改今額。

(宋)潛説友:(咸淳)《臨安志》卷七七

妙覺院,顯德元年吳越王建,舊名妙能。治平二年改今額。

(宋)潛説友:(咸淳)《臨安志》卷七七

奉聖院,開寶三年吳越王建,舊名廣福。大中祥符改今額。

(宋)潛説友:(咸淳)《臨安志》卷七七

水燈廣教院,廣順元年吳越王建,舊名多寶。大中祥符元年改今額。

(宋)潛説友:(咸淳)《臨安志》卷七七

真覺院,開寶八年建,舊名奉慶。大中祥符元年改今額。

(宋)潛説友:(咸淳)《臨安志》卷七七

法雲院,開運元年吳越王建,舊名資崇。大中祥符中改今額。

(宋)潛説友:(咸淳)《臨安志》卷七七

祖塔法雲院,開成二年欽山法師建,舊名資慶,開運二年改仁壽。太平興國六年改賜今額。

(宋)潛説友:(咸淳)《臨安志》卷七七

崇德院,開運二年吳越王建,舊名尊勝。治平二年改今額。

　　　　　　　　　　(宋)潛説友:(咸淳)《臨安志》卷七七

無相寺,廣順二年建,舊名真相。治平二年四月改今額。

　　　　　　　　　　(宋)潛説友:(咸淳)《臨安志》卷七七

法顯院,長興三年吳越王建,舊名慶恩。治平二年改今額。

　　　　　　　　　　(宋)潛説友:(咸淳)《臨安志》卷七七

法華普濟院,廣運中吳越王建,舊名法華。大中祥符元年改
今額。

　　　　　　　　　　(宋)潛説友:(咸淳)《臨安志》卷七七

廣澤院,天福六年吳越王建,舊名甘露。治平二年改今額。

　　　　　　　　　　(宋)潛説友:(咸淳)《臨安志》卷七七

普安院,顯德四年吳越王建,舊爲安吳塔院。治平二年改今額。

　　　　　　　　　　(宋)潛説友:(咸淳)《臨安志》卷七七

真教院,天福四年吳越王建。

　　　　　　　　　　(宋)潛説友:(咸淳)《臨安志》卷七七

昭定廣福院,天福六年吳越王建,舊名昭定。熙寧九年改崇聖,
紹興三十二年改今額。

　　　　　　　　　　(宋)潛説友:(咸淳)《臨安志》卷七七

安真院,開運四年吳越王建,舊爲安真庵。治平四年改今額。

　　　　　　　　　　(宋)潛説友:(咸淳)《臨安志》卷七七

興善院,天福八年吳越王建,舊名積善。治平二年改今額。

（宋）潛説友：（咸淳）《臨安志》卷七七

普澤院,顯德六年吳越王建,舊名靈源。治平二年改今額。

（宋）潛説友：（咸淳）《臨安志》卷七七

定慧院,天福五年吳越王建。

（宋）潛説友：（咸淳）《臨安志》卷七七

慈恩開化教寺,開寶三年,吳越王就南果園建寺,造六和寶塔,以鎮江潮。

（宋）潛説友：（咸淳）《臨安志》卷七七

靈泉廣福院,開運三年吳越王建,舊名靈泉。治平二年改壽星,紹興三十二年改今額。

（宋）潛説友：（咸淳）《臨安志》卷七七

顯聖院,天福中吳越王建,舊名顯瑞。治平二年四月改今額。

（宋）潛説友：（咸淳）《臨安志》卷七七

小净明院,開寶七年吳越王建,舊名净亮,後改今額。

（宋）潛説友：（咸淳）《臨安志》卷七七

慈嚴院,太康間葛稚川捨宅爲寺,上元間賜額恩德。天成二年吳越王重建,大中祥符二年改今額。

（宋）潛説友：（咸淳）《臨安志》卷七七

真空院,開運三年吳越王建,舊名雲岫。熙寧元年改今額。

（宋）潛説友：（咸淳）《臨安志》卷七七

寶相院,天福九年吳越王建。
（宋）潛説友:（咸淳）《臨安志》卷七七

大智院,建隆三年吳越王建,舊名靈智。治平二年改今額。
（宋）潛説友:（咸淳）《臨安志》卷七七

法寶院,天福中吳越王建,舊名華嚴。大中祥符元年改今額。
（宋）潛説友:（咸淳）《臨安志》卷七七

常樂院,在范村塢,乾德三年吳越王建。
（宋）潛説友:（咸淳）《臨安志》卷七七

法華院,乾德元年吳越王建,舊名靈溪。治平二年改今額。
（宋）潛説友:（咸淳）《臨安志》卷七七

法性院,乾德五年吳越王建,舊名彌陀。大中祥符中改今額。
（宋）潛説友:（咸淳）《臨安志》卷七七

明性院,開寶元年吳越王建,舊係涌泉庵。治平二年改今額。
（宋）潛説友:（咸淳）《臨安志》卷七七

真際院,乾德四年吳越王建,舊爲静慮庵,又曰定慧庵。大中祥符元年改今額。寺有五雲山及天井。
（宋）潛説友:（咸淳）《臨安志》卷七七

保壽院,開寶七年吳越王建,舊名萬壽。治平二年改今額。
（宋）潛説友:（咸淳）《臨安志》卷七七

栖真院,乾德五年吳越王建,舊名雲栖。治平二年改今額。

(宋)潛説友:(咸淳)《臨安志》卷七七

保聖院,開寶三年吳越王建,舊名報國。大中祥符中改今額。

(宋)潛説友:(咸淳)《臨安志》卷七七

布金院,開寶三年吳越王建,舊名天柱。治平二年改今額。

(宋)潛説友:(咸淳)《臨安志》卷七七

悟空院,建隆元年吳越王建,舊名龍門,治平二年改今額。建炎毀於兵,淳熙十二年重建。

(宋)潛説友:(咸淳)《臨安志》卷七七

惠泉院,廣順三年吳越王建,舊名靈惠。治平二年改今額。

(宋)潛説友:(咸淳)《臨安志》卷七七

廣福院,開運三年吳越王建,舊名寶福。熙寧元年改壽聖,寶福紹興三十年改今額。

(宋)潛説友:(咸淳)《臨安志》卷七七

集福院,建隆元年建。

(宋)潛説友:(咸淳)《臨安志》卷七七

安定院,建隆三年吳越王建,舊名廣福。治平二年改今額。

(宋)潛説友:(咸淳)《臨安志》卷七七

定明院,建隆三年吳越王建,舊名界石。治平二年改今額。

(宋)潛説友:(咸淳)《臨安志》卷七七

澄寂院,清泰二年建,舊名龍池。治平二年改今額。

(宋)潛説友:(咸淳)《臨安志》卷七七

西蓮瑞相院,顯德元年吳越王建,舊名西蓮,以本院嘗産青蓮花,又有觀間現瑞,至今尚存,身不惹塵。錢氏造寶幢二於殿前。

(宋)潛説友:(咸淳)《臨安志》卷七七

廣慈院,乾德四年吳越王建,舊名廣福。治平二年改今額。

(宋)潛説友:(咸淳)《臨安志》卷七七

寶藏院,長興元年吳越王建,有武肅王祠及碑,後有古井,俗名烏龍井。今五王皆祠焉。

(宋)潛説友:(咸淳)《臨安志》卷七七

廣嚴院,天福二年建,舊名妙嚴。治平二年賜今額。

(宋)潛説友:(咸淳)《臨安志》卷七七

西林法惠院,乾德元年吳越忠懿王建,舊名興慶。大中祥符中改今額。

(宋)潛説友:(咸淳)《臨安志》卷七七

報恩光孝禪寺,即净慈,顯德元年建,號慧日永明院。太宗皇帝賜壽寧院額,紹興十九年改今額。……報恩光孝禪寺實居其首,在錢氏時爲永明寺。慈化定慧師道潛居之。潛有行業,一時推重,嘗請於忠懿王,求塔下金銅羅漢像。會王曾夢十六大士,從師而行,密符請意,因如其求,歸於精舍。是知多士一旦高臨於風烟之上者,光景固肇於此矣。

(宋)潛説友:(咸淳)《臨安志》卷七八

顯嚴院,在雷峰塔。開寶中,吳越王創皇妃塔,遂建院。後有雷峰庵,郡人雷氏故居。治平二年賜顯嚴額。

(宋)潛説友:(咸淳)《臨安志》卷七八

普寧寺,在雷峰塔下。廣順元年建,號安吳寺。大中祥符初改今額。

(宋)潛説友:(咸淳)《臨安志》卷七八

净相院,顯德三年吳越王建,舊名瑞相。太平興國間改今額。

(宋)潛説友:(咸淳)《臨安志》卷七八

正覺寺,在省馬院内。乾德二年錢氏建,舊額羅漢院。太平興國元年,改賜今額。

(宋)潛説友:(咸淳)《臨安志》卷七八

超化院,在省馬院内。顯德六年錢氏建,塔幢見存。

(宋)潛説友:(咸淳)《臨安志》卷七八

興教寺,在南屏山。開寶五年吳越王建,舊名善慶,太平興國中改今額。

(宋)潛説友:(咸淳)《臨安志》卷七八

廣果寺,在惠因橋北。開寶八年錢忠懿王建,舊額香龕。大中祥符中改今額。

(宋)潛説友:(咸淳)《臨安志》卷七八

六通慈德院,在長耳相巷内。乾祐二年吳越王建,舊名惠德塔。治平二年改今額。

(宋)潛説友:(咸淳)《臨安志》卷七八

法因院,長興四年吴越文穆王建,舊額報慈。大中祥符元年改今額。

(宋)潛説友:(咸淳)《臨安志》卷七八

寶林院,開寶六年錢鏐王建,舊額總持。治平二年改今額。

(宋)潛説友:(咸淳)《臨安志》卷七八

修吉寺,天成二年吴越王建,舊額瑞龍。大中祥符元年改賜額。

(宋)潛説友:(咸淳)《臨安志》卷七八

南高峰榮國寺,天福間建,元係塔院,奉白龍王祠。

(宋)潛説友:(咸淳)《臨安志》卷七八

廣教院,在南山方家峪口。太平興國二年錢鏐王建,舊額香刹。治平二年改今額。

(宋)潛説友:(咸淳)《臨安志》卷七八

南山昭慶寺。長興三年吴越王建。

(宋)潛説友:(咸淳)《臨安志》卷七八

惠照院,天成三年吴越王建,舊名天王。大中祥符元年改今額。

(宋)潛説友:(咸淳)《臨安志》卷七八

正濟院,乾德二年吴越王建,舊名普門。大中祥符元年改賜今額。

(宋)潛説友:(咸淳)《臨安志》卷七八

净梵院,廣運中吴越王建,舊名瑞峰。大中祥符元年改今額。

(宋)潛説友:(咸淳)《臨安志》卷七八

清修院,廣順三年吳越王建,舊額烟霞。治平二年改今額。

(宋)潛説友:(咸淳)《臨安志》卷七八

滿覺院,天福四年建,舊額圓興。治平二年改今額。

(宋)潛説友:(咸淳)《臨安志》卷七八

水樂凈化院,在烟霞嶺下。開運間吳越王建,名曰西關凈化禪院。後廢,額徙於南山石塢。

(宋)潛説友:(咸淳)《臨安志》卷七八

崇教院,開運二年吳越王建,舊名薦福。大中祥符六年改今額。

(宋)潛説友:(咸淳)《臨安志》卷七八

惠因院,天成二年吳越王建。

(宋)潛説友:(咸淳)《臨安志》卷七八

法雨院,天福六年建,舊名水心,續改雲龍。大中祥符元年改今額。

(宋)潛説友:(咸淳)《臨安志》卷七八

法相院,天福四年吳越王建,舊名長耳相。大中祥符九年改今額。

(宋)潛説友:(咸淳)《臨安志》卷七八

法興院,乾德二年吳越王建,舊名法明。治平二年改今額。

(宋)潛説友:(咸淳)《臨安志》卷七八

保福院,乾祐元年吳越王建,舊名保慶。治平元年改今額。

(宋)潛説友:(咸淳)《臨安志》卷七八

　　無垢院,光化二年吳越王建,舊名無着,係無着禪師塔所。嘉定十四年請今額。

(宋)潛說友:(咸淳)《臨安志》卷七八

　　法空寺,顯德五年吳越王建,舊名資慶,大中祥符元年移額於今處。

(宋)潛說友:(咸淳)《臨安志》卷七八

　　崇報顯慶院,在放馬場。顯德四年建,舊額栖真。

(宋)潛說友:(咸淳)《臨安志》卷七八

　　龍井延恩衍慶院,在風篁嶺。乾祐二年,居民凌霄募緣建造,舊額報國看經院。淳祐六年改今額。

(宋)潛說友:(咸淳)《臨安志》卷七八

　　靈芝崇福寺,在涌金門外。太平興國元年建,本吳越王故苑,芝生其間,捨以爲寺,遂號靈芝。大中祥符初賜今額。

(宋)潛說友:(咸淳)《臨安志》卷七九

　　慧明院,在涌金門外。天福五年建,舊額資福。大中祥符中改今額。

(宋)潛說友:(咸淳)《臨安志》卷七九

　　水心保寧寺,天福中建,舊曰水心寺。大中祥符初賜今額。

(宋)潛說友:(咸淳)《臨安志》卷七九

　　興福院,開寶二年吳越王建,舊有心淵堂、清蓮堂、凝碧軒。

(宋)潛說友:(咸淳)《臨安志》卷七九

法善院,廣順元年建,爲護國羅漢院。大中祥符元年賜今額。

（宋）潛説友:（咸淳）《臨安志》卷七九

寶成院,天福中吳越王妃仰氏建,舊額釋迦。大中祥符中改今額。

（宋）潛説友:（咸淳）《臨安志》卷七九

菩提院,太平興國二年錢惟演建,名惠嚴,七年改賜今額。

（宋）潛説友:（咸淳）《臨安志》卷七九

九曲法濟院,乾德元年錢氏建,舊名觀音。治平二年改賜今額。

（宋）潛説友:（咸淳）《臨安志》卷七九

大昭慶寺,乾德五年錢氏建,舊名菩提。太平興國七年改賜今額。

（宋）潛説友:（咸淳）《臨安志》卷七九

金牛護法院,天福五年錢氏建。治平二年改今額。

（宋）潛説友:（咸淳）《臨安志》卷七九

相嚴院,天福七年錢氏建,舊爲十三間樓石佛院。治平二年改賜今額。

（宋）潛説友:（咸淳）《臨安志》卷七九

保叔塔崇壽院,開寶元年錢氏建。治平中改賜今額。

（宋）潛説友:（咸淳）《臨安志》卷七九

金輪梵天院,顯德元年錢氏建,舊名金輪。治平二年改賜今額。

（宋）潛説友:（咸淳）《臨安志》卷七九

兜率寺,顯德二年錢氏建。

（宋）潛説友：（咸淳）《臨安志》卷七九

多寶院,開運元年錢氏建,舊名寶積。治平二年改今額。舊有緑陰堂。

（咸淳）《臨安志》卷七九

普安院,乾德中錢氏建。治平二年改今額。

（宋）潛説友：（咸淳）《臨安志》卷七九

上智果院,開運元年錢氏建。

（宋）潛説友：（咸淳）《臨安志》卷七九

壽星院,在葛嶺。天福八年建,有寒碧軒、此君軒、觀臺。

（宋）潛説友：（咸淳）《臨安志》卷七九

寶雲寺,乾德二年錢氏建,舊名千光王寺。雍熙二年改今額。

（宋）潛説友：（咸淳）《臨安志》卷七九

瑪瑙寶勝寺,開運三年錢氏建,治平二年改賜今額。

（宋）潛説友：（咸淳）《臨安志》卷七九

禪宗院,唐德宗朝郡氏吴元卿爲六宫使,弃官參鳥窠禪師,建庵修道,即會通禪師也。開運三年,錢氏建院,元額招賢。治平二年改今額。

（宋）潛説友：（咸淳）《臨安志》卷七九

寶嚴院,後唐天成二年錢氏建,舊名垂雲。治平二年改今額。

（宋）潛説友：（咸淳）《臨安志》卷七九

報恩院，開寶七年錢氏建，舊名報先，在孤山。治平二年改今額。

（宋）潛説友：（咸淳）《臨安志》卷七九

玉泉净空院，在豆腐橋。南齊建元中，靈悟大師曇超開山卓庵講經演法。詳見玉泉及富陽靈岩山。天福三年，始建寺，名净空院。

（宋）潛説友：（咸淳）《臨安志》卷七九

顯明院，廣順二年吳越孟謙建，舊名興福保清。大中祥符元年改今額。

（宋）潛説友：（咸淳）《臨安志》卷七九

資國院，乾德三年孫贊明捨宅建，元名報國。治平三年改今名。

（宋）潛説友：（咸淳）《臨安志》卷七九

慈聖院，乾祐元年錢氏建，舊名慈雲。治平二年改今額。

（宋）潛説友：（咸淳）《臨安志》卷七九

靈峰院，開運元年錢氏建，舊名鷲峰。治平二年改今額。

（宋）潛説友：（咸淳）《臨安志》卷七九

妙智院，開寶四年太尉張公建，舊名報國觀音院。治平二年改今額。

（宋）潛説友：（咸淳）《臨安志》卷七九

萬安院，天福七年錢氏建，舊名清化永安。治平二年改今額。

（宋）潛説友：（咸淳）《臨安志》卷七九

普向院，開運元年錢氏建。

（宋）潛説友：（咸淳）《臨安志》卷七九

西峰净嚴院,在駝巘嶺下,吴越王建。

(宋)潛説友:(咸淳)《臨安志》卷七九

大明院,天福三年吴越王建,舊名永寧。治平二年改今額。

(宋)潛説友:(咸淳)《臨安志》卷七九

明惠院,開運二年建,舊名定慧。治平二年改今額。

(宋)潛説友:(咸淳)《臨安志》卷七九

普圓院,天福二年吴越王建,舊名資嚴。大中祥符元年改今額。

(宋)潛説友:(咸淳)《臨安志》卷七九

北資聖院,天福二年吴越王建,舊名大明。大中祥符元年改賜今額。

(宋)潛説友:(咸淳)《臨安志》卷七九

保寧院,天福三年吴越王建,舊額保安無量壽院。治平二年改今額。

(宋)潛説友:(咸淳)《臨安志》卷七九

法安院,在靈隱寺西。天福三年吴越王建,舊額廣嚴。唐長慶中有詩僧結庵於院之西,自號韜光,嘗與樂天唱和。大中祥符元年改今額。

(宋)潛説友:(咸淳)《臨安志》卷七九

明心院,在縣(指餘杭縣)郭内,舊名資福。廣順元年建,紹興五年改今額。

(宋)潛説友:(咸淳)《臨安志》卷八三

妙智院,在縣(指餘杭縣)東南二里,舊名觀音。乾德五年建,治平三年改今額。

（宋）潛說友：（咸淳）《臨安志》卷八三

顯聖院，在縣（指餘杭縣）東南三里，舊名白塔。開寶四年建，治平二年改今額。

（宋）潛說友：（咸淳）《臨安志》卷八三

善法禪院，在縣（指餘杭縣）東南三里，舊名慶善。天福三年建，治平二年改今額。

（宋）潛說友：（咸淳）《臨安志》卷八三

壽聖院，在縣（指餘杭縣）南十二里招德鄉，舊名福梁。顯德二年建，治平二年改今額。

（宋）潛說友：（咸淳）《臨安志》卷八三

善應院，在縣（指餘杭縣）西南二十里招德鄉，舊名靈應。天成二年建，治平二年改今額。

（宋）潛說友：（咸淳）《臨安志》卷八三

金山院，在縣（指餘杭縣）南一十五里欽德鄉，舊名金源。廣順二年建，治平二年改今額。

（宋）潛說友：（咸淳）《臨安志》卷八三

廣福院，在縣西（指餘杭縣）一十二里同化鄉，舊名興聖。廣明元年建，熙寧元年改聖壽，隆興元年改今額。

（宋）潛說友：（咸淳）《臨安志》卷八三

慈聖寺，在縣（指餘杭縣）東北四十里常熟鄉，舊名靈岳寺。唐歐陽詢寺記略云："杭州餘杭縣西北有鎮曰曹橋，鎮走北十里得精舍曰靈岳茲寺也。建武二年,有周閩越王無諸十二代孫搖氏捨宅之所建也。"後唐天成元年復置,治平二年改今額。

(宋)潛説友:(咸淳)《臨安志》卷八三

大智院,在縣(指餘杭縣)東四十里常熟鄉,舊名感山。同光二年建,治平二年改今額。

(宋)潛説友:(咸淳)《臨安志》卷八三

崇因報本禪院,在縣(指餘杭縣)東三十五里常熟鄉,舊名興福。乾德四年建,大中祥符中改普寧,紹興三十一年改今額。

(宋)潛説友:(咸淳)《臨安志》卷八三

圓教院,在縣(指餘杭縣)北四十五里長安鄉,舊名法華。同光三年建,大中祥符元年改今額。

(宋)潛説友:(咸淳)《臨安志》卷八三

廣順院,在縣(指餘杭縣)北三十里長安鄉,舊名安衆。同光三年建,治平二年改聖壽,隆興二年改今額。

(宋)潛説友:(咸淳)《臨安志》卷八三

慈濟院,在縣(指餘杭縣)北六十里止戈鄉,舊名吳山。天成二年建,治平二年改今額。

(宋)潛説友:(咸淳)《臨安志》卷八三

慈相院,在縣(指餘杭縣)北一百里止戈鄉,舊名石佛。天成四年建,治平二年改今額。

(宋)潛説友:(咸淳)《臨安志》卷八三

寶嚴寺,在縣(指餘杭縣)北一百二十里止戈鄉,舊名寶隆。乾化二年建,治平二年改今額。

(宋)潛説友:(咸淳)《臨安志》卷八三

　　净嚴院,在縣(指餘杭縣)北六十里止戈鄉,舊名靈石。天福七年建,治平二年改今額。

(宋)潛説友:(咸淳)《臨安志》卷八三

　　净安院,在縣(指餘杭縣)一里,舊名南禪。乾化三年建,治平間改今額。

(宋)潛説友:(咸淳)《臨安志》卷八三

　　净土禪寺,在縣(指臨安縣)南二里。顯德中吴越王建,號光孝明因寺。大中祥符元年改今額。

(宋)潛説友:(咸淳)《臨安志》卷八三

　　净明院,在縣(指臨安縣)西十五里,舊爲五峰院,天福中建。
(宋)潛説友:(咸淳)《臨安志》卷八三

　　開化禪院,在縣(指臨安縣)南二里。乾化五年吴越王建,舊名功臣。大中祥符元年賜今額。

(宋)潛説友:(咸淳)《臨安志》卷八三

　　崇覺院,在縣(指臨安縣)北三十里,舊名合覺院。乾德中吴越王建,治平二年改今額。

(宋)潛説友:(咸淳)《臨安志》卷八三

　　雙林院,在縣(指臨安縣)西北十五里,舊名寶林。天成元年,徑山寺僧景文望南山有祥氣,遂廬於山巔。大理評事俞壽因捨山爲寺,於土中得金銅佛像三,寺僧寶傳至今五百年矣。山南有迎暉亭,望錢塘江,見東日初升。溠水岩在寺山之腰,有瀑布泉,飛白甚長,東流至於海。

(宋)潛説友:(咸淳)《臨安志》卷八三

　　靈峰院,在縣(指臨安縣)東十里,舊名靈山。長興二年建,治平二年改今額。

(宋)潛説友:(咸淳)《臨安志》卷八三

　　興教院,在縣(指臨安縣)東十五里。天寶中建,吳越王號興王院,治平二年改今額。

(宋)潛説友:(咸淳)《臨安志》卷八三

　　演法院,在縣(指臨安縣)西二十里。天成四年邑人俞郢建,治平二年改今額。

(宋)潛説友:(咸淳)《臨安志》卷八三

　　無垢院,在縣(指臨安縣)西北二十五里。天福三年邑人俞昭建,景祐四年賜名靈福,治平二年改今額。

(宋)潛説友:(咸淳)《臨安志》卷八三

　　梵安院,在縣(指臨安縣)西十里,舊名九州保安。長興元年吳越王建,治平二年改今額。

(宋)潛説友:(咸淳)《臨安志》卷八三

　　大仁院,在縣(指臨安縣)北二十五里,舊名大禄。天成元年建,治平二年改今額。

(宋)潛説友:(咸淳)《臨安志》卷八三

　　觀音院,在縣(指臨安縣)東北一里。咸通九年建,後廢。建隆二年邑人吳光禄重建,復元額。

(宋)潛説友:(咸淳)《臨安志》卷八三

光孝院,在縣(指臨安縣)西五里,舊名保安。天福元年吳越王建。國初,寺名廣孝。紹興十三年改今額。

(宋)潛説友:(咸淳)《臨安志》卷八三

禪定院,在縣(指臨安縣)東南二十五里,舊名六度。同光二年錢氏建,治平二年改今額。

(宋)潛説友:(咸淳)《臨安志》卷八三

壽安院,在縣(指臨安縣)西二十里,舊名長壽。天成元年錢氏建,治平二年改今額。

(宋)潛説友:(咸淳)《臨安志》卷八三

净應院,在縣(指臨安縣)西三十里,舊名應祈。天福四年錢氏建,治平二年改今額。

(宋)潛説友:(咸淳)《臨安志》卷八三

福勝院,在縣(指臨安縣)北二十里,舊名福全。乾德四年建,治平二年改今額。

(宋)潛説友:(咸淳)《臨安志》卷八三

國寧院,在縣(指臨安縣)西南二十里,舊名國安。天福七年建,治平二年改今額。

(宋)潛説友:(咸淳)《臨安志》卷八三

定安院,在縣(指臨安縣)東二十五里,舊名報慈。天福七年建,治平二年改今額。

（宋）潛説友：（咸淳）《臨安志》卷八三

　　真覺院，在縣（指臨安縣）東一十五里，舊名建成。乾德三年賜額，治平二年改今額。

（宋）潛説友：（咸淳）《臨安志》卷八三

　　普澤院，在縣（指臨安縣）東南一十五里，舊名龍泉。天福七年建，治平二年改今額。

（宋）潛説友：（咸淳）《臨安志》卷八三

　　福濟院，在縣（指臨安縣）東南一十五里，舊名金泉。乾德三年賜額，治平二年改今額。

（宋）潛説友：（咸淳）《臨安志》卷八三

　　道興院，在縣（指臨安縣）東南四十里，舊名新興。乾德二年賜額，治平二年改今額。

（宋）潛説友：（咸淳）《臨安志》卷八三

　　極樂院，在縣（指臨安縣）東北一十五里，舊名錢同。天成元年建，治平二年改今額。

（宋）潛説友：（咸淳）《臨安志》卷八三

　　凈安院，在縣（指臨安縣）南一十五里，舊名安樂。天祐末吳越王建，治平二年改今額。

（宋）潛説友：（咸淳）《臨安志》卷八三

　　善住院，在縣（指臨安縣）南五里，舊名興國。天福七年吳越王建,大中祥符元年改今額。

(宋)潛説友:(咸淳)《臨安志》卷八三

等慈院,在縣(指臨安縣)西北四十五里,舊名貞明。長興四年建,天禧四年改名興德,治平二年改今額。

(宋)潛説友:(咸淳)《臨安志》卷八三

惠明院,在縣(指臨安縣)東北二十里,舊名重明。光化二年建,治平二年改今額。

(宋)潛説友:(咸淳)《臨安志》卷八三

殊勝院,在縣(指臨安縣)東十里,舊名瑞竹。天福四年建,治平二年改今額。

(宋)潛説友:(咸淳)《臨安志》卷八三

護法院,在縣(指臨安縣)西二十五里,舊名護安。天祐中建,治平二年改今額。

(宋)潛説友:(咸淳)《臨安志》卷八三

福海院,在縣(指臨安縣)東三里,舊名延福。乾化二年建,治平二年改今額。

(宋)潛説友:(咸淳)《臨安志》卷八三

妙嚴院,在縣(指臨安縣)東二十五里,舊名寶慶。吳越王建,治平二年改今額。

(宋)潛説友:(咸淳)《臨安志》卷八三

寶積院,在縣(指臨安縣)西北一十里,舊名香積。天成二年建,治平二年改今額。

(宋)潛説友:(咸淳)《臨安志》卷八三

慈聖院,在縣(指臨安縣)城東,舊名資聖。開平二年建,治平二年改今額。

(宋)潛説友:(咸淳)《臨安志》卷八三

寶林院,在縣(指臨安縣)東三十里,舊名善林。開運二年建,治平二年改今額。

(宋)潛説友:(咸淳)《臨安志》卷八三

真寂院,在縣(指臨安縣)西二里,舊名山房。天成二年吳越王建,治平二年改今額。

(宋)潛説友:(咸淳)《臨安志》卷八三

慈智院,在縣(指臨安縣)南四里,舊名慈濟。正(貞)明三年吳越王建,治平二年改今額。

(宋)潛説友:(咸淳)《臨安志》卷八三

保錦院,在縣(指臨安縣)東南二里。顯德二年吳越王建。

(宋)潛説友:(咸淳)《臨安志》卷八三

明智寺西菩山,在縣(指於潛縣)西十八里波亭鄉。初,山之西有光亘天,現菩薩像,僧道志立茅廬其下。唐天祐間,因建佛殿,遂名西菩寺。治平二年改今額。

(宋)潛説友:(咸淳)《臨安志》卷八四

治平寺,在縣(指於潛縣)北十里嘉德鄉,舊名天目。乾寧元年建,治平二年改今額。

(宋)潛説友:(咸淳)《臨安志》卷八四

廣福院,在縣(指於潛縣)南二里。舊云在縣南五十里。朱梁太師吳敬忠捨地,舊名國泰,天福二年建。

(宋)潛説友:(咸淳)《臨安志》卷八四

布金院,在縣(指於潛縣)東二十里豐國鄉,舊名朱金。乾寧三年建,治平二年改今額。

(宋)潛説友:(咸淳)《臨安志》卷八四

廣覺禪院,在縣(指於潛縣)東二十五里豐國鄉,舊名落雲,相傳俱眠道者落雲於此。後清泰三年建,治平二年改今額。

(宋)潛説友:(咸淳)《臨安志》卷八四

梵興院,在縣(指於潛縣)南二十里潛川鄉,舊名國興。天福七年建,治平二年改今額。

(宋)潛説友:(咸淳)《臨安志》卷八四

崇法院,在縣(指於潛縣)西南三十里潛川鄉,舊名崇福。乾德五年建,治平二年改今額。

(宋)潛説友:(咸淳)《臨安志》卷八四

悟真院,在縣(指於潛縣)南三十里潛川鄉,舊名白龍。建隆二年建,治平二年改今額。

(宋)潛説友:(咸淳)《臨安志》卷八四

福興禪院,在縣(指於潛縣)南五十里潛川鄉馬頭山,舊名慈雲。天福七年建,治平二年改今額。

(宋)潛説友:(咸淳)《臨安志》卷八四

廣慈院,在縣(指於潛縣)北四十里惟新鄉。天成二年,有高僧建於滴翠峰下,梵行精進,誦蓮經有功,行上有鳥隨之,僧入滅,鳥亦隨化,故舊名烏息。治平二年改今額。

(宋)潛說友:(咸淳)《臨安志》卷八四

　　净勝教院,在縣(指於潛縣)南六十里長安鄉,舊名靖山。清泰二年建,治平二年改今額。

(宋)潛說友:(咸淳)《臨安志》卷八四

　　妙樂院,在縣(指於潛縣)北十里惟新鄉,舊名安樂。天福五年建,治平二年改今額。山有浮石。

(宋)潛說友:(咸淳)《臨安志》卷八四

　　普明院,在縣(指於潛縣)北三十里嘉德鄉,舊名普照。乾化三年建,治平二年改今額。

(宋)潛說友:(咸淳)《臨安志》卷八四

　　净嚴寺,在縣(指於潛縣)城北,舊名寶成。天福五年建,治平二年改今額。

(宋)潛說友:(咸淳)《臨安志》卷八四

　　法會院,在縣(指於潛縣)南二里豐國鄉,舊名龍華。天福七年建,治平二年改今額。

(宋)潛說友:(咸淳)《臨安志》卷八四

　　清修院,在縣(指於潛縣)南二十五里潛川鄉,舊名報國。顯德六年建,治平二年改今額。

(宋)潛說友:(咸淳)《臨安志》卷八四

　　妙行院,在縣(指於潛縣)西南三十里潛川鄉,舊名西柳。乾寧三年建,治平二年改今額。

(宋)潛說友:(咸淳)《臨安志》卷八四

寂樂院,在縣(指於潛縣)西十五里波亭鄉,舊名大同。長興二年建,治平二年改今額。

（宋）潛說友:（咸淳）《臨安志》卷八四

禪定院,在縣(指於潛縣)北二十里嘉德鄉,舊名禪林。乾寧元年建,治平二年改今額。

（宋）潛說友:（咸淳）《臨安志》卷八四

净明寺,在縣(指富陽縣)北五里,舊普照寺。天福五年重建,治平二年改今額。

（宋）潛說友:（咸淳）《臨安志》卷八四

西岩寺,在縣(指富陽縣)北三十八里白昇村,唐乾寧元年建。

（宋）潛說友:（咸淳）《臨安志》卷八四

萬春院,在縣(指富陽縣)西八十里栖鶴村,一名千春,唐乾寧元年建。

（宋）潛說友:（咸淳）《臨安志》卷八四

能仁院,在縣(指富陽縣)西南十里太平村,舊名雲霄。天成元年建。

（宋）潛說友:（咸淳）《臨安志》卷八四

大安院,在縣(指富陽縣)北十八里白昇村,舊名東安。清泰三年建,治平二年改今額。

（宋）潛說友:（咸淳）《臨安志》卷八四

净居院,在縣(指富陽縣)南四十里,舊名净福。天福八年建,治平二年改今額。

（宋）潛說友:（咸淳）《臨安志》卷八四

真覺院,在縣(指富陽縣)東。開運元年建。舊在縣北五十步,即丹霞觀基。

(宋)潛説友:(咸淳)《臨安志》卷八四

净覺院,在縣(指富陽縣)北,舊名净福。建隆元年建,治平二年改今額。

(宋)潛説友:(咸淳)《臨安志》卷八四

華蓋仙山院,在縣(指富陽縣)東北十二里,舊名福慶。天福二年建,有雙閣松庵。

(宋)潛説友:(咸淳)《臨安志》卷八四

净因院,在縣(指富陽縣)東二十里春明村,舊名雲峰。太平興國二年建,治平二年改今額。

(宋)潛説友:(咸淳)《臨安志》卷八四

惠濟院,在縣(指富陽縣)東十二里,舊名仙泉。顯德二年建,治平二年改今額。

(宋)潛説友:(咸淳)《臨安志》卷八四

資聖院,在縣(指富陽縣)北十八里安仁村,舊名[觀音。天福七](據碧蘿館藏本補)年建,天聖七年改今額。

(宋)潛説友:(咸淳)《臨安志》卷八四

慈雲院,在縣(指富陽縣)北二十五里崇愛村,舊名白龍山法雲院,乾德二年建。

(宋)潛説友:(咸淳)《臨安志》卷八四

長福羅漢院,在縣(指富陽縣)西北十二里臨湖村,乾德二年建。

(宋)潛説友:(咸淳)《臨安志》卷八四

慶恩院,在縣(指富陽縣)北十八里臨湖村,舊名新恩,清泰三年建。

(宋)潛説友:(咸淳)《臨安志》卷八四

大智院,在縣(指富陽縣)西二十五里祥鳳村,舊名智覺。乾德元年建,治平二年改賜今額。

(宋)潛説友:(咸淳)《臨安志》卷八四

妙嚴院,在縣(指富陽縣)西三十五里慶善村,舊名龍門,天福二年建。

(宋)潛説友:(咸淳)《臨安志》卷八四

禪寂院,在縣(指富陽縣)南八十里太源村,舊名黃禪。廣順元年建,治平二年改今額。

(宋)潛説友:(咸淳)《臨安志》卷八四

普惠院,在縣(指富陽縣)西南三十五里看潮村,舊名廣濟。天福二年建,治平二年改今額。即古法信寺。

(宋)潛説友:(咸淳)《臨安志》卷八四

靈岩院,在縣(指富陽縣)東南三十里江陰村。乾祐元年建,大中祥符元年改今額。

(宋)潛説友:(咸淳)《臨安志》卷八四

瑞相院,在縣(指富陽縣)北十八里白昇村,舊名觀音。天福二年建,治平二年改今額。

(宋)潛説友:(咸淳)《臨安志》卷八四

大雄院,在縣(指富陽縣)西南四十里屠山村。長慶三年建,後因吳越國相許明捨宅爲寺,遂即其人爲名。治平二年改今額。

(宋)潛説友:(咸淳)《臨安志》卷八四

大明院,在縣(指富陽縣)北四里,四峰環繞,前如連璧,俗呼裏庵。即東坡所謂東西二庵是也。舊名普明。乾德三年建,治平二年改今額。

(宋)潛説友:(咸淳)《臨安志》卷八四

興教禪院,在縣(指新城縣)南三十里,地名夏妃,舊爲興福院。長興二年建,治平二年改今額。

(宋)潛説友:(咸淳)《臨安志》卷八五

多福禪院,在縣(指新城縣)西七十里,地名青牛嶺,舊爲寶福院。同光三年建,治平二年年改今額。

(宋)潛説友:(咸淳)《臨安志》卷八五

昌國院,在華藏院之側,舊爲福安院。乾祐五年建,大中祥符元年改今額。

(宋)潛説友:(咸淳)《臨安志》卷八五

多福院,在縣(指新城縣)治東,舊爲淥新院。景福二年建,治平二年改今額。

(宋)潛説友:(咸淳)《臨安志》卷八五

護國院,在縣(指新城縣)治東北,舊爲羅漢院。開寶二年建,大中祥符元年改今額。

(宋)潛説友:(咸淳)《臨安志》卷八五

延壽院,在縣(指新城縣)西一里,舊爲興福保壽院。廣順三年建,治平二年改今額。

(宋)潛說友:(咸淳)《臨安志》卷八五

廣福院,在昌國院之側,舊爲水陸院。乾化二年建,大中祥符元年改今額。

(宋)潛說友:(咸淳)《臨安志》卷八五

惠濟院,在縣(指新城縣)南八里,舊爲靈泉院。乾化五年建,治平二年改今額。

(宋)潛說友:(咸淳)《臨安志》卷八五

慶恩院,在縣(指新城縣)南十五里,舊爲報恩院。建隆元年建,治平二年改今額。

(宋)潛說友:(咸淳)《臨安志》卷八五

總持院,在縣(指新城縣)北十里,地名貝山,舊爲永慶院。乾祐元年建,治平二年改今額。

(宋)潛說友:(咸淳)《臨安志》卷八五

法惠院,在縣(指新城縣)北二十五里,舊爲太平院。乾祐二年建,大中祥符元年改今額。

(宋)潛說友:(咸淳)《臨安志》卷八五

净名院,在縣(指新城縣)北二十五里,舊爲白雲庵。開運三年建,治平二年改今額。

(宋)潛說友:(咸淳)《臨安志》卷八五

資聖院,在縣(指新城縣)西北十五里,舊爲寶安院。開運四年建,大中祥符二年改今額。

（宋）潛説友:（咸淳）《臨安志》卷八五

安隱院,在縣（指新城縣）西三十里,舊爲龍門院。乾祐元年建,大中祥符元年改今額。

（宋）潛説友:（咸淳）《臨安志》卷八五

普薰院,在縣（指新城縣）西五十里,舊爲香積院。同光二年建,治平二年改今額。

（宋）潛説友:（咸淳）《臨安志》卷八五

普向院,在縣（指新城縣）西五十里,舊爲迴源院。正（貞）明四年建,治平二年改今額。

（宋）潛説友:（咸淳）《臨安志》卷八五

資聖院,在縣（指新城縣）西北三十五里,舊爲大安院。清泰元年建,天聖七年改今額。

（宋）潛説友:（咸淳）《臨安志》卷八五

瑞相院,在縣（指新城縣）西七十里,舊爲靈瑞院。同光二年建,治平二年改今額。

（宋）潛説友:（咸淳）《臨安志》卷八五

正覺院,在縣（指新城縣）西六十里,舊爲龍門院。建隆元年建,治平二年改今額。

（宋）潛説友:（咸淳）《臨安志》卷八五

明寂院,在縣（指新城縣）西七十里,舊爲靈巖院。乾德四年建,治平二年改今額。

（宋）潛説友：（咸淳）《臨安志》卷八五

集福院，在縣（指新城縣）西五十里，舊爲福春院。廣順二年建，治平二年改今額。

（宋）潛説友：（咸淳）《臨安志》卷八五

普照院，在縣（指新城縣）東北十五里，舊爲普光院。天福七年建，治平二年改今額。

（宋）潛説友：（咸淳）《臨安志》卷八五

梵嚴院，在縣（指新城縣）西六十五里，舊爲建興院。天成三年建，治平二年改今額。

（宋）潛説友：（咸淳）《臨安志》卷八五

寶相院，在縣（指新城縣）西七十五里，舊爲石佛院。天成五年建，治平二年改今額。

（宋）潛説友：（咸淳）《臨安志》卷八五

持戒院，在縣（指新城縣）西六十里，舊爲净名院。建隆三年建，治平二年改今額。

（宋）潛説友：（咸淳）《臨安志》卷八五

清修院，在縣（指新城縣）西四十里，舊爲净安院。天福八年建，治平二年改今額。

（宋）潛説友：（咸淳）《臨安志》卷八五

吉祥寺，在縣（指鹽官縣）西北四十八里，舊名齊明。建隆二年重修,改名迎祥。治平二年改今額。

（宋）潛説友:（咸淳）《臨安志》卷八五

覺王寺,在縣(指鹽官縣)西北二十五里。長興四年建,舊名正覺,六年重修,即吴越王私號寶正六年。治平二年改今額。

（宋）潛説友:（咸淳）《臨安志》卷八五

净信院,在縣(指鹽官縣)西南六十里,天福二年置。

（宋）潛説友:（咸淳）《臨安志》卷八五

定香院,在縣(指鹽官縣)西北二十五里。開寶元年建,名茶毗庵。治平二年改今額。

（宋）潛説友:（咸淳）《臨安志》卷八五

東塰廣福禪院,在縣(指鹽官縣)西南五十里。乾德元年建,紹興三十二年改今額。

（宋）潛説友:（咸淳）《臨安志》卷八五

資聖院,在縣(指鹽官縣)西北四十里。天福七年建,舊名資壽。治平二年改今額。

（宋）潛説友:（咸淳）《臨安志》卷八五

崇教寺,在縣(指鹽官縣)東六十里。舊名妙果,長興二年建。

（宋）潛説友:（咸淳）《臨安志》卷八五

真如禪院,在縣(指鹽官縣)東七十里黄灣,本晉干寶宅。周顯德二年置,舊名菩提院。治平二年賜今額。

（宋）潛説友:（咸淳）《臨安志》卷八五

興福寺,在縣(指鹽官縣)東北三十里。開寶二年重建,熙寧元年賜今額。

(宋)潛說友:(咸淳)《臨安志》卷八五

太平廣禪院,在縣(指鹽官縣)東五十里。乾德二年建,名太平庵。熙寧元年改今額。

(宋)潛說友:(咸淳)《臨安志》卷八五

靈寺,在(鹽官縣)硤石市。開寶六年重建。

(宋)潛說友:(咸淳)《臨安志》卷八五

法興院,在縣(指昌化縣)西四十里。天福三年建,吳越王名爲吳興院,治平二年改今額。

(宋)潛說友:(咸淳)《臨安志》卷八五

梵安院,在縣(指昌化縣)南二十五里。天福七年建。院後有巨石如笋,號石笋山。

(宋)潛說友:(咸淳)《臨安志》卷八五

澄寂院,在縣(指昌化縣)南二十八里,舊名石室。開寶三年建。後有磐陀石,其大如屋,容二十人,名不疑庵,庵後有虎威儀(岩)。治平二年改今額。

(宋)潛說友:(咸淳)《臨安志》卷八五

普向院,在縣(指昌化縣)南五十里,舊名回向。廣順六年吳越王建。院後有佛迹山,始獵者見神人雙迹於雪中,因名佛迹。治平二年改今額。

(宋)潛說友:(咸淳)《臨安志》卷八五

法會院,在縣(指昌化縣)南三十里,舊名龍華。乾化五年建。有水陸池,池中有會聖亭。治平二年賜今額。

(宋)潛説友:(咸淳)《臨安志》卷八五

百丈廣福院,在縣(指昌化縣)西二十里,舊名寶勝。開寶七年建,熙寧元年改壽聖院,紹興三十二年改今額。

(宋)潛説友:(咸淳)《臨安志》卷八五

明因院,在縣(指昌化縣)東二十里,舊名泥郎院。建隆元年建,治平二年改今額。

(宋)潛説友:(咸淳)《臨安志》卷八五

福全院,在縣(指昌化縣)東北五里。天福二年建,錢氏立院額。

(宋)潛説友:(咸淳)《臨安志》卷八五

清修院,在縣(指昌化縣)南四里,舊名招賢。天福二年建,治平二年改今額。

(宋)潛説友:(咸淳)《臨安志》卷八五

汝州有宋太師者,施第爲寶坊,號新寺,延師住持,法席雄冠。周太祖廣順元年,賜其寺額曰廣慧。師住二十二年,當餘百衆。

(元)覺岸:《釋氏稽古略》卷三

保寧廣福寺,在縣(指臨海縣)西北六十里,舊名永明。五代時,僧德韶建。國朝天禧元年,改保寧廣福。開禧元年,謝丞相深甫家乞爲香燈院,遂改今額。

(宋)陳耆卿:《赤城志》卷二七

延福院,在縣(指臨海縣)東四十五里。五代時建,舊傳一岩甚美,常現祥光,故名應瑞峰,且有堂曰瑞光。國朝大中祥符元年,賜今額。

（宋）陳耆卿:《赤城志》卷二七

净戒院,在縣（指臨海縣）西四十五里,舊名資聖庵。周顯德中建。國朝治平三年,賜今額。

（宋）陳耆卿:《赤城志》卷二七

慧門院,在縣（指臨海縣）西北二十五里,舊名靈龜。五代時建。國朝治平三年改今額。

（宋）陳耆卿:《赤城志》卷二七

净土院,在（指臨海縣）縣西三十二里,舊名丹山。五代時建。國朝治平三年,改今額。

（宋）陳耆卿:《赤城志》卷二七

東定慧院,在縣（指天台縣）東北一十五里,舊名傳教。乾德□年建。五代時,僧希寂演天台教於此。大中祥符□年,改今額。

（宋）陳耆卿:《赤城志》卷二八

大梵寺,在縣（指天台縣）西北七十里明岩。五代時,僧全宰栖焉。入門兩石夾峙,號石門。前對幽石,橫敞飛閣,岩竇嵌空,堂宇半居,其下大概如寒石山。國朝大中祥符元年,賜額。

（宋）陳耆卿:《赤城志》卷二八

金像寺,在縣（指仙居縣）西三十五里,舊名聖像。五代時韋氏子捨宅建,以其初斲地得石佛,故名。

（宋）陳耆卿:《赤城志》卷二九

妙果院,在縣(指臨海縣)西北三十里。唐乾寧五年建。舊傳羅漢嘗應迹焉,故號羅漢院。開平三年,賜名敬修。治平三年,改今額。

(宋)陳耆卿:《赤城志》卷二七

延慶院,在縣(指臨海縣)西八里,舊名龍山。梁天監初建。唐會昌中廢。開平中,改龍潭院。錢忠懿王改戲龍。國朝大中祥符中,改今額。

(宋)陳耆卿:《赤城志》卷二七

福善院,在縣(指天台縣)西北七十里寒石山,舊名崇福。梁開平元年建,蓋寒山子栖遁處。周顯德中,改聖壽,昭儀孫氏重新之。由明岩北五里而上,四山聳秀,水流亂山間,鏘如珮環。院宇周阿,並置岩下,窗扉軒户,開闔於烟雲紫翠中。故南山之標勝者,推寒明二岩。國朝大中祥符元年,改今額。

(宋)陳耆卿:《赤城志》卷二八

寧國院,在州(指台州)東二里,舊名六通,晉天福二年建。國朝大中祥符中,改今額。有銅鐘一,梁乾化中所鑄。

(宋)陳耆卿:《赤城志》卷二七

上妙院,在縣(指臨海縣)東南六十里,舊名護安。梁乾化二年建。國朝治平三年,改今額。

(宋)陳耆卿:《赤城志》卷二七

保真院,在縣(指臨海縣)東一百三十里。梁乾化中建。國朝治平三年,賜額。今廢。

(宋)陳耆卿:《赤城志》卷二七

太平興國寺,在縣(指天台縣)東北二十五里白雲峰側,舊名雲峰。梁乾化元年建。蓋智顗第六道場，後更名義建。前對香爐峰，又有宴坐石、石鼓、石床、看經□，皆顗經行處也。上有雷峰堂。國朝太平興國五年，改今額。

（宋）陳耆卿：《赤城志》卷二八

慧明院，在縣（指天台縣）東北六十里華頂峰上，舊名慧日，俗又呼東峰。梁乾化元年建。國朝治平三年，改今額。近廢。

（宋）陳耆卿：《赤城志》卷二八

精進院，在縣（指臨海縣）東一百二十里，舊名保安。梁貞明五年建。國朝治平三年，改今額。

（宋）陳耆卿：《赤城志》卷二七

廣福院，在縣（指臨海縣）東二十五里，舊名保福。唐天成三年建。國朝熙寧三年，改壽聖。紹興三十二年，改今額。

（宋）陳耆卿：《赤城志》卷二七

寶積院，在縣（指臨海縣）東南一百二十里。後唐時建。國朝建炎四年，賜今額。

（宋）陳耆卿：《赤城志》卷二七

多福院，在縣（指臨海縣）東北一百八里。唐長興四年，僧德韶建。國朝宣和中，毀於寇。乾道二年重建。

（宋）陳耆卿：《赤城志》卷二七

普勝院，在縣（指仙居縣）東北三十里。後唐長興二年建，國朝治平四年賜額。

（宋）陳耆卿：《赤城志》卷二九

梵興院,在縣(指黄巖縣)東南一百二十里,舊名法興。梁貞明元年建。國朝治平三年,改今額。

(宋)陳耆卿:《赤城志》卷二八

西安國院,在縣(指黄巖縣)西七十里。唐清泰三年建。國朝治平三年,賜額。

(宋)陳耆卿:《赤城志》卷二八

報恩院,在縣(指黄巖縣)北二十里。唐清泰三年建。國朝嘉祐六年,賜額。

(宋)陳耆卿:《赤城志》卷二八

净明院,在縣(指天台縣)東北二十里。按:舊經本名高明,唐□□七年建。今考所藏錢氏遺墨,乃清泰三年□者。幽溪道場,今殿前有石經幢,刻云天福□□捨入幽溪禪院,可驗也。國朝大中祥符元年,改今額。

(宋)陳耆卿:《赤城志》卷二八

普光院,在縣(指天台縣)西北四十里,舊名長壽。後唐清泰元年建。國朝大中祥符元年,改今額。

(宋)陳耆卿:《赤城志》卷二八

順感院,在州(指台州)東二百步,舊名報國。晉天福二年,郡人凌延熙捨宅建。國朝大中祥符元年,改今額。舊有觀閣,今廢。

(宋)陳耆卿:《赤城志》卷二七

惠日院,在州(指台州)東一里,舊名羅漢。晉天福五年建。國朝大中祥符三年,改今額。

(宋)陳耆卿:《赤城志》卷二七

報恩衍慶院,在縣(指臨海縣)東四十五里。舊名興福,俗又名龍華。晉天福六年建。國朝紹興六年,范丞相宗尹家乞爲香燈院,遂改今額。

(宋)陳耆卿:《赤城志》卷二七

具足院,在縣(指臨海縣)東北二十五里,舊名百文。晉天福六年建。國朝治平三年,改今額。

(宋)陳耆卿:《赤城志》卷二七

鴻祐院,在縣(指臨海縣)東一百六十里,舊名資福。晉天福八年建。國朝治平三年,改今額。

(宋)陳耆卿:《赤城志》卷二七

安聖院,在縣(指臨海縣)東一百七十里,舊名新安。晉天福四年建。國朝治平三年,改今額。

(宋)陳耆卿:《赤城志》卷二七

真如院,在縣(指臨海縣)東北二十五里,舊名石門。梁天監三年建。晉天福八年,改今額。

(宋)陳耆卿:《赤城志》卷二七

安住院,在縣(指臨海縣)東一百七十里。晉天福八年建,國朝治平三年賜額。

(宋)陳耆卿:《赤城志》卷二七

法安院,在縣(指臨海縣)東北五里。晉天福元年,僧雲暉建,俗號仙宫。一逕陰蕭爽,游者愛焉。寺外有二古經幢。國朝大中祥符元年,賜今額。舊有梅園。

(宋)陳耆卿:《赤城志》卷二七

净應院,在縣(指黃岩縣)東南六十里,舊名感應。晉天福八年建。國朝治平三年,改今額。

(宋)陳耆卿:《赤城志》卷二八

禪定院,在縣(指黃岩縣)南七十里,舊名神禄禪師塔院。晉天福七年建。國朝大中祥符三年,賜今額。

(宋)陳耆卿:《赤城志》卷二八

祇園院,在縣(指黃岩縣)南七十里,舊名瑞峰即神禄禪師道場。晉天福中建。吳越寶正六年,改今額。

(宋)陳耆卿:《赤城志》卷二八

法會院,在縣(指黃岩縣)東南七十五里,舊名龍華。吳越寶正三年建。國朝治平三年,改今額。

(宋)陳耆卿:《赤城志》卷二八

吉祥院,在縣(指黃岩縣)東南八十里,舊名應祥。晉天福八年建。國朝治平三年,改今額。

(宋)陳耆卿:《赤城志》卷二八

慶恩院,在縣(指黃岩縣)東南一百里,舊名修福。晉天福三年建。國朝治平三年,改今額。

(宋)陳耆卿:《赤城志》卷二八

悟空院,在縣(指黃岩縣)東南三百里海中東鎮山上。晉天福六年建。國朝治平三年,賜額。

(宋)陳耆卿:《赤城志》卷二八

流慶院,在縣(指黃岩縣)南五十里,舊名塔院。晉天福三年建。

國朝大中祥符元年,改今額。

(宋)陳耆卿:《赤城志》卷二八

延壽院,在縣(指黃巖縣)西南二十五里。晉天福五年建。國朝治平三年,賜額。

(宋)陳耆卿:《赤城志》卷二八

净安院,在縣(指黃巖縣)西四十里。唐咸通九年建。晉天福初,僧德倫重建。四年,賜額。

(宋)陳耆卿:《赤城志》卷二八

禪智院,在縣(指天台縣)北五十里,舊名文殊。晉天福□□□。國朝治平三年,改今額。

(宋)陳耆卿:《赤城志》卷二八

普慶院,在縣(指天台縣)東北三十里,舊名保興福慶。晉天福□年建。國朝□□□□,改今額。

(宋)陳耆卿:《赤城志》卷二八

秀巖院,在縣(指天台縣)西北三十五里,舊名西雲。晉天福八年建,蓋僧德韶第三道場。國朝大中祥符元年,改今額。

(宋)陳耆卿:《赤城志》卷二八

善興院,在縣(指天台縣)東北六十里,舊名華頂圓覺道場。晉天福元年僧德韶建。

(宋)陳耆卿:《赤城志》卷二八

廣度院,在縣(指仙居縣)北三十里紫籜山上。舊在西隅百步名瑞峰,唐天寶元年建,會昌中廢,晉天福中重建。國朝宣和中,改今額。

（宋）陳耆卿：《赤城志》卷二九

淨勝院，在縣（指仙居縣）西南五十里。舊名寶勝，俗傳唐時陳長者捨基建。晉天福中，賜額。國朝治平三年，改今額。

（宋）陳耆卿：《赤城志》卷二九

壽寧寺，在縣（指寧海縣）南一十里，舊名白水庵。晉義熙元年，僧曇猷建。時猷自海乘槎至，卓錫泉涌，故以爲名。晉天福五年，改名海晏。國朝淳化元年，改今額。

（宋）陳耆卿：《赤城志》卷二九

慈源院，在縣（指寧海縣）東南一百五十里，舊名龍泉。晉天福七年建。國朝治平三年，改今額。

（宋）陳耆卿：《赤城志》卷二九

大寧院，在縣（指寧海縣）北六十里，舊名新寧。晉天福中建。國朝治平三年，改今額。

（宋）陳耆卿：《赤城志》卷二九

保福院，在縣（指臨海縣）南一十五里。周廣順四年建，晉開運四年賜額。

（宋）陳耆卿：《赤城志》卷二七

褒忠顯績院，在縣（指臨海縣）西三十里，舊名景福。唐武德二年建。應順元年，改慈聖。國朝紹興九年，呂丞相頤浩家乞爲香燈院，遂改今額。

（宋）陳耆卿：《赤城志》卷二七

净樂院,在縣(指臨海縣)東一十五里,舊名奧真。晉開運三年,李敬之捨宅建。國朝治平三年,改今額。

(宋)陳耆卿:《赤城志》卷二七

普明院,在縣(指臨海縣)西北四十里,舊名護明。晉開運二年建。國朝治平三年,改今額。

(宋)陳耆卿:《赤城志》卷二七

澄靈院,在縣(指臨海縣)東南六十里,舊名甘泉。唐開運中建。國朝大中祥符元年,改今額。

(宋)陳耆卿:《赤城志》卷二七

法雲院,在縣(指臨海縣)東一百三十里,舊名仙岩。晉開運四年建。國朝大中祥符元年,改今額。

(宋)陳耆卿:《赤城志》卷二七

□□院,在縣(指天台縣)西北三十五里。漢乾祐元年建,盖德韶第四道場。國朝大中祥符元年,賜額。

(宋)陳耆卿:《赤城志》卷二八

崇福院,在縣(指臨海縣)東二十五里。舊名菩提,乃古侃村道場。唐咸通七年建。乾祐二年,改寶慶。國朝大中祥符元年,改今額。

(宋)陳耆卿:《赤城志》卷二七

廣教院,在縣(指黃岩縣)南三十五里,舊名石佛。漢乾祐二年建。國朝大中祥符元年,改今額。

(宋)陳耆卿:《赤城志》卷二八

文封寺,在縣(指天台縣)北五十里。陳太建七年,僧智顗建。

初,顗入山,見一老父告云:"師卜庵遇盤石,可止。"其後果如所告,遂結廬焉,因自號靈墟。蓋第五思修地,其注《涅槃經》處,號智者嶺。中有卓錫泉,北望一峰摩雲,即華頂也。隨開皇五年,賜號靈墟道場。漢乾祐中,改智者院。國朝大中祥符元年,改壽昌寺。治平三年,改今額。

(宋)陳耆卿:《赤城志》卷二八

福應寺,在縣(指天台縣)西南七十里,舊名普聞。漢乾祐三年建,蓋僧德韶第六道場。國朝大中祥符元年,改今額。

(宋)陳耆卿:《赤城志》卷二八

仁壽院,在縣(指天台縣)東北三十里,舊名九明。漢乾祐二年建,蓋僧智顗宴坐九折道場。國朝治平三年,改今額。

(宋)陳耆卿:《赤城志》卷二八

寶興院,在縣(指天台縣)西南五十七里,舊名寶壽。漢乾祐三年建。國朝治平三年,改今額。

(宋)陳耆卿:《赤城志》卷二八

東安隱院,在縣(指天台縣)東七十里,舊名隱嶼。漢乾祐三年建。國朝治平三年,改今額。

(宋)陳耆卿:《赤城志》卷二八

金文藏院,在縣(指天台縣)西北六十里。蓋萬年支院,漢乾祐三年建。國朝咸平二年,賜額。有金書《大藏經》五千二百卷,實大宗所賜,護飾甚偉。建中靖國中,毀於火。

(宋)陳耆卿:《赤城志》卷二八

宣妙院,在縣(指仙居縣)西北三十里。劉漢乾祐元年建,紹興五年重建。

（宋）陳耆卿：《赤城志》卷二九

兜率寺,在州（指台州）東南二里。周廣順三年,吳越王建。舊有勝光和尚居之,名勝光安國。國朝大中祥符元年,改今額。上有觀音殿,即舊景德寺水月像也。

（宋）陳耆卿：《赤城志》卷二七

昌國院,在縣（指臨海縣）南二十五里,舊名佛窟。周廣順二年建。國朝大中祥符元年,改今額。

（宋）陳耆卿：《赤城志》卷二七

安禪院,在縣（指臨海縣）西五十五里,舊名禪師庵。周廣順中建。國朝治平三年,賜今額。

（宋）陳耆卿：《赤城志》卷二七

崇法院,在州東（指台州）二里,舊名紫凝。周顯德元年建。國朝天禧元年,改今額。今廢。

（宋）陳耆卿：《赤城志》卷二七

妙勝院,在州（指台州）西一百步。一名石佛,舊傳闢基時,得石佛三軀,塑之殿,故名。按題梁紹興十五年重建鍾,乃顯德二年,錢王女所鑄。

（宋）陳耆卿：《赤城志》卷二七

净戒院,在縣（指臨海縣）西四十五里,舊名資聖庵。周顯德中建。國朝治平三年,賜今額。

（宋）陳耆卿：《赤城志》卷二七

資聖院,在縣(指臨海縣)西七里,舊名興國。周顯德三年建。國朝大中祥符元年,改今額。

(宋)陳耆卿:《赤城志》卷二七

慈雲院,在縣(指臨海縣)東北二十五里,舊名興壽。周顯德三年建。國朝淳化中,改名雲溪。治平三年,改今額。

(宋)陳耆卿:《赤城志》卷二七

定明院,在縣(指臨海縣)東五十里。周顯德三年建,國朝治平三年賜額。

(宋)陳耆卿:《赤城志》卷二七

大仁院,在縣(指黃岩縣)東一十里。舊在山之下,名智仁,周顯德中建。國朝景德元年,改今額。乾道初,徙今地,有兩池極清泚,蕁萊生焉。

(宋)陳耆卿:《赤城志》卷二八

明聖院,在縣(指天台縣)南一十里,舊名保壽觀音。周廣順元年建。國朝治平三年,改今額。

(宋)陳耆卿:《赤城志》卷二八

護國寺,在縣(指天台縣)西北二十里,舊名般若。周顯德四年建。蓋僧德韶第九道場。國朝大中祥符元年,改今額。後錢太師忱家乞爲香燈院,加廣恩。

(宋)陳耆卿:《赤城志》卷二八

寶相院,在縣(指天台縣)西北二十五里。舊有保國華嚴,吳越時,僧德韶建。國朝大中祥符元年,改今額。

(宋)陳耆卿:《赤城志》卷二八

天宮院,在縣(指天台縣)西二十里,舊名㫋檀瑞像。吳越時,僧德韶建,號第十一道場。國朝祥符元年,改今額。

(宋)陳耆卿:《赤城志》卷二八

净明院,在縣(指天台縣)西北五十五里,舊名通圓定慧。周顯德四年建,蓋僧德韶第一道場。國朝大中祥符元年,改今額。

(宋)陳耆卿:《赤城志》卷二八

大明院,在縣(指天台縣)東北九十里。舊在墺西,名菩提大同。周顯德五年建,後徙今地。國朝治平三年,改今額。

(宋)陳耆卿:《赤城志》卷二八

鎮國院,在縣(指天台縣)西南四十里,舊名開岩。梁普通三年建,蓋因天花尊者擘岩得雪,故名。周顯德六年重建,改泗洲禪院。國朝大中祥符元年,改今額。

(宋)陳耆卿:《赤城志》卷二八

永寧院,在縣(指天台縣)東北一十五里,舊名普寧。周顯德四年,吳越王建。國朝治平三年,改今額。

(宋)陳耆卿:《赤城志》卷二八

景福院,在縣(指天台縣)西二十五里。周顯德七年建,俗呼茶院;蓋僧德韶施茗處。國朝開寶三年,賜號崇福。大中祥符元年,改今額。

(宋)陳耆卿:《赤城志》卷二八

實相院,在縣(指天台縣)西南七十里,舊名彌陁塔院。周顯德中建,蓋僧德韶第七道場。國朝大中祥符元年,賜今額。

(宋)陳耆卿:《赤城志》卷二八

放光塔山,一名彩似山,在縣(指仙居縣)北二里,峰巒綺錯,秀迤可愛,上有浮圖,蓋周顯德六年,僧德韶所創,與福應山興道院塔列爲三,二溪馱其下,陰陽家曰"浮牌形"云。

(宋)陳耆卿:《赤城志》卷二二

崇相院,在縣(指臨海縣)東南一百二十里,舊名育王塔院。吳越時僧師拱建。國朝治平三年賜今額。

(宋)陳耆卿:《赤城志》卷二七

鴻禧寺,在子城西北。《統記》云:一百二十步。梁大同二年,侍中蕭翼捨宅建,舊名寶勝寺。唐會昌中廢,咸通十二年,僧法珍請爲崇福寺。龍紀元年,改寶勝寺。晉天福二年,錢氏改廣慧崇益寺。本朝大中祥符二年,改今名。

(宋)談鑰:《嘉泰吳興志》卷一三

報恩光孝禪寺,在子城北。陳永定三年,章皇后捨宅建,名龍興寺。神龍二年,改孝義寺。中宗時,復舊名。會昌五年廢,次年再置。長興二年,錢氏改爲大寧寺。本尼居地也,其地曰章后坊。本朝崇寧二年,改爲崇寧萬壽寺。紹興七年,以崇奉徽宗香火,賜報恩廣孝。十二年,改今名。

(宋)談鑰:《嘉泰吳興志》卷一三

景德禪院,俗稱小景德院,在子城南。《舊經》云:在歸安縣南苕溪坊。錢氏時楊順捨宅建,得額爲雪水傳經院。《續圖經》云:建時當乾化四年,得額當貞明三年。本朝大中祥符元年,改今額。《舊圖經》云:乾德四年後,有彌勒教院。

(宋)談鑰:《嘉泰吳興志》卷一三

能仁院,在駱駝橋東。錢氏時刺史錢照晏建,舊名法照。本朝乾道(德)元年後。大中祥符元年,改承天院。政和七年,改今額。

(宋)談鑰:《嘉泰吴興志》卷一三

報本禪院,在飛英寺西。錢氏時,州人蔡延禮建,舊名净土吉祥院。本朝開寶七年後。大中祥符二年,改今額。

(宋)談鑰:《嘉泰吴興志》卷一三

景德教院,在定安門内。《統記》云:在縣南三里,梁貞明中,吴越武肅王第三子湖州刺史錢傳璟建,名保安。後又重修,宣德軍節度使錢信撰記,當本朝開寶八年。太平興國三年,敕立戒壇。景德二年,改今名,賜金書額。嘉祐中,灾。治平三年,僧懷秀重建。紹興八年,寺僧請爲教寺。今兩廊爲睦宗院。《舊圖經》云:在龍華里,唐天祐十七年建。天祐十九年,給額爲保安寺。

(宋)談鑰:《嘉泰吴興志》卷一三

空相教院,在州城西北隅,舊名彌陀懺院。不詳元置事因。治平二年,改今額。大觀二年,有僧請爲十方教院,歲有期懺會。

(宋)談鑰:《嘉泰吴興志》卷一三

惠日教院,在子城西北。錢氏時楊庭禮捨宅建。初號報國看經院,後改今名。

(宋)談鑰:《嘉泰吴興志》卷一三

證通教院,在子城東南、花樓橋南。錢氏時朱可賓捨宅建,當石晉開運元年,舊名保安院。《舊圖經》云:東保安院。治平二年,改今額。紹興四年,爲教院。

(宋)談鑰:《嘉泰吴興志》卷一三

告成教院,在月河。錢氏時,銀青光禄大夫錢德安建,舊名正真院，當周顯德六年。本朝大中祥符二年，改今額。紹興十二年，爲教院。

（宋）談鑰：《嘉泰吳興志》卷一三

普寧院，在子城西。唐光啓元年，刺史李師悦建，號護國保安院。錢氏改普提保安院，後改今額。居尼。

（宋）談鑰：《嘉泰吳興志》卷一三

喜宥院，在縣（烏程縣）東四十里舊館。唐光啓中建，見《續圖經》。《舊編》云：蕭梁時建，號聖嘉院，錢氏改今名。

（宋）談鑰：《嘉泰吳興志》卷一三

圓明院，在縣（烏程縣）東北四十五里上林。錢氏同光中建，名看經院，後改廣濟院。

（宋）談鑰：《嘉泰吳興志》卷一三

布金院，在縣（烏程縣）東北七十里湖上喬溇。廣順十年，錢氏建，名觀音院。

（宋）談鑰：《嘉泰吳興志》卷一三

法忍院，在縣（烏程縣）東北四十五里軋村。錢氏建，號善慶院。

（宋）談鑰：《嘉泰吳興志》卷一三

護聖萬壽禪院，在縣（烏程縣）南十二里道場山。唐中和間，有如訥禪師出巡禮，師曰：“好去，逢道即止。”訥經此山，問何名？父老曰：“古傳號道場。”因欲留止。父老曰：“此山多虎。”訥策杖直上，坐盤石，虎伏其側，經三宿無所傷，因結庵，使居之。今號其處曰伏虎岩。後起廊廡佛殿，塑千羅漢於中。吳越王與額，爲吳興正真禪院，續改爲寺。郡守錢信、王洞皆有游道場山詩。本朝改妙覺寺。元豐三年，知州事陳侗奏改賜今額。寺旁有笑月亭、愛月亭。

（宋）談鑰：《嘉泰吳興志》卷一三

觀音禪院，惠覺寺子院也。蕭梁時，尼總持道場。唐大曆中，法華寺僧大光和尚於其地建觀音懺院。錢氏時，改今額。

（宋）談鑰：《嘉泰吳興志》卷一三

上明院，在縣（烏程縣）西南五十四里官澤。宋元嘉中，青州刺史錢響、冀州刺史錢産捨宅建寺。錢氏號爲上［紫］院。周顯德中，避諱，改今額。

（宋）談鑰：《嘉泰吳興志》卷一三

寶林院，在縣（烏程縣）東六十八里湖上新浦。廣順二年，錢氏建，號永寧院。

金文院，在縣（烏程縣）東北十三里外莊村。乾德五年，錢氏建，名看經院。

（宋）談鑰：《嘉泰吳興志》卷一三

慈雲院，在縣（烏程縣）西四十九里姜村。錢氏建，名龍安。有龍湫。

（宋）談鑰：《嘉泰吳興志》卷一三

法印院，在縣（烏程縣）西南四十九里章宅。乾德五年建，名崇德院。

（宋）談鑰：《嘉泰吳興志》卷一三

興善院，在縣（烏程縣）東北二十七里湖上義高村。錢氏建，號善慶院。

（宋）談鑰：《嘉泰吳興志》卷一三

慈恩院,在縣(烏程縣)東南六十里馬要村。錢氏時建,號興國院。

(宋)談鑰:《嘉泰吳興志》卷一三

多寶院,在縣(烏程縣)北二十里卞山,元號西峰塔院。乾化二年,錢氏建,號西巒院。

(宋)談鑰:《嘉泰吳興志》卷一三

昭感院,在縣(烏程縣)北十八里湖上。吳越錢氏文穆王領兵拒南唐至此,有異夢,遂建院,名瑞現。

(宋)談鑰:《嘉泰吳興志》卷一三

黃岩禪寺,在縣(歸安縣)西南至孝鄉唐村。唐中和三年建,錢氏時號長慶院。

(宋)談鑰:《嘉泰吳興志》卷一三

開化院,在縣(歸安縣)東南孝仁鄉侯村。晉永嘉元年,孫德宗捨宅建。唐會昌五年廢。錢氏重建,號菩提寺,當周廣順三年。本朝治平二年,改今額。

(宋)談鑰:《嘉泰吳興志》卷一三

鳳山院,在縣(歸安縣)西南廣德鄉。宋元嘉四年,遂昌縣令潘琮捨宅建。錢氏改今額,當本朝建隆元年。

(宋)談鑰:《嘉泰吳興志》卷一三

禪智院,在縣(歸安縣)東南三十里竹墩。唐咸通十五年,沈思立建,號大乘禪院。錢氏時,沈思蘊重修,當後唐同光四年。又改名廣福羅漢院,當周顯德六年也。本朝治平二年,改今額。

(宋)談鑰:《嘉泰吳興志》卷一三

尊勝院,在縣(歸安縣)西南九十里至孝鄉銅盤村,不詳初置歲月。錢氏重建,號寶善院,當周顯德五年。本朝治平二年,改今名。

(宋)談鑰:《嘉泰吳興志》卷一三

妙嚴院,在縣(歸安縣)西南九十里至孝鄉莫村。錢氏建,當晉天福八年。

(宋)談鑰:《嘉泰吳興志》卷一三

無相院,在縣(歸安縣)西南一百里至孝鄉莫干山。錢氏時,建號莫干院。本朝治平二年,改今額。

(宋)談鑰:《嘉泰吳興志》卷一三

演教院,在縣(歸安縣)東南三十里荻岡。錢氏建,號興福院,當周顯德二年。本朝建隆元年重建。治平二年,改今額。

(宋)談鑰:《嘉泰吳興志》卷一三

上乘院,在縣(歸安縣)東四十里增鄉靈山村,未詳初置年代。錢氏重建,號清靈院,當晉天福七年。治平二年,改今額。

(宋)談鑰:《嘉泰吳興志》卷一三

悟空院,在縣(歸安縣)東南二十里松亭鄉湖趺村,不詳初置年代。錢氏重建,號正福院,當唐乾祐二年。本朝治平二年,改今額。

(宋)談鑰:《嘉泰吳興志》卷一三

净業院,在縣(歸安縣)東南二十里松亭鄉沈灣,本名沈灣禪院,不詳初建年代。錢氏時重建,號普光院,當周顯德二年也。本朝治平二年,改今額。

(宋)談鑰:《嘉泰吳興志》卷一三

興慶院,在縣(歸安縣)東南九十里屠村,錢氏建。

(宋)談鑰:《嘉泰吳興志》卷一三

崇勝院,在歸安縣西南孝仁鄉施渚鎮。晉永嘉元年,孫德宗捨宅建。會昌五年廢。錢氏重建,號幽岩院,當周廣順三年。本朝治平二年,改今額。

(宋)談鑰:《嘉泰吳興志》卷一三

空王寺,在縣(長興縣)西北天居村。錢氏時建,名天居寺。本朝治平二年,改今額。

(宋)談鑰:《嘉泰吳興志》卷一三

普安寺,在縣(長興縣)西十六里。陳永定二年,蔡州刺史柏顯度所建,名陳興。唐天寶四年,改爲唐興,錢氏又改名長興。本朝治平二年,改今額。

(宋)談鑰:《嘉泰吳興志》卷一三

制勝院,在縣(長興縣)西九里罨畫溪,舊號清異寺。梁大同元年,江州刺史錢道居捨宅爲寺。唐會昌中廢,錢氏重建。天聖、景祐間增修,院後有溪光亭。

(宋)談鑰:《嘉泰吳興志》卷一三

清凉禪院,在縣(長興縣)東南和平鎮。錢氏建,號化城庵。本朝治平二年,改今額。

(宋)談鑰:《嘉泰吳興志》卷一三

普濟院,在縣(長興縣)南湖南山。錢氏建,號保壽寺。本朝治平二年,改今額。

(宋)談鑰:《嘉泰吳興志》卷一三

寶隱院,在縣(長興縣)西南魚陂。唐天寶中建。所謂魚陂道場也。錢氏改名空隱。本朝治平二年,改今額,及賜二銅鐘,院有明心亭。

(宋)談鑰:《嘉泰吳興志》卷一三

饒益院,在縣(長興縣)西北應山。錢氏建,名應山寺。本朝治平二年,改今額。

(宋)談鑰:《嘉泰吳興志》卷一三

定香院,在縣(長興縣)東北彭城沿湖,舊號國安。錢氏改名護國。本朝治平二年,改今額。

(宋)談鑰:《嘉泰吳興志》卷一三

梵業院,在縣(長興縣)東北高塘沿湖。錢氏建,號護明。本朝治平二年,改今額。

(宋)談鑰:《嘉泰吳興志》卷一三

定慧院,在縣(長興縣)北無胥村沿湖。錢氏建,號報國。本朝治平二年,改今額。

(宋)談鑰:《嘉泰吳興志》卷一三

三學院,在縣(長興縣)西南午山。錢氏建,號看經院。本朝治平二年,改今額。

(宋)談鑰:《嘉泰吳興志》卷一三

正覺院,在縣(長興縣)西南九龍山。錢氏建,號九龍。本朝治平二年,改今額。

(宋)談鑰:《嘉泰吳興志》卷一三

禪静寺,在縣(武康縣)西北七里招寶賢山。唐顯德中建,名招賢。本朝治平二年,改今額。

(宋)談鑰:《嘉泰吳興志》卷一三

仁王院,在縣(武康縣)東二十五里秀峰山。本朝建隆元年,錢氏建,名羅漢。治平二年,改今額。

(宋)談鑰:《嘉泰吳興志》卷一三

大安院,在大賽山。本朝開寶六年,錢氏建。

(宋)談鑰:《嘉泰吳興志》卷一三

禪居院,在縣(武康縣)東南三十一里金井山。本朝乾德三年,錢氏建。治平二年,改今額。

(宋)談鑰:《嘉泰吳興志》卷一三

福慶院,在縣(武康縣)南十八里上陌步。本朝乾德四年,錢氏建,名鎮安。大中祥符元年,改今額。院有翠屏軒、秀巘亭、毛東堂,有詩刻石。

(宋)談鑰:《嘉泰吳興志》卷一三

定光院,在縣(武康縣)響應山下。本朝建隆三年,錢氏建,名寶安。治平二年,改今額。

(宋)談鑰:《嘉泰吳興志》卷一三

永光院,在縣(武康縣)西北三十五里天泉山。建隆二年,錢氏建。

(宋)談鑰:《嘉泰吳興志》卷一三

護戒禪院,在縣(武康縣)東二十五里龍山下。本朝太平興國中,錢氏建,號福慶。治平二年,改今額。

(宋)談鑰:《嘉泰吳興志》卷一三

唐壽寺,在縣(德清縣)北二十七里戈亭。吳越時建,號孝德寺。本朝治平二年,改今額。

(宋)談鑰:《嘉泰吳興志》卷一三

華藏寺,在吳羌山前。乾道四年,移武康廢額來此。武康華藏舊寺,吳越王錢俶所建,號興慧。治平二年,改今額。今寺中有錢王護戒牒尚存。

(宋)談鑰:《嘉泰吳興志》卷一三

保慶院,在縣(德清縣)西五里積谷山之陰。唐朝乾元中,邑人余邦開山,賜號積谷禪院。吳越時,改大寧保慶禪院。今爲民居,東有望蠡亭,正與蠡山相對。

(宋)談鑰:《嘉泰吳興志》卷一三

明因院,在縣(德清縣)東四十五里新市鎮。吳越時,顯德三年餘杭令章靖捨宅創建,號羅漢院。記文龍(左)街首座贊。熙寧元年,改今額。

(宋)談鑰:《嘉泰吳興志》卷一三

瑞蓮院,在縣(德清縣)東北四十五里櫟林村。周廣順二年,邑人吳篆請於吳越國鄧王,就古院基建,號護國瑞蓮院。

(宋)談鑰:《嘉泰吳興志》卷一三

大明寺,在縣(安吉縣)南十五里霧山。錢氏即古寺基建,名祇洹寺。本朝治平二年,改今額。寺有錢氏元給奏憑,稱持(特)降宣命,甲子年十一月某狀奏。

(宋)談鑰:《嘉泰吳興志》卷一三

化度寺,在縣(安吉縣)西南二十五里上市。錢氏建,號永樂寺。本朝治平二年,改今額。

（宋）談鑰:《嘉泰吳興志》卷一三

廣福寺,在縣(安吉縣)東南二十里。錢氏建,名修道寺。本朝治平二年,改壽聖寺。紹興三十二年,改今額。

（宋）談鑰:《嘉泰吳興志》卷一三

常樂禪院,在縣(安吉縣)西北半里。錢氏時,將軍吳頊捨宅爲寺,號羅漢院。本朝治平二年,改今額。有慶曆二年建康俞璋所撰《羅漢院重修法堂記》。

（宋）談鑰:《嘉泰吳興志》卷一三

百福院,在縣(安吉縣)西南三十里靈峰山。梁開平元年建,號靈峰院。本朝治平二年,改今額。有熙寧元年知懷州孔叔瞻撰《重修大殿記》。

（宋）談鑰:《嘉泰吳興志》卷一三

净行院,在縣(安吉縣)西南六十五里董嶺村。晉開運元年,錢氏建,號寶德禪院。本朝治平二年,改今額。

（宋）談鑰:《嘉泰吳興志》卷一三

妙香院,在縣(安吉縣)西南四十五里結竹村。本朝乾德六年,錢氏建。建炎初,兵火德清城山,請廢額,去凡三十年,再得舊額,今方葺治。

（宋）談鑰:《嘉泰吳興志》卷一三

澤心院,在縣(安吉縣)西北二十五里磴頭。本朝建隆元年,錢氏即古寺基建,名龍安院。治平二年,改今額。

（宋）談鑰:《嘉泰吳興志》卷一三

等慈院,在安吉縣東三里四龍湖山。吳越錢氏建,號永安禪院。

（宋）談鑰:《嘉泰吳興志》卷一三

靈芝塔院,在等慈院西,錢氏建。

（宋）談鑰:《嘉泰吳興志》卷一三

戒香院,在縣(安吉縣)西南六十里按坑。本朝乾德二年,錢氏建,號龍香禪院。治平二年,改今額。

（宋）談鑰:《嘉泰吳興志》卷一三

普滿院,在縣(安吉縣)北二十五里白茆。晉開運二年,錢氏建,號寶積院。

（宋）談鑰:《嘉泰吳興志》卷一三

普潤院,在縣(安吉縣)西南八十里荻浦。晉天福六年,錢氏建,名長慶院。本朝治平二年,改今額。

（宋）談鑰:《嘉泰吳興志》卷一三

華嚴院,在縣(安吉縣)東南二十里銅峴山。周廣順三年,錢氏建,名寶相院。本朝治平二年,改今額。

（宋）談鑰:《嘉泰吳興志》卷一三

華嚴院(寶勝院),在縣(安吉縣)東南四十五里塔塢。乾德三年,錢氏建,名資福院。治平二年,改今額。

（宋）談鑰:《嘉泰吳興志》卷一三

普慈院,在縣(安吉縣)西南五十里古浮山。晉天福四年,錢氏建,名安樂院。本朝治平二年,改今額。葛勝仲詩云:"路出古浮山,木杪飛華屋。"即此處也。

（宋）談鑰：《嘉泰吳興志》卷一三

德山禪院，在縣（安吉縣）西南三十五里。唐龍紀二年建，天祐四年，吳越王改爲五峰興國院。本朝大中祥符元年，又改今額。

（宋）談鑰：《嘉泰吳興志》卷一三

淨慧院，在縣（安吉縣）西南八十里杭干。晉開運二年，錢氏建，名禪定院。本朝治平二年，改今額。

（宋）談鑰：《嘉泰吳興志》卷一三

廣慈院，在縣（安吉縣）東南三十五里。本朝建隆元年，錢氏建，名永慶禪院。治平二年，改今額。寺有天聖五年通判杭州陳詁所撰《永慶院彌陀殿記》。

（宋）談鑰：《嘉泰吳興志》卷一三

禪源院，在縣（安吉縣）西九十里銅坑。本朝乾德二年，錢氏建，名龍居院。治平二年，改今額。

（宋）談鑰：《嘉泰吳興志》卷一三

寶梵院，在縣（安吉縣）西半里。晉天福五年，錢氏建，名保安院。本朝治平二年，改今額。寺有山塔在谿外。

（宋）談鑰：《嘉泰吳興志》卷一三

王氏入閩，更加營繕，又增爲寺二百六十七，費耗過之。自屬吳越，首尾纔三十二年，建寺亦二百二十一。

（宋）梁克家：《淳熙三山志》卷三三

候官南澗寺，州西南。梁大通六年，居士蘇清以宅爲之。唐乾寧

二年,閩王創天王殿。三年,號南澗護國天王,合庵十二爲寺,以居澗
旁故名。

(宋)梁克家:《淳熙三山志》卷三三

候官石塔寺,州西南。貞元十五年,德宗誕節,觀察使柳冕以石
造塔,賜名貞元無垢净光,舊記亦以净光名寺。今石塔十層,晉天福
六年,乃僞閩永隆三年,王延羲重建。

(宋)梁克家:《淳熙三山志》卷三三

候官南報恩院,南澗寺南。大中十一年,觀察使楊發以隙游亭
地,命僧鑒空創寺及塔七層。咸通九年,敕號神光之塔,院曰報恩塔
院。唐周朴有詩:"風雲會處千尋直,日月中時八面明。"閩之浮屠始於蕭梁,
高者三百尺,至有倍之者,鉎峻相望。乾符五年,巢寇焚殄無遺。開
平中,閩王審知復其二,大中、定慧及是也。

(宋)梁克家:《淳熙三山志》卷三三

懷安莊嚴寺,子城之東。中和三年置。后王氏據閩,於三寺創
閣,莊嚴之閣獨雄麗,遂以名其寺。

(宋)梁克家:《淳熙三山志》卷三三

閩縣九仙文殊院,州東南。景福二年,王潮建。

(宋)梁克家:《淳熙三山志》卷三三

閩縣萬歲寺,九仙山西南。天祐元年,瑯琊王審知所造。明年賜
名。梁開平中,表請其寺,祝天子壽,蓋取其名也。

(宋)梁克家:《淳熙三山志》卷三三

候官道清天王院,州西南,梁乾化二年置。

(宋)梁克家:《淳熙三山志》卷三三

候官千福院,州西南,乾化三年置。

(宋)梁克家:《淳熙三山志》卷三三

候官五百羅漢寺,烏石山之麓,本雪峰廨院。貞明五年,閩王審知夢梵僧數百,奕奕有光,光所至處,有雙檜並池而秀,一僧擎跽而前曰:"王能飯吾於此乎?"及旦,圖而訪之,得今寺之百步,池檜皆如夢中,乃爲堂環之,命池曰浴聖,檜曰息聖,改今名。有放生池。

(宋)梁克家:《淳熙三山志》卷三三

閩縣净業尼院,州東秀實坊,貞明六年置。

(宋)梁克家:《淳熙三山志》卷三三

懷安太平寺,州東,本開元寺地。後唐同光元年,閩忠懿王析建。寺碑云:寺據靈山、巨山之麓。忠懿於城西南張爐冶十三所,備銅鑞三萬斤,鑄釋迦彌勒像,莊宗題爲金身報恩之寺。又,泥金銀萬餘兩,作金銀字四藏經,各五千四十八卷。旃檀爲軸,玉飾諸末,寶縣朱架,内龍腦其中,以滅蠹蟫。唐翁承贊碑而銘之,又造木塔七層。

(宋)梁克家:《淳熙三山志》卷三三

候官育王塔院,興文坊北,閩王時有之。

(宋)梁克家:《淳熙三山志》卷三三

懷安薦福光嚴藏院,州北乾元寺之左。同光三年置,本偽閩閩興長公主與其夫余廷芳所建。舊有門出乾元寺之東廡,相傳以爲乾元藏院,實别席也。

(宋)梁克家:《淳熙三山志》卷三三

閩縣南法雲院,州東南。清泰元年置,龍啓二年也。初號地藏通文寺。大中祥符三年,賜今額。

(宋)梁克家:《淳熙三山志》卷三三

候官萬壽院,州南。晉天福元年置,閩通文元年也,王繼鵬以太平宮爲之。

(宋)梁克家:《淳熙三山志》卷三三

候官仁王寺,州西南,天福三年閩連重遇所造。

(宋)梁克家:《淳熙三山志》卷三三

懷安天宮院,州北,天福四年置。

(宋)梁克家:《淳熙三山志》卷三三

懷安慶成寺,州東。本王延羲之第,既即僞位,天福七年,乃施爲永隆金身羅漢禪寺。皇朝祥符三年三月,東封西祀畢,賜今額。

(宋)梁克家:《淳熙三山志》卷三三

候官延祥院,州西南,烏石山之陰。天福五年置。本閩之郵館,王延羲以爲永隆院,名以其年號也。皇朝祥符四年,賜今額。

(宋)梁克家:《淳熙三山志》卷三三

閩縣法海寺,州東南,舊名羅山。本司空孟公之第。初寺在泉南,僞閩徙之於城西欽德里。開運二年,李仁達時,唐兵壓境,遂遷居於此,爲興福院。

(宋)梁克家:《淳熙三山志》卷三三

懷安法性院,州東,忠懿王廟之左。開運三年置。初閩王作東、西二宅,爲諸子居,此其東宅也。其子廷鈞僭僞,建爲宮。其後南唐兵攻城,弟仁達指天自誓,兵退願以宮爲院。初院在南臺,至是遂遷其額於此,仍號千佛南禪院。

(宋)梁克家:《淳熙三山志》卷三三

懷安北法雲院,周顯德四年置,唐楞伽寺也。號白龍,有藏曰萬善。淮兵夷蕩,僧道堅卜居之,易名萬善。皇朝祥符八年,賜今額。

(宋)梁克家:《淳熙三山志》卷三三

閩縣圓明院,九仙山之南。顯德五年,僞臣李廷諤所造,名觀音。皇朝天禧三年,改圓通禪寺。天聖二年,避彭城郡王名,改通爲明。

(宋)梁克家:《淳熙三山志》卷三三

懷安越山吉祥禪院,乾元寺之東北,無諸舊城處也。晉太康三年,既遷新城,其地遂虛。隋唐間以越王故,禁樵采。錢氏十八年,其臣鮑修讓爲郡守,遂誅穢夷,爞爲佛廟,乾德二年也。

(宋)梁克家:《淳熙三山志》卷三三

懷安保壽院,州北,乾德五年置。

(宋)梁克家:《淳熙三山志》卷三三

候官祖堂院,州西南,開寶四年置。

(宋)梁克家:《淳熙三山志》卷三三

閩縣安福院,州東南丁戊山,唐咸通十三年置。山居闤闠,磅礴隱隆,占形勢之中。梁乾化二年,忠懿王始建木塔七層於其上,號新塔。

(宋)梁克家:《淳熙三山志》卷三三

東禪院,易俗里。(乾化)五年,州人鄭昭勇捐宅爲之,在白馬山上,舊名净土。唐武宗廢爲白馬廟。咸通十年郡人迎僧惠筱居之,及

夜禪定,有戎服若拜而辭者,是夕或見白駟東之。觀察使李景溫因撤
祠爲寺,號東禪净土。錢氏號東禪應聖。

(宋)梁克家:《淳熙三山志》卷三三

　　鼓山涌泉院,鼓山里。建中四年,龍見於山之靈源洞。從事裴胄
曰:"神物所蟠,宜寺以鎮之。"後有僧靈嶠誅茅爲臺,誦《華嚴經》,龍
不爲害,因號曰華嚴臺,亦以名其寺。梁開平二年,閩王審知復命僧
神晏居焉,號國師館,徒千百,傾國貲給之。乾化五年,改爲鼓山白雲
峰涌泉院。

(宋)梁克家:《淳熙三山志》卷三三

　　白鹿寺,積善里。舊記:白鹿山入十五里,號榕溪,永嘉僧道洪自
温陵來,父老相與邀,移今居。誅茅之日,白鹿適至,遂以名其寺,蓋
元和四年也。咸通中,懿宗賜今額。後閩忠懿王賜朱記一,寺前有白
鹿亭。

(宋)梁克家:《淳熙三山志》卷三三

　　興福文殊院,高詳里。大中元年,僧洪集始卜此地,創爲堂,閩王
審知立額。

(宋)梁克家:《淳熙三山志》卷三三

　　東報國院,易俗里。天祐元年,閩忠懿王爲唐昭宗建,名報國
資聖。

(宋)梁克家:《淳熙三山志》卷三三

　　東林院,光俗里,梁開平二年置。

(宋)梁克家:《淳熙三山志》卷三三

　　聖迹院,加崇里,貞明二年置。昔南江有光,竟夕視之,得一浮

木,已而夢一胡僧云:"吾康僧,行化吳越,今將福汝,閩宜以是木立吾像。"既寤,衆異之,乃嚴精宇,飾晬容,榜以是名。

(宋)梁克家:《淳熙三山志》卷三三

栖隱尼院,光德里,唐同光四年置。

(宋)梁克家:《淳熙三山志》卷三三

永和院,瑞聖里,天成元年置。

(宋)梁克家:《淳熙三山志》卷三三

資福院,西集里,應順元年置,僞閩龍啓二年也。

(宋)梁克家:《淳熙三山志》卷三三

保福院,瑞聖里,清泰二年置。

(宋)梁克家:《淳熙三山志》卷三三

報慈院,同里(瑞聖),晉天福元年置。

(宋)梁克家:《淳熙三山志》卷三三

龍德外湯院,崇賢里,(天福)十年置。地多燠泉,數十步必一穴,或迸河渠中,味甘而性和熱,勝者氣如硫黄,能熟蹲鴟,旱潦無增減。僞閩天德二年,占城遣其國相金氏婆囉來,道里不時,遍體瘡疥,訪而沐之,數日即瘳。乃捐五千緡,創亭其上,仍售田,鳩僧以司之。

(宋)梁克家:《淳熙三山志》卷三三

報恩尼寺,方岳里,開運三年置,即南唐保大四年。先一年,王延政歸南唐。

(宋)梁克家:《淳熙三山志》卷三三

應天院,清廉里,周廣順四年置。

(宋)梁克家:《淳熙三山志》卷三三

雲岩院,合浦里,顯德六年置。

(宋)梁克家:《淳熙三山志》卷三三

峽山護國觀音院,集政里,唐元和四年林琮建。閩王時,僧行通大創殿宇。乾符三年,賜今額。

(宋)梁克家:《淳熙三山志》卷三四

靈峰院,中鵠里,梁貞明二年置。

(宋)梁克家:《淳熙三山志》卷三四

瑞雲院,建興里,後唐同光元年置。

(宋)梁克家:《淳熙三山志》卷三四

寶峰院,安仁里,天成元年置。

(宋)梁克家:《淳熙三山志》卷三四

大明院,臨江里,晉天福四年置。

(宋)梁克家:《淳熙三山志》卷三四

寶岩院,清河里,周廣順元年置。

(宋)梁克家:《淳熙三山志》卷三四

北天王院,欽平上里,顯德三年置。

(宋)梁克家:《淳熙三山志》卷三四

南禪院,齊禮里,乾化二年置。

（宋）梁克家:《淳熙三山志》卷三四

雲頂院,永興里,貞明二年置。

（宋）梁克家:《淳熙三山志》卷三四

仙宗院,清政里,後唐同光二年置。

（宋）梁克家:《淳熙三山志》卷三四

禪林院,清政里,天成五年置。

（宋）梁克家:《淳熙三山志》卷三四

精嚴寺,三秀里,長興二年置,號潯湖塔院。有閩王舊賜慧法師輦。

（宋）梁克家:《淳熙三山志》卷三四

新安院,閩光里,應順元年置。

（宋）梁克家:《淳熙三山志》卷三四

興福尼院,二秀里,清泰二年置。

（宋）梁克家:《淳熙三山志》卷三四

白龍院,九功里,晉天福二年置,僞閩通文二年也。王氏始作於今懷安太平里,號大白龍,後建塔於此,號小白龍。

（宋）梁克家:《淳熙三山志》卷三四

應山資福院,清化里,漢乾祐元年置。

（宋）梁克家:《淳熙三山志》卷三四

應天院,安仁里,周廣順二年置。

（宋）梁克家:《淳熙三山志》卷三四

瑞峰院,擢秀里,梁開平二年。

（宋）梁克家:《淳熙三山志》卷三五

宣聖院,柘陽里,乾化元年置。

（宋）梁克家:《淳熙三山志》卷三五

建福院,安民里,貞明二年置。

（宋）梁克家:《淳熙三山志》卷三五

資福院,秦溪東里,後唐長興元年置。

（宋）梁克家:《淳熙三山志》卷三五

瑞岩院,擢秀里,清泰元年置。

（宋）梁克家:《淳熙三山志》卷三五

瑞雲院,望海里,晉天福元年置。

（宋）梁克家:《淳熙三山志》卷三五

慈壽院,安民里,漢乾祐二年置。

（宋）梁克家:《淳熙三山志》卷三五

南禪院,萬安里,周廣順元年置。

（宋）梁克家:《淳熙三山志》卷三五

資壽院,擢秀里,顯德二年置。初爲保明院。大中祥符六年,敕改今額。

（宋）梁克家:《淳熙三山志》卷三五

西峰院,昆由里,梁開平二年,里人陳褆捨西山之地以創。

（宋）梁克家:《淳熙三山志》卷三五

净林院,崇丘里,乾化二年,尼法政創。皇朝明道二年,改僧住持。

（宋）梁克家:《淳熙三山志》卷三五

新安院,信德里,後唐同光元年鄭暉募建。

（宋）梁克家:《淳熙三山志》卷三五

秀峰院,嵩平里,長興二年南安縣令陳鵠創。

（宋）梁克家:《淳熙三山志》卷三五

資福院,敦化里,清泰二年置。

（宋）梁克家:《淳熙三山志》卷三五

栖林尼院,招賢里,晉天福二年陳由捨宅尼善緣創。

（宋）梁克家:《淳熙三山志》卷三五

三峰院,崇丘里,漢乾祐元年歐陽遂捨地創。太平興國三年,賜今額。

（宋）梁克家:《淳熙三山志》卷三五

廣順院,弦歌里,周廣順元年黃迫捨地創。

（宋）梁克家:《淳熙三山志》卷三五

文殊院,新安里,梁開平四年置。

(宋)梁克家:《淳熙三山志》卷三六

栖林院,栖仁里,貞明二年置。

(宋)梁克家:《淳熙三山志》卷三六

聖迹院,永西里,後唐天成五年置。

(宋)梁克家:《淳熙三山志》卷三六

雲洞院,永福里,長興二年置。

(宋)梁克家:《淳熙三山志》卷三六

清凉庵,海壇里,清泰元年置。

(宋)梁克家:《淳熙三山志》卷三六

資福院,安香里,晉天福二年置。

(宋)梁克家:《淳熙三山志》卷三六

鷲峰院,永西里。漢乾祐三年,有異禽來集,五色炳煥,或曰此西乾靈鷲也。因以名山,僧静慧卜庵居焉。皇朝寶元二年,升爲院。崇寧間改爲神霄宮,尋復爲院。

(宋)梁克家:《淳熙三山志》卷三六

天竺院,方興里,周廣順元年置。

(宋)梁克家:《淳熙三山志》卷三六

重興院,光賢里,顯德二年置。初有庵號大悲,是歲翁正度遷於山之趾,號重興。

(宋)梁克家:《淳熙三山志》卷三六

奉回院,保安里,開平三年置。

(宋)梁克家:《淳熙三山志》卷三六

牛頭寺,和平里,天成元年置。

(宋)梁克家:《淳熙三山志》卷三六

寶慶院,新俗里,長興元年置。

(宋)梁克家:《淳熙三山志》卷三六

壽峰院,橫溪里,清泰元年置。有放生池。

(宋)梁克家:《淳熙三山志》卷三六

淳化院,崇禮里,天福四年置。

(宋)梁克家:《淳熙三山志》卷三六

秀峰崇勝院,安民里。乾祐元年,清覺師開創。祥符八年,賜今額。有放生池。

(宋)梁克家:《淳熙三山志》卷三六

崇壽院,安民里,廣順元年置。

(宋)梁克家:《淳熙三山志》卷三六

永興院,瀨溪里,顯德元年置。

(宋)梁克家:《淳熙三山志》卷三六

高蓋名山院,平蓋里,文德元年置。後唐天成中,閩王賜額。山在縣西二百里,周回九里,秀巒插天,常有紫雲,蔭之如蓋,因名高蓋山。有泉金色,亦號金支山。僞閩將郊天,乃封西嶽。以霍童山爲東嶽。

(宋)梁克家:《淳熙三山志》卷三七

寶積院,開平里,梁開平二年置。

（宋）梁克家：《淳熙三山志》卷三七

靈峰院,開平里,乾化二年置。

（宋）梁克家：《淳熙三山志》卷三七

北岩院,歸義里,貞明元年置。

（宋）梁克家：《淳熙三山志》卷三七

香蓋院,保德里,後唐同光二年置。

（宋）梁克家：《淳熙三山志》卷三七

謝洋觀音院,同里(保德里),天成三年置。

（宋）梁克家：《淳熙三山志》卷三七

上崇壽院,義仁里,長興二年置。

（宋）梁克家：《淳熙三山志》卷三七

鷲峰院,待旦里,晉天福元年置。

（宋）梁克家：《淳熙三山志》卷三七

秀峰院,保德里,漢乾祐二年。

（宋）梁克家：《淳熙三山志》卷三七

普應院,同里(保德里),開平二年置。

（宋）梁克家：《淳熙三山志》卷三七

靈岩院,曾記真善靈岩。仁壽里,乾化元年置。

（宋）梁克家：《淳熙三山志》卷三七

報恩普賢院,護仁里,貞明二年置。有放生池。

（宋）梁克家:《淳熙三山志》卷三七

法華院,仁壽里,龍德三年置。

（宋）梁克家:《淳熙三山志》卷三七

鶴林院,金沙里。後唐同光元年,僧悟皎置。初,院之前崗,峭拔獨立,古號華表,故以鶴林名之。

（宋）梁克家:《淳熙三山志》卷三七

中峰院,仁壽里,天成五年置。

（宋）梁克家:《淳熙三山志》卷三七

雲居院,賀恩里,長興元年置。

（宋）梁克家:《淳熙三山志》卷三七

象峰院,安仁里,晉天福元年置。

（宋）梁克家:《淳熙三山志》卷三七

南泉院,仁壽里,周顯德三年置。

（宋）梁克家:《淳熙三山志》卷三七

文殊院,蓋平里。同年(太平興國元年)置。先是偽閩時,主僧文傑建佛殿,至是賜額。天聖二年重修。

（宋）梁克家:《淳熙三山志》卷三七

瑞迹院,金溪里,梁乾化二年置。

（宋）梁克家:《淳熙三山志》卷三七

資聖院,金溪里,貞明二年置。

（宋）梁克家:《淳熙三山志》卷三七

瑞林院,安遠里,龍德二年置。

（宋）梁克家:《淳熙三山志》卷三七

同聖院,水際里,晉天福四年置。

（宋）梁克家:《淳熙三山志》卷三七

地山尼院,水際里,周廣順四年置。

（宋）梁克家:《淳熙三山志》卷三七

鳳山院,同里(黃重里),梁開平元年置。

（宋）梁克家:《淳熙三山志》卷三八

翠峰院,徐公里,乾化元年置。

（宋）梁克家:《淳熙三山志》卷三八

崇壽院,新豐里,天成二年置。有放生池。

（宋）梁克家:《淳熙三山志》卷三八

福興院,臨濟里,長興二年置。

（宋）梁克家:《淳熙三山志》卷三八

東林尼院,臨濟里,清泰二年置。

（宋）梁克家:《淳熙三山志》卷三八

觀音院,臨濟里,晉天福六年置。

（宋）梁克家:《淳熙三山志》卷三八

靈山院,同里(梅溪里),開運二年置。

(宋)梁克家:《淳熙三山志》卷三八

慈氏院,徐公里,周顯德二年置。

(宋)梁克家:《淳熙三山志》卷三八

保安净居萬定尼院,太平里,(乾化)三年置。僞閩齊國夫人孟氏建,册禮副使翁承贊記。

(宋)梁克家:《淳熙三山志》卷三八

靈峰院,興城里,後唐同光三年置。

(宋)梁克家:《淳熙三山志》卷三八

香燈資福崇壽院,太平里,同年(同光三年)置。閩王以國夫人塋郭之西,因置是寺。顯德四年,加今額。命以高祖母齊國夫人墳西所種雜果充祭薦。

(宋)梁克家:《淳熙三山志》卷三八

泗洲院,恭順里,天成元年置。

(宋)梁克家:《淳熙三山志》卷三八

林賜院,曾記作林洋瑞峰。遵化里,長興二年置。

(宋)梁克家:《淳熙三山志》卷三八

白龍院,太平里,晉天福元年置。

(宋)梁克家:《淳熙三山志》卷三八

鳳池寺,懷賢里,漢乾祐元年置,本僧慧覺塔亭也。初,忠懿王易昇山僧田爲尚賢夫人藏室,尋以施塔所。二年正月,始爲禪院,賜號鳳池報慈。

（宋）梁克家：《淳熙三山志》卷三八

保福院，太平里，周廣德二年置。

（宋）梁克家：《淳熙三山志》卷三八

龍興院，安定里，顯德元年號仙宗，後改今額。

（宋）梁克家：《淳熙三山志》卷三八

保寧禪寺，在城內飲虹橋南、保寧坊內。考證：吳大帝赤烏四年，爲西竺康僧舍建寺，名建初。劉宋有鳳翔集此山，因建鳳凰臺於寺側。宋更寺名曰祇園。齊更名曰白塔。唐初復名曰建初，開元更名曰長慶。南唐更名曰奉先。國朝太平興國中，賜額曰保寧。

（宋）周應合：《景定建康志》卷四六

正覺禪寺名鐵塔寺，在城內西北冶城後崗上。……寺有井十一口，內一口最大，號爲百丈泉井，欄上字乃保大元年所鑄。

（宋）周應合：《景定建康志》卷四六

能仁禪寺，在城內南廂嘉瑞坊。考證：慶元年間，游九言撰本寺佛殿記略云：能仁寺南接秦淮數百步。按其地古青溪之濆也，初名報恩。宋元嘉文帝爲高祖創建。唐會昌中廢。僞吳太和六年，毗陵郡公徐景運復爲其親造，曰報先。南唐昇元改興慈，無鑄識可考。獨據圖經所載，然五代唐愍帝應順甲午爲吳之太和，逆數會昌乙丑，蓋已九十年。既曰廢矣，中間誰所繼續乎？院之老僧相傳，僅記。

（宋）周應合：《景定建康志》卷四六

蔣山太平興國禪寺，去城一十五里。考證：梁武帝天監十三年，以定林寺前岡獨龍阜葬志公，永定公主以湯沐之資，造浮圖五級於其上。十四年，即塔前建開善寺，今寺乃其地也。唐乾符中，改爲寶公院。南唐昇元中，徐德裕重修。後主又改爲開善道場。國朝太平興國五年，改賜今額。

（宋）周應合：《景定建康志》卷四六

清涼廣惠禪寺，在石頭城，去城一里。考證：僞吳順義中，徐溫建，爲興教寺。南唐昇元初，改爲石城清涼大道場。國朝太平興國五年閏三月，改今額。舊傳：此寺嘗爲李氏避暑宮，寺中有德慶堂，今法堂前舊基是也。後主嘗留宿寺中，詩有"未能歸去宿龍宮"之句。德慶堂名，乃後主親書，《祭悟空禪師》文，乃後主自爲之。碑刻今并存。……寺有大鐘，乃僞唐後主所鑄。……《聖宋書畫録》云：舊有董羽畫龍、李昱八分書、李霄遠草書。時人目爲三絶。

（宋）周應合：《景定建康志》卷四六

嚴因崇報禪寺，即景德栖霞寺，在今城東北之攝山，去城四十五里。考證：齊永平七年，明僧紹捨宅爲寺，見江摠持碑。寺有舍利塔，乃隋文帝葬舍利處。唐高祖改爲功德寺，增治梵宇四十九所，樓閣延袤，殿宇鱗次。高宗御制《明隱君碑》，改爲隱居栖霞寺，御書寺額，有碑尚存，字不可辨。武宗會昌中廢，宣宗大中五年重建。南唐高越、林仁肇建塔，徐鉉書額曰妙因寺。

（宋）周應合：《景定建康志》卷四六

法寶寺，亦曰臺城院，乃梁同泰寺基之半也。今在行宮北，精鋭軍寨内。考證：梁武帝大通元年創同泰寺。僞吳順義二年，以同泰寺之半，置爲臺城十福院。本朝改賜今額。

（宋）周應合：《景定建康志》卷四六

景德寺，在城内嘉瑞坊，舊崇孝寺也。僞吳置，國朝景德中，改今額。

（宋）周應合：《景定建康志》卷四六

壽寧禪院,在江寧縣治南。國朝開寶七年,徙入城中,蓋參政張公泊南唐賜第也,捨宅爲寺,並城北廣孝寺入焉。淳化五年,改今額。

(宋)周應合:《景定建康志》卷四六

證聖寺,在行宮後。南唐保大中,木平和尚居此寺,故里俗至今呼爲木平寺。寺東有溝,迤邐西北接運瀆,今湮塞,僅存遺迹。

(宋)周應合:《景定建康志》卷四六

寶戒寺,今在轉運衙西,本迦毗羅寺。南唐改真際寺。國朝開寶二年,改今額。

(宋)周應合:《景定建康志》卷四六

殊勝寺,在城南門外,本宋福興寺。僞唐後主葬照禪師於此,因名塔院。

(宋)周應合:《景定建康志》卷四六

蔣山太平興國禪寺,梁武帝天監十三年,以錢二十萬易定林寺前岡獨龍阜,以葬志公,永定公主以湯沐之資,造浮圖五級於其上。十四年,即塔前建開善寺,今寺即其地也。唐乾符中,改爲寶公院。南唐昇元中,徐德裕重修。開寶三年,後主改爲開善道場。太平興國五年,改賜今額。

(宋)張敦頤:《六朝事迹編類》卷下

清涼廣惠禪寺,僞吳順義中,徐溫建,爲興教寺。南唐昇元初,改石頭清涼禪寺。後主復改清涼大道場。本朝太平興國五年閏三月,改爲今額。

(宋)張敦頤:《六朝事迹編類》卷下

净妙寺舊名齊安寺,南唐昇元中建,額曰齊安。本朝政和五年正月,改賜净妙。

(宋)張敦頤:《六朝事迹編類》卷下

寶林寺,舊經云:本同行寺,梁天監中,武帝與寶公同游此山,見林巒殊勝,命建精藍,因以同行爲額,亦名聖游寺。唐會昌中廢。僞吳太和中復建,後改爲秀峰院。南唐保大九年重修。本朝嘉祐中,改賜今額。

(宋)張敦頤:《六朝事迹編類》卷下

景德寺,僞吳始名崇孝寺。本朝景德中,改賜今額。建炎元年,以其地改克太廟,今隸嘉瑞坊。

(宋)張敦頤:《六朝事迹編類》卷下

能仁寺,南唐古寺基也。保大年中,昇州特進、守司徒致仕、鍾山公李建勛,嘗捨莊田入寺,後廢。本朝撥賜地基,起興慈禪院。咸平初,李建勛女潤州本起寺住持臨壇精律大德尼進暉申明,乞以故父李相公舊所,施莊田入興慈寺,至今供常住也。咸平後,改承天寺。

(宋)張敦頤:《六朝事迹編類》卷下

五代以來,寺院特盛,江南、吳越、閩、楚建寺度僧,不可勝計。今以會稽一郡考之,凡梁開平以後,稱造某寺,賜某額,皆錢氏割據時爲之,非真中國之命也。故其多如此。

(宋)施宿:《嘉泰會稽志》卷七

開元寺,在府東南二里一百七十步,節度使董昌故第。後唐長興元年吳越武肅王建,奏以開元,復爲大善寺,而以此爲開元寺。

(宋)施宿:《嘉泰會稽志》卷七

崇報院，在府東二里一百九十四步。開運四年，司農卿周仁遯之妻許及其子從徽捨宅建，名報恩，後改今額。

（宋）施宿：《嘉泰會稽志》卷七

大中祥符寺，在府東北三里二百步。唐中和二年，僧可瑠建，號中和水陸院。後改稽山羅漢院。周廣順三年，改保聖寺。開寶七年，改法雲寺。大中祥符元年，改今額。

（宋）施宿：《嘉泰會稽志》卷七

永福院，在府東二百五十八步。晉天福四年，吳越文穆王建，名光明院。大中祥符元年，改今額。慶曆八年七月初五日，朝旨永充天台教院，有重建院記。

（宋）施宿：《嘉泰會稽志》卷七

明教院，在府東南五里四十六步，建隆元年錢塘縣令林仁憲捨宅建，號彌陀院。大中祥符元年，改賜今額。

（宋）施宿：《嘉泰會稽志》卷七

旌教院，在府東南四里一百九十四步。周顯德二年錢承裔建，號法華懺院。開寶三年，改憲臺永壽院。大中祥符元年，改今額。院舊植杏甚茂，至今爲杏花寺。

（宋）施宿：《嘉泰會稽志》卷七

長慶院，在府東南一里二百二十八步，宋永徽二年建。本晉尚書陳囂竹園，因號竹園寺。唐會昌五年毀廢。周顯德五年，僧德欽重建，號廣濟院。大中祥符元年七月，改賜今額。

（宋）施宿：《嘉泰會稽志》卷七

善法院，在府東南四里二百二步。晉天福七年吳越建，爲尼院，號永寧。本朝大中祥符初，改今額。

（宋）施宿：《嘉泰會稽志》卷七

壽昌院，在府東南五里一百四十六步。漢乾祐三年，建觀音吉祥院。開寶三年，建佛殿，景德二年，改今額。

（宋）施宿：《嘉泰會稽志》卷七

大善寺，在府東一里二百一十步，梁天監三年民黃元寶捨地。錢氏女未嫁而死，遺言以奩中資建寺，僧澄貫主其役，未期年而成，賜名大善，屋棟有題字云：天監三年，歲次甲申十二月庚子朔八日丁未。唐開元二十六年，改名開元。後唐長興元年，吳越武肅王別創今開元，乃復大善舊名。

（宋）施宿：《嘉泰會稽志》卷七

大能仁禪寺，在府南二里一百四步，本晉許詢捨宅，號祇園寺。後廢。至吳越王時，觀察錢儀復建，號圓覺寺。

（宋）施宿：《嘉泰會稽志》卷七

能仁院，在府西北三里三百三十七步。開寶六年，觀察使錢儀建。太平興國二年，吳越給地藏院額。大中祥符元年，改承天。政和七年五月，改賜今額。

（宋）施宿：《嘉泰會稽志》卷七

廣教院，在府西六里二百二十七步，蕺山東麓院，後山壁刻字有曰：“唐景福元年，歲在壬子，準敕建節度使相國隴西公生祠堂。”其年十二月十六日，興功開山建立。蓋董昌生祠也，昌敗祠廢。後唐天成四年，吳越王錢鏐夢神人求祠宇，或言祠本古天王院，有魚池，因建天王院。

（宋）施宿：《嘉泰會稽志》卷七

妙明院,在府北三里一百七步。開寶五年,鎮海軍都指揮使陳志建。吳越給光讚般若院額。

(宋)施宿:《嘉泰會稽志》卷七

泰寧寺,在縣(會稽縣)東南四十里。周顯德二年建,初號化城院。又改爲證道院。

(宋)施宿:《嘉泰會稽志》卷七

顯聖院,在縣(會稽縣)南三十里。周顯德二年,於拯迷寺石壁峰前建看經院。乾德六年,賜號雲門寺。至道二年九月,改今額。

(宋)施宿:《嘉泰會稽志》卷七

廣福院,在縣(會稽縣)南四十里。晉天福六年建,初名上庵。熙寧三年六月,以治平德音,賜壽聖院額。

(宋)施宿:《嘉泰會稽志》卷七

天華院,在縣(會稽縣)東六十里。周廣順二年建,號無礙浴院。至道二年十一月,賜名天華院。

(宋)施宿:《嘉泰會稽志》卷七

福慶寺,在縣(會稽縣)東南七十里,晉將軍何充宅也。世傳充嘗設大會,有一僧形容甚醜,齋畢,擲鉢騰空而去,且曰:此當爲寺,號靈嘉。充遂捨爲靈嘉寺。唐會昌五年廢,晉天福七年重建。大中祥符六年,改賜今額。

(宋)施宿:《嘉泰會稽志》卷七

資壽院,在縣(會稽縣)東南七十里,晉開運四年阮羅建。乾德二年,吳越號資國院。大中祥符元年,改賜今額。

(宋)施宿:《嘉泰會稽志》卷七

護聖院,在縣(會稽縣)東四十里,周顯德元年建。院有塼塔,因號千佛塔院。大中祥符元年七月,改今額。

(宋)施宿:《嘉泰會稽志》卷七

廣愛院,在縣(會稽縣)東南一百里。漢乾祐三年,於古寶安寺基上建,號德政院。大中祥符元年七月,改賜今額。

(宋)施宿:《嘉泰會稽志》卷七

崇仁院,在縣(會稽縣)東南一百里。唐龍紀二年建,號相國永泰禪院。晉天福四年,吳越改瑞峰院。大中祥符元年,改賜今額。

(宋)施宿:《嘉泰會稽志》卷七

資聖院,在縣(會稽縣)東四十里。漢乾祐元年建,號證福院。大中祥符元年七月,改賜今額。乾道九年,改爲禪院。

(宋)施宿:《嘉泰會稽志》卷七

普濟院,在縣東北八十里孔浦。後唐長興四年建,號興福禪院。大中祥符元年,改賜今額。

(宋)施宿:《嘉泰會稽志》卷七

福聖院,在縣(會稽縣)東北八十五里篡風浦,周廣順元年建。顯德五年,吳越給延壽院額。大中祥符元年,改賜今額。

(宋)施宿:《嘉泰會稽志》卷七

慶恩院,在縣(會稽縣)東南九十里,晉天福七年建。周顯德元年,吳越給報恩院額。治平元年,改賜今額。

(宋)施宿:《嘉泰會稽志》卷七

普濟院,在縣(會稽縣)東四十里,乾德元年,盧文朗建。即晉鴻明禪師誦經之地,將軍何充累詣聽經,故號何山院。乾德三年,改雲濟院。治中二年,改賜今額。

(宋)施宿:《嘉泰會稽志》卷七

渚修院,在縣(會稽縣)南一十八里。周顯德五年集惠大師建,號福清塔院。治平二年,改賜今額。

(宋)施宿:《嘉泰會稽志》卷七

妙智院,在縣(會稽縣)東南二十五里。晉開運二年,建觀音尼院。今爲僧院。治平二年,改賜今額。

(宋)施宿:《嘉泰會稽志》卷七

净住院,在縣(會稽縣)東北四十里。齊永明二年建,號静念寺。會昌廢。漢乾祐三年,陸君泰重建。治平三年九月,改賜今額。

(宋)施宿:《嘉泰會稽志》卷七

廣教寺,在縣(會稽縣)東二十五里。晉開運四年建,號善訓寺。治平三年二月,改賜今額。

(宋)施宿:《嘉泰會稽志》卷七

澄心院,在縣(會稽縣)東六十里。唐景福二年,吳越武肅王建。周顯德五年,改水心院。治平三年二月,改賜今額。

(宋)施宿:《嘉泰會稽志》卷七

延安院,在縣(會稽縣)東南七十里。建隆元年建,號護國保安院。治平三年二月,改賜今額。

(宋)施宿:《嘉泰會稽志》卷七

崇勝院,在縣(會稽縣)東南九十里。晉天福七年建,號保安院。

治平三年,改賜今額。

(宋)施宿:《嘉泰會稽志》卷七

九蓮院,在縣(會稽縣)東南七十五里。建隆三年建,號蓮花院。治平三年二月,改賜今額。

(宋)施宿:《嘉泰會稽志》卷七

佛果院,在縣東南八十里。乾德二年建,號保福院。治平三年正月,改賜今額。

(宋)施宿:《嘉泰會稽志》卷七

清修院,在縣(會稽縣)東南八十里。晉開運三年建,號清泰院。治平六年九月,改賜今額。

(宋)施宿:《嘉泰會稽志》卷七

化成院,在縣(會稽縣)東南四十里。周顯德二年,於古皇城院基建。

(宋)施宿:《嘉泰會稽志》卷七

石佛妙相寺,在縣(會稽縣)東五里。唐太和九年建,號南崇寺。會昌廢。晉天福中,僧行欽於廢寺前水中得石佛,遂重建。治平三年,賜今額。

(宋)施宿:《嘉泰會稽志》卷七

明覺院,在縣(會稽縣)東三十五里刺浮山。唐開元十八年建。會昌毀廢。晉天福八年復建,號大明院。治平二年,改今額。

(宋)施宿:《嘉泰會稽志》卷七

興福院,在縣(會稽縣)南一里一百步。晉天福五年,觀察使錢偁建,號錢湖院。大中祥符元年,改賜今額。今廢。

(宋)施宿:《嘉泰會稽志》卷七

法雲寺,在縣(山陰縣)西北八里,本名王舍城寺,久廢。吳越王時,有大校巡警,見其地有光景,乃復興葺。

(宋)施宿:《嘉泰會稽志》卷七

本覺寺,在縣(山陰縣)西北一十五里梅山。後唐清泰三年,節度經略副使謝思恭捨宅建,號靜明寺。寺有雲峰堂,以曾文靖公詩得名,亦有曾公手書行記。寺後有適南亭,可以望海,郡牧程給事建,陸左丞作記。又有子真泉。

(宋)施宿:《嘉泰會稽志》卷七

智度寺,在縣(山陰縣)西北四十五里,後唐天成三年建。周顯德元年,吳越改旃檀寺。大中祥符元年七月,改賜今額。

(宋)施宿:《嘉泰會稽志》卷七

寶嚴院,在縣(山陰縣)西一百二十五里。晉開運二年,建純一禪師壽塔。漢乾祐元年,吳越給清化純一塔院額。大中祥符元年七月,改賜今額。

(宋)施宿:《嘉泰會稽志》卷七

奉聖院,在縣(山陰縣)南二十五里。唐開元十六年建,爲玄儼律師度僧戒壇院。會昌毀廢。漢乾祐二年,吳越重建,改明恩院。大中祥符元年七月,改賜今額。

(宋)施宿:《嘉泰會稽志》卷七

延福院,在縣(山陰縣)西六十里新安鄉牛頭山之麓。晉天福三年置。開寶六年,錢氏給安國院額。大中祥符元年七月,改賜今額。

（宋）施宿：《嘉泰會稽志》卷七

　　寶壽院，在縣（山陰縣）西一百二十里，唐貞元三年建。周廣順三年，吳越給永豐院額。大中祥符元年，改賜今額。

（宋）施宿：《嘉泰會稽志》卷七

　　長壽院，在縣（山陰縣）東北一十五里。晉天福六年，鄒彥超建。周廣順二年，吳越給願果院額。大中祥符元年七月，改賜今額。

（宋）施宿：《嘉泰會稽志》卷七

　　廣濟院，在縣（山陰縣）西北五十五里。晉天福六年，於古福壽院基上建，號聖壽院。開運元年，改嘉宥院。大中祥符元年七月，改賜今額。

（宋）施宿：《嘉泰會稽志》卷七

　　報恩院，在縣（山陰縣）西一百二十三里。乾德四年，寶珍舍地建，號彌陀院。大中祥符元年七月，改賜今額。

（宋）施宿：《嘉泰會稽志》卷七

　　廣利院，在縣（山陰縣）西一百二十里清化山。開寶九年，柳公訓捨宅建，吳越給清化西塔院額。大中祥符元年七月，改賜今額。

（宋）施宿：《嘉泰會稽志》卷七

　　慈恩院，在縣（山陰縣）西一百二十二里。後唐長興二年，謝君彥捨地建。晉天福七年，吳越給永安院額。大中祥符元年七月，改賜今額。

（宋）施宿：《嘉泰會稽志》卷七

延壽院,在縣(山陰縣)西八十二里。後唐天成四年建,號普安院。大中祥符元年,改賜今額。

(宋)施宿:《嘉泰會稽志》卷七

等慈院,在縣(山陰縣)西一百十二里。晉天福三年,僧道山建,號天長院。大中祥符元年七月,改賜今額。

(宋)施宿:《嘉泰會稽志》卷七

資教院,在縣(山陰縣)西一百二十一里,晉天福七年建。漢乾祐元年,吳越給城山院額。大中祥符元年七月,改賜今額。

(宋)施宿:《嘉泰會稽志》卷七

上方院,在縣(山陰縣)西北九十一里,晉天福二年建。

(宋)施宿:《嘉泰會稽志》卷七

香林院,在縣(山陰縣)西四十五里。漢乾祐三年建,號寶林院。治平三年二月,改賜今額。

(宋)施宿:《嘉泰會稽志》卷七

安康院,在縣(山陰縣)西北九十三里,後唐長興三年建。

(宋)施宿:《嘉泰會稽志》卷七

福安院,在縣(山陰縣)西北九十二里。後唐長興元年,於古栖隱寺基上建,號資福院。治平元年,改賜今額。

(宋)施宿:《嘉泰會稽志》卷七

保安院,在縣(山陰縣)西北五十一里。晉開運元年建,號休寧院。治平三月,改賜今額。

(宋)施宿:《嘉泰會稽志》卷七

安隱院,在縣(山陰縣)西北一十里,隋開皇十三年建。唐武德中重修。會昌毀廢。後唐清泰元年,高伯興等重建,號安養院。治平三年,改賜今額。

(宋)施宿:《嘉泰會稽志》卷七

崇教院,在縣(山陰縣)西九十里,梁大同元年建。尋廢。周顯德五年,鎮海軍都指揮使薛温重建,號新興塔院。治平三年,改賜今額。

(宋)施宿:《嘉泰會稽志》卷七

普香教院,在縣(山陰縣)西北五十三里。乾德三年,於古靈隱寺基上建。開寶三年,吳越給觀音普聞院額。開寶六年,改賜今額。

(宋)施宿:《嘉泰會稽志》卷七

鵞臺院,在縣(山陰縣)西四十五里。晉乾祐三年建,號重臺院。治平三年二月,改賜今額。

(宋)施宿:《嘉泰會稽志》卷七

資壽院,在縣西一百四十里。晉開運二年建,號延壽院。治平三年,改賜今額。

(宋)施宿:《嘉泰會稽志》卷七

明因院,在縣(山陰縣)西南一百里。晉開運元年建,號遇明院。治平三年,改賜今額。

(宋)施宿:《嘉泰會稽志》卷七

壽量院,在縣(山陰縣)北九十七里。後唐長興元年,陳司空捨宅建。

(宋)施宿:《嘉泰會稽志》卷七

永興院,在縣(山陰縣)西北四十五里,晉天福八年建。

(宋)施宿:《嘉泰會稽志》卷七

崇福院,在縣(山陰縣)西北五十里。建隆三年,衢州刺史朱仁幹建,號浴室院。乾德二年,改法水院。大中祥符八年十二月,改賜今額。

(宋)施宿:《嘉泰會稽志》卷七

興教院,在縣(山陰縣)東南一十五里。晉天福四年建,號道林院,即鳥窠禪師道場。治平二年,改賜今額。

(宋)施宿:《嘉泰會稽志》卷七

興教院,在縣(山陰縣)西一百一十六里。晉天福五年建,號興善院。治平三年,改賜今額。

(宋)施宿:《嘉泰會稽志》卷七

惠悟院,在縣(山陰縣)西一百二十里。周廣順元年建,號全悟院。治平三年,改賜今額。

(宋)施宿:《嘉泰會稽志》卷七

宣妙寺,在縣(嵊縣)西四十五里。宋元嘉二年建,號崇明寺。會昌廢。晉天福四年重建。治平三年,改賜今額。

(宋)施宿:《嘉泰會稽志》卷八

上鹿苑寺,在縣(嵊縣)西四十五里,寺山自太白山來。宋元嘉七年,姚聖姑於西白山造寺,賜披雲院額。會昌廢,咸通七年重建,改咸通披雲院。晉天福七年,吳越改披雲寺。

(宋)施宿:《嘉泰會稽志》卷八

明覺寺,在縣(嵊縣)南二十里。梁大通元年,智遠法師建,號禪林寺。會昌廢,晉天福元年重建。大中祥符元年,改賜今額。

（宋）施宿:《嘉泰會稽志》卷八

福感寺,在縣(嵊縣)東二十五里。晉天福四年建,號報恩寺。大中祥符元年,改賜今額。

（宋）施宿:《嘉泰會稽志》卷八

實性院,在縣(嵊縣)西二百五十步。唐乾元中建,號清泰院。會昌廢,晉天福七年重建。大中祥符元年,改賜今額。

（宋）施宿:《嘉泰會稽志》卷八

寶積院,在縣(嵊縣)北三十里。後唐長興四年建,號德興院。大中祥符元年,改賜今額。

（宋）施宿:《嘉泰會稽志》卷八

普安院,在縣(嵊縣)東二十五里,宋元嘉二年建。會昌廢,後唐清泰二年重建。

（宋）施宿:《嘉泰會稽志》卷八

戒德院,在縣(嵊縣)西四十里。齊永明三年建,號光德院。會昌廢,晉天福七年重建。治平二年,改賜今額。

（宋）施宿:《嘉泰會稽志》卷八

定林院,在縣(嵊縣)西四十五里。宋元嘉二年建,號松山院。會昌廢,晉天福八年重建。有響岩、龍潭。治平三年,改賜今額。

（宋）施宿:《嘉泰會稽志》卷八

圓超院,在縣(嵊縣)西二百五十步,院山與郊山相連,舊曰靈岫庵。晉天福六年,建奉國院。有觀音靈異,祈禱必應。西廡有亭,臨雙溪之上,溪山勝絕。

（宋）施宿：《嘉泰會稽志》卷八

真如院,在縣(嵊縣)西四十里。周顯德三年建,號寶壽院。大中祥符元年,改賜今額。

（宋）施宿：《嘉泰會稽志》卷八

尊勝院,在縣(嵊縣)東四十里。宋元嘉二年建,號厚山院。會昌廢,咸通十一年重建。久之又廢,晉天福六年重建。治平三年,改賜今額。

（宋）施宿：《嘉泰會稽志》卷八

天竺院,在縣(嵊縣)西二十里。晉天福七年建,號西明院。大中祥符元年,改賜今額。

（宋）施宿：《嘉泰會稽志》卷八

法祥院,在縣(嵊縣)東七十里。宋元嘉二年建,號延福院。會昌廢,後唐清泰二年重建。大中祥符元年,改法朗。後以犯聖祖諱,改今額。

（宋）施宿：《嘉泰會稽志》卷八

超化院,在縣(嵊縣)北三百步。晉天福七年建,號水陸院。大中祥符元年,改賜今額。

（宋）施宿：《嘉泰會稽志》卷八

瑞像院,在縣(嵊縣)東一百步。唐景福元年,吳越武肅王建。

（宋）施宿：《嘉泰會稽志》卷八

法華院,在縣(嵊縣)東百步,唐龍紀元年建。

（宋）施宿：《嘉泰會稽志》卷八

大明院,在縣(嵊縣)西南二十里。晉天福七年建,號資國大明院。大中祥符元年,改賜今額。

（宋）施宿：《嘉泰會稽志》卷八

證道院,在縣(嵊縣)西四十里。晉開運元年建,號五龍院。後改今額。

（宋）施宿：《嘉泰會稽志》卷八

華藏院,在縣(嵊縣)東四十五里。晉開運二年建,號雲峰院。大中祥符元年,改賜今額。

（宋）施宿：《嘉泰會稽志》卷八

皇覺院,在縣(嵊縣)西十里。漢乾祐三年建,號仙岩院。大中祥符元年,改賜今額。葛仙翁釣臺石梯在其傍。

（宋）施宿：《嘉泰會稽志》卷八

顯净寺,在縣(嵊縣)西十里。齊永明三年建,號青林寺。會昌廢,後唐長興元年重建。大中祥符元年,改賜今額。

（宋）施宿：《嘉泰會稽志》卷八

資福院,在縣(嵊縣)東二十里。晉天福八年建,號增福院。大中祥符元年,改賜今額。

（宋）施宿：《嘉泰會稽志》卷八

悟空寺,在縣(嵊縣)西十里。周廣順元年,於古烏流寺基上建,號保安院。治平二年,改賜今額。

(宋)施宿:《嘉泰會稽志》卷八

安國院,在縣(嵊縣)西六十五里。晉天福七年建,號太平院。治平三年,改賜今額。

(宋)施宿:《嘉泰會稽志》卷八

明心院,在縣(嵊縣)北二里。建隆二年,陳鄴捨宅建,號黄土塔院。大中祥符元年,改賜今額。

(宋)施宿:《嘉泰會稽志》卷八

廣壽寺,在縣(諸暨縣)南二里。梁大同二年,左僕射吳文寵捨宅建,號延壽寺。會昌廢,咸通十年重建。後唐天成三年,改長壽寺,後改今額。

(宋)施宿:《嘉泰會稽志》卷八

□城寺,在縣(諸暨縣)東北八十五里,晉天福七年建。周顯德二年,吳越給靈根寺額。大中祥符元年,改賜今額。

(宋)施宿:《嘉泰會稽志》卷八

青蓮院,在縣(諸暨縣)西一十八里。天福四年建,號碧泉院。至道二年,改賜今額。

(宋)施宿:《嘉泰會稽志》卷八

寶乘院,在縣(諸暨縣)北二十里。後唐同光二年,吳越武肅王建,號石佛院。大中祥符元年,改賜今額。

(宋)施宿:《嘉泰會稽志》卷八

慈氏院,在縣(諸暨縣)西北一十八里。晉天福七年建,號玉泉院。大中祥符元年,改賜今額。

（宋）施宿：《嘉泰會稽志》卷八

靈峰院,在縣(諸暨縣)北六十五里。後唐長興二年建,號溪山院。後改今額。

（宋）施宿：《嘉泰會稽志》卷八

净觀院,在縣(諸暨縣)西一里,唐天祐元年建。乾德二年,吳越給翠峰院額。後改今額。

（宋）施宿：《嘉泰會稽志》卷八

□□院,在縣(諸暨縣)東北七十五里。後唐長興五年,於古資聖院基上建。太平興國元年,改精進院。後改今額。

（宋）施宿：《嘉泰會稽志》卷八

崇壽院,在(諸暨縣)西南二十里。乾德二年建,號寶泉院。大中祥符元年,改賜今額。

（宋）施宿：《嘉泰會稽志》卷八

延慶院,在縣(諸暨縣)南七十里,唐貞觀元年建。有千歲禪師修行於此,因號道場院。會昌廢,咸通八年重建,又號溪山院。周顯德五年,改興福永安院。大中祥符元年,改賜今額。

（宋）施宿：《嘉泰會稽志》卷八

道林院,在縣(諸暨縣)北七十里。唐天祐元年,於古寶華院基上建。周顯德四年,吳越給泄岩院額。大中祥符元年,改賜今額。

（宋）施宿：《嘉泰會稽志》卷八

法藏院,在縣(諸暨縣)東南八十里周。顯德二年建,號官田院。

大中祥符元年,改賜今額。

（宋）施宿:《嘉泰會稽志》卷八

延祥院,在縣(諸暨縣)東北四十里。晉天福七年建,號清福院。大中祥符元年,改賜今額。

（宋）施宿:《嘉泰會稽志》卷八

上普潤院,在縣(諸暨縣)東南二十五里,本千歲和尚所居,有小石岩,上有文殊普賢像。晉天福七年建,號醴泉院。後改今額。

（宋）施宿:《嘉泰會稽志》卷八

明教院,在縣(諸暨縣)西南六十里。晉天福七年建,號仁豐院。大中祥符元年七月,改通教院。

（宋）施宿:《嘉泰會稽志》卷八

永慶院,在縣(諸暨縣)南五十里。周顯德元年建,號永光塔院。大中祥符元年,改賜今額。

（宋）施宿:《嘉泰會稽志》卷八

法雲院,在縣東五十里。晉開運二年建,號龍安院。

（宋）施宿:《嘉泰會稽志》卷八

顯教院,在縣(諸暨縣)西南七十里,本唐忠國師道場。晉開運四年建,號忠山院。大中祥符元年,改賜今額。

（宋）施宿:《嘉泰會稽志》卷八

離相院,在縣(諸暨縣)東南九十里。晉天福四年,於歸一禪師塔院基上建,號福田院。後改今額。

（宋）施宿:《嘉泰會稽志》卷八

永福院,在縣(諸暨縣)東南二十五里。因梁武帝書堂基建,號應國禪院,有水井。會昌廢。晉天福七年重建,改今額。

(宋)施宿:《嘉泰會稽志》卷八

崇教院,在縣(諸暨縣)南六十五里。唐貞觀元年,建玄寂禪師塔院。會昌廢。周廣順元年,重建高松院。後改今額。

(宋)施宿:《嘉泰會稽志》卷八

清涼院,在縣(諸暨縣)東南九十里。漢乾祐二年建,號上林院。後改今額。

(宋)施宿:《嘉泰會稽志》卷八

明覺院,在縣(諸暨縣)(諸暨縣)東五十五里。周顯德四年建,號靈峰院。後改今額。

(宋)施宿:《嘉泰會稽志》卷八

净隱院,在縣(諸暨縣)東南一百里。晉開運三年建,號崇化院。後改今額。

(宋)施宿:《嘉泰會稽志》卷八

正覺院,在縣(諸暨縣)東六十里。晉開運元年建,號菩提院。後改今額。

(宋)施宿:《嘉泰會稽志》卷八

香林院,在縣(諸暨縣)西南二十五里。漢乾祐三年建,號松林院。後改今額。

(宋)施宿:《嘉泰會稽志》卷八

雲就院,在縣(諸暨縣)北七十里,晉天福五年建。

(宋)施宿:《嘉泰會稽志》卷八

梵惠院,在縣(諸暨縣)西南四十里。乾德四年建,號净福院。後改今額。

(宋)施宿:《嘉泰會稽志》卷八

廣福院,在縣(諸暨縣)南六十里。周顯德三年建,號鴻福院。後改今額。

(宋)施宿:《嘉泰會稽志》卷八

寶林院,在縣(諸暨縣)南六十里。晉天福四年,於玄寂禪院基上建。

(宋)施宿:《嘉泰會稽志》卷八

雲居院,在縣(諸暨縣)南四十五里。唐天祐六年,鑒其大師建。貞明四年,賜越山禪院額。治平三年,改賜今額。

(宋)施宿:《嘉泰會稽志》卷八

解空院,在縣(諸暨縣)東南九十里。建隆二年建,號法訝院。後改今額。

(宋)施宿:《嘉泰會稽志》卷八

四果院,在縣(諸暨縣)東北七十里。晉天福三年,吳越文穆王建,號保安羅漢院。大中祥符元年,改賜今額。

(宋)施宿:《嘉泰會稽志》卷八

嘉福院,在縣(諸暨縣)南六十五里。乾德五年,於懷静禪師院基上建,號嘉善院。後改額。今廢。

(宋)施宿:《嘉泰會稽志》卷八

祇園寺,在縣(蕭山縣)西北一百步。東晉咸和六年,許詢捨山陰、永興二宅建寺,號崇化。穆帝降制云:山陰舊宅,名曰祇園;永興新宅,號曰崇化。會昌廢。建隆元年重建。

(宋)施宿:《嘉泰會稽志》卷八

覺海寺,在縣(蕭山縣)南四十里。唐會昌元年建,號政信寺。五年廢。晉天福四年重建。祥符元年,改賜今額。

(宋)施宿:《嘉泰會稽志》卷八

慈雲寺,在縣(蕭山縣)西南四十里。梁天監十二年,僧寶志於許玄度宅基上建,號開善資寶寺。會昌廢。晉天福三年重。建祥符元年,改賜今額。

(宋)施宿:《嘉泰會稽志》卷八

惠濟院,在縣(蕭山縣)東北一百五十步。晉天福五年,悟真師於古崇寺基上建,號資國看經院。太平興國七年,改惠通院。治平三年,改賜今額。

(宋)施宿:《嘉泰會稽志》卷八

正覺院,在縣(蕭山縣)東五十步。後唐天成元年,吳越武肅王建,號十善院。院有浴室,王絲父宸建,謝絳爲銘。祥符元年,改賜今額。

(宋)施宿:《嘉泰會稽志》卷八

廣慈禪院,在縣(蕭山縣)南七十里。梁大同二年建,號安禪寺。隋大業十三年廢。晉天福七年重建,吳越改保安禪院。景德二年改今額。

(宋)施宿:《嘉泰會稽志》卷八

真濟院,在縣(蕭山縣)南三十八里,唐武德七年建。會昌廢。晉天福六年重建,吳越文穆王給興國禪院額。太平興國七年,改賜今額。

(宋)施宿:《嘉泰會稽志》卷八

和慶院,在縣(蕭山縣)南六十五里。唐天祐十六年建,號龍門院。祥符元年,改賜今額。

(宋)施宿:《嘉泰會稽志》卷八

明化院,在縣(蕭山縣)西一十二里。後唐長興三年,吳越文穆王建,號化度院。景德三年改今額。

(宋)施宿:《嘉泰會稽志》卷八

開善院,在縣(蕭山縣)東四十里。晉天福元年建,號資化院。祥符元年,改賜今額。

(宋)施宿:《嘉泰會稽志》卷八

净惠院,在縣(蕭山縣)南三十五里。晉天福八年建,號妙緣院。祥符元年,改賜今額。

(宋)施宿:《嘉泰會稽志》卷八

廣法院,在縣(蕭山縣)西一十二里。後唐天成元年建,號六通救苦禪院。祥符元年,改賜今額。

(宋)施宿:《嘉泰會稽志》卷八

廣福院,在縣(蕭山縣)西南七十里。後唐同光元年建,號龍門護國院。毀於建炎。紹興二十九年,僧妙通重建,鞏太監湘爲記。祥符元年,改賜今額。

(宋)施宿:《嘉泰會稽志》卷八

資教院,在縣(蕭山縣)東一十四里。晉開運三年建,號崇真院。祥符元年,改賜今額。

(宋)施宿:《嘉泰會稽志》卷八

興法院,在縣(蕭山縣)東四十里。梁大同三年建,號大翔寺。隋大業十三年廢。晉天福八年重建,吳越改寶乘院。祥符元年,改賜今額。

(宋)施宿:《嘉泰會稽志》卷八

資福院,在縣(蕭山縣)西一十二里。周廣順元年建,號妙福院。祥符元年,改賜今額。

(宋)施宿:《嘉泰會稽志》卷八

顯教院,在縣(蕭山縣)南一十五里。乾德二年建,號崇福院。……治平三年,改賜今額。

(宋)施宿:《嘉泰會稽志》卷八

栖真院,在縣(蕭山縣)南七十里。漢乾祐二年建,號福安院。治平三年,改賜今額。

(宋)施宿:《嘉泰會稽志》卷八

興善院,在縣(蕭山縣)東五十里。晉天福三年建,號新興院。治平三年,改賜今額。

(宋)施宿:《嘉泰會稽志》卷八

靈峰院,在縣(蕭山縣)南八十里。周顯德六年建,號郭峰院。治平三年,改賜今額。

(宋)施宿:《嘉泰會稽志》卷八

法印院,在縣(蕭山縣)南九十里。周顯德二年建,號法華院。治平三年,改賜今額。

(宋)施宿:《嘉泰會稽志》卷八

六和院,在縣(蕭山縣)南六十里。漢乾祐元年建,號六通典福院。治平三年,改賜今額。

(宋)施宿:《嘉泰會稽志》卷八

崇因院,在縣(蕭山縣)南六十里。漢乾祐二年建,號崇明院。治平三年,改賜今額。

(宋)施宿:《嘉泰會稽志》卷八

九功寺,在縣(餘姚縣)西一十五里。齊建元中,越州刺史榮穎捨宅建,號休光寺。會昌廢。大中十二年重建。周顯德五年,吳越武肅王修,改今額。

(宋)施宿:《嘉泰會稽志》卷八

建初寺,在縣(餘姚縣)南二百步。晉太和元年建,號平元寺。會昌廢。周顯德四年重建,吳越改興元寺。大中祥符元年,改賜今額。

(宋)施宿:《嘉泰會稽志》卷八

普滿寺,在縣(餘姚縣)東北一十五里,周顯德六年建,號靈瑞塔寺。大中祥符元年,改賜今額。

(宋)施宿:《嘉泰會稽志》卷八

廣安寺,在縣(餘姚縣)西北五十五里。唐乾寧三年建,號報恩寺,尋廢。漢乾祐二年重建。大中祥符元年,改賜今額。

(宋)施宿:《嘉泰會稽志》卷八

長慶院,在縣(餘姚縣)東北三十五里。唐長慶四年建,號柯城道場院。會昌廢。大中二年重建。天祐六年,吳越改今額。

(宋)施宿:《嘉泰會稽志》卷八

羅漢院,在縣(餘姚縣)東一里三十步。梁大同元年建,號栖閑院。會昌廢。周顯德四年,高景淮重建,改賜今額。

(宋)施宿:《嘉泰會稽志》卷八

悟法院,在縣(餘姚縣)西南六十里,梁天監元年建。會昌廢。大中元年重建,號四明寺。天祐八年,吳越改東明禪院。大中祥符元年,改賜今額。

(宋)施宿:《嘉泰會稽志》卷八

如意院,在縣(餘姚縣)東北三十五里。晉天福六年建,號保安院。大中祥符元年,改賜今額。

(宋)施宿:《嘉泰會稽志》卷八

寶積院,在縣(餘姚縣)西三十五里。晉天福六年建,號保安院。大中祥符元年,改賜今額。

(宋)施宿:《嘉泰會稽志》卷八

廣教院,在縣(餘姚縣)西北四十五里,晉天福六年建。開山僧於土中得石佛五尊,奏請賜號瑞明。大中祥符元年,改賜今額。

(宋)施宿:《嘉泰會稽志》卷八

西福昌院,在縣(餘姚縣)東北三十五里。周廣順元年建,號烏山資福院。大中祥符元年,改永安院。政和元年,以寺犯陵名,改賜今額。

(宋)施宿:《嘉泰會稽志》卷八

普明院,在縣(餘姚縣)西北三十五里。漢乾祐元年建,號松山報恩寺。大中祥符元年,改賜今額。

(宋)施宿:《嘉泰會稽志》卷八

東福昌院,在縣(餘姚縣)東北七十里,唐長慶四年建。會昌廢。大中二年重建,吳越給永壽院額。大中祥符元年,改賜今額。

(宋)施宿:《嘉泰會稽志》卷八

建福院,在縣(餘姚縣)西北三十五里。梁天監元年建,號天香院。隋大業元年毀。周顯德二年重建,改天華院。大中祥符元年,改覺朗院。崇寧元年,改賜今額。

(宋)施宿:《嘉泰會稽志》卷八

普圓院,在縣(餘姚縣)南三十五里。後唐清泰元年建,號化安院。大中祥符元年,改賜今額。

(宋)施宿:《嘉泰會稽志》卷八

法性院,在縣(餘姚縣)東二百三十步。晉天福七年,邑人於古大寧寺基上建。有大士像隨潮而至,父老迎寘於院,改觀音院。大中祥符元年,改賜今額。

(宋)施宿:《嘉泰會稽志》卷八

靜凝教忠寺,在縣(餘姚縣)西北五十里。本號姜山院祠,一女子曰:孟姜不知何世人也,俗傳謬妄可笑。會昌廢。晉天福二年重建,改報國興福院。大中祥符元年,改靜凝院。

(宋)施宿:《嘉泰會稽志》卷八

禪慧院,在縣(餘姚縣)東北七十里。晉天福七年建,號精進院。

治平三年,改賜今額。

（宋）施宿：《嘉泰會稽志》卷八

明真院,在縣（餘姚縣）南三十里靈源山。後唐長興元年建,號四明院。治平三年,改賜今額。

（宋）施宿：《嘉泰會稽志》卷八

正覺院,在縣（餘姚縣）南二十五里。唐天祐元年,邑人邵晉捨山建。會高麗僧永乾游方至此,乃請居焉,爲開山祖。晉天福中,吳越文穆王給昭覺院額。治平三年,改賜今額。

（宋）施宿：《嘉泰會稽志》卷八

極樂院,在縣（餘姚縣）南一里。漢乾祐元年建,號彌陀院。治平三年,改賜今額。

（宋）施宿：《嘉泰會稽志》卷八

普安院,在縣（餘姚縣）南一十五里。晉開運二年建,號興安院。治平三年,改賜今額。

（宋）施宿：《嘉泰會稽志》卷八

慈聖院,在縣（餘姚縣）南七十里。晉開運二年建,號白雲院。治平三年,改賜今額。

（宋）施宿：《嘉泰會稽志》卷八

等慈寺,在縣（上虞縣）東一里。梁天監二年建,始曰化民院,後改上福禪院。會昌毀廢。咸通元年重建。後唐長興四年,改上福寺。祥符元年,又改等慈。

（宋）施宿：《嘉泰會稽志》卷八

　　興教禪院,在縣(上虞縣)西南四十里。唐乾符六年建,號建福院。天祐三年,吳越改象田院。太平興國九年,改賜今額。

(宋)施宿:《嘉泰會稽志》卷八

　　智果院,在縣(上虞縣)東十里。後唐清泰元年建,號建福院。大中祥符元年,改賜今額。

(宋)施宿:《嘉泰會稽志》卷八

　　明教院,在縣(上虞縣)西北二十里。後唐清泰元年建,號仙壽院。大中祥符元年,改賜今額。

(宋)施宿:《嘉泰會稽志》卷八

　　重明院,在縣(上虞縣)西北四十里。唐大順二年,於古興善寺基改建。尋賜機證禪院額,其額用絹素書,今存。同光四年,吳越改給今額。

(宋)施宿:《嘉泰會稽志》卷八

　　普靜院,在縣(上虞縣)西北七十里。晉天福七年,號報恩院。大中祥符元年,改賜今額。

(宋)施宿:《嘉泰會稽志》卷八

　　法果院,在縣(上虞縣)西南五十里。晉天福六年建,號含珠院。初,閩僧從契栖隱於此,邑人馮貴爲創禪齋焉。大中祥符元年,改賜今額。

(宋)施宿:《嘉泰會稽志》卷八

　　栖禪院,在縣(上虞縣)南三十五里。唐開成三年建,號錢溪院。會昌廢。光化元年重建。天復三年,吳越改錢溪羅漢院。大中祥符元年,改賜今額。

(宋)施宿:《嘉泰會稽志》卷八

智度院,在縣(上虞縣)西南三十里。晉天福七年建,號光相院。舊寺在黃茅嶺下,和尚山之巔,遺址宛然。寺之未遷也,其鐘磬之聲,與今寺之山相應,後乃遷此。大中祥符元年,改賜今額。

(宋)施宿:《嘉泰會稽志》卷八

諸林院,在縣(上虞縣)東南七里,後唐長興三年建。漢乾祐二年,吳越給額。

(宋)施宿:《嘉泰會稽志》卷八

勝因院,在縣(上虞縣)南六十里。晉天福七年建,號永清院。大中祥符元年,改賜今額。

(宋)施宿:《嘉泰會稽志》卷八

澄照院,在縣(上虞縣)南四十里。晉天福二年建,號涼泉院。大中祥符元年,改賜今額。

(宋)施宿:《嘉泰會稽志》卷八

東資聖院,在縣(上虞縣)南十五里。晉天福八年建,號聖壽院。大中祥符元年,改賜今額。

(宋)施宿:《嘉泰會稽志》卷八

法界院,在縣(上虞縣)北一十里,唐咸通二年建。後唐同光二年,吳越給利濟院額。大中祥符元年,改賜今額。

(宋)施宿:《嘉泰會稽志》卷八

栖仁院,在縣(上虞縣)南三十五里。唐天復三年,僧行先建。晉天福七年,吳越給額。

(宋)施宿:《嘉泰會稽志》卷八

太岳院,在縣南五十里,本晉白道猷結庵之地。後唐清泰元年,陳師益等建。

(宋)施宿:《嘉泰會稽志》卷八

明因院,在縣(上虞縣)東南一十里,晉天福五年建。開運四年,吳越給福泉院額。治平三年,改賜今額。

(宋)施宿:《嘉泰會稽志》卷八

瑞像院,在縣(上虞縣)西南一十五里。晉天福六年,於古南源院基上建。開運四年,吳越給額。

(宋)施宿:《嘉泰會稽志》卷八

海惠院,在縣(上虞縣)東南十五里。晉天福七年建。漢乾祐二年,吳越給仙鳳院額。治平三年,改賜今額。

(宋)施宿:《嘉泰會稽志》卷八

化度院,在縣(上虞縣)東南一十里。晉天福五年建,號雲溪院。大中祥符五年,改賜今額。

(宋)施宿:《嘉泰會稽志》卷八

净衆院,在縣(上虞縣)西北五十里。晉天福四年建,賜名見明院。治平二年,改賜今額。

(宋)施宿:《嘉泰會稽志》卷八

福祈禪院,在縣(上虞縣)西北三十五里,晉天福四年建。

(宋)施宿:《嘉泰會稽志》卷八

涌泉院,在縣(上虞縣)南二十里,漢乾祐二年建。

(宋)施宿:《嘉泰會稽志》卷八

雲居寺,在縣(新昌縣)東北三十里,宋元嘉二年建。會昌毀廢。
晉天福九年,吳越重建,號石門寺。大中祥符元年,改賜今額。

(宋)施宿:《嘉泰會稽志》卷八

大明寺,在縣(新昌縣)東北二十五里。昔沙門法乾支道林帛道
猷下築東峁山。晉隆和元年,賜號東峁寺。會昌毀廢。後唐同光元年
重建,後徙高砩。大中祥符元年,改賜今額。

(宋)施宿:《嘉泰會稽志》卷八

七寶院,在縣(新昌縣)西南五里,舊號元華寺。齊永明中,盂蘭
法師建。會昌廢。晉開運三年,趙仁爽見岩龕有石佛千身,重建院
宇,改千佛院。大中祥符元年,改賜今額。

(宋)施宿:《嘉泰會稽志》卷八

福聖院,在縣(新昌縣)北八十步。周顯德元年,僧昭度建。五
年,吳越給無礙浴院額。大中祥符元年,改賜今額。

(宋)施宿:《嘉泰會稽志》卷八

寶嚴院,在縣(新昌縣)西九十步。晉開運二年,趙仁爽建。漢乾
祐二年,吳越給釋天院額。大中祥符元年,改賜今額。

(宋)施宿:《嘉泰會稽志》卷八

慧雲院,在縣(新昌縣)東南六十里。唐會昌六年,僧師祐建。後
唐清泰二年,吳越給九岩院額。大中祥符元年,賜今額。東廡有水出
石罅間,名蒙泉。

(宋)施宿:《嘉泰會稽志》卷八

廣福院,在縣(新昌縣)東南六十里。周廣運(順)元年,大寂禪

師德韶建,號天姥院。至道三年,改賜今額。

(宋)施宿:《嘉泰會稽志》卷八

鶩峰院,在縣(新昌縣)東南六十里,本號靈岩院,唐天寶三年建。會昌廢。後唐清泰二年重建,嘉祐七年,改賜今額。

(宋)施宿:《嘉泰會稽志》卷八

昌法院,在縣(新昌縣)東四十里,本號靈慶院,周廣順元年建。治平三年,改賜今額。

(宋)施宿:《嘉泰會稽志》卷八

保福院,在縣(新昌縣)東一十五里,本號遵德保安院,周顯德三年建。治平三年,改賜今額。

(宋)施宿:《嘉泰會稽志》卷八

香林院,在縣(新昌縣)東北三十里,本號梅林院,周顯德四年建。

(宋)施宿:《嘉泰會稽志》卷八

普閏院,在縣(新昌縣)西三十五里。晉天福六年建,號華嚴院,後改清潭院。治平三年,改賜今額。

(宋)施宿:《嘉泰會稽志》卷八

普門院,在縣(新昌縣)東三十里,本號觀音院,晉天福八年建。治平三年,改賜今額。

(宋)施宿:《嘉泰會稽志》卷八

方廣院,在縣(新昌縣)東北一十五里,元號華嚴院,乾德六年建。治平三年,改賜今額。

(宋)施宿:《嘉泰會稽志》卷八

普滿寺,在縣(餘姚縣)東北之十里。前志云:周顯德六年建,號靈瑞塔院。大中祥符元年,改賜今額。

(宋)張淏:《寶慶會稽續志》卷三

清化全付禪師抵宜春仰山,禮南塔,爲涌和尚印可,安福縣爲建禪院。聚徒本道上聞,賜名清化。後還故國。吳越文穆王特加禮重,晉天福二年,錢氏戌將爲師闢雲峰山建院,亦以清化爲名。

(宋)施宿:《嘉泰會稽志》卷一五

法界院,在縣(上虞縣)北一十五里。《圖經》及前《志》云:唐咸通二年建。後唐同光二年,吳越給利濟院額。大中祥符,改今額。

(宋)張淏:《寶慶會稽續志》卷三

祖印院,在縣(新昌縣)西南二十里。初,開元時,僧神楷造維摩大疏一十二卷,映水就岩搏泥自像。楷,高僧也,嘗爲洛陽西明首座,明皇欽崇之。遺址有庵。……五代時,錢氏以院分屬新昌。

(宋)張淏:《寶慶會稽續志》卷三

李後主題額在崑山惠聚寺大殿前。二樓曰:經臺、鍾臺。淳熙中,寺焚無遺迹矣。

(宋)范成大:《紹定吳郡志》卷九

廣化寺,在長洲縣西一十步。梁乾元(化)三年,諸葛氏捨宅爲之,名崇吳禪院。本朝大中祥符元年,改賜今額。

(宋)范成大:《紹定吳郡志》卷三一

報恩寺,在長洲縣西北,即吳先主母吳夫人捨宅所建,通玄寺基也。支硎山亦有報恩寺,或云錢氏建,移額於此。寺有小院五,曰文殊,曰法華,曰泗洲,曰水陸,曰普賢。有塔十一級,兵燼,後有行者金大圓募衆復建，僅能九級，所費計數十萬緡。寺有卧佛，北人多呼爲卧佛寺。舊又有不染塵觀音像，高數丈，今復塑者，徒存其名云。

(宋)范成大：《紹定吴郡志》卷三一

開元寺，在吴縣西南。即後唐同光錢氏所徙寺也。

(宋)范成大：《紹定吴郡志》卷三一

水月禪院，在洞庭山縹緲峰下。梁大同四年建，隋大業六年廢。唐光化中，僧志勤因舊址結廬。天祐四年，刺史曹珪以明月名之。皇朝祥符間，詔易今名。

(宋)范成大：《紹定吴郡志》卷三三

壽聖院，在吴縣西南二十里。天福五年，吴越國中吴軍節度使威顯公文奉創建，以奉其父廣陵王元璙墓祀，初名吴山院。至本朝治平中，改賜今額。

(宋)范成大：《紹定吴郡志》卷三三

彌勒禪院，在吴縣西南一百里洞庭東山。乾符年間，吴越王建。

(宋)范成大：《紹定吴郡志》卷三四

法海寺，在吴縣西七十里洞庭東山，隋將軍莫鰲捨宅所建寺也。後梁乾化間，改祇園。皇朝祥符五年，改今名。

(宋)范成大：《紹定吴郡志》卷三四

永安寺，在常熟縣東北七十里。興於乾元間，咸通二年易其幢塔。顯德中，得州符而鼎新之。

(宋)范成大：《紹定吴郡志》卷三六

净居禪院，在常熟縣西北八十七里，舊尊勝禪院也。始於梁大同二歲,唐會昌廢。大中初,詔復天下精舍,院復興。廣順中,錢氏有土,僕射陳滿憫其隳陋,首出己財,集群庶同作佛殿。其後,始獲禪子堯鋤荒以廣其地,端徑以闢其門。

（宋）范成大:《紹定吳郡志》卷三六

　　法喜寺,在吳江縣東九里。後唐長興元年,統軍趙君之倡也,始曰崇福。本朝更賜今名。

（宋）范成大:《紹定吳郡志》卷三六

　　應天禪院,在吳江縣西南一百里。《僧曇義記略》云:唐大中七年歲癸酉,里民沈揆捨莊第營之。迄乾符二年乙未歲,刺郡者始以狀聞,詔下賜今額。周顯德二年歲在乙卯,始建殿宇,始立佛像、香炬、鍾梵,蔚爲道場。

（宋）范成大:《紹定吳郡志》卷三六

　　太平興國寺,在縣(歙縣)西南。唐至德二載建,號興唐寺。寺門踞兩峰間,下瞰溪流,州西勝處也。始唐有聖像閣,後營葺寖盛,僧房經閣飛跨岩谷。大曆末,呂渭爲州司馬,嘗於寺之隙爲堂讀書,晨入夕還,既去以遺寺僧,故至今有呂侍郎祠。舊不顯,呂侍郎所以建祠本末,後訪得《祥符經》其説云爾。唐末楊氏改爲延壽寺,南唐復爲興唐寺。國朝開寶九年復爲延壽,太平興國四年敕改今名,而民間亦呼爲水西寺。

（宋）羅願:《新安志》卷三

　　昭慶禪院,在縣(歙縣)東。唐光化中,刺史陶雅建,舊號寶相禪院。大中祥符元年二月敕改。

（宋）羅願:《新安志》卷三

　　大中祥符禪院,在黃山天都峰下。先是,唐刺史李敬方作龍堂於湯之西。天祐九年,刺史陶雅建寺,號湯院。南唐保大二年,改靈泉院。大中祥符元年十月，敕改今名。挂石爲魚，其聲清越。

（宋）羅願：《新安志》卷三

乾明禪院，在（歙縣）登瀛鄉清平里。南唐建，號安國院。太平興國五年三月敕改。

（宋）羅願：《新安志》卷三

水陸院，在（歙縣）寧仁鄉神山里，吳順義年中建。

（宋）羅願：《新安志》卷三

白蓮院，舊在縣（歙縣）治側，唐天祐二年建。

（宋）羅願：《新安志》卷三

惠化院，在（歙縣）仁愛鄉，唐乾寧中建，號天王廟。天祐十四年改。

（宋）羅願：《新安志》卷三

江祈院，在（歙縣）孝悌鄉千秋里，吳順義二年建。

（宋）羅願：《新安志》卷三

靈山院，在（歙縣）平遼鄉新安里，唐天祐三年敕建。今爲禪院。

（宋）羅願：《新安志》卷三

溪頭院，在（歙縣）仁禮鄉溪頭里，唐景福中建。

（宋）羅願：《新安志》卷三

漢洞院，在（歙縣）仁愛鄉富資里，大中二年建。此據《祥符經》云爾。今院有南唐保大中碑，稱院曆會昌中廢，大中、咸通中復。則寺亦不特始於大中也。

（宋）羅願：《新安志》卷三

興福院,在(歙縣)中鵠鄉遷喬里,唐光化中建。

（宋）羅願：《新安志》卷三

靈康院,在(歙縣)永豐鄉谿上,一徑通太平興國寺,唐天祐八年建。

（宋）羅願：《新安志》卷三

葛塘院,在(歙縣)平遼鄉,唐天祐八年建。

（宋）羅願：《新安志》卷三

富山院,在(歙縣)仁禮鄉,唐景福中建。

（宋）羅願：《新安志》卷三

周流院,舊在(歙縣)永豐鄉岑山上,鬱然孤峰,溪水環之,故寺以爲名。唐天祐八年建,今稍徙溪西二里許。

（宋）羅願：《新安志》卷三

保安院,在(歙縣)孝悌鄉,唐天祐五年建。

（宋）羅願：《新安志》卷三

資福院,在(歙縣)明德鄉。唐天祐元年建。

（宋）羅願：《新安志》卷三

香油院,在(歙縣)長樂上鄉佛溪里,吳順義六年建。

（宋）羅願：《新安志》卷三

崇法禪院,在縣(祁門縣)城内,舊名西林水陸院,南唐時置。太平興國五年十月敕改。

(宋)羅願:《新安志》卷四

珠溪壽聖院,在(祁門縣)福廣鄉,舊名珠溪資福院,唐光化二年建。大中祥符三年敕改。有唐時謙禪師塔,五六十年前嘗遷之,骨身宛然。

(宋)羅願:《新安志》卷四

忠國顯親下院,在(祁門縣)福廣鄉,舊名霄溪資聖院,唐乾寧三年置。大中祥符八年敕改永恩,建炎初改今名。

(宋)羅願:《新安志》卷四

廣福寶林禪院,在(祁門縣)仙柱上鄉。唐末有僧清素,自言從五臺來,眉目端秀,髮覆額,俶儻多異。時縣人鄭傳保據,號司徒,師造其壘,求安禪之地。傳爲言自紫溪入西峰,有地數畝,無人迹,古木清秀,澗中有洞穴,神龍居之,其旁可以安禪。師曰:“吾今夕當飛錫往觀之。”傳館之於樓,扃鐍嚴甚,比夜半失之,及明寢自若也。謂傳曰:“吾已用錫表其處,坤山而壬首,自此以往者,涉溪三十六,度嶺二十四。”傳使人視之,壠上新有行迹,他皆如其言,大敬異之。爲築室百餘間,白刺史陶雅,請於楊氏,號上元寶林禪院。開壇度僧,時光化二年也。傳嘗以久旱,結采爲樓,從師求雨。師表竹於樓之四隅,曰“雨於竹外”。已而果然。揚州旱,令屬郡遍禱,群祀雅夢偉人,自稱汪王,爲雅言師乃水晶宮菩薩也,有五龍可往求之。乃請師,師曰:“吾已遣施雨揚州三晝夜矣。”楊氏封禪大德,住山十七年,聚僧數百人,一旦盡散其衆而逝。其骨身在今塔下。始師嘗作歌偈,有“文殊遣我來”之語。元豐三年,賜號慧應大師。饒州亦奏請賜神慧禪師。紹興十三年八月,加神慧永濟禪師。先是楊氏遺師紫衣,不受,求錦襖著之。每往還池陽,有馮姥者見,常迎勞,爲設酒,乃脱襖爲贈。使遇禱

雨,暘出而浴之,並錫杖鐵笛戒牒,皆見存而院。以熙寧二年,改壽聖
寶林。隆興間,凡壽聖例改廣福云。

（宋）羅願：《新安志》卷四

石門禪院,在（祁門縣）製錦鄉,唐光化二年建。

（宋）羅願：《新安志》卷四

靈泉院,在（祁門縣）福廣鄉泉水里,唐乾寧三年建。

（宋）羅願：《新安志》卷四

大起禪院,在（婺源縣）萬安鄉,唐乾寧二年置。

（宋）羅願：《新安志》卷五

保安禪院,在縣城（婺源縣）,吳順義三年置。

（宋）羅願：《新安志》卷五

靈隱禪院,在（婺源縣）浙源鄉,唐天祐元年置。

（宋）羅願：《新安志》卷五

天王院,在（婺源縣）丹陽鄉,唐乾符元年置。天復二年賜額。州
《新經》云:天福二年建。非,天福是後晉年號,南唐不以爲稱,此自唐昭宗天
復耳。

（宋）羅願：《新安志》卷五

資福院,在（婺源縣）游汀鄉,建隆二年置。

（宋）羅願：《新安志》卷五

金剛般若院,在（婺源縣）浙源鄉,唐天祐二年置。

（宋）羅願：《新安志》卷五

嶵崌院,在(婺源縣)丹陽鄉,吳順義年中置。

（宋）羅願:《新安志》卷五

龍泉院,在(婺源縣)游汀鄉,吳順義七年置。

（宋）羅願:《新安志》卷五

湖山院,在(婺源縣)丹陽鄉,吳順義三年置。

（宋）羅願:《新安志》卷五

白塔院,在縣(婺源縣)西八十里,吳乾正三年置。

（宋）羅願:《新安志》卷五

山房院,在(婺源縣)懷金鄉,吳大和元年置。

（宋）羅願:《新安志》卷五

靈仙院,在(婺源縣)萬安鄉,南唐天祚二年置。

（宋）羅願:《新安志》卷五

明節尼院,在縣東(婺源縣),吳乾正三年置。

（宋）羅願:《新安志》卷五

崇福院,在(績溪縣)修仁鄉常溪里,唐光化二年建。

（宋）羅願:《新安志》卷五

藥師院,在(績溪縣)新安鄉永寧里,唐天祐二年建。

（宋）羅願:《新安志》卷五

遵孝寺,在(黟縣)會昌鄉延福里。舊名石盂崇福院,唐天復三年後改。

（宋）羅願：《新安志》卷五

精林院,在(黟縣)會昌鄉歷陽里,唐乾寧五年建。

（宋）羅願：《新安志》卷五

惠安寺,在剡山之陽,舊曰般若臺寺,又曰法華臺寺。晉義熙二年,南天竺國有高僧二人入金華,師道深弟子竺法,深授《阿毗譚論》一百二十卷。甫一宿而誦通,道深遂讚法友,釋迦重興。今光授記,遂往剡東峁山,復於剡山立般若臺寺。會昌廢,咸通八年重建,改法華臺寺。天祐四年,吳越武肅改興邑寺。大中祥符元年,改今額。《十道志》曰:西臺寺,今法臺寺是也,陳惠度所立。

（宋）高似孫：《剡録》卷八

圓超寺,在剡山之西,舊曰靈庵岫。晉天福六年,建奉國院。大中祥符賜今額。

（宋）高似孫：《剡録》卷八

瑞像寺,在邑之東,吳越武肅王所創。唐景福元年。

（宋）高似孫：《剡録》卷八

實性院,在剡山之西,唐曰清泰院。唐乾元中,建清泰院。會昌廢。晉天福七年重建,大中祥符元年賜今額。

（宋）高似孫：《剡録》卷八

超化院,在剡門之北,其後枕剡坑,有林澗之美。晉天福七年,建水陸院。大中祥符改今額。

（宋）高似孫：《剡録》卷八

明心院,四山環合,自成一嶼,寺在其中,前臨松嶺,路通吳越。
建隆二年,陳承郼捨宅建,號黃土塔院。大中祥符,改今額,在縣北二里。

(宋)高似孫:《剡録》卷八

福感寺,依小坡,有竹,前有橋,橋下澗水通焉。晉天福四年建,號
報恩。大中祥符改,東二十五里。

(宋)高似孫:《剡録》卷八

普安寺,居坦平,後依山,甚高峻,號白雲山。雲起即雨,山中林
木,前有池。宋元嘉二年建,會昌廢,後唐清泰二年興。

(宋)高似孫:《剡録》卷八

資福寺,在平野,後有小山,東望四明山,前鑿小池。晉天福八年
建,號增福。大中祥符改,東三十里。

(宋)高似孫:《剡録》卷八

尊勝寺,在小坡陀中,山枕四明山,寺之山曰清泉山。凡寺之内
外前後,每鑿地三尺,必得水,雖地有高下,無所異,丈室之前,有兩
池,清潔紺碧。宋永嘉二年,曰厚山院。會昌廢,天福六年建。治東四十里。

(宋)高似孫:《剡録》卷八

華藏寺,居陽坡,有竹樹,左爲四明山,乃茹蘭禪師所立。晉開運
二年,號雲峰院。大中祥符改。東四十五里。

(宋)高似孫:《剡録》卷八

法祥寺,據山,山勢秀拔,左右環擁,林木陰翳,寺之後有峰曰獅
子頂,距寺三里有靈鵝山。世傳右軍鵝池中,鵝飛至山中。山有石鼓洞,
洞爲穴二,高七丈,有二石鼓。晉時於此山,置石鼓山。洞中可坐一二十
人,清净澄邃,洞之前有澗水潺湲。宋元嘉二年,號延福。會昌廢。後唐清

泰二年興，大中祥符改法朗，又改今額。治東七十里。

（宋）高似孫：《剡録》卷八

明覺寺，據山後，依燕尾峰，面獨秀峰，林木環聳。山中有七井，其一大者深五丈，闊一丈，有一靈鰻，若大椽，常見之。寺之左有白蓮龍潭，下有大壑，曰白蓮池。寺始於長安營焉。後有老師望一處有靈光，遂遷寺，今謂之光明塘。後有聞山中鐘鼓聲者，又遷今所。梁大通元年，智遠禪師建禪林寺。會昌廢。晉天福建，大中祥符改今額。南二十里。

（宋）高似孫：《剡録》卷八

天竺寺，宅山之腰，山極崇峻，多篠竹，前山亦巍竦。寺之前有石曰"安禪石"四五枚，又有破石，石平爲半，有清澗環激。晉天福七年建，號西明院。祥符改今額。縣之西二十里。

（宋）高似孫：《剡録》卷八

顯净寺，在平嶼左右，有松竹寺，有八池，水甚清美，其西廡有白鶴井。齊永明三年建青林寺。會昌廢，後唐長興元年建。大中祥符元年改。縣西二十里。

（宋）高似孫：《剡録》卷八

悟空寺，據高岩，前有巨壑，又東有山澗，通蛟井。周廣順元年於古烏流寺基，建保安院。治平二年改。在縣西二十里。

（宋）高似孫：《剡録》卷八

大明寺，居獨秀山，面大谿，有古井，可五尺深，數尺水不曾少竭。山之西爲韶國師所鑿，有坑，甚深。晉天福四年，有姚氏女捨宅爲寺，曰崇明寺。治平二年，改今額。縣西三十里。

（宋）高似孫：《剡録》卷八

真如寺,白道猷行谿而來登,山腰有禮拜石,石上有兩穴,膝如陷焉。山中築庵,道猷居焉。其後,於山之坦平者立刹,四圍山林蔚茂,峰巒峻拔,澗溪繞寺,清汲皆通,澗水入於五龍山潭。周顯德元年,號寶壽院。大中祥符改。西四十里。

（宋）高似孫:《剡録》卷八

宣妙寺,居法華山,林樾清邃,山有大士井,泉味清美,深無底。東麓有清泉,筒引以入於寺,其東二小池植蓮。宋元嘉二年,號崇明寺。會昌廢。晉天福四年建,治平改。西四十里。

（宋）高似孫:《剡録》卷八

戒德寺,依火爐尖山,山甚秀拔,如星子峰。前有松林,左右皆松竹,二池澄潔。齊永明三年,置光德院。會昌廢,天福七年建。西四十里。

（宋）高似孫:《剡録》卷八

證道寺,居五龍山,峭崖絶壁,上攀雲霄,竹樹蔭蔽。前有蔭澗,來自寶壽山,注於龍潭。潭有五山,中有晉高僧白道猷道場。山中產茶,不在日注,下取潭中水瀹茶,尤絶奇。治西四十五里,晉開運元年,號五龍院。

（宋）高似孫:《剡録》卷八

定林寺,依山林,壑崇峻山抱其右,其左翼以太谿水,石清湍水,出於黃院。相去五里,有響岩雨,下則岩響,又有東泄潭,有龍居焉。其左有山,曰石姥山。宋元嘉二年,號松山院。會昌廢,晉天福重建,治平改。西四十五里。

（宋）高似孫:《剡録》卷八

上鹿苑寺,山自太白山來,有姚聖姑者,來赴下塵,梵供不納,遂披雲登山,中曳裾止處,有靈犬隨之,遂立寺。盧天驥《游鹿苑寺山詩》:"喜策尋春杖,登高不待扶。蟻寒穿柳影,蜂暖飽花鬚。把酒憐櫻笋,臨流憶鱖魚。他時公事了,方有醉工夫。"宋元嘉七年,姚聖姑於西山造披雲院。晉天福七年,吳越改披雲寺。治西四十五里。

(宋)高似孫:《剡録》卷八

(慈恩寺)塔自兵火之餘,止存七層。長興中,西京留守安重霸再修之,判官王仁裕爲之記。

(宋)張禮:《游城南記》

唐季盜起,吳門之内,寺宇多遭焚剽。錢氏帥吳,崇尚尤至,於是修舊圖新,百堵皆作,竭其力以趨之,唯恐不及。郡之内外,勝刹相望,故其流風餘俗,久而不衰。民莫不喜蠲財以施僧,華屋邃廊,齋饌豐潔,四方莫能及也。寺院凡百三十九,其名已列《圖經》。

(宋)朱長文:《吳郡圖經續記》卷中

承天寺,在長洲縣西北二里。故傳是梁時陸僧瓚故宅,因睹祥雲重重所覆,請捨宅爲重雲寺。中誤書爲重玄,遂名之。韋蘇州《登寺閣》詩云:"時暇陟雲構,晨霽澄景光。始見吳都大,千里鬱蒼蒼。山川表明麗,湖海吞大荒。"即此寺也。錢氏時,又加繕葺,殿閣崇麗,前列怪石,寺中有別院五:曰永安,曰净土禪院也,曰寶幢,曰龍華,曰圓通教院也。

(宋)朱長文:《吳郡圖經續記》卷中

報恩寺,在長洲縣西北二里半,在古爲通玄寺。吳赤烏中,先主母吳夫人捨宅以建。……大順二年,爲淮西賊孫儒焚毀,其地遂墟。同光三年,錢氏東造寺於吳縣西南三里半,榜曰開元,並其僧遷焉。即今之開元寺也。今開元寺有瑞像閣,乃別加塑飾,其帝青石鉢猶存。周顯德中,錢氏於故開元寺基建寺,移唐報恩寺名於此爲額,即今寺也。

(宋)朱長文:《吳郡圖經續記》卷中

承天萬壽禪院,在長洲東南。錢氏時,中吳從事丁守節,即晉公之祖也,於其所居東南隅唐長壽寺之舊基,鉏荒架宇。祥符中,晉公請改賜今額。天聖初,闢爲禪刹。

（宋）朱長文:《吳郡圖經續記》卷中

瑞光禪院,在盤門内。故傳錢氏建之,以奉廣陵王祠廟。今有廣陵像,及平生袍笏之類在焉。

（宋）朱長文:《吳郡圖經續記》卷中

廣化禪院,在長洲縣西。錢氏時,大校捨所居以置。

（宋）朱長文:《吳郡圖經續記》卷中

明覺禪院,在長洲縣東南,俗所謂東禪者。晉開運中,有僧遇賢,姓林氏,嘗以酒食自縱。酒家或遇其飲,則售酒數倍於他日,世號爲酒仙。而能告人禍福必驗,與符治疾者必瘥。建隆二年,來居是院,創佛屋,修路衢,無慮用錢數百萬。雖稱丐於人,而人不知其所從得者。蓋其容似靈岩智積聖者,而每與人符,以陳僧爲識。或謂爲後身,其塑像今在院中。

（宋）朱長文:《吳郡圖經續記》卷中

天峰院,在吳縣西二十五里,報恩山之南峰。東晉時,高僧支遁者嘗居於此,故有支硎之號。山中有支遁石室、馬迹石、放鶴亭,皆因之得名。昔唐自有報恩寺在山麓,故樂天夢得游報恩寺作詩。蓋自武宗時,報恩寺廢,雖興葺不能復故。皮、陸猶有報恩寺南池聯句。其後益淪壞。至乾德中,錢氏於報恩寺基作觀音院,今名楞伽院。即其地也。所謂南峰者,乃古之報恩寺屬院耳。院枕岩腹躋,攀幽峻。自報恩寖衰,而南峰乃興。大中五年,號爲支山。天福五年,改曰南峰。聖朝賜以今額。

（宋）朱長文:《吳郡圖經續記》卷中

澄照寺,在長洲縣西北陽山下。方俗以爲丁令威所居。《圖經》吳縣界有丁令威宅,此殆是歟。錢氏時,有泉出於寺中,因名仙泉,後改曰澄照寺。

(宋)朱長文:《吳郡圖經續記》卷中

明因禪院,在橫山下,廣陵王元璙墓在其旁,故號薦福。昔義懷禪師居此終焉。院有藏經,故傳廣陵姬媵所書。

(宋)朱長文:《吳郡圖經續記》卷中

智顯禪院,在橫山下。梁人吳廣施所居爲寺,號曰寶林。錢氏改名寶華,故今名寶華山。

(宋)朱長文:《吳郡圖經續記》卷中

水月禪院,在洞庭山縹緲峰下,抵吳縣百里。建於梁,廢於隋。至唐光化中有浮圖志勤者,結廬於此,因而經營至數十百楹。天祐四年,刺史曹珪以明月名之。大中祥符中,易今名。山旁有泉甘潔,歲旱不涸。

(宋)朱長文:《吳郡圖經續記》卷中

興福寺,在常熟縣破山,爲海虞之勝處。齊郴州刺史倪德光捨宅爲寺。唐常建詩云:“竹徑通幽處,禪房花木深。山光悅鳥性,潭影空人心。”即此地也。山中有龍門澗,唐貞觀中,山中嫗生白龍,與一龍鬥於此,而成此磵。有空心潭,因常建詩以立名。有御賜鐘,唐懿宗咸通六年所賜。有文舉塔,體如塔二人者,唐之高僧也。有救虎閣,五代時,僧彥周爲虎拔箭於此。

(宋)朱長文:《吳郡圖經續記》卷中

智果院,在錢塘西湖之北,葛嶺之上。後唐開運元年,吳越錢氏所建也。

(明)徐一夔:《始豐稿》卷七

海陵東臺聖果院,有古井欄,相傳南唐保大中造。舊有縆迹,深寸許,今復生合,而志文亦漫滅莫辨,疑活石云。

(明)陳耀文:《天中記》卷八

潭州城北開福寺,五代馬王時所建,殿宇宏麗,唯經藏未作轉輪,邦人前後欲營之,輒不果。政和四年甲午,住持僧文玉始拆舊藏欲新之,於棟間得一板,題四十五字云:"吾造此藏,魔障極多,初欲爲轉輪,衆議不可。後二百年,當有成吾志者。是時住院者荆山璞,化緣者中秋月,匠人弓長玉。"傳示於衆,莫能曉。有識者解之曰:"荆山璞,即文玉也;中秋月,即化緣僧智圓也;弓長者,塔匠張其姓也。"推考立寺之歲,當梁正明元年己亥,正馬氏有國時,恰二百年矣。

(宋)洪邁:《夷堅支景》卷六

明聖觀音禪院。梁乾化元年置。經藏樓碑,晉徐臺符撰。

定力禪院。本梁舊,後唐同光二年置,天成三年立今額,院記宋李昉撰。

普净禪院。唐長興二年置,晉天福四年立今額。案:《游普净院序》陶穀撰,趙安仁書。

(宋)晁載之:《續談助》卷二

景德寺,本相國寺之東圃。周顯德中置寺,六年曰天壽。景德三年改今額。案:舍利塔碑,陶穀撰。

天清寺,在繁臺上,周顯德二年置,在清遠坊,六年徙於此。《三門記》王著撰。有興慈塔,開寶中建。

(宋)晁載之:《續談助》卷二

普安禪院,周顯德五年置。有殿二,南曰隆福元德皇后殿,北曰重徽明德皇后、章穆皇后殿。《水陸大齋碑》,晏殊撰。

(宋)晁載之:《續談助》卷二

報慈寺,本梁祖故第,乾化四年置。寺碑,梁鄭玨撰。

寶相禪院,後唐長興元年置,晉天福三年立,有彌勒閣。

(宋)晁載之:《續談助》卷二

梁滑州明福寺彥暉傳

釋彥暉,姓孫氏,今東京陽武縣人也。佩觿之歲,聞父讀《金剛般若》,瞪目凝聽,澹然歡喜。又屬家内齋僧,磬梵俱作,於簾幕之下合掌欣然。登年十五,隨師學法,往太原、京兆、洛陽聽采忘勞。年滿,於嵩山少室寺受大戒,隸習毗尼,頗通深趣。次尋經論,皆討玄源。且曰:"爲善不同,同歸乎治。治則戒、定、慧也。入聖機械,此三治性之極致也。"屆洛都,先達無不推伏。至乎四部悉仰柔明,臨鑒則戚少欣多,執瓶則荷輕持重。三衣之外,百一之資,量足而供,更無餘長。所行慈忍,匪事規求。不畜門徒,惟勞自己,勤勤化導,默默進修。是故南燕之人號爲佛子。初寄明福寺,講《百法論》也。四海英髦,風趨波委,恒溢百餘,且多俊邁,精研論席,鑽仰經宗。其聞碩學兼才,故有分爲上下十惡。十惡者,若八伯之號焉。上十惡則洞閑性相,高建法幢,宗因喻三,立破無滯。下十惡則學包内外,吟咏風騷,擊論談經,聲清口捷,贊揚梵唄,表白導宣。蓋因題目之分,乃極才能之際,云惡則倒背之言,乃是極善也。其門弟子爲若此也。暉《因明》、《百法》二論各講百許遍,出弟子一百五十餘人,著鈔曰滑臺,盛行於世。以乾化元年秋八月三日,氣力薾然而奄化矣。春秋七十二,法臘五十二。滑人追慕其德,二衆三百餘人奉神柩歸葬於陽武縣側,營小塔焉。

(宋)贊寧:《宋高僧傳》卷七

梁東京相國寺歸嶼傳

釋歸嶼,姓湄氏,壽春人也。父元旭知子敏利,授以《詩》《書》,誦覽記憶,彌見過群從諸子。而竊願出塵,父母允其頻請,乃禮本郡開元寺道宗律師爲力生焉。未及周星,念通《法華》《仁王》二經。登於弱冠,而全戒足,矜持三行,靡曠四儀,習聽新章,尋通講授。後聞洛京、三輔經論盛行，結侶求師。僅於十載，疏通性相，精大小乘，名數一支，《因明》一學，《俱舍》《唯識》《維摩》《上生》，皆深藏若虚也。復往南燕就暉公，重覆所學，研朱益丹，猶慨義章未爲盡善。乃之今東京相國寺，遂糅《新鈔》，講訓克勤，門生領悟。時朱梁後主與嶼丱角、同學庠序，狎密情濃，隔面年深。即位半載，下詔訪之。嶼雖知故舊，終歲不言。事不可逃，應召方入。帝見悲喜交集，宜賚豐厚。時屬嘉慶節，曾下敕止絶天下薦僧道恩命，其年獨賜嶼紫衣，仍號演法大師。兩街威儀迎導，至寺，兼敕東塔御容院爲長講院。時閩帥，以聖節進《金剛經》一藏、絹三百匹，盡賜嶼焉，法侶榮之。然睹舊鈔有所不安，未極其理，遂搜抉精義於三載，著成二十卷，號曰《會要草字》，寫畢進呈。帝覽賞嘆，敕令入《藏》，嶼苦辭乃止。如是十五年中，唱導無怠，學徒繼榮、贍公相繼傳持。至後唐清泰三年十月十日，謂門人供演曰：“余氣力惙然，無常將至，汝好住修進。”焚香合掌，初夜長逝，春秋七十五，僧臘五十五。即以其月十六日遷塔於京東郊寺莊東岡焉。

（宋）贊寧：《宋高僧傳》卷七

後唐洛陽長水令諲傳

釋令諲，姓楊氏，陝府閿鄉人也。幼而履操，回求出俗。得本邑之師，授《净名經》。年既應法，乃納戒津。大小乘教兼而學之。於名數法門，染成淳粹。《彌陀》《中觀》，斡及膏腴，聲光振發，莫之與京。因游洛南長水，遇歸心檀信構伽藍，就中講貫。一論一經，三十載中宣化，計各五十餘遍。日別誦《維摩》《上生》，以爲恒課。執行持心而絶瑕類，遠近宗承，若望梅者得飲焉。以清泰二年乙未歲終於邑寺，春秋七十一，法臘五十一。其年遷於山麓，徇西域法火葬，獲舍利，學人檀越共建塔焉。

（宋）贊寧：《宋高僧傳》卷七

後唐定州開元寺貞辯傳

釋貞辯，中山人也。少知出塵，長誓修學。克苦之性，人不堪其

憂。一志聽尋，暇則刺血書經，又鍼血盡立觀自在像、慈氏像等。嘗
因行道困息，有二天女來相撓惱，辯誓之曰："我心匪石，吾以神咒被
汝。"彼衆不容去。自此道勝，魔亦無蹤。辯負笈抵太原城聽習，時中
山王氏與後唐李氏封境相接，虞其覘間者，并州城内不容外僧。辯由
此驅出，遂於野外古冢間宿。會武皇帝畋游，冢在圍場中，辯固不知。
方將入城赴講，見旌旗騎卒，縮身還入穴中。武皇疑，令擒見，問其
故，遂驗冢中，敷草座，案硯疏鈔羅布，遂命入府供養。時曹太后深加
仰重，辯訴於太后曰："止以學法爲懷，久在王宮不樂，如梏械耳。"武
皇縱其自由，乃成其業。洎王處直平，乃歸中山講訓，補故伽藍，無不
諧願。有婦人陳氏布髮掩地，請辯蹈之。撰《上生經鈔》，爲學者所
貴，時號辯《鈔》者是。後終於此寺焉。

（宋）贊寧：《宋高僧傳》卷七

後唐會稽郡大善寺虛受傳

釋虛受，嘉禾御兒人也。納戒後，於上都習學，内外博通，傳講數
本大經論，不憚宣導。咸通中，累應奉聖節充左街鑒義，輩流孰不弭
伏。及廣明中，京闕盜據，逃難邐迤，抵越大善寺，同好者命講《涅槃》
《維摩》二經，即天祐年中也。因憤謙雅等師《釋》、崇福《疏》，繁略不
中，其猶以水濟水，終無必濟焉，遂撰《義評鈔》十四卷。同光中方畢
軸。又因講《俱舍論疏》，有賈曾侍郎《序》，次僧圓暉《序》，皆著
《鈔》解之，其文富贍，昔嘗染指知焉。受於《涅槃》，辯而非略，仍多
駁議小遠之《疏》，免爲青蠅之玷。餘則《法華》《百法》《唯識》，各有
別行《義章》。

受性且狷急，與人不同，畜弟子無一可中，嘗自執爨饌齋食，柴生
火滅，復吹又熠，怒發，汲水沃之，終日不食而講焉。及晚年眼昏甚，
登師子座，戴竹笠而講，貴目不閃爍爾。或譏其慢衆，受亦不介意。
屬武肅王錢氏按部至越，遂出謁見，王素嚮風，乃加優禮，言勞再三。
暨乾化中，於會稽開元寺度戒，命之充監壇選練，吳會間行此職者，自
受始也。王表於朝廷，薦其紫衣。莊宗制賜，行人賚至營丘。時受講

當《上生經疏序》，至"若洪鐘而虛受"，受捨塵柄，言曰："某得名無典實，今後更爲《虛受》，小子識之。"及狀聞王，王曰："此僧必無恩命分，何名虛受乎？"至同光乙酉歲，受終，迨海艦賫誥牒來，稽其終日，正到青社，果符武肅之言。有《文集》數卷。《述義章》三十餘卷，行之於代。

（宋）贊寧：《宋高僧傳》卷七

後唐杭州龍興寺可周傳

釋可周，俗姓傅，晉陵人也。出家於本部建元寺。循良厥性，切問於勤。友生勉之曰："非其地樹之不生，今豫章經謂之江，論謂之海，胡不往請業乎？"周感其開導，挈囊達彼，遇雲表法師盛集，窮《法華慈恩大疏》，日就月將，斡運深趣。昭宗初，自江西回台越之間，命其啓發。梁乾化二年，受杭州龍興寺召開演，黑白衆恒有半千。兩浙武肅王錢氏命於天寶堂夜爲冥司講經，鬼神現形扈衛，往往人睹焉。嘗有祭銅官祠神，巫氏久請不下，後附巫曰："吾隨從大神去西關天寶堂聽法方回。"武肅王聞而鄭重，賫周中金如意並鉢、紫衣一副，加號精志通明焉。以天成元年，終於觀音院本房。初，周乾寧四年庚止台州松山寺講《疏》，闕《鈔》，遂依《疏》節成五卷，曰《評經鈔》，《音訓》五帖，解宣律師《法華序鈔》一卷，行於浙之左右。弟子相繼不絕。

（宋）贊寧：《宋高僧傳》卷七

後唐東京相國寺貞誨傳

譯貞誨，姓包氏，吳郡常熟人也。年始十三，出家於本州龍興寺。其性沈静，分陰是競，方逾一稔，誦徹《法華經》，如是恒業日周二部。年十九，於揚州擇名師受具足法。自爾西之伊洛，北抵晉郊，凡有講筵，下風求益，核其經論，窮其性相，輩流之間，罕齊馳騖。至於非朋弱友，弃皆如也。唐天祐元年，至今東京相國寺寓舍，講道《法華經》十許遍，人未歸重，則知奇貨之售亦有時焉。及梁氏都於是京，人物委輸。貞明二年,會宋州帥孔公仰誨風規,知其道行,便陳師友之禮,捨俸財,置長講《法華經》堂於西塔院。從此翕然盛集。誨旁讀《大藏》教文,二時行道,精進罔疲。凡世伎術百家之言,黜於議論之外,誠門徒曰:"異端之説,汩亂真心,無記不熏,何須習俗?吾止願爲師子吼,不作野犴鳴也。"但專香燭塗掃,以内院爲息肩之地。至後唐清泰二年二月十日,召弟子五十餘人,自具香湯澡浴,令唱《上生》禮佛,罄捨衣資,爲非時僧得施半齋僧訖。至十一日,望空合掌云:"勞其衆聖排空相迎。"滿百徒侣,爾日皆聞天樂之音,頃刻而卒,俗壽七十三,僧夏五十四臘。於寺講貫三十餘年,經講計三十七座,覽藏經二遍,修彌勒内院業。以其年二月十八日葬浚郊東寺莊之原,旛幢威儀,緇白弟子約千餘人會送焉。

(宋)贊寧:《宋高僧傳》卷七

後唐洛京長壽寺可止傳

釋可止,姓馬氏,範陽大房山高丘人也。年甫十二,迥有出俗之心,依憫忠寺法貞律師。年十五,爲息慈,辭師往真定習學經論。時大華嚴寺有仁楚法師講《因明論》,止執卷服膺三遍,精義入神,衆推俊邁。有老宿維摩和尚者,釋門之奇士也,問楚師曰:"門人秀拔,孰者爲先?"曰:"有幽州沙彌者,温故知新,屬精弗懈。"於是求見,遂質問勝軍比量,隨難應變,辭不可屈。維摩曰:"後生可畏,契經所謂雖小不可欺也。"遂率力請止開講恒陽,緇素無不欽羨焉。迨十九歲,抵五臺山求戒,於受前方便,感文珠靈光燭身。已而歸寧父母及師,於寺敷演。二十三往并部,習《法華經》《百法論》。景福年中,至河池,有請講《因明》。後於長安大莊嚴寺化徒數載。乾寧三年,進詩,昭宗賜紫袈裟,應制内殿。

本道劉仁恭者,據有北門,控扼蕃漢,聞止之名,移書召歸故鄉。其父與師相次物故,母猶在堂,止持盂乞食,以供甘旨。行誦《青龍疏》三載,文徹忽有巨蟒見於房,矯首顧視,似有所告。時同院僧居曉,博物釋子也,且曰:"蛇則目睛不瞬,今其動乎?得非龍也?"止焚

香祝之曰："貧道念《青龍疏》，營齋養母，苟實龍神軫念，希值一檀
越。"居數日，燕帥冢子曰："制勝司徒召申供養。"時莊宗遣兵出飛狐
以圍之，歷乎年載，百穀勇貴。止頓釋憂懼，未幾燕陷，劉氏父子俘歸
晉陽。止避亂中山，節度使王處直素欽名譽，請於開元寺安置，逐月
供俸。止著《頓漸教義鈔》一卷，見行於代。天成三年戊子，王師問
罪，定州陷焉。招討使王晏休得瀛王馮道書，令尋止。既見，以車馬
送至洛京，河南尹秦王從榮優禮待之，奏署大師，號文智焉。於長壽
淨土院住持。應順元年甲午正月二十二日，忽微疾作，召弟子"助吾
往生"，念彌陀佛，奄然而化。俗年七十五，僧臘五十六。閏正月二日
茶毗，收遺骨。至清泰二年四月八日，建塔於龍門山廣化寺之東
南隅。

　　止風神峭拔，戒節孤高，百家子史，經目無遺。該博之外，尤所長
者，近體聲律詩也。有《贈樊川長老》詩，流傳人口。在定州日，中山
與太原互相疑貳，諸侯兼併，王令方欲繼好息民，因命僧齋於慶雲寺。
會有獻白鵲者，王曰："燕人詩客試爲咏題。"止即席而成，後句云：
"不知誰會喃喃語，必向王前報太平。"王欣然。詩人李洞者風骨僻
異，慕賈閬仙之模式，景福中在河池相遇，贈止三篇。時宰相孫公渥、
趙公鳳、馬公裔孫、竇學士夢徵、符侍郎蒙、李侍郎詳，皆唱予和汝，填
簏韻諧。止頃在長安講罷，游終南山逍遙園，是姚秦什法師譯經之
地，年代寖深，鞠爲茂草。且曰："吾爲釋子，忍不興乎？"奏昭宗乞重
修，帝允，仍舊賜草堂寺額。後請樊川淨休禪伯聚徒談玄矣。及在洛
也，講外長誦《金剛經》，不知紀極。昔多居終南山、崆峒山，故有《三
山集》，詩三百五十篇，盛行於時。弟子修文、修智、修行，微見師之
道焉。

（宋）贊寧：《宋高僧傳》卷七

漢太原崇福寺巨岷傳

　　釋巨岷，姓任氏，西河人也。父游於藝而賁丘園。母王氏戒受八
關，心歸三寶，從妊岷也，更好善緣，復求福利，而生令子。及生，年甫

七歲,志氣敦篤,暫見佛像,注仰欣然。父母知有宿因,或携入寺,意
欲忘歸。至本郡净心院,見宣遠論師,志戀其房,泣求攝受。二親知
不能阻其願,咸皆可之。年十歲,誦終《法華》《維摩》二經,日持十
卷,更無間隔,如執琉璃之器。其舒徐恣制,若老成焉。迨圓滿足,便
習尸羅,克通開制之科,恒照欣戚之鑒。自爾大乘理趣,經論精窮,得
其師門,則并部永和三學也。俾夜作晝,窗案是臨,不暇諸他。除研
習義章,修六事二因也,於《大般涅槃經》兼《因明論》,末年逾切。又
傳輸金論,盡屏餘緣,各講十遍。仍求輔亮,博覽群書,得義最精,又
揚具美。尋稟綸言,住城内天王院,與弟子俱供億不虧,傳持無替。
乾祐元年,漢祖以龍潛晉土之日,便仰岷名,特降庭臣賜紫衣,號圓智
大師。續有詔宣住崇福寺講堂院,仍充管内僧正。經年而變法於晉,
檢策僧徒,如風偃草。至乾祐二年十一月五日,無疾而終。於時四衆
含悲,一城戀德。俗齡九十三,法臘五十四。乃遵西域茶毗禮,多投
香水,或執旛花,黑白之衆盈郊,黯靄之雲蔽日,未容火滅,皆捧寶瓶,
待盛梁粟之形,同見熏修之體。時得舍利者,隨自因緣,或多或小。
別得遺骨,具表奏聞。漢主敕葬於西山天龍寺,凡事官供,起石塔,敕
諡號曰達識焉。

(宋)贊寧:《宋高僧傳》卷七

漢棣州開元寺恒超傳

釋恒超,姓馮氏,范陽人也。祖父不仕,世修儒道,而家富巨萬。
超生而聰慧,居童稚群,不貪戲弄。年十五,早通六籍,尤善風騷,辭
調新奇,播流人口。忽一日,因閱佛經,洗然開悟,乃嘆曰:"人生富
貴,喻等幻泡,唯有真乘,可登運載。"遂投駐蹕寺出俗。未周三祀,方
議進修,晝夜不疲,而屬師亡,亦遵釋氏喪儀,守禮無怠。孝悌之名,
燕人所美。梁乾化三年,往五臺山受木叉戒,由是陟遐自邇,切問近
思。俄徵《伐木》之章,且狎成人之友,結契遠求名匠,阻兩河間兵未
罷,路不通。南則梁祖,北則莊宗,抗衡於輕重之前,逐鹿在存亡之
際。當是時也,超止於本州魏、博、并、汾之間,學大小乘經律論,計七

本,講通思於雍、洛、梁、宋名師,杳然隔絕。雖然,巡歷非遠,宏暢殊精,瓶滿見知,翼飛名字。是故并部息塵、中山貞辯,夫二人者,言行俱臻,證修有位,一見超,嘆曰:"義龍之頭角悉完備矣,待飛奮而爲霖雨焉!"其爲碩德題目,多此類也。

龍德二年,挂錫於無棣,超曰:"此則全齊舊壤,鄒魯善鄰。"遂止開元伽藍東北隅,置院講諸經論,二十餘年,宣導各三十餘遍。節操高邁,舉措舒徐,緇素見之,無不怯懼。聲無叱吒,語不夸奢,自然而然,且非威勢凌轢之所得也。前後州牧,往來使臣,嚮譽欽風,修名執刺,相禮重者,止令童子辭以講貫,罕曾接對。初有所慊,終伏其高,齊魯之間,造秀不遠數百里,造其門以詰難。諸公一睹超容,傍聽議論,參乎子史,證以教宗。或問《因明》,超答以詩一首,辭新理妙,皆悉嘆降。時郡守李君素重高風,欲飛章舉賜紫衣。超聞驚愕,遂命筆爲詩云:"虛著褐衣老,浮杯道不成。誓傳經論死,不染利名生。厭樹遮山色,憐窗向月明。他時隨范蠡,一棹五湖清。"李君復令人勸勉,願結因緣。超確乎不拔,且曰:"而其復爾,則吾在盧龍塞外矣。"郡將聞而止。又相國瀛王馮道聞其名,知是鄉關宗人,先遺其書,序以歸向之意。超曰:"貧道閑人,早捨父母,克志修行。本期彌勒知名,不謂浪傳於宰衡之耳也。於吾何益?"門人敦喻,不得已而答書,具陳出家之人豈得以虛名薄利而留心乎?瀛王益加鄭重,表聞漢祖,遂就賜紫衣。自此忽忽不樂,以乾祐二年仲春三日微疾。數辰而終於本院。院衆咸聞天樂沸空,乃昇兜率之明證也。春秋七十三,僧臘三十五。門人洞微與學徒百餘人持心喪,傾城士庶僧尼會送城外,具茶毗禮,收舍利二百餘顆分施之。外緘五十顆,於本院起塔以葬之。瀛王未知,別奏賜師號曰德正,乃刊敕文於石塔焉。

(宋)贊寧:《宋高僧傳》卷七

漢洛京法林院僧照傳

釋僧照,姓張氏,范陽人也。年十四,出家投憫忠寺,聰晤絕儔,神儀偉秀。初受經偈,日誦數千百言,目所覽者,過於宿習,吐論知見,有老成之風。遂度爲沙彌。受具已來,歷於再閏,暗誦經典,已逾六大部矣,即《最勝王》《大悲》《維摩》《法華》等經。旁加聽尋經論,十數年間,深文伏義,藍出青矣。天祐中,游方南下,爰屆中山,元戎王處直請住法華寺。相次易帥請之,太傅隴西公連表薦賜紫方袍,加至真大師。次則扶風馬公請爲僧正,非所好也。及抵洛陽,有命開《法華經》講,止法林院。況乎都關浩穰,象龍輻湊,及照之唱導,翕如於下風伏膺矣。以乾祐元年三月二十六日,示滅於講院,春秋七十,僧臘五十。四衆號慕,侍中李公傾易定,曾爲外護,復守洛宅,飾終喪禮,悉以資奉。粵四月三日遷神於城南,行荼毗法,收舍利,紅潤可數百粒。濟陽丁公爲保釐之籖職,爲樹塔於廣化之寺南崗。照平昔講凡七十餘座,勤勤是法。門生頗多。宰臣馬公孫最所欽重,前後贈詩僅數十首,洛中爲美談矣。

(宋)贊寧:《宋高僧傳》卷七

漢洛陽天宮寺從隱傳夢江

釋從隱,姓劉氏,洛陽三鄉人也。丱年敏慧,誓欲出塵,二親既聽,乃投本邑竹閣院,依師誦習,陶練靈府。尋於嵩陽受戒畢,就長水聽采,緜歷數年,克通《百法》《中觀》《彌陀》三經論焉。而諲師年老,深許隱之博達性相。後於洛布金院赴請敷演。至後唐清泰中,諲付講座,日爲衆三登法席。夏中長晷,覽《藏經》一袟,精進苦節,人無與比。乾祐二年正月,示疾而終,俗壽五十三,僧臘三十二。乃依天竺法火化,收合真體,圓淨堪愛,門人樹塔,至今存焉。

次有長水縣縣泉院稱夢江者,姓楊氏,本邑人也。神彩灑落,超拔凡態,遂願出家,恒誦《仁王》《般若》。進具後講《百法論》。清泰中龍門廣化寺請爲衆開演,遇帝幸其寺宣問,妙辯天逸,悅可上心,時於御前賜紫袈裟,確乎不受。訓導二十餘年,講罷行道禮佛,日唯一食。慈忍於物,罕逢慍色。周顯德三年疾終,緇素悲慕,爲其建塔矣。

(宋)贊寧:《宋高僧傳》卷七

漢杭州龍興寺宗季傳

釋宗季者,俗姓俞,臨安人也。稚齒瑰偉,心志剛直。嘗天震鄰家樹,季隨僵僕,有姊尼抱就膝,視之曰:"此非震死,且有生候。"至夜未央,蘇而復作。遂勸令出家,事欣平寺僧。後往衢州,投巨信論師,學名數論,文義淹詳,且難詘伏,鋒芒如也。迨回杭,龍興寺召講。時僧正蘊讓給慧縱橫,兩面之敵也。與閭丘方遠先生、江東羅隱爲莫逆之交也。見而申問,季作二百語誚之,讓正賞嘆,遂請開講,四十餘年,出弟子七八百人。漢乾祐戊申歲,疾終於本房。

初,季講次遇一異人,作胡語,問西域未來之經論,一衆驚然。季眇二目,曾夜行感神光引之,常覽古師之述作,曰:"可俯而窺也。"遂撰《永新鈔》,釋《般若心經》,《暉理鈔》解《上生經》,《彌勒成佛經疏鈔》《補猷鈔闕》,諸別行義章,可數十卷,並行於世。季道行孤僻,性情方正,寡言語,氣貌高邁,誓不趨俗舍。暨老懇請亦罕赴白衣家。居唯屢空,衎然自任,而孜孜手不釋卷,樂道向終。至今此宗越多,弟子講導不泯焉。

(宋)贊寧:《宋高僧傳》卷七

周魏府觀音院智佺傳

釋智佺,姓張瓦,銅臺永濟人也。九歲,於鄴都臨清王舍城寺事師。暨受具戒,身器挺然八尺,面色玉如,行步若舒雁,言音如扣鐘。人望之凜然,僉曰:"美丈夫也。"恒誦諸經,晝三夜三,禮佛無闕。本師知其法器,遣往滑臺,抵明福寺,就暉師講肆。期月,頓見諸法體用,喜不自任。時暉之門生怘勇然幹者數十員,皆出佺之下。徇睢陽人請講,未久,又今東京遇信士捨宅爲萬歲百法院。由此洛京、陳、許、徐、宿、維、青、琴臺咸樂請其敷演,自鳩聚檀嚫,前後飯僧三十萬。天雄軍戴、張、郭三家同建觀音院,命居之。佺敏利之性天資,初終講《百法論》,可百許遍。登法座,多不臨文,懸述辯給。後三過覽《大藏經》,以輔見知。其誦諷經咒也,嘗聞戶外闃然有彈指聲者,感鬼神贊嘆歟? 魏帥陳君思讓篤志歸依,表薦紫衣師,號曰歸政。殆臨八十一,而尅意學歐王書體,僅入能妙。或問之,曰"吾習來生字耳"。顯德五年,年八十三,呼弟子奉晏等囑累,令造木輿一所,斂送闍維。至其年十一月十一日奄終。奉木塔,舉高三丈餘。縱燎時有白鶴哀鳴,紫雲旋覆,收拾舍利,建塔緘焉。

(宋)贊寧:《宋高僧傳》卷七

梁鄧州香嚴山智閑傳大同

釋智閑,青州人也。身裁七尺,博聞强記,有幹略。親黨觀其所以,謂之曰:"汝加力學,則他後成佐時之良器也。"俄爾,辭親出俗。既而慕法心堅,至南方禮潙山大圓禪師盛會,咸推閑爲俊敏。潙山一日召對茫然,將諸方《語要》一時煨燼,曰:"畫餅弗可充飢也。"便望南陽忠國師遺迹而居。偶芟除草木,擊瓦礫,失笑,冥有所證,抒頌唱之,由兹盛化。終後,敕謚襲燈大師,塔號廷福焉。

次舒州桐城投子山釋大同,姓劉氏,舒州懷寧人也。幼性剛正,有老成氣度。因投洛下保唐滿禪師出俗,初習安般觀,業垂成,遂求華嚴性海。復負錫謁翠微山法會,同伏牛元通激發請益,大明祖意。由是放蕩周游,還歸故土,隱投子山,結茅茨,栖泊以求其志。中和中,巢寇蕩覆京畿,天下悖亂。有賊徒持刃問同曰:"住此何爲?"對以佛法。魁渠聞而膜拜。脫身服裝而施之下山。以梁乾化四年甲戌四月六日,加趺坐亡,春秋九十六,法臘四十六。凡居化此山三十餘載云。

(宋)贊寧:《宋高僧傳》卷一三

梁撫州疏山光仁傳本仁 居遁

釋光仁,不知何許人也。其形矬而么麼,幼則氣概凌物,精爽殆與常不同。早參洞山,深入玄奧,其辯給又多於人也。嘗問香嚴禪師,答微有偏負。曰:"某累繭重胝而至,得無勞乎?"唾地而去。後居臨川疏山,毳客趨請,頗有言辭,著《四大等頌略》《華嚴長者論》,行於世。終入龕中,已有白鹿至靈前屈膝而起,時衆謂爲作吊焉。

次筠州白水院釋本仁，不知何許人也。得心於洞山法席。仁罕談道，而四方之人若影之附形，却之還至。乃徇丹陽人請，住無幾時。天復中，至洪井高安白水院聚徒。垂欲入滅，先觸處告違，乃集衆焚香曰："至香烟盡處，是某涅槃時。"如其言，端坐而化。

次龍牙山釋居遁，姓郭氏，臨川南城人也。年殆十四，警世無常而守恬淡。白親往求出家於廬陵滿田寺。於嵩山受具戒，已思其擇木，乃參翠微禪會，迷復未歸，莫知投詣。聞洞上言玄格峻，而躬造之。遁少進問曰："何謂祖意？"答曰："若洞水逆流，即當爲説。"而於言下體解玄微。隱衆栖息，七八年間孜孜戢曜，時不我知，久則通矣。天策府楚王馬氏素借芳音，奉之若孝悌之門禀毗長矣。乃請居龍牙山妙濟禪院，优优徒侶常聚半千。爰奏舉，詔賜紫袈裟並師號證空焉，則梁貞明初也。方嶽之下，號爲禪窟，闚其室得其門者亦相繼矣。至龍德三年癸未歲八月遘疾彌留，九月十三日歸寂。遁出世近四十餘齡，語詳別録。

（宋）贊寧：《宋高僧傳》卷一三

梁福州玄沙院師備傳

釋師備，俗姓謝，閩人也。少而憨黠，酷好垂釣，往往泛小艇南臺江自娛。其舟若虛，同類不我測也。一日，忽發出塵意，投釣弃舟，上芙蓉山出家，咸通初年也。後於豫章開元寺具戒，還歸故里，山門力役，無不率先。布納添麻，芒鞋續草，減食而食，語默有常，人咸畏之，汪汪大度，雖研桑巧計不能量也。備同學法兄，則雪峰存師也，一再相逢，存多許與，故目之爲備頭陀焉。有日，謔之曰："頭陀何不遍參去？"備對曰："達磨不來東土，二祖不往西天。"存深器重之。先開荒雪峰，備多率力。王氏始有閩土，奏賜紫衣，號宗一大師。以開平二年戊辰十一月二十七日示疾而終，春秋七十四，僧臘四十四。閩越忠懿王王氏樹塔。備三十年演化，禪侶七百許人，得其法者，衆推桂琛爲神足矣。至今浙之左右，山門盛傳此宗，法嗣繁衍矣。其於建立透過大乘初門，江表學人無不乘風偃草歟。

（宋）贊寧：《宋高僧傳》卷一三

梁河中府栖岩山存壽傳

釋存壽，不知何許人也。清標勝範，造次奚及。罷尋經論，勇冠輩流。往問律於石霜禪師，決了前疑，虛舟不係，乃爲枯木，衆之榾柮矣。後還蒲坂，緇素歸心。時冀王友謙受封屏翰，好奇徇異，聞人一善，厚禮下之。王召入府齋，論道談玄，不覺膝之前席，頗增奉仰，續爲菩薩戒師，供施更蕃。度門人四百許員，尼衆百數。壽平日罕言，言必利物。喜愠之色，人未嘗見，望之若孤松凌雪焉。終時春秋九十三，加趺而坐，一月後髭髮再生，重剃入塔。塔之亭，每有虎旋繞，宿迹時繁。敕諡爲真寂大師焉。

（宋）贊寧：《宋高僧傳》卷一三

梁台州瑞岩院師彦傳

釋師彦，姓許氏，閩越人也。早悟羈縻，忽求拔俗，循乎戒檢，俄欲觀方。見岩頭禪師，領會無疑。初樂杜嘿，似不能言者。後爲所知敦喻，允請住台州瑞岩山院。時道怤往參問，答對響捷，怤公神伏。後二衆同居，彦之威德，凛若嚴霜。糾正僧尼，無容舛悟，故江表言御衆翦齊者，瑞岩爲最。嘗有三僧，胡形清峭，目睛轉若流電焉，差肩並足致體。彦問曰：“子從何來？”曰：“天竺來。”“何時發？”曰：“朝行適至。”彦曰：“得無勞乎？”曰：“爲法忘勞。”乃諦視之，足皆不蹈地。彦令入堂，上位安置，明旦忽焉不見，云是辟支迦果人，然莫知階級。時有不測人入法會，非止一過。彦參學時號爲小彦長老。兩浙武肅王錢氏累召，方肯來儀，終苦辭去。寺倉常滿，嘗有村媼來參禮，彦曰：“汝休拜跪，不如疾歸家，救取數十百物命，大有利益。”媼匆忙到舍，兒婦提竹器拾田螺正歸。媼接取，放諸水瀆。又數家召齋，一一同日見彦來食至終闍維。有巨蛇緣樹杪，投身火聚，當乎薪盡，舍利散飛。

或風動草木上紛紛而墜。神異絶繁,具如別録。

(宋)贊寧:《宋高僧傳》卷一三

梁撫州曹山本寂傳

釋本寂,姓黄氏,泉州蒲田人也。其邑唐季多衣冠士子僑寓,儒風振起,號小穪下焉。寂少染魯風,率多强學,自爾淳粹獨凝,道性天發。年惟十九,二親始聽出家。入福州雲名山。年二十五,登於戒足,凡諸舉措,若老苾芻。咸通之初,禪宗興盛,風起於大潙也。至如石頭藥山其名寢頓,會洞山憫物,高其石頭,往來請益,學同洙泗。寂處衆如愚,發言若訥。後被請住臨川曹山,參問之者堂盈室滿。其所誨對,邀射匪停,特爲龜客標準,故排五位以銓量區域,無不盡其分齊也。復注《對寒山子詩》,流行寓内,蓋以寂素修舉業之優也。文辭遒麗,號富有法才焉。尋示疾,終於山,春秋六十二,僧臘三十七。弟子奉龕窆而樹塔。後南嶽玄泰著塔銘云。

(宋)贊寧:《宋高僧傳》卷一三

後唐漳州羅漢院桂琛傳

釋桂琛,俗姓李氏,常山人也。甫作童兒,篤求遠俗,齋茹一餐,調息終日。秉心唯確,鄉黨所欽。二親愛縛而莫辭,群從情纏而難脱。既冠繼逾城之武,求師得解虎之儔,乃事本府萬歲寺無相大師矣。初登戒地,例學毗尼,爲衆昇臺宣戒本畢,將知志大安拘之於小道乎? 乃自誨曰:“持犯束身,非解脱也。依文作解,豈發聖乎?”於是誓訪南宗,程僅萬里。初謁雲居,後詣雪峰玄沙兩會,參訊勤恪。良以嗣緣有在,得旨於宗一大師,明暗色空,廓然無惑。密行累載,處衆韜藏。雖夜光所潛,而寶器終異,遂爲故漳牧太原王公誠請於閩城西石山建蓮宫而止。駐錫一紀有半,來往二百衆。琛以秘重妙法,罔輕示徒,有密學懇求者,時爲開演。後龍溪爲軍倅,勤州太保瑯琊公志請於羅漢院爲衆宣法,諱讓不獲,遂開方便。不數載,南北參徒喪疑而往者,不可殫數。有角立者,撫州曹山文益、江州東禪休復,咸傳琛旨,各爲一方法眼,視其子則知其父矣。以天成三年戊子秋,復戒閩城舊止,遍玩近城梵字。已俄示疾,數日安坐告終,春秋六十有二,僧臘四十。遺戒勿遵俗禮而棺而墓,於是荼毗於城西院之東岡,收其舍利,建塔於院之西,稟遺教也。則清泰二年十二月望日也。琛得法密付授耳。時神晏大師,王氏所重,以言事脅令捨玄沙嗣雪峰,確乎不拔,終爲晏讒而凌轢,惜哉!

(宋)贊寧:《宋高僧傳》卷一三

後唐福州長慶院慧棱傳

釋慧棱,杭州海鹽人也,俗姓孫氏。初誕纏紫色胎衣,爲童齔日,俊朗抗節,於吳苑通玄寺登戒。已聞南方有禪學,遂游閩嶺,謁雪峰,提耳指訂,頓明本性。乃述偈云:"昔時謾向途中學,今日看來火裏冰。"如是親依,不下峰頂,計三十許載。冥循定業,謹攝矜莊。泉州刺史王延彬召棱住昭慶院,禪子委輸,唯虞後至。及於長樂府,居長慶院,二十餘年,出世不減一千五百衆。棱性地慈忍,不妄許人。能反三隅,方加印可。以長興三年壬辰五月十七日長往,春秋七十九,僧臘六十。閩國王氏私諡之大師,號超覺。塔葬皆出官供。判官林文盛爲碑紀德云。

(宋)贊寧:《宋高僧傳》卷一三

後唐杭州龍册寺道怤傳

釋道怤,俗姓陳,永嘉人也。丱總之年,性殊常準,而惡鯹血之氣。親黨强啗以枯魚,且虞嘔噦。求出家於開元寺。具戒已,游閩入楚,言參問善知識,要決了生死根源。見臨川曹山寂公,大有徵詰,若曇詢之問僧稠也。終頓息疑於雪峰,閩中謂之小怤布納。時太原同名,年臘之高故。暨回浙,住越州鑒清院。時皮光業者,日休之子,辭學宏贍,探賾禪門,嘗深擊難焉。退而謂人曰:"怤公之道,崇論閎議,莫臻其極。"武肅王錢氏欽慕,命居天龍寺,私署順德大師。次文穆王錢氏創龍册寺,請怤居之,吳越禪學自此而興。以天福丁酉歲八月示

滅,春秋七十,荼毗於大慈山塢,收拾舍利,起塔於龍姥山前。故僧主
彙征撰塔銘。今舍利院,弟子主之,香火相綴焉。

(宋)贊寧:《宋高僧傳》卷一三

晉會稽清化院全付傳

釋全付,吳郡崑山人也。幼隨父商於豫章,聞禪寂之説,乃有厭
世之志。白求出家,父慍形於色。慍止,復白者三,父異其誠,率略許
之。遂詣江夏,投清平大師。問曰:"爾來何求?"付曰:"志求法也。"
清平師憐其幼而抱器,撫以納之。夙興夜號,殊於群童。及長,爲之
落飾,尋登戒度。奉師彌謹,檢身彌至,問法無厭飫,見性不齟齬,清
平頷而許之。一日,謂人曰:"吾聞學無常師,吾非匏瓜,豈繫於此而
曠於彼乎?"遂辭師而抵宜春之仰山,禮南塔涌禪師。應對言語,深認
仰山之勢,頓了直下之心。仰山賑然器重之。拳拳伏膺,栖神累載。
後游於廬陵,安福縣宰楊公建應國禪院,請付居之。禪徒子來,堂室
曼滿。楊宰罷任,其鄉人復於鵠湖山建院,迎以居之。廉使上聞,錫
名曰清化禪院,禪徒麇至,請問者墻進。皆不我屈,豈多讓於前輩乎?
有同里僧謂付曰:"父母之鄉,胡可弃也?任緣徇世,願師歸歟!"遂別
鵠湖而還故國。時吳越文穆王錢氏命昇階,賜之衣衾鉢器,有加禮
焉。丁酉歲,錢城戍將闢雲峰山,建清化禪院,召以居之。次忠獻王
錢氏遣使錫以紫袈裟,付上章累讓,再賜之,又讓之,遂故以納衣。付
曰:"吾非榮其賜而飾讓也,恐後人之仿吾而逞欲矣。"尋賜號曰純一
禪師,又固讓之。付不以情忘情,故情真;不以道求道,故道直。所居
院之殿宇堂室,人競崇建之。鑄鐘千餘斤。新額曰雲峰清化禪院,雲
水之侶輻湊,睠睠不欲舍旃。開運四年丁未歲秋七月示疾,謂衆曰:
"生也法起,歿也法滅,起滅非言論所及也。"安然而逝,有大雨疾風,
以震林木拔矣。享年六十六,臘四十有五。歸窆於山之北塢,弟子應
清等十餘人奉師遺訓,不墜其道焉。僧主彙征爲塔銘。建隆二年立。

(宋)贊寧:《宋高僧傳》卷一三

晉永興永安院善静傳靈照

釋善静,俗姓王氏,長安金城人也。父朗,唐威州刺史。母李氏因夢聖容照爛金色,遂爾娠焉。及生歧嶷,殆乎知學,博通群言,因掌書奏於神策軍,中尉器重之。忽厭浮幻,潛詣終南豐德寺,禮廣度禪師,時年二十七也。洎乎削染受具。天復中南游樂普,見元安禪裔,乃融心要。北還化徒於故里,結廬於終南雲居山,道俗歸之如市。又起游峨嵋,禮普賢銀色世界,回興元,連帥王公禮重留之,後還故鄉,已黍離矣。留守王公營永安禪院以居之。以開運丙午歲冬鳴椎集僧囑累,還方丈,東向,右脅而化,俗壽八十九,僧臘六十。黑白之衆若喪嚴親。明年正月八日,荼毗於城南,獲舍利數千粒。漢乾祐三年庚戌八月八日,遷塔於長安義陽鄉,石塔歸然。

初,静率多先覺,往游燹道,避昭宗之蒙塵。又生平洗沐,舍利隕落,皆收秘,不許弟子示人。又嘗禪寂次,窗外無何有白鶴馴狎於庭,若有聽法之意。静令人驅斥之。凡此殊徵,有而不有。晉昌軍府主郭公歸信焉,營構禪院,命以居之。翰林學士魚崇諒爲塔銘述德焉。

次杭州龍華寺釋靈照,本高麗國人也。重譯而來,學其祖法,入乎閩越,得心於雪峰。苦志參陪,以節儉勤於衆務,號照布納焉。千衆畏服,而言語似涉島夷。性介特,以恬淡自持。初住齊雲山,次居越州鑒清院。嘗祇對副使皮光業,語不相投,被舉擯徙龍興焉。及湖州太守錢公造報慈院請住,禪徒翕然。吳會間僧捨三衣披五納者,不可勝計。忠獻王錢氏造龍華寺,迎取金華梁傳翕大士靈骨道具,實於此寺樹塔,命照住持焉。終於此寺,遷塔大慈山之峰。

（宋）贊寧:《宋高僧傳》卷一三

周金陵清涼文益傳

釋文益,姓魯氏,餘杭人也。年甫七齡,挺然出俗,削染於新定智通院,依全偉禪伯。弱年,得形俱無作法於越州開元寺。於時謝俗累以拂衣,出樊籠而矯翼。屬律匠希覺師盛化其徒於鄮山育王寺,甚得持犯之趣。又游文雅之場,覺師許命爲我門之游夏也。尋則玄機一發，雜務俱損。振錫南游，止長慶禪師法會。已決疑滯，更約伴西出湖湘，爾日暴雨不進，暫望西院寄度信宿，避溪漲之患耳。遂參宣法大師，曾住漳浦羅漢，閩人止呼羅漢。羅漢素知益在長慶穎脱，鋭意接之，唱導之。由玄沙與雪峰血脉殊異，益疑山頓摧，正路斯得，欣欣然挂囊栖止，變塗回軌，確乎不拔。尋游方却抵臨川，邦伯命居崇壽。四遠之僧求益者，不減千計。江南國主李氏始祖知重，迎住報恩禪院，署號净慧。厥後微言欲絶，大夢誰醒？既傳法而有歸，亦同凡而示滅，以周顯德五年戊午歲秋七月十七日有恙，國主紆於方丈問疾。閏月五日，剃髮澡身，與衆言別，加趺而盡，顔貌如生，俗年七十四，臘五十五。私謚曰大法眼，塔號無相。俾城下僧寺具威儀禮迎引，奉全身於江寧縣丹陽鄉，起塔焉。

　　益好爲文筆，特慕支湯之體，時作偈頌真讚，別形纂録。法嗣弟子天台德韶、慧明、漳州智依、鐘山道欽、潤州光逸、吉州文遂。江南後主爲碑頌德，韓熙載撰塔銘云。

　　　　　　　　　　　　　　　（宋）贊寧：《宋高僧傳》卷一三

　　周廬山佛手岩行因傳道潛
　　釋行因，不詳姓氏，雁門人也。游方問道於江淮，見廬山北有岩，遙望如垂手焉，手下則深邃可三五丈許。因獨栖禪觀於其中，僞唐主元宗聞之，三徵召不起。岩中夜闌，有異鹿一卧於因之石屋之側，又錦囊鳥一伏宿於石壁下，二物都無驚怖。因不度弟子，有鄰庵僧爲之供侍。一日小疾，謂侍僧曰：“卷上簾，我去去。”簾方就鈎，下床三數步間立，屹然而化，春秋七十許。元宗命畫工寫真，而闍維收遺骨，白塔在岩背焉。初因傳禪法於襄陽鹿門山，尋爲元宗堅請，於栖賢寺開堂唱道，不及期月，潛歸岩窟。初岩如五指，中指上有松一株，因終之日，此亦枯瘁。因有經籍之學，有問則指摘先儒得失章句，是非談論，不滯於方隅，開喻必含於教化，實得道之良士也。

　　系曰：凡夫捨報，尸必一同也。佛則右脅，果位坐亡。首揩地者現通，身立中者彰異。其惟欲行步而化者，除後僧會外，則因公有焉。

次錢塘慧日永明寺釋道潛,俗姓武,蒲津人也。生而强壯,容姿端雅。成立則身長七尺許,胸前黑子七點,若斗之綱魁焉。投中條山栖岩大通禪院,禮真寂禪師,爲親教也。戒檢嚴明,訥言敏行。師亡之後,誓入雁門五臺山,以精恪之故,躬睹文殊聖容。後諸方無定游處。末到臨川,見崇壽益禪師,頓明心決。次栖衢州古寺,覽閱藏經。嘗宴坐中,見文殊現形,不覺起而作禮。及詣杭,禮阿育王塔,跪而頂戴,泪下如雨。問掌塔僧曰:"舍利人不目擊,還實有否?"僧曰:"按傳記云,藏在內角中,望若懸鐘焉。"潛疑未已,遂苦到跪禮,更無間然。俄見舍利紅色在懸鐘之外,蠢瞤而行。潛悲喜交集。又光文大師彙征迥然肯重,自爲檀越,請於山齋行三七日普賢懺,忽見遍吉御象在塔寺三門亭下。其象鼻直枕行懺所。漢南國王錢氏命入王府受菩薩戒,造大伽藍,號慧日永明,請以居之。假號曰慈化定慧禪師,別給月俸以施之,加優禮也。建隆二年辛酉九月十八日示疾而終。入棺之際,有白光晝發,字字瑩然,時衆皆睹。至十月內於龍井山荼毗,所收舍利夥多。有屠者自惟惡業,展襟就火聚乞求,斯須獲七顆。屠家持於印氏塔中。至開寶庚午歲,天台韶禪師建石塔,緘其真骨,癸酉歲塔頂放白光焉。

(宋)贊寧:《宋高僧傳》卷一三

梁京兆西明寺慧則傳元表

釋慧則,姓糜氏,吳郡崑山人也。九歲,博游才義,總玩儒經。善種發萌,倏然厭俗,以大中七年就京西明寺出家。勤知諷誦,皆如曾習。九年,於本寺承恩得度。十四年,栖法寶大師法席覆講,當年敕補備員大德。咸通三年,就崇聖寺講《俱舍論》並《喪服儀》,出《三界圖》一卷。七年,於祖院代暢師講。十五年,敕署臨壇正員。廣明元年,巢寇犯闕,關中俶擾,出華州下邽避亂。中和二年,至淮南,高公駢召於法雲寺。講罷還吳,刺史楊公苦留,却游天台山國清寺挂錫。乾寧元年,至明州育王寺,撰《塔記》一卷,出《集要記》十二卷。武肅王錢氏命於越州臨壇。以開平二年八月八日示疾坐亡,受生七十四,法臘五十四。窆於鄮山之岡。八戒弟子刺史黃晟營塔。則生常不好訐直,以撝謙推人爲上。除講貫外,輪誦經咒,自《法華》已降可三四十本,以資口業。覽大藏教兩遍,講鈔七十遍,《俱舍》《喪儀》《論語》各數遍。清苦執持,近古罕有。入室弟子希覺最露鋒穎焉。

又元表者,貞諒之士也,言多峭直,好品藻人事,而高義解,從習毗尼,兼勤外學,書史方術,無不該覽。早預京師西明寺法寶大師講肆,迨廣明中,神都版蕩,遂出江表,居越州大善寺,講《南山律鈔》。諸郡學人,無不趨集。表義理縱橫,善其談説,每揮麈柄,聽者忘疲,號鑒水闍黎。著《義記》五卷,亦號《鑒水》。出門人清福,冠其首焉。

(宋)贊寧:《宋高僧傳》卷一六

梁蘇州破山興福寺彥偁傳壽闍梨

釋彥偁,姓龔氏,吳郡常熟人也。揭厲戒津,錙銖塵務,勤求師範,唯善是從。末扣擊繼宗記主,得其戶牖,乃於本生地講導,同好鳩聚,律風孔扇,號爲毗尼窟宅焉。

先是海隅,巫咸氏之遺壤,招真治之舊墟,古寺周圍不全,塈垣而已。嘗一夜有虎中獵人箭,伏於寺閣,哮吼不止。偁憫之,忙係鞋,秉炬下閣,言欲拔之。弟子輩扶遏且止者三四,伺其更闌各睡,乃自持炬就拔其箭。虎耽耳舐矢鏃血,顧偁而瞑目焉。質明,獵師朱德就寺尋虎,偁告示其箭。朱德悛心罷獵焉。

武肅王錢氏知重,每設冥齋,召行持明法。時覆肩衣自肬而墮,還自塔上,或見鬼物隨侍焉。所謂道德盛則鬼神助也。以貞明六年六月,終於山房,年九十九歲云。

次壽闍梨者,淮浦左右,貞諒不群,防護正念,時少雙偶。傳《南山律鈔》極成,不看他面。唐季楊氏奄有廣陵,頻召供施。四遠崇重,食唯正命。不畜盈長,戶不施關。及臨壇度弟子,正秉羯磨,未周三法,忽爾坐亡於覆釜之畔,聞見驚嘆歟!

(宋)贊寧:《宋高僧傳》卷一六

後唐天台山福田寺從禮傳

釋從禮，襄陽人也。善事父母，頗揚鄉里之譽。迨喪偏親，乃果決捨家，於時年已壯矣。及登具足，請師傳授戒文。念性殊乖，卒難捨本，往往睡魔相撓。禮忿其昏濁，作鐵錐刺額兼掌，由是流血，直逾半稘，方遂誦通。自爾精持律範，造次顛沛必於是。以梁乾化中游天台，乃挂錫於平田精舍。後推爲寺之上座，持重安詳，喜愠不形於色，唯行慈忍。恒示衆曰："波羅提木叉是我大師，須知出家非戒，則若猿玃之脫鎖焉。"每所行持，切於布薩，誡衆令護惜浮囊。時夏亢陽，主事僧來告"將營羅漢齋，奈何園蔬枯悴！請闍梨爲祈禱"。禮曰："但焚香於真君堂。"真君者，周靈王太子，久聞仙去，以仙官受任爲桐柏真人右弼，王領五嶽司侍帝晨。王子喬來治此山，是故天台山僧坊道觀，皆塑右弼形像，薦以香果而已。自此俗間號爲山王土地，非也。時主事向仙祠而咒曰："上座要雨，以滋枯悴。"至夜，雲起雨霏，三日而止。又僧厨闕用水槽棧，而山上有赤樹中爲材，來白禮。禮曰："某向真君道去，但庀徒具器以伺之。"無何，大風卒起，曳仆其樹，取用足焉。其感動鬼神，率多此類。兩浙武肅王錢氏聞之，召入州府，建金光明道場，檀施優渥。回施衆僧，身唯一布納。通夜不寐，一食常坐，且無盈長。同光三年乙酉歲冬十一月入滅，春秋七十九，僧臘五十二。火葬，收舍利，立塔存焉。

（宋）贊寧：《宋高僧傳》卷一六

後唐杭州真身寶塔寺景霄傳

釋景霄，俗姓徐氏，丹丘人也。初之聽涉在表公門，後慕守言闍梨義集，敷演於丹丘。執性嚴毅，寡與人交。狷急自持，多事凌轢，形器惡弱。後納請往金華東白山，獎訓初學。時有江西徽猷律匠，出義記曰《龜鑒錄》，多學彭亨，領徒到霄寺，正值講次，當《持犯篇》再三嘆賞。自此聲溢價高，每晨滴茶，一旦化爲乳焉。著記二十卷，號《簡正》，言以思擇力故，去邪説而簡取正義也。武肅王錢氏召於臨安故鄉，宰任竹林寺。未幾，命赴北塔寺臨壇，天成二年也。次命住南真身寶塔寺,終焉。遷葬於大慈山塢,以本受師號,塔曰清涼是歟。

（宋）贊寧:《宋高僧傳》卷一六

後唐東京相國寺貞峻傳

釋貞峻,姓張氏,鄭州新鄭人也。唐張果先生之裔孫,今滎陽有張果里,其墳楸櫃存焉。峻風度寬裕,髫齡不弄。年十四,忽超然離俗,人莫我知。雖二親褰衣,昆弟截路,終弗能沮之。乃投相國寺歸正律師出家,神機駿發,乍觀可驚。雖背碑覆棋,彼不足多也。未幾,諷徹《净名》《仁王》諸經,計數萬言。時同儕戲之曰:“汝是有脚經笥也。”峻辭護斯題,恭遜而已。及削染爲僧形,即聽《俱舍論》,隨講誦頌八品,計六百行。至十八昇論座。年滿於嵩山會善寺戒壇院納法,因栖封禪寺,今號開寶律院,學新章律疏。二十三,策名講授,長宿積奇。

當大順二年,灾相國寺,重樓三門,七寶佛殿,排雲寶閣、文殊殿裏廊,計四百餘間,都爲煨燼。時寺衆惶惶,莫知投迹。或曰如請得峻歸寺,寺可成矣。乃相率往今開寶,堅請峻歸充本寺上座。前後數年,重新廊廡,殿宇增華。又請爲新章宗主,復開律講,僧尼弟子日有五十餘人,執疏聽采。峻之律行,冰雪相高。暑無裸意,寒止袷衣,食惟知量,清約太過。乾化元年,臨壇秉法。及梁朝革命,所度僧尼計三千餘人。以同光二年夏四月十二日微疾而終,春秋七十八,法臘五十八。葬於寺莊,祔慧雲禪師塔焉。

（宋）贊寧:《宋高僧傳》卷一六

漢錢塘千佛寺希覺傳

釋希覺,字順之,姓商氏,世居晉陵。覺生於溧陽,家係儒墨。屬唐季喪亂,累被剽略,自爾貧寠,嘗傭書於給事中羅隱家。偶問名居,隱曰:“毗陵商家兒,何至於此!”嘆息再三,多與顧直,勸歸鄉修學。至年二十五,嘆曰:“時不我與,或服冕乘軒,皆一期爾!”忽求出家於溫州開元寺,文德元年也。龍紀中受戒,續揣摩《律部》,禀教於西明寺慧則律師,時在天台山也。則乃法寶大師之高足。廣明中,關中喪亂,避地江表,覺始窺其牆,終見室家璏富。以則出《集要記》解《南山鈔》,不稱所懷。何耶? 古德妄相穿鑿,各競師門,流宕忘返,覺遂著記廣之,曰《增暉錄》,蓋取曹植云:"螢燭末光,增暉日月。"謙言增暉《集要》之日月也,二十卷成部。浙之東西,盛行斯錄。暨乎則公長往,乃講訓於永嘉。武肅王錢氏季弟鏵牧是郡,深禮重焉。尋爲愚僧所誣愬,釋而不問。徙於杭大錢寺。文穆王造千佛伽藍,召爲寺主,借紫,私署曰文光大師焉。四方學者騈鶩而臻。覺外學偏多,長有《易》道,著《會釋記》二十卷,解《易》,至上下繫及末文甚備。常爲人敷演此經,付授於都僧正贊寧。及乎老病,乞解見任僧職。既遂所懷,唯嘯傲山房,以吟咏爲樂。年八十一,然猶書抄書籍異本,曾無告倦。未終之前,捨衣物,作現前僧得施,復普飯一城僧。自此困憊,每睡,見有一人純衣紫服,肌膚軟弱如綿纊焉,意似相伴。纔欲召弟子將至,此人舒徐下床,後還如故。親向贊寧説此,某知是天人耳。囑托言畢而絶,享年八十五。生常所著擬江東《讞書》五卷,雜詩賦十五卷,注林鼎《金陵懷古》百韻詩、雜體四十章。

覺之執持,未嘗弛放,勤於講訓,切於進修。學則彌老而不休,官則奉身而知退,可謂高尚其事,名節俱全,長者之風,藹然如在。所居號釋氏西齋,慕吳兢之蘊積編簡焉。

(宋)贊寧:《宋高僧傳》卷一六

周東京相國寺澄楚傳

釋澄楚,姓宗氏,不知何許人也。爰祖暨考,偕賁丘園,高蹈不仕。母趙氏妊楚也,忽畏羶臊之臭。及乎誕生之夕,光爛充室,鄰落咸驚。洎當七歲,親黨携之入寺,見佛像,輒嗟嘆而作禮。歸家問父曰:"唯佛獨爾,餘者如何?"父曰:"蠢動皆佛,何況人矣。"楚曰:"兒願學佛,聊報二親劬勞。"其父默而許旃。至十歲,於相國寺禮智明爲師。未幾,有童子聚戲而招誘之,楚曰:"汝何愚騃好嬉戲耶? 且雪山善財亦童子,還如是否?"旁有聞者奇之曰:"子異日成法門偉器必矣。"受具已來,習新章《律部》,獨能輒入毗奈耶窟穴。然其擊難酬答,露牙伸爪。時號律虎焉。晉高祖聞而欽仰,詔入內道場,賜紫袈裟,尋署大師,號真法焉。自此皇宮妃主有慕法者求出家,命楚落髮度戒。表裏冰霜,更無他物,命爲《新章律》宗主焉。以顯德六年十月十一日無疾而終,首北面西,示佛涅槃相也。俗齡七十一,僧夏五十。始末臨壇度僧尼八千餘人。門人慧照等依西域法焚之,得碎身,分構磚塔緘藏之。左街首座悟皎作《舍利塔記》焉。

(宋)贊寧:《宋高僧傳》卷一六

後唐南嶽般舟道場惟勁傳

釋惟勁,福州長溪人也。節操精苦,奉養栖約,破納擁身,衣無縫纊,號頭陀焉。初參雪峰,便探淵府。光化中,入嶽住報慈東藏,亦號三生藏。中見法藏禪師鑒燈,頓瞭如是廣大法界重重帝網之門,因嘆曰:“先達聖人,具此不思議智慧方便,非小智之所能!”又嶽道觀中亦設此燈,往因廢教時竊移入仙壇也。有游嶽才人達士,留題頗多。勁乃嘆曰:“盧橘夏熟,寧期殖在於神都;《舜韶》齊聞,不覺頓忘於肉味。嗟其無識,不究本端。盜王氏之青氈,以爲舊物;認嶺南之孔雀,以作家禽。後世安知?於今區別。”乃作五字頌,頌五章,覽者知其理事相融,燈有所屬,屬在乎互相涉入,光影含容,顯華嚴性悔主伴交光,非道家之器用也。

楚王馬氏奏賜紫,署寶聞大師,梁開平中也。勁續《寶林傳》,蓋錄貞元已後禪門祖祖相繼源脉者也。別著《南嶽高僧傳》,未知卷數,亦一代禪宗達士,文彩可觀。後終於嶽中也。

系曰:物涉疑似,難輒區分。勁公志鑒燈,若遺物重獲歸家也。後之人必不敢攘物歸家也。故曰:前事不忘,後世之元龜也。

(宋)贊寧:《宋高僧傳》卷一七

周洛京福先寺道丕傳

釋道丕,長安貴冑里人也。唐之宗室,父從晏,襄宗沿堂五院之首。母許氏爲求其息，常持《觀音普門品》，忽夢神光燭身，因爾妊焉。及其誕生，挺然岐嶷，端雅其質，屬藉諸親異而愛之如天童子。年始周晬，父將命汾晉，會軍至於霍山，没王事。丕雖童稚聚戲，終鮮笑容。七歲，忽絶葷羶，每游精舍，怡然忘返。遂白母往保壽寺禮繼能法師，尊爲軌範。九歲，善梵音禮贊。是歲襄宗幸石門，隨師往迎駕。十九歲，學通《金剛經》義，便行講貫。又駕遷洛京，長安焚蕩，遂背負其母，東征華陰。劉開道作亂，復荷母入華山，安止岩穴。時穀麥勇貴，每斗萬錢。丕巡村乞食，自專胎息，唯供母食。母問還食未？丕對曰："向外齋了。"恐傷母意，至孝如此。年二十歲，母曰："汝父霍山亡没，戰場之地，骨曝霜露。汝能收取歸葬，不亦孝乎？"遂辭老親往霍邑，立草庵，鳩工集聚白骨，晝夜誦經，咒之曰："古人精誠所感，滴血認骨。我今志爲孝子，豈無靈驗者乎？儻群骨中有動轉者，即我父之遺骸也。"如是一心注想，目未輕捨，數日間，果有枯髏從骨聚中躍出，競騖丕前，摇曳良久。丕即擗踴抱持，如復生在，賫歸華陰。是夜其母夢夫歸舍，明辰骨至，至孝感聲譽日高。

至二十七歲，遇曜州牧婁繼英，招丕住洛陽福先彌勒院，即晉道安翻經創俗之地也。天祐三年丙寅，濟陰王賜紫衣。後唐莊宗署大師曰廣智。丕於梁朝後主、後唐莊宗、明宗，凡内建香壇，應制談論，多居元席。及晉遷都今東京，天福三年詔入梁苑，副録左街僧事，與傳法阿闍梨昭信大師俱道貌兒童顏，號二菩薩。是故朝貴士庶，多請養生之術。丕精勤不懈，一佛一禮。《佛名經》《法華》《金剛》《仁王》《上生》(四)[五]經，逐一字禮。然其守杜多之行，分衛時至，二弟子隨行。開運甲辰歲爲左街僧録，雖臨僧務，日課修持。相國李公濤、西樞密太傅王公朴、翰林承旨陶公穀等，無不傾心歸重。至漢乾祐中，謝病乞西歸。未允之際，屬漢室凌夷，兵火連作，恣行剽掠。丕於廊廡之下，倚壁誦念，二日紛拏，一無見者。時京城見聞，益加欽尚。逃歸洛邑，周太祖潛隱所重。廣順元年，敕召爲左街僧録，不容陳讓，還赴東京，居於僧任。

世宗尹釐府政，嫌空門繁雜，欲奏沙汰。召丕同議。時問難交發,開喻其情,且曰:"僧之清尚,必不露於人前。僧或凶頑,而偏游於世上。必恐正施薦蓆,草和蘭茝而芟;方事淘澄,金逐沙泥而蕩。大王儲明欲照,蓄智當行,爲益皇帝邪? 爲損君親邪? 若益君乎,不令一物失所。若損親也,是壞六和福田。況以天下初平,瘡痍未合,乞待後時,搜揚未晚。故老子云:'治大國如烹小鮮。'慮其動則糜爛矣。"世宗深然其言,且從停寢。及世宗登極,丕謂僧曰:"吾皇宿昔有志,汝當相警護持。"堅乞解歸洛陽,又立禮《首楞嚴經》。二年,果敕並毀僧寺,並立僧帳,蓋限之也。毀教不深,乃丕之力也。

以顯德二年乙卯六月八日微疾。十日,令弟子早營粥食云:"有首楞嚴菩薩,衆多相迎。"令鳴椎,俄然而化,春秋六十七,僧臘四十七。緇素號哭,諸寺具威儀送葬於龍門廣化寺之左,立石塔焉。未終之前,寺鐘無故嘶嗄,表刹龍首忽焉隕墜。僧澄清夢寺佛殿梁折,極多異兆焉。

系曰:周武滅佛法。隋開皇辛亥歲,太府丞趙文昌入冥見邕受對,寄語文帝拔救。周世宗澄汰,毀私邑,勒立僧帳,故說大漸招其惡報。或有人冥見之,並贊成厥事者,同居負處,略同周武。未知是乎?

(宋)贊寧:《宋高僧傳》卷一七

後唐韶州靈樹院如敏傳

釋如敏,閩人也。始見安禪師,遂盛化嶺外,誠多異迹。其爲人也,寬綽純篤,無故寡言,深憫迷愚,率行激勸。劉氏偏霸番禺,每迎召敏入請問,多逆知其來,驗同合契。廣主奕世奉以周旋,時時禮見,有疑不決,直往詢訪。敏亦無嫌忌,啓發口占,然皆準的,時謂之爲乞願,乃私署爲知聖大師。初敏以一苦行爲侍者,頗副心意,呼之曰所由也。一日,隨登山脊間,却之,潛令下山,回顧見敏入地焉。苦行隱草中覆其形,久伺之乃出,往迎之,問曰:"師焉往乎?"曰:"吾與山王有舊,邀命言話來。"如是時或亡者,乃穴地而出,嚴誡之曰:"所由無宜外說,泄吾閑務。"後終於住院,全身不散。喪塔官供,今號靈樹禪師真身塔,是歟?

系曰:靈樹如遇大安,必壽臘綿長,出入常限。疑此亦所聞異辭矣。

(宋)贊寧:《宋高僧傳》卷二二

後唐天台山全宰傳

釋全宰,姓沈氏,錢塘人也。孩抱之間,不喜葷血,其母累睹善徵,勸投徑山法濟大師削染。及修禪觀,亭亭高疏,不雜風塵,慕十二頭陀以飾其行,諺曰宰道者焉。迨乎諸方參請,得石霜禪師印證,密加保任,入天台山暗岩以永其志也。伊岩與寒山子所隱對峙,皆魑魅木怪所叢萃其間。宰之居也二十餘年,惡鳥革音,山精讓窟。其出入經行,鬼神執役,或掃其路,或侍其旁,或代汲泉,或供采果,時時人見,宰未嘗言。後天成五年,徑山禪侶往迎歸鎮國院居,終於出家本院焉。

(宋)贊寧:《宋高僧傳》卷二二

晉巴東懷濬傳

釋懷濬者,不知何許人。其為僧也,憨而且狂,乃逆知未兆之事,其應如神。乾寧中,無何至巴東。濬且能草聖,筆法天然,或於寺觀店肆壁書佛經道法,以至歌詩鄙俚之詞,靡不集其筆端矣。與之語,阿唯而已,里人以神聖待之。刺史於公患其惑眾,繫獄詰之,乃以詩通狀辭,意在閩川西東,然章句靡麗,州將異而釋之。又詳其旨,疑在海中,得非杯渡之流乎? 行旅經過,必維舟而謁焉,辯其上下峽之吉凶,貿易經求物之利鈍。客子懇祈,唯書三五行,終不明言,其事微密驗。時荊南大校周崇賓謁之,書遺曰:"付皇都勘。"爾後入貢,因王師南討,遂縶南府,終就戮也。押牙孫道能謁之,書字曰:"付竹林寺。"其年物故,營葬於古竹林寺基也。皇甫鉉知州,乃畫一人荷校,一女子在旁。尋為取民家女,遭訟,鋃身入府矣。有穆昭嗣者,波斯種也,幼好藥術,隨父謁之,乃畫道士乘雲提一匏壺,書云"指揮使高某牒衙推"。穆生後以醫術有效,南平王高從誨令其去道從儒,簡授攝府衙推。屬王師伐荊州,濬乃為詩上南平王曰:"馬頭漸入揚州路,親眷應須洗眼看。"是年高氏輸誠於淮海,遂解重圍。其他異迹多此類也。

嘗一日題庭前巴蕉葉云:"今日還債業,州縣無更勘窮。"往來多見,殊不介意。忽爲人所害,身首異處,刺史爲其荼毗焉。

(宋)贊寧:《宋高僧傳》卷二二

晉閬州光國院行遵傳

釋行遵,福州閩王王氏之仲子。後唐莊宗即位,入洛進方物,因留京邸。同光末,會明宗將入,兵亂相仍,乃自翦飾,變服爲僧,竄身巴蜀。逮晉開運中,狀貌若七十餘,然壯力不衰。或詢其年臘,則必杜默。於閬中寓光國禪院,院徒以律法住持,人不之知遵之能否。有李氏子家命齋,飲噉之次,欻起出門叫噪,若有所責。謂李曰:"今夜有火,自東南至於西北街,鄰居咸令備之。"是夕果然煨燼無遺。衆聚問其故,曰:"昨一婦女衣紅秉炬而過,老僧恨追不及耳。"又於趙法曹家,指桃樹下云:"有如許錢。"不言其數,趙乃召人發之,畚鍤方興,適遇客至,爲家僮所取。喧喧之際,盡化爲青泥。人各爭得百餘,後圬墁之,門壁壞,往往而有焉。遵或經人家墓,知其家吉凶。至於風角鳥獸,聞見之間,預言灾福,後必契合,故州閭遠近,咸以預言用爲口實。終於晉安玉山,緇徒爲其荼毗焉。

(宋)贊寧:《宋高僧傳》卷二二

晉襄州亡名傳

釋亡名,不知何許人也。觀方問道,不憚艱辛,勝境名山,必約巡訪矣。天福中,至襄州禪院挂錫,與一僧循良守法,同九旬禁足。其人庠序言多詭激,稱名曰法本,朝昏共處,心雅相於,若久要之法屬焉。法本云:"出家習學,即在鄴都西山竹林寺。寺前有石柱,他日有暇,必請相訪。"其僧追念前約,因往尋問。洎至山下村中,投一蘭若止宿。問彼僧曰:"此去竹林寺近遠?"僧乃遙指孤峰之側,曰:"彼處是也,古老相傳,昔聖賢所居之地,今但有名存耳,故無精廬凈舍立佛安僧之所也。"僧疑之,詰旦而往,既睹竹叢,叢中果有石柱,茫然不知其涯涘。僧憶法本臨別之言,但扣其柱,即見其人。遂以小杖擊柱數聲,乃覺風雲四起,咫尺莫窺,俄爾豁開,樓臺對聳,身在三門之下。逡巡,法本自內而出,見之甚喜。問南中之舊事,說襄鄧之土風,乃引度重門,昇秘殿,領參尊宿,若綱任焉。顧問再三,法本曰:"早年襄陽同時禁足,曾期相訪,故及山門也。"尊宿曰:"善。可飯後請出,在此無座。"言無凡僧之位次也。食畢,法本送至三門相別。既而天地昏暗,不知所向。頃之,宛在竹叢石柱之側,餘並莫睹。其僧出述其事,罔知伊僧其終焉。

系曰:入竹林僧,何人也?通曰:"遇仙之士,亦仙之士",聖寺之游,豈容凡穢?一則顯聖寺之在人間,一則知聖僧之參緇伍。無輕僧寶,凡聖混然。此傳新述於數人,振古已聞於幾處。且如北齊武平中,釋圓通曾瞻講下僧病,其僧夏滿病差,約來鄴中鼓山竹林寺,事迹略同。此蓋前後到聖寺也。

(宋)贊寧:《宋高僧傳》卷二二

漢洛陽告成縣狂僧傳曹和尚

釋狂僧者,晉開運中遍於邑下乞石礦灰,日夜驅荷入大、小留二山中,謂行人鄉叟曰:"要造宮闕。"然莫之測也,皆謂爲"風狂,有何準據?"如是運至數千石,封閉甚固。其後鄉人不意此僧絕乎蹤迹。屬乾祐初,漢祖既入今東京即位,不逾年而崩。當是時也,詔卜睿陵於大留山下,計慮者云:"磚瓦數百萬,此山之內可陶而燒。其如礦灰烏可得乎?"俄有里胥曰:"此地元有僧積藏灰可數千石,準用應足。"按行使山陵畢,用無孑遺,其僧也非狂,由此方證之矣。

又鎮州釋曹和尚者,恒陽人也,不常居處,言語糾紛。敗襦穿屨,垢面黯膚,號風狂散逸之倫也。齊趙人皆不測,而多重旃。或召食,食畢默然而去,其狀猶不醉而怒歟?府帥安重榮作鎮數年,諷軍吏州民例請朝廷立德政碑。碑石將樹之日,其狀屹然。曹和尚指之大笑曰:"立不得,立不得。"人皆相目失色,主者驅逐,曹猶口不絕聲焉。至重榮潛萌不軌,秣馬利兵,垂將作逆,朝廷討滅,碑尋毀之。凡所指斥,猶響答聲也。後不測所終。

(宋)贊寧:《宋高僧傳》卷二二

周僞蜀淨衆寺僧緘傳大慈寺亡名

釋僧緘者，俗名緘也，姓王氏，京兆人。少而察慧，辭氣絕群。大中十一年，杜審權下對策成事，秘書監馮涓即同年也。乾符中，巢寇充斥，隨流避亂，至渚宮投中令成汭。汭攻淮海不利，遂削髮出家。屬雷滿據荊州，襄州趙凝攻破之。梁祖遣高季昌誅滅焉，江陵遂屬高氏。緘避地夔、峽間。後唐同光三年入蜀，尋訪馮涓，已死矣。遂居淨衆寺，而髭髮皓然，且面色紅潤，逍遙然，人不測其情僞。有華陽進士王處厚者，乙卯歲於僞蜀落第，則周顯德二年也，入寺寫憂於松竹間，見緘。緘曰：“得非王處厚乎？”處厚驚曰：“未嘗相狎，何遽呼耶？”緘曰：“偶知耳。”遂說本唐文宗大和初生，止今一百三十餘載矣。處厚曰：“某身迹奚若？”“子將來之事極於明年。而今而後，事可知矣。”意言蜀將亡也。囑令勿泄。明日再尋，杳沉聲迹。一日，復扣關自來云：“暫去禮峨眉，結夏於黑水方還。”緘於案頭拈文卷覽之，則處厚府試賦稿，曰“考乎真僞，非君燭下之文，何多誑乎？”遂探懷抽賦稿示之，“此豈非程試真本乎？”處厚驚竦不已，乃曰：“僕試後偶加潤色，用補燭下倉卒之過也，師何從得是本也？”緘曰：“非但一賦，君平生所作之者，皆貯之矣。”明日訪之，携處厚入寺之北隅，同謁故太尉邠公杜琮之祠，坐於西廡下，俄有數吏服色厖雜，自堂宇間綴行而出，降階再拜。緘曰：“新官在此，便可庭參。”處厚惶懅而作。緘曰：“此輩將爲君之驅策，又何懼乎！寧知泰山舉君爲司命否？仍以夙負壯圖，未酬前志，請候登第後施行。復檢官祿簿，見來春一榜人數已定，君亦預其間，斯乃陰注陽受也。策人世之名，食幽府之祿，此陽注陰受也。”處厚震駭，不知所裁，但問“明年及第人姓名爲誰耶？”緘索紙筆，立書一短封與之，誡之嚴密藏之，脫泄，禍不旋踵。須臾吏散，緘携手出廟，及瞑而去。至春試罷，緘來處厚家，留一簡云：“暫還弊廬，無復再面也。”後往寺僧堂中問之，已他適矣。乃拆短封視之，但書四句云：“周成同成，二王殊名。王居一焉，百日爲程。”及乎榜出，驗之有八士也。二王，處厚與王慎言也，王居一焉。惡其百日爲程，處厚唯狎同年，置酒高會，極遂性之歡。由是荒亂不起，是夜暴亡。

同年皆夢處厚藍袍槐笏，驅殿而行。驗其策名之榮，止一百二十日也。詳其緘之生於文宗太和初也，成身在宣宗大中，王處厚遇之，已一百三十餘歲也。

次僞王蜀城都大慈寺僧亡名恒諷誦《法華經》，令人樂聞。時至分衛，取足而已。身微所苦，有示方藥。伊僧策杖入青城大面山采藥。沿溪越險，忽然雲霧四起，不知所適。有頃，見一翁，僧揖之，序寒暄，問"何以至此！"僧曰："爲采少藥也。"翁曰："莊舍不遠，略迂神足，得否？"僧曰："迷方失路，願隨居士。"少頃雲散，見一宅宇陰森。既近，翁曰："且先報莊主人矣。"僧入門睹事，皆非凡調。問曰："還齋否？"曰："未食。"焚香且覺非常鬱悖，請念所業經。其僧朗聲誦經，勉令誦徹部。所饋齋饌，皆大慈寺前食物。齋畢，青衣負竹器以香草薦之，乃施錢五貫，令師市胡餅之費。翁合掌送出。或問云："此孫思邈先生也。"到寺已經月餘矣。其錢將入寺，則黃金貨泉也。王氏聞之，收金錢，別給錢五百貫。其僧散施之，將知仙民恒在名山。次嘉州羅目縣有訴孫山人賃驢不償直，乞追攝。問小童云："是孫思邈也。"縣令驚怪，出錢代償。其人居山下，及出縣路，見孫公取錢二百以授之，曰："吾元伺汝於此，何遽怪乎？"得金錢僧不知其終所。

（宋）贊寧：《宋高僧傳》卷二二

周杭州湖光院師簡傳

釋師簡，姓趙氏，丹丘人也。弗循戒範，放肆恬然，擁破納衣，多誦詞偈。好懸記杭越間灾福，初無信者，驗猶合符。於一行景淳，山經地理，別得徑門，常言昔泰山道辯相冢得術，餘無取焉。喜爲人遷山相冢，吉凶如其言。居無定所，多游族姓家，言腹饑，便求雞肉餐。此外得美酒，啜數杯而去，初無言謝。然長於勒書，大字題牌，寺觀門額，書成相之，吉凶隨言，久近驗之。始居杭西湖旁院，無疾而終。後有行客自長沙市中見，携手話舊，寄言與崇壽院主，"汝先負錢若干，今放汝我眠床弨薦下層，有紙裹肉脯屑，必應腐敗，爲弃之"。院僧依言，果然見之，因寫貌供養。簡曾言："尖頭屋已後火化去。"及州南塔戊午歲被天火爇之,應言無爽矣。

(宋)贊寧:《宋高僧傳》卷二二

晉太原永和三學院息塵傳

釋息塵,姓楊氏,并州人也。父遷貿有無,營利而已。其母氏嘗夢人服裝偉麗,稱寄宵宿,便覺娠妊。生而有異,童稚不群。每聞鐘唄之音,凝神側耳。年方十二,因夢金人瑰奇之狀,引之入精廬。明旦告白二親,懇求出家。未允之前,泣而不食。父母憫其天然,情何厭塞,遂曲順之。即投草堂院,從師誦《净名經菩薩戒》,達宵不寐,將周一祀,捨本諷通。年當十七,便聽習《維摩》講席,粗知大義。及乎弱冠,乃圓上品,執持律範,曾無缺然。年二十三,文義斡通,於崇福寺宗感法師勝集傳授。復學《因明》《唯識》,不虧敷演,學徒穎脫者數人。崇福寺辯才大師從式最爲高足。於天祐二年,李氏奄有河東,武皇帝請居大安寺净土院,四事供養。專覽藏教,修練上生業,設無遮大齋,前後五會。塵嘗以身飼狼虎,入山谷中,其獸近嗅而奔走。又於林薄裸體,以啖蚊虻。乃游仙岩岳寺,養道栖神。復看大藏經匣,設齋,然一指,伸其報慶。彼寺有聖觀音菩薩像,長爇七燈,香花供獻。後被諸生就請下山,城內傳揚《大論》,四序無輟。逐月設沐浴,臨河就沼,投飼水族。以己噓噏,旋贖羽毛,沈潛高明,以遂生性。或施牢獄人食,或賑惠貧乏,或捐旛蓋於净明、金藏二塔。後唐長興二年,衆請於大安國寺後建三學院一所,供待四方聽衆。時又講《華嚴》新經,傳授於崇福寺繼暉法師。由是三年不出院門,一字一禮《華嚴經》一遍,字字禮《大佛名經》,共一百二十卷。復練一指,前後計然五指。時晉高祖潛躍晉陽,最多欽重,洎乎龍飛,塵每入洛京朝覲,必延内殿從容,錫賚頗豐。帝賜紫服並懿號,固讓方俞。塵聞鳳翔府法門寺有佛中指骨節真身,乃辭帝往歧陽瞻禮,睹其希奇,又然一指。塵之雙手唯存二指耳。續於天柱寺,就楚倫法師學《俱舍論》。方經數日,微有疾生,至七月二十七日辰時枕肱而逝,俗年六十三,臘四十四。平常唯衣大布,不蓄盈長。六時禮佛,未曾少缺。隴坻之間聞其

示滅，黑白二衆具威儀送，焚之，得舍利數百粒。弟子以靈骨歸於太
原，晉祖敕葬於晉水之西山，小塔至今存焉。

　　系曰：塵師捐捨，詎能愈其精進乎？脱落浮榮，豈能勝其義解乎？若然者，
不可以一名名矣。厥猶瞻蔔花焉，色黄而美，則真金謝其色；香芬而遠，則牛頭
愧其香。多名生乎一體者，其塵公歟！

（宋）贊寧：《宋高僧傳》卷二三

晉天台山平田寺道育傳

　　釋道育，新羅國人也，本國姓氏未所詳練。自唐景福壬子歲來游
於天台，遲回而挂錫於平田寺衆堂中。慈愛接物，然終不捨島夷言
音。恒持一鉢受食，食訖，略經行而常坐，脅不著席。日中灑掃殿廊，
料理常住，得殘羡之食，雖色惡氣變，收貯於器，齋時自食。與僧供湢
浴煎茶，遇薪木中蠢蠢，乃置之遠地，護生偏切。所服皆大布納，其重
難荷。每至夏首秋末，日昳，乃裸露胸背胜膔，云飼蚊蚋虻蛭雜色蟲
螫蠚，至於血流於地。如是行之四十餘載，未嘗少廢。凡對晤賓客，
止云伊伊二字，殊不通華語。然其會認人意，且無差脱。頂髮垂白，
眉亦龍焉。身出紺赤色舍利，有如珠纇，人或求之，隨意皆獲。至晉
天福三年戊戌歲十月十日，終於僧堂中，揣其年八十餘耳。寺僧舁上
山後焚之，灰中得舍利不可勝數。或有得巨骨者。

　　後唐清泰二年，曾游石梁，回與育同宿堂内。時春煦，亦燒楉柮
柴以自熏灼，口中嘮嘮，通夜不輟。或云凡供養羅漢大齋日，育則不
食。人或見迎羅漢時問：“何不去殿内受供。”口云“伊伊去”，或云
“飼蟲”。時見群虎嗅之，盤桓而去矣。

（宋）贊寧：《宋高僧傳》卷二三

晉江州廬山香積庵景超傳

　　釋景超，不知何許人也。素持戒範，若護浮囊。性惟矢直，言不
面從。及乎游方役足，選勝栖身，至於廬峰，便有息行之意。惟誦《法
華》，鞠爲恒務。九江之人且多景仰。嘗禮《華嚴經》一字拜之，計已

二遍，乃燒一指，爲燈供養，慶禮經周矣。次禮《法華經》，同前。身膚内隱隱出舍利，磊落圓瑩。或有求者，坐席行地，拾之無算。天福中卒於庵中。今墳塔在乎廬阜，游者致禮，嗟嘆而已。

系曰：言遺身者必委弃全軀，如薩埵王子是歟。今以指爲燈，以肱擎炷，何預斯例，莫過幸否？通曰："練指斷肱，是遺身之加行也。况復像末，尤成難事。其猶守少分之廉隅入《循吏傳》同也。"

（宋）贊寧：《宋高僧傳》卷二三

晉鳳翔府法門寺志通傳

釋志通，俗姓張氏，右扶風著姓家之子也。早知遣世，克務净門，選禮名師，登於上品，諸方講肆，遍略留心。後唐之季，兵革相尋，自此駕已東巡，薄游洛下，遇嚩日囉三藏，行瑜伽教法，通禮事之。乃欲陟天台、羅浮，遂辭。三藏曰："吾比求翻譯，屬中原多事。子議南征，奈何路梗何？"通曰："泛天塹其如我何。"三藏曰："苟去吴會間，可付之梵夾，或緣會傳譯。"通曰："已聞命矣。"以天福四年己亥歲，天王錫命於吴越，遂附海艦達浙中。時文穆王錢氏奉朝廷之故，具威儀樂部，迎通入府庭供養，於真身塔寺安置，施賫豐腆。

通請往天台山。由是登赤城，陟華頂，既而於智者道場挂錫。因覽《西方净土靈瑞傳》，變行回心，願生彼土，生常不背西坐。山中有招手石者，昔智顗夢其石上有僧臨海上舉手相招召之狀。顗入天台見其僧名定光，耳輪聳上過頂，亦不測之神僧也。及相見，乃問顗曰："還記得相招致否？"顗曰："唯。"此石峻峙，顧下無地。通登此投身，願速生净土。奮軀而墮一大樹中，枝軟幹柔，若有人扶接焉，殊無少損。乃再叩榼投之，落於岩下蒙茸草上，微有少傷，遲久蘇矣。衆僧謂爲豺虎所啖，及見其猶殗殜然，舁就本道場。初通去不白衆，遂分人各路尋覓，至螺溪，民村有巫者言事多驗，或就問焉。神曰："伊僧在西南方，現有金鎧神扶衛不死，我到彼神氣盡矣，固難近也。"皆符協神言。

後往越州法華山，默修净業，將欲化去，所止房地生白色物，如傅粉焉。未幾,坐禪床而終,遷座闍維,有五色烟覆於頂上,法華川中咸聞異香焉。

系曰:昔薄拘羅有五不死。今通公二不死。昔法充投千仞香爐峰而不亡,通且同矣。得非天龍負翼不損一毛乎? 而能延彼連持色心未斷者何? 俾其增修净土業耳。

(宋)贊寧:《宋高僧傳》卷二三

晉朔方靈武永福寺道舟傳

釋道舟,姓管氏,朔方回樂人也。髫年聰雅,庠序有儀,雖誦《詩》《書》,樂聞釋典,決志出家於龍興寺孔雀王院。爰得戒珠,漸圓心月,吟哦唄贊,嘹亮可聽。乃率信士造永興寺,功成不宰。辭靈帥韓公洙,入賀蘭山白草谷,立要持念,感枯泉重涌,有靈蛇游泳於中。遂陟法臺談講也,道俗蜂屯,檀施山積。贊唱音響,可遏行雲,獷悍之人,若鷗鴞之革韻。乃刺血畫大悲千手眼立像。屬其亢陽,則絕食瞑目,要期雨之通濟,方議充腸。中和二年,聞關輔擾攘,乃於城南念定院塔下,斷左肱焚之,供養大悲像。願倒冒干戈,中原塞上,早見弭兵。言畢,迅雷風烈洪澍焉。又嘗截左耳爲民祈雨,復斷食七日請雪,皆如其願。至於番落,無不祇畏。以天福六年辛丑歲二月六日,其夜未央,結加跌坐,留累門人方畢而絕。享齡七十有八,遺骸不散,如入禪定,遂加漆紵焉。建隆中,郭忠恕者博覽群籍小學,尤長篆隸,爲能多事,凌轢因過,投於北裔,詢舟前烈,著碑頌焉。

(宋)贊寧:《宋高僧傳》卷二三

漢洛京廣愛寺洪真傳

釋洪真,姓淳于氏,滑州酸棗人也。幼悟塵勞,決求出離,介然之性,雲鶴相高。師授《法華經》,隨文生解,鎧甲精進,伏其恚忿。或沾檀施,回面舍旃,誦《法華經》約一萬部,詣朝門表乞焚全軀,供養佛塔。帝命弗俞。時政出多門,或譖云惑衆,或言不利國家,下敕嚴阻。真嘆曰:"善根殖淺,魔障尤强,莫余敢止。"遂退廣愛寺,罄捨衣盂,作非時施願畢。當年無疾坐滅，經數日，顏貌如生。遷就荼毗，唯舌根不壞，益更鮮紅。時衆觀之，嘆希有事！春秋五十二。伊洛之間重之如在。

（宋）贊寧：《宋高僧傳》卷二三

周錢塘報恩寺慧明傳

釋慧明，俗姓蔣，錢塘人也。研核三學，漸入精微。後登閩越，殆至臨川，禮文益禪師，深符正理，悟先所宗不免生滅情見。後回浙，隱天台白沙，立草寮，有雪峰長慶之風，到者皆崩角摧鋒，謂明爲魔説。漢乾祐中，自山出，時翠岩參公率諸禪伯於僧主思憲院，定其臧否。明之口給，無能挫衄。尋漢南國王錢氏造大報恩寺，請以住持，假號圓通普照禪師。然行玄沙正眼，非明曷能致此？顯德中卒，時酷暑，俾欲葬之。有弟子永安曰："知師唯我也。"請焚之，得舍利五色，一皆圓净。

初明煉指爲燈，於天台供養。後相繼燒三指，而勤持課，脅疏衽席，時説法焉。性且剛直，言多忤物，是其所短也。

（宋）贊寧：《宋高僧傳》卷二三

周晉州慈雲寺普静傳

釋普静，姓茹氏，晉州洪洞人也。少出家於本郡惠澄法師，暗誦諸經，明持秘咒，思昇白品，願剪青螺。既下壇，而循律檢。往禮鳳翔法門寺真身。乃於睢陽聽涉赴龍興寺講訓，徒侶若鱣鮪之宗蛟龍焉。又允琴臺請轉梵輪，安而能遷。復於陳、蔡、曹、亳、宿、泗，各隨緣獎道。回於今東京揚化，善者從之。晉天福癸卯歲，心之懷土，還復故鄉。遂斷食發願，願捨千身，速登正覺。至周顯德二年，遇請真身入寺，遂陳狀於州牧楊君，願焚軀供養。楊君允其意，乃往廣勝寺，傾州民人或獻之香果，或引以旛花，或泣泪相隨，或唄聲前導。至四月八日，真身塔前廣發大願曰："願焚千身，今千中之一也。"徐入柴庵，自分火炬。時則烟飛慘色，香靄愁雲，舉衆嘆嗟，群黎悲泣。享壽六十有九，弟子等收合餘燼供養焉。

（宋）贊寧：《宋高僧傳》卷二三

梁揚州禪智寺從審傳

釋從審，不詳氏族，幼入江都禪智寺，捨家誦經數萬餘言。其寺即隋煬帝之故宮也。咸通五年，受具戒於燕臺奉福寺律席經筵，遍知嘗染。後并三衣成五納。諸名山勝概，無不游覽。末歸淮甸，推爲僧首。五六年間，一皆嚴肅。然恒誦《净名經》，未愆日計。以貞明二年三月十八日構疾，迨十九日禺中微息而終，顏貌如常。荼毗，獲舍利三十粒，堅明通鍛無耗。疊石爲墳，筠源沙門靈護述墳銘云。

(宋)贊寧:《宋高僧傳》卷二五

梁溫州大雲寺鴻楚傳

釋鴻楚，字方外，姓唐氏，永嘉人也。生而符彩，且異群兒。及甫髫齡，器度宏曠。楚之外昆弟皆出俗越之龍宮伽藍，遂祈二親，亦願隨往。網疏魚脱，籠揭鶴飛，杜若殖於蘭洲，新繒染於絳色，互相切直，誦習彌通，年二十三，方昇上品無作。及回本郡，時州將朱褒，知其名節，欽揖愈勤。唐大順中，以城南有廢大雲寺荒墟，表聞昭宗，欲重締構。帝俞其請。於是百工俱作，楚躬主之。施利程功，不愆於素，而講經禮像，無相奪倫。

武肅王錢氏，乾化初年於杭州龍興寺開度戒壇，召楚足臨壇員數，因奏薦梁太祖，賜紫衣並號，固讓弗聽，終不披著。自言涼德，何稱法門命數之服？時詩人鄭說南游，訪鴻靜法師，邂逅與楚會。體知高行，杼詩贈楚云："架上紫衣閑不著，案頭金字坐長看。"

楚寬慈，人未嘗見其愠色。神氣清爽，厥頤豐下，且幡其腹。目不邪視，顧必回身。世俗之言，不輕掉舌。所講《法華經》，計五十許座。一日，楚之講堂中忽生蓮華，重跗複葉，香氣芬葐。以長興三年壬辰六月五日，無疾而化，俗齡七十五，法臘五十二。道俗孺慕。其年遷塔於慈雲右岡焉。

楚講貫外，深夜行道誦經。將逝夕，燈光忽暗，經聲絕微，告門人曰："勞爾給使，吾將往矣。"其所卧之榻中先有白蛇，其大若肱，恒同卧處。長誠童侍，無妄驚擾。生常撰《上生經鈔》，刺血寫《法華經》

一部,至今永嘉人謂爲僧寶中異寶焉。

(宋)贊寧:《宋高僧傳》卷二五

後唐溫州小松山鴻莒傳

釋鴻莒,姓唐氏,永嘉人也。早出家於越州龍宮寺,始則誦《法華經》全部。得度,裹足往趨長安學律,因讀《化度寺碑》。時有舉人旁聽,見莒目瞻多行,異之,知能背碑,請莒誦之。儒生覆其文,了無一誤。又相將去崇聖寺,亦然,而多强記,輩流所推。言歸故鄉,請受二衆依止。其細行也,生來未嘗叱其狸犬,豈況諸餘乎?然晝夜行道誦經,有鬼神扶衛,或爲然燭,或代添香,皆鬼物也。

天成三年戊子,水澇之後,報之以大旱,民薦饑饉。有强盜入其室,莒待之若賓客,躬作粥飯,飼之曰:“徐徐去,山深無人。汝曹爲天災所困耳。”盜者拜受而去。弟子中欲襲其不備,莒曰:“非我弟子,我捨此永入深山矣。”諸子罷輕襲之意。

長興癸巳歲中,恬然無疾,加(跏)趺儼然長逝。至三更,手敲龕門者三,弟子哭泣啓開,云:“吾告汝等,與吾換新衣裳,緣佛土諸上善人嫌吾服章不净。”易畢便終,七日頂暖。時院中有巨犬三,能猛噬。遷塔日隨人馴狎,時山中麞鹿飛鳥相參,犬無摯猛,獸不驚奔。葬後,有虎繞墳號叫。其感物之情如是。有弟鴻楚,並高行,爲時所重。

(宋)贊寧:《宋高僧傳》卷二五

後唐鳳翔府道賢傳

釋道賢,不知何許人也。持諷《孔雀王經》以爲日計,末則受《瑜伽灌頂法》,持明之功愈多徵應。嘗夜夢佛携賢行,步步蹈履濃雲,若乘剛焉。每行不知幾百里,而指之曰:“此摩竭陀國,此占波國,南印度、西印度、迦濕彌羅等國。”且行且記,喜躍不勝。及寤覺,冥解五天梵音。悉曇語言。時西域僧到岐下,葱嶺北諸胡僧往往僞稱五印人,賢以一接語言,先斥之曰:“汝是某國人。”北戎南梵,無敢紿之。隴坻道俗,皆稟承密藏,號阿闍梨也。

迨長興末,明宗晏駕,立從厚爲帝。鳳翔清泰不恭其命。遣王思同帥師伐之,清泰乃嬰城自守。清泰問賢曰:"危甚矣,如何?"對曰:"召寶八郎,可逆知勝負也。"清泰出乘城撫衆,其寶八介甲持戈來馬前,作迎門之狀。跳躍已,解甲投戈而走。賢曰:"此外敵必降之象也。"果如斯說。清泰乃擁兵而東,召賢俱行,入洛,即帝位歟。改元曰清泰。賢奏曰:"年號不佳,何邪? 水清石見。"至二年,敕移并州晉高祖爲天平軍,乃阻兵自固,潛連契丹,長驅入洛,清泰自焚,果"石見"之應矣。晉兵未至,賢先終於洛,今兩京傳大教者,皆法孫之曾玄矣。

寶八郎者,岐人也,家且富焉。自荷器鬻水,言語不常,唯散髮披衣狂走,與李順興相類。或遇牛驢車,必撫掌而笑。迨死,焚之,火聚中盡化金色胡蝶而飛去。或手掬衣扇行之,歸家供養焉。

(宋)贊寧:《宋高僧傳》卷二五

漢江州廬山若虛傳(亡名)

釋若虛,隱於廬山,數年持經,不出石室。江南國主李氏欽尚其道,累徵,終不降就。唯言"老僧無能,寧銷王者歸心? 若更相呼,竄入深山矣"。或衣物則避讓,香則受之。以乾祐中盛夏坐終,身不沮壞,今溢城人供養影相焉。

又潭州釋亡名,恒誦《法華經》,口無他語。長沙文昭王馬氏特加禮重,召入天策府湘西院供養。然其語事,詭異堪驚。一旦召知佛殿僧,令急襞掠佛像,各就兩廂。僧皆謂爲狂發,相目而笑。舉止極甚總切。須臾,自入正殿內據佛座而坐,奄然而化。舉州道俗,爭禮焚香,漢乾祐中也。

(宋)贊寧:《宋高僧傳》卷二五

周會稽郡大善寺行瑫傳

釋行瑫,姓陳氏,湖州長城人也。考曰良,母陶氏,鍾愛之心,與諸子異。然其敏利,又於郡童桀然而出。父母多途,礙其出家之志,終弗能禁。唐天祐二年，依光遠師求於剃染。年十有二，誦《法華經》，月奇五辰而畢軸。次《維摩經》盡。如道安朝請經而暮納本焉，尋於餘杭龍興寺受滿足戒，遂往金華雙林寺智新傳南山《律鈔》，弭節服膺，流輩推揖。常食時至，以不鑿之米與菜茹投小鼎中，參煮而食。此外斷無重味。義解之心，理劈破木，都無難色。嘗謂人曰：「所好甚者，不見他物之可好。吾之好也，樂且無荒也。」後唐天成中，寓於越，樂若耶山水，披覽大藏教，服枲麻之衣。募道俗置看經道場於寺之西北隅。構樓閣堂宇，蔚成別院，供四方僧，曾無匱乏。以顯德三年壬子秋七月示疾，終於此院，報齡六十二，法臘四十四。

珣性剛正，無面諛，無背憎，足不趨豪貴之門，囊不畜盈餘之物，房無閉戶，口無雜言。亦覽群書，旁探經論，慨其郭移《音義》疏略，慧琳《音義》不傳，遂述《大藏經音疏》五百許卷，今行於江浙左右僧坊。然其短者，不宜稱疏。若言疏，可以疏通一《藏經》，珣便過慈恩百本幾倍矣。其耿介持律，古之高邁也矣。

（宋）贊寧：《宋高僧傳》卷二五

後唐五臺山王子寺誠慧傳

釋誠慧，元禮之宗盟祖派，蔚州靈丘之故邑，父母深信，注意清涼。因瞻大聖之容，乃乞興邦之子。既而有孕，遂誕賢童。纔當丱年，器幹天假，自詣臺山，永爲佛子。時真容殿釋法順睹其作哲，化以苦空，勸捨俗衣，令披法服。暨登具足，尤習毗尼。自後孤游谿谷，多處林泉。有王子寺僧湛崇等請居茲寺。慧主任之餘暇，內外典教靡捨斯須。供贍精嚴，非不勤恪，恒轉《華嚴經》，數盈百部。每至卷終，懇發願曰：「以我捧經之手，救彼苦惱之人。」而屬武皇與梁太祖日尋干戈，中原未定。武皇中流矢，創痛楚難任，思憶慧師，翹想焚香，痛苦乃息。遙飛雁帛，遠達雞園，命下重巒，迎歸丹闕。武皇躬拜，感謝慈悲，便號國師矣。後乞歸本寺，金峰顯耀，玉樹相依，九州之珍寶皆來，百寺之樓臺普建。莊宗即位，詔賜紫衣，次宣師號。慧堅不受。帝復宣厥後，再朝天闕，更極顯榮。受恩一月，却返五臺。同光三年乙酉歲十二月，囑累門人廷珪曰：“吾今化緣將畢，爲吾進遺表達於宸聽。宜各努力，理無相代。”言訖入丈室，右脅而終也。俗齡五十，僧臘三十。帝聞惻愴，遣高品監護喪筵，仍敕賜祭。三朝火燼，五色骨存，收取舍利而起塔焉。謚曰法雨，塔曰慈雲也。

（宋）贊寧：《宋高僧傳》卷二七

後唐洛陽中灘浴院智暉傳

釋智暉，姓高氏，咸秦人也。權輿總角，萌離俗之心，不狎童游，動循天分。歘遇圭峰溫禪師，氣貌瑰偉，虛心體道，趨其門者，淑慝旌別矣。謂暉曰：“子實材器多能之士也。”請祈攝受，二十登戒。風骨聳拔，好尚且奇。山中闃然，曾無他事，唯鈎索藏教，禪律亙通，日誦百千言，義味隨嚼。聞佛許一時外學，頗精吟咏，得《騷》《雅》之體。翰墨工外，小筆尤嘉，粉壁興酬，雲山在掌。恒言：“吾慕僧珍道，芬之六法，恨不與同時。對壁連圖，各成物象之生動也。”然真放達之士哉。或振錫而游，縱觀山水；或躡屩而至，歷覽市朝。意住則留，興盡而去。或東林入社，或南嶽經行，悟宗旨於曹溪，寧勞一宿；訪神仙於阮洞，擬到三清。事以志求，時無虛度。此外采藥於山谷，救病於旅僧，惟切利他，心無別務。

洎梁乾化四年，自江表來於帝京，顧諸梵宮，無所不備，唯溫室洗雪塵垢事有闕焉。居於洛洲，鑿戶爲室，界南北岸，茸數畝之宮，示以標榜，召其樂福業者占之。未期漸構，欲閟皆周，浴具僧坊，奐焉有序。由是洛城緇伍，道觀上流，至者如歸，來者無阻。每以合朔後五日，一開洗滌，曾無間然。一歲則七十有餘會矣。一浴則遠近都集三二千僧矣。暉躬執役，未嘗言倦。又以木烏承足，枲麻縫衣，彼迦葉波相去幾何哉！其或供僧向暇，吟咏餘閑，則命筆墨也，緬想嘉陵碧浪，太華蓮峰，凝神邈然，得趣乃作，五溪烟景，四壁寒林，移在目前，暑天凛冽矣。加復運思奇巧，造輪汲水，神速無比。復構應真浴室，西廡中十六形像并觀自在堂彌年完德。時楊侍郎凝式致政佯狂，號楊風子者，而篤重暉，爲作碑頌德莫測所終。

（宋）贊寧：《宋高僧傳》卷二八

晉五臺山真容院光嗣傳

釋光嗣,姓李氏,太原文水人也。冲幼孤静,罕雜童稚。信尚臺山,乃爲真容院浩威之高足也。納戒後,器宇穹隆,憤繁包桑,出求禪法,歷於年稔。内外之學優長,口海崩騰,良難抗敵。由是決意越重湖,登閩嶺,盛談文殊世界,聞者竦動。忠懿王王氏大施香茗,遣使送山寺焉。癸酉歲,至兩浙,謁武肅王錢氏,厚禮遲之,施文殊聖衆供物香茶並鉢盂一萬。副應吳越諸州牧宰,皆刻俸入緣。仍泛海至滄州,運物入山。時降龍大師者率領彈壓,緇伍畏焉,爲其分散諸寺蘭若,衆寡均等。時徒侶堅請嗣主院,宣補僧官轄諸臺寺院,命曰都綱,師號超化,居於僧上,若鯤鳳之領鱗羽焉。十五年間,興建梵宇,齋飼僧尼,不勝紀極。以天福元年遘疾,至九月五日遷滅。門人起塔,藏其靈骨舍利,至今存焉。

(宋)贊寧:《宋高僧傳》卷二八

晉東京相國寺遵誨傳彦求

釋遵誨,姓李氏,譙郡人也。祖世不仕,母張氏夢神人授己寶珠,乃有娠焉。生且奇異,乳哺之時,善認人之喜愠。彌長,見寺觀,必任步遲回,顧眄不捨。年甫十一,禮亳城開元寺崇諲律主爲師範矣。誦《法華經》,二周畢部,由是勤於學問。殆登弱冠,受於戒律,持彼律儀,確乎轉石。尋師西洛,問道梁園,初於智潛法師傳《法華經》,講精義入神,雌黄滿口。梁開平二年戊辰歲,止相國寺藥師院,首講所業。至後唐長興二年辛卯歲,門徒相續請其訓導,已周一十九遍,昇其堂者二十餘人。洎天福二年,有五臺山繼顒大師精達《華嚴大經》,躬入東京,進晉祖降聖節功德。誨仰顒師辯浪經江,下風趨附,乃允講宣。誨善下百川,蔚成藏海矣。梁宋之間以顒罷唱,請誨敷揚,匼匝虚堂,緇素雲萃,募四衆鎸石壁《華嚴經》一部於講殿三面焉。嗟其油素,易罹炎上之灾;刻此貞珉,寧患白蟬之食。工未告終,所施已足。又召僧俗人各念一卷,得二百四十人,成三部,四季建經會,近二十年,更無間曠。復別施鬼神水陸法食,皆勸勵莊嚴菩提心行矣。朝廷崇重,

旌表其功,賜號真行大師。開運二年乙巳歲正月十六日示疾,策杖教
言戒門弟子訖,右脅而臥,口誦佛名,斯須長逝矣。享壽七十一,法臘
五十一。門生奉遺旨葬於隨河之北,寺莊東原也。

　　次有杭州龍華寺釋彥求,姓葉氏,縉雲人也。梁貞明中納戒,造
景霄律席,迴見毗尼秘邃,方將傳講,俄悟沙婆羅漢,反求堅固法。乃
游閩嶺,得長慶禪師心決。回浙,受丹丘人請,居六通院,其道望惟
馨,與夫申椒菌桂爭其芬烈矣。漢南國王錢氏欽其高行,命住功臣
院。末歸州治龍華寺,聚徒開演。求好營衆事,務必身先,唯以利人
爲急,受施必歸。常住房無關鍵,笥無扃鐍,不容尼衆禮謁,不苟聲
勢。常屬度戒,四遠人聚,日供累千僧食,未嘗告匱。言前後計飯鉅
萬人焉。宋建隆中終於住寺云。

(宋)贊寧:《宋高僧傳》卷二八

　　晉曹州扈通院智朗傳

　　釋智朗,姓黄氏,單州城武人也。母劉氏夢數桑門圓坐爲劉説
法,歷然在耳,遂妊朗焉。及生暨長,婉有僧之習氣,淳靖簡潔。苦辭
親出家,往曹州扈通院,事行滿師,供給惟謹。洎乎剃染,成大比丘,
學《四分律》、《淨名經》,俱登閫閾。且曰:"出俗之者何滯方守株,不
能脱羈解絆乎? 於廣博知見無所堪能。"乃携瓶鉢,南極衡陽,登岳栖
般若寺,行胎息術,而覽藏經事訖,入閩嶺,曾無伴侶,形影相弔。逢
猛獸者數四,皆欲呀口垂噬,又躅步徐去矣。見洞山、雪峰二祖師決
了禪訓,有請問者,隨答如飛,蓋了達無絓矣。後旋本院,信向如歸。
而四事供僧,罔聞間隙,四十餘齡,役已無倦。以晉末丁未歲十一月
二十三日遷滅。於時白衣飲痛,緇流茹傷,獸失猛以哀嗥,鳥停飛而
宛轉。或曰:"愛河苦海誰拯溺邪?"春秋七十七,法臘五十三。火葬,
收舍利,起塔於院。朗爲釋子,衣物誓不經女人之手浣濯,不役徒弟。
檀施之物像寶未省互用,蓋以初律後禪,陶冶神用之故也。大名府少
尹李鉉爲碑焉。

(宋)贊寧:《宋高僧傳》卷二八

漢東京天壽禪院師會傳

釋師會,俗姓巨,漢荆州刺史武之後。祖徙家北燕,遂爲薊門人也。考諱知古,母趙氏。會童孩出俗,禮薊州溫泉院道丕爲師匠焉。業成,年滿,受具於金臺寶刹寺壇。梁開平中萍梗任飄於河朔,杯盂隨步於江淮,乃抵漢南遇觀音院巖俊,班荆話道,抵掌論心。且曰:"子還聞投子山有大同禪師已否?"曰:"聞而未見。"曰:"宜亟往焉。"及參大同,跬步之間,舉揚之外,洗焉明白,其安坦然。乾化二年,來梁苑,謝俊公曰:"始者攸攸歧路,茫茫生死,紫實昧朱,狂斯濫哲。苟不奉師友指歸,幾一生空度。今以穢猶,請與薰同器而藏,可乎?"俊公與會肯德,留入法席。四年秋,有寶積坊羅漢院志修堅請會代居所住焉,苫蓋五間而已。乃感檀越尚書左丞吳藹、兵部侍郎張袞,若袁粲之謁寶亮,徐湛之禮惠通,共發奉章,賜額曰天壽焉。四海之僧,翕然而至。歷三十五載,供僧二百餘萬,用其財寶,無少混淆,耿介可知也。天福七年,晉高祖以會行成於内,聲聞於外,敕賜紫衣。開運元年,賜號曰法相。紫衣則藏以受持,師號則蔑其稱謂。且曰:"我本不求名,名來自求我。知其白而守其黑,和其光而同其塵,世幻逡巡,時不我與。"三年七月二十六日累諸門人,帖然而滅,春秋六十七,夏臘四十八。闍維,收舍利數百粒,起塔於東郊汴陽鄉也。刑部侍郎邊歸讜爲碑頌德云。

(宋)贊寧:《宋高僧傳》卷二八

周宋州廣壽院智江傳

釋智江,俗姓單,幽州三河南管人也。本富族游俠之子,雖乘竹馬,厭回火宅之門;乍玩沙堆,好作浮圖之制。略聞竺乾之教,必淡慮凝情,若瀟湘之逢故人也。唐乾寧四載,始年十五,詣盤山感化寺遂成息慈,息慈業備。天復三祀,往五臺山梨園寺納木叉法。自此擔簦請業,擇木依師,《净名》《上生》二典精練,涣然冰釋,心未屬厭。梁龍德元年於商丘開元寺請名數一支,所謂精義入神,散則繁衍,因著《瑞應鈔》八卷,達者傳之。生徒影附,繕寫夥多。後唐同光元年,在微子之墟住院,締構堂宇,輪奐可觀。復塑慈氏、釋迦二尊、十六羅漢像,咸加繢彩,克肖聖儀。善務方辦,俄遘沉痾,以周顯德五年孟秋順終,享齡七十四。當屬纊時,滿院天人雜沓,若迎導之狀,疇昔誓生睹史之昭應也。吏部員外郎李鉉著塔銘云。

系曰:前人立義,皆按教文,豈得好惡隨情,是非任見?已行前轍,不覆後車,胡不謹而循之?通曰:"夫創著述者有四焉:一前説極非,於文茫昧;一僻見謬解,領悟自乖;一樂繁嫌略;一好直怪迂。有一於此,無不著述也。江公《瑞應鈔》未經披覽,聞諸道路言亦濟時須。苟不濟用而變革古德義章,則何異以舊防無所用而壞之者,必有水敗也。"

(宋)贊寧:《宋高僧傳》卷二八

周五臺山真容院光嶼傳

釋光嶼,俗姓韓氏,應州金城邑人也。幼讀儒書,有佐國牧民之志。頻有神人夢中警策曰:"汝於佛法有大因緣。"遂投真容院附法威,侍其瓶錫,謹弟子之職。受具後,誦《净名經》,徹簡,每至依於義不依語。告喻本師而求聽習,威尋許諾,遂詣太原三學院,涉乎寒燠,研核孜孜,屢改槐檀,乃講《維摩》《上生》二座,忽謂同志曰:"余憶昔年每念依於義。邇栖學院,今講二經,窮理見性,知果驗因,得不依教起行,免背四依之行乎?"俄辭晉水,却返故山,戴《華嚴經》,繞菩薩殿,六時右旋禮佛。時晉高祖握圖之三載也。名聞丹禁,遂賜紫衣。明年授號通悟焉。山門僧官與大衆,堅命臨壇,告辭不允。僧官謂曰:"師行解兼人,獨善其己,良璞不剖,必見泣血。"辭不獲已,度人三二載,堅求脱免。屬少王嗣位,院乏主守,大衆僉舉:非嶼而誰?辭曰:"此山四海客游之所,奈何不出院門有年歲矣,令知供養,有何所須?"雖免不從。自後供施委輸。十八年中,供百萬餘僧。一夕雲霧俱發,霰雪交零,嶼之蓋經白練一條可三四尺,忽爾不見。翌日深更,遺練俄還舊所也,蓋陰神之送至歟?顯德七年庚申歲十月示疾,謂諸子曰:"猶龍者厭乎大患,嘆鳳者悲於逝川,諸行無常,是生滅法。"言訖如蟬蜕焉。俗壽六十六,僧臘四十六。茶毗於東峰下,取諸靈骨,瘞於塔幢,舍利隨緣供養焉。

(宋)贊寧:《宋高僧傳》卷二八

梁四明山無作傳

釋無作,字不用,姓司馬氏,姑蘇人也。父陳宛丘縣尉。母戴氏,始妊時,夢異沙門稱姓徐,住持流水寺,欲寄此安居,言訖加趺而坐。其父同夜夢於盤中書一字,甚稱心,自言可以進上天子。至明,終説所夢,母曰:"意其腹中必沙門也。"矢之曰:"如生貌,放於流水寺出家。"及生,果歧嶷可愛,且惡葷羶之氣。年迨四歲,母自教誦習,利金易礪,記憶無遺。厥父欲其應童子舉業,漸見風範和潤,且恒有出塵之意。俄爾父偷窺姚氏之女且美容儀,酷欲取之。母切忌之,因曰:"或捨是子出家,寬汝所取。"父乃許之,送入流水寺中。纔及月餘,姚氏仳離,時謂此女是善知識,爲作之出家增上緣矣。年二十,受具足法。相次講通《刪補律鈔》《法華》《上生》等經、《百法論》。一性五性宗教,勵精尋究。孔老書篇,無不獵涉。後參其玄學於雪峰存禪師,深入堂奧。至廬陵三顧山,檀越造雲亭院,豫章創南平院,請作住持,皆拂衣而去。前進士唐稟作《藏經碑》,述作公避請之由。居洪井十載,且未識洪師鍾氏之面。乃游會稽四明,因有終焉之志。吳越武肅王錢氏仰重,召略出四明,因便歸山,蓋謝病也。有詩杼意呈王,王亦不留。詩云:"雲鶴性孤單,爭堪名利關? 銜恩雖入國,辭病却歸山。"時奉化樂安孫郃退居嘯傲,不交緇伍,唯接作,交談終日。進士楊弇亦慕爲林下之游。以梁開平中卒於四明,春秋五十六。

初作善草隸,筆迹酋健,人多摹寫成法。述諸色禮懺文數十本,注道安《六時禮佛文》一卷,並詩歌,並行於代。作不入尼寺,不謁公門,不修名刺,不趨時利,自號逍遥子焉。

(宋)贊寧:《宋高僧傳》卷三〇

梁成都府東禪院貫休傳處默、曇域

釋貫休,字德隱,俗姓姜氏,金華蘭溪登高人也。七歲,父母雅愛之,投本縣和安寺圓貞禪師,出家爲童侍。日誦《法華經》一千字耳。所蟄聞不忘於心。與處默同削染,鄰院而居,每隔籬論詩,互吟尋偶對,僧有見之,皆驚異焉。受具之後,詩名聳動於時,乃往豫章,傳《法華經》、《起信論》,皆精奧義,講訓且勤。本郡太守王憓彌相篤重。次太守蔣瓌開洗懺戒壇,命休爲監壇焉。乾寧初,賷志謁吳越武肅王錢氏,因獻詩五章,章八句,甚愜旨,遺贈亦豐。王立去僞功,朝廷旌爲功臣。乃別樹堂立碑,記同力平越將校姓名,遂刊休詩於碑陰,見重如此。

休善小筆,得六法。長於水墨,形似之狀可觀。受眾安橋强氏藥肆請,出羅漢一堂,云:“每畫一尊,必祈夢得應真貌,方成之。”與常體不同。

自此游黟歙,與唐安寺蘭闍梨道合。後思登南嶽,北謁荆帥成汭,初甚禮焉,於龍興寺安置。時内翰吳融謫官相遇,往來論道論詩。融爲休作集序,則乾寧三年也。尋被誣譖於荆帥,黜休於功安。鬱悒中題硯子曰:“入匣始身安。”弟子勸師入蜀,時王氏將圖僭僞,邀四方賢士,得休甚喜,盛被禮遇,賜賷隆洽,署號禪月大師。蜀主常呼爲“得得來和尚”。時韋藹舉其美號。所長者歌吟,諷刺微隱,存於教化。體調不下二李、白、賀也。至梁乾化二年,終於所居,春秋八十一。蜀主慘怛,一皆官葬,塔號白蓮。於城都北門外昇遷爲浮圖,乃僞蜀乾德中,即梁乾化三年癸酉歲也。

休能草聖,出弟子曇域,癸酉年集師文集,首安吳内翰《序》,域爲《後序》,韋莊嘗贈詩曰:“豈是爲窮常見隔,只應嫌酒不相過。”又廣成先生杜光庭相善,比鄉人也。休書迹,好事者傳號曰姜體是也。嘗睹休真相,肥而矬,蜀宰相王鍇作讚。曇域戒學精微,篆文雄健,重集許慎《説文》,見行於蜀。有詩集,亞師之體也。

（宋）贊寧:《宋高僧傳》卷三〇

梁廬山雙溪院國道者傳

釋國道者,未知何許人也。器凝淳粹,行敦高邁,塊然獨處,翩翩在形器之上矣。參學攸廣，彼歇孤徵，愛廬山秀異，誓隱淪以求其志。考築草舍，灌園植蔬，任山中居人揃取。或問其故，答曰：「貧道無心而種，無心而舍也。」驗此見知，實達道之上流矣。修睦僧正恒傾意奉重，詩贈國公云：「入門空寂寂，真箇出家兒。有行鬼不見，無心人謂癡。」後終於院，葬於雙溪山原，有小浮圖焉。今以「國」字呼之，爲名邪姓邪？ 未得詳焉。

（宋）贊寧：《宋高僧傳》卷三〇

梁泉州智宣傳

釋智宣，泉州人也。壯歲慕法，學義净之爲人也。輕生誓死，欲游西域，禮佛入塔，並求此方未流經法。以唐季結侶流渡流沙，所至國土，懷古尋師，好奇徇異，聚梵夾，求舍利。開平元年五月中達今東京，進辟支佛骨並梵書多羅葉夾經律。宣壯歲而往，還已衰耄矣。梁太祖新革唐命，聞宣回，大悦，宣賜分物，請譯將歸夾葉。於時干戈，不遑此務也。

（宋）贊寧：《宋高僧傳》卷三〇

梁江陵府龍興寺齊己傳

釋齊己，姓胡，益陽人也。秉節高亮，氣貌劣陋。幼而捐俗於大溈山寺，聰敏逸倫，納圓品法，習學律儀，而性耽吟咏，氣調清淡。有禪客自德山來，述其理趣，己不覺神游寥廓之場。乃躬往禮訊，既發解悟，都亡朕迹矣。如是藥山、鹿門、護國，凡百禪林，孰不參請。視其名利，悉若浮雲矣。於石霜法會，請知僧務。

梁革唐命，天下紛紜。於時高季昌稟梁帝之命，攻逐雷滿出渚宮，已便爲荆州留後，尋正受節度。迨乎均帝失御，河東莊宗自魏府入洛，高氏遂割據一方，搜聚四遠名節之士，得齊之義豐、南嶽之己，以爲築金之始驗也。龍德元年辛巳中，禮己於龍興寺净院安置，給其月俸，命作僧正，非所好也。其如閑辰静夜，多事篇章，乃作《渚宮莫問篇》十五章，以見意，且徇高之命耳。己頸有瘤贅，時號詩囊。栖約自安,破納擁身,枲麻纏膝。愛樂山水,懶謁王侯,至有"未曾將一字,容易謁諸侯"句爲狎。華山隱士鄭谷詩相酬唱,卒有《白蓮集》行於世,自號衡嶽沙門焉。

(宋)贊寧:《宋高僧傳》卷三〇

後唐靈州廣福寺無迹傳

釋無迹,姓史氏,朔方人也。當宣宗御宇,佛法中興。大中九年,年正十三,決志捨家,投白草院法空大師爲弟子,操執密緝,拂攘囂塵。咸通三年,用賓於京室,得戒度於西明寺矣。凡於百藝,悉願游焉。慕定林威能畫,戴安道能琴,我則講貫之餘,兼而綜習。先是唐恒夫嘗作鎮朔方,後於輦下相遇,以家僧之禮待焉。蓋知言行相高,復能唱導聞。恒夫白兩街功德使,請隸西明寺。旋屬懿宗皇帝於鳳翔法門寺迎真身,右宣副使張思廣奏迹充乎讚導,悦懌上心,宣賚稠厚。光啓中,傳授《佛頂熾盛光降諸星宿吉祥道場法》,歸本府。府帥韓公聞其堪消分野之災,乃於鞠場結壇修飾,而多感應。景福中,太尉韓公創修廣福寺,奏迹住持。皆以律範繩之,塞垣間求戒者必請爲力生焉。梁乾化丙子歲,中書令韓公洙奏署師號曰鴻遠歟。後唐同光三年乙酉歲四月一日,坐終於文室。箬骨如生,風神若在,蕃漢之人觀禮稱嘆曰:"昔至德中當府龍興寺有高士辯才坐亡,遂漆布之。乾寧元年府帥舉奏,敕謚曰能覺。今迹師可不異時而同事哉!"中令韓公命工布漆焉。莊宗朝軍府從事薛昭紀爲碑頌德云。

(宋)贊寧:《宋高僧傳》卷三〇

後唐明州國寧寺曇光傳

釋曇光,字登封,姓吳氏,永嘉人也。唐史官左庶子兢之裔孫也。幼捨家於陶山寺剃度。居必介然,不與恒人交雜。好自標遇,慢易緇流。多作古調詩,苦僻寡味,得句時有得色。長於草隸,聞陸希聲謫宦於豫章,光往謁之。陸恬靜而傲氣,居於舟中,凡多回投刺,且不之許接。一日設方計干謁,與語數四,苦祈其草法,而授其五指撥鐙訣。

光書體當見酋健,轉腕回筆,非常所知。乃西上,昭宗詔對御榻前書,賜紫方袍。後謁華帥韓建,薦號曰廣利。自華下歸故鄉,謁武肅王錢氏,以客禮延之。而性畔岸,弗愜王情,乃歸甬東終焉。有文集,知音者所貴。出筆法弟子從瓖、溫州僧正智琮,皆得墨訣。有朝賢贈歌詩,吳内翰融、羅江東隱等五十家,僅成一集。時四明太守仰詮素重光高蹈,躬爲喪主,理命令葬。後三年,準西域焚之,發棺儼若生相,髭髮爪皆長。荼毗收舍利,起小塔焉,則後唐長興中也。

(宋)贊寧:《宋高僧傳》卷三〇

晉宣州自新傳

釋自新,姓孫氏,臨淄人也。濯戒尋師,曾無懈廢,聞膺禪師化被鍾陵,往參問焉。從雲居長往,回錫嘗隱廣德山中。屬兩浙文穆王錢氏率吏士躬徵苑陵,入山寺,群僧皆竄,唯新晏如。問曰:"何不避乎?"對曰:"東西俱是賊,令老僧去何處逃避?"王驚其訐直,回戈遣歸,見武肅王問之,言無所屈。加之高行,造應瑞院居之,假號曰廣現大師。

初新嘗入宣城山采藥,穿洞深去,始則暗昧,尋見日分明,行僅數里,洞側有別竇,溪水泛泛然。限一大松,枝下有草庵,一僧雪眉擁納坐禪。旁有一磬火器,新擊磬,遂開目驚曰:"嘻!師何緣至此?"乃陳行止,揖坐,取石敲火煎茗,香味可愛。日將夕矣,僧讓庵令新宿,顧其僧上松巔大巢内,聞念《法華經》,聲甚清亮。逡巡,又咄罵云:"此群畜生毛類,何苦生人恐怖?速歸林薄,不宜輒出。"叱去,新窺之,乃虎豹弭耳而去。明日謂其僧曰:"願在此侍巾屨。"僧曰:"自居此地,百見草枯,四絶人烟,非師栖息處。"又問:"莫饑否?"相引溪畔,有稻百餘穗,收穀,手挪三匊黃粱。挑野蔬和煮,與食。後遣回去。送至洞口曰:"相遇非偶然也。所食茶菜與糜,師平生不乏食矣。"遂遵路回本院已,月餘日命同好再往尋之,失洞蹤迹。

後在浙中,充寶塔寺主,以天福中卒於住寺,年八十餘。今影在冷水灣前,小院存焉。

(宋)贊寧:《宋高僧傳》卷三〇

漢杭州耳相院行修傳

釋行修,俗姓陳,泉州人也。少投北岩院出家,小心受課,誦念克勤。十三削髮,往長樂府戒壇受上品律儀。年始十八,參雪峰山存禪師,隨衆請問,未知詮旨。辭存師,言入浙去,存曰:"與汝理定容儀,令彼土人睹相發心。"遂指其耳曰:"輪郭幸長,垂璫猶短,吾爲汝伸之。"雙手平曳,登即及肩,如是者三,自此長垂,見者舉目。後唐天成二年丁亥歲入浙中,傾城瞻望,檀施紛紛。遂構室於西關高峰,爲其宴息,後鬱成大院。

修別無舉唱,默默而坐。人問,唯笑而止。士女牽其耳交結於頤下,杭人號長耳和尚。以乾祐三年庚戌歲十一月示疾,動用如平時,以三月中夜坐終。檀越弟子以漆布,今亦存焉。後寄夢睦州刺史陳榮曰:"吾坐下未完。"檢之,元不漆布,重加工焉。

　　　　　　　　　　　　(宋)贊寧:《宋高僧傳》卷三〇

越州鏡清順德恬禪師,得法於雪峰。吳越錢王尊其道德,請居天龍寺,又創龍册寺以居師。學侶奔湊,由是吳越盛於玄學。晉高祖天福二年八月入寂,壽七十四。

　　　　　　　　　　　　(元)覺岸:《釋氏稽古略》卷三

韶國師,名德昭,處州龍泉陳氏子。年十五出家,十七歲依本州龍歸寺受業,十八納戒於信州開元寺。後唐莊宗同光年中,游方首謁投子山同禪師,次謁龍牙疏山,如是參歷五十四員善知識。最後至江西撫州,謁法眼益禪師,倦於參問,但隨衆而已。一日,僧問法眼:"如何是曹源一滴水?"眼曰:"是曹源一滴水。"師於座側聞之,豁然開悟,白於法眼,眼曰:"汝向後當爲國王所師,致祖道光大。"尋回本道,游天台山,睹智者顗禪師遺蹤。有若宿契,初止白沙。時吳越忠懿王弘俶爲王子刺台州,向師之名,延請問道。至是乾祐二年,王已嗣吳越位,遣使迎師,伸弟子之禮,尊爲國師。有傳天台智者之教沙門義寂者,即螺溪法師也,屢言於師曰:"智者之教,年祀寢遠,卒多散落惟,新羅國其本甚備,請和尚慈力爲致之。"師乃聞於吳越王,王爲遣使賫師之書往彼國,繕寫備足而還。迄今台宗教文獲全者,師有力焉。

（元）覺岸：《釋氏稽古略》卷三

漳州羅漢院禪師,名桂琛,生常山李氏。隸本府萬歲寺無相大師披剃,登戒得法於玄沙備禪師,師秘重大法痛自韜晦。漳州牧王公請住城西石山地藏十餘年,遷止羅漢院。破垣敗簣,師處之恬如也,援法眼益。至是天成三年入寂,壽六十二。茶毗舍利建塔於院之西隅,敕謚真應禪師。

（元）覺岸：《釋氏稽古略》卷三

義通法師,傳天台教。是年（雍熙四年）十月十八日入寂於明州寶雲院。通本高麗王種,初出家,傳《華嚴》起信有聲。石晉天福中,渡海來謁螺溪義寂,頓悟開顯十法界圓融之旨,嗣法流通,逾二紀,得知禮遵式高弟,益大其傳。

（元）覺岸：《釋氏稽古略》卷四

沙門貫休婺州人也入蜀,以詩謁王曰："一瓶一鉢垂垂老,萬水萬山特特來。"蜀王待以殊禮,加以官資,禪月大師號亦其賜也。至後唐莊宗同光三年入寂。

高僧齊己,蜀人也,幼捐俗依潙山祐禪師。時慧寂禪師（仰山也）住豫章觀音院,己總轄庶務,有粥疏曰："粥名良藥,佛所□揚。義冠三檀,功標十利。更祈英哲,各遂願心。既備清晨,永資白業。"其後居西山金鼓示寂,塔存焉。龍盤乃其書堂也。

（元）覺岸：《釋氏稽古略》卷三

法眼宗。建康清凉寺禪師,名文益,生餘杭魯氏。七歲依新定智通院同偉禪師落髮,弱齡稟具於越州開元寺。究毗尼探儒典,振錫南參抵福州。見長慶棱禪師不大發明。乃欲出嶺過漳州,阻雪於城西石山,地藏院禪師桂琛問曰:"上座學解説三界,唯心萬法唯識。"乃指階前石曰:"此石在心内在心外?"師曰:"在心内。"琛曰:"行脚人着甚來由,安片石在心頭走。"師窘無以對,即放包依席下,求決擇一月餘,呈見解説道理。琛語之曰:"佛法不恁麽。"師曰:"某甲詞窮理絶也。"琛曰:"若論佛法一切見成。"師於言下大悟,遂依止久之。時唐潞王清泰二年也。辭行,至江西撫州,州牧重師之道,請住崇壽院。南唐有國,唐主迎師住金陵報恩禪院,署號净慧禪師。遷任清凉寺,大闡法化。唐主邀師觀牡丹花,請師賦詩,師應聲曰:"擁毳對芳叢,由來趣不同。髮從今日白,花是去年紅。艷冶隨朝露,馨香逐晚風。何須待零落,然後始知空。"唐主頓悟玄旨。至周顯德五年,唐之交泰元年也,七月十七日師示疾。唐主親加禮問。閏月五日辭衆跏趺而逝,壽七十四,臘五十四。公卿李建勛以下素服奉全身,塔於江寧縣之丹陽,敕謚大法眼禪師,塔曰無相。再謚曰大智藏大道師。師入室弟子四十三人,各道一方,隨根悟入者不可勝紀。師嗣地藏琛,琛嗣玄沙備,備嗣雪峰存禪師,宗門尊仰其道曰法眼宗。

(元)覺岸:《釋氏稽古略》卷三

  永明。杭州永明寺禪師,名道潜,河中府人,姓武氏。初謁法眼益禪師,眼問曰:"子於參請外看甚經。"師曰:"《華嚴經》。"眼曰:"總别同異成壞六相,是何門攝屬?"師曰:"文在十地品中,據理則世出世間一切法皆具六相也。"眼曰:"空還具六相也無。"師懵然無對。眼曰:"汝問我,師乃問,空還具六相也無。"眼曰:"空。"師於是開悟。異日,因士女到院,眼問師曰:"律中道隔壁聞釵釧聲,即名破戒,見睹金銀合雜朱紫駢闐是破戒不是破戒?"師曰:"好箇入路。"眼曰:"子向後有五百毳徒,爲王侯所重在。"師尋禮辭,駐錫衢州古寺,閱《大藏經》。至是廣順元年,吴越忠懿王弘俶延師入府受菩薩戒,署號慈化定慧禪師,建大伽藍於南山,曰慧日永明,請師居之。師請塔下羅漢過新寺,符王之先夢也,於是又加應真二字於師號。師於周顯德五年入寂,師嗣法眼益禪師。

(元)覺岸:《釋氏稽古略》卷三

僧人:

勝光和尚住兜率院,事見《傳燈錄》。

大小靜不知何許人,同憩國清寺,深悟宗旨,其問答爲人所傳。

聖者頭陁初憩國清寺,顯異甚衆,其雷馬山伐木事,見頭陁庵。

全宰錢塘人,沈姓,嘗得石霜印,可晚遁暗巖二十年,今趺坐處尚存。

師簡初憩天台戲龍院,時大旱,有龍臥巖間,簡以杖叩之,隨即霔霈。簡善書,求者多以鵝酒易之,德韶常語人曰:“此簡羅漢也。”後示滅錢塘。

德韶龍泉人,字惠舟。清泰二年,入台嶺憩智顗道場。後於通元峰卓庵。嘗有頌云:“通玄峰頂,不是人間。心外無法,滿目青山。”時法眼印可之。凡建道場一十有二處。國朝開寶中示滅蓮華峰,世號韶國師。

(宋)陳耆卿:《赤城志》卷三五

逍遙祖師曰僖,唐肅宗少子也。出家,事忠國師,忠記之,居逍遙,賜田甚廣。經五代亂,民盜耕之幾盡。前長老文因訴於縣,十得一二,可以居衆矣,而衆未集。

(宋)蘇轍:《欒城後集》卷二四

後唐廬山僧紹宗,姑蘇人。性朴野,不群流俗。江南李國主造寺居之。又躬入山請謁,甚加禮重。

(宋)范成大:《紹定吳郡志》卷四二

漢清化師全付,崑山人。隨父賈販至豫章,聞禪會之盛,求出家。學成,自仰山還故國。錢忠獻王賜以紫方袍,不受。改賜衲衣,號純一禪師。師曰:“吾非飾辭,恐後人仿吾而逞欲耳。”開運中坐亡,有大風震林木焉。

(宋)范成大:《紹定吳郡志》卷四二

希辯,常熟人。聽律於楞伽,受心印於天台。乾德初,吳越忠懿王以清泰院居之,號慧智禪師。太平興國中,隨王入覲,見於滋福殿,賜號慧明。端拱中,乞還故里,賜一御書、《急就章》《逍遥咏》《秘藏詮》及《太平聖惠方》,凡一百三十卷,以寵之。

(宋)范成大:《紹定吳郡志》卷四二

越州清化全怤禪師,吳郡崑山人也。……師後還故國,錢氏文穆王特加禮重。晉天福二年丁酉歲,錢氏戍將闢雲峰山建院,亦以清化爲名,延師開堂。

(宋)普濟:《五燈會元》卷九

杭州真身寶塔寺紹岩禪師,雍州劉氏子。吳越王命師開法,署了空大智常照禪師。上堂:"山僧素寡知見,本期閑放,念經待死,豈謂今日大王勤重,苦勉公僧,效諸方宿德,施張法筵。然大王致請也,祇圖諸仁者明心,此外別無道理。諸仁者還明心也,未莫不是語言……"

(宋)普濟:《五燈會元》卷一〇

杭州五雲山華嚴院志逢禪師,餘杭人也……吳越國王嚮師道風,召賜紫衣,署普覺禪師,命住臨安功臣院。

(宋)普濟:《五燈會元》卷一〇

杭州普門寺希辯禪師,蘇州人也。忠懿王命主越州清泰,署慧智,後遷上寺……太平興國三年,吳越王入覲,師隨寶塔至,見於滋福殿,賜紫衣,號慧明禪師。

(宋)普濟:《五燈會元》卷一〇

扣冰澡先古佛,建寧新豐翁氏子。……天成戊子,應閩主之召,延居內堂。敬拜曰:"謝師遠降。"賜茶次,師提起橐子曰:"大王會麼?"曰:"不會。"曰:"人王、法王,各自照了。"留十日,以疾辭。至十二月二日,沐浴升堂,告衆而逝,王與道俗,備香薪蘇油茶毗之。祥耀滿山,獲設利五色,塔於瑞巖正寢,諡曰妙應法威慈濟禪師。

(宋)普濟:《五燈會元》卷二

杭州報恩永安禪師,温州翁氏子,幼依本郡彙征大師出家。後唐天成中,隨本師入國,忠懿王命征爲僧正。師尤不喜俗務,擬潛往閩川,投訪禪會。屬路岐艱阻,遂回天台山結茅。尋遇韶國師開示,頓悟本心,乃辭出山。征聞於王,王命住越州清泰,次召居上寺,署正覺空慧禪師。

(宋)普濟:《五燈會元》卷一〇

東京普净院常覺禪師,陳留李氏子。……至後唐天成三年,遂成大院,賜額曰普净。

(宋)普濟:《五燈會元》卷一四

京兆府重雲智暉禪師,咸泰高氏子。……師後忽欲歸終南圭峰舊居,一日閑步巖岫間,如常寢處,條睹摩衲數珠,銅瓶楞笠,觸之即壞。謂侍者曰:"此吾前身道具耳。就兹建寺以酬宿。"因當薙草間,有祥雲蔽日,屯於峰頂,久而不散,因目爲重雲山,猛獸皆自引去,及塞龍潭以通徑,龍亦他徙。後唐明宗賜額曰長興,學侶臻萃。

(宋)普濟:《五燈會元》卷一三

昇州清凉院休復悟空禪師,北海王氏子。……後繼法眼住崇壽,江南國主創清凉道場,延請居之……天福八年十月朔日,遣僧命法眼禪師至,囑付訖,又致書辭國主,取三日夜子時入滅。國主令本院至時擊鐘,及期,大衆普集,師端坐警衆曰:"無弃光影。"語絶告寂。時國主聞鐘,登高臺遥禮,深加哀慕。仍致祭、茶毗,收舍利建塔。

(宋)普濟:《五燈會元》卷八

杭州無著文喜禪師,嘉禾語溪人也,姓朱氏。……時有滄州菩提寺僧修政等至,尚聞山石震吼之聲,師因駐錫五臺。咸通三年,至洪州觀音參仰山,頓了心契,令充典座。……錢王奏賜紫衣,署無著禪師。將順寂,於子夜告衆曰:"三界心盡,即是涅槃。"言訖,跏趺而終。白光照室,竹樹同色,塔於靈隱山之西塢。天福二年,宣城帥田頵應杭將許思叛渙,縱兵大掠。發師塔,睹肉身不壞,爪髮俱長。武肅錢王異之,遣裨將邵志重加封瘞。

(宋)普濟:《五燈會元》卷九

天台山德韶國師,處州龍泉陳氏子也。……十七,依本州龍歸寺受業。十八,納戒於信州開元寺。後唐同光中游方,首詣投子見同禪師,次謁龍牙。……最後至臨川,謁法眼。眼一見,深器之。師以遍涉叢林,亦倦於參問,但隨衆而已。一日,法眼上堂,僧問:"如何是曹源一滴水?"眼曰:"是曹源一滴水。"僧惘然而退。師於坐側,豁然開悟。平生凝滯,渙若冰釋。遂以所悟聞於法眼,眼曰:"汝向後當爲國王所師,致祖道光大,吾不如也。"……尋回本道,游天台,止睹智者顗禪師遺蹤,有若舊居。師復與智者同姓,時謂之後身也。初止白沙,時忠懿王爲王子,時刺台州,嚮師之名,延請問道。師謂曰:"他日爲霸主,無忘佛恩。"漢乾祐元年戊申,王嗣國位,遣使迎之,伸弟子之禮。

(宋)普濟:《五燈會元》卷一○

杭州永明寺道潛禪師,河中府武氏子。……師尋禮辭,駐錫於衢州古寺,閱《大藏經》。忠懿王命入府受菩薩戒,署慈化定慧禪師,建大伽藍,號慧日永明,請居之……

(宋)普濟:《五燈會元》卷一○

杭州永明寺道潛禪師,河中府人也,姓武氏。初謁臨川净惠禪師,一見異之。便容入室,一日净惠問:"子於參請外明什麽經?"師曰:"《華嚴經》。"惠曰:"總別同異成壞是何門攝屬?"師曰:"文在十地品中,據理則世出,世間一切法皆具六相。"惠曰:"空還具六相也無。"師懵然無對,惠曰:"子却問吾。"師乃問:"空還具六相也無?"净惠曰:"空。"師於是開悟踊躍禮謝,曰:"子作麼生會?"師曰:"空。"净惠然之。異日,因四眾士女入院,净惠問師曰:"律中道,隔壁聞釵釧聲,即名破戒。見睹金銀合雜朱紫駢闐,是破戒不是破戒?"師曰:"好箇入路。"惠曰:"子向後有五百毳徒,而爲王侯所重在。"師尋禮謝辭,駐錫於衢州古寺,閱《大藏經》而已。忠懿王命入府受菩薩戒,署慈化定惠禪師,建大伽藍,號惠日永明,請居之。師曰:"欲請塔下羅漢銅像過新寺供養。"王曰:"善。予昨夢十六尊者,乞隨師入寺,何昭應之若是。"仍於師號加"應真"二字。師坐永明大道場,常五百眾,師上堂:"佛法顯然,因什麼却不會去。諸上座欲問佛法,但問取張三李四,欲會世法則參取古佛叢林,無事久立。"僧問:"至道無難借言顯道,如何是顯道之言?"師曰:"切忌揀擇。"問:"如何是惠日祥光?"師曰:"此去報慈不遠。"曰:"恁麼則親蒙照燭也。"師曰:"且喜沒交涉。"

(元)常念:《佛祖歷代通載》卷一七

　　杭州報恩慧明禪師,姓蔣氏。……漢乾祐中,忠懿王延入府中問法,命往資崇院。師盛談玄沙及地藏法眼,宗旨臻極。王因命翠岩令參等諸禪匠及城下名公定勝負。

(宋)普濟:《五燈會元》卷一○

　　汝州風穴延沼禪師,餘杭劉氏子。……汝州太師宋侯捨宅爲寺,復來郢州,請師歸新寺住持。至周廣順元年,賜額廣慧。師住二十二年。……

(宋)普濟:《五燈會元》卷一一

　　明州奉化縣布袋和尚者,未詳氏族,自稱名契此。形裁腲脮蹙額皤腹,出語無定,寢臥隨處,常以杖荷一布囊,凡供身之具盡貯囊中。

入鄽肆聚落，見物則乞。或醯醢魚俎，才接入口，分少許投囊中，時號長汀子布袋師也。嘗雪中臥，雪不沾身，人以此奇之。或就人乞，其貨則售。示人吉凶，必應期無忒。天將雨，即着濕草屨途中驟行。遇亢陽，即曳高齒木履，市橋上竪膝而眠，居民以此驗知。有一僧在師前行，師乃拊僧背一下，僧回頭，師曰：“乞我一文錢。”曰：“道得即與汝一文。”師放下布袋叉手而立，白鹿和上問：“如何是布袋？”師便放下布袋。又問：“如何是布袋下事？”師負之而去。先保福和上問：“如何是佛法大意？”師放下布袋叉手。保福曰：“爲只如此，爲更有向上事？”師負之而去。師在街衢立，有僧問：“和上在遮裏作什麼？”師曰：“等箇人。”曰：“來也，來也。”歸宗柔和上別云歸去來。師曰：“女不是遮箇人。”曰：“如何是遮箇人？”師曰：“乞我一文錢”。師有歌曰：“只箇心心心是佛，十方世界最靈物。縱橫妙用可憐生，一切不如心真實。騰騰自在無所爲，閑閑究竟出家兒。若睹目前真大道，不見纖毫也大奇。萬法何殊心何異，何勞更用尋經義。心王本自絕多知，智者只明無學地。非聖非凡復若乎，不疆分別聖情孤。無價心珠本圓净，凡是異相安空呼，人能弘道分明。無量清高稱道情，携錫若登故國路，莫愁諸處不聞聲。”又有偈曰：“一鉢千家飯，孤身萬里游。青目睹人少，問路白雲頭。”梁貞明二年丙子三月師將示滅，於嶽林寺東廊下端坐磐石而説偈曰：“彌勒真彌勒，分身千百億。時時示時人，時人自不識。”偈畢安然而化。其後他州有人見師，亦負布袋而行。於是四衆競圖其像，今嶽林寺大殿東堂全身見存。

（元）常念：《佛祖歷代通載》卷一七

　　魏府興化存獎禪師，詔入内庭，帝問禪要，御賜馬一匹，不慣墜馬傷足。至次年示疾，帝一日謂師曰：“朕收大梁，得一顆無價明珠，未有人酬價。”師曰：“請陛下珠看。”帝以手展開幞頭脚，師曰：“君王之寶誰敢酬價？”師化後，敕謐廣濟大師，塔曰通濟。師嘗問僧：“什麼處來？”曰：“崔禪處來。”師曰：“將得崔禪喝來否？”曰：“不將得來。”師曰：“恁麼即不從崔禪來？”僧便喝，師遂打。師示衆曰：“我只聞長廊下也喝，後架裏也喝，諸子汝莫盲喝亂喝，直饒喝得興化向半天裏。住却撲下來氣欲絕，待興化蘇息起來，向汝道未在，何故？我未曾向紫羅帳裏撒真珠，與汝諸人，虛空裏亂喝作什麼。"師勘克賓，語具《傳燈》。

（元）常念：《佛祖歷代通載》卷一七

　　福州長慶惠稜禪師示寂。杭之鹽官人，姓孫氏。幼歲稟性淳淡，年十三於蘇州通玄寺出家登戒，歷參禪肆。唐乾符五年入閩中，謁西院訪靈雲，尚有凝滯，乃之雪峰。因問："從上諸聖傳受一路，請垂指示。"峰默然，師設禮而退。峰莞爾而笑。異日雪峰謂師曰："我尋常向師僧道，南山有一條鱉鼻蛇，汝諸人好看取。"對曰："今日大有人喪身失命。"峰然之。師入方丈參，雪峰曰："是什麼？"師曰："今日天晴好普請。"自此酬問未嘗爽於玄旨。乃述頌曰："萬象之中獨露身，唯人自肯乃方親。昔時謬向途中覓，今日看如火裏冰。"師來往雪峰二十九載，至天祐三年，受泉州刺史王延彬請，住招慶。後閩帥請居長樂府之西院，奏額曰長慶，號超覺大師。上堂良久謂衆曰："還有人相悉麼？若不相悉欺謾兄弟去，只今有什麼事？莫要窒塞也無，復是誰家屋裏事，不肯當荷更待何時。若是利根參學，不到這裏來，會麼。如今有一般行脚人，耳裏總滿也假饒收拾底還當諸人行脚事麼。"廣說具如《傳燈錄》。師兩處開法，徒衆一千五百，化行閩越二十七載。後唐長興三年壬辰五月十七日歸寂，壽七十有九，臘六十。

（元）常念：《佛祖歷代通載》卷一七

　　雲門文偃禪師示寂。師姑蘇嘉興人，姓張氏。初參睦州蹤禪師，州見來便閉却門，師三扣門，問誰？師云："某甲。"州云："作什麼？"師云："己事未明，乞師指示。"州才開門，師拶入，州擒住云："速道，速道。"師擬議，州托開云："秦時轆轢鑽。"師從此悟入，州即指師見雪峰。師至雪峰莊遇僧上山即教之云："汝到山頭見和上，上堂衆才集，便出握腕立地云：'這老漢項上鐵枷，何不脫却？'其僧如教致問。"峰下座搊住云："速道，速道。"僧無對，峰云："適來不是爾語。"
僧云："是某甲語。"峰云："侍者將繩棒來。"僧云："某在莊上，見一浙
中上座，教來恁麼問。"峰云："大衆去莊上，迎取五百人善知識來。"
師上山才見雪峰，便問："因什麼得到與麼地？"師乃低頭，從此契合。
決擇久之，遍訪諸方。晚游廣中，靈樹知聖禪師久遲師來，比至亦率
衆門迎，命居第一座。樹將終遺書囑廣主，請師繼踵住持。師上堂，
僧問："如何是一代時教？"師云："對一說。"問"如何是法眼？"師云
"普"。問"如何是諸佛出身處？"師云："東山水上行。"問"乞師指箇
入路"。師云："吃粥喫飯。"問"如何是透法身句"。師云："北斗裏藏
身。"問"如何是不挂唇吻一句？"師云："合取狗口。"問"如何轉動即
得不落階級"。曰"南斗七北斗八"。師乃云："眼睫橫亘十方。眉毛
上透乾坤，下透黄泉。須彌山塞却爾咽喉。還有會處麼，若會得拽取
占波國與新羅國鬥額。"又云："盡乾坤一時將來著女眼睫上，爾諸人
聞恁麼道，不敢望爾出來，性懆把老僧打一摑。且緩緩子細看，是有
是無，是個什麼道理，直饒向這裏明得。若遇衲僧門下，好槌脚折。
汝若是箇人聞説道什麼處有老宿出世，便驀面唾污我耳目。汝若不
是箇脚手，才聞人舉便當荷得，早落第二機。"又曰："直得觸目無滯，
達得名身句身一切法空山河大地是名名亦不可得，喚作三昧性海俱
備，猶是無風匝匝之波，直得忘知與覺覺即佛性矣。喚作無事人，更
須知有向上一竅在。"又曰："彈指謦咳揚眉瞬目，拈槌竪拂或作圓相。
盡是撩鈎搭索，佛法二字未曾道著，道著即撒屎撒尿。"又曰："光不透
脱有兩般病，一切處不明面前有物是一。又透得一切法空，隱隱似有
箇物相似，亦是光不透脱。又法身亦有兩般病，得到法身，爲法執不
忘己見猶存，坐在法身邊是一，直饒透得法身去，放過即不可。子細
檢點來有什麼氣息，亦是病。"又曰："直得乾坤大地無纖毫過患，猶是
轉句，不見一色，始是半提，直得如此，更須知有全提時節。"師居靈樹
久之遷韶陽雲門，廣主屢請入内問法，待以師禮，往來學徒不下千人。
臨終以表辭廣主，垂戒學徒端坐而逝，遺命塔全身於方丈。後一十七
年，至宋乾德三年，雄武軍節度推官院紹莊夢師，以拂子招之曰："爲

吾寄語秀華宮使特進李托,奏請開塔,吾久蔽塔中,宜令暫出。"李得
其語即以奏聞。尋有旨,令韶州刺史同詣雲門開塔。果見師真容如
生,髭髮皆長。李復上其事,廣主迎真身赴闕,留內庭供養,逾月送歸
封塔,謚大慈匡真宏明禪師。有法嗣澄遠焉。

(元)常念:《佛祖歷代通載》卷一七

汝州寶應南院顒禪師示寂。師系河北人嗣興化獎禪師。上堂示
衆曰:"赤肉團上壁立千仞。"時有僧問:"赤肉團上壁立千仞,豈不是
和上語?""是"。其僧乃掀倒禪床。南院曰:"這瞎驢便棒。"又云:
"諸方只具啐啄同時眼,不具啐啄同時用。"有僧便問:"如何是啐啄
同時用?"云:"作家不啐啄,同時失。"僧云:"此猶未是某甲問處。"
云:"汝問處作麼生?"僧云:"失。"師乃打。僧不肯後於雲門會下聞
二僧舉前因緣。一僧:"當時南院,棒折那。"僧聞此語忽然大悟,方見
南院答話處。僧却回汝州省覲。值師遷化乃訪風穴,穴認得便問:
"上座是當時問南院啐啄同時話底麼?"僧云:"是。"穴云:"會也未?"
僧云:"會也。"穴云:"爾當時作麼生會。"僧云:"某甲當時如燈影中
行相似。"穴云:"女會也。"

(元)常念:《佛祖歷代通載》卷一七

顯德五年七月十七,清涼文益禪師示疾。江南國主親降候問,越
旬有五日沐浴辭衆,端坐而逝。停龕三七,顏貌如生。公卿李建勛而
下,素服奉全身建塔,謚曰大法眼禪師。餘杭人,姓魯氏。初究教乘
傍探儒典,游方遇羅漢琛禪師頓明大事,久之卓庵而居。次歷江外至
臨川,州牧請住崇壽。開堂示衆曰:"諸人既盡在這裏,山僧不可無言
與大衆舉一古人方便。珍重。"便下座。時有僧出禮拜,師曰:"好問
著。"僧擬伸問,師曰:"長老未開堂,不答話。"有僧自長慶來,師舉先
長慶偈問曰:"作麼生是萬象之中獨露身。"僧舉一指。師曰:"恁麼
會又争辯?"曰:"如和尚尊意如何?"師曰:"喚什麼作萬象。"曰:"古
人不撥萬象。"師曰:"萬象之中獨露身,説什麼撥不撥。"僧豁然大

悟,述偈投誠。自是諸方會下有知解者龍然而至,始則行行如也,師
微以激發,皆漸而服膺,海參之衆常不下千計。上堂大衆立久,師乃
謂曰:"只如便散去,還有佛法也無,試説看。若無,又來這裏作麼。
若有,大市里人聚處亦有,何須到這裏。諸人各曾看還源觀百門義海
華嚴論涅槃經諸多册子,阿那箇教中有這箇時節,若有試舉看。莫是
恁麼經裏有恁麼語是此時節麼,有甚交涉。所以微言滯於心首,皆爲
緣慮之場,實際居於目前,翻爲名相之境。又作麼生得翻去,若也翻
去又作麼生得正去還會麼。莫只恁麼念册子,有什麼用處?"未幾,道
行聞於江表。金陵國主重師之道,迎居報恩,號净惠禪師。次遷清
凉,朝夕開法。諸方叢林,咸仰風化,致異域有慕其法者,涉遠而至。
嗣子德韶國師,文遂江南國導師,惠炬高麗國師,傳化焉。師調機順
物,斥滯磨昏,凡舉古德三昧,或呈解請益,皆應病與藥,隨根悟入者,
不可勝紀。尋以韶國師等化旺東南,遂創法眼宗旨。

　　　　　　　　　　　　　　　(元)常念:《佛祖歷代通載》卷一七

　　南唐僧何令通爲國師,後更名慕真,一坐四十年,豁然大悟。宋
天禧中,一旦正席趺坐,忽心火自灼,頃刻而化,其徒收舍利爲塔
葬之。

　　　　　　　　　　　　　　(明)彭大翼:《山堂肆考》卷一五五

　　木平和尚,不知何許人。保大初,行在門下,嘗入禁中。一日,登
百尺之樓,後主曰:"新建此樓,制度佳否?"乃對曰:"宜望火。"初不
喻其旨。居數月,淮甸大擾,自壽陽置烽候以應龍安山,旦夕登覽,以
候動静。又,上最愛慶王,王方幼,上問壽幾何? 木平曰:"當七十。"
是歲疾,終年止十七,蓋反語以對之也。亦猶郭璞對晉帝曰:"二百",
其數才一百二年。或者謂百二之期太促,乃宛而倒之耳。

　　　　　　　　　　　　　　(宋)佚名:《分門古今類事》卷一四

　　木平和尚者,南唐保太初,徵在闕下,常出入禁中。他日,從上登

百尺樓。上曰:"新建此樓,制度佳否?"木平曰:"尤宜望火上。"初不喻其旨,居數載,木平卒。淮甸大擾,自壽陽置烽候,以應龍安山,旦夕上多登覽,以瞻動静。

(明)陳耀文:《天中記》卷一四

姚結耳者,爲南唐相僕都知,膂力過人。後出家於廬山開元寺,尋爲禪者觸犯,勇力奮作,擬歐其僧。自念摧挫而止,猶對請普僧前,將巨樹拔其根,擘其交幹,褫其皮。如是數株而止,其僧逃匿。

(明)陳耀文:《天中記》卷二七

相傳五代時,土人有王姓者,種山下,盡室斂獲於此。因遣婦去求水,婦汲還路,有病僧創穢甚,滿身腥腐不可近。輒前索飲,婦惡之且懼,未始見,弛擔走。僧遽就器飲殆半,遂去。婦不能易之,隱其事,置水田上。其家人無少長咸來,飲盡之。婦以故,獨不沾口。晚又俾婦致饟,既至其所,得飲僧餘水者,盡飛入此洞。婦既不見,但號哭奔走,喦譁跳蕩如狂人。忽聞在洞中呼婦者,婦仰應不得去,懊恨至死。自後蕘童、牧叟常慣見,不以爲異。

(明)曹學佺:《蜀中廣記》卷七六

五代梁成都府東禪院釋貫休,字德隱,俗姓姜氏,金華蘭溪登高人也。七歲出家爲童侍,一日誦《法華經》一千字,耳所暫聞,不忘於心,與處默同,削染鄰院而居。每隔籬論詩,互吟尋偶對,休善小筆,得六法,長於水墨,形似之狀可觀受衆。安橋强氏藥肆請出羅漢一堂,云:"每畫一尊,必祈夢得應。"真貌方成之故,與常貌不同。後思登華嶽,北謁邢帥,成汭於龍興寺安置。時何翰、吳融謫官相遇,往來論道、論詩,融爲休作集序,則乾寧三年也。尋被誣譖黜,於公安鬱悒中題硯子曰:"入匣始身安。"弟子勸師入蜀,時王氏將圖僭僞,邀四方賢士,得休甚喜,盛被禮遇,賜賚隆洽,署號禪月大師。至梁乾化二年,終於所居,春秋八十一,塔號白蓮,在成都北門外。弟子曇域集師文集,首安吴内翰序,域爲後序。

(明)曹學佺:《蜀中廣記》卷八三

　　羅江縣治北有寺僧馬法。相傳五代時,有禪僧居之,每日夕誦《金剛經》。後順寂,荼毗獨心舌不爇,其徒作塔以藏,歲時參禮甚衆。人或以手入塔,摸驗宛然温軟,及出視之,則堅硬石矣,其狀酷似,今猶存。

(明)曹學佺:《蜀中廣記》卷八三

　　五代閬州光國院行遵,福州閩王王氏之仲子。後唐莊宗即位,入洛進方物,因留京邸。同光末,會明宗將入,兵亂相仍,乃自翦飾變服爲僧,竄身巴蜀。逮晉開運中,狀貌若七十餘,然壯力不衰,或詢其年臘,則必杜默。於閬中寓光國禪院,院徒以律法,住持亦不知遵之能否。有李氏子家,命齋飲噉次,炊起出門叫噪,若有所責,謂李曰:“今夜有火自東南,至於西北,鄰居咸令備之。”是夕,果然煨燼無遺。衆聚問其故,曰:“昨一婦女衣紅秉炬而過,老僧恨追不及耳。”又於趙法曹家,指桃樹下云:“有如許錢。”不言其數。趙乃召人發之,畚鍤方興,適遇客至,爲家僮所取,喧爭之際,盡化爲青泥,人各分得百餘,後圬墁門壁,往往而有焉。遵或經人冢墓,知其吉凶,至於風角、鳥獸聞見之間,預言灾福,後必契合。故州閭遠近,咸以預言用爲口實。後終於晉安玉山。

(明)曹學佺:《蜀中廣記》卷八八

　　僞蜀王建之子嘉王宗壽,與能仁院僧夘往來書劄二十餘簡,存於龍門院。墨迹宛然如新。按:張商英《龍門院本末》,記院在永康縣六里。

(明)曹學佺:《蜀中廣記》卷六

　　僞蜀大慈寺賜紫慈照大師昭明,主持文殊閣,常募化錢物,稱供奉菩薩聖像。積有星歲，所獲大半入己。後染疾，但見火燒頂至足，周而復始，不勝其苦，悔過懺謝，唱施衣物，竟不獲免。

（明）曹學佺：《蜀中廣記》卷九〇

偽蜀金堂縣三學山開照寺，夜群寇入寺劫掠，緇徒罄盡。寺元有釋迦藕絲袈裟，爲千載之異物也。賊曹令取，與其妻拆而易之。夫妻當時手指節節隨落，鬚鬢俱墜。尋事敗，戮於市。

（明）曹學佺：《蜀中廣記》卷九〇

偽蜀潼江軍起，攻取閬州，兵火燒劫，閭里蕩盡。佛寺有一大鐘在，有一卒揮大石擊鐘，令碎而鬻之。鐘旋破裂，流逆正中卒脛，雙折而死。

（明）曹學佺：《蜀中廣記》卷九〇

韋承皋者，偽蜀時將校也。有待詔僧名行真，居蜀州長平山，嘗於本州龍興寺立塔十三級，費鎮銀萬計。尋爲天火所焚，第三次營立方就，人説其有黃白之術也。及承皋典眉州，召行真至郡。有盧敬芝司馬者，以殖貨爲業，承皋常謂之曰："某頃軍中，與行真同入幕，遇一韋處士，授以作金術。適來鄙夫老矣，故召行真，同修舊藥。藥成當得分惠，爲吾子罷商賈之業，可乎？"盧敬諾。藥垂成，韋牧坐罪，貶茂州參軍。臨行，盧送至蠶頤津。韋牧沈藥鼎於江，謂盧生曰："吾罪矣，先是授術韋處士者，吾害之而滅口。今日之事，藥成而禍及，其有神理乎！"

（明）曹學佺：《蜀中廣記》卷九〇

天成中，有僧於西國取經回，得一佛牙，舍利十粒，行以呈上。進其牙，大如拳，褐漬皺裂。趙鳳言於執政曰："曾聞佛牙鎚鍛不壞，請試之。"隨斧而碎。時宮中已施數千，聞毀碎，方遂擯弃之云云。此僧號智明，幽州人，僕嘗識之。

（五代）孫光憲：《北夢瑣言》卷一九

五臺山僧誠慧，其徒號爲“降龍大師”。鎮州大水，壞其南城。誠慧曰：“彼無信心，吾使一小龍警之。”自言能役使毒龍故也。同光初到闕，權貴皆拜之，唯郭崇韜知其爲人，終不設拜。京師旱，迎至洛下祈雨，數旬無徵應。或以焚燎爲聞，懼而潛去，至寺慚恚而終。建塔號“法雨大師”，何其謬也。

(五代)孫光憲：《北夢瑣言》卷一九

後唐僧誠惠云：“能役使毒龍，可致風雨。”其從號爲“降龍大師”。京師旱，莊宗迎至洛下，親拜之，六宮參禮，士庶瞻仰，謂朝夕可致甘澤。禱祝數句，略無徵應。或謂：“官以祈雨無驗，將加焚燎。”誠惠懼而遁去。及卒，賜名“法雨大師”，塔曰“慈雲之塔”。

(宋)孔平仲：《續世説》卷六

梁沙門寶志銅牌記，多讖未來事，云：“有一真人在冀川，開口張弓在左邊，子子孫孫萬萬年。”江南中主名其子曰弘冀，吳越錢鏐諸子皆連弘字，期以應之，而宣祖諱正當之也。

(宋)楊億：《楊文公談苑》

澤州僧洪密請舍利塔，洪密以禪宗謎語鼓扇愚俗，自云身出舍利。曾至太原，豪民迎請，婦人羅拜。洪密既辭，婦人於其所坐之處，拾得百粒，人驗之，皆枯魚之目也。將辭，云山中要千數番粗氈，半日獲五百番。其惑人如此。

(五代)孫光憲：《北夢瑣言》卷一九

沙門貫休，鍾離人也。風騷之外，精於筆劄，舉止真率，誠高人也。然不曉時事，往往詆訐朝賢，他亦不知己之是耶非耶。荆州成中令問其筆法非耶，休公曰：“此事須登壇而授，非草草而言。”成令銜之，乃遷於黔中因病以《鶴詩》寄意曰：“見説氣清邪不入，不知爾病自何來？”以詩見意也。馮涓大夫有大名於人間，淪落於蜀，自比杜工部,意謂他人無出其右。休公初至蜀,先謁韋書記莊,而長樂公後至,遂與相見,欣然撫掌曰:"我與你阿叔有分。"長樂怒而拂袖。它日謁之,竟不逢迎,乃曰:"此阿師似我禮拜也。"自是頻投刺字,終爲閽者所拒。休公謂韋公曰:"我得得爲渠入蜀,何意見怪?"道門杜先生,亦以此疏之。國清寺律僧嘗許具蒿脯,未得間。姜侍中宅有齋,律僧先在焉,休公次至,未揖主人大貌,乃拍手謂律僧曰:"乃蒿餅子何在?"其它皆此類。通衢徒步,行嚼果子,未嘗跨馬。時人甚重之。異乎,廣宣、栖白之流也!

(五代)孫光憲:《北夢瑣言》卷二〇

王建僭立後,有一僧常持大帚,不論官府人家寺觀,遇即汛掃,人以掃地和尚目之。建末年,於諸處寫六字云:"水行仙,怕秦川。"後王衍秦川之禍,方悟水行仙即衍字耳。

(宋)陶穀:《清異録》卷上

王建據蜀之後,有一僧常持大帚,每過即汛掃,人以掃地和尚目之。掃畢,輒寫云:"水行仙,怕秦川。"其后王衍秦川之禍,人方悟水行仙,衍字也。

(明)曹學佺:《蜀中廣記》卷一〇二

晉天福三年,賜僧法城跋遮那。袈裟環也。王言云:"敕法城卿佛國棟梁,僧壇領袖。今遣内官賜卿研金虛縷沉水香紐列環一枚,至可領取。"

(宋)陶穀:《清異録》卷上

廣陵法雲寺僧珉楚,嘗與中山賈人章某者親熱。章死,珉楚爲設齋誦經數月。忽遇章於市中,楚未食,章即延入食店,爲置胡餅。既食,楚問:"君已死,那得在此?"章曰:"然。吾以小罪未得辭脱,今死爲揚州掠剩兒。"復問:"何謂掠剩?"曰:"凡市人賣販,利息皆有常數,過數得之爲掠剩,吾得而掠有之。今人間如吾輩甚多。"因指路人男女,曰某人某人皆是也。頃之,有一僧過於前,又曰此僧亦是也。因召至,與語良久,僧亦不見楚也。頃之,相與南行,遇一婦人賣花,章曰:"此婦人之花,亦鬼所買,花亦鬼用之,人間無所用也。"章即出數錢買之以贈楚,曰:"凡見花而笑者,皆鬼也。"即告辭而去。其花紅色,可愛而甚重。楚亦昏然而歸。路人見花,頗有笑者。至寺北門,自念:"我與鬼同游,復持鬼物,不可。"即將花擲濺水中。既歸,有同院人覺其面色甚異,以爲中惡,競持湯藥以救之,良久乃復。且言其故,因相與覆視其花,乃一死人手也。楚亦無恙。

(宋)徐鉉:《稽神録》卷三

徐常侍鉉仕江南日,當直澄心堂,每襆被入直,至飛虹橋,馬留不進,裂鞍斷轡,箠之流血,挐韁却立。鉉寓書於杭州沙門贊寧,答曰:"下必有海馬骨,水火俱不能毁,惟漚之腐糟隨毁者乃是。"鉉斫之,去土丈餘,果得巨獸骨,上脛可長五尺,膝而下長三尺,腦骨若段柱。積薪焚之,三日不動,以腐糟纔漚之,遂爛焉。

(宋)文瑩:《玉壺清話》卷一〇

徐常侍鉉仕江南日,嘗直澄心堂。每襆被入直,至飛虹橋,馬輒不進,裂鞍斷轡,箠之流血,挐韁却立。鉉貽書於餘杭沙門贊寧,答云:"下必有海馬骨,水火俱不能毁,惟漚以腐糟隨毁者。"乃是鉉斸之二丈餘,果得巨獸骨,上脛可長五尺,膝而下長三尺,腦骨若梁柱,積薪焚三日不動,以腐糟漚之,遂爛焉。

(宋)周應合:《景定建康志》卷五〇

徐常侍鉉仕江南日,嘗直澄心堂。復被入直,至飛虹橋,馬輒不進,裂鞍斷轡,箠之血流,挐韁却立。鉉遺書問於餘杭沙門贊寧,答曰:"下必有海馬骨,水火俱不能毁,惟漚以腐糟,隨毁者乃是。"鉉斸之,去土丈餘,果得巨獸骨,上脛可長一丈,膝而下長三尺,腦骨若股柱。積薪焚三日不動,以腐糟纏漚之,遂爛。

(清)潘永因:《宋稗類鈔》卷一九

後唐時,慧聚寺有紹明律師,僧中傑出者。居半山彌勒閣,一夕夢神人曰:"檐前古桐下有石天王像與銅鐘,師宜知之。"詰旦,掘其地,果獲此二物。今尚龕置壁間,形製極古,故前輩有詩云:"一旦石像欲發現,先垂景夢鳴高岡。"常熟破山恩高僧,嘗學於紹明。見本朝《僧史》。

(宋)龔明之:《中吳紀聞》卷二

沈若濟,洞元大師,字子舟。遠祖仕吳越錢氏,遂居錢塘。

(宋)潛說友:(咸淳)《臨安志》卷六九

延壽,杭人,號抱一子。七歲誦經,感群羊跪聽。始爲吏,一日弃其業,出家著《宗鏡録》一百二十卷,日課一百八事,未嘗暫廢。吳越王錢氏,請住永明禪寺即净慈寺,凡十五年,聚徒幾二千人,道播海外。高麗國王遣使賷書叙弟子禮,奉金綫織成袈裟,紫水晶、數珠、金澡罐等爲獻。開寶八年,入滅,號智覺禪師。崇寧中,追謚宗照。

(宋)潛說友:(咸淳)《臨安志》卷七〇

靈照,龍華禪師,高麗國人。錢王建龍華院,命僧住持。晉天福二年入滅,壽七十八,號真覺大命。

(宋)潛說友:(咸淳)《臨安志》卷七〇

遇安,杭人。乾德中,忠懿王錢氏命住北關傾心院。又召入居天龍寺。至開寶七年,安僖王請居光慶寺,號善智禪師。淳化初,示滅。

(宋)潛說友:(咸淳)《臨安志》卷七〇

行明,開化禪師,杭人。本姓於,先住能仁。後忠懿王錢氏又建大和寺,延請住持。

(宋)潛説友:(咸淳)《臨安志》卷七〇

韓禪師,名藴,魏府人。疏山光仁之法嗣,行解通脱,爲衆導師。一日示寂,飭其徒全軀以葬。未幾,州刺史訹於浮言,伐冢斫棺,出而燔之,膚爪如生,須長數寸,益薪熾火,不能壞。道俗作禮,具湯沐髹,塑之祠於永慶寺。水旱疫癘,禱輒應。

(明)朱昱:(咸淳)《重修毗陵志》卷二五

僞蜀大東門外有妙圓塔院,僧名行勤,俗姓張氏,人以其精於修行,因謂之道者。早歲南行,中年駐錫,龐眉皓髮,貌古形羸,住草屋數間,唯繩床一張及木棺一所。不從齋請,晝則升床而坐,夜則入棺而卧,衣服未嘗更換。人問之,拱默不對,人皆仰其高節。遺之衣服,則轉施貧人。與米麵鹽酪,則受以一大瓶,貯之常滿,每齋,則取一抄合而食。三紀偃息自若,不誑流俗,其清尚如此。時齒八十,臨終自拾薪草積於院後,告諸門徒曰:"吾即日行化,希以木棺置於薪草之上,以火爇之,老僧幸矣。"至期,依其教諭,於煨燼中得舍利數十粒,葬於塔中。時有慈覺長老,禪門宗匠也,有《書妙圓塔院張道者屋壁》云:"成都有一張道者,五十年來住村野。祇將淡薄作家風,未省承迎相苟且。南地禪宗盡遍參,西蜀叢林游已罷。深知大藏是解粘,不把三乘定真假。張道者,傍沙溪,居蘭若,草作衣裳茅作舍,活計生涯一物無,免被外人來措借。寅齋午睡樂咍咍,檀越供須都不謝。沿身不直五分銅,一句玄玄豈論價。張道者,貌古神清不可畫。鶴性雲情本自然,生死無心全不怕。縱逢劫火未爲灾,暗裏龍神應嘆訝。張道者,不説禪,不答話,蓋爲人心難誘化。盡奔名利謾驅驅,個個何曾有般若。分明與説速休心,供家却道也爛也。張道者,不聚徒,甚脱灑,不結遠公白蓮社。心似秋潭月一輪,何用聲名播天下。"

(宋)黄休復:《茅亭客話》卷三

禪師名慈覺，字法天，姓劉氏。自王蜀末游南方，至孟蜀初，歸住大覺。禪師性急言速，應答如流，人問：一部《蓮經》，何者是妙法？師戟其手曰："教汝鼻塌。"問爲甚如此。對曰："謗斯經，故獲罪如是。"僞蜀李相（昊）嘗問道於師，優禮待之。師有《禪客須知集》《禪宗祖裔圖》、闡道歌行偈頌三百餘篇，題曰：《禪宗至道集》，行於世。

（宋）黃休復：《茅亭客話》卷三

勾居士名令玄，蜀都人也。宗嗣張平雲，有學人問答，隨機應響。著《火蓮集》《無相寶山論》《法印傳》《況道雜言》百餘篇。有《敬禮瓦屋和尚塔偈》曰："大空無盡劫成塵，玄步孤高物外人。日本國來尋彼岸，洞山林下過迷津。流流法乳誰無分，了了教知我最親。一百六十三歲後，方于（於）此塔葬全身。"瓦屋和尚名能光，日本國人也，嗣洞山悟本禪師。天復年初入蜀，僞永泰軍節度使祿虔扆捨碧雞坊宅爲禪院居之，至孟蜀長興年末遷化，時齒一百六十三，故有是句。

（宋）黃休復：《茅亭客話》卷三

後唐廬山僧紹宗，郡人，性朴野，不群流俗。江南李國主造寺居之，又躬入山請謁，甚加禮重。

（明）張昶：《吳中人物志》卷一二

漢清化師全付，崑山人。隨父賈販，至豫章，聞禪會之盛，求出家。學成，自仰山還故國。錢忠獻王賜以紫方袍，不受，改號純一法師。開運中坐亡，有大風震林木焉。

（明）張昶：《吳中人物志》卷一二

紹明律師，慧聚寺僧，居半山彌勒閣。一夕，夢有神人曰："檐前古桐下，有石天王像與銅鍾。"詰旦掘其地，果獲之。今尚龕置壁間，形製甚古，有咏之曰："一旦石像欲發現，先垂景夢鳴高岡。"常熟破山恩高僧，學於紹明。

（明）張昶：《吳中人物志》卷一二

入山五里，至東林寺，晉惠遠師道場也。……山上五杉閣，晉杉也。近年爲主僧所伐。閣後舍利塔，鳩摩羅什所携來以瘞者，其屋又南唐時所改作。

（宋）范成大：《吳船録》卷下

又南唐時修講堂，鴟吻竹箭中得王右軍《告誓文》，如是則瓦官又當有三絶也。

（明）顧起元：《客座贅語》卷一

清凉廣慧寺德慶堂榜，南唐後主撮襟書。攝山妙因寺額，南唐徐鉉書。

（明）顧起元：《客座贅語》卷二

後主時，僧尼犯淫者，有司請追還俗。後主曰：“僧尼犯淫，使其冠笄，乃是遂其所欲，姑令禮佛自懺。”

（明）顧起元：《客座贅語》卷五

江南上元縣一民暴死，三日復蘇，詣唐主具奏，入冥見先帝言，爲宋齊丘所誤，殺和州降卒千餘人，冤訴仗汝。歸語嗣君，凡寺觀鳴鐘可延久其聲，吾受苦唯聞鐘則暫休，或能爲造一鐘尤善。吾在位日，嘗以于闐國遺我玉天王像，藏於瓦棺寺佛左膝，人無知者，汝以此爲驗。唐主遂詣瓦棺寺，佛膝得天王像。感泣造一鐘於清凉寺，鎸其上曰：“薦烈祖考高皇帝脱幽出厄。”以玉像建塔，葬蔣山。

（元）常念：《佛祖歷代通載》卷一七

錢塘壽禪師，本北郭税務專知官，每見魚蝦，輒買放生，以是破家。後遂盜官錢爲放生之用，事發坐死，領赴市矣。吳越錢王使人視之，若悲懼如常人，即殺之；否，則捨之。禪師淡然無異色，乃捨之。遂出家，得法眼净。禪師應以市曹得度，故菩薩乃現市曹以度之。學出生死法，得向死地走之一遭，抵三十年修行。吾竄逐海上，去死地稍近，當於此證阿羅漢果。

（宋）蘇軾：《東坡志林》卷二

　　初，五代王氏擅閩日，它境一野僧，布素梗朴，以一杖自隨，詣福州永福，營營若有求。或問何爲，曰：“吾欲擇高廣地可安千僧者。”時方尚武，其人應之曰：“我久要尋踏着千兵處，未能入手，如何容得閑和尚？”僧乃去。永福與仙游鄰境，九座介其間。僧登山徘徊覽眺久，堅卧不動。叱之，曰：“我豈不知此是道場邪？只恨溪水太逼，山勢不寬拓耳！”是夜，驚雷震激，遲明，溪移退二十丈，居民怪焉。已而知其故，因共挽勸，使立庵舍。遠近施財，不約而集，遂成禪林。當是時，襄山妙應師同出應世，雅相契合。此僧戲之云：“你所處臨通逵，只做得飯店。”妙應笑云：“豈不勝於乞兒乎？”閩人競傳其語，至今三百年，襄山常住極盛，歲收穀逾萬石。往來就食，不以多寡，雖官僚吏士，亦一粥一餐。而九座僅有田百畝。弃行化於福、泉、莆、劍四州，至昇奉塑像，遍歷人門，藉以取給，皆符曩日之語。

（宋）洪邁：《夷堅支癸》卷七

　　南唐後主普度諸郡僧，建康城中僧徒殆至數千。

（清）顧炎武：《日知録之餘》卷三

　　唐四方館主王鄩尚書，自西京亂離，挈家入蜀，沿嘉陵江下至利州百堂寺前。其弟年七歲，忽云“我曾有經一卷，藏在此寺石龕内。”因令家人相隨訪獲之，木梳亦存。寺僧曰：“此我童子也。”較其所夭之年，與王氏之子所生之歲，果驗也。其前生父母尚存。及長仕蜀，官至令録數任，即王鄩。近聞殁於雅斜，往往靈語説事如平生。又言我爲陰官云云,即記前生不誣也。

（五代）孫光憲:《北夢瑣言》卷二○

　　清泰中,荆南有僧貨平等香,貧富不二價。不見市香和合,疑其仙者。

（宋）陶穀:《清異録》卷下

　　錢鏐曰:"釋迦真身舍利塔,見於明州鄞縣,即阿育王所造八萬四千,而此震旦得十九之一也。"鏐造南塔以奉安,俶在國,天火屢作,延燒此塔,一僧奮身穿烈焰,登第三級,持之而下,衣裳膚體多被燒灼。太平興國初,俶獻其地,太宗命取塔禁中,度開寶寺西北隙地,造浮圖十一級,下作天宮,以葬舍利。葬日,上肩昇微行,自安置之,有白光由塔一角而出。上雨涕,其外都人萬衆皆灑泣,燃指焚香於臂掌者無數。内侍數十人,願出家掃灑塔下,悉度爲僧。上謂近臣曰:"我曩世嘗親佛座,但未通宿命,不能了了見之耳。"初造塔,得浙東匠人喻浩,浩不食葷茹,性絶巧,先作塔式以獻。每建一級,外設帷帟,但聞椎鑿之聲,凡一月而一級成。其有梁柱齟齬未安者,浩周旋視之,持搥橦擊數十,即皆牢整。自云此可七百年無傾動。人或問其北面稍高,浩曰:"京城多北風,而此數十步,乃五丈河,潤氣津浹,經一百年,則北隅微墊,而塔正矣。"塔成,而浩求度爲僧,數月死,世頗疑其異。

（宋）楊億:《楊文公談苑》

　　僧繼顒住五臺山,手執香如意,紫檀鏤成,芬馨滿室。繼元時在潛邸,以金易致。每接僧,則頂帽具三衣,假比丘秉此揮談,名爲握君。

（宋）陶穀:《清異録》卷下

　　陳洪進與張漢恩爲劉從效左右將。有沙門行雲者,若狂人,自福州來。洪進供僧有禮,行雲語洪進曰:"汝當爲此山河主,不出此歲,我且歸長樂，秋後至此。"時建隆二年也。是春，從效卒，子紹鎡典留務。至秋，洪進誣紹鎡將召越人，執送金陵，漢恩爲留後，自爲副使。漢恩老且懦，洪進實專郡政。行雲果來，謂洪進曰："凡世報前定，但人有千錢之禄，不可以圖之，況將相之位，豈能力取？今留公多疑人，前後誅殺甚衆，王者不死，豈能害君哉？當須坦然任運，他日善終牖下，子孫蕃盛。苟懷疑殺人，蒙不善之報，鮮克令終矣。"洪進後廢漢恩，幽於別墅，諸子屢勸除之，終不許，漢恩竟以壽終。行雲禿首而不衣僧服，嘗服紫皂揆衫，束帶懸銀魚爲飾，館於州廨十餘年。忽謂人曰："陳氏當有五侯之象，去此五年後，有戎馬千萬衆，前歌後舞，入此城，喜而不怒，未知何故也。"懇求出舍外宅。洪進次子文顯牧漳州，將歸寧，行雲曰："吾不及見矣。"遂沐浴右脅而逝，語館人曰："過三日，乃得棺斂。"明日，文顯至，嗚哭之，行雲遽起坐，執手談至暮，乃入滅。泉人疑所管二州，何以容五侯，當克取汀建以自益耳。後洪進來朝，獻其地，改鎮徐州。文顯通州轉練使，文顗、文顥、文頊三人並授諸州刺史，是爲五侯。王師入城，垂囊作箛鼓爲樂，悉如其言。洪進感行雲之言，帥泉十六年，未嘗妄殺人。有犯極刑而情可恕者，多貸其死。

（宋）楊億：《楊文公談苑》

廬山佛乎岩在絶頂，李氏有國日，行因禪師居焉。李氏詔居栖賢寺，未幾，一夕大雪，逃居舊隱，嘗煮茶延僧起，托岩扉立化。余作偈曰："前朝詔住栖賢寺，雪夜逃居岩石間。想見煮茶延客處，直緣生死不相關。"

（宋）劉斧：《青瑣高議·補遺》

譯經鴻臚少卿、光梵大師惟净，江南李王從謙子也。通敏有先識，解五竺國梵語。

（宋）文瑩：《湘山野録》卷上

宋太祖將問罪江南，李後主用謀臣計，欲拒王師。法眼禪師觀牡丹於大內,因作偈諷之曰:"擁毳對芳叢,由來趣不同。髮從今日白,花似去年紅。艷曳隨朝露,馨香逐晚風。何須待零落,然後始知空。"後主不省,王師旋渡江。

(宋)釋惠洪:《冷齋夜話》卷一

傳禪者以雲門、臨濟、潙仰、洞山、法眼爲五家宗派。自潙仰而下,其取人甚嚴,得之者亦甚少,故潙仰、法眼先絕,洞山至大陽警延所存一人而已。延僅得法遠一人。其徒號遠錄公者,將終以教付之,而遠言吾自有師,蓋葉縣省也。延聞拊膺大慟,遠止之,曰:"公無憂。凡公之道,吾盡得之。顧吾初所從入者不在是,不敢自昧爾,將求一可傳公道者受之,使追以嗣公可乎?"許之。果得清華嚴清傳道楷,楷行解超絕。近歲四方談禪唯雲門、臨濟二氏,及楷出,爲雲門,臨濟而不至者,皆翻然捨而從之,故今爲洞山者幾十之三。斯道固無彼此,但末流不能無弊。要之,與之嚴者,其得之必精;得之精者,其傳之必遠。此洞山所以雖微而終不可泯也。

(宋)葉夢得:《避暑錄話》卷二

五代割據,干戈相侵,不勝其苦。有一僧雖佯狂,而言多奇中。嘗謂人曰:"汝等望太平甚切,若要太平,須待定光佛出世始得。"至太祖一天下,皆以爲定光佛後身者,蓋用此僧之語也。

(宋)朱弁:《曲洧舊聞》卷一

明清案:馬令作《南唐書》,及龍袞作《江南野史》云:"北朝聞李後主崇奉釋氏,陰選少年有經業口辯者往化之,謂之一佛出世,號爲小長老。朝夕與論六根四諦、天堂地獄、循環果報,又説令廣施梵刹,營造塔像,身被紅羅銷金三事。後主因讓其太奢,乃曰:'陛下不讀《華嚴經》,爭知佛富貴?'自是襟懷縱恍,兵機守御之謀慌然而弛;帑廩漸虛,財用且竭。又使後主於牛頭山大起蘭若千間,聚徒千衆,旦暮設齋食,無非異方珍饌。一日食之不盡,明旦再具,謂之折倒。時議謂折倒爲煜之讖。及大兵至，獲爲營署。北朝又俾僧於采石磯下卓庵，自云少而草衣木食，後主遣使齎供獻以往，佯爲不受，乃陰作通穴。及累石爲塔，闊數圍，高迫數丈，而夜量水面。及王師克池州，而浮梁遂至，繫於塔穴，以渡南北，不差毫釐，師徒合圍。召小長老議其拒守，對曰：‘臣僧當揖退之。’於是登城大呼而旨麾，兵乃小却。後主喜，令僧俗兵士誦救苦觀音菩薩，滿城沸涌。未幾，四面矢石雨下，士民傷死者衆。後主復使呼之，托疾不起。及誅皇甫繼勛之後，方疑無驗，乃鴆而殺之。”觀宋、鄭所記，則知李氏國破之際，所鴆者非真。又以計免而歸本朝，遂饗嶽牧之任也。

（宋）王明清：《揮麈後錄》卷五

頃見王仁裕《洛城漫錄》云：“張全義爲西京留守，識黃巢於群僧中。”而陶穀《五代亂紀》云：“巢既遁免，祝發爲浮屠。有詩云：‘三十年前草上飛，鐵衣著盡著僧衣。天津橋上無人問，獨倚危欄看落暉。’”又《僧史》言：“巢有塔，在西京龍門，號翠微禪師。”而世傳巢後住雪竇，所謂雪竇禪師，即巢也。然明州雪竇山有黃巢墓，歲時邑官遣人祀之至今。而《太平廣記》載：“則天時，宋之問謫官過杭州，遇駱賓王於靈隱寺，披緇在大衆中，與之問詩有‘樓觀滄海日，門枕浙江潮’之句。”唐《夷堅集》言：“南嶽寺僧見姚泓。”《五季泛聞錄》云：“太祖仕周，受命北伐，以杜太后而下寄於封禪寺。抵陳橋，推戴。韓通聞亂，亟走寺中訪尋，欲加害焉，主僧守能者，以身蔽之，遂免。太祖德之，即位後極眷寵之。年八十餘，臨終，語其弟子曰：‘吾即澤州明馬兒也。’馬兒，五代之巨寇也。”贊寧《續傳》載云：“開寶末，江州圓通寺旦過寮中，有客僧將寂滅，祖其背以示其徒，有雕青‘李重進’三字，云：‘我即其人。脫身烟焰，至於今日。’”

（宋）王明清：《揮麈後錄》卷五

江南李主佞佛，度人爲僧，不可數計。太祖既下江南，重行沙汰，其數尚多。太宗乃爲之禁，至道元年六月己丑，詔：江南、兩浙、福建等處諸州，僧三百人歲度一人，尼百人歲度一人。自昔歲度僧道惟試經，且因寺之大小立額，如進士應舉。然雖奸猾多竄身其中，而庸蠢之甚者無所容。自朝廷立價鬻度牒，而僕廝下流皆得爲之，不勝其濫矣。

（宋）王栐：《燕翼詒謀録》卷三

李主好佛，太祖遣僧爲間，號小沙彌，導以奢侈，著乾紅袈裟。李主云："佛亦莫不如此。"小沙彌云："陛下不讀《華嚴經》，不知佛富貴。"此詼嘲語也，庸僧不知出處，拈出作話頭。

（宋）謝采伯：《密齋筆記》卷五

今杭州上天竺寺觀音像，長不盈五尺，而叠著靈異，官民信奉甚恭。凡旱潦，禱之必應。嘗考《釋氏紀録》云："後晉天福己亥，僧道翊一夕見山間光明，往視之，得奇香木，命良工刻成觀世音菩薩像，白光焕發，繼以晝夜。後漢乾祐戊申，有僧從勛以古佛舍利置毫相中，舍利時現冠頂。宋咸平庚子，浙西自春徂夏不雨，給事中知杭州張去華率僚屬，具幡蓋鼓吹，迎禱於梵天寺，繼時霆雨，四境沛足。"如此，則自有像已四百餘年，其所由來遠矣。

（明）陶宗儀：《南村輟耕録》卷二五

錢王有外國所獻頗眩伽寶，其方尺餘，其狀如水精，云可厭十里火殃。乃置於龍興寺佛髻中。餘杭數回禄，而龍興不能近也。有盜嘗焚其殿，柱木悉灰燼，而烟焰竟不熾。皇朝改爲太平祥符寺。自唐至皇朝，凡有十寶，此其一也。

（宋）王鞏：《隨手雜録》

周世宗毁像鑄錢，廢拆寺院，疽發胸而殂。人見在獄受苦，有周通錢盡方得脱罪之語。

（宋）志磐：《佛祖統紀》卷四二

先是民間有得《梁志公銅牌記》云："有一真人起冀州，開口張弓在左邊，子子孫孫保永年。"江南李主名其子曰弘冀，吳越錢王諸子皆連弘字弘倧、弘俶、弘億期應圖讖。及上受禪，而宣祖之諱正當之太祖皇考，上弘下殷，追諡宣祖。趙普《皇朝龍飛記》周世宗之廢佛像也世宗自持鑿破鎮州大悲像，胸疽發於胸而殂。時太祖、太宗目見之，嘗訪神僧麻衣和上曰："今毀佛法，大非社稷之福。"麻衣曰："豈不聞三武之禍乎？"又問："天下何時定乎？"曰："赤氣已兆，辰申間當有真主出興，佛法亦大興矣。"其後太祖受禪於庚申年正月甲辰，其應在於此也。

（宋）志磐：《佛祖統紀》卷四三

梁太祖，玄沙備禪師，閩王待以師禮。

唐莊宗召三聖惠然禪師，入内殿問禪法。

周世宗、江南唐後主，以師禮待益禪師，諡大法眼。

（宋）志磐：《佛祖統紀》卷五三

梁末帝敕天下僧尼，入京城比試經業。

唐末帝誕節度僧，立講經禪、定持念、文章、議論爲四科。

周世宗敕男子十五，誦經百紙，女子七十紙，郡考試聞祠部給牒。

（宋）志磐：《佛祖統紀》卷五一

周世宗，沙門義楚進《釋氏六帖》，敕付史館，賜紫衣縑幣。

（宋）志磐：《佛祖統紀》卷五一

顯德元年，齊州開元寺義楚法師進所撰《釋氏六帖》，敕付史館頒行，賜紫方袍。

（宋）志磐：《佛祖統紀》卷四二

梁太祖，沙門智宣往西竺求經還，進《佛骨梵經》。

（宋）志磐：《佛祖統紀》卷五三

梁太祖,吳越王幼子令因爲僧伽同三十臘。

唐莊宗,騎將史銀鎗悟禪道,出家名契澄。

（宋）志磐:《佛祖統紀》卷五一

梁末帝,沙門歸序進《經論會要》,詔入大藏,賜演教大師。

晉天福,沙門可洪進《大藏經音義》四百八十卷。

（宋）志磐:《佛祖統紀》卷五一

唐莊宗問道於三聖惠然,及亡,謚廣濟太師通寂之塔。

（宋）志磐:《佛祖統紀》卷五四

初是,後唐明宗於禁中焚香禱天曰:"臣本夷狄不足以王中原,願早生聖人以安天下。"天成二年二月十六日,上降生於洛陽太内甲馬營,神光滿室,異香不散。體被金色,三日而變。人知其爲應明宗禱云。

（宋）志磐:《佛祖統紀》卷四三

後唐明宗、閩王,度僧二萬人。

（宋）志磐:《佛祖統紀》卷五一

晉高祖,竦法師於國清爲寂法師説《止觀》。

（宋）志磐:《佛祖統紀》卷五三

漢高祖,上柱國郭令威立石碑《金剛經》於壽春。

（宋）志磐:《佛祖統紀》卷五三

周太祖聖節,宰臣百僚詣寺觀建祝壽道場。

（宋）志磐:《佛祖統紀》卷五二

同光元年誕節，敕僧録慧江道士程紫霄入内殿談論，設千僧齋。

（宋）志磐：《佛祖統紀》卷四二

天福二年，洛陽宣徽將朱崇，掘屋地，得大石佛十軀，有碑云："唐垂拱六年造景福寺。"崇大感寤，即捨所居以爲寺。

（宋）志磐：《佛祖統紀》卷四二

晉天福，天竺沙門道翊獲奇木造觀音像，持古佛舍利置豪相中，白光焕發。

（宋）志磐：《佛祖統紀》卷五三

開運初，敕爲高祖寫《大藏經》，奉安明聖寺。

（宋）志磐：《佛祖統紀》卷五三

（開運元年）六月，吳越王錢弘佐遣僧慧龜往雙林開善慧大士塔，得靈骨十六片，紫金色舍利無數。紫芝生於龕床，雙虎伏於壙下，祥雲蔽山，甘雨灑地。乃奉迎舍利、靈骨並净瓶、香爐、扣門椎諸物，至錢唐安光册殿供養，建龍華寺，以其骨塑大士像。

（宋）志磐：《佛祖統紀》卷四二

乾祐元年，吳越王錢俶奉天台沙門德韻爲國師，申弟子之禮。

（宋）志磐：《佛祖統紀》卷四二

吳越忠懿王詩，丁未歲仲冬，自丹丘歸國，由南明川禮瑞像，因抒二十八字。熙寧己酉刻石。

（宋）施宿：《嘉泰會稽志》卷一六

錢忠懿王二書，付長老重曜，有吳越國印。刻石在雲門净雲庵。

（宋）施宿：《嘉泰會稽志》卷一六

寶掌岩,在縣(諸暨縣)東南四十五里,寶掌禪師所居也。一名千歲岩禪師,不知名氏,自云生於周末。當魏晉間,由西域入蜀。貞觀十五年,開岩於此。周顯德二年正月遷化,壽一千七十二歲。真儀在半岩,去地四十九尺,石室可容百餘人。洞内石版數片如削,傳云里人沐浴之所。禪師種貝多木一枝,亦數百年矣。

(宋)施宿:《嘉泰會稽志》卷九

若偏霸之國,則蜀後主賜右街僧録光業爲祐聖國師,吳越稱德韶爲國師,江南唐國署文遂爲國大導師也。

(宋)贊寧:《大宋僧史略》卷中

自爾朱梁、後唐、晉、漢、周,洎今大宋,皆用録而無統矣。偏霸諸道,或有私署,如吳越以令因爲僧統。後則繼有,避僭差也,尋降稱僧正。其僭僞諸國,皆自號僧録焉。

(宋)贊寧:《大宋僧史略》卷中

梁革唐命,賜靈武道寅尤等爲證慧大師,賜吳越國徑山洪諲爲法濟大師。至龍德元年,不許僧妄求師號、紫衣。後唐、晉、漢、周咸同。今大宋止行師號、紫衣,而大德號許僧録司簡署。

(宋)贊寧:《大宋僧史略》卷下

梁開平中,吳越王錢氏奏令季男出家,法名令因,敕賜紫衣,號法相大師,加三十臘。自此止,今不聞行此也。所言臘者,經律中以七月十六日是比丘五分法身生來之歲首,則七月十五日是臘除也。比丘出俗,不以俗年爲計,乃數夏臘耳。經律又謂十五日爲佛臘日也。

(宋)贊寧:《大宋僧史略》卷下

梁祖開平三年大明節日,帝御文明殿,設僧齋,宰臣、翰林學士預之。

（宋）贊寧：《大宋僧史略》卷下

梁開平二年，詔曰："近年以風俗未泰，兵革且繁，正月然燈，廢停已久。今後三夜，門（開）坊市門，公私然燈祈福。"莊宗入洛，其事復興。後歷諸朝，或然或不。

（宋）贊寧：《大宋僧史略》卷下

梁祖乾化元年十一月，有回紇入朝僧凝盧、宜李思、宜延錢等，各賜紫還蕃。又，潭州僧法思、桂州僧歸真，面乞賜紫。莊宗喜賜僧紫衣。晉、漢、周皆爾。今大宋唯誕節賜也。其或內道場僧已著紫，又賜紫羅衣三事，謂之重賜。若偏霸諸國，賜與亦同。僞蜀時，雲南國遣內供奉、崇聖寺主、賜紫銀鉢僧充通好使焉。後蠻土有上者，賜金鉢，猶中國賜銀魚也。倭國則賜僧傳燈法師之號。高麗賜僧紫衣，則以金銀鈎施於紉上，甄別高下也。

（宋）贊寧：《大宋僧史略》卷下

梁末後唐世，道賢闍梨者一夕夢游五天竺，見佛指示此某國聚落。洎旦，頓解五印言音，毫釐不爽。今傳粉壇法，並宗此師，鳳翔阿闍梨是也。後唐清泰帝尤旌其道，後隨駕入洛而卒，今塔在龍門，近東京南。

（宋）贊寧：《大宋僧史略》卷上

行香，起於後魏及江左齊、梁間，每燃香獯手，或以香末散行，謂之行香。唐初因之。文宗朝，崔蠡奏設齋行香，事無經據，乃罷。宣宗復釋教，行其儀。朱梁開國，大明節，百官行香祝壽。石晉天福中，竇正固奏國忌行香，宰臣跪爐，百官立班，仍飯僧百人，即爲規式。國朝至今因之。

（宋）姚寬：《西溪叢語》卷下

朱梁開平三年大明節,百官始行香祝壽。石晉天福中,竇正固奏:"國忌行香,宰臣跪爐,百官列坐,有失嚴敬。"今後宰臣跪爐,百官立班,仍飯僧百人,永爲定式。本朝淳化中,虞部員外郎李宗訥請:"國忌,宰臣以下行香,復禁食酒肉,以表精虔。"從之。

(宋)趙彦衛:《雲麓漫鈔》卷三

朱梁廢唐,七廟方止。開平三年大明節,百官入寺,行香祝壽。後還薦祖宗行香,於今不絶。晉天福五年,竇貞固奏:國忌宰臣跪爐,百官列座。今欲宰臣跪爐,百官立班,行香後飯僧百人,永爲常式。宋太宗淳化三年,虞部員外郎李宗訥奏,國忌行香,請宰臣已下行香後禁酒食,表其精潔,敕下,御史臺依行。

(宋)贊寧:《大宋僧史略》卷中

梁太祖大明節,敕百官詣寺行香祝壽。
唐莊宗聖節,敕僧録雲辯與道士入内談論。
周太祖聖節,宰臣百僚詣寺觀建祝壽道場。

(宋)志磐:《佛祖統紀》卷五二

開平元年,敕僧尼改屬祠部。

(宋)志磐:《佛祖統紀》卷四二

梁太祖開平元年,敕僧尼改屬祠部。
晉天福二年,以楊光遠爲天下功德使,凡寺院皆屬焉。

(宋)志磐:《佛祖統紀》卷五四

龍德元年,敕天下毋得私度僧尼,願出家者入京城比試經業。

(宋)志磐:《佛祖統紀》卷四二

晉天福，敕國忌宰臣百僚詣寺行香，飯僧。

（宋）志磐：《佛祖統紀》卷五二

梁革唐命，道士不入宗正，僧尼還係祠部。梁末帝龍德元年，禁天下私度僧尼。有願出家，勒入京比試後祠部上請焉。後唐無聞。晉以楊光遠爲天下功德使，自維青不軌之後，不置此使矣。至今大宋，僧道並隸功德使。出家乞度，策試經業，則功德使關祠部出牒，係於二曹矣。

（宋）贊寧：《大宋僧史略》卷中

唐末帝清泰二年二月，功德使奏：“每年誕節，諸州府奏薦僧道，其僧尼欲立講論科、講經科、表白科、文章應制科、持念科、禪科、聲贊科，道士經法科、講論科、文章應制科、表白科、聲贊科、焚修科，以試其能否。”從之。此事見《舊五代史·紀》，不知曾行與否？至何時而罷也。蓋是時猶未鬻賣祠部度牒耳。周世宗廢并寺院，有詔約束云：“男年十五以上，念得經文一百紙，或讀得五百紙，女年十三以上，念得經文七十紙，或讀得三百紙者，經本府陳狀，乞剃頭，委錄事參軍、本判官試驗。兩京、大名、京兆府、青州，各起置戒壇，候受戒時，兩京委祠部差官引試，其三處秖委判官，逐處聞奏。候敕下委祠部給付憑由，方得剃頭受戒。”其防禁之詳如此，非若今時只納錢於官，便可出家也。念經、讀經之異，疑爲背誦與對本云。

（宋）洪邁：《容齋三筆》卷九

晉高祖天福五年二月，國忌日宰臣跪爐，百官依班序立。每忌日，飯僧百人，永爲定式，始也。

（宋）李上交：《近事會元》卷五

五代李欽明上言。五代漢李欽明爲司勛員外郎，上言：“古語云，一夫不耕，一婦不織，必有受飢寒者矣。聖化之內，且約十萬僧尼，每

日人食二升,十萬人日費二千石,以日繫月,其數可知。每一僧歲中
須絹五匹、綿五兩,十萬僧計絹五千萬匹、綿五千萬兩。此輩不耕不
蠶,實蠹大倫。臣謂聚僧不如聚兵,僧富不如民富,經曰:'聖人在上,
國無幸民,民之多幸,國之不幸。'"

(宋)佚名:《錦綉萬花谷》前集卷二九

周世宗顯德二年四月,諸州廢寺三千六百三十六所。

(宋)李上交:《近事會元》卷五

初,周世宗廢龍興寺以爲官倉,國初寺僧擊鼓求復,至是不已。
上遣使持劍詰之曰:"前朝爲倉日久,何爲瀆天廷?"且密戒懼即斬之。
僧辭自若曰:"前朝不道,毀像廢寺,正賴今日聖明興復之耳。貧道何
畏一死!"中使以聞,上大感嘆,敕復以爲寺。

(宋)志磐:《佛祖統紀》卷四三

周世宗顯德七年,敕民間銅像輸官鑄錢,廢寺院三千三百所,不
許私度僧尼。有武將周百勝入冥,見世宗臥鐵床受罪。本朝太祖,大
復佛法。

(宋)志磐:《佛祖統紀》卷五四

(僧籍)今大宋用周顯德條貫,三年一造,著於律令也。

(宋)贊寧:《大宋僧史略》卷中

12. 道教

(開平元年)九月,浙西奏道門威儀鄭章、道士夏隱言焚修精志,
妙達希夷,推諸輩流,實有道業。鄭章宜賜號貞一大師,仍名玄章,隱
言賜紫衣。

(宋)王欽若等編纂:《册府元龜》卷一九四《閏位部》

（開平二年）八月，兩浙錢鏐奏改管内紫極宮爲真聖觀。

　　　　（宋）王欽若等編纂：《册府元龜》卷一九四《閏位部》

後唐莊宗同光三年五月，帝出師北門，請雨於聖祖玄元廟。

　　　　（宋）王欽若等編纂：《册府元龜》卷五四《帝王部》

　明宗天成二年八月，左補闕趙明吉上言曰：“竊見天下宮觀，久失崇修。蓋自朱温篡逆以來，例多毀廢。請下諸道，應本朝舊置宮觀近經毀折者，皆勒修增，以奉祖宗，以弘孝治，光陛下中興之業，顯國家大道之源，復我真宗，貞兹永世。其兩京宮觀有公田，乞免科索，俾充齋糧，以給正名道士，庶懇志焚修香火，期上玄之福祐。”

　　　　（宋）王欽若等編纂：《册府元龜》卷五四《帝王部》

（天成二年）九月，宗政卿李寶上言：“四方凡有玄元皇帝宮殿處，請依修飾。”從之。

　　　　（宋）王欽若等編纂：《册府元龜》卷五四《帝王部》

（天成）三年正月，中書奏：“假寧令二月十五日玄元皇帝降聖節休假三日，準會昌元年二月敕，休假一日，伏請準近敕。”從之。

　　　　（宋）王欽若等編纂：《册府元龜》卷五四《帝王部》

　解元龜，太白山道士也。明宗天成三年，自西川至，對於便殿，稱年一百一歲。既而上疏乞西都留守兼西川制置使，要修西京宮闕。帝謂侍臣曰：“此人老耄，自遠來朝，比期別有異見，反爲身名，甚可怪也。”賜號“知白先生”，賜紫衣，放歸山。

　　　　（宋）王欽若等編纂：《册府元龜》卷九三六《總録部》

（天成）四年十二月壬子，敕：“尊崇聖祖，修飾道宮，既復其名，固難無額。宜令所司依舊造上清宮牌額懸挂。兼京城内金真觀仍改名崇道觀,亦準上給换牌額。"以老君廟久無牌額故也。

(宋)王欽若等編纂:《册府元龜》卷五四《帝王部》

唐長興三年,進士龐式,肄業於嵩陽觀之側,臨水結庵以居。一日,晨往前村未返。庵内唯薛生,東郡人也,少年純愨,師事於式。晨興,就澗水盥漱畢,見庵之東南林内有五人,皆星冠霞帔,或縫掖之衣,衣各一色,神彩俊拔,語音清響,目光射人,香聞十餘步。薛生驚異,遍拜之。問薛曰:"爾何人?"生具以對,又問:"爾能隨吾去否?"薛辭以父母年老,期之異日。又曰:"爾既不去,吾當書爾之背志之。"遂令肉袒。唯覺其背上如風之吹,書畢,却入林中,並失其處。斯須龐式至,具述,且示之背,見朱書字一行,字體雜以篆籀,唯兩字稍若官體貴人字,餘皆不别。薛生又以手捫之,數字輋破,色鮮如血。數日,香尚不銷。後龐式登第,除樂鄉縣令,爲叛帥安從進所殺,薛氏子尋歸滑臺,殂於家。

(宋)李昉:《太平廣記》卷三一三《龐式》

長興四年七月,帝違和小康,召道士二十人於中興殿爲金籙醮,七日而罷。

(宋)王欽若等編纂:《册府元龜》卷五四《帝王部》

末帝清泰元年七月,詔河中修五老觀。

(宋)王欽若等編纂:《册府元龜》卷五四《帝王部》

晉盧革,莊宗時爲平章事。登庸之後,不以進賢勸能爲務,唯事修煉,求長生之術。常服丹砂,嘔血數日,垂死而愈。

(宋)王欽若等編纂:《册府元龜》卷九二八《總録部》

後唐許寂,不知何許人。少有道術,茹芝絶粒,寓居江陵。節度使趙凝昆季禮遇之,延之中堂,師授保養之道。唐末,除諫官不起,漢南謂之"徵君"。梁攻襄陽,趙凝兄弟弃鎮奔蜀,與寂偕行。歲餘,蜀人知之。蜀主王建待以師禮,後位至蜀相。同光末,平蜀,與王衍俱徙於東,卜居於洛。寂以高年,精彩猶健,冲漠寡言,時獨語云:"可怪可怪。"人莫知其際。言有還丹煮金之術,不知信否。卒時年八十餘。

(宋)王欽若等編纂:《册府元龜》卷八三六《總録部》

後唐王鎔,唐末爲成德軍節度。晏安既久,惑於左道,專求長生之要。常聚淄黄合鍊仙丹,或講説佛經,親受符録。西山多佛寺,又有王母觀。鎔增置館宇,雕飾土木。道士王若訥者,誘鎔登山臨水,訪求仙迹。每一出,數月方歸,百姓勞敝。王母觀石路既峻,不通輿馬。每登行,命僕妾數十人,維錦綉牽持而上。

(宋)王欽若等編纂:《册府元龜》卷九二八《總録部》

晉高祖天福四年五月庚辰,廢華清觀爲靈泉觀。

(宋)王欽若等編纂:《册府元龜》卷五四《帝王部》

(天福四年)九月辛卯,召道士崇真大師張薦明,錫以繒帛。薦明,燕人也,少爲儒,游學河朔,漁獵《莊》《老》,故性與道俱。其後雲衣星冠,奉自然之教。帝素尚玄元,御極之初,數數召見。帝問曰:"道可以治世乎?"薦明對曰:"道也者,妙萬物而爲言,總兩儀而稱德。得之上者爲道,得之中者爲仁義,得之外者爲禮智信。外而失之,非人也。得其極者,尸居衽席之間以治天下,豈止乎世者也!"帝遂延入内殿,講老氏《道德經》。召宰臣馮道授卷而聽,道曰:"道士講《老子》,僧人受戒,令文有之,不可輕也。"帝遂禮之爲師,益加崇重。嘗聞宫中奏時鼓,乃曰:"陛下聞鼓聲乎?守一而已。夫弦匏金石,其聲十二;其黄鍾也,唯合於黄鍾。其不應者五十有九,出乎多門也。鼓之爲音也,奚其間然,無宫商無角徵,無羽無變,和而契之,其一故也。人能混成於心,則天地俱矣,何患世之不淳哉。"帝繇是虚心致静,尊道貴德。故每一召見,多所頒賜。

(宋)王欽若等編纂:《册府元龜》卷五四《帝王部》

(天福)五年十一月,賜張薦明號通玄先生,令以《道德》二經雕上印板,命學士和凝別撰新序,冠於卷首,俾頒行天下。

(宋)王欽若等編纂:《册府元龜》卷五四《帝王部》

肉竈燒丹

開運中,術士曹盈道來謁,自陳能肉竈燒丹,借廳修養。詢其説,肉竈者,末生硃砂飼羊膏,脂乃供厨;借廳者,素女、容成,閉陽采陰之意。

(明)陶宗儀:《説郛》卷六一《清異録》

晉梁文炬喜清静之教,聚道書數千卷,企慕赤松、留侯之事,而尤盡其善。位至太子太保致仕。

(宋)王欽若等編纂:《册府元龜》卷八二二《總録部》

晉盧損爲秘書監拜章,辭位,乃授户部尚書致仕,退居潁川。時李鏻年將八十,善服氣導引。損以鏻之遐壽有道術,酷慕之,仍以潁川逼城市,乃卜居陽翟,立隱舍,誅茅種藥,山衣野服,逍遥於隱几之間,出則柴車鶴氅,自稱"具茨山人"。晚年與同游五六人,於大隗山中古宫觀址,疏泉鑿壤爲隱所,誓不復出。山氣多寒,被病而卒,時年八十餘,齒髮不衰而有壯容,損於修攝,似有所得。

(宋)王欽若等編纂:《册府元龜》卷八三六《總録部》

晉史圭,仕後唐爲河南少尹。有嵩山術士,遺圭石藥如斗,謂圭曰:"服之可以延壽,然不可中輟,輟則疾作矣。"圭後服之,神爽力健,深保惜焉。清泰末,圭在恒山,遇秘瓊之亂,時貯於衣笥,爲賊所劫,便不復得。天福中,疾生胸臆之間,常如火灼。圭知其不濟,求歸鄉里,詔許之。及涉河,竟爲藥氣所蒸,卒於路。

(宋)王欽若等編纂:《册府元龜》卷九二八《總録部》

漢隱帝乾祐三年,右補闕蘇德潛上言:"臣聞道以至真爲本,自然爲宗。若不離嗜欲之源,則安奏虚無之理。況兩京道宫,是國家崇福之地。竊見道場所設齋醮,無非蠲潔净筵,蓋表其精虔也。訪聞道士皆有妻孥,携在道宫居止,不獨傷於教法,其實污於清虚。望特行禁止。"敕:"宜令御史臺嚴加告諭,不得更然。"

(宋)王欽若等編纂:《册府元龜》卷五四《帝王部》

漢乾祐中,翰林學士王仁裕云:興元有斗山觀,自平川内聳起一山,四面懸絶,其上方於斗底,故號之。薜蘿松檜,景象尤奇。上有唐公昉飲李八百仙酒、全家拔宅之迹。其宅基三畝許,陷爲坑,此蓋連地而上昇也。仁裕辛巳歲,於斯爲節度判官,嘗以片板題詩於觀曰:"霞衣欲舉醉陶陶,公昉一家飲八百洗瘡,一家酒醉而上昇。不覺全家住絳霄。拔宅只知雞犬在,上天誰信路歧遥。三清遼廓抛塵夢,八景雲烟事早朝。爲有故林蒼柏健,露華凉葉鎖金飆。"舊説云:斗山一洞,西去二千里,通於青城大面山,又與嚴真觀井相通。仁裕癸未年入蜀,因謁嚴真觀,見《斗山詩碑》在焉。詰其道流,云不知所來,説者無不異之。

(宋)李昉:《太平廣記》卷三九七《斗山觀》

周世宗顯德三年十一月,命送華州道士陳摶復歸本州。帝好黄白术,有人以摶名奏者,命華州送至闕下,館於内庭。居月餘,凡所咨詢,靡聞於外内。放還所止,仍令本州以時存省。

(宋)王欽若等編纂:《册府元龜》卷五四《帝王部》

(顯德)五年六月,内出御衣六百餘事、錢四十萬、羅縠百匹,分賜兩街僧道,令增修寺觀。

(宋)王欽若等編纂:《册府元龜》卷五四《帝王部》

（顯德）六年二月，幸太清觀，觀所賜鐘焉。先是，於乾明門外新修太清觀既成，帝聞濮州有一鐘，其聲甚㧊，每擊之，聞數十里。乃命徙之，以賜是觀。至是，故往觀焉。

（宋）王欽若等編纂：《册府元龜》卷五四《帝王部》

沉香似芬陀利華

顯德末，進士賈顒於九仙山遇靖長官，拜而求道，取篋中所遺沉水香焚之。靖曰：“此香全類斜光下等六天所種芬陀利華。”

四庫本作：顯德末，進士賈顒於九仙山遇靖長官，行若奔馬，知其異，拜而求道，取篋中所遺沉水香焚之。靖曰：“此香全類斜光下等六天所種芬陀利華，汝有道骨而俗緣未盡。”因授鍊仙丹一粒，以柏子爲糧，迄今尚健。

（明）陶宗儀：《説郛》卷六一《清異錄》

（乾德三年）八月，衍受道籙於苑中，以杜光庭爲傳真天師、崇真館大學士。光庭字賓聖，京兆杜陵人，寓居處州。方士見之，謂曰：“此宗廟中寶玉大圭也。”與鄭雲叟應百篇舉，不中，入天台爲道士。僖宗召見，賜紫衣，出入禁中。上表乞游成都，隱青城山白雲溪，卒於蜀，年八十五。顏貌如生，衆以爲尸解。有文十餘卷，皆本無爲之旨。

（明）陶宗儀：《説郛》卷四五《蜀檮杌》

蜀城舊有興聖觀，廢爲軍營，庭宇堙毀，已數十年。軍中生子者，奕世擐甲矣，殊不知此爲觀基。甲申歲，爲蜀少主生日，僚屬將率俸金營齋。忽下令，遣將營齋之費，亟修興聖觀。左徒藏事，急如星火，不日而觀成。丹腹未晞，興聖統師而入蜀。嗟乎，國之興替，運數前定，其可以苟延哉。

（宋）李昉：《太平廣記》卷一四〇《興聖觀》

　　僞蜀青城山道士能幻術,往往入錦城施其法,有所獲,即潛挈歸
洞穴。或聞其行甚穢,官吏中有識者,頗惡之。後於成都誘引富室及
勛貴子弟,皆潛而隨之。或於幽僻宅院中,灑掃焚香設榻,張陳帷幌。
則獨於室內作法,或召西王母,或巫山神女,或麻姑、鮑姑神仙,皆應
召而至,與之杯饌寢處,生人無異,則令學者隙而窺之。歡笑罷,則自
簾帷之前躡而去。又忽城中化出金樓,衆皆睹之,惑衆頗甚。其民間
少年,膏粱子弟,滿城如狂。少主知其妖,密使人擒之,累月不獲。後
有人報云:“已出筰橋門去。”因使人逐之,乃以猪狗血賚行。至青城
路上三十餘里,及之,遂傾血沃之。不能施其術,及下獄訊之,云:“年
年采民家處子住山中,行黄帝之道。”死於岩穴者不知其數。豪貴之
家,頗遭穢淫。所通詞款,指貴達之門甚多。少主不欲彰其惡,潛
殺之。

　　　　　　　　　　(宋)李昉:《太平廣記》卷二八七《青城道士》

　　孫光憲在蜀時,曾到資州,見應貞觀李道士,話州有姓趙人,閉關
却掃,以廊廟自期。都虞候閻晋敬異之,躬自趨謁。閻魁梧丈夫,趙
生迎門,愕眙良久,磬折叙寒温曰:“伏惟貔貅。”閻乃質於先容者,俾
詢之,趙生曰:“若云熊羆,即須宰相之才,方當此語。閻公止於都頭
已來,只銷呼爲貔貅。”人聞咸笑之。又一士自稱張舍人,訴於光憲
曰:“兄長以術惑我心神。”憲謂曰:“得非蠱毒厭勝之術耶?”張曰:
“非也,乃用《鬼谷子·捭闔》,捭破我心神,至今患心風不禁。”又江
陵顔雲,偶收諸葛亮兵書,自言可用十萬軍,吞并四海。每至論兵,必
攘袂叱咤,若對大敵。時人謂之“檢譜角觝”也。時有行軍王副使,幽
燕舊將,聲聞宇内。顔生候謁,稱是同人,自言大志不伸,喪良友也,
每慟哭焉。

　　　　　　　　　　(宋)李昉:《太平廣記》卷二六二《三妄人》

　　南平王鐘傳鎮江西,遣道士沈太虚禱廬山九天使者廟。太虚醮
罷,夜坐廊廡間,恍然若夢,見壁畫一人,前揖太虚曰:“身張懷武也,

常爲將軍，上帝以微有陰功及物，今配此廟爲靈官。"既寤，起視壁畫，署曰五百靈官。太虛歸，以語進士沈彬。彬後二十年，游醴陵，縣令陸生客之。方食，有軍吏許生後至，語及張懷武，彬因問之。許曰："懷武者，蔡之裨將，某之長史也。頃甲辰年大饑，聞豫章獨稔。即與一他將，各帥其屬奔豫章。既即路，兩軍稍不相能。比至五昌，一隙大構。克日將決戰，禁之不可。懷武乃携劍上戍樓，去其梯，謂其徒曰：'吾與汝今日之行，非有他圖，直救性命耳。奈何不忍小忿，而相攻戰。夫戰，必强者傷而弱者亡。如是則何爲去父母之國，而死於道路耶？凡兩軍所以致爭者，以有懷武故也。今爲汝等死，兩軍爲一，無構難也。'遂自刎。於是兩軍之士，皆伏樓下慟哭。遂相與和親，比及豫章，無一逃亡者。"許但懷其舊恩，亦不知靈官之事，彬因述記，以申明之。豈天意將感發死義之士，故以胗蠁告人乎？

（宋）李昉：《太平廣記》卷三一三《張懷武》

南唐保大中，賜道士譚紫霄，號金門羽客，事見《廬山記》。祐陵賜林靈素號，用此故事。

（明）陶宗儀：《説郛》卷二三《賓退録》

冬十月，上之即位也，召華山隱士陳摶入見，於是復至，上益加禮重，謂宰相宋琪等曰："摶獨善其身，不干勢利，所謂方外之士也。在華山已四十餘年，度其年當百歲，自言經五代亂離，幸天下承平，故來朝覲。與之語，甚可聽。"因遣使送至中書，琪等從容問摶曰："先生得玄默修養之道，可以化人乎？"對曰："摶山野之人，於時無用，亦不知神仙黃白之事、吐納之理，無術可傳於人。假令白日上昇，亦何益於世？主上龍顏秀異，有天人之表，博達今古，深究治亂，真有道仁聖之主也。正是君臣協心同德，興化致治之秋，勤行修煉，無出於此。"琪等表上其言，上益喜。甲申，賜摶號希夷先生，令有司增葺所止臺觀。上屢與屬和詩什，數月，遣還。

（宋）李燾：《續資治通鑒長編》卷二五，太宗雍熙元年（984）

法輪院,在縣(指天台縣)西北二十五里。吴赤烏元年,葛元卓庵
於此,感三真人降授以真,一《勸誡法輪妙經》,按王簡《行院記》,真人
曰:"蔚羅翹光,妙音真妙光。"遂建臺,號曰降真。漢乾祐中,錢氏復爲,
朱霄外新之,仍造檀香像一百軀。國朝祥符元年,改今額。

(宋)陳耆卿:《赤城志》卷三〇

洞天宫,在縣(指天台縣)西北三十里玉霄峰上。唐咸通五年,道
士葉藏質創道齋,號石門山居,十三年,奏爲玉霄宫。周廣順元年,朱
霄外建三清殿。徐靈府《小録》又云:"道士陳寡言嘗隱於此,號華
琳。"今遺迹不存。國朝大中祥符元年,改今額。有禹鐘高二尺,其狀
如鐸,上有隱文,又有一大鐘,漢乾祐三年所鑄。

(宋)陳耆卿:《赤城志》卷三〇

聖壽院,在縣(指天台縣)北二十五里,舊名延壽。周廣順元年
建,朱霄外庵址在焉。國朝治平三年,改今額。

(宋)陳耆卿:《赤城志》卷三〇

天慶觀,子城東南一里。唐天寶二年詔,天下皆置紫極宫,以祠
老子。梁開平二年,易爲真聖觀。皇朝大中祥符二年,詔賜今名。

(宋)羅濬:《寶慶四明志》卷一一

玄妙觀,在東北隅。唐天寶二年詔,天下皆置紫極宫,以祠老子。
梁開平二年,易爲真聖觀。宋祥符二年,改天慶。紹定元年,太守胡
榘重建。皇朝至元十九年毀。至元廿九年,改今額。

(元)袁桷:《延祐四明志》卷一八

崇禧萬壽宫,在茅山華陽洞南門之東,即舊崇禧觀。……後號太平
觀,爲盗所焚,南唐昇元初重建。

(元)張鉉:《至正金陵新志》卷一一上

悟真道院,在府城内正西隅大木頭街。元係南唐燕、冀二王祠宇。宋淳祐間,改作道院,奉西山真人。

（元）張鉉:《至正金陵新志》卷一一上

小人常有四鏡:一名璧,一名珠,一名砥,一名盂。璧視者大,珠視者小,砥視者正,盂視者倒。觀彼之器,察我之形,由是無大小、無短長、無妍醜、無美惡。所以知形氣諂我,精魄賊我,奸臣貴我,禮樂尊我。是故心不得爲之君,王不得爲之主。戒之如火,防之如虎。純儉不可襲,清靜不可侮,然後可以迹容廣而躋三五。

（五代）譚峭:《化書》卷一

射似虎者,見虎而不見石;斬暴蛟者,見蛟而不見水。是知萬物可以虛,我身可以無。以我之無,合彼之虛,自然可以隱,可以顯,可以死,可以生而無所拘。夫空中之塵若飛雪,而目未嘗見;穴中之蟻若牛鬥,而耳未嘗聞,況非見聞者乎!

（五代）譚峭:《化書》卷一

有言臭腐之狀,則輒有所噦;聞珍羞之名,則妄有所嚥。臭腐了然虛,珍羞必然無,而噦不能止,嚥不能已。有懼菽醬若蝤蠐者,有愛鮑魚若鳳膏者。知此理者,可以齊奢儉,外榮辱,黜是非,忘禍福。

（五代）譚峭:《化書》卷一

虛化神,神化氣,氣化血,血化形,形化嬰,嬰化童,童化少,少化壯,壯化老,老化死。死復化爲虛,虛復化爲神,神復化爲氣,氣復化爲物。化化不間,由環之無窮。夫萬物非欲生,不得不生;萬物非欲死,不得不死。達此理者虛而乳之,神可以不化,形可以不生。

（五代）譚峭:《化書》卷一

　　鏡非求鑒於物,而物自投之;橐非求飽於氣,而氣自實之。是故鼻以虛受臭,耳以虛受聲,目以虛受色,舌以虛受味。所以心同幽冥,則物無不受;神同虛無,則事無不知。是以大人奪其機,藏其微,羽符至怪,陰液甚奇"液"一作"陽",可以守國,可以救時,可以坐爲帝王之師。

(五代)譚峭:《化書》卷二

　　儒有講五常之道者,分之爲五事,屬之爲五行,散之爲五色,化之爲五聲,俯之爲五嶽,仰之爲五星,物之爲五金,族之爲五靈,配之爲五味,感之爲五情。所以聽之者若醯雞之游太虛,如井蛙之浮滄溟,莫見其鴻蒙之涯,莫測其浩渺之程。日暮途遠,無不倒行。殊不知五常之道一也,忘其名則得其理,忘其理則得其情。然後牧之以清静,栖之以杳冥,使混我神氣,符我心靈。若水投水,不分其清;若火投火,不間其明。是謂奪五行之英,盗五常之精。聚之則一芥可包,散之則萬機齊亨。其用事也,如酌醴以投器;其應物也,如懸鏡以鑒形。於是乎變之爲萬象,化之爲萬生,通之爲陰陽,虛之爲神明。所以運帝王之籌策,代天地之權衡,則仲尼其人也。

(五代)譚峭:《化書》卷三

　　天下賢愚,營營然若飛蛾之投夜燭,蒼蠅之觸曉窗。知往而不知返,知進而不知退。而但知避害而就利,不知聚利而就害。夫賢於人而不賢於身,何賢之謂也?博於物而不博於己,何博之謂也?是以大人利害俱忘,何往不臧?

(五代)譚峭:《化書》卷三

　　天子作弓矢以威天下,天下盗弓矢以侮天子。君子作禮樂以防小人,小人盗禮樂以僭君子。有國者好聚歛,蓄粟帛、具甲兵以禦賊盗,賊盗擅甲兵、踞一作"據"粟帛以奪其國。或曰:"安危,德也。"又曰:"興亡,數也。"苟德可以恃,何必廣粟帛乎?苟數可以憑,何必廣甲兵乎？

（五代）譚峭：《化書》卷三

無所不能者，有大不能；無所不知者，有大不知。夫忘弓矢然後知射之道，忘策轡然後知馭之道，忘弦匏然後知樂之道，忘智慮然後知大人之道。是以天下之主，道德出於人；理國之主，仁義出於人；亡國之主，聰明出於人。

（五代）譚峭：《化書》卷三

有國之禮，享郊廟，敬鬼神也；亹亹—一作尾龜策，占吉凶也。敬鬼神，信禍福之職也；占吉凶，信興亡之數也。奈何有大不信，窮民之力以爲城郭，奪民之食以爲儲蓄？是福可以力取，是禍可以力敵；是疑貳於鬼神，是欺惑於龜策，是不信於天下之人。斯道也，賞不足勸，罰不足懼，國不足守。

（五代）譚峭：《化書》卷三

仁義者常行之道，行之不得其術，以至於亡國。忠信者常用之道，用之不得其術，以至於獲罪。廉潔者常守之道，守之不得其術，以至於暴民。財辯者常御之道，御之不得其術，以至於罹禍。蓋拙在用於人，巧在用於身。使民親稼則怨，誡民輕食則怨。夫餌者魚之嗜，羶者蟻之慕，以餌投魚魚必懼，以羶投蟻蟻必去，由不得化之道。

（五代）譚峭：《化書》卷三

太醫之道，脉和而實者爲君子，生之道也；撓而浮者爲小人，死之道也。太卜之道，策平而慢者爲君子，吉之道也；曲而利者爲小人，凶之道也。以是論之，天下之理一也。是故觀其國，則知其臣；觀其臣，則知其君；觀其君，則知其興亡。臣可以擇君而仕，君可以擇臣而任。夫揖讓可作而躁靜不可作，衣冠可詐而形器不可詐，言語可文而聲音不可文。

（五代）譚峭:《化書》卷三

　　侯者人所貴,金者人所重,衆人封公而得侯者不美,衆人分玉而得金者不樂。是故賞不可妄行,恩不可妄施。其當也由爲爭奪之漸,其不當也即爲亂亡之基。故我自卑則賞不能大,我自儉則恩不得奇。歷觀亂亡之史,皆驕侈恩賞之所以爲也。

（五代）譚峭:《化書》卷三

　　民不怨火而怨使之禁火,民不怨盜而怨使之防盜。是故濟民不如不濟,愛民不如不愛。天有雨露,所以招其怨;神受禱祝,所以招其謗。夫禁民火不如禁心火,防人盜不如防我盜,其養民也如是。

（五代）譚峭:《化書》卷三

　　非兔狡,獵狡也;非民詐,吏詐也。慎勿怨盜賊,盜賊惟我召;慎勿怨叛亂,叛亂禀我教。不有和睦,焉得讎仇;不有賞勸,焉得鬥爭。是以大人無親無疏,無愛無惡,是謂太和。

（五代）譚峭:《化書》卷四

　　譽人者人譽之,謗人者人謗之,是以君子能罪己,斯罪人也;不報怨,斯報怨也。所謂神弓鬼矢,不張而發,不注而中。天得之以假人,人得之以假天下。

（五代）譚峭:《化書》卷四

　　救物而稱義者,人不義之;行惠而求報者,人不報之。民之情也,讓之則多,爭之則少;就之則去,避之則來;與之則輕,惜之則奪。是故大義無狀,大恩無象。大義成,不知者荷之;大恩就,不識者報之。

（五代）譚峭:《化書》卷四

　　觀其文章,則知其人之貴賤焉;觀其書篆,則知其人之情性焉;聞其琴瑟,則知其人之道德焉;聞其教令,則知其人之吉凶焉。小人由是知唐堯之容淳淳然,虞舜之容熙熙然,伯禹之容蕩蕩然,殷湯之容堂堂然,文王之容巍巍然,武王之容諤諤然,仲尼之容皇皇然。則天下之人,可以自知其愚與賢。

(五代)譚峭:《化書》卷四

　　螻蟻之有君也,一拳之宮,與衆處之;一塊之臺,與衆臨之;一粒之食,與衆蓄之;一蟲之肉,與衆咂之;一罪之疑,與衆戮之。故得心相通而後神相通,神相通而後氣相通,氣相通而後形相通。故我病則衆病,我痛則衆痛,怨何由起,叛何由始? 斯太古之化也。

(五代)譚峭:《化書》卷四

　　能歌者不能者聽之,能舞者不能者觀之,巧者不巧者辨之,賢者不賢者任之。夫養木者必將伐之,待士者必將死之。網之以冠冕,釣之以爵祿。若馬駕車轄,貴不我得;彘食糟糠,肥不我有。是以大人道不虛貴,德不虛守;貧有所倚,進有所恃;退者非樂寒賤,而甘委弃。

(五代)譚峭:《化書》卷四

　　爲惡者畏人識,必有識者;爲善者欲人知,必有不知者。是故人不識者,謂之大惡;人不知者,謂之至善。好行惠者恩不廣,務奇特者功不大,善博奕者智不遠,文綺麗者名不久。是以君子惟道是貴,惟德自守,所以能萬世不朽。

(五代)譚峭:《化書》卷四

　　一日不食則憊,二日不食則病,三日不食則死。民事之急,無甚於食,而王者奪其一,卿士奪其一,兵吏奪其一,戰伐奪其一,工藝奪其一,商賈奪其一,道釋之族奪其一,稔亦奪其一,儉亦奪其一。所以蠶告終而緝葛苧之衣,稼云畢而飯橡櫟之實。王者之刑理不平,斯不平之甚也；大人之道救不義，斯不義之甚也。而行切切之仁，用戚戚之禮，其何以謝之哉！

（五代）譚峭：《化書》卷五

為巫者鬼必附之，設像者神必主之，蓋樂所饗也。戎羯之禮，事母而不事父；禽獸之情，隨母而不隨父；凡人之痛，呼母而不呼父，蓋乳哺之教也。虎狼不過於嗜肉，蛟龍不過於嗜血，而人無所不嗜。所以不足則鬥，不與則叛，鼓天下之怨，激烈士之忿。食之道非細也。

（五代）譚峭：《化書》卷五

王取其絲，吏取其繭；王取其綸，吏取其綍。取之不已，至於欺罔；欺罔不已，至於鞭撻；鞭撻不已，至於盜竊；盜竊不已，至於殺害；殺害不已，至於刑戮。欺罔非民愛，而哀斂者教之，殺害非民願，而鞭撻者訓之。且夫火將逼而投於水，知必不免，且貴其緩；虎將噬而投於谷，知必不可，或覬其生。以斯為類，悲哉！

（五代）譚峭：《化書》卷五

夫君子不肯告人以飢，恥之甚也。又不肯矜人以飽，愧之甚也。既起人之恥愧，必激人之怨咎，食之害也如是。而金籩玉筥，食之飾也；鼓鐘戞石，食之游也；張組設綉，食之惑也；窮禽竭獸，食之暴也；滋味厚薄，食之忿也；貴賤精粗，食之爭也。欲之愈不止，求之愈不已，貧食愈不足，富食愈不美。所以奢僭由茲而起，戰伐由茲而始。能均其食者，天下可以治。

（五代）譚峭：《化書》卷五

民有嗜食而飽死者，有婪食而鯁死者，有感食而義死者，有辱食而憤死者，有爭食而鬥死者，人或笑之。殊不知官所以務祿，祿所以務食；賈所以務財，財所以務食。而官以矯佞讒諂而律死者，賈以波濤江海而溺死者，而不知所務之端，不知得死之由，而遷怨於輩流，歸咎於江海,食之迷也。

(五代)譚峭:《化書》卷五

獵食者母,分乳者子。全生者子,觸網者母。母不知子之所累,子不知母之所苦。王者衣纓之費、盤飱之直,歲不過乎百萬,而封人之土地,與人之富貴,百萬之百萬。如啞王之肌,如飲王之血。樂在於下,怨在於上,利歸於衆,咎歸於王。夫不自貴,天下安敢貴;不自富,天下安敢富?

(五代)譚峭:《化書》卷五

有智者憫鴟鳶之擊腐鼠,嗟螻蟻之駕斃蟲,謂其爲蟲不若爲人。殊不知當歉歲則爭臭斃之尸,值嚴圍則食父子之肉。斯豺狼之所不忍爲,而人爲之,則其爲人不若爲蟲。是知君無食必不仁,臣無食必不義,士無食必不禮,民無食必不智,萬類無食必不信。是以食爲五常之本,五常爲食之末。苟王者能均其衣,能讓其食,則黔黎相悦,仁之至也;父子相愛,義之至也;飢飽相讓,禮之至也;進退相得,智之至也;許諾相從,信之至也。教之善也在於食,教之不善也在於食。其物甚卑,其用甚尊;其名尤細,其化尤大。是謂無價之寶。

(五代)譚峭:《化書》卷五

夫水火,常用之物,用之不得其道,以至於敗家,蓋失於不簡也。飲饌,常食之物,食之不得其道,以至於亡身,蓋失於不節也。夫禮失於奢,樂失於淫。奢淫若水,去不復返,議欲救之,莫過乎儉。儉者,均食之道也。食均則仁義生,仁義生則禮樂序,禮樂序則民不怨,民不怨則神不怒,太平之業也。

(五代)譚峭:《化書》卷六

服絺綌者不寒,而衣之布帛愈寒;食藜藿者不飢,而飯之黍稷愈飢。是故我之情也,不可不慮;民之心也,不可不防,凡民之心,見負石者則樂於負塗,見負塗者則樂於負蒭。飢寒無實狀,輕重無必然,皆豐儉相形,彼我相平。我心重則民心重,我負輕則民負輕。能至於儉者,可以與民爲權衡。

(五代)譚峭:《化書》卷六

禮貴於盛,儉貴於不盛;禮貴於備,儉貴於不備;禮貴於簪紱,儉貴於布素;禮貴於炳煥,儉貴於寂寞。富而富之愈不樂,貴而貴之愈不美,賞而賞之愈不足,愛而愛之愈不敬。金玉者,富之常;官爵者,貴之常。渴飲則甘,飢食則香。夫惟儉,所以能知非常。

(五代)譚峭:《化書》卷六

觀食象者食牛不足,觀戴冕者戴冠不足。不足有所自,不廉有所始。是知王好奢則臣不足,臣好奢則士不足,士好奢則民不足,民好奢則天下不足。夫天下之物十之,王好一,民亦一;王好五,民亦五;王好十,民亦十。以十論之,則是十家爲一家,十國爲一國,十天下爲一天下,何不弊之有!

(五代)譚峭:《化書》卷六

其夫好飲酒者,其妻必貧。其子好臂鷹者,其家必困。剩養一僕,日飯三甌,歲計千甌。以一歲計之,可享千兵。王者歲率是享,則必告勞而聚怨,病在於增不在於損。王駕牛車,民驕於行;王居土陛,民恥於平。杜之於漸,化之於儉。所以見葛藟不足者,則樂然服布素之衣;見窳杯而食者,則欣然用陶匏之器,民之情也。

(五代)譚峭:《化書》卷六

世有慳號者,人以爲大辱,殊不知始得爲純儉之道也。於已無所與,於民無所取。我耕我食,我蠶我衣。妻子不寒,婢僕不飢。人不怨之,神不罪之。故一人知儉則一家富,王者知儉則天下富。

(五代)譚峭:《化書》卷六

君之於民，異名而同愛。君樂馳騁，民亦樂之；君喜聲色，民亦喜之；君好珠玉，民亦好之；君嗜滋味，民亦嗜之。其名則異，其愛則同。所以服布素者，愛士之簪組；服士之簪組者，愛公卿之劍佩；服公卿之劍佩者，愛王者之旒冕，是故王者居兆民所愛之地，不得不慮也。況金根玉輅奪其貨，高臺崇榭奪其力，是賈民之怨，是教民之愛。所以積薪聚米，一歲之計，而易金換玉，一日之費，不得不困，不得不儉。

（五代）譚峭：《化書》卷六

王者皆知御一可以治天下也，而不知執謂之一。夫萬道皆有一：仁亦有一，義亦有一，禮亦有一，智亦有一，信亦有一。一能貫五，五能宗一。能得一者，天下可以治。其道蓋簡而出自簡之，其言非玄而人自玄之。是故終迷其要，竟惑其妙。所以議守一之道，莫過乎儉；儉之所律，則仁不蕩，義不亂，禮不奢，智不變，信不惑。故心有所主，而用有所本，用有所本而民有所賴。

（五代）譚峭：《化書》卷六

君儉則臣知足，臣儉則士知足，士儉則民知足，民儉則天下知足。天下知足，所以無貪財，無競名，無奸蠹，無欺罔，無矯佞，是故禮義自生，刑政自寧，溝壘自平，甲兵自停，游蕩自耕，所以三皇之化行。

（五代）譚峭：《化書》卷六

奢者三歲之計，一歲之用；儉者一歲之計，三歲之用。至奢者猶不及，至儉者尚有餘。奢者富不足，儉者貧有餘。奢者心常貧，儉者心常富。奢者好親人，所以多過，儉者能遠人，所以寡禍。奢者事君必有所辱，儉者事君必保其禄。奢者多憂，儉者多福。能終其儉者，可以爲天下之牧。

（五代）譚峭：《化書》卷六

懸雕籠、事玉粒養黄雀，黄雀終不樂。垂禮樂、設賞罰教生民，生民終不泰。夫心不可安而自安之,道不可守而自守之,民不可化而自化之。所以儉於臺榭則民力有餘,儉於寶貨則民財有餘,儉於戰伐則民時有餘。不與之由與之也,不取之由取之也。海伯亡魚,不出於海;國君亡馬,不出於國。

(五代)譚峭:《化書》卷六

奢者好動,儉者好靜;奢者好難,儉者好易;奢者好繁,儉者好簡;奢者好逸樂,儉者好恬淡。有保一器畢生無斁者,有挂一裘十年不斃者。斯人也,可以親百姓,可以司粟帛,可以掌符璽,可以即清静之道。

(五代)譚峭:《化書》卷六

夫仁不儉,有不仁;義不儉,有不義;禮不儉,有非禮;智不儉,有無智;信不儉,有不信。所以知儉爲五常之本,五常爲儉之末。夫禮者,益之道也;儉者,損之道也。益者損之旨,損者益之理。禮過則淫,儉過則朴。自古及今,未有亡於儉者也。

(五代)譚峭:《化書》卷六

謙者人所尊,儉者人所寶。使之謙,必不謙,使之儉,必不儉。我謙則民自謙,我儉則民自儉。機在此,不在彼;柄在君,不在人。惡行之者惑,是故爲之文。

(五代)譚峭:《化書》卷六

五代時,封元弼真君。國朝政和中,封元應真人。

(宋)陳耆卿:《赤城志》卷三一

後唐長興四年,封東嶽三郡爲威雄將軍。

(宋)謝維新:《古今合璧事類備要》前集卷六九

《五代會要》曰:後唐長興四年七月,封泰山三郎爲威雄大將軍。

時上不豫,泰山僧進藥小康,僧請封之。《宋朝會要》曰:廟在兗州泰山,炳靈泰山神,三郎也,後唐詔封威雄將軍。大中祥符七年十月十五日,詔封威雄將軍爲炳靈公。

(宋)高承:《事物紀原》卷七

五代時唐明宗,長興中不豫,淄州進藥僧,召見,因言於泰山見嶽帝曰:"吾第三子有威靈,可愛而未有爵秩,假以爲請。"遂封東嶽第三子爲威雄將軍。

(宋)楊伯嵒:《六帖補》卷一八

長興三年,始贈東嶽三郎爲威雄將軍。

(宋)佚名:《分門古今類事》卷四

《五代史》:後唐長興四年,封東嶽三郡爲雄威將軍。

(明)彭大翼:《山堂肆考》卷一四九

永樂丁酉二月,建洪恩靈濟宮於北京皇城之西,祀徐知證及其弟知諤。初,其父溫事吳楊行密,及溫養子知誥代楊氏有國,復姓李,改名昇,是爲南唐。封知證爲江王,知諤爲饒王。嘗帥兵靖盜,閩人德之,立生祠於閩之鰲峰,累著靈應。然溫公《通鑑》書知諤爲南唐鎮海軍節度使兼中書令、梁王,卒諡曰懷,而知證無可考。蓋皆没而爲神者也。宋高宗賜祠額曰"靈濟"。入國朝,靈應尤著,有道士曾辰孫者,扶鸞則二神降之。文皇帝遣人禱祠輒應。間有疾問神,神降鸞書藥味,如其法服之,每奏奇效。辰孫大被寵賚,因請建宫加額。於是封知證爲九天金闕明道達德大仙護國庇民洪恩真君,知諤爲九天玉闕宣化扶教上仙輔國佑民洪恩真君,江、饒王爵如故。仍命禮部新鰲峰之廟,春秋致祭,給灑掃五户。御製碑文,系以詩,有曰:"天産英靈爲世傑,出入幽明猶一覡。生著勛勞保甌粵,没爲明神崇偉烈。"亦不稱其爲仙真也。嘗遣禮部尚書往鰲峰易其真衣,謂之挂袍,頗大勞費，後乃改遣太常寺官焉。

（明）黄瑜：《雙槐歲鈔》卷三

陳摶，字圖南，亳州真源人也。始四五歲戲渦水岸，側有青衣媼召置懷中乳之，自是聰悟日益。少時嘗舉進士，不第，遂不樂仕。有大志隱武當山，移居華山雲臺觀，又止少華石室，每寢處多百餘日不起。周世宗聞其名，召見因問黄白術，對曰："陛下爲四海之主，當以致治爲念，奈何留意黄白之事乎！"世宗命爲諫議大夫，辭不受。

（宋）王稱：《東都事略》卷一一八

陳圖南有經世才，生唐末，厭五代之亂，入武當山學神仙道養之術，能辟穀，或一睡三年，後隱華山。自晉漢以後，每聞一朝革命，則嚬蹙數日。一日方乘驢游華陰，市人相語曰："趙點檢作官家。"摶驚喜大笑。人問其故，又笑曰："這回天下定疊也。"

周勛初主編：《宋人軼事彙編》卷五

《談苑》云：陳摶字圖南，唐譙郡人。不第，隱武當山，辟穀鍊氣。後居華山雲臺觀，閉門高臥，經月方醒。太宗召之，雍熙初賜號希夷先生。

（宋）張端義：《貴耳集》卷中

《邵氏聞見録》：摶，長興中進士，有大志。隱武當山，常乘白騾，從惡少年數百，欲入汴州。中塗聞藝祖登極，大笑曰："天下定矣，遂入華山居焉。"

（宋）張端義：《貴耳集》卷中

陳摶，周世宗嘗召見，賜號白雲先生。

（宋）江少虞：《宋朝事實類苑》卷四一

陳摶，譙郡真源人，與老聃同鄉里，生嘗舉進士不第，去隱武當山九室岩辟穀鍊氣。作詩八十一章，號指玄篇，言修養之事。後居華山雲臺觀，多閉門獨臥，經累月至百餘日不起。周世宗召至闕下，令於禁中扃戶以試之，月餘始開，摶熟寐如故，甚異之。因問以神仙黃白修養之事，飛昇之道，摶曰："陛下為天下君，當以蒼生為念，豈宜留意於金乎？"世宗弗之責，放還山，令長吏歲時存問。

（宋）江少虞：《宋朝事實類苑》卷四一

（陳）摶隱華山雲臺觀百餘歲，世宗拜諫議，不受。

（宋）江少虞：《宋朝事實類苑》卷四一

華山陳處士隱於睡，小則亘月，大則幾年方一覺。

周勛初主編：《宋人軼事彙編》卷五

九室山，在襄陽府房縣西，相傳五代時陳摶修煉之所。

（明）彭大翼：《山堂肆考》卷一七

道士譚紫霄有異術，閩王昶奉之為師，月給山水香焚之。香用精沉，上火半熾則沃以蘇合油。

（宋）陶穀：《清異錄》卷下

南唐保大中，賜進士譚紫霄號"金門羽客"，事見《廬山記》。祐陵賜林靈素號，用此故事。

（宋）趙與時：《賓退錄》卷五

五代江南道士譚紫霄有道術，能醮星象，禁詛鬼魅。住廬山栖隱洞，鄰僧於溪滸創亭宇，有為頑石所礙，致工百倍，不能平之。紫霄往見曰："斯固易矣。"以指捻訣，含水噀之，命鎚之，其石應手如粉，一旦而平。所獲醮祭之資，皆以待四方賓旅，室無囊箱，時號為譚先生。

閩王王昶遵事之，號爲金門羽客、正一先生。

（宋）馬永易：《實賓録》卷一一

道士譚紫霄有觀燈之術，說人禍福必中。

（宋）李石：《續博物志》卷七

南唐保大中，寵泉州道士譚紫霄，得以出入金門，號金門羽客。

（明）彭大翼：《山堂肆考》卷一四八

譚紫霄有道術，能醮星宿，踏步魁罡，禁沮鬼魅。南唐主至建康，賜之道號，階以金紫，皆不受。金陵既下，紫霄無疾而卒，人謂之尸解。

（明）彭大翼：《山堂肆考》卷一四八

道士譚紫霄有異術，閩王昶奉之爲師，月以山水香給之。

（明）彭大翼：《山堂肆考》卷一八三

永平四年甲戌，利州刺史王承賞奏：深渡西，入山二十里道長山楊謨洞在峭壁之中，上下懸險，人所不到。洞中元有神仙，或三人，或五人，服飾黃紫，往往出見。是時所見人數稍多，詔道門威儀凝真大師默鑒先生任可言、内大德施昭訓，賫青詞御香，與内使楊知淑同往醮謝。又復出見如初。詔改景谷縣爲金仙縣，道長山爲玄都山，楊謨洞爲紫霞洞，仍封玄都山主者爲玉清公，置紫霞觀以旌其事。縣令李鏞賜緋魚袋正授。

（前蜀）杜光庭：《録異記》卷一

王蜀先主時，有道士李昌，亦唐之宗室。生於徐州，而游於三蜀，詞辯敏捷，粗有文章。因栖陽平觀，爲妖人扶持，上有紫氣，乃聚衆舉事。將舉而敗，妖輩星散，而昌獨罹其禍焉。其適長裕者，臨邛之大儒也,與暠相善,不信暠之造妖,良由軀幹國姓,爲群凶所憑。所以多事之秋,滅迹匿端,無爲緑林之嚆矢也。先是,李暠有書,召玉局觀楊德輝赴齋。有老道崔無斁,自言患聾,有道而托算術,往往預知吉凶。德輝問曰:"將欲北行何如?"崔令畫地作字,弘農乃書"北千"兩字。崔公以千插北成"乖"字,曰:"去即乖耳。"楊生不果去,而李暠齋日就擒,道士多罹其禍。楊之幸免,由崔之力也。

(五代)孫光憲:《北夢瑣言》卷一二

顯德末,進士賈顒於九山遇靖長官,行若奔馬。知其異,拜而求道,取篋中所遺沉水香焚之。靖曰:"此香全類斜光下等六天所種芬陀利華。汝有道骨,而俗緣未盡。"因授煉仙丹一粒,以柏子爲糧,迄今尚健。

(宋)陶穀:《清異録》卷下

白鹿洞道士許筠,世傳許旌陽之族,能持《混胎丈人攝魔還精符》按摩起居,以濟人疾,含神內照,恬然無欲。忽一越人來謁曰:"吾有至寶在懷,今垂死,欲求一人付之,舉世皆貪夫,無堪受者,欲沈於海,又所不忍。"出一丸石如碧玉雞卵,以贈筠,且曰:"古傳扶桑山有玉雞,鳴則金雞鳴,金雞鳴則石雞鳴,石雞鳴則人間雞悉鳴矣,此石雞卵也。張騫又曰'瑟母'。出扶桑山,流落海北岸,能噆寶玉屑,但五金砂及寶礦,碎而成屑,以卵環攬,寶末盡黏其上,不假淘汰。"筠得之,漫於金沙浣取試,攬金屑如碎麩,盡綴於卵,取烹之,皆良金也。日取百銖。筠曰:"吾此學不貪爲寶,此物喪真,於道益遠。"瘞於鐘山之中,後竟無得者。

(宋)文瑩:《玉壺清話》卷一〇

石晉梁文矩善清静之教,聚道書數千卷,企慕赤松、留侯之事,而尤盡其善。然病風痹五十九終。

(宋)孔平仲:《續世説》卷七

石晉鄭雲叟,本名遨,弃家入少室山。聞西嶽有玉粒松脂,淪入地千歲化爲藥,能去三尸。因居華陰與李道殷、羅隱之友善。時人目爲三高士。道殷有釣魚之術,鈎而不餌。又能化石爲金,無所不至,雲叟目擊其事而不求。

(宋)孔平仲:《續世説》卷八

五代鄭遨與道士李道殷友善,道殷有釣魚術,釣而不餌。

(唐)白居易、(宋)孔傳:《白孔六帖》卷三一

朱霄外,郡人,居白雲庵,善河圖秘緯,持其法嚴甚。錢忠懿王給驛,以進錫賚,一不受館於都。廣順初,謝歸,乃葺庵爲觀居之,今栖霞宮是也。按崇道觀藏殿有題梁云:"吳越兩街道統、天台道門威儀、栖真明德大師、通玄先生、正一天師、特進、檢校太傅、守太保、上柱國、吳郡開國公、食邑一千五百户朱霄外建。"

(宋)陳耆卿:《赤城志》卷三五

五代吳越閭丘方遠,少爲道士,辨慧。善法籙,好儒學,慕葛稚川、陶隱居爲人。吳越王錢鏐爲建天柱宮居之,表賜紫服,號曰妙有大師、元同先生。

(宋)馬永易:《實賓録》卷一一

《北夢瑣言》:後唐清泰中,道士龐式於嵩陽觀聚課。有薛學士者,因上山樵采,見道士五人,曳輕羅羽帔,身長大,欲携同去,薛辭之。乃褫其裌背,上朱篆一行八字,道士乘虛而去。薛歸觀,話其事,無有識其篆者。

(明)彭大翼:《山堂肆考》卷一四八

爾朱先生,忘其名,蜀人也。功行甚至,遇異人與藥一丸,先生欲服,異人曰:"今若服必死,未若見浮石而後服之,則仙道成矣。"先生如其

教,自是每遇石,必投之水,欲其浮,如此者殆一紀,人皆以爲狂,或聚而笑之,而先生之心愈堅。居無何,因游峽上,將渡江,有叟艤舟相待,先生異之,且問曰:"叟何姓氏?"對曰:"石氏。"此地何所? 答曰:"涪州。"先生豁然悟曰:"異人浮石之言,斯其應乎!"遂服前藥,即輕舉矣。

(明)曹學佺:《蜀中廣記》卷七五

張商英《爾朱仙傳》:先生名通微,自號歸元子。一日,遍游成都、新都、廣都間,至暮仍還丹室。有日游三都,夜宿金雞之諺。

(明)曹學佺:《蜀中廣記》卷七五

《東坡志林》云:爾朱道士客涪州,愛其所産丹砂,雖瑣細,而皆矢鏃狀,瑩徹不雜土石。遂止,煉丹數年,竟於涪之白石仙去。

(明)曹學佺:《蜀中廣記》卷七五

《北夢瑣言》:僞蜀時,巫山高唐觀道士黃萬户,本巴東萬户村民,學白虎七變術。又云:學六丁法於道士張君常,持一鐵鞭,療疾不以財物介懷,然好與鄉人争訟,州縣不知重也。戎州刺史文思翰亦有戲術,曾翦紙魚,投於盆内而活萬數,復授符化獺而食之。其鐵鞭爲文思翰收取,歸至涪州,亡其鞭,而却歸黃矣。有楊希古來傳其術,坐未安,忽云子家中已有喪穢,不果傳。俄得家訃母亡。又,蜀王建召入宫,列諸子示之,俾認儲后。萬户乃指後主。其術他皆仿此,唯一女爲巫山民妻,有男傳授秘訣。將卒,戒家人勿殮,經七八日再活,不久即殂也。青城縣舊有馬和尚宴坐三十五年,道德甚高。萬户將卒,謂家人曰:"青城馬和尚來,遂長逝矣。"是年,馬師亦遷化。

(明)曹學佺:《蜀中廣記》卷七五

譚峭字景升,國子司業洙之子。幼而聰明,及長頗涉經史,强記問無不知,屬文清麗。洙訓以進士爲業,而峭不然,迥好黃老諸子,及周穆漢武茅君《列仙内傳》,靡不精究。一旦告父出游終南山,父以終南山近京都,許之。自經終南太白太行王屋嵩華泰嶽,迤邐游歷名山,不復歸寧。父馳書責之,復謝曰:"茅君昔爲人子,亦辭父學仙,今峭慕之,冀其有益。"父母以其堅心求道,豈以世事拘之?乃聽其所從。而峭師於嵩山道士十餘年,得辟穀養氣之術,惟以酒爲樂,常醉騰騰,周游無所不之。夏則服烏裘,冬則緑布衫,或卧於風雨雪霜中經日,人謂已弊,視之氣出咻咻然。父常念之,每遣家僮尋訪,春冬必寄之衣及錢帛,捧之且喜,復書遽遣家僮,乃厚遺之。纔去,便以父所寄衣出街路,見貧寒者與之,及寄於酒家,一無所留。人或問之:"何爲如此?"曰:"何能看得?盗之所竊,必累於人。不衣不食,固無憂也。"常欣欣然,或謂風狂。每行吟曰:"綫作長江扇作天,靸鞋抛向海東邊。蓬萊信道無多路,只在譚生柱杖前。"爾後居南嶽鍊丹成,服之,入水不濡,入火不灼,亦能隱化,復入青城而去。

(宋)張君房:《雲笈七籤》卷一一三下

張契真,錢唐人。生有異相,青骨方瞳,形如瘦崔,幼負篋從胡法師游。遇朱天師,一見喜曰:"此子骨法應尋度世。"遂授以要訣。又受樊先生靈寶籙,遂居真聖宫中,歷覽蕊笈秘文。吴越忠懿王俾主三籙齋事。納土後,宋太宗選居太乙宫召對,賜紫命,校道書,賜號元静太師。一日,見朱衣吏持符,使速浄穢趨職。久之沐浴,返真體柔汗泚火後,得青黑色珠數升。

(明)徐象梅:《兩浙名賢外録》卷二

厲歸真,天台人。嗜酒,冬夏常單衣,醉輒卧雪中,飛雪四積,或高數尺,而卧處氣蒸蒸然,醒則振衣而起。或即叩冰浴,氣蒸蒸起,亦如卧雪時。夏則赤脚走烈日中,或亭午輒瞪目對日,抱膝坐,四體微溫而無汗,見者始知其不凡。又善水墨畫,人有求之者,當其醉即漬墨率率數筆而已。他日展視之,則山巒層叠,林木翁緊,沼沚瀠洄,坡陀透迤,樓閣人物,種種精妙,有數日不能竟幅者。人爭寶之,以爲仙筆。漢乾祐三年,於中條山白日飛昇。語人曰:"吾天台唐興縣人也。"

隱隱入雲而没。後有人於大雪中,見其赤脚度石梁,擬呼之,忽不見。

(明)徐象梅:《兩浙名賢外録》卷二

譚峭,字景升,海鹽人。國子司業洙之子,幼聰敏,文筆清麗,洙教以進士業。峭乃獨好黄老道家言,靡不精究。一旦,告父出游,尋真訪道,凡二十餘年。始從嵩山道士,得辟穀養氣之術,由是日飲酒,醉輒扶杖獨游。夏則服烏裘,冬則衣絲布衫。或卧風雪中,人謂已斃,視之氣休休然,人遂謂之風狂。每醉行吟曰:"綫作長江扇作天,靸鞋拋在海東邊。蓬萊信道無多路,只在譚生拄杖前。"後居南嶽煉丹,丹成服之,入水不濡,入火不灼,隱形變化,人莫能測。復入青城山化去。峭嘗作《化書》,宋齊丘竊其名爲己作,久行於世。今復稱《譚真人化書》云。

(明)徐象梅:《兩浙名賢外録》卷二

馬氏二女,慶元人。姊妹及笄,父母將嫁之,不肯,問其故,曰:"紅顏易老,吾欲以金丹駐之耳。"遂結廬於百丈山頭,每夜,姊妹輒登山石上,焚香拜求度世,忽感真人密授口訣,姊妹按法修煉,丹成,俱白日乘鸞飛去。至今山巔有剪刀、鏡臺遺迹。

(明)徐象梅:《兩浙名賢外録》卷二

道士解元龜,本西蜀節將下軍校。明宗入篡,言自西來,對於便殿,詩歌聖德,自稱太白山正一道士。上表乞西都留守、兼三州制置使,要修西京宫闕。上謂侍臣曰:"此老耄自遠來朝,此期別有異見,乃爲身名甚切,堪笑也。"時號"知白先生",賜紫。斯乃狂妄人也。

(五代)孫光憲:《北夢瑣言》卷一九

天師杜光庭驕龍杖,紅如猩血,重若玉石,似非藤竹所爲,相傳是仙人留賜。

(宋)陶穀:《清異録》卷下

蜀先主開建初,賜道士杜光庭爲廣德先生、户部侍郎、蔡國公。時蜀難方平,猶惡盜賊,犯者贓無多少皆斬。是歲蜀饑,有二盜穅者止得數斗,引至庭覆讞,會光庭方論道於廣殿,視三囚殆亦側隱,謂杜曰:"兹事如何?"亦冀其一言見救。而杜卒無一語,但唯唯而已。勢不得已,遂斬之。杜歸舊宫道院,三無首者立於旁哭訴曰:"公殺我也。蜀主問公,意欲見救,忍不以一言活我。今冥路無歸,將其奈何?"杜悔責慚痛,辟穀一年,修九幽脱厄科儀以拔之,其魂歲餘方去。光庭越州人,博學有文章,在唐爲麟德殿供奉,有經綸才,唐室欲相之。

(宋)文瑩:《湘山野録》卷下

周寶爲浙西節度使,治城隍。至鶴林門,得古冢,棺櫝將腐。發之,有一女子面如生,鉛粉衣服皆不敗。掌墓者以告,寶親視之。或曰:"此當是嘗餌靈藥,待時而發,發則解化之期矣。"寶即命改葬之,其輀聲樂以送。寶與僚屬登城望之,行數里,有紫雲覆輀車之上,衆咸見一女子出自車中,坐於紫雲之上,冉冉久之乃没。開棺則空矣。

(宋)徐鉉:《稽神録》卷五

陳金者,少爲軍士,隸江西節度使劉信。圍處州,金私與其徒五人發一大冢,開棺,見白髯老人,面如生,通身白羅衣,衣皆如新。開棺時即有白氣衝天,墓中有非常香馥。金獨視棺蓋上有物如粉,微作硫黄氣。金素聞棺中硫黄爲藥成仙,即以衣襟掬取懷歸。墓中無他珍寶,即共掩之而出。既至營中,營中人皆驚云:"今日那得香氣?"金知硫黄之異,且輒汲水浸食,至盡。城平入舍僧寺,偶與寺僧言之。僧曰:"此城中富人之遠祖也。子孫相傳,其祖好道,有異人教餌硫黄,云數盡當死,死後三百年墓開,當即解化之期也。今正三百年矣。"即相與復視之,棺中空,惟衣裳尚存,如蟬脱之狀。金自是無病。今爲清海軍小將,年七十餘矣,形體枯瘦,輕健如故。

(宋)徐鉉:《稽神録》卷五

聶師道，歙人，少好道。唐末，于濤爲歙州刺史，其兄方外爲道士，居於南山中，師道往事之。濤時詣方外，至於郡政，咸以咨之，乃名其山爲問政山。吳朝以師道久居是山，因號爲問政先生焉。初，方外在山中，郡人少信奉者。及師道至，瞻信日衆。師道與友人同行，至一逆旅，友人苦熱疾，村中無復醫藥。或教病者曰：“能食少不潔，可以解。”及疾危困，復勸之。病人有難色。師道諭之曰：“事急矣，何難於此？吾爲汝先嘗之。”乃取啖之，人感其意，乃食，而病果立愈。後給事中裴樞爲歙州刺史，當唐祚之季，詔令不行，宣州田頵、池州陶雅舉兵圍之累月。歙州頻破之，後食盡援絕，議以城降，而城中殺外軍已多，無敢將命出者。師道自請行，樞曰：“君乃道士，豈可游兵革中邪！請易服以往。”師道曰：“吾已受道法，科教不容易服。”乃縋之出城。二將初甚怪，及與之語，乃大喜曰：“真道士也。”誓約已定，復遣還城中。及期，樞適有未盡，復欲延期，更令師道出諭之。人謂其二三，咸爲危之，師道亦無難色。及復見二將，皆曰：“無不可，唯給事命。”時城中人獲全，師道之力也。吳太祖聞其名，召之廣陵，建紫極宮以居之。一夜，有群盜入其所止，至於什器皆盡取之。師道謂之曰：“汝爲盜，取吾財以救飢寒也，持此將安用邪？”乃引於曲室，盡取金帛與之，仍謂曰：“爾當從某處出，此無巡人，可以無患。”盜如所教，竟以不敗。後吳朝遣師道往龍虎山設醮，道遇群賊劫之，將加害，其中一人熟視師道，謂同黨曰：“勿犯先生。”令盡取所得還之，群盜亦皆從其言。因謂師道：“某即昔年揚州紫極宮中爲盜者。感先生至仁之心，今以奉報。”後卒於廣陵。時方遣使於湖湘，使還，至某處，見師道，問之曰：“何以至此？”師道曰：“朝廷遣我醮南嶽。”使者以爲然。及入吳境，方知師道卒矣。

聶師道侄孫紹元，少入道，風貌和雅，善屬文。年二十餘卒。初，紹元既病劇，有四鶴集於紹元所處屋上。及其卒，人咸見五鶴，衝天而去。

（宋）吳淑：《江淮異人録》卷上

　　潘宸者，大理評事潘鵬之子也。少居於和州，樵采鷄籠山，以供養其親。嘗過江，至金陵，泊舟秦淮口。有一老父求同載過江，宸敬其老，許之。時大雪，宸市酒與同載者飲，及江中流，酒已盡。宸甚恨其少，不得醉。老父曰：“吾亦有酒。”乃解巾於髻中取一小葫蘆子，傾之，極飲不竭。及岸，謂宸曰：“子事親孝，復有道氣，可教也。”乃授以道術。宸自是所爲絶異，世號曰“潘仙人”。嘗至人家，見池沼中落葉甚多，謂主人曰：“此可以爲戲。”令以物漉之，取置之於地，隨葉大小，皆爲魚。更弃於水，葉復如故。有剗毫者，請宸爲術，以娛坐賓。宸顧見門前有鐵店，請其砧以爲戲。既至，宸乃出一小刀子，細細切之至盡，坐賓驚愕。既而曰：“假人物，不可壞也。”乃合聚之，砧復如故。又嘗於袖中出一幅舊方巾，謂人曰：“勿輕此。非人有急，不可從余假之。他人固不能得也。”乃舉以蔽面，退行數步，則不復見。能背本誦所未嘗見書，或卷面封之，置之於前，首舉一字，則誦之終卷，其間點注塗乙，悉能知之。所爲此類，亦不復盡記。後亦以病卒。

（宋）吴淑：《江淮異人録》卷上

　　陳允昇，饒州人也，人謂之陳百年。少而默静，好道，家世弋獵，允昇獨不食其肉，亦不與人交言。十歲，詣龍虎山入道，栖隱深邃，人鮮得見之者。或家人見之者，則奔走不顧。天祐中，人見於撫州麻姑山，計其去家七十年矣，而顏貌如初。昇元中，刺史危全諷早知其異，迎置郡中，獨處一室，時或失之。嘗夜坐，危謂之曰：“豐城橘美，頗思之。”允昇曰：“方有一船橘泊牢港一曰豐城港。今去爲取之。”港去城十五里，少選便還，携一布囊，可數百顆。因共食之。危嘗有姻禮，市黄金郡中，少不足用，頗呵責其下。允昇曰：“無怒，吾能爲之。”乃取厚紙，以藥塗之，投於火中，皆成金。因以足用。後危與吴師戰，允昇告之曰：“慎勿入口中。”全諷不之悟，果敗於象牙潭。

（宋）吴淑：《江淮異人録》卷上

　　陳曙，蘄州善壇觀道士也，人謂爲百歲，實亦不知其數。步行日數百里,郡人有宴席,常虛一位以待之,遠近必至。烈祖聞而召之。使者未至,忽嘆息曰:"吾老矣,何益於國而枉見召。"後數日,而使者至,再召竟不行。保大中,嘗至夜獨焚香於庭,仰天拜祝,退而慟哭。俄而淮上兵革,人以爲預知也。後過江居永興景星廢觀,結廬獨居,常有虎豹隨之,亦罕有見者。及卒,數日方棺斂,而遍體發汗焉。

(宋)吳淑:《江淮異人録》卷上

兵部尚書張翰典銓,有史公鎬者,江南大將史公銖弟也。性冲澹樂道,嘗求爲揚子令。會已除官,不果。翰見其曠達多奇,試謂之曰:"且爲揚子尉,可乎?"公鎬亦欣然從之。後爲瑞昌令,卒於官。時方晴霽,而所居宅上獨雲雨。時有望見雲氣上有一人,緋衣乘馬,冉冉而上,極高而没。

(宋)吳淑:《江淮異人録》卷上

耿先生者,江表將校耿謙之女也。少而明慧,頗有姿色。知書,稍爲詩句,往往有嘉旨;而明於道術,能拘制鬼魅,通於黃白之術、變怪之事,奇偉恍惚,莫知其從何得也。保大中,江淮富盛,上好文雅,悦異奇之事,召之入宮,蓋觀其術,不以貫魚之列待之,處之別院,號曰先生。先生常被碧霞帔,見上多持簡,精彩卓逸,言詞朗暢。手如鳥爪,不便於用,飲食皆仰於人。復不喜行宮中,常使人抱持之。每爲詞句,題於牆壁,自稱北大先生,亦莫知其旨也。先生之術不常的然發揚於外,遇事則應,暗然而彰,上益以此重之也。始入宮,問以黃白之事,試之皆驗。復廣爲之,而簡易不煩。上嘗因暇豫,謂先生曰:"此皆因火成之。苟不煩火,其能就乎?"先生曰:"試爲之,殆亦可耳。"上乃取水銀,以碪紙重復裹之,封題甚密。先生納於懷中,良久,忽若裂帛聲。先生笑曰:"陛下嘗不信下妾之術,今日面觀,可復不信耶!"持以與上,上周視。題處如舊,發之,已爲銀矣。又嘗大雪,上戲之曰:"先生能以雪爲銀乎?"先生曰:"亦可。"乃取雪實之,削爲銀鋌狀。先生自投於熾炭中。炭埃坌起,徐以炭周覆之,過食頃,曰:"可矣。"赫然洞赤,置之於地,及冷,爛然爲銀鋌,而刀迹具在。反視其下,若垂酥滴乳之狀,蓋爲火之所融釋也。因是,先生所作雪銀甚多。上誕日,每作器用,獻以爲壽。又多巧思,所作必出於人。南海嘗貢奇物,有薔薇水、龍腦漿。薔薇水清泚郁烈,龍腦漿補益男子。上常寶惜之,每以龍腦漿調酒服之,香氣連日,不絕於口。亦以賜近臣。先生見之曰:"此未爲佳也。"上曰:"先生豈能爲之?"曰:"試爲之,亦可就"。乃取龍腦,以細絹袋之,懸於瑠璃瓶中,上親封題之,置酒於其側而觀之。食頃,先生曰:"龍腦已漿矣。"上自起,附耳聽之,果聞滴瀝聲。且復飲。少選,又視之,見瑠璃瓶中湛然勺水矣。明日發之,已半瓶,香氣酷烈,逾於舊者遠矣。先生後有孕,一日,謂上曰:"妾此夕當産,神孫聖子,誠在此耳。請備生産之所用物。"上悉爲設之,益令宫人宿於室中。夜半,烈風震霆,室中人皆震懼。是夜不復産。明旦,先生腹已消矣。上驚問之,先生曰:"昨夜雷電中生子,已爲神物持去,不復得矣。"先生嗜酒,至於男女大欲,亦略同於常人,後亦竟以疾終。古者神仙多晦迹混俗,先生豈其人乎? 余頃在江南,常聞其事,而宫掖秘奥,説者多有異同。及江表平,今在京師,嘗詣徐率更游,游即義祖孫也,宫中之事,悉能知之。因就其事,備爲余言。耿先生者,父雲軍大校,耿少爲女道士,玉貌鳥爪,常著碧霞帔,自稱北大先生。始因宋齊邱進。嘗見宮婢持糞掃,謂元宗曰:"此物可惜,勿令弃之。"取置鐺中烹煉,良久皆成白金。嘗遇雪擁爐,索金盆貯雪,令宫人握雪成鋌,投火中,徐舉出之,皆成白金,指痕猶在。又能爇火千也,亦作炒炱。麥粒成圓珠,光彩粲然奪目。大食國進龍腦油,元宗秘愛。耿視之,曰:"此未爲佳。"以夾縑囊貯白龍腦數斤懸之,有頃,瀝液如注,香味逾於所進。遂得幸於元宗,有娠。將産之夕,雷雨震電。及霽,娠已失矣。久之,宫中忽失元敬宋太后所在,耿亦隱去。凡月餘,中外大駭。有告者云在都城外三十里方山寶華宫。在城東南三十里外。吳葛仙翁所居,有丹井,一名天印山。有寶華宫碑,宫基經火,正當井處,故老云當時即焚之也。元宗亟命齊王景遂往迎太后,見與數道士方酣飲,乃迎還宫。道士皆誅死,耿亦不復得入宫中,然猶往來江淮,後不知所終。金陵好事家至今猶有耿先生寫真云。

（宋）吳淑：《江淮異人録》卷下

天祐時，董紹顏者，能知人。何敬洙侍李簡側，紹顏目之曰："此非常人。"後敬洙累授節鎮，爲時名將。初，義祖之鎮潤也，紹顏在焉，常閲衙中諸將校而品第之。有藍彦思者，謂紹顏曰："爾多言，或中也。"紹顏曰："君勿言，即非善終者。"彦思曰："吾軍校，死於鋒刃，是吾事也，何足言哉！"紹顏曰："汝寧得好鋒刃之下而死乎？"後郡郭屢災，衙中亦爲之備，或造桶以貯水，而軍人因是持桶刀爲亂，彦思死於難焉。

（宋）吳淑：《江淮異人録》卷上

張訓，吳太祖之將校也。口大，時謂之張大口。後立殊勛，歷海、密、黄、常四郡刺史，楚州團練使、淮南節度副使，終贈太傅。其妻每言事皆神異。吳祖嘗賜訓鎧甲與馬，皆不若諸將。吳祖夢一婦人，衣珠衣，告曰："公賜訓甲與馬非良，當爲易之。"吳祖問訓，爾事何神？訓亦不能測也。有衣箱，常自啓閉，訓未嘗見之。一日，妻出，訓竊視之，果見劍並珠衣一襲。及妻歸，謂訓曰："君開我衣箱耶？"後與訓發惡，勃然而去。先是，其妻産一子，方在乳哺，訓憐其絶母，是夕，撫惜逼身而卧。及夜半，其妻忽自外入其帳，將乳其子。訓因叱之曰："既去，何復來耶？"其妻不答，俄然而去。徐覺其茵褥間似有污濕，起，燭而視之，厥子首已失矣，竟莫知所之。

（宋）吳淑：《江淮異人録》卷下

錢處士，天祐末游於江淮，嘗止於金陵楊某家。初，吳朝以金陵爲州，築城西接江，東至潮溝。錢指城西荒穢之地，勸楊買之。楊從其言。及建爲都邑，而楊氏所買地正在繁會之處，乃構層樓爲酒肆焉。處士常宿於楊家，中夜忽起，謂人曰："地下兵馬喧闐，云接令公，聒我不得眠。"人皆莫之測也。明日，義祖自京口至金陵，時人無有預知者。嘗見一人，謂之曰：“爾天罰將及，可急告謝自責。”人曰：“我未省有過。”錢曰：“爾深思之。”人良久乃曰：“昨日飲食不如意，因怒其下，弃食於溝中。”錢曰：“正是此。亦可急取所弃食之。”人乃取之，將以水汰去其穢。俄而，雷電大震，錢曰：“急並穢食之。”如言，而雷電果息。嘗有人圖錢之狀，錢見之曰：“吾反不若此常對聖人也。”人不悟。後有僧取其圖置於志公塔中，人以爲應。後烈祖取之入宮，陳之於内寢焉。又每爲讖語，説東方事，言李氏祚仿佛一倍楊氏。初，吳奄有江淮之地，凡四十六年，而李氏三十九年。或謂楊氏自稱尊號至禪代二十五年，故仿佛倍之耳。

（宋）吳淑：《江淮異人録》卷下

潤州處士，失姓名，高尚有道術，人皆敬信之。安仁義之叛也，郡人惶駭，咸欲奔潰。或曰：“處士恬然居此，無恙也。”於是人稍安堵。處士有所親挈家出郡境以避難，有女已適人，不克同往，托於處士，許之。既而圍城急，處士謂女曰：“可持汝家一物來，吾令汝免難。”女乃取家中一刀以往。處士持刀遍以手折按之，復與之曰：“汝但持此若端簡然，伺城中出兵，隨之以出，可以無患。”如教，在萬衆中，無有見之者。至城外數十里村店，見其兄前，兄不之見也。乃弃刀於水中，復往，兄乃見之，驚曰：“安得至此。”女具以告，兄復令取刀持之，則不能蔽形矣。後城陷，處士不知所之。

（宋）吳淑：《江淮異人録》卷下

吳太祖爲廬州八營匠巡警，至糝潭，憩於江岸。有漁父鼓舟直至其前，饋魚數頭，曰：“此猶公子孫鱗次而霸也。”因四顧指曰：“此皆公之山川。”吳祖異之，將遺以物，不顧而去。

（宋）吳淑：《江淮異人録》卷下

義祖子魏王知證，鎮宣州。有軍士失姓名，家惟夫妻而已。一日，夫自外歸，求水沐浴，換新衣，坐繩床而終。妻見之，大驚曰：“君死矣。"於是不哭,亦浴換衣,與夫對坐而卒。魏王因並冢葬之。

(宋)吳淑:《江淮異人録》卷下

爾朱先生,僞蜀廣政中,飲酒食猪臟。渝州刺史謂其幻惑,以竹籠沈之江。至夔爲漁人所得,上昇嚴補闕得青金丹方、朱桃椎、薛稷圖其形,傳於世。

(宋)李石:《續博物志》卷二

崔尊師,名無斁。王氏據蜀,由江吳而來,托以聾聵,誠有道之士也。每觀人書字而知休咎,能察隱伏逃亡,山藏地秘,生期死限,千里之外,骨肉安否,未嘗遺策。時朝賢士庶,奉之如神。明龍興觀道士唐洞卿令童子以器盛蘿蔔送杜天師光庭,值崔在院門坐,遂乞射覆。崔令童子於地上劃一個字,童子劃一"此"字,崔曰:"蘿蔔爾。"童子送回,拾一片損梳置於器中,再乞射覆。崔曰:"劃字於地。"童子指前來"此"字,崔曰:"梳爾。"洞卿怪童子來遲,童子具以崔射覆爲對。洞卿久知崔有道,令童子握空拳再指"此"字。崔曰:"空拳爾。"洞卿親詣崔云:"一字而射覆者,三皆不同,非有道詎能及此。"崔曰:"皆是童子先言,非老夫能知爾。'此'字象'蘿蔔',亦象'梳',亦象'空拳',何有道邪?"崔相字托意指事皆如此類。王先主自天復甲子歲封蜀王,霸盛之後,展拓子城西南,收玉局化,起五鳳樓,開五門,雉堞巍峨,飾以金碧,窮極瑰麗,輝煥通衢,署曰"得賢樓",爲當代之盛。玉局化尊像並遷就龍興觀,以其基址立殿宇,廣庫藏。時杜天師詣崔曰:"今主上遷移仙化,其有證應乎?"崔嘆息良久,言曰:"皇嗣作難爾。"甲戌歲,果僞皇太子元膺叛,尋伏誅。後杜天師謂崔曰:"有道之士,先識未然。"崔曰:"動局子亂,必然之事,何有道先識者哉!"杜天師曰:"此化畢竟若何?"崔曰:"局必須復,非王氏不可也。"先主殂,少主嗣位。明年,再起仙化,以爲王氏復局之驗也。聖宋大中祥符甲寅歲,知州諫大夫凌公策奏乞移王先主祠,取其材植,以修此化,土木極備,樓殿壯麗,工木未畢,或於玉局洞中出五色雲,觀者千餘人,移時而散。尋畫圖呈進，降詔獎諭，即崔所言王氏復局之事，證應何其遠哉！

（宋）黃休復：《茅亭客話》卷二

范處士，名德昭，蜀人也，不知所修之道，著《通宗論》《契真刊謬論》《金液還丹論》。偽蜀主頻召入內，問道稱旨，頗優禮之。處士談論多及物情，以鑒戒爲先。蜀人每中元節，多生五穀，俗謂之盆草，盛以供佛。初生時，介意禁觸，謂嘗有雷護之。既中元節後，即弃之糞壞。處士太息曰：“豈知聖人則天之明，生其六氣，因地之性，用其五行，斫木爲耜，揉木爲耒，耒耨之利，以教天下，播種五穀，以育於人。而不知天地生育之恩，輕弃五穀如是，宜乎神明不祐，而云獲禍，悲夫！”

（宋）黃休復：《茅亭客話》卷二

偽蜀子城西南隅有道士開卜肆，言人之生平休咎，皆如目睹。偽蜀廣政中，進士蘇協、杜希言同往訪之，道士謂蘇曰：“秀才明年必成名。”蘇未甚信之，道士曰：“成固定矣，兼生貴子。”時內饋方孕逼期，因是積以爲驗。顧杜曰：“秀才成何太晚耶。”杜不樂，以爲妄誕，慍而退。明年春，蘇於制誥賈舍人下及第，杜果無成。蘇過杏園宴，生一子，即易簡也，至禮部侍郎、參知政事。杜方悟道士之言，遂再謁之，問名第，雖云晚成，未審祿始何年，秩終何地。道士曰：“秀才勉游，必成大名，然其事稍異，不能言之。”杜生請之，曰：“君成事之日，在蘇先輩新長之子座下。”杜曰：“若保斯言，欲辭福祿得乎？”道士曰：“從此以往，未之或知也。”其年，蘇授彭州司法參軍，改陵州軍事推官。聖朝伐蜀，赴闕累任外官。其子果以狀元及第，端拱二年，由翰林學士知舉，杜始得成都解，南宮奏名登第，授常州軍事推官，不祿。時子弟嶠游京師，見杜云：“鄉知唯吾友一人見某老成。”遂言老成之始末，故得書之。然死生有命，富貴在天，何道士見之遠也。

（宋）黃休復：《茅亭客話》卷二

偽蜀有道士開卜肆，言人生平休咎，皆如目睹。廣政中，進士蘇協、杜希言同往訪之。道士謂蘇曰："秀才明年必成名。"蘇未之信。道士曰："成固定矣，兼生貴子。"時蘇夫人方孕，稍信之。又謂杜曰："秀才成何太晚耶！"杜不樂，愠而退。明年，蘇及第，杜果無成。蘇過杏園燕，生一子，即易簡也。杜稍信道士之言，再謁之，問名第雖晚成，未審祿始何年，秩終何地？道士曰："秀才勉之，必成大名，然其事稍異，君成名之日，在蘇君長子之座下。"杜曰："欲辭得乎？"道士曰："從此以往未之或知也。"其年，蘇授彭州參軍，累任外官，其子易簡果以狀元及第。端拱三年，由翰林學士知貢舉。杜始得成都解，南宮奏名御前，登第授常州軍事推官，竟不祿，如道士之言。嗚呼！人之禀賦，信有定數，古人謂宰衡之與皂隸貴賤殊也，容彭之與殤子壽殀異也，倚頓之與黔婁貧富別也，陽文之與敦洽妍醜間也，咸得之自然，不假於才智。以此而觀蘇、杜之事，安得不謂之前定耶。

（宋）佚名：《分門古今類事》卷一二

陵陽至道觀主費禹珪，字天錫，文學優贍，時輩所稱。偽蜀嘗應進士舉，名絢，或夢衣錦在井中，覺後自喜曰："及第衣錦游鄉井爾。"他日，因與知軍事推官蘇協論名第皆由陰注，凡舉人將歷科場，多有異夢。禹珪因言前夢，蘇曰："非佳夢爾。衣錦井中，是文章未顯之兆。"費不悅。來春果下第歸鄉，因告蘇曰："人生百年，有如風燭，止可怡神養志，詩酒寄情，更不能為屑屑之儒，誠有雲栖之志矣。"蘇曰："世祿暫榮，浮生如寄，唯登真履道，可後為期也。某有豎子，雖愚，請教授之。"即參政侍郎也。泊明年，聖朝伐蜀，蘇上京歷任。至太平興國年中，授開封府司錄參軍，不祿。

（宋）黃休復：《茅亭客話》卷二

偽蜀大東市有養病院，凡乞丐貧病者，皆得居之中。中有攜畚鍤，日循街坊溝渠內淘泥沙，時獲碎銅鐵及諸物以給口食，人呼為淘沙子焉。辛酉歲，有隱迹於淘沙者，不知所從來及名氏。常戴故帽，

携鐵把竹畚，多於寺觀闃静處坐卧。進士文谷因下第往聖興寺，訪相
識僧，見淘沙子披褐於佛殿上坐，谷見其狀貌古峭，辭韻清越，以禮接
之。因念谷新吟者詩數首，谷愕然。又諷其自作者數篇，其詩或譏諷
時態，或警勵流俗，或説神仙之事，谷莫之測。因問谷今將何往，谷
曰："謁此寺相識僧，求少紙筆之資，別謀投獻。"其人於懷内探一布
囊，中有麻繩貫數小鋌銀，遂解一鋌遺谷，戴帽將所携器長揖出寺而
去。谷後得僞通奏使王昭遠禮於賓席，因話及感遇淘沙子之事，念其
詩曰："九重城里人中貴，五等諸侯闕外尊。争似布衣雲水客，不將名
字挂乾坤。"王公曰："有此異人！"遂聞於蜀主，因令内園子於諸街坊
尋訪之。時東市國清寺街有民宇文氏，宅門有大桐樹，淘沙子休息樹
陰下。宇文頗留心，至道見其人容質有異，遂延於廳，問其藝業，云：
"某攻書嗜酒。"言論非俗，因飲之數爵，與約再會。浹旬，淘沙子或到
其門，將破帽等寄與門僕，令報主人。其僕忿然，厲聲罵之曰："主人
豈見此等貧兒耶！"宇文聞之，遽出迎候，愧謝曰："翹望日久，何來晚
耶？"即與飲且酣。宇文曰："神仙可致乎？至道可求乎？"淘沙子曰：
"得之在心，失之亦心。"宇文曰："某數年前，遇人教令嚥氣，未得其
驗，廢之已久。"淘沙子曰："修道如初，得道有餘，皆是初勤而中惰，前
功將弃之矣。世有黄白，有之乎，好之乎？"宇文曰："某雖未嘗留心，安
敢言不有？安敢言好之？"淘沙子因索銅錢十文，衣帶中解丹一粒，醋浸
塗之，燒成白金，"此則神仙之藝，不可厚誣之，但罕遇也，有自言者皆妄
也"。遽辭而去。翌日凌晨扣門，將一新手帕裹一物云："淘沙子寄與
主人。"宇文開而觀之，乃髻髮一顆，莫測其由。至日高，門僕不來，令召
之，云："今早五更，睡中被人截却頭髻將去。"蜀主聞之，訪於宇文，宇
文尋於養病院，云："今早出去不歸。"自兹無復影響。休復見道書云：
刺客者，得隱形之法也。言刺客若死，尸亦不見，每二十年一度易形改
名姓，謂之脱難。多有奇怪之事，名籍已係地仙。淘沙子是其流也。

（宋）黄休復：《茅亭客話》卷三

僞蜀眉州下方坝民，姓家氏，名居泰。夫妻皆中年，唯一男，既

冠，忽患經年羸瘠，日加醫藥，無復瘳減。父母遂虔誠置《千金方》一部，於所居閣上，日夜焚香，望峨眉山告孫真人禱乞救護。經旬餘，一夕，夫婦同夢白衣老翁云："汝男是當生時授父母氣數較少，吾今教汝，每旦父母各呵氣，令汝男開口而嚥之，如此三日，汝男當愈。"夫婦覺而皆說，符協如一，遂冥心依夢中所教。初則骨木強壯，次乃能食而行，積年諸苦頓愈。後冠褐入道，常事真人無怠焉。

（宋）黃休復：《茅亭客話》卷四

偽蜀成都人周元裕，攻寫貌。時因避暑於大聖慈寺佛牙樓下，或自長吁，傍有一村人詰其吁嘆，元裕答云："某攻寫真有年矣。生平薄命，有請召寫真者，富室則不類，貧家則酷似，母老供給不迨，故有是嘆。"村人因問元裕跧泊之處，良久曰："某有薄土在靈池縣，鄰村有觀，觀主欲要寫真，囑我多時，來日詰朝，同來相尋，勿失此約。"翌日，有一道流，白皙長髭，來求寫真，云："夜來鄰村門徒話及，特來奉謁。"元裕乃定思，援毫立就，其貌無少差異，道流喜云："門外有一僕，將少相酬。"出門呼之，已失道流蹤迹。逡巡蜀城士庶咸言靈池朱真人來周處士家寫真，求請真容者，日盈其門，自此所獲供侍周贍。觀斯靈異，得非有道之士，出處人間，救振貧苦者乎？

（宋）黃休復：《茅亭客話》卷四

丁元和者，自幼好道，不慕聲利，疏傲無羈束，或晴霽，負琴出郊飲酒，杖策逍遙於田畝間。常言祖父長興元年於遂州，值孟先主與東川董太尉會兵，攻圍州城。先是，城中有一貧士曰宋自然，常於街市乞丐，里人不能辨之，至重圍中，人皆饑殍，宋亦餓殕於州市，相識者以簟裹埋城下，俟時平焚之。至明年，有遂州驅使吏李彥者，先往潞州勾當，至城破方歸，說見宋自然在潞州，告云："君若歸州，事須與我傳語相識五七家，那時甚是勞煩人。"答以自然於重圍中已死。因與發埋處，只見空簟，其間有一紙文字云："心是靈臺神之室，口為玉池生玉液。常將玉液溉靈臺，流利關元滋百脉。百脉潤，柯葉青，葉青柯潤便長生。世人不會長生藥，鍊石燒丹勞爾形。”元和因是學道，深得其用。休復嘗讀道書《登真隱訣》云：解化之道有八焉，解化之法，其道隱秘，笑道之輩，但見其狼藉乞丐於廛市，以爲口實，非其所知。然一度托解，須斂迹他方，屢更名姓，忽逢遇知識，露少蹤由，以激後人。非奉道好奇者，孰能采摭其隱顯爾。

（宋）黃休復：《茅亭客話》卷四

偽蜀成都南米市橋有柳條家酒肆。其時皆以當壚者名其酒肆，柳條明悟，人多狎之。偶患沉綿，經歲骨立尸居，俟死而已。有一道士常來覓酒，柳條每加勤奉，因愍其恭恪，乃留丹數粒，且云：“以酬酒債。”令三日但水吞一粒，服盡此丹，患當痊矣。柳條依教，初服一粒，疾起能食。再服，杖而能行。終服，充盛如初。有偽太廟吏王道賓者，人皆目王太廟，本漢州金堂縣人也。因知其事，遂懇求柳條取服餘者。藥以鐵茶鐺盛水銀投丹煎之，須臾，水銀化爲黃金，因是將丹與金呈蜀主云：“此金爲器皿，可以辟毒，爲玩物，可以袪邪。若將服餌，可以度世。”蜀主問合丹之法，云：“有草生於三學山中，乞宰金堂，以便采藥。”乃授金堂宰。明年，藥既無成，知其得丹於柳條，遂誅之。休復嘗見道書云：未有不修道而希仙藝者，苟或得之，必招其禍，而況詔詐者哉！

（宋）黃休復：《茅亭客話》卷四

劉長官，名蟾，美風姿，善談論，涉獵史傳，好言神仙之事。無子息，夫妻俱五六十，於偽蜀攝成州長道縣主簿。聖朝克復，匿於川界貨藥，改名抱一。開寶中，於青城鬼城山上，結三間茅屋，植果種蔬，作終焉之計。每一月兩三度入青城縣貨藥，市米麵鹽酪歸山，由是人稍稍知之，或云有黃白法。一日，有三人冒夜投宿，自攜酒果，就語及爐火之事，頗相契合。至夜央，語笑方酣。客曰：“知長官有黃白法，可以梗概言之。”長官初則堅拒，客復祈之不已，長官笑曰：“某自數年浪迹從師，只得此法，豈可輕道耶？”客曰：“某等願於隱齋效爨薪鼓鞲之役,可乎?"長官辭以師授有時,他日於丈人真君前相傳爾。客作色云:"今夜須傳,勿爲等閑。"長官曰:"適慕君子同道,相逼如此!"客三人攘臂嗔目,眄之良久,曰:"某等非君子,是賊也。如不得其法,必加害於君。"於腰間探出短刃,長官與妻惶懼,憚其迫脅而並法,兼奉之殘藥。三人得之,拱揖而去。長官夫妻晦爽下山,不復再往,因以山居與李諶處士。休復授道於處士,故盡熟其事焉。

(宋)黃休復:《茅亭客話》卷四

偽蜀王氏時,有郎官陳損之,至孟氏朝,年已百歲,妻亦九十餘。當時朝士,家有婚聘筵會,必請老夫婦,以乞年壽爲名。至蜀末年,其夫先死,後聖朝克復。至太平興國中,老婦猶存,僅一百二十歲。遠孫息輩住西市,造花爲業,供侍稍給。有好事者,時往看之,形質尫瘦,狀若十二三歲小兒,短髮皓然,顧視外人,有同異類,寒暑風霜,亦不知之。休復嘗見《神仙傳》云:人壽有至一百二十歲,非因修養而致,皆由稟受以得之,則老婦是也。若因修養及得靈藥餌者,壽至二百四十歲,加至四百六十歲已上,則視聽不衰,而無昏耄。盡其理者,可以不死,但不成仙爾。夫養壽之道,唯不傷而已矣。

(宋)黃休復:《茅亭客話》卷四

偽蜀廣都縣三聖院僧辭遠,姓李氏,薄有文學,多記誦。其師曰思鑒,愚夫也。辭遠多鄙其師云:"可惜辭遠作此僧弟子。"行坐念《后土夫人變》,師止之愈甚,全無資禮。或一日,大叫轉變,次空中有人掌其耳,遂聵。二十餘年,至聖朝開寶中,住成都義井院,有檀越請轉藏經,鄰坐僧竊視之,卷帙不類,乃《南華真經》爾。因與施主言曰:"今之人好舍金帛,圖畫佛像,意欲思慕古聖賢達,有大功德及於生民,置之牆壁,視其形容,激勸後人,而云獲福,愚之甚耶?不思古聖賢達,皆有言行遺之竹帛,一大時教五千餘卷,所載粲然,已不能自取讀,究其修行之理,而顧召人看讀,亦云獲福,益甚愚哉!"時人謂之僧泼伽。

(宋)黃休復:《茅亭客話》卷四

道士黎海陽，其父僞蜀時爲軍職。天兵伐蜀，海陽隨父戍劍門。蜀軍潰散，子父遂還，於川城東門外丁村古冢，忽聞冢内有非常香氣。一日，因晴明，微隙中見少骸骨朽腐至甚，旁有一蓑黃粉，因撥開，乃見三小塊雄黃。海陽父頗好燒鍊，素知冢内雄黃可用，遂以衣襟裹之。至中夜，忽聞人語，父子問之曰："語者鬼耶？"答云："某非鬼，某宋人也。家世食禄，而某不樂名宦，退身學道於楚丘，有別墅稍遠囂塵，凡五金八石難得者，必能致之。或方法之士，欲合煉試驗者，必資其藥品，給以爐鼎，使成之。時德宗疑韋中令在蜀與蠻人連結，遂令某爲道士，入川見中令，伺其動静居止。皇觀三年，又遣僧行勤入蜀，伺察中令。初以談議苦空，後説燒鍊點化之事。中令歷試，一一皆驗。凡三年，中令甚誠敬之。或一日説還丹延駐之法，中令愈加景奉。後煉丹既成，中令齋戒餌之，初覺神氣清爽，嗜好倍常，僧遂辭去。至貞元二十年暮春，藥毒發而薨。某爲與行勤往還，遂罹其禍而及此，遭樵夫牧竪，蹂踐遺骸，潛壞朽骨，憤憤不已。"海陽父曰："君去世已遠，何不還生人中，而久處冥寞。"應曰："某曾遇一高士，以陰景煉形之道傳我，遂於我楚丘別墅深山濬谷中，選得一嵌室，囑我祗持六年，慎莫令諸物所犯，歲滿則以衣服迎我於此。其人初則支體尫敗，唯藏腑不變，某遂依其教諭，乃閉護之，至期開視，則身全矣，端坐於嵌室之内，髮垂而黑，髭直而粗，顔貌光澤，愈於初日。某具湯沐、新衣迎之，云能如是三回，乃度世畢矣。某傳得此道，今形已不全，某今却自無形而煉成有形爾，則上天入地，千變萬化，無不可也。某之形雖未圓，且飛行自在，出幽入明，軒冕之貴，不樂於吾。吾已離人世勞苦，豈復降志於其間。吾今之死，不愈昔之生乎？"海陽父曰："敢問其衣襟中藥是何等藥？"對曰："某常從道士入山煉丹，修茸爐鼎，爨薪鼓韛，靡不勤力。每嘆光景短促，箸骸衰老，所聞者上藥有九轉還丹，不離乎神水華池，其次有雲母雄黃，服之雖不乘雲駕鳳，役使鬼神，亦可祛除百病，補益壽年。某得煉雄黃之法，自二十歲服至四十歲，獲其藥力，苟再以火養，就以水吞，可冀道於仿佛。"海陽父告之曰："餌藥之法，則聞之矣，煉形之道，少得聞乎？"言未畢，值天曉人行，恐有人搜捕，不及盡聽，因別少逃竄之所，自後不復至此。海陽父，乾德中卒，海陽遂依其教，服煉雄黃，衣道士衣，尋師訪道，二十餘年不食，唯飲酒，衣服肌膚，常有雄黃香氣。淳化中，在益州錦江橋下貨丹，箸骨輕健。甲午歲，外寇入城，海陽不出，端坐繩床，爲賊所殺。惜哉！

（宋）黃休復：《茅亭客話》卷五

偽蜀將季，延秋門內嚴真觀前鼉市，有村夫鬻一白蝦蟆。其質甚大，兩目如丹，聚視者皆云肉芝也。有醫工王姓，失其名，以一緡市之歸。所止慮其走匿，因以一大臼合於地，至暝，石臼透明如燭籠。王駭愕，遂齋沐選日，負鑱挈蟾辭家往青城山，杳絶音耗。洎明年，聖朝伐蜀，竟不知王之存亡也。

（宋）黃休復：《茅亭客話》卷五

忠州酆都縣五里外有酆都觀，其山曰盤龍山，之趾即道家所稱北極地獄之所。舊傳王陰二真君自彼仙去，未嘗爲兵戈踐暴，故多古迹。晉唐五代乾竺殿猶在，吳道子畫壁，丹青如新。

（宋）洪邁：《夷堅支癸》卷五

建隆初，太祖遣使詣真源祠老子，於京城修建隆觀。觀在閶闔門外，周世宗建曰太清觀，帝命重修，賜今名，自是齋修率就是觀。

（宋）李攸：《宋朝事實》卷七

天慶觀，在宰執府。後唐時爲紫極宮，梁開平二年改真聖觀。有記錢武肅王立文，多闕軼。

（宋）潛説友：（咸淳）《臨安志》卷七五

報恩光孝觀，在報恩坊。清泰四年，錢氏建舊號開元宮。

（宋）潛説友：（咸淳）《臨安志》卷七五

元真觀,在禮部貢院西。唐中宗景龍二年建。遂以景龍名。後唐改中興觀,錢氏改錢明宮。相傳錢武肅患目,禱而愈,遂改今。貢院橋下小石碣,紀爲錢明宮。

　　　　　　　　　　　　　　　(宋)潛説友:(咸淳)《臨安志》卷七五

水府凈鑒觀,在候潮門外,清水閘東,舊在嘉會門外桐木園。世傳五季馬自然修煉於此。龍德三年,錢氏號水府院。

　　　　　　　　　　　　　　　(宋)潛説友:(咸淳)《臨安志》卷七五

韋羌廟,在縣(天台縣)西四十里,祀韋羌山神。建炎二年重建。俗傳五代時,有韋三郎者,捨宅爲金像寺,已而昇仙,故祠之。一云神乃顓帝之裔,號豕韋氏,其廟食最久,民蒙賴焉。

　　　　　　　　　　　　　　　(宋)陳耆卿:《赤城志》卷三一

桐柏崇道觀,……梁開平中,改觀爲宫,有錢忠懿王所賜《金銀字經》二百函及銅三清像。忠懿自爲記,夏英公竦亦有《經藏記》。周廣順二年,朱霄外建藏殿。

　　　　　　　　　　　　　　　(宋)陳耆卿:《赤城志》卷三〇

純熙觀,在縣(仙居縣)東南一十五里括蒼山下。群峰迀抱溪,谷水潺潺,然舊名峽山。吳赤烏元年,葛元建。初元游歷至此山,有景雲覆西北,遂築室爲鍊丹之所。詔遣官吏建候神館,仍賜號焉。今丹井尚存。後周長壽中,詔加崇飾。唐中和中火。乾祐中,觀之龍虎神夢於吳越王,復新之。

　　　　　　　　　　　　　　　(宋)陳耆卿:《赤城志》卷三〇

徐將軍廟,在縣(黃岩縣)西七十里。漢乾祐中,封助治將軍,誥敕尚存,側有義髻廟附焉。

　　　　　　　　　　　　　　　(宋)陳耆卿:《赤城志》卷三一

應澤明王廟,在縣(天台縣)西北三十里,祀江白郎。周顯德中,錫今額。國朝宣和二年,重新之。

(宋)陳耆卿:《赤城志》卷三一

三仙石壁,在落塢。五代時,高士韓必、吳崧有道,能煉金丹,錢王遣羅隱招之,二人隱入石壁中。

(宋)談鑰:《嘉泰吳興志》卷一八

魏塘,在安吉縣北五十里,旁有浮玉山,所謂"白石玲瓏,清泉浸浸"者也。五代晉時,吳瑣將軍隱於此。産小紹,東南有名。

(宋)談鑰:《嘉泰吳興志》卷一九

陳許二侯廟,在縣(指武康縣)東北隅。吳越錢氏時建,祀典失其名。《舊編》云:二王廟,故老相傳爲陳許二王廟云。

(宋)談鑰:《嘉泰吳興志》卷一三

閩縣天慶觀,州東七里,皇朝大中祥符六年置。先是後唐長興中,閩王建東華宮。時王璘方信道士陳守元,既建寶皇宮,又建東華宮。大中祥符元年詔,以正月三日天書降,爲天慶節。二年,令天下建天慶觀。

(宋)梁克家:《淳熙三山志》卷三八

僞吳時,於其地建紫極宮、司命真君殿。徐鉉作記云:"冶城峻址,西州舊宇,卞貞公之遺隴,郭文舉之故臺。"

(宋)周應合:《景定建康志》卷四五

寶華宮,舊在方山南。唐昇元中,爲母后所建。後廢。淳熙七年,道士呂志淳移其額於城南門外重建。

(宋)周應合:《景定建康志》卷四五

永樂觀，在城東北七十里。《舊經》云：漢劉謙光捨宅爲觀。南唐昇元中重修。國朝改爲崇虛觀。

（宋）周應合：《景定建康志》卷四五

修真觀，在天慶觀西，舊在越王臺下。南唐保大七年置，爲女冠觀。國朝開寶八年焚毀，太平興國二年移置於此。

（宋）周應合：《景定建康志》卷四五

晉卞忠正廟

晉尚書令、贈侍中、驃騎將軍卞壼，謚忠正。蘇峻之亂，與其二子力戰死之，葬吳冶城，今天慶觀乃其地也。後七十餘年，盜發其墓，尸僵如生，鬢髮蒼然，爪甲穿手背，安帝賜錢十萬封之。入梁復毀，武帝又加修治。李氏有江南，建中正亭於其墓，穿地得斷碑，公名存焉，徐鍇實爲之識。

（宋）張敦頤：《六朝事迹編類》卷下

五龍堂

府城西門外，古太一觀基也。南唐保大八年，改爲舞雩祠。十三年，有玄光尊像乘一木自江中流泛及岸而止，道衆迎接入堂，供事之。徐鍇嘗作記，述其事。

（宋）張敦頤：《六朝事迹編類》卷下

興德王廟

僞吳天祚二年，李先主升夢中見其神，因立廟祀。今廢。其地在鍾山蔣帝廟之北，去城十三里。

（宋）張敦頤：《六朝事迹編類》卷下

炳靈公廟

僞唐昇元中置，按《五代史》，後唐長興四年，封東嶽三郎爲威雄將軍。大中祥符元年，奉敕封炳靈公，廟在府城新橋之西。

（宋）張敦頤：《六朝事迹編類》卷下

天慶觀，在府東南五里一百二十步，隸會稽唐之紫極宮也。梁開平二年，改真聖觀。

（宋）施宿：《嘉泰會稽志》卷七

桃源觀，在縣（嵊縣）城內東北四十步。唐武德八年置，號太清觀。後廢。漢乾祐三年重置，仍改今額。

（宋）施宿：《嘉泰會稽志》卷七

昭佑廟，在縣（蕭山縣）東四十三里。漢乾祐元年，封保江寧波王。蓋吳越王有國時也。宣和三年，賜今額。

（宋）施宿：《嘉泰會稽志》卷六

南殿保國資化威勝王廟，在縣（蕭山縣）南五十里。漢乾祐元年，吳越王建。

（宋）施宿：《嘉泰會稽志》卷六

紫虛觀，在（婺源縣）東北五十步，舊名栖真觀，南唐保大五年置。政和四年敕改。

（宋）羅願：《新安志》卷五

桃源觀，唐爲太清宮，在剡門之北。唐武德八年置，號太清。後廢。乾祐三年重置，曰桃源觀。

（宋）高似孫：《剡錄》卷八

至德廟，即泰伯廟。東漢永興二年，郡守麋豹建於閶門外。《辨疑志》載：吳閶門外有泰伯廟，廟東又有一宅，祀泰伯長子三郎。吳越錢武肅王始徙之城中。《纂異記》又云:吳泰伯廟在閶門西。皮日休詩云:"一廟爭祠兩讓君,蓋並祠仲雍舊矣。"今廟在閶門内。

(宋)范成大:《紹定吳郡志》卷一二

泰伯廟,在閶門内,舊在門外。漢桓帝時,太守糜豹所建。錢氏移之於内,蓋以避兵亂也。延陵季子侑祠焉。

(宋)朱長文:《吳郡圖經續記》卷中

太和宫,在盤門外。其地乃唐相畢瑊之別業也。瑊之子師顔及其子宗逸避巢寇之亂,徙而家焉。有戴省甄者,幼孤從其母嫁畢氏,宗逸無子,省甄嗣之。後省甄入道,居開元觀。開寶二年,請施祖莊爲宫,錢氏賜額曰太和。乃與弟子吳玄芝主其締架焉。王元之嘗記其事,仍有詩留題。

(宋)朱長文:《吳郡圖經續記》卷中

觀在杭州龍山。宋郡守趙抃以五代錢武肅王墳廟蕪廢,請於朝,即龍山廢刹爲觀,賜額表忠,東坡爲碑銘。

(明)彭大翼:《山堂肆考》卷三一

廣安志曰:子仙觀在州治西二十里子仙山上。五代時,居人將軍馮勝之子修煉於此,一日仙去。將軍立堂數楹於得仙處。則所謂將軍者馮勝也,非漢車騎將軍馮緄也。

(明)曹學佺:《蜀中廣記》卷二八

13. 民間信仰(其他宗教)

東京城北有祆廟。祆神本出西域,蓋胡神也,與大秦穆護同入中國,俗以火神祠之,京師人畏其威靈,甚重之。其廟祝姓史,名世爽,自云家世爲祝累代矣,藏先世補受之牒凡三:有曰懷恩者,其牒唐咸通三年宣武節度使令狐絢。令狐者,丞相綯也;有曰溫者,周顯德三年端明殿學士權知開封府王所給，王乃朴也；有曰貴者，其牒亦周顯德五年樞密使、權知開封府王所給，亦朴也。自唐以來，袄神已祀於汴矣，而其祝乃能世繼其職，逾二百年，斯亦異矣。

（宋）張邦基：《墨莊漫録》卷四

梁貞明六年，陳州末尼聚衆反，立毋乙爲天子，朝廷發兵擒毋乙斬之。其徒以不茹葷、飲酒，夜聚淫穢。畫魔王踞坐，佛爲洗足。云佛是大乘，我法乃上上乘。其上慢不法有如此。

張星烺：《中西交通史料彙編》第六編第六章

梁貞明六年秋七月，陳州妖賊毋乙自稱天子。冬十月，毋乙伏誅。

張星烺：《中西交通史料彙編》第六編第六章

梁貞明六年冬十月，陳州妖賊毋乙、董乙伏誅。陳州里俗之人，喜習左道，依浮屠氏之教，自立一宗，號曰上乘。不食葷茹，誘化庸民，揉雜淫穢，宵聚晝散。州縣因循，遂致滋蔓。時刺史惠王友能恃戚藩之寵，動多不法。故奸慝之徒，望風影附。毋乙數輩，漸及千人。攻掠鄉社，長吏不能詰。是歲秋，其衆益盛，南通淮夷。朝廷累發州兵討捕，反爲賊所敗。陳、穎、蔡三州，大被其毒。群賊乃立毋乙爲天子，其餘豪首，各有樹置。至是發禁軍及數郡兵合勢追擊。賊潰，生擒毋乙等首領八十餘人。械送闕下，並斬於都市。

張星烺：《中西交通史料彙編》第六編第六章

梁貞明六年，陳州末尼黨類立毋乙爲天子，累討未平。及貞明中，誅斬方盡。後唐石晉，時復潛興。推一人爲主，百事稟從。或畫一魔王踞坐，佛爲其洗足。蓋影謗佛教，所謂相似道也。或有比丘爲飢凍故，往往隨之效利。有識者尚遠離之。此法誘人，直到地獄。慎之哉！

張星烺：《中西交通史料彙編》第六編第六章

後唐天成四年八月癸亥,北京奏葬摩尼和尚。摩尼,回紇之佛師也。先自本國來太原。少尹李彥圖者,武宗時懷化郡王李思忠之孫也。思忠本回鶻王子嗢没斯也,歸國賜姓名。關中大亂之後,彥圖挈其族歸。太祖宅一區。宅邊置摩尼院以居之,至是卒。

張星烺:《中西交通史料彙編》第六編第六章

大人堂,舊在射亭西逼仄。開慶元年正月,徙出九經堂,從西向爽塏潔肅,邦人禱祈便之。大人者,俗呼闞相公,今幡幢所題,皆曰"中書令",闞相公可驗也。舊《志》直指爲錢億祠,實取高閌記《續志》,推以爲闞燔,因考題名。五代末,闞燔、錢億,相繼守郡。闞姓似有證,今姑兩存之。

(宋)梅應發、劉錫:《四明續志》卷二

(城隍)廟,在(定海)縣東七十步,梁貞明二年建。

(元)袁桷:《延祐四明志》卷一五

黃公祠,在東海,晉天福三年建。

(元)袁桷:《延祐四明志》卷一五

戈府君廟,在縣(淳安縣)西五里。舊傳神事吳越,提兵禦敵不利,敵斷其頭,並弃之。神右手持劍,左手自提其頭,行至今祠所仆焉。既而,風雨晦冥,雷電震耀,鄉人駭其神異,即地爲廟祀之,水旱禱焉。

(宋)鄭瑤、方仁榮:《景定嚴州續志》卷六

王押衙廟,在(淳安縣)安樂鄉。舊傳神事吳越,以勇力聞,禦盜有功。押衙,藩鎮時官稱也。

(宋)鄭瑤、方仁榮:《景定嚴州續志》卷六

　　柳山靈祐廟,在(分水縣)柳柏鄉,去縣三十里。廟有柳侯墓,據
《廟記》神姓柳,本河東人,東晉爲新安内史。卒,柩經此山,馬駭人
愕,百夫不能舉,因葬焉,民廟而祠之。梁貞明四年,贈尚書左僕射、
廣信侯。後唐清泰三年,封鴻仁廣信王。告命在州西别廟中。今縣
西仍有行祠,以便祈禱。

　　　　　　　　　　(宋)鄭瑶、方仁榮:《景定嚴州續志》卷九

　　靈應廟,在(分水縣)涌泉鄉。神姓方,自後晉即有祠。嘉泰中,
賜今額。

　　　　　　　　　　(宋)鄭瑶、方仁榮:《景定嚴州續志》卷九

　　城隍廟,在郡治西一里招提寺西。考證:元在州樓上之東偏,晉
天福四年立,後移於此地,守臣劉炳爲之記。

　　　　　　　　　　　　　(元)徐碩:《至元嘉禾志》卷一二

　　曹使君廟,在郡治西北二百五十步。考證:按《舊經》云:曹信當
錢氏霸國時爲牧守,自臨平鎮移莅嘉興,慈惠及民卒,邑民追慕之,相
與列狀,乞立祠宇,春秋致享。又按《吳越備史》云:曹珪也,錢氏忠懿
乾寧中,淮人圍嘉禾,珪與族人師魯守之,每登樓張樂縱飲,石矢交
至,視之晏如也。嘉禾平,以功授蘇州刺史。

　　　　　　　　　　　　　(元)徐碩:《至元嘉禾志》卷一二

　　楊將軍廟,在郡治北五十步。考證:乾化元年置。

　　　　　　　　　　　　　(元)徐碩:《至元嘉禾志》卷一二

　　城隍廟,在府(松江府)東南七十步。考證:舊在縣西,宋政和四
年遷於此。唐李陽冰曰:城隍神祀典雖無,吳越中多祠之。今州縣城
隍,相傳祀紀信云。

　　　　　　　　　　　　　(元)徐碩:《至元嘉禾志》卷一二

金山忠烈昭應廟，其一在海中金山，去府（松江府）治九十里，其別廟在府東南八十步。考證：廟有吳越王鏐祭獻文，云以報將軍之陰德。《吳越備史》云：大將軍霍光，自漢室既衰，舊廟亦毀。一日，吳王皓染疾甚，忽於宮庭附小黃門曰：國王封界，華亭谷極東南，有金山鹹塘，風激重潮，海水爲患，下民將爲魚鱉所食，非人力能防。金山北，古之海鹽縣，一旦陷没爲湖，無大神力護也。臣漢之功臣霍光也，臣部黨有力，可立廟於鹹塘，臣當統部屬以鎮之，遂立廟，歲以祀之。宋宣和二年，賜顯忠廟。五年，封忠烈公。建炎三年，辛道宗領舟師由海道護行在所，奏加封忠烈順濟，且賜縉錢，以新廟貌。四年，加封昭應。按霍去病爲冠軍將軍，而霍子孟爲大將軍。今《備史》以爲霍光，或者吳越祭文不考也。

（元）徐碩：《至元嘉禾志》卷一二

廣衛將軍祠，在府（松江府）西普仁寺。考證：寺有石刻，載吳越王祭獻文云：晉賢陸機之祖。按《吳志》，機之祖遜，初拜撫邊將軍，又拜鎮西將軍，又拜上大將軍。吳因漢志，雖有雜號將軍，而考之遜傳，未嘗封廣衛之號。若機曾祖紆守城門校尉，高祖馭九江都尉，亦未嘗位至將軍。

（元）徐碩：《至元嘉禾志》卷一二

顧侍郎祠，在府（松江府）東南三十五里亭林法雲寺。考證：《感伽藍神記》：開運元年仲春，十有一日，寺成。僧道中智暉夢二青衣來，云陳朝侍郎至也，後忽見一人紫衣金魚，儀容清秀，曰：此地吾之故宅，荒已久矣，師今於上造佛立寺，請立吾形像，吾當護此寺也。可尋舊寺基水際古碑爲據。明日，二人各言其所夢不異，就求之，果得古斷碑，文字破滅，云寺南高基，顧野王曾於此修《輿地志》。二僧於寺東偏，建屋立像，至今祠焉。

（元）徐碩：《至元嘉禾志》卷一二

通濟龍王祠,在府(松江府)東北滬瀆。考證:故老相傳,自錢氏有國,已廟食茲土。

> (元)徐碩:《至元嘉禾志》卷一二

城隍廟,在縣(嘉興縣)治內。考證:舊在縣西二十步,晉天福四年立。後移在縣治內之東偏,知縣李時習重修。

> (元)徐碩:《至元嘉禾志》卷一二

黄公祠,在東海中下沙,晉天福三年建。

> (元)馮福京、郭薦:《昌國州圖志》卷七

晉元帝廟,唐天祐二年置,舊在城內西北卞將軍廟側。宋景德四年重修,後移就嘉瑞坊。

> (元)張鉉:《至正金陵新志》卷一一上

劉將軍廟,上元縣治西,有廟街北。相傳南唐劉仁贍廟也。

> (元)張鉉:《至正金陵新志》卷一一上

五龍堂,在城北古太一觀基,近玄武湖。今廢,屬金陵鄉,去縣八里。南唐保大八年,改舞雩祠。十三年,有玄元尊像,乘一木流於江,及岸上,道流迎奉,徐鍇爲記。

> (元)張鉉:《至正金陵新志》卷一一上

炳靈公廟,新橋西南,唐昇元中置。《五代史》:後唐長興四年,封威雄將軍。至祥符元年,封炳靈公。今廟中有化紙盆,上鑄南唐年號。衆鑄,入三郎君廟。按《搜神廣記》,神東嶽第三子,又稱東嶽三郎。

> (元)張鉉:《至正金陵新志》卷一一上

武烈帝廟,在永壽宮西。《南唐書》:常州有陳果仁祠,越人寇常州,柴

克宏帥師往救，果仁見夢於克宏曰：吾以陰兵助爾。及戰，有黑牛二頭，衝突越兵，克宏繼之，大敗越人。克宏奏封武烈帝。今按果仁事，見《唐書·沈法興傳》，蓋隋末嘗保據常州。本廟在常州。《徐鉉集》有武烈帝碑。《潤州志》：唐贈忠烈公，有諸道行營都招討判官顧雲銘。《搜神記》：神，字子威，宋宣和中加封及賜額。柴克宏爲佐，神封靈翊將軍。《慶元志》：廟在天慶觀西，廟堂後水一壁，乃毗陵董羽畫，世傳名筆，今不存，不知其處。畫壁亦罕傳。《句容志》：廟在東門内。《溧陽志》：忠祐別廟在縣東門外，陸子遹重建。延祐五年，本州準常州路牒，敕加封武烈顯靈昭德仁惠孚佑真君。

（元）張鉉：《至正金陵新志》卷一一上

興德王廟，在蔣山蔣帝廟北，去城十三里。唐末吳天祚三年，神見先主夢中，因立廟，廢基猶存。

（元）張鉉：《至正金陵新志》卷一一上

助國王廟，在城東北十八里。本觀山王廟，南唐取鐵山下，遂改助國大王廟。廢。

（元）張鉉：《至正金陵新志》卷一一上

張僕射廟，在城西門外十里。《事迹編》云：《舊經》：唐天祐中，有清河張司徒營建，金陵百姓懷而祠之，今呼張僕射廟，北去城四里。南唐張懿公墓道在焉。或云即僕射也，名居咏，字德之，嘗爲特進、太子太傅，未見爲司徒也。

（元）張鉉：《至正金陵新志》卷一一上

韓將軍廟，在城西門。額大吳韓將軍廟。唐末楊氏據吳，其人必有功者。

（元）張鉉：《至正金陵新志》卷一一上

盧大王廟，在句容縣西北、東陽鎮市東。父老傳云：盧縮也。無碑刻可考。《慶元志》：鎮江周孚，嘗至祠下，曰盧絳也。考《南唐史》，絳仕江南，至昭武節度使，城圍，日頻立戰功。及金陵城陷，募驍勇敢死千餘人，行收敗卒，由宣歆長驅入福建,循海聚兵,以圖興復,不果而敗。忠於所事者也。

(元)張鉉:《至正金陵新志》卷一一上

聖母廟,在溧水州東十四里。蓋中山神,俗號俞母,俞醜救切。南唐昇元六年,邑宰廢淫祀,惟此廟獨加修建。秘書省正字賈彬作記,石刻已亡,耆老能倍記。元豐元年春旱,禱雨而應,邑人胡無競重刻石。

(元)張鉉:《至正金陵新志》卷一一上

顯惠廟,在溧陽州北二十里山山下。後漢司空、驃騎將軍、溧陽侯史崇廟,祈禱屢應。大觀元年賜額,政和二年封靈濟公。《舊經》以爲溧陽史氏之祖,故又號史祖廟。廟有"禱雨靈應記"。南唐昇元三年,知鎮縣事郭延沼立。

(元)張鉉:《至正金陵新志》卷一一上

天祐七年夏,成都大雨,汳江漲,將壞京口江灌堰上。夜聞呼噪之聲,若千百人,列炬無數,大風暴雨而火影不滅。及明,大堰移數百丈,堰水入新津江,李陽冰祠中所立旗幟皆濕。是時,新津嘉眉水害尤多,而京江不加溢焉。

(宋)李昉:《太平廣記》卷三一三《李冰祠》

梁太祖開平元年九月,兩浙錢鏐奏,鎮東軍神祠頗有靈驗,救災祈福,人民賴之。特請封崇,賜號爲崇福侯。

(宋)王欽若等編纂:《冊府元龜》卷一九三《閏位部》

(開平元年)十一月,福建王審知奏,閩縣界砧碕里古廟祈禱有靈,鄉閭父老皆有陳請,望賜封崇。遂名之曰昭福廟。

(宋)王欽若等編纂:《冊府元龜》卷一九三《閏位部》

江南俗事神,疾病官事專求神,其巫不一,有號"香神"者,祠星辰,不用葷;有號"司徒神"者、"仙帝神"者,用牲,皆以酒爲酌,名稱甚多。嘗於神堂中見仙帝神名位,有柴帝、郭帝、石帝、劉帝之號,蓋五代周、晉、漢也,不知何故祀之,祀詞並無義理。又以傀儡戲樂神,用禳官事,呼爲弄戲。遇有繫者,則許戲幾棚。至賽時,張樂弄傀儡,初用楮錢,爇香啓禱,猶如祠神。至弄戲,則穢談群笑,無所不至。鄉人聚觀,飲酒醉,又毆擊,往往因此又致訟繫,許賽無已時。

(宋)朱彧:《萍洲可談》卷三

唐李淳風作《推背圖》。五季之亂,王侯崛起,人有幸心,故其學益熾。開口張弓之讖,吳越至以遍名其子,而不知兆昭武基命之烈也。宋興受命之符,尤爲著明。藝祖即位,始詔禁讖書,懼其惑民志以繁刑辟。

(宋)岳珂:《桯史》卷一

五代秦再思《紀異》曰:嵩山之上有玉女擣帛石,瑩徹光潔,人莫能測。嶽下之人云:立秋前一日中夜,常聞杵聲響焉。

(唐)白居易、(宋)孔傳:《白孔六帖》卷五

五代秦再思,記嵩山之上有玉女搗帛石,瑩徹光潔,人莫能測。嶽下人云:立秋前一日中夜,常聞杵聲。

(明)彭大翼:《山堂肆考》卷一九

江漢間操舟者,率奉天妃,而海上尤甚。張燮《東西洋考》云:天妃、莆之湄洲嶼人。五代時閩都巡檢林願之第六女,生於晉天福八年,宋雍熙四年二月二十九日化去。後嘗衣朱衣,往來海上,里人虔祀之。

(清)趙翼:《陔餘叢考》卷三五

世所稱張仙像,張弓挾彈,似貴游公子,或曰即張星之神也。陸文裕《金臺紀聞》云:"後蜀主孟昶挾彈圖,花蕊夫人攜入宋宮,念其

故主，嘗懸於壁。一日，太祖詰之，詭曰：'此蜀中張仙神也，祀之能令人有子。'于是傳之人間，遂爲祈子之祀云。"郎瑛《七修類稿》亦載此説。又王弇州《勘書圖跋》："宋初降王，惟孟昶具天人相，見於花蕊夫人所供。其童子爲元喆，武士爲趙廷隱。當時進御者以勝國故，不敢具其寔，乃目爲文皇耳。"據此，則此像又有托之爲唐太宗者。

　　余謂此二説皆未必然。昶之入汴也，宋祖親見之，花蕊果携其像，宋祖豈不能識別，而敢以詭辭對？至托爲唐文皇，則更無謂。按高青丘有《謝海雪道人贈張仙像》詩，云："余未有子，海雪以此像見贈，蓋蘇老泉嘗禱之而得二子者，因賦詩以謝云：'道人念我書無傳，畫圖卷贈成都仙。云昔蘇夫子，建之玉局禱甚虔，乃生五色兩鳳鵷，和鳴上下相聯翩。'"然則此像本起於蜀中，閨閣祈子，久已成俗，是以花蕊携以入宮，後人以其來自蜀道，轉疑爲孟昶像耳。

　　按，《蘇老泉集》有《張仙贊》，謂"張名遠霄，眉山人，五代時游青城山成道"。陸放翁《答宇文使君問張仙事》詩，自注云："張四郎常挾彈，視人家有灾者，輒以鐵丸擊散之。"又《贈宋道人》詩云："我來欲訪挾彈仙。嗟哉一失五百年。"《續通考》云："張遠霄一日見老人持竹弓一、鐵彈三，來質錢三百千，張無靳色。老人曰：'吾彈能辟疫。當寶用之。'後老人再來，遂授以度世法，熟視其目，有兩瞳子。越數十年，遠霄往白鶴山，遇石像，名四目老翁，乃大悟即前老人也。"眉山有遠霄宅故址。李石詩云："野草閑花不計年，亭亭雙檜欲參天。讀書却得騎驢老，買藥來尋跨鶴仙。"是蜀中本有是仙。今所畫張弓挾彈，乃正其生平事實，特未知何以爲祈子之祀。胡應麟又謂："古來本有此弓挾彈圖，後人因附會以張弓爲'張'，挾彈爲'誕'，遂流傳爲祈子之祀。"此亦不加深考而爲是臆説也。按，古者男子生，懸弧矢，又祀高禖之禮，於所御者帶以弓韣，授以弓矢。此本是祈子之事，後人或緣此寫爲圖，以爲祈子之神像，遂輾轉附會，而實以姓名耳。

　　　　　　　　　　（清）趙翼：《陔餘叢考》卷三五

　　張濛，岐州之瞽者。自言知術數，不龜不著，言事太白山神，其神

祠元魏時崔浩廟。時事否泰,人之休咎,濛若於神,傳吉凶之言。房
暠泥於事神,酷信之。末帝在岐陽,暠引濛謁見,聞帝語,乃駭然曰:
"非人臣也。"令暠詢其時,即傳神語曰:"三珠並一珠,驢馬没人驅,
歲月甲庚午,中興戊巳土。"暠請解,曰:"神言予不知也。"長興四年
五月,府廨諸門無故自動,人頗駭異,遣暠及濛。濛見暠來,未交言,
先問暠衙署小異勿怪,不出三日有恩命。其夜,報至封潞王及帝被疑
除鎮,甚懼,再三質濛。初,濛曰:"且爲備,王保無患。"及王思同兵將
至,又召濛謂之曰:"爾言吾無患,今天下兵來萃我,城内無兵無食,外
無援助,得無患乎?"濛曰:"王有天下,不能獨力,朝廷兵來迎王也。
王若疑臣,臣唯一子未及冠,請王致之麾下,以質臣心。"及帝入洛,受
太后册曰:"御明堂宰相讀文維應順元年,歲次甲午四月庚午朔。"帝
回視房曰:"張濛神言,甲庚事不亦異乎?"帝令暠共術士解"三珠一
珠"事,言"三珠"三帝也;"驢馬無人驅",失主也。帝即位,以濛爲將
作少監同正,賜金紫。

(宋)王欽若等編纂:《册府元龜》卷八七六《總録部》

後唐内臣張承業爲監軍,夾城之役,遣承業求援於鳳翔。時河中
阻絶,自離石渡河,春冰方泮,凌澌奔蹴,艤舟不得渡,因禱河神。是
夜,夢神人謂曰:"子但渡,流水無患。"既寤,津吏報曰:"河冰合矣。"
凌晨,躡冰而濟,旋踵冰解。

(宋)王欽若等編纂:《册府元龜》卷八一五《總録部》

世宗顯德三年十一月,敕廢天下淫祠,仍禁擅興祠宇,如有功績
灼然、合建置廟貌者,奏取處分。自是,諸道奏不合典禮而享廟食者
咸毁之。

(宋)王欽若等編纂:《册府元龜》卷一六〇《帝王部》

廣濟王廟,秦蜀守李冰祠也。僞蜀封大安王,又封應聖靈感王。

(元)馬端臨:《文獻通考》卷九〇《郊社考二三》

靈濟公廟,在梓州射洪縣白崖山下。唐中書舍人陸弼貶涪州刺史,卒葬山側,土人立廟,水旱禱之必應。僞蜀封洪濟王。

（元）馬端臨:《文獻通考》卷九〇《郊社考二三》

祠山廟,在廣德軍。土人言其靈應,遠近多以耕牛爲獻。僞唐以來,聽鄉民租賃,每一牛歲輸絹一匹,供本廟之費。

（元）馬端臨:《文獻通考》卷九〇《郊社考二三》

廣惠王廟,宣州昭亭山神也。唐景福中,封昭威侯。僞唐保大中,加爲王。

（元）馬端臨:《文獻通考》卷九〇《郊社考二三》

三水府神者,僞唐保大中,封馬當上水府爲廣祐寧江王,采石中水府爲濟遠定江王,金山下水府爲靈肅鎮江王。

（元）馬端臨:《文獻通考》卷九〇《郊社考二三》

戊戌,僞唐保大中,封三水府神爲王。己亥,詔別加新號,令江、太平、潤州遣官祭告。

（宋）李燾:《續資治通鑒長編》卷七二,真宗大中祥符二年（1009）

兗之東鈔里泗水上有亭,亭下有天齊王祠,中有三郎君祠神者。巫云:"天齊王之愛子,其神甚靈異。"相傳岱宗之下,樵童牧豎,或有逢羽獵者,騎從華麗,有如侯王,即此神也。魯人畏敬,過於天齊。朱梁時,葛周鎮兗部署,嘗舉家婦女游於泗亭,遂至神祠。周有子十二郎者,其婦美容止,拜於三郎君前,熟視而退。俄而病心痛,踣地悶絶久之。舉族大悖,即禱神,有頃乃瘳。自是神情失常,夢寐恍惚,嘗與神遇。其家懼,送婦往東京以避之。未幾,其神亦至,謂婦曰:"吾尋汝久矣,今復相遇。"其後信宿輒來,每神將至,婦則先伸欠呵嚔,謂侍者曰:"彼已至矣。"即起入帷中,侍者屬耳伺之,則聞私竊語笑,逡巡方去,率以爲常。其夫畏神,竟不敢與婦同宿,久之婦卒。

（宋）李昉:《太平廣記》卷三一三《萬氏婦》

魏州南郭狄仁傑廟,即生祠堂也。天后朝,仁傑爲魏州刺史,有善政,吏民爲之立生祠。及入朝,魏之士女,每至月首,皆詣祠奠醊。仁傑方朝,是日亦有醉色。天后素知仁傑初不飲酒,詰之,具以事對。天后使驗問,乃信。莊宗觀霸河朔,嘗有人醉宿廟廊之下。夜分即醒,見有人於堂陛下,罄折咨事,堂中有人問之,對曰:“奉符於魏州索萬人。”堂中語曰:“此州虛耗,灾禍頻仍,移於他處。”此人曰:“諾,請往白之。”遂去,少頃復至,則曰:“已移命於鎮州矣。”語竟不見。是歲,莊宗分兵討鎮州,至於攻下,兩軍所殺甚衆焉。

（宋）李昉:《太平廣記》卷三一三《狄仁傑祠》

徐漢宗正卿劉皞,忽夢一人,手執文簿,殆似冥吏,意其知人命禄,乃詰之,仍希閲已將來窮達。吏曰:“作齊王判官,後爲司徒宗正卿。”皞自以朝籍已高,不樂却爲王府官職。夢覺,歷歷記之,亦言於親友。後銜命使吳越,路由鄆州,忽於公館染疾,恍惚意其曾夢爲齊王判官,恐是太山神天齊王也。乃令親侍就廟,陳所夢,炷香擲茭以質之,一擲果應。宗卿以家事未了,更將明懇神祈,俟過海回,得以從命。頻擲不允,俄卒於郵亭。

（宋）李昉:《太平廣記》卷三一四《劉皞》

僞吳玉山主簿朱拯赴選,至揚州。夢入官署,堂上一紫衣正坐,旁一綠衣。紫衣起揖曰:“君當以十千錢見與。”拯拜許諾。遂寤。頃之,補安福令。既至,謁城隍神。廟宇神像,皆如夢中。其神座後屋漏梁壞。拯嘆曰:“十千豈非此耶?”即以私財茸之,費如數。

（宋）李昉:《太平廣記》卷二八一《朱拯》

江南戎帥韋建,自統軍除武昌節度使。將行,夢一朱衣人,道從數十，來詣韋曰："聞公將鎮鄂渚，僕所居在焉，棟宇頹毀，風雨不蔽，非公不能爲僕修完也。"韋許諾。及至鎮訪之，乃宋無忌廟。視其像，即夢中所見。因新其廟。祠祀數有靈驗云。

（宋）李昉：《太平廣記》卷二八一《韋建》

庚寅歲，江西節度使徐知諫，以錢百萬施廬山使者廟。潯陽令遣一吏典其事。此吏嘗入城，召一畫工俱往，畫工負荷丹彩雜物從之。始出城，吏昏然若醉，自解腰帶投地。畫工以爲醉，而隨之。須臾，復脫衣弃帽，比至山中，殆至裸身。近廟澗水中，有一卒，青衣，白韋蔽膝。吏至，乃執之。畫工救之曰："此醉人也。"卒怒曰："交交加加，誰能得會。"竟擒之，坐於水中。工知其非人也，走往廟中告人，競往視之，卒已不見。其吏猶坐水中，已死矣。乃閱其出給之籍，則已乾没過半。進士謝岳親見之。

（宋）李昉：《太平廣記》卷三一四《潯陽縣吏》

建陽縣錄事陳勛，性剛狷不容物，爲縣吏十人共誣其罪，竟坐弃市。至明年死日，家爲設齋。妻哭畢，獨嘆於靈前曰："君平生以剛直稱，今枉死逾年，精魄何寂然耶。"是夕，即夢勛曰："吾都不知死，向聞卿言，方大悟爾。若爾，吾當報仇。然公署非可卒入者，卿明日爲我入縣訴枉，吾當隨之。"明日，妻如言而往。出門，即見勛仗劍從之。至縣，遇一仇吏於橋上，勛以劍擊其首，吏即顛仆而死。既入門，勛徑之曹署，以次擊之，中者皆死，十殺其八。二吏奔至臨川，乃得免。勛家在蓋竹，鄉人恒見之，因爲立祠，號陳府君廟，至今傳其靈。

（宋）李昉：《太平廣記》卷一二四《陳勛》

辛酉歲，金水主簿劉峭，因游雲頂山，睹山廟盛飾一堂，有土偶朱衣據鞍。峭訝之，詰於山主昭訥，昭訥曰："余三夕連夢見王，語近辟一判官，宜設堂宇，塑朱衣一官而祀之，故有此作。"峭不之信。明年秩滿，還成都，遇都官員外孫逢吉。言其事，逢吉曰："頃爲安仲古彌留之際,語長幼:'雲頂山王已具書馬聘禮,辟吾作判官。'言絶,儼然端坐長逝。"

(宋)李昉:《太平廣記》卷三一四《劉峭》

(永平四年)十二月,御大安門,受秦、鳳、階、成之信。大赦,改元通正。時大霖雨,禱於奇相之祠。

唐英按,古史:震蒙氏之女竊黃帝玄珠,沉江而死,化爲此神。即今江瀆廟是也。

(明)陶宗儀:《説郛》卷四五《蜀檮杌》

偽蜀王氏,梁州天旱,祈禱無驗。僧子郎詣州,云能致雨。乃具十石瓮貯水,僧坐其中,水減於頂者。凡三日,雨足。州將王宗儔異禮之,檀越雲集,後莫知所適。僧令藹,他日於興州見之,因問其術。曰:"此閉氣耳,習之一月就。本法於湫潭中作觀,與龍相繫。龍爲定力所制,必致驚動,因而致雨。然不如瓮中爲之,保無他害。"

(宋)李昉:《太平廣記》卷三九六《子郎》

秦蜀守李冰有廟在永康軍。偽蜀初,封大安王,又封應聖靈感王。蜀平,詔長吏增飾其廟。乙卯,改封廣濟王,歲一祀。

(宋)李燾:《續資治通鑒長編》卷一三,太祖開寶五年(972)

建州梨山廟,土人云故相李回之廟。回貶爲建州刺史,後卒於臨川。卒之夕,建安人咸夢回乘白馬,入梨山,及凶問至,因立祠焉,世傳靈應。王延政在建安,與福州構隙,使其將吳某帥兵向晉安。吳新鑄一劍,甚利。將行,携劍禱於梨山廟,且曰:"某願以此劍,手殺千人。"其夕,夢人謂己曰:"人不當發惡願,吾祐汝,使汝不死於人之手。"既戰敗績,左右皆潰散。追兵將及,某自度不免,即以此劍自刎而死。

(宋)李昉:《太平廣記》卷三一五《梨山廟》

梓州去城十餘里，有張飛廟，廟中有土偶，爲衛士。一夕感廟祝之妻，經年，遂生一女，其髮如朱，眉目手足皆如土偶之狀。至於長大，人皆畏之。凡莅職梓州者謁廟，則呼出驗之，或遺之錢帛，至今猶存。

（宋）李昉：《太平廣記》卷三五三《張飛廟祝》

泉州文宣王廟，庭宇嚴峻，學校之盛，冠於藩府。庭中有皂莢樹，每州人將登第，則生一莢，以爲常矣。梁真（貞）明中，忽然生一莢有半，人莫諭其意。乃其年，州人陳逖進士及第；黃仁穎學究及第。仁穎恥之，復應進士舉。至同光中，舊生半莢之所，復生全莢。其年，仁穎及第。後數年，廟爲火焚。其年，閩自稱尊號，不復貢士，遂至於今。

（宋）李昉：《太平廣記》卷四〇七《登第皂莢》

蜀庚午歲，金州刺史王宗朗奏洵陽縣洵水畔有青烟廟。數日，廟上烟雲昏晦，晝夜奏樂。忽一旦，水波騰躍，有群龍出於水上，行入漢江。大者數丈，小者丈餘，如五方之色，有如牛馬驢羊之形。大小五十，累累接迹，行入漢江，却過廟所。往復數里，或隱或見，三日乃止。

（宋）李昉：《太平廣記》卷四二五《王宗郎》

14. 風俗

欽民有五種：一曰土人，自昔駱越種類也。居於村落，容貌鄙野，以唇舌雜爲音聲，殊不可曉，謂之蔓語。二曰北人，語言平易，而雜以南音。本西北流民，自五代之亂，占籍於欽者也。三曰俚人，史稱俚獠者是也。此種自蠻峒出居，專事妖怪，若禽獸然，語音尤不可曉。四曰射耕人，本福建人射地而耕。子孫盡閩音。五曰蜑人，以舟爲室，浮海而生，語似福廣，雜以廣東西之音。蜑別有記。

（宋）周去非：《嶺外代答》卷三

唐御膳以紅綾餅餤爲重。昭宗光化中，放進士榜，得裴格等二十八人，以爲得人。會燕曲江，乃令大官特作二十八餅餤賜之，盧延讓在其間。後入蜀爲學士，既老，頗爲蜀人所易。延讓詩素平易近俳，乃作詩云："莫欺零落殘牙齒，曾吃紅綾餅餤來。"王衍聞知，遂命供膳，亦以餅餤爲上品，以紅羅裹之。至今蜀人工爲餅餤，而紅羅裹其外，公厨大燕，設爲第一。

（宋）葉夢得：《避暑録話》卷下

（乾德四年）三月，禁百姓不得帶小帽。衍好私行，往往宿於倡家，飲於酒樓，索筆題曰"王一來"云，恐人識之，故令民間皆帶大帽。

（明）陶宗儀：《説郛》卷四五《蜀檮杌》

梁祖初革唐命，宴於内殿，悉會戚屬。又命葉子戲，廣王忽不擲，目梁祖曰："朱三，你受他許大官職，久遠家族，得安穩否？"於是擲戲具於階，抵其盆而碎之。

（宋）錢易：《南部新書》癸

唐世士人宴聚，盛行葉子格。五代、國初猶然。後漸廢不傳，今其格世或有之，而人無知者，惟昔楊大年好之。

（宋）歐陽修：《文忠集》卷一二七

歐陽文忠公云："唐人宴聚，盛傳葉子格。五代、國初猶然，後漸廢不傳。"此蓋李唐時讖語，宜其久而遂泯也。夫葉子二字，拆葉字上一半乃廿世字，餘木字湊下子字作李字，乃廿世李，正合有唐歷代二十帝之數，當作讖語，如此而謂非天命，可乎！

（宋）袁文：《甕牖閒評》卷八

《升庵外集》：葉子，如今之紙牌酒令。《鄭氏書目》有南唐李後主妃周氏編《金葉子格》。

(清)陳元龍:《格致鏡原》卷六〇

　　梁祖末年,用軍不利,河北數鎮不順其命。一旦躁撓,堅要親征。師次深州界,遂令楊師厚分兵攻棗强縣,半浹旬方拔其壘。是邑也,池湟堅牢,人心獷悍,晝夜攻擊,以至疲竭。既陷之日,無少長皆屠之。時有一百姓來投軍中,李周彝收於部伍間。乃謂周彝曰:"請一劍,願先登以收其城。"未許間,忽然抽茶擔子揮擊周彝,頭上中擔,幾仆於地。左右乃擒之,元是棗强城中遣來令詐降,本意欲窺算梁軍招討使楊師厚,斯人不能辨,誤中周彝。是知河朔之民勇勁如此。

(五代)孫光憲:《北夢瑣言》卷一六

　　吕兖爲滄州節度判官。劉守光攻陷滄州,兖被擒族誅。子琦年十五,將就戮。有趙玉者,幽薊義士也,久游兖門,見琦臨危,紿謂監刑者曰:"此子,某之同氣也,幸無濫焉。"乃引之俱去。琦病足,玉負之而行,逾數百里。變姓名乞食於路,乃免於禍。琦仕石晉,至兵部侍郎。高祖將以琦爲相,忽遇疾而逝。常以玉免已於難,欲厚報之。玉遇疾,琦親爲扶持,供其醫藥。玉卒,代其家營葬事。玉之子曰文度,既孤而幼,琦誨之甚篤,及其成人,登進士第,尋升宦路,琦之力也。時議者以非玉之義,不能存吕氏之嗣;非琦之仁,不能撫趙氏之孤。惟仁義二公得之,燕趙之士流爲美談。

(宋)孔平仲:《續世説》卷一

　　晉王嘗窮追汴師,糧運不繼,蒸栗以食,軍中遂呼栗爲河東飯。

(宋)陶穀:《清異録》卷上

　　天成、開運以來,俗尚巨棺,有停之中寢,人立兩邊不相見者,凶肆號布漆山。

(宋)陶穀:《清異録》卷下

後唐閔帝初,秦雍間令長設酒食,私丐於部民,俗謂之搗蒜。及清泰初,安重誨爲京兆尹之鎮長安,亦爲之。秦人曰:"日爲搗蒜老者。"詳之,蓋語訛耳,乃倒算是也。

(宋)李上交:《近事會元》卷五

顯德中,創行尊重纈,淡墨體,花深黃。工部郎陳昌達好緣飾,家貧,貨琴劍。作纈帳一具。

(宋)陶穀:《清異録》卷下

朝廷有伉直之風,然後臨難有死節之士。五代之際,能以端謹厚重,不忌嫉人,不爲中傷,不爲傾陷,已是極。至若責伏節死難,則猶闕焉。曹彬在朝忠厚寬和,足師表一世,然史家稱其未嘗抗辭忤旨,此乃爲大臣功名之極,勢須如此,然未可以爲事君之法。五代之際,所以無死節之士,良由以此爲是。

(宋)呂本中:《紫微雜説》

唐丞相乘馬,故詩人有"沙堤新築馬行遲"之句。裴、武之遭變,而晉公獨以馬逸得免。至五代則乘檐子矣。莊宗聞呵聲,問之,乃宰相檐子入内是也。本朝近年惟潞國文公落職致仕,以太師平章重事;司馬溫公始爲門下侍郎,尋卧疾於家,就拜左相,不可以騎,二公並許乘檐子,皆異恩也。

(宋)王得臣:《麈史》卷上

李匡威忌日,王鎔就第吊之,匡威素服衷甲見之。唐末,武人忌日,尚素服受吊也。

(宋)邵博:《邵氏聞見後録》卷九

國朝之制,沿襲五季,始時武臣皆不喪其父母,至仁廟乃詔崇班以上持喪,供奉官以下不持喪。政和初,方講太平故事,且亦順人情,乃詔供奉官以下，願持喪者聽。當是時，雅愜衆心，小使臣往往喪其父母者多矣。不二十年，世變風移，今罔睹不願持喪者。

(宋)蔡絛：《鐵圍山叢談》卷一

自唐末，無賴男子以剳刺相高，或鋪《輞川圖》一本，或砌白樂天、羅隱二人詩百首，至有以平生所歷郡縣飲酒蒱博之事，所交婦人姓名、齒、行第、坊巷、形貌之詳，一一標表者。時人號爲針史。

(宋)陶穀：《清異録》卷下

五代宮中畫開元御愛眉：小山眉、五嶽眉、垂珠眉、月棱眉、分梢眉、涵烟眉。國初小山尚行，得之宦者寶季明。

(宋)陶穀：《清異録》卷下

《妝臺記》：五代宮中畫眉，一曰開元御愛眉。

(清)陳元龍：《格致鏡原》卷一一

《清異録》：範陽鳳池院尼童子年未二十，穠艷明俊，頗通賓游，創作新眉，輕纖不類時俗。人以其佛弟子，謂之淺文殊眉。

(清)陳元龍：《格致鏡原》卷一一

江南晚季，建陽進茶油花子，大小形制各別，極可愛。宮嬪縷金於面，皆以淡妝，以此花餅施於額上，時號北苑妝。

(宋)陶穀：《清異録》卷下

五代以來，幞頭則長其脚，袍則寬其袖，今之公服是也。或云古之中衣即今僧寺行者直掇，亦古逢掖之衣。

(宋)趙彥衛：《雲麓漫鈔》卷四

唐至五代、國初，京師皆不禁打傘，自祥符後始禁，惟親王、宗室得打傘。其後通及宰相、樞密。出葉夢得《石林燕語》。按《會要》，國初惟親王得張蓋。太宗時，始許宰相、樞密使用之。此云國初不禁，又云祥符後始及樞輔，皆誤也。

（宋）李心傳：《舊聞證誤》卷一

唐至五代、國初，京師皆不禁打毬。五代始命御史服裁帽。

（宋）葉夢得：《石林燕語》卷三

《類説》云：重戴者，大裁帽也。本野夫田叟之服，以皂爲之。後魏孝文帝自雲中徙代，以賜百寮。五代以來，惟御史服之。淳化初，宰臣、學士、臺省官，皆令服之。

（宋）楊伯嵒：《六帖補》卷一五

《瑣碎録》：羅隱帽輕巧簡便省樸，人竊仿學，相傳爲減樣方平帽。《清異録》：韓熙載在江南造輕紗帽，匠者謂爲韓君輕格。《五代史》：蜀王衍晚年，俗競爲小帽，僅覆其頂，俛首即墮，謂之危腦帽。衍以爲不祥，禁之。而衍好戴大帽。《清異録》：南漢僭創小國，乃作平頂帽自冠之，由是風俗一變，皆以安豐頂爲尚。

（清）陳元龍：《格致鏡原》卷一四

照袋，先人《談録》：以烏爲衣，四方有蓋，五代士人用之。

（宋）楊伯嵒：《六帖補》卷一五

珍珠船王太保，每天氣和暖，必乘小駟，從三四蒼頭，携照袋貯筆硯、韻略、刀子、箋紙並小樂器之類。照袋以烏皮爲之，四方有蓋並襻，五代士人多用之。

（清）陳元龍：《格致鏡原》卷五四

劉岳《書儀》，婚禮有“女坐婿之馬鞍，父母爲之合髻”之禮，不知用何經義。據岳自敘云："以時之所尚者益之。"則是當時流俗之所爲爾。岳當五代干戈之際，禮樂廢壞之時，不暇講求三王之制度，苟取一時世俗所用吉凶儀式，略整齊之，固不足爲後世法矣。然而後世猶不能行之，今岳《書儀》十已廢其七八，其一二僅行於世者。

（宋）歐陽修：《歸田録》卷二

劉岳《書儀·婚禮》有女坐婿之馬鞍，大爲可笑。今之士族，當婚之夕，以兩椅相背，置一馬鞍，反令婿坐其上，飲以三爵。女家遣人三請而後下，乃成婚禮，謂之上高坐，乖謬如此。士大夫不知禮法，而與閭閻鄙俚，同其習見。

（宋）祝穆：《古今事文類聚》後集卷一三

劉岳《書儀·婚禮》，有女坐婿之馬鞍，父母爲之合髻之禮，不知用何經義。據岳自序云："以時之所尚者益之"，則是當時流俗之所爲爾。當五代干戈之際，禮樂廢壞之時，不暇講求三王之制度，苟取一時世俗所用吉凶儀式，略整齊之，固不足爲後世法矣。然而後世猶不能行之。今岳《書儀》十已廢其七八，其一二僅行於世者，皆苟簡粗略，不如本書。

（宋）江少虞：《宋朝事實類苑》卷一八

五代劉岳《書儀》：今之士族，當婚之夕，以兩椅相背，置一馬鞍，反令婿坐其上，飲以三爵。女家遣人三請而後下，謂之上高座。此義未詳。

（明）彭大翼：《山堂肆考》卷一五三

五代劉岳，唐明宗時太常卿。帝見鄭餘慶所爲《書儀》有起復冥昏之制，嘆曰："儒者所以隆孝弟而善風俗，且無金革之事，起復可乎？婚，吉禮也，用於死者可乎？"乃詔岳增損其書。

（宋）祝穆：《古今事文類聚》後集卷一三

凡男女締姻者,兩家相謂曰親家,此二字見唐蕭嵩傳。今北方以親字爲去聲,按盧綸作《王駙馬花燭詩》云:"人主人臣是親家。"則是亦有所祖。親家又曰親家翁,《五代史·劉昫傳》,昫與馮道爲姻家,而同爲相。道罷,李愚代之,愚素惡道之爲人,凡事有稽失者,愚必指以誚昫曰:"此公親家翁所爲。"《蘇氏開談錄》:馮道與趙鳳同在中書,鳳有女適道中子,以飲食不中,爲道夫人譴罵。趙令婢長號知院者來訴,凡數百言,道都不答。及去,但云:"傳語親家翁,今日好雪。"

(明)陶宗儀:《南村輟耕錄》卷六

《五代史》:李愚代馮道爲相而惡道。每指其所失,謂劉昫曰:"此公親家翁所爲。"蓋昫乃道之親家也。《蘇氏聞談錄》:馮道與趙鳳同在中書,鳳女適道仲子,以飲食不中,爲道妻譴罵。鳳令婢訴道,凡數百言,道不答。及去,但云:"傳語親家翁,今日好雪。"此亦"親家翁"之見於記載者。呂藍衍《言鯖》,謂:"親家翁'親'字讀作去聲,自五代時已然。"然亦不始於五代。盧綸作《王駙馬花燭詩》云:"人主人臣是親家",則唐已作去聲矣。

(清)趙翼:《陔餘叢考》卷三七

沈存中《筆談》載:石曼卿居蔡河下曲,鄰有豪家。曼卿訪之,延曼卿飲,群妓十餘人各執肴果樂器,一妓酌酒以進。酒罷樂作,群妓執果肴者,萃立其前,食罷則分列其左右,京師人謂之軟盤。余按江南李氏宰相孫晟,每食不設几案,使衆妓各執一器,環立而侍,號肉臺盤。時人多效之,事見《五代史記·死事傳》及馬令《南唐書·義死傳》,軟盤蓋始於此。

(明)陶宗儀:《說郛》卷三《賓退錄》

太平興國三年七月,詔:"七夕嘉辰,著於甲令。今之習俗,多用六日,非舊制也,宜復用七日。"且名爲七夕而用六,不知自何時以然,唐世無此説，必出於五代耳。

（宋）洪邁：《容齋三筆》卷一

　　古人取名連姓爲義者絶少。近代人命名，如陳王道、張四維、呂調陽、馬負圖之類，榜目一出，則此等姓名幾居其半，不知始自何年。嘗讀《通鑑》至五代後漢，有虢州伶人靖邊庭，胡身之注曰：“靖，姓也，優伶之名與姓通取一義，所以爲謔也。”靖邊庭亦見之《宋史·田欽祚傳》。考之自唐以來，如黄幡綽，雲朝霞《唐書·魏暮傳》、鏡（敬）新磨《五代史·伶官傳》、羅衣輕《遼史·伶官傳》之輩，皆載之史書，益信其言之有據也。嗟乎！以士大夫而效伶人之命名，則自嘉靖以來然矣。

（清）顧炎武著，黄汝成集釋：《日知録集釋》卷二三

　　本朝侍從以上得繫紅鞓帶，自葉少藴始也。國初未有繫紅鞓帶者，滑州有賈魏公畫像，其帶只是黑鞓。曾見一士大夫云：“唐明皇畫像在潞州，亦只是黑鞓帶，至五代時帶始尚紅鞓者。”想是時人主已用之，又未知果起於何代也。

（宋）袁文：《甕牖閒評》卷六

　　張全義媚事朱温，甚至妻妾子女爲其所亂，不以爲愧，及唐滅梁，又賄賂唐莊宗、劉后、伶人、宦官等，以保禄位。馮道歷事四姓十君，視喪君亡國，未嘗屑意，方自稱長樂老，叙己所得階勛官爵以爲榮。二人皆可謂不知人間有羞恥事者矣。然當時萬口同聲，皆以二人爲名臣，爲元老。晉天福中，全義子繼祚同張從賓等謀反，當族誅，李濤上言，全義有再造洛邑之功，乞免其族。《通鑑》詔繼祚顯從叛亂，難貸刑章，乃睠先臣，實有遺德，遽兹乏祀，深所軫懷。所有祖父墳墓祠堂，可交付其骨肉。《晉紀》此全義之宥及後嗣也。耶律德光入汴，責劉繼勛爲晉出帝謀，絶兩國之好，繼勛諉之馮道，德光曰：“此老子不是好鬧人，毋相引。”《繼勛傳》郭忠恕亦謂道曰：“公累朝大臣，誠信著於天下，四方談士，無賢不肖，皆以爲長者。”《五代會要》道死年七十

三,論者至謂與孔子同壽。本傳此道之望重一世也。以朝秦暮楚之
人,而皆得此美譽,至身後尚繫追思,外番亦知敬信,其故何哉? 蓋五
代之亂,民命倒懸,而二人獨能以救時拯物爲念。除本傳所載,不必
再述外,其見於他書及別傳者:全義事朱梁以免兵革,招復流亡,使得
仰父俯子。每出行,見新麥新繭輒喜,民竊言王不好聲伎,惟見好鹽
麥則笑耳。《洛陽縉紳舊聞記》楊凝式贈全義詩曰:"洛陽風景實堪哀,
昔日曾爲瓦子堆,不是我公重葺理,至今猶是一堆灰。"《五代詩話》觀
此亦可見其勞來安集之功也。馮道在唐明宗時,以年歲頻稔,勸帝居
安思危。以春雨過多,勸帝廣敷恩宥。《唐紀》對耶律德光則言,此時
百姓,佛出救不得,惟皇帝救得。論者謂一言而免中國之人夷滅。
《通鑑》在漢祖時,牛皮禁甚嚴,匿者死,有二十餘人當坐,道力争得
免。《洛陽縉紳舊聞記》且秦王從榮敗時,其僚屬俱應坐罪,道獨以任
贊、王君敏等素以正直爲從榮所惡,力言出之。《唐紀》史圭以銓事與
道不協,道反薦圭爲刑部侍郎。圭傳韓惲忤謹厚,道爲相,嘗左右之。
《惲傳》是道之爲人,亦實能以救濟爲心,公正處事,非貌爲長厚者。
統核二人之素行,則其德望爲遐邇所傾服,固亦有由。至於歷事數
姓,有玷臣節,則五代之仕宦者,皆習見以爲固然,無足怪。《鄭韜
[光]傳》謂,自襁褓迄懸車,凡事十一君,越七十載,無官謗,無私過,
士無賢不肖皆頌之。以歷事十一君之人,而尚謂無官謗,可見當時風
氣,絕無有以更事數姓爲非者,宜全義及道之訾議不及也。

(清)趙翼撰,王樹民校證:《廿二史劄記校證》卷二二

　　彥本美名,故人多以之爲名,然未有如五代時之多者。唐末本有
宰相徐彥若,左拾遺徐彥樞,供奉官史彥瓊,宦官支彥勖,魏博凡言州
鎮者皆其節度使。樂彥禎,東川顧彥朗及弟彥暉、彥瑤。其著於梁者,
鐵槍王彥章,人所共知也。然同時統兵大將又有謝彥章。此外則滄
州盧廷彥,同州寇彥卿,鄜州李彥容,静勝軍李彥韜,本名温昭圖。宣
義軍霍彥威,又滄州盧彥威,左龍武統軍李彥威,即朱友恭。都指揮使
楊彥洪,蔡州刺史王彥温,大將李彥柔,左天武使劉彥圭,左僕射押牙

王彥洪,楊劉守將安彥之,幽州騎將高彥章,蔡州軍校張彥珂,雷滿之子彥恭、彥雄、彥威。唐、晉間有中書焦彥賓,供奉官劉彥瑤,宦官馬彥珪,伶官史彥瓊,右監門衛上將軍王彥璘,兵馬都監夏彥朗,皇城使李彥紳,宮苑使史彥容,游奕將李彥暉,龍驤指揮使姚彥溫,馬步軍使馬彥超,樞密李虔徽之客邊彥溫,步軍指揮使藥彥稠,户部尚書韓彥暉,薛史作"暉",歐史作"惲"。河中安彥威,義成李彥舜,安國楊彥珣,彰義張彥澤,昭順姚彥章,鎮州副使李彥珂,興元副使符彥琳,鄭州刺史白彥球,天平軍副使李彥贇,河陽行軍司馬李彥珣,靈州將王彥忠,(西)[東]川董璋有將李彥釗,安重榮有將趙彥之,杜重威之子名彥超。晉、漢間有泰寧慕容彥超,保大軍張彥超,徐州王彥超,同州張彥贇,知安陽州符彥倫,丹州指揮使高彥珣,如京使甄彥琦,監軍楊彥朗、何彥超,先鋒指揮使史彥超,步軍指揮使宋彥筠,河東行軍司馬張彥威,沂州刺史房彥儒,汾州刺史武彥弘,慶州刺史郭彥欽,登州刺史郭彥威,鎮州副使李彥琦,元從都押牙蘇彥存,後宮都押牙李彥弼,虢州刺史常彥卿,徐州守禦使康彥環,西京判官時彥澄,保寧軍都頭劉彥章,安州軍校武彥和,彰義張萬進之子名彥球,同州指揮使成殷之子名彥璋。漢、周間有符彥圖、彥超、彥卿、彥饒、彥能,皆符存審之子,又尚輦奉御金彥英,本高麗人。監軍李彥從,内客省使李彥頵,左衛上將軍扈彥珂,金吾衛上將軍張彥成,水部員外郎韓彥卿,鎮州副使趙彥鐸。此皆見於薛、歐二《史》者。此外則劉守光有將史彥璋;楊行密有壽州將王彥威,軍使彭彥章;南唐有壽州大將劉彥貞,楚州將張彥卿,袁州刺史袁彥章,徐知訓有行酒吏刁彥能;南漢有大將伍彥儔,指揮使暨彥贇,宦者許彥貞;北漢有遼州刺史傅廷彥,石州刺史安彥進;蜀有先鋒使尚彥暉,招討使高彥儔,副使吕彥珂,使價趙彥韜,客將王彥球、袁彥超;閩有學士廖彥若,楚馬殷有左相姚彥章,大將姚彥暉、劉彥韜,朗州帥雷彥恭、彥雄,虔州將李彥圖;甚而遼有鄭州刺史王彥徽,寰州刺史趙彥辛,武州刺史王彥符,牙校許彥欽;党項亦有拓跋彥昭,威州有拓跋彥超;回鶻有首領楊彥詢;南寧蠻有酋長莫彥珠,亦見薛、歐二《史》。至宋初猶然,陳橋兵變,有軍校羅彥瓌、王彥

昇;後有龍捷指揮使趙彥徽,武信軍節度使崔彥進,步軍指揮使靳彥
朗,晉陽巡檢穆彥璋;伐北漢時,有防禦使張彥進;伐南漢時,有部將
冉彥衮;伐蜀時,有部將高彥容、折彥贇;又杜太后之兄子彥超、彥珪、
彥遵、彥鈞、彥彬;太宗時,尚有供奉官陳彥詢,崇化副使閻彥進;征并
州時,有尚食使石彥贇;征契丹時,有沙州觀察使杜彥圭,此又見於
《宋史》者。統計五代至宋時,名彥章者七人,彥超者十一人,彥威者
七人,彥卿者七人,彥進者四人,彥溫、彥韜者各三人。競相仿效,各
以彥爲名,亦一時風尚也。

(清)趙翼撰,王樹民校證:《廿二史劄記校證》卷二二

　　《代醉編》:纏足不始五代,唐人詩多可據。偶觀《麗情集》載唐
郭華吞鞋而死,店主於喉中拔出紅綉鞋一隻。此唐事也,使如男子
之鞋,安能入於喉中耶? 又唐典簽魏簡妻鄭氏,取一隻履擊王頭
破。據此隻履能擊頭流血,非弓鞋明矣。用修謂纏足起於後世,此
或一證。

(清)陳元龍:《格致鏡原》卷一八

　　婦女弓足,不知起於何時,有謂起於五代者。《道山新聞》謂:
"李後主令宮嬪窅娘,以帛繞脚,令纖小作新月狀,由是人皆效之。"唐
縞有詩云:"蓮中花更好。雲裏月長新。"因窅娘而作也。張邦基《墨
莊漫録》亦謂弓足起於南唐李後主。按謝靈運詩:"可憐誰家婦。緣
流洗素足。"李白詩:"履上足如霜。不着鴉頭襪。"又唐詩:"兩足白
如霜。臨流濯素足。"陶南村謂:"唐人題咏甚多,略不言纖小。"又
《郡閣雅談》引五代劉克明《蒲鞋詩》云:"吳江江上白蒲春,越女初挑
一樣新。纔自綉簾離玉指,便隨羅鞋步香塵。石榴裙下從容久,玳瑁
筵前整頓頻。今日高樓鴛瓦上,不知抛擲是何人。"謂此詩通首咏婦
人蒲鞋,而略不及弓纖之狀,則是時尚未纏足,並引《太平御覽》云:
昔製履、婦人圓頭,男子方頭,見《宋書五行志》。似不知裹足,而但以方
圓爲別也。胡應麟因之力主起於唐末五代之説,謂古人言婦人弓腰,

而不言弓鞋。言纖腰，而不言纖足。古人風俗，如墮馬愁眉等妝，史傳皆不絕書，而足獨無明文。李白至以素足咏女子，則唐時尚未裹足明矣，此皆主弓足始於五代之説也。然伊世珍《瑯嬛記》，謂馬嵬老嫗拾得太真韈以致富，其女名玉飛，得雀頭履一隻，長僅三寸。《詩話總龜》亦載明皇自蜀回，作楊妃所遺羅韈銘曰："羅韈羅韈，香塵生不絕。細細圓圓，地下得瓊鉤，窄窄弓弓，手中弄初月。又如脱履露纖圓，恰似同衾見時節。方知清夢事非虛，暗引相思幾時歇。"又杜牧詩："鈿尺裁量減四分。纖纖玉笋裹輕雲。"周達觀引之，以爲唐人亦裹足之證。韓偓屧子詩云："六寸膚圓光緻緻。"《花間集詞》云："慢移弓底綉羅鞋。"楊用修因之，並引六朝雙行纏詩，所謂"新羅綉行纏，足趺如春妍。他人不言好，獨我知可憐"。以爲六朝已裹足，不特此也。《雜事秘辛》載："漢保林吳姁足長八寸，脛跗豐妍，底平趾斂，約縑迫襪，收束微如禁中。"《史記》云："臨淄女子彈弦縱足。"又云："揄修袖，躡利屣。"利屣者，以首之尖銳言之也，則纏足之風，戰國已有之。高江村《天禄識餘》亦祖其説，謂弓足相傳起於東昏侯，使潘妃以帛纏足，金蓮貼地行其上，謂之步步生蓮花。然石崇屑沉香爲塵，使姬人步之無迹，已先之。而《史記》並有利屣之語，則裹足之風，由來已久云云。此主弓足起於秦漢之説也，是二説固皆有所據。然《瑯嬛記》及《詩話總龜》所云，恐係後人附會之詞。而李白之咏素足，則確有明據，即杜牧詩之尺減四分，韓偓詩之六寸膚圓，亦尚未纖小也。第詩家已咏其長短，則是時俗尚已漸以纖小爲貴可知。至於五代乃盛行扎脚耳，《湛淵靜語》謂，程伊川六代孫淮居池陽，婦人不裹足，不貫耳，至今守之。陶九成《輟耕錄》謂："扎脚五代以來方爲之，熙寧、元豐之間爲之者猶少。"此二説皆在宋、元之間，去五代猶未遠，必有所見聞，固非臆説也。今俗裹足已遍天下，而兩廣之民，惟省會效之，鄉村則皆不裹，滇、黔之猓苗僰夷亦然。蘇州城中女子以足小爲貴，而城外鄉婦皆赤脚種田，尚不纏裹。蓋各隨其風土，不可以一律論也。本朝康熙三年，有詔禁裹足。王大臣等議，元年以後所生之女，不得裹足，違者枷責流徙，十家長及該管官皆有罪。事見《蚓庵瑣語》。康熙七年，禮部奏罷此禁，事見《池北偶談》。此亦近事之不可不知者。

（清）趙翼：《陔餘叢考》卷三一

又按《五代史補》，宋彥筠謂李知損曰："衆人何爲號足下爲羅隱。"對曰："下官平素好爲詩，其格致大抵如羅隱故耳。"然則五代時尚相沿有此稱也。

（清）趙翼：《陔餘叢考》卷三七

《通鑒》則云：軍府事當悉授三舅。胡三省注云：延壽第三呼妻之兄弟爲舅。始見於此，則五代時已有此稱也。

（清）趙翼：《陔餘叢考》卷三七

晉王存勖呼張承業爲七哥，又三司使孔謙兄事伶人景進，呼爲八哥，此亦稱兄長者也。王荆公與其子雱評論天下人物，屈指謂雱曰："大哥自是一箇。"大哥即謂雱。趙善湘臨歿，顧其長子嶷曰："汝官不過監司太守。"語次子范曰："汝開闊恐無結果。三哥甚有福。但不可作宰相耳。"三哥謂第三子葵。此父之稱其子者也，蓋古人又以哥爲郎君之稱，雖宮闈之間亦然。晉王存勖命其子繼岌爲張承業起舞，指錢積謂承業曰："和哥乏錢。宜與一積。"周太祖子青哥、意哥，皆爲漢所誅。周世宗長子曰宜哥，俱見《五代史》。

（清）趙翼：《陔餘叢考》卷三七

《五代史》：李振爲朱溫腹心，每入京必有貶降，人目爲鴟梟。劉仁恭爲小校時，善穴地攻城，軍中號"劉窟頭"。後唐莊宗優名"李天下"，又優人郭從謙混名"郭門高"。李罕之攻摩雲山，居民盡殺之，人號爲"李摩雲"。明宗淑妃王氏有美色，號"花見羞"。崔協不識文字，人號爲"没字碑"。廢帝時，張敬達性剛，人謂之"張生鐵石"。晉時，安重榮號"安鐵胡"。高季興到處稱臣，又好劫鄰道貢物，人呼爲"高賴子"。梁有驍將陳章號"陳野叉"。慕容彥超黑色胡髯，嘗冒姓閻，人謂之“閻崑崙”。馬幸孫爲相，號爲“三不開”，謂不開口以議論，不開印以行事，不開門以延士大夫也。南漢劉鋹有肥妾，號“媚豬”。《宋史》：韓通性剛嚴，人謂之“韓瞠眼”。其子病瘻，人謂之“橐駝兒”。李重進色黔，人呼爲“駝黑大王”。韓溥熟唐朝故事，人稱爲“近世肉譜”。吳時敏於文，人稱爲“立地書厨”。王繼勛善用鐵鞭、鐵槊、鐵撾，人稱爲“王三鐵”。王彥昇好擊劍，人稱“王劍兒”。

（清）趙翼：《陔餘叢考》卷三八

今士庶有喪，靈座前皆設肴果，或土或木，而飾以色，其祭享則必焚楮錢及金銀楮錠。陶穀《清異録》載，周祖靈前看果，皆雕香爲之，形色如真。則看果五代時已有之矣。唐《王璵傳》載，漢以來皆有楮錢，後里俗稍以紙寓錢，璵以用之祭祀。則祭祀之焚楮錢，蓋始於璵。《清異録》又載，周世宗發引之日，金銀錢寶，皆寓以形，而楮錢大若盞口，其印文黃曰“泉臺上寶”，白曰“冥游亞寶”。則金銀楮錠及錢始於唐，而盛行於五代矣。

（清）褚人獲：《堅瓠集》廣集卷一

物去其勢，豕曰豶見，易牛曰犗見，佛書馬曰騸見。《五代史》：雞曰敦，犬曰闍。乃俗語。

（清）陸廷燦：《南村隨筆》卷五

吳越稱雪上瓜。錢氏子弟逃暑，取一瓜，各言子之的數，言定，剖觀，負者張宴，謂之瓜戰。

（宋）陶穀：《清異録》卷上

上元張燈，天下止三日，都邑舊亦然。後都邑獨五夜，相傳謂吳越錢王來朝，進錢若干，買此兩夜，因爲故事，非也。蓋乾德間，蜀孟氏初降，正當五年之春正月，太祖以年豐時平，使士民縱樂，詔開封增兩夜，自是始。開寶末，吳越國王始來朝。

（宋）蔡絛：《鐵圍山叢談》卷一

錢王名其居曰握發殿，吳音"握""惡"相亂，錢塘人遂謂其處曰："此錢大王惡發殿也。"

（宋）陸游：《老學庵筆記》卷二

今南屏山興教寺磨崖《家人卦》《中庸》《大學》篇，司馬公書，《新圖經》不載。錢唐自五季以來，無干戈之禍，其民富麗，多淫靡之尚，其於齊家之道或缺焉，故司馬書此以助風教，非偶然爲之也。今南屏遂爲焚櫬之場，莫有登山摩挲苔石者。

（宋）葉紹翁：《四朝聞見録》甲集

後蜀王衍後宮皆戴金蓮花冠，酒酣免冠，其髻鬖然，更施朱粉，號醉妝。國中人皆效之。

（明）陳耀文：《天中記》卷四四

成都不打晚衙鼓。劉仲、張潛夫皆云："孟蜀多以晚鼓戮人，埋野場中，故鳴則鬼祟必作矣。"自是成都倒不打鼓。

（明）陳耀文：《天中記》卷四三

凡視五色皆損目，惟黑色無損。李氏有江南日，中書皆用皂羅糊屏風，所以養目也。王丞相介父在政府，亦以皂羅糊屏障。

（宋）張師正：《倦游雜録》卷二

凡視五色皆損目，惟黑色於目無損。李氏有江南日，中書皆用皂羅糊屏風，所以養目也。

（宋）彭乘：《續墨客揮犀》卷一

（開平元年）十二月，棣州蒲臺縣百姓王知嚴妹，以亂離並失怙恃，因舉哀追感，自截兩指以祭父母。帝以遺體之重，不合毀傷。言念村閭，何知禮教。自今後所在郡縣，如有截指割股，不用奏聞。是年，諸道多奏軍人百姓割股，青、齊、河朔尤多。帝曰：「此若因心，亦足爲孝。但苟免徭役，自殘肌膚，欲以庇身，何能療疾？並宜止絕。」

（宋）王欽若等編纂：《册府元龜》卷一九一《閏位部》

（開平）三年正月，幸西京。敕近年以風俗未泰，兵革且繁，正月燃燈廢停已久，今屬創開鴻業，初建洛都，方在上春，務達陽氣。宜以正月十四十五十六日夜開坊市門，一任公私燃燈祈福。

（宋）王欽若等編纂：《册府元龜》卷一九一《閏位部》

乾化二年正月，宣上元夜任諸寺及坊市各點影燈，金吾不用禁夜。近年以來，以都下聚兵太廣，未嘗令坊市點燈故也。

（宋）王欽若等編纂：《册府元龜》卷一九一《閏位部》

鄭珏爲膳部郎中，天成三年九月乙亥，奏：「諸司、諸使職掌人吏，乘暖坐，帶銀魚，席帽輕衣，肥馬參雜，庭臣尊卑無別，污染時風，請下禁止。」帝嘉其事，促行之。中書覆爲不可。趙鳳亟言於執政曰：「此禮誠大，不可不切。」爲權吏所庇，竟寢其事。

（宋）王欽若等編纂：《册府元龜》卷四七五《臺省部》

（天福）二年九月，將作少監高鴻漸奏：「伏睹近年已來，士庶之家，死喪之苦，當殯葬之日，被諸色音聲伎藝人等作樂求覓錢物，伏乞顯降敕文，特行止絕。或所在官吏等通容不與覺察，請行朝典。」敕：「喪葬有期，哀情慘極。其或舉樂，可謂乖儀，始因伎藝苟求，遂致澆訛漸起。所陳章疏頗正時風，宜下有司，永令止絕。」

（宋）王欽若等編纂：《册府元龜》卷一六〇《帝王部》

（乾德四年）三月，禁百姓不得戴小帽。衍好私行，往往宿於倡家，飲於酒樓，索筆題曰“王一來去”。恐人識之，故令民間皆戴大帽。

（明）陶宗儀：《説郛》卷四五《蜀檮杌》

（乾德）六年正月，禁民戴危帽。其制狹中，俛首即墜，在位者惡之。

（明）陶宗儀：《説郛》卷四五《蜀檮杌》

（咸康元年）三月，衍朝永陵，爲尖巾，民庶皆效之。還，宴怡神亭，嬪妃姜妓皆衣道服、蓮花冠，鬒鬓爲樂。夾臉連額，渥以朱粉，曰醉妝，國人皆效之。

（明）陶宗儀：《説郛》卷四五《蜀檮杌》

蜀王衍晚年，俗競爲小帽，僅覆其頂，俯首即墮，謂之“危腦帽”。衍以爲不祥，禁之。而衍好戴大帽，每微服出游，民間以大帽識之，因令國中皆戴大帽。又好裹尖巾，其狀如錐。而後宮皆戴金蓮花冠，衣道士服，酒酣，免冠，其鬓鬒然，更施朱粉，號“醉妝”，國人皆效之。

（元）馬端臨：《文獻通考》卷三一〇《物異考一六》

時當蜀孟昶末年，婦女競治髪爲高髻，號“朝天髻”。未幾，昶入朝京師。江南李煜末年，有衛士秦友登壽昌堂榻，覆其鞋而坐，訊之，風狂不寤。識者云：“鞋，有履也。其李氏將覆於此地而爲秦所有乎？‘履’與‘李’、‘友’與‘有’同音，趙與秦同祖。”又煜宫中盛雨水染淺碧爲衣，號“天水碧”。未幾，爲王師所克，士女至京師猶有服者。天水，國姓之望也。

（元）馬端臨：《文獻通考》卷三一〇《物異考一六》

蜀之末年,百官競執長鞭,自馬至地。婦人競戴高冠,子皆謂之
"朝天"。又制新曲,名之曰《萬里朝天》,意謂萬里皆朝於已。及歸
降之後,崎嶇川陸;至於京師,乃"萬里朝天"之驗矣。

(明)陶宗儀:《說郛》卷六四《五國故事》

(六月)辛巳,以右補闕辛仲甫權知彭州。上謂之曰:"蜀土始
平,輕佻之俗未革。爾有文武才幹,是用命爾。"仲甫既至,州兵燕環
誘屯戍軍謀以長春節宴集日爲亂,仲甫初未覺也。時民出郭拜墓,仲
甫率官屬巡邏於近郊,見濠中草深,恐其藏伏奸慝,悉命燒薙之。環
黨懼謀泄,遂有告者。凡百餘人,悉擒斬於市。

(宋)李燾:《續資治通鑑長編》卷九,太祖開寶元年(968)

邕州俗重祠祭,被病者不敢治療,但益殺雞豚,徼福於淫昏之鬼。
范旻下令禁止,出俸錢市藥物,親爲和合,民有言病者給之。獲痊瘥
者千計,乃以方書刻石龕置廳壁,部内化之。會偽漢所署知州、宦官
鄧存忠劫土人二萬衆,攻圍州城七十餘日,旻屢出與戰,矢集於胸,猶
力疾督戰,賊遂小却。旻創甚,乃堅固守,遣使間道求援於廣州,前後
十五輩始得達。援兵至,圍解,旻疾未平。詔令肩輿歸闕,所過儳丁
夫,官給其直。旻,質之子也。《尹崇珂傳》乃云容州都指揮使鄧存忠,今
從旻本傳。

(宋)李燾:《續資治通鑑長編》卷一二,太祖開寶四年(971)

北苑妝

江南晚季,建陽進茶油花子,大小形制各別,極可愛。宮嬪縷金於
面,背以淡妝,以此花餅施於額上,時號"北苑妝"。

(明)陶宗儀:《說郛》卷六一《清異錄》

虜主座前,先置銀盤,盤有三足如几狀,中有金罍。進酒者升,以
瓘、盞授二胡豎執之,以置罍側,進酒者以虛臺退,拜於階下。訖,二

胡竪復執瓘、盞以退，傾餘酒於罍中，拜者復自階下執玉臺以上，取瓘、盞而下，拜訖，復位。次則楚王進酒如前儀。次則耶律英進酒如前儀。其漢服官進酒，贊拜以漢人；胡服官，則以胡人。坐者皆飲，凡三爵而退。

> 賈敬顔：《五代宋金元人邊疆行記十三種疏證稿》引《乘軺録》

炭山，即黑山也。地寒凉，雖盛夏必重裘。宿草之下，掘深尺餘，有層冰，瑩潔如玉，至秋分，則消釋。山北有凉殿，虜每夏往居之。西北至刑頭五百里，地苦寒，井泉經夏常凍。虜小暑則往凉殿，大熱則往刑頭，官屬、部落咸輦妻子以從。

> 賈敬顔：《五代宋金元人邊疆行記十三種疏證稿》引《乘軺録》

《廣王全昱傳》有骰子。又董昌臨民訟，擲骰子以決勝負，見《吳越錢鏐世家》。案《廣韻》：“骰子，博陸采具，出《聲譜》。”案其意當爲從骨，投省聲，《説文》卷四下《骨部》本無此字，《新附》亦無。而温庭筠詩：“玲瓏骰子拋紅豆，入骨相思知不知。”則此物以骨爲之。

> （清）王鳴盛：《十七史商榷》卷九五

自漢而後，風俗凡六變：漢與西晉一變也，五胡、南北至陳隋一變也，隋唐至安史一變也，五代至宋一變也，金元一變也。《齊乘》云：安史滅，君臣之義未盡，至五代則幾矣。五胡、南北華統未斷，迨金元則絶矣。

> （清）顧炎武：《天下郡國利病書》

晉張仁願兄仁穎，善治家，勤而且約。婦女衣不曳地，什物多歷年如所新市焉，位大理卿。

> （宋）王欽若等編纂：《冊府元龜》卷七九四《總録部》

15. 志怪與五行

天祐初，有人游宜春，止空宅中。兵革之後，井邑蕪没，堂西至梁上有小窗，窗外隙荒數十畝。日暮，窗外有一物，正方，自下而上。頃之，全蔽其窗，其人引弓射之，應弦而落。時已夕，不能即視。明旦尋之，西百餘步有方杉板，帶一矢，即昨所射也。

（宋）李昉：《太平廣記》卷三六六《宜春人》

天祐丙子歲，浙西軍士周交作亂，殺大將秦進忠、張胤，凡十餘人。進忠少時，嘗怒一小奴，刃貫心，殺而並埋之。末年，恒見此奴捧心而立，始於百步之外，稍稍而近。其日將出，乃在馬前，左右皆見之。而入府，又遇亂兵，傷胃而卒。張胤前月餘，每聞呼其姓名，聲甚清越，亦稍稍而近。其日若在對面，入府皆斃矣。

（宋）李昉：《太平廣記》卷三五三《秦進忠》

灌鐵汁

唐末，徐州廉使時太師忽於公暇設寢，夢到太山府君殿前，見領出一人，云是許州押衙秦宗權。府君曰："君爲國賊否？"宗權對曰："職小力微，慮違天道。"府君怒曰："運數使爾，夫何違耶？"遂令壯士拉之。宗權亦云不得。遂呼一鬼將曰："取鐵汁來。"俄頃之間，鐵汁即至。有鬼數輩，頓宗權坐。分其髮，以鐵汁自頂門灌，其聲爆烈，烟焰勃然。灌訖，又問之，宗權大叫"反"字者三，府君遂捨之，令時公相見。府君謂溥曰："異日宗權作亂，卿可助之。"時與秦一齊拜謝之，颯然寤焉。溥於是以其夢有異，書於密室楹上。後數年，許州差秦宗權持禮而至。溥因睹所申入境狀中姓名，與往年夢中冥契。因厚迎待之。從容之間，屏去左右。問之，各符所夢。遂引宗權密室楹上，觀所記之事，因歃血爲盟。後值上蔡爲叛，許帥委都押衙劉火頭差大將一人往彼安慰。火頭遂差宗權充使，元戎以爲不可，火頭堅有保持。宗權既蒙差行，喜遂其志，矯其軍制，遂滅蔡人。却起狂謀，自據城壘。時太師發兵三萬助入蔡州，兼助糧儲，以副其夢。旌旗一舉，克復許田。其後宗權兵勢轉強，與梁太祖口有相持。數年之間，方遂擒得。太祖遣通引官寇彥卿諭之，宗權對曰：「英雄不兩立，彼勝則我敗。故君子禍至不懼，福至不喜，公何喜耶？」太祖甚嘉其言，因檻送上都，津致頗厚。時太師既而失利，却歸徐州，然常有好道之心，接士略無厭倦。忽一日，有一道士姓郭名端，直詣公衙，云自玄州而至。溥延迎數日，問有何求。端曰：「知君道情，故來相謁。」溥曰：「本非好道，別有愚誠。蓋緣所據藩方，封圻不遠。養兵數萬，闕少瞻軍。欲求利術一門，以裨帑藏。」端曰：「道在其中矣。」遂索一鐵杵。杵至，可重三十餘斤。端於衣帶間取藥一栗許，碾碎，以酒調之，塗於兩頭。以大火百斤已來鍛之，自午至申。水沃，取出其杵，一頭則赤色然麗水，一頭雪爾樂平。中心五寸以來，宛然是鐵。溥甚忻訝，敬爲上仙。端遂請朱砂一斤，泥爐於大廳。養藥。令太師自看火候，約一月而成。端則請命一賓相伴，出市飲酒。溥乃差藥院官元邵南賫其酒價，朝夕隨之。端飲百杯，邵南只禁十盞。至夜酩酊，所在宿焉。端謂邵南曰：「吾與爾開其酒户，匪唯飲酒，兼益壽齡。」邵南因餌其丹，逐日陪奉，飲至五十餘盞所患疝氣亦痊。端至一月歸衙，開爐取藥，結成一塊，香氣馥人。透掌光明，如紅玉之狀。謂溥曰：「此藥所須在意，號曰太乙丹砂。知太師不住人間，遂來救護。」溥但悲感而已，却未知救護因由。忽見一猧兒，遂敲藥少許，搵餅與食。其犬須臾之間化爲烈焰一團，騰空而去。是歲，梁太祖舉四鎮之衆，攻伐其城。堅守數旬，闕乏糧料。端與時公一宅骨肉二百餘口俱上燕子樓。元邵南亦欲隨之，端不令上樓，謂邵南曰：「子未合登此。」須臾，樓中發火，紅焱亘天，色若虹霓，段段飛去。及至火歇，灰燼亦無。軍民異之，謂之火解也。燕子樓至今存焉。元邵南雖不得上樓，顏色轉少，行如兒馬，終日醺酣，至梁末帝之時猶在翰林院祇應，其時年九十。後亦不知存亡。感德之祚祚長官備知其事。

（後蜀）何光遠：《鑒誡錄》卷二

徐鉉不信佛，而酷好鬼神之説，江南中主常語鉉以："佛經有深義，卿頗閲之否？"鉉曰："臣性所不及，不能留意。"中主以《楞嚴經》一帙授之，令看讀，可見其精理。經旬餘，鉉表納所借經求見，言曰："臣讀之數過，見其談空之説，似一器中傾出，復入一器中，此絶難曉，臣都不能省其義。"因再拜，中主哂之。後嘗與近臣通佛理者説以爲笑。專搜求神怪之事，記於簡牘，以爲《稽神録》。嘗典選，選人無以自通，詭言有神怪之事，鉉初令録之，選人言不閑筆綴，願得口述。亟呼見，問之，因以私禱，罔不遂其請。歸朝，有江東布衣蒯亮，年九十餘，好爲大言夸誕，鉉館於門下，心喜之。《稽神録》中事，多亮所言。亮嘗忤鉉，鉉甚怒，不與話累日。忽一日，鉉將入朝，亮迎呼爲中闈，云："適有異人，肉翅自廳飛出，昇堂而去，亮目送久之，方滅。"鉉即喜笑，命紙筆記之，待亮如故。江陵從祖重内典，嘗謂鉉曰："公鄙斥浮屠之教，而重神變之事，瞿曇豈不得作黄面神人乎？"鉉笑而不答。《楊文公談苑》

（宋）江少虞：《宋朝事實類苑》卷六五

妖惑衆

明宗朝有術士楊遷郎者，善使鬼神，觸物變化，是時見者稱爲奇人。及就誅夷，一無靈異。王蜀有楊遷郎叔楊勛者，自號僕射，能於空中請自然還丹，其丹立降。又能召九天玄女、后土夫人悉入簾帷，經宿而去。及折其一足，西市斬之，藥亦無徵，術亦無驗，尸骸臭穢，觀者笑焉。彭州僧號曰"醋頭"，長髭垂髮，以功德幀像，納爲三衣，狀若佯狂，妖言惑衆。蜀之聾俗，莫不皈依。明德中，故田特進敬全典九隴日，辟賈侍御鶠。倅職彭門，乃權郡事。賈本青社人也，爲理公清，僻憎佞媚。郡縣僚屬，視若冰霜。是時，醋頭不敢入境。後郡人思其瞻禮，詣賈判狀請歸。賈亦多才，判其狀曰："出家長頭，未除煩惱。爲衣挂像，豈敬慈尊。向禪室以邪淫，發妖言而惑衆。妄裁歷數，上侮朝廷，謾述灾殃，下迷聾俗。況今有漏，未證無生。將修功德以爲名，積聚私財而作賈。但以正人惜事，君子含宏。未議翦除，致兹猖熾。所嗟鄙俚，競信妖稱。列狀詣衙，欲希迎請。須行嚴令,以絶風情。付司散帖所由,如入界,把捉申送。候到,決眷奏聞。"醋頭知之,便越鄰境而去矣。

(後蜀)何光遠:《鑒誡録》卷三

高僧諭

伏牛上人、一鉢和尚,皆悟達之士也。一居岩岫,永離囂塵。著述《三傷》,指諭《一鉢》。廣開法席,大扇迷徒。聾瞽聞之,往往解悟。王蜀乾德初,有小軍使陳妻高氏,即高駢相公諸院之孫。先於法門寺受持不殺戒二十餘年,後屆蜀,因與男娶婦,親族勸令屠宰,高亦從之。旬日之中得疾,頗異,不録人事,口但荒言。既而三宿還魂,備述幽適之事。初遇黑衣使者追入岐府城隍廟,神峨冠大袖,與一金甲武士對坐。使者領高見神。武士言語紛紜,訴高破戒,仍扼腕罵高曰:"吾護戒鬼將也,爲汝二十餘年食不受美,寢不遑安,豈期一起殺心,頓隳戒行。命雖未盡,罪亦頗深。須送冥司,懲其僭犯。"城隍神回問高曰:"汝更修何善,贖此過尤?"高平生常念《上生經》,至此蔑然遺忘,只記得《三傷頌》《一鉢歌》,合掌向神屬聲而念。神與武士聳爾立聽,顔色漸怡。誦至了終,悉皆涕泪,謂高曰:"且歸人世,宜復善心。"高氏拜辭未終,颯然起坐。乃知大善知識所著句義,與佛齊功。今並録其全篇,仍亦書其靈驗,采之真識,非取伽談。伏牛上人《三傷頌》其一曰:"傷嗟壘巢燕,雖巧無深見。修營一個窠,往復幾千轉。雙飛碧水頭,對語虹梁畔。身緣覓食疲,口爲銜泥爛。驅馳九夏初,方産巢中卵。停騰怕飢渴,撫養知寒暖。憐惜過於人,銜蟲餧皆遍。父爲理毛衣,母來將食饘。一旦翅翼成,分飛不相管。世有仁智人,懇力憂家眷。男女未成長,顔色已衰變。燕子燕子聽吾語,隨時且過休辛苦。縱使窠中千個兒,秋風纔動終須去。世人世人不要貪,此言是藥思量取。饒你平生男女多,誰能伴爾歸泉路。"其二曰:"傷嗟鷄刀鳥,夜夜啼天曉。墜翼柳攀枝,垂頭血沾草。身隨露葉低,影逐風枝裊。一種情相生,爾獨何枯槁。驅驅飲啄稀,役役飛騰少。不是官所差,都緣業所造。亦似世間人,貪生不覺老。喫著能幾多,强自縈煩惱。咄哉無眼人，織絡何時了。只爲一六迷，遂成十二到。鷄刀鷄刀林裏叫，山僧山僧床上笑。有人會意解推尋，不假三祇便成道。"其三曰："傷嗟造蜜蜂，忙忙采花蕊。接翼入芳叢，分頭傍烟水。抱蕊唼香滋，尋花戀春餌。驅馳如有縈，盤旋若遭魅。蹭蹬遇絲羅，飄零餧螻蟻。才能翅翼成，方始窠巢備。惡人把火燒，哀鳴樹中死。蜜是他人將，美是他人美。虛忙百草頭，於身有何利。世有少智人，與此恰相似。只緣貪愛牽，幾度虛沉墜。百歲處浮生，十年作童稚。一半悲與愁，一半病與悴。除折算將來，能得幾多子。更將有漏身，自翳無生理。永不見如來，都緣開眼睡。蜜蜂蜜蜂休役役，空哉終是他人喫。世人世人不要貪，留富他人有何益。"一鉢和尚歌曰："阿剌剌，鬧聒聒，總是悠悠造末撻。如飢喫鹽加得渴，枉却一生頭憂憂。究竟不能知本末，抛却死尸何處脱。閑事到頭須結撮，火落身上當頭撥。莫待臨時叫菩薩，大丈夫貌須豁豁，莫學癡人受摩捋。也縈裹，也擺撥。也學柔和也粗糲，亦解剃頭亦披褐，也學凡夫作生活。直言向君君未達，更作長歌歌一鉢。多中少，少中多，莫笑野人一鉢歌，緣持此鉢度婆裟。青天寥寥月初上，此時境空含萬象。幾處浮生自是非，一源清净無來往。莫謾將心學水泡，百毛流火無事交。不如静坐真如地，頭上從他鵲作巢。萬代金輪聖王子，只這真如靈覺是。菩提樹下度衆生，度盡衆生不生死。真丈夫，無形無相大毗盧。塵勞滅盡真如在，一顆圓明無價珠。眼不見，耳不聞，無見無聞無不聞。從來一鉢無言説，今日千言强爲分。强爲分，須諦聽，人人總有真如性。恰似黄金在礦中，鍊去金砂金體净。真是妄，妄是真，爲求真妄更無人。將心不用生煩惱，衣食隨時養色身。好也著，惡也著，一切不貪無染著。亦無惡，亦無好，一際坦然平等道。粗亦餐，細亦餐，莫學凡夫相上看。亦無粗，亦無細，上方香積無根蒂。坐亦行，行亦坐，生死樹是菩提果。亦無生，亦無死，三世如來總如此。離即著，著即離，實相門中無實義。不可離，不可著，何處更求治病藥。語時默，默時語，語默尋蹤無定所。亦無語，亦無默，莫喚東西作南北。嗔時喜，喜時嗔，我自降魔轉法輪。亦無嗔，亦無喜，水不離波波是水。慳時捨，捨時慳，不離内外與中間。亦無慳，亦無捨，寂寂寥寥無可把。苦時樂，樂時苦，只個修行斷門户。亦無苦，亦無樂，本來自性無纏縛。垢即净，净即垢，兩邊惡境無前後。亦無垢，亦無净，大千同一真如性。藥是病，病是藥，到頭兩事渾捻却。亦無藥，亦無病，正是真如靈覺性。魔是佛，佛是魔，如影隨形水上波。亦無魔，亦無佛，三界比來無一物。凡即聖，聖即凡，色裏膠清水裏鹹。亦無凡，亦無聖，萬行掃除無一行。真中假，假中真，自是凡夫起惡塵。亦無真，亦無假，若不呼時誰應者。本無姓，本無名，只麼騰騰信脚行。有時市廛并屠肆，一葉蓮花火上生。也曾策杖游京洛，身似浮雲先住著。究竟從來是寄居，他方處處無纏縛。若覓戒，三毒藥病可時瘥。若覓禪，我自縱橫大可憐。不是住，不是顛，在世間中出世間。時人不會此中意，打著南邊與北邊。若覓法，雞足山頭問迦葉。見説傳衣在彼中，無心不用求謀甲。若覓修，八萬浮圖何處求。只知黃葉上啼哭，不覺黑雲遮日頭。莫怪狂言無次第，篩羅漸入粗中細。只這粗中細也無，即是圓明真實諦。亦無真，但有名聞即是塵。若向塵中解真實，便是當來出世人。無造作，獨行獨坐空索索。無涅槃，本來生死不相干。直須省，莫謾將身入空井。無去來，也無明鏡挂高臺。儂家見解只如此，不用將心算劫灰。”

（後蜀）何光遠：《鑒誡録》卷一〇

　　梁貞明甲戌歲，徐州帥王殷將叛。八月二十日夜，月明如晝，居人咸聞通衢隊伍之聲，自門隙覘之，則皆青衣兵士而無甲胄。初謂州兵潛以捕盜耳，俄聞清嘯相呼，或歌或嘆，刀盾矛槊，囂隘閭巷，怪狀奇形，甚可畏懼，乃知非人也。比自府廨，出於州南之東門，扄鍵無阻。比至仲冬，殷乃拒詔，朝命劉鄩以兵五萬致討，凡八月而敗，合境悉罹其禍。

（宋）李昉：《太平廣記》卷三五四《王商》

金龜堂
朱梁許州節度使温韜，於衙城濠内得一小龜，金色，遍身綠毛，石函而進之。後主敕於苑内鑿池養之,又構屋宏敞,號"金龜堂"者,是歸我也。

(明)陶宗儀:《説郛》卷二〇《洛中記異録》

明宗初仕莊宗,天祐十四年,契丹圍周德威於幽州,帝與李存審帥師同討,自易州北山而行。詰旦,微雨,諸將懼雨淋潦,帝祝曰:"彼蒼垂祐,國難終平,敢希浹旬,早得晴朗。"俄而開霽,衆心咸悦。

(宋)王欽若等編纂:《册府元龜》卷二六《帝王部》

後唐莊宗同光三年九月丁未夜,遍天陰雲,北方有聲如雷,雉皆雊,俗呼曰"天狗墜"。

(元)馬端臨:《文獻通考》卷三〇七《物異考一三》

天成四年二月甲子,車駕歸京,宿於中牟縣。百官詣行宫起居,各賜酒食。上謂侍臣曰:"麥田稍旱,朕以暗禱祈。"乙丑,届鄭州,雨三日,百辟稱賀。

(宋)王欽若等編纂:《册府元龜》卷二六《帝王部》

長興元年二月甲寅,赴南郊壇之齋宫。是夜,陰雲蔽密,至二鼓,微雨。帝詔問司天官擇日,奏曰:"聖德動天,百靈斯會,即應便止。"至三鼓,雨止,星象晴明,瞻視如晝,咸以爲盛德感也。

(宋)王欽若等編纂:《册府元龜》卷二六《帝王部》

後唐明帝天成二年五月,懷州進白鵲。六月,兗州進三足烏。廢帝清泰元年十月辛未巳時,有雉金色,自南飛入中書,止於政事堂屋脊上。吏驅之不去,良久,飛入於民家,得之。其年李愚、劉昫並罷相。

(元)馬端臨:《文獻通考》卷三一二《物異考一八》

明宗初在太宗左右，嘗巡邊，宿於雁門逆旅。逆旅媼方娠，帝至，媼慢，不時具食，腹中兒謂母曰："大家至，速宜具食。"聲聞於外。媼異之，遽起，親奉虔，敬事尤謹。帝曰媼前倨後恭，詰之。曰："公貴不可言也。"問其故，具道娠子腹語事。帝曰："慢媼遜言，懼於辱耳。"同光末，自鄴回趨白皋渡，將濟，以渡船甚少，帝方憂之，忽有木栿數只沿流而至，即用以濟師，故無留滯焉。

（宋）王欽若等編纂：《册府元龜》卷二一《帝王部》

替元首

應順末，京師訛言："有人還魂，見冥間要數萬丫髻小兒。"繇是無問貴賤之家，小兒有髻者皆剃之，識者曰："小兒剃元首者，新君之兆也。"未幾，世宗嗣位，即替元首也。

（明）陶宗儀：《説郛》卷二〇《洛中記異録》

末帝清泰元年七月，詔曰："昨以稍愆時雨，慮損嘉禾，朕親赴龍門，遍申祈禱，甘澤尋降，豐稔可期。宜令元差禱雨官各赴祠宇昭賽。"

（宋）王欽若等編纂：《册府元龜》卷二六《帝王部》

後唐潞王清泰三年三月，有蛇鼠鬥於師子門外，鼠殺蛇。其年十二月，晉高祖起兵於太原。

（元）馬端臨：《文獻通考》卷三一四《物異考二十》

王處直爲定州節度使，嘗自頌功業，爲德政碑，建樓於衙城内。言有龍見其中，人或睹之，其狀黄么蜥蜴也，而不畏人。處直以爲神異，造龍床以安之。又城東麥田有鵲數十頭，平地共巢，處直以爲己德，令人守之。識者竊論曰："蟲蛇陰物，比藏山澤。今據屋室，人不得而有也。鵲巢於樹，固其所也。今止平地，失其所也。南方爲火，火主禮，禮壞則羽蟲失性。以文推之，上失其道，不安之位。"果廢處直。

（宋）王欽若等編纂：《冊府元龜》卷九五一《總録部》

朱繼麟爲河中節度使。先是，河中衙城閽者夜見婦人數十，衭服靚妝，僕馬炫燿，自外馳騁，笑語趨衙城。閽者不知其故，不敢詰。至門排騎而入，既而扃鐍如故，復無人迹，乃知妖鬼也。又繼麟夜登逍遙樓，哭聲四合。詰旦訊之，巷無喪者，隔歲乃族誅。

（宋）王欽若等編纂：《冊府元龜》卷九五一《總録部》

《晉史》曰：高祖即位之前一年，歲在乙未，鄴西李固橋下，鼠與蛇鬥。鬥及日擲晷，蛇不勝而死。行人觀者志之，後唐果滅於申。

（宋）李昉：《太平御覽》卷九三三，鱗介部五

《後唐史》曰：清泰三年，有蛇與鼠鬥於獅子門外，而鼠殺蛇。

（宋）李昉：《太平御覽》卷九三三，鱗介部五

徐登者，山東人，世傳近二百歲，得異術以固齡體，搢紳所以待禮焉。鄭翰林公鎮荊南，唐詔彥範漕湖北，二公以廣成、浮丘禮之，館於楚望。登無他奇，朴直不矯，不以屑事干公勢。毅夫嘗言：“登雖不以實年告人，每説周末國初事，則皎如目擊，校之已百五六十歲矣。”文瑩與登游鄭館歲餘，惟喜飲醇酎，經月不一粒食，殊不知書。一夕，不告鄭公，夜奔景陵，投道復守陳少卿宗儒以托死。死之日，親寫書到荊厚謝公，公甚嗟悼。囑陳公曰：“吾死後，當窆棺，前後以竹板二等吾身斂之。後三十年，（原注：疑是“後二年”）。當剖棺，此實知也。”遂殯北塔僧園。後二年，陳少卿知壽州，因事詣闕補官遭，枉道至景陵，恐其尸解，剖棺視之，則已腐敗。世之睢方士者，登可鑒焉。

（宋）文瑩：《玉壺清話》卷六

清泰末,有徐坦應進士舉。下第,南游渚宫,因之峽州,尋訪故舊,旅次富堆山下。有古店,是夜憩琴書訖,忽見一樵夫形貌枯瘁,似有哀慘之容。坦遂詰其由,樵夫濡睫而答曰:“某比是此山居人,姓李名孤竹。有妻先遘沈痾,歷年不愈。昨因入山采木,經再宿未返,其妻身形忽變,恐人驚悸,謂鄰母曰:‘我之身已變矣,請爲報夫知之。’及歸語曰:‘我已弗堪也,唯尸在焉,請君托鄰人舁我,置在山口爲幸。’如其言,遷至於彼。逡巡,忽聞如大風雨聲,衆人皆懼之。又言曰:‘至時速回,慎勿返顧。’遂叙訣別之恨。俄見群山中,有大蛇無數,競湊其妻。妻遂下床,伸而復曲,化爲一蟒,與群蛇相接而去。仍於大石上捽其首,迸碎在地。”至今有蛇種李氏在焉。

(宋)李昉:《太平廣記》卷四五九《徐坦》

《漢實録》曰:右監門衛大將軍許遷言:“臣奉命博州,至博平縣東村,有冢彌亘數里,一夕言並化蝶飛去。”

(宋)李昉:《太平御覽》卷九四五,蟲豸部二

蜀地無駱駝,人不識之。蜀將亡,王公大人及近貴權幸出入宫省者,竟執駱駝杖以爲禮,自是内外效之。其杖長三尺許,屈一頭,傅以樺皮,識者以爲不祥。明年,北軍至,駱駝塞劍棧而來,般輦珍寶,填滿城邑,至是方驗。

(宋)李昉:《太平廣記》卷一四〇《駱駝杖》

江南間有溪毒,疾發時,如重傷寒。識之者,取小筆管,内於鼻中,以指彈之三五下,即出墨血,良久疾愈。不然,即致卒矣。

(宋)李昉:《太平廣記》卷三九七《溪毒》

江州南五十里有店名七里店,在沱江之南。小山下有[石]十餘枚,如流星往來,或聚或散,石上常有光景。相傳云:“珠藏於此,乃無

價寶也。或有見者，密認其處，尋求不得。"

（宋）李昉：《太平廣記》卷三九八《藏珠石》

會稽進士李眺偶拾得小石，青黑平正，溫滑可玩，用爲書鎮焉。偶有蛇集其上，驅之不去，視以化爲石。求他蟲試之，隨亦化焉。殼落堅重，與石無異。

（宋）李昉：《太平廣記》卷三九八《化石》

婺州永康縣山亭中有枯松樹。因斷之，誤墮水中，化爲石。取未化者，試於水中，隨亦化焉。其所化者，枝幹及皮，與松無異，且堅勁。有未化者數段，相兼留之，以旌異物。

（宋）李昉：《太平廣記》卷三九八《松化》

洪州建昌縣界田中有自然石碑、石人及石龜，散在地中，莫知其數，皆如鐫琢之狀，而無文字。石人多倒臥者，時有立者。又云，側近有石井，深而無水。有好事者，持火入其中，旁有橫道，莫知遠近，道側亦皆是石人焉。

（宋）李昉：《太平廣記》卷三九八《自然石》

新北市是景雲觀舊基有一巨石，大如柱礎，人或坐之蹋之，逡巡如火燒，應心煩熱，因便成疾，往往致死。或云，若聚火燒此石吼，即瞿塘山吼而水沸，古老相傳耳。又蜀州晉原縣山亭中有二大石，各徑二尺已來，出地七八寸。人或坐之，心痛往往不救。又是落星石，東邊者，坐即靈者。西邊者，與諸石無異，色並帶青白也。

（宋）李昉：《太平廣記》卷三九八《熱石》

婺源縣有大黃石，自山墜於溪側，瑩徹可愛，群犬見而競吠之。數日，村人不堪其喧，乃相與推致水中。犬又俯水而吠愈急。取而碎之,犬乃不吠。

（宋）李昉：《太平廣記》卷三九八《犬吠石》

潘祚爲鄱陽縣令,後連帶古城,其中隙荒數十畝。祚嘗與家人望月於此,見城下草中有光,高數丈。其間荆棘蒙密,不可夜行。即取弓射其處,以志之。明日掘其地,得一瓮。瓮大腹小口,青石塞之。祚命舁歸其家,發其口,不可開。令擊碎之,乃一石,如瓮之形,若冰凍之凝結者。復碎而弃之,訖無所得。

（宋）李昉：《太平廣記》卷三九八《瓮形石》

右千牛兵曹王文秉,丹陽人,世善刻石。其祖嘗爲浙西廉使裴璩采碑,於積石之下得一自然圓石,如球形,式如礜砆,乃重叠如殼相包。砆之至盡,其大如拳。復破之,中有一蠶如蝤蟮,蠕蠕能動。人不能識,因弃之。數年,浙西亂,王出奔至下蜀,與鄉人夜會,語及青蚨還錢事。佐中或云,人欲求富,莫如得石中金蠶畜之,則寶貨自致矣。問其形狀,則石中蝤蟮也。

（宋）李昉：《太平廣記》卷三九八《金蠶》

後晉高祖天福八年三月,有白烏栖於作坊桐樹。

（元）馬端臨：《文獻通考》卷三一二《物異考一八》

後漢高祖天福十二年十一月二日旦,天大昏霧,木有冰。至十一日,霜露着草木皆爲冰。時魏府杜重威叛,討降之。至來年正月二十七日,高祖崩。

（元）馬端臨：《文獻通考》卷三〇五《物異考一一》

後晉出帝開運二年正月,東京封丘門外壕内冰上有文,若大樹華芬敷之狀,相連數十株,宛如圖畫。

（元）馬端臨：《文獻通考》卷三〇五《物異考一一》

　　趙上交仕晉，爲御史中丞。天福九年，少帝禦契丹於澶淵，上交從行。忽中夜夢有一女子爲人設筮，上交問曰："此行主上櫛風沐雨，百官暴露營野，契丹幾時當北去也？"女子曰："十二日五日也。"俄見女子袒衣，身有金甲，類將軍之狀。上交駭而寤，以告同列，咸曰："此真異夢，不可輕爲占測，當共志之。"時虜去，駕還，俱不以是日。及十二年正月朔日，契丹至浚北郊，百官素服序列以朝之，虜長被狐裘，跨馬駐層阜之上，令百官去縞具常服，謂曰："爾輩無懼，吾亦人也。"因開襟示所擐之甲，具云"我昨來特製此，爲南討也。蓋虜情多忌，當欲明其有備爾。"時上交爲御史中丞，首引百官見其事，具省前夢。退謂舊同列曰："虜生北方，稟陰氣。女子象通卜筮者，以多算也。此日乃明其應異乎？"及契丹北還，果以十七日也。

　　　　　　　　（宋）王欽若等編纂：《册府元龜》卷八九三《總録部》

　　後晉出帝開運元年七月一日夜，大雷雨，明德門内井亭有石槽，槽有龍首，其夕漂行數步而龍首斷焉。識者云："石，國姓也，而龍首既斷，大不吉之象。"晉祚果終開運。

　　　　　　　　　　（元）馬端臨：《文獻通考》卷三〇七《物異考一三》

　　晉鄭阮初仕後唐爲趙州刺史，嘗以郡符取部内凶肆中人隸其籍者，遣於青州舁喪至治，郡人憚其遠，願輸直百緡以免其行。阮本無喪，即受直放還。識者曰："此非吉兆也。"未幾，改曹州刺史，爲政愈弊。高祖建義入洛，爲本州指揮使石重立所殺，舉族無孑遺。

　　　　　　　　（宋）王欽若等編纂：《册府元龜》卷九五一《總録部》

　　晉將作少監袁繼謙常説："頃居青社，假一第而處之，聞多凶怪，昏暝即不敢出户庭，合門驚懼，莫能安寢。忽一夕，聞吼聲，若有呼於甕中者，其聲重濁，舉家怖懼，必謂其怪之尤者。遂於窗隙窺之，見一物蒼黑色，來往庭中。是夕月色晦，睹之既久，似若狗身，而首不能舉。遂以搞擊其腦，忽轟然一聲，家犬驚叫而去。蓋其日莊上人輸税至此，就於其地而糜，釜尚有餘者，故犬以首入空器中，而不能出也。因舉家大笑，遂安寢。”

（宋）李昉：《太平廣記》卷五〇〇《袁繼謙》

殿中少監袁繼謙嘗居兗州，侍親疾，家在子城東南隅。有僕人自外通刺者，署云“前某州長史許延年”，後云陳慰。繼謙不樂，命延入。及束帶出，則已去矣。僕云，徒步，衣故皁衣，張帽而至，裁投刺入車門，則去矣。其年親卒，遂以其刺兼冥錢焚之。

（宋）李昉：《太平廣記》卷三五四《袁繼謙》

馬重績爲司天監，夢游崑崙山，與上仙語其言。覺，具述其事。夜未央，無病而卒。

（宋）王欽若等編纂：《冊府元龜》卷八九三《總録部》

劉顗爲鴻臚卿，留司洛下。嘗於水南治第，有古墓在其下，因發之，其棺柩遺骸弃於洛水。俄而疾作，舉家相繼卒焉。

（宋）王欽若等編纂：《冊府元龜》卷九五一《總録部》

程遜爲太常卿，奉使吴越。仲秋之夕，陰瞑如晦，遜嘗爲詩曰：“幽室有時聞雁叫，空庭無路見蟾光。”同僚見之，訝其詩語稍異。及使回，遭風水而溺焉。

（宋）王欽若等編纂：《冊府元龜》卷九五一《總録部》

筆仙

石晉末，汝州高士每夜作筆十管，至曉賣之，後徙居不知所詣，數十年人復見，顏色如故，謂之筆仙。

（宋）曾慥：《類説》卷五九《文房四譜》

漢乾祐元年三月，中書厨釜鳴者七。是月，宰相李濤罷免，勒歸私第。

（元）馬端臨：《文獻通考》卷三〇〇《物異考六》

　　湘陰公贇爲徐州節度使，乾祐元年八月中，有雲見五色。又冬杪，有鳥翔集於鮮碧堂庭樹，黃質朱喙，金目青翼，紺趾玄尾，鸜鴿許大。衆莫能識，竟不見飲啄。有賓佐間嘆曰："野鳥入室，主人將去。"浹旬而不知所止。及郊迎馮道，常所乘馬比甚馴服，至是忽蹄齧奔逸，人不可制，乃以他馬代之，時以爲不祥。又傳太后誥之際，馮道笏墜於地，左右皆惡之。將離彭城，嘗一夕，天有白光一道自西來，照城中如晝，有聲如雷，時人謂之天裂。又有巨星墜於徐野，殷然有聲，或謂之天狗。後贇果廢死。

（宋）王欽若等編纂：《册府元龜》卷九五一《總録部》

　　晉右司員外郎邵元休，嘗説河陽進奏官潘某爲人忠信明達。邵與之善，嘗因從容話及幽冥，且惑其真僞，仍相要云："異日，吾兩人有先物故者，當告以地下事，使生者無惑焉。"後邵與潘別數歲。忽夢至一處，稍前進，見東序下，帟幙鮮華，乃延客之所。有數客，潘亦與焉。其間一人，若大僚，衣冠雄毅，居客之右，邵即前揖，大僚延邵坐。觀見潘亦在下坐，頗有恭謹之色。邵因啓大僚，公舊識潘某耶。大僚唯而已，斯須命茶。應聲已在諸客之前，則不見有人送至者，茶器甚偉。邵將啜之，潘即目邵，映身搖手，止邵勿啜。邵達其旨，乃止。大僚覆命酒，亦應聲而至諸客之前，亦不見執器者。樽斝古樣而偉。大僚揖客而飲，邵將飲之，潘復映身搖手而止之，邵亦不敢飲。大僚又食，即有大餅餤下於諸客之前，馨香酷烈。將食，潘又止邵。有頃，潘目邵，令去，邵即告辭。潘白大僚曰："某與邵故人，今欲送出。"大僚頷而許之。二人俱出公署，因言及頃年相邀幽冥之事。邵即問曰："地下如何？"潘曰："幽冥之事，固不可誣。大率如人世，但冥冥漠漠愁人耳。"言竟，邵辭而去。及寤，因訪潘之存歿，始知潘已卒矣。

（宋）李昉：《太平廣記》卷二八一《邵元休》

漢左司員外郎邵元休，當天復年中，尚未冠，居兖州廨宅。宅內惟乳母婢僕。堂之西序，最南是書齋。時夜向分，舉家滅燭熟寐，書齋內燈亦滅。邵枕書假寐，聞堂之西，窸窣若婦人履聲，經於堂階。先至東序，皆女僕之寢室也。每至一房門，即住少時。遂聞至南廊，有閤子門，不扃鍵，乃推門而入。即聞轟然，若撲破磁器聲。遂西入書齋，窗外微月，見一物，形狀極偉。不辨其面目，長六七尺，如以青黑帛蒙首而入，立於門扉之下。邵不懼，屬聲叱之，仍問數聲，都不酬答，遂却出。其勢如風，邵欲捫枕擊之，則已去矣。又聞行往堂西，其聲遂絕。遲明，驗其南房內，則茶床之上，一白磁器，已墜地破矣。後問人云，常有兵馬留後居是宅，女卒，權於堂西作殯宮。仍訪左右，有近鄰識其女者云，體貌頗長，蓋其魄也。

（宋）李昉：《太平廣記》卷三五三《邵元休》

廣順二年五月，親征慕容彥超於兖州。是月十三日至城下，賊尚拒守。十七日晝寐，夢內養德兒引道士一人進書，卷首云：“車駕來月二日還京。”其下文字絕多，不能盡記。既寤，以夢示宰臣。又四日而城拔。六月二日，離兖州。是日大雨，城下行營水深數尺。其日晚，至中都縣，太祖笑謂侍臣曰：“今日若不離城下，則當爲水潦所溺矣。”

（宋）王欽若等編纂：《冊府元龜》卷二六《帝王部》

周太祖以乾祐二年討李守真，太祖決欲進攻。十七日，於西砦抽郭崇、葉仁魯及手下兵士與東砦軍進攻。梯衝砲弩，百道齊發。俄而西北黑風揚沙晦暝，梯衝搖蕩，人不能開目。太祖令禱河伯祠曰：“吾奉辭伐罪，以救黎元，凶醜拒張，勞兵攻伐。神道禍淫，合伸冥助，風師無狀，不祐王師，明靈感通，速宜止絕。如無顯效，祠其危乎？”奠訖而風止。

（宋）王欽若等編纂：《冊府元龜》卷二六《帝王部》

周太祖初爲漢侍衛馬步軍都指揮使。乾祐中，圍李守貞於河中府，攻城日，大風，帝祝於河神而風止，及守貞將敗，帝夢河神告曰：
"勿攻擊。七月下旬，上帝滅其族。"果如其言。及北征，至澶州驛，亂
軍逼，即登城樓，令王峻慰諭之，曰："河冰已解，浮橋難立，如何南
濟？"眾亦憂之。其夜，西北風裂凝凍，比昧旦，津吏報冰堅可渡，步騎
踐冰而行，堅如鐵石。未午，軍人渡絕，眾謂之"凌橋"。其日將夕，津
吏報曰："冰橋泮矣。"

（宋）王欽若等編纂：《册府元龜》卷二六《帝王部》

世宗顯德元年三月，親征河東，大敗賊軍。初，兩軍之未整也，風
自東北起，不便於王師。及與賊軍相遇，風勢斗回，人情相悅。

（宋）王欽若等編纂：《册府元龜》卷二六《帝王部》

世宗初節制澶淵，凡三載，或水旱不時，有禱於神祠，未嘗不應時
而驗。顯德四年，親征淮南，降下壽州，還京。四月戊午，到潁上縣，
是日大雨。先時，帝在下蔡日，宰臣以時雨稍愆上奏，帝曰："賊壘已
平，班師在近，雨當不日矣。"至是，果如聖語。

（宋）王欽若等編纂：《册府元龜》卷二六《帝王部》

石匣

高氏專江陵日，乾祐中，於山庭後鑿一大池，爲游嬉之所。掘地
丈餘，得一大石匣，長丈餘，闊數寸，局鐍甚固，主者不敢啓之，其事以
故。高氏大神之，乃屏去左右，惟與親僚屬三五人，焚香而啓之，匣中
惟合篆銘一首，云："此去遇龍即歇"，於是秘之。至太祖龍飛，改號建
隆，高氏亡國。

（明）陶宗儀：《説郛》卷六五《采異記》

兔上金床

蜀王建屬兔，於天祐四年丁卯歲僭居帝位，乃以兔子上金床之
讖，遂以金飾所坐，復謂左右曰："朕承唐以金德，王踞此床，天下孰敢

不賓者乎?"聞者皆嗤之。先是,甲子歌至清泰三年丙申歲云:"數在五樓前。"又云:"但看八九月,胡虜亂中原。"後大軍於太原南五樓村前大戰。至九月,晉帝勾契丹至於城下,王師敗績。至十一月,戎王遣蕃軍送晉祖入洛陽,即胡虜亂中原之應也。

(明)陶宗儀:《説郛》卷二〇《洛中記異録》

王蜀時,杜判官妻張氏,士流之子。與杜齊體數十年,誕育一子,壽過六旬而殂歿。洎殯於家,累旬後,方空於外。啟攢之際,覺其秘器搖動,謂其還魂。剖而視之,見化作大蛇,蟠蜿屈曲,骨肉奔散。俄頃,徐徐入林莽而去。

(宋)李昉:《太平廣記》卷四五九《張氏》

蜀大理少卿李泳嘗歸郫城別墅。過橋,見一嬰兒,以蕉葉薦之,泳憐其形相貌異,收歸哺養爲子。六七年,能書,善譚笑,父母鍾愛之,過於親子。至十二歲,經史未見者,皆覽之如夙習,人皆謂之神智。嘗獨居一室中閱書,父母偶潛窺之,見一人持簿書,復有二童子接引呈過,其子便大書數行,却授之去。父母異之,來日,因侍立,泳款曲謂之曰:"吾夜來竊有所睹,汝得非判陰府事乎?"曰:"然。"重問則唯拜不對。泳曰:"陰府人間,事意不同,吾不欲苦問,汝宜善保。"子又拜。却後六年,一旦白於父母:"兒只合與少卿夫人爲兒一十八年,今則事畢。來日申時,却歸冥司。"因泣下久之,父母亦爲之出涕。泳問曰:"吾官至何?"答曰:"只在大理少卿。"果來日申時,其子卒,故泳有退閒之志。未久,坐事遂罷。

(宋)李昉:《太平廣記》卷三一四《李泳子》

許墓靈

《左傳》:"神降於莘,惠王問諸内史曰:'是何故也?'對曰:'國之將興,神明降之,監其德也;國之將亡,神又降之,觀其惡也。故得神以興，亦又以亡。'"王蜀太祖與晉太師暉共爲惡友，悉生許下。長而貧乏，姓名無聞。潛攻許昌縣民家，事發，太祖與晉俱遁武陽古墓中。是時，潁川設無遮齋會。至夜，有數人呼墓曰："潁川大會，得無同行？"俄聞墓中應之曰："蜀王在此，不得相隨。"太祖與晉只聞其聲，不見有人，則莫知蜀王誰是。晉謂太祖曰："八哥識遠謀大，小子所不能及。"太祖忻然稱讓，但懷內喜。良久，看會鬼回，謂墓鬼曰："知此有客，今將飯三分來，內二分獻王，一分獻公。"墓中窸窣，似有人承接。飯二分各在太祖及晉前，雖馨香不殊，而太祖前品味頗異。謂太祖曰："只此是御飯矣。"二人潛笑。既脫斯難，因隨黃巢各爲將領而已矣。太祖自利閬舉兵收蜀，勳業既大，遂封蜀王。晉亦終於太師。是知武陽墓鬼通靈，先知公王者也。

（後蜀）何光遠：《鑑誡録》卷四

蜀將陶福，少年無賴，偷狗屠牛。後立功，至郡守，屯戍興元府之西縣。暴得疾，急命從人朱軍將，詣府迎醫李令藺。令藺與朱軍將連騎馳往。至夜，抵西縣近郭諸葛亮廟前，見秉炬三對前道，擁一人步行，荷校摯縛，衆人相從。後有陶親叟，抱衣裘而隨之。令藺先未識陶福，朱軍將指謂令藺曰："此是我家太尉，胡爲如此？"逡巡恐悚，亦疑是鬼。曉至其營，已聞家人哭聲，向來執録，乃福之魂也。

（宋）李昉：《太平廣記》卷三五二《陶福》

蜀人王昭遠，戊午歲爲巡邊制置使。及文州，遇軍人喧聚。問之，言舊冢內有尸不壞，或以磚石投之，其聲鏗然。昭遠往，見其形質儼然，如新逝。冢中得石版云："有唐故文州馬步都虞候和文，年五十八，大中五年辛未五月五日卒，葬於此。"昭遠致祭，復令掩閉之，於墓側刻石以銘之。

（宋）李昉：《太平廣記》卷三九〇《和文》

王蜀秦州節度使王承檢，築防蕃城。至上邽山下，獲瓦棺，內無尸,唯有一片舌,肉色紅潤,堅如鐵石。其舌上只有一髑髏,中有一古錢,有二蠅,振然飛去。片石刻篆字曰:"大隋開皇二年,渭州刺史張崇妻夫人王氏,年二十五,嫁於崇,三年而娠。惡其妊娠,遂卒。"銘曰:"車道之北,邙山之陽。深深葬玉,鬱鬱埋香。刻斯貞石,焕乎遺芳。地變陵谷,嶮列城隍。乾德丙年,壞者合郎。"是歲偽乾德六年,丙子歲也。言"壞者合郎",即王承檢小字也。

(宋)李昉:《太平廣記》卷三九二《王承檢》

鬼坐衙

前蜀軍使文大劍宗院下峽行回至瀘州,經方山廟,以兵士平善還棹,夜宿兹廟,了其心願焉。事饌者檢視不謹,未經獻熟,有廟家狗潛於砧上盜物食焉。文方暫偃息於廊廡間,候其事辨。俄聞廟堂内雷震一聲,又有電數條繚繞廟中,似尋怪物。文與三十餘人潛匿無地,忽見一人戴白冠,衣白裳,昇堂而坐。獠鬼有趨走階下者,後有排立者,莫知其數。頃刻,有鬼十數等,皆披虎皮,執一著赤黄衫人至中庭。鬼主責之曰:"豈有人間設食,吾未受饗而竊之乎?"遂令杖之十五,曳出廟門。良久,鬼物聲影俱沉,寂然如故。文遂令點檢祭饌,果少豬腸。來早於廟籬外見一赤黄狗卧在草内,舐其臀瘡。自後祭人轉加嚴敬。又崔諫議鑾頃在瀘州,禱無不應。今於錦城之北奏置行廟,時人號曰"崔氏家神"。靈驗頗多,不復盡録。

(後蜀)何光遠:《鑒誡録》卷六

打毬一棒爲猛入

莊宗召孟知祥鎮成都。先是蜀人打毬,一棒便入湖子者爲猛入,語訛爲孟入,得蔭一籌。後孟氏盡得兩蜀,至子昶,一籌者果一子也。

(宋)曾慥:《類説》卷一二《記異録》

孟入

同光乙酉歲,王師平蜀。莊宗詔太原節度使孟知祥入川鎮成都。先是，蜀人打毬，或一棒便入湖子者爲"猛人"，音訛爲"孟人"，得蔭一籌。其後，孟盡得兩蜀之地，乃僭大號。洎子昶降，乃知蔭一籌者，果一子也。

（明）陶宗儀：《説郛》卷二〇《洛中記異録》

亡蜀先兆

聖朝乾德二年，歲在甲子，興師伐蜀。明年春，蜀主出降。二月，除兵部侍郎、參知政事吕公餘慶知軍府事，以僞皇太子策勋府爲理所。先是，蜀主每歲除日，諸宮門各給桃符一對，俾題"元亨利正"四字。時僞太子善書札，選本宮策勛府桃符，親自題曰："天垂餘慶，地接長春"八字，以爲詞翰之美也。至是，吕公名餘慶，太祖皇帝誕聖節號"長春"，天垂地接，先兆皎然，國之興替固前定矣。

（明）陶宗儀：《説郛》卷一四《茅亭客話》

太平木

僞蜀廣政末，成都人唐季明父，失其名，因破一木中有紫紋，隸書"太平"兩字，將欲進蜀主以爲嘉瑞。識者解云："不應此時，須破了方見太平爾。"果自聖朝吊伐之後，頻頒曠蕩之恩，寬宥傷殘之俗，後仍改"太平興國"之號，即知識者之言諒有證矣。

（明）陶宗儀：《説郛》卷一四《茅亭客話》

召主收贖

孟昶末年，忽命收官質庫，家令大署庫前云："奉敕限一月，召主收贖。"未久，王師西征，及蜀平，時人始悟"召主收贖"之義："召者，趙也；贖者，蜀也。孟昶即宋之臣也。"即知天命王家之平蕩暴亂，固有自矣。

（明）陶宗儀：《説郛》卷二〇《洛中記異録》

伏龜山鐵銘（廣政）二十四年十月，漢州什邡縣井中有火龍騰空而去。昶書"兆民賴之"四字，誤以兆爲趙。

（明）陶宗儀：《説郛》卷四五《蜀檮杌》

（廣政二十四年）十一月，民訛言國家東遷於天水，皆不祥也。

（明）陶宗儀：《説郛》卷四五《蜀檮杌》

（廣政）二十三年正月，昶謁和陵。正月，龍見玉壘關。時藝祖皇帝建隆元年也。

（明）陶宗儀：《説郛》卷四五《蜀檮杌》

（廣政二十三年）十二月，太后夢青衣神，言是宮中衛聖龍神，乞出居於外。乃於昭覺寺廊下建堂，自內引出，置於寺中，識者以爲不祥。

（明）陶宗儀：《説郛》卷四五《蜀檮杌》

（廣政）二十五年正月，以玄喆爲太子。玄喆，字遵聖，昶長子。歸朝，受泰寧節度、知貝州，封滕國公。知滑州、滁州，卒於十九年。弟玄珏入朝爲統軍卒。

（明）陶宗儀：《説郛》卷四五《蜀檮杌》

伏龜山鐵銘

江南保大中秋八月，伏龜山圯得一石函，長二尺，闊八寸，中有鐵銘文云“梁天監十四年秋八月葬室於是”，銘背有引曰“寶”。公嘗爲此偈，大書於木板之上，以白巾幂之，人或欲讀者，必施錢方得一讀，讀畢覆之。當時名臣自陸倕、王筠、姚容而下皆莫知其旨，或問其意，答云：“事在五百年後，非今也。”至卒日，乃書其偈同葬之，以志其事，銘曰：“莫問江南事，江南自有憑。乘鷄登寶位，跨犬出金陵。子建司南位，安仁秉夜燈。東鄰家道闊，隨虎過明徵。”其字皆小篆，體勢完具，無缺落處。當日二徐、韓、張之徒，亦不能解其意。至李氏國亡，好事者稍稍尋見其意，蓋應在江浙也。後主丁酉生，又以丁酉年即僞位，是乘鷄登寶位之驗。至甲戌年國破，是跨犬出金陵之應。時曹翰按甲於城南，是子建司南位之應。潘太師美統兵於城北，是安仁秉夜燈之應。後二句亦未見其旨。至戊寅年，淮海王錢氏舉國入覲，方驗其東鄰之句。俗諺云："家道闕者是無錢也。"所云隨虎者，蓋戊寅年矣，又淮海王小字虎子。

（明）陶宗儀：《說郛》卷六五《采異記》

後主篡位之初，嘗夢一羊升武德殿御床，意甚惡之。及金陵之陷，補闕楊克讓首知府事。盛衰之理，其明徵歟。

（明）陶宗儀：《說郛》卷二〇《南唐近事》

後主嗣位之初，夜夢有羊據德殿御榻而坐，初甚惡之。自乙亥冬，太祖弔伐之初，首命吏部郎中楊克讓知府事，固以陰數定也。

（明）陶宗儀：《說郛》卷五八《江表志》

古鏡石人物

徐鉉得一鏡，照面只見一眼。有熊山野人好訪異物，有石龜、石桃、石棗之類，嘗夢人自云姓石，相依附。後得一石人，長尺餘，具眉目。令世有石燕、石蟹之類。又松亦化為石。隴州有魚石子，置書籍中能辟蠹。

（宋）曾慥：《類說》卷五二《秘閣閑談》

徐常侍鉉仕江南日，當直澄心堂。每襆被入直，至飛虹橋，馬留不進，裂鞍斷轡，箠之流血，掣韁却立。鉉寓書於杭州沙門贊寧，答曰："下必有海馬骨，水火俱不能毀，惟漚以腐糟隨毀者乃是。"鉉斸之，去土丈餘，果得巨獸骨，上脛可長五尺，膝而下長三尺，腦骨若段柱。積薪焚之，三日不動，以腐糟纔漚之，遂爛焉。

（宋）文瑩：《玉壺清話》卷一〇

開寶中，將興兵革。吉州城頭有一人，大面方三尺，睚目多須，狀如方相。自旦至申酉時，郡人睹之，眾所驚異。明年國亡之應也。

（明）陶宗儀：《說郛》卷五八《江表志》

丙午歲,江南之師圍留安,軍政不肅。軍士發掘冢墓,以取財物,諸將莫禁。監軍使張匡紹所將卒二人,發城南一冢,得一椰實杯,以獻匡紹。因曰:"某發此冢,開棺,見綠衣人面如生,懼不敢犯。墓中無他珍,唯得此杯耳。"既還營,而綠衣人已坐某房矣。一日數見,意甚惡之。居一二日,二卒皆戰死。

(宋)李昉:《太平廣記》卷三九〇《張紹軍卒》

楚王馬希範修長沙城,開濠畢,忽見一物長十餘丈,高丈餘,無頭尾手足,狀若土山,自北岸出,游泳水上。久之,入南岸而没,出入俱無蹤迹。或謂之"土龍",無幾何,而馬氏遂亡。

(明)陶宗儀:《説郛》卷一四《稽神録》

閩王審知初爲泉州刺史,州北數十里地名桃林。光啓初,一夕,村中地震,有聲如鳴數百面鼓。及明視之,禾稼方茂,了無一莖。掘地求之,則皆倒懸在土下。其年,審知克晉安,盡有甌閩之地,傳國六十年。至其子延羲立,桃林地中復有鼓聲,禾已收穫,餘粳在田。及明視之,亦無一莖。掘地求之,則亦倒懸土下。其年,延羲爲左右所殺,王氏遂滅。

(明)陶宗儀:《説郛》卷一四《稽神録》

南漢劉鋹時,宮中井旁石自立,行百餘步而仆。

(元)馬端臨:《文獻通考》卷三〇〇《物異考六》

南漢劉鋹時,有野獸觸宮中寢門。

(元)馬端臨:《文獻通考》卷三一一《物異考一七》

漢劉鋹苑中羊吐珠。

(元)馬端臨:《文獻通考》卷三一二《物異考一八》

持簿閲死者

王師征越,敗於臨安,裨將劉宣傷重卧於死人中。至夜,有官吏數人,持簿遍閲死者,至宣乃扶起,曰:"此漢非是。"引出數步,置道左。明日賊退,乃得歸。

(宋)曾慥:《類説》卷一二《稽神録》

王師征越,敗於臨安。裨將劉宣傷重,卧於死人中,至夜有官吏數人持簿徧閲死者。至宣,乃扶起曰:"此漢非是。"引出數十步,置道左。明日賊退,乃得歸。

(明)陶宗儀:《説郛》卷三《稽神録》

囹圄寃氣

同州掘地,得一物,重八十餘斤。劉源曰:"此囹圄之地,寃氣所結。"

(宋)曾慥:《類説》卷二七《外史檮杌》

古鏡

宗壽定之族子得一古鐵鏡,下有篆文十二字,忽照見一青衣小兒坐酒樓上,令人訪之,青衣隨至曰:"吾失此百年矣,此神物也終當化去,不若還我。"宗壽出而與之,青衣剖腹納鏡而去。小兒傳辟穀吐納之術。

(宋)曾慥:《類説》卷二七《外史檮杌》

記前生事

文澹生四歲,謂母曰:"我有銀胡蘆、漆毬子、五色香囊在杏林上。"往取果得之。乃澹生五歲,失足落井水,今再生也。

(宋)曾慥:《類説》卷二七《外史檮杌》

替代

荆南都頭李遇疾困,攝至陰府,逢一人先物故者,曰:"常侍安得

此來。"復有一人云："已追到。"李遇遂蘇,見妻子泣,其身下卧一畫
人,號替代。

(宋)曾慥:《類説》卷四三《北夢瑣言》

方丈山麻姑

王保義爲荆南高從誨行軍司馬。生女不食葷血,五歲通《黄庭》
等經。及長,夢渡水登山,見金銀宮闕,云是"方丈仙女"。仙類十人
中一人曰"麻姑",相結姊妹,授以琵琶數曲。自是數夜一遇,歲餘得
百餘曲。其尤者有獨指商,以一指彈一曲。復夢麻姑曰:"即當相
邀。"明日,庭中有雲鶴、音樂,女奄然而卒。

(宋)曾慥:《類説》卷五二《秘閣閑談》

茂直免死

張茂直少買瓜於圃,翁倚鋤睨曰:"子不久當斷頸,下刃之際稍速
則死,稍緩則生。果獲免,必享富貴。"無何,慕容彦超據兖,例驅守
埤。周師破敵,擁城者例斬,至茂直,挾刃者曰:"汝髮甚修鬒,惜爲頸
血所污,可先斷之。"茂直徐理髮得免,後爲知制誥。

(宋)曾慥:《類説》卷五五《玉壺清話》

彭李者,世爲義門陳氏之傭夫,喪明已久。有子一人,常聞陳之
子弟言,舜王孝而父瞽曳舐目而致明。乃歸,仿之。不旬日,父目忽
然明朗。

(明)陶宗儀:《説郛》卷三《江南別録》

董表儀家在河塘東,嘗欲撤屋掘土,陰陽人云太歲居此方,不可
興工。既而掘深三尺許,得肉塊漫漫然。董惡之,投諸河,後亦無禍。

(明)陶宗儀:《説郛》卷五《傳載》

廣陵有男子行乞於市,每見馬矢,即取食。自云:"常爲人飼馬,

慵不能夜起。其主恒自檢視，見槽中無菽，督責之。乃取烏梅并以飼馬。馬齒酸楚，不能食，竟致死。"後因病，見馬矢輒流涎欲食。食之與烏梅味正同，了無穢氣。

（明）陶宗儀：《說郛》卷一四《稽神錄》

清源人陳褒隱居別業，臨窗夜坐，窗外即曠野。忽聞有人馬聲，視之，見一婦人騎虎自窗下過，徑入屋西室內。壁下先有一婢臥，婦人即取細竹杖從壁隙中刺之。婢忽爾肚疼，開戶云如廁。褒方愕駭，未及言，婢始出，已爲虎所搏。遽前救之，僅免。鄉人云村中恒有此怪，所謂虎鬼者也。

（明）陶宗儀：《說郛》卷一四《稽神錄》

陝西周寶爲浙西節度使，治城隍。至鶴林門，得古冢棺櫬，將腐，發之。有一女子，面如生，鉛粉、衣服皆不敗。掌役者以告，寶親視之，或曰："此當是嘗餌靈藥，待時而發，則解化之期矣。"寶即命改葬之，具車輿聲樂以送。寶與僚屬登城望之，行數里，有紫雲覆輀車之上，衆咸見一女子出自車中，坐於紫雲之上，冉冉而去，久之乃沒，開棺則空矣。

（明）陶宗儀：《說郛》卷一四《稽神錄》

福州城中有烏石山，山有大峰，鑿三字曰"薛老峰"。癸卯歲，一夕，風雨，聞山上如數千人喧噪之聲。及旦，則薛老峰倒立，峰字返向上，城中石碑皆自轉側。其年，閩亡。

（明）陶宗儀：《說郛》卷一四《稽神錄》

火龍騰躍

大軍未至前，自春及夏無雨，螟蝗大作。一旦，漢州什邡縣石井中，夜有十火龍騰躍而出，浩浩升天而去，乃至鱗甲首足明耀赫奕，大風吼天，草木皆拔，餘燼墜地，延燒數百家。翌日，有一人披髮，衣青布褲，奔走於街巷中，高聲唱言："有一神人使作，無爺無母救你。"流汗滿面,困乏喘氣而口不暫停。兩日,亦不知所在。復又鷤鴂鳴於庭,射之不中俗呼爲禿秋鳥,故老見之曰:"此鳥主少,主歸命。咸康時來,此時又來,當有興替乎?"皆秘而不奏。明年冬,大軍入界。

(明)陶宗儀:《説郛》卷一七《野人閑話》

靈砂餌胡孫

優旃楊干度者,善弄胡孫於闤闠中。嘗飼養胡孫十餘頭,會人言語,亦可取笑於一時。一日,内厩胡孫維絶,走殿上閣。蜀主令人射之不中。三日,内竪奏干度善弄胡孫,試令捉之。遂詔千度,謝恩訖。胡孫十餘頭亦朝殿上拜叉手作行立,内厩胡孫亦在舍上窺之。干度高聲唱言:"奉敕把下舍上胡孫來。"手下胡孫一時上舍,齊手把捉,内厩胡孫立在殿前。蜀主大悦,賜干度優緋衫、錢帛,收係教坊。有内臣因問:"胡孫何以教之會人言語。"對曰:"胡孫乃獸,實不會人言語,干度嘗餌之靈砂,變其獸心,然後可教之。"内臣深訝所説其事。或有好事者知之,多以靈砂飼胡孫、鸚鵡、犬鼠等以教之。

(明)陶宗儀:《説郛》卷一七《野人閑話》

宋州官家

先是,周末忽有一人,衣粗布衣,裹青巾,草履而已於中書省政事堂内,箕踞而坐,群吏見之,咸大驚叱之:"何人也。"答云:"官家教我來。"吏曰:"官家在甚處。"復答曰:"在宋州。"尋白於諸相,咸曰:"此狂人爾,不須奏,恐累諸門守衛者,事非細。"乃寢,因令逐之出外。今上移鎮商丘,少主禪位,上開國爲大宋。宋州官家是天命,已兆之也。

(明)陶宗儀:《説郛》卷二〇《洛中記異録》

呂知隱於洞庭山,穿一松造草舍而居。寶正中徵起,鶴氅紗巾,見武肅,甚奇之。善星緯,識地理,多術數,嘗謂人曰:"夫草木鬱成處有泉。牛每戀卧處可鑿井。蚌蛤之屬内有小魚鰕。及自死鳥獸,口不閉者;密瓶造鮓醤,搖動者皆不可食。"又云:"赤豆湯洗色衣垢,楊桃枝去粘,研芥子入豆醬不生蟲,牛乳去油衣粘。"問事無不知者。

(明)陶宗儀:《説郛》卷二〇《葆光録》

　　有軍人早出,月色朗然,見一獨足者橋闌上卧。軍人少壯無畏懼,乃抱之。其鬼即云:"放我當有相酬。"軍人曰:"何物。"曰:"有銀盞一。"間居,止云少間送來,軍人遂捨之。其妻見一少年叩門,云:"賢郎今將盞歸。"授其妻而去。至晚,軍人回,將盞示之,夫乃説今日之事,妻曰:"神靈物不可駐之,今將貨易酒肉祭之。"夫從其言。祭畢,夫曰:"適看此盞,有似家内樣,莫非偷我者,將來否。"妻亦疑之,往取,果失之矣。夫妻愕然曰:"大是俊鬼也。"

(明)陶宗儀:《説郛》卷二〇《葆光録》

　　衆説狗不相食者,近人道矣。匏里有人將其肉飼一犬,銜往草間,跑地埋之,嗚咽久而不去。

(明)陶宗儀:《説郛》卷二〇《葆光録》

　　晉朝末年,汴京壕水冰凍,皆爲花鳥人物之狀。十月朔,雷霆大震。經旬,陰雨不息。夜有雲分爲數十道,南北竟天。是年,戎虜亂華,契丹據中國五六月敗滅也。

(明)陶宗儀:《説郛》卷三四《耳目記》

王仁裕祖母
　　太原王仁裕家道(遠)祖母約二百餘歲,形質眇小,長約三四尺許。兩眼白睛皆碧,飲啗至少,夜多不睡。每月餘,忽不見數日。復至,亦不知其往來之迹。床頭有柳箱,可尺餘,封鎖甚密,人未嘗得見其中物。常戒諸孫曰:"如我出,慎勿開(此箱,開)即我不來也。"諸孫中有一無賴者,一日恃酒而歸,祖母不在,徑詣床頭取封鎖柳箱,開之。其中有一小鐵箆子,餘無他物。自此,祖母竟不回矣。

(明)陶宗儀:《説郛》卷三四《談淵》

太祖皇帝在周朝,受命北討,至陳橋爲三軍推戴。時杜太后眷屬以下盡在定力院,有司將搜捕,主僧悉令登閣而固其扃鐍。俄而大搜索,主僧紿云:"皆散走不知所之矣。"甲士入寺,登梯且發鐍,見蛛網絲布滿其上,而塵埃凝積若累年不曾開者,乃相告曰:"是安得有人。"遂皆返去。有頃,太祖已踐阼矣。

(明)陶宗儀:《説郛》卷四一《曲洧舊聞》

戊子歲大旱,濠州酒肆前,有大井,堙塞積久。至是,酒家召井工陶浚之。有工人父子應募者,其子先入,倚鍤而卒。其父遽下,亦卒。觀者如堵,無敢復入。引繩出尸,竟不復鑿。

(宋)李昉:《太平廣記》卷三九九《濠州井》

永平乙亥歲,有説開封人發曹王皋墓,取其石人羊馬磚石之屬。見其棺宛然,而隨手灰滅,無復形骨,但有金器數事。棺前有鑄銀盆,廣三尺,滿盆貯水。中坐玉嬰兒,高三尺,水無減耗。則泓師所云,墓中貯玉,則草木溫潤。貯金多,則草木焦枯。曹王自貞元之後,歷二百歲矣。盆水不減,玉之潤也。

(宋)李昉:《太平廣記》卷三九〇《曹王墓》

霍丘令周潔,甲辰歲罷任,客游淮上。時民大饑,逆旅殆絶,投宿無所。升高而望,遠見村落烟火,趨而詣之。得一村舍,扣門久之,一女子出應門。告以求宿,女子曰:"家中飢餓,老幼皆病,無以延客,至中堂一榻可矣。"遂入之。女子侍立於前,少頃,其妹復出,映姊而立,不見其面。潔自具食,取餅二枚,以與二女。持之入室,閉關而寢,悄無人聲。潔亦聳然而懼,向曉將去,便呼二女告之,了無聲應者。因壞户而入,乃見積尸滿屋,皆將枯朽。唯女子死可旬日,其妹面目已枯矣,二餅猶置胸上,潔後皆爲瘥之云。

(宋)李昉:《太平廣記》卷三五四《周潔》

　　丙午歲,漳州裨將林贊堯殺監軍中使,據郡,及保山岩以爲營。掘地,得一古冢,棺椁皆腐,中有一女子,衣服容貌皆如生,舉體尤有暖氣。軍士取其金銀釵環,而弃其尸。又發一家,開棺,見一人被髮復面,蹲於棺中。軍士駭懼,致死者數人。贊堯竟伏誅。

　　　　　　　　　　（宋）李昉:《太平廣記》卷三九〇《林贊堯》

　　劉建封寇豫章,僧十朋與其徒奔分寧,宿澄心僧院。初夜,見窗外有光。視之,見團火,高廣數尺,中有金車子與火俱行,嘔軋有聲。十朋始懼。其主人云:“見之數年矣。每夜必出於僧堂西北隅地中,繞堂數周,覆没於此。以其不爲禍福,故無掘視之者。”

　　　　　　　　　　（宋）李昉:《太平廣記》卷三六六《僧十朋》

　　李遇爲宣州節度使,軍政委大將朱從本。本家厩中畜猴。厩人夜起秣馬,見一物如驢,黑而毛,手足皆如人,據地而食此猴,見人乃去,猴已食其半。明年,遇族誅。宣城故老云,郡中常有此怪,每軍城有變,此物輒出,出則滿城皆臭。田頵將敗,出於街中。巡夜者見之,不敢逼。旬月禍及。

　　　　　　　　　　（宋）李昉:《太平廣記》卷三六六《朱從本》

　　信州刺史周本入覲揚都,舍於邸第。遇私諱日,獨宿外齋,張燈而寐。未熟,聞室中有聲劃然。視之,見火爐冉冉而上,直傅於屋,良久乃下,飛灰勃然。明日,滿室浮埃覆物,亦無他怪。

　　　　　　　　　　（宋）李昉:《太平廣記》卷三六六《周本》

　　江南軍使王建封驕恣奢僭,築大第於淮之南。暇日臨街,坐窗下,見一老嫗,携少女過於前,衣服襤縷,而姿色絶世。建封呼問之,云:“孤貧無依,乞食至此。”建封曰:“吾納爾女,而給養爾終身,可乎?”嫗欣然。建封即召入,命取新衣二襲以衣之。嫗及女始脱故衣,皆爲凝血,聚於地。旬月,建封被誅。

(宋)李昉:《太平廣記》卷三六七《王建封》

　　丁酉歲,婺源建威軍人妻死更娶。其後妻虐遇前妻之子過甚,夫不能制。一日,忽見亡妻自門而入,大怒後妻曰:"人誰無死,孰無母子之情,乃虐我兒女如是耶?吾比訴與地下所司,今與我假十日,使我誨汝。汝遂不改,必能殺君。"夫妻皆恐懼再拜,即爲其酒食。遍召親黨鄰里,問訊叙話如常,他人但聞其聲,唯夫見之。及夜,爲設榻別室,夫欲從之宿,不可。滿十日,將去,復責勵其後妻,言甚切至。舉家親族共送至墓,去墓百餘步,曰:"諸人可止矣。"復殷勤辭訣而去。將及柏林中,諸人皆見之,衣服容色如平生,及墓乃没。建威軍使汪延昌言如是。

(宋)李昉:《太平廣記》卷三五三《婺源軍人妻》

　　辛亥歲,江南僞右藏庫官陳居讓字德遇,直宿庫中,其妻在家。五更初,忽夢二吏,手把文書,自門而入,問:"此陳德遇家耶?"曰:"然。""德遇何在?"曰:"在庫中。"吏將去,妻追呼之曰:"家夫字德遇耳,有主衣庫官陳德遇者,家近在東曲。"二吏相視而嘻曰:"幾誤矣。"遂去。邇日,德遇晨起如廁,自云有疾,還卧,良久遂卒。二人並居治城之西。

(宋)李昉:《太平廣記》卷三五三《陳德遇》

　　夢白衣婦人

　　盧絳感疾,夢白衣婦人,曰:"子當食蔗即愈。妾乃耿玉真。歌曰:'清風明月夜深時,箕箒盧郎恨尚遲。它日孟家陂上約,再來相見是佳期。'"後主師渡江,執送絳至梁門孟家陂,果見白衣婦人,因嘆曰:"昔夢驗矣,死何恨。"玉真姓耿氏,夫死與婦人之子通,與絳同場斬焉。

(宋)曾慥:《類説》卷一八《江南野録》

遂寧有馮生見鬼,知人吉凶。潁川陳絢,爲武信軍留後,而劉知俊代之。捃其舊事,馮謂絢曰:"劉公雖號元戎,前無幢節,殆不久乎,幸勿憂也。"未逾歲而知俊被殺。有林泳者,閩人。常謂其僚友曰:"安有生人而終日見鬼乎? 無聽其祅。"馮聞之,對衆謂之曰:"君爲宜多不克終,蓋曾殺一女人爲祟。以公禄壽未盡,莫致其便。我能言其姓名,公信之乎。"於是慚懼,言誠於馮,許爲解其冤也。

(宋)李昉:《太平廣記》卷三五二《馮生》

壽州刺史朱延壽,末年,浴於室中,窺見窗外有二人,皆青面朱髮青衣,手執文書,一人曰:"我受命來取。"一人曰:"我亦受命來取。"一人又曰:"我受命在前。"延壽因呼侍者,二人即滅。侍者至,問外有何人,皆云無人,俄而被殺。

(宋)李昉:《太平廣記》卷三五三《朱延壽》

甲午歲,江西館驛巡官黃極子婦生子男,一首兩身相背,四手四足。建昌民家生牛,每一足,更附出一足。投之江中,翌日浮於水上。南昌新義裏地陷,長數十步,廣者數丈,狹者七八尺。其年,節度使徐知詢卒。

(宋)李昉:《太平廣記》卷三六七《黃極》

婺源尉朱慶源,罷任方選,家在豫章之豐城,庭中地甚爽塏,忽生蓮一枝。其家駭懼,多方以禳之。蓮生不已,乃築堤汲水以回之,遂成大池,茨荷甚茂。其年,慶源選授南豐令。後三歲,入爲大理評事。

(宋)李昉:《太平廣記》卷一三八《朱慶源》

袁州刺史頓金罷郡還都,有人以紫襆包一物,詣門遺之。開視,則白襴衫也。遽追其人,則亡矣。其年金卒。

(宋)李昉:《太平廣記》卷一四五《頓金》

　　建州有魏使君宅,兵後焚毁,以爲軍營,有大井澱塞。壬子歲,軍士浚之。入者二人皆卒,尸亦不獲。有一人請復入,曰:"以繩縋我,我急引繩,即亟出之。"既入久之,忽引繩甚急,即出之,已如癡矣。良久乃能言,云:"既入井,但見城郭井邑,人物甚衆。其主曰李將軍,機務鞅掌,府署甚盛。懼而遽出,竟不獲二尸。"建州留後朱斥業,使填此井。

(宋)李昉:《太平廣記》卷三九九《軍井》

　　戊子歲,潤州有氣如虹,五彩奪目。有首如驢,長數十丈,環廳事而行,三周而滅。占者曰:"廳中將有哭聲,然非州府之咎也。"頃之,其國太后殂,發哀於此堂。

(宋)李昉:《太平廣記》卷三六七《潤州氣》

　　袁州録事參軍王某嘗劾一盜,獄具而遇赦,王以盜罪□不可恕,乃先殺之而後宣赦。罷歸至新喻,邑客馮氏具酒請王。明日當往,晚止僧院,乃見盜者曰:"我罪誠合死,然已赦矣,君何敢匿王命而殺我?我今得請於所司矣,君明日往馮家耶?不往亦可。"言訖乃歿,院僧但見其與人言而不見也。明日方飲,暴卒。

(宋)李昉:《太平廣記》卷一二四《袁州録事》

16. 教化

　　後唐莊宗天祐二年四月即位,制曰:"應諸道管内有高年逾百歲者,便與給復,永俾除名。自八十至九十者,與免一子色役,州縣不得差徭。"

(宋)王欽若等編纂:《册府元龜》卷一四七《帝王部》

　　後唐莊宗同光元年四月即位,制曰:"鄉里有孝子順孫、義夫節婦,委所在長吏録其節行,以具奏聞,盡擄典章,必行旌表。教之爲本,義禮是先;德之所宗,昭報在上。其民間有曾經三世以上不分居者,並與蠲免諸雜差徭。"

(宋)王欽若等編纂:《册府元龜》卷五九《帝王部》

(同光元年)十月,詔:"其有義夫節婦、孝子順孫,並宜旌表門閭,量加賑給。"

(宋)王欽若等編纂:《册府元龜》卷五九《帝王部》

(同光元年)十一月,敕左降官均州司馬劉岳有母年逾八十,近聞身故,既鮮兄弟,別無骨肉,孤魂旅寄,誰爲蓋棺? 準本朝故事,許歸終三年喪,服闋如未量移,即赴貶所。

(宋)王欽若等編纂:《册府元龜》卷一四七《帝王部》

(同光)二年二月,詔曰:"義夫節婦、孝子順孫,並合搜揚,以行旌表。"

(宋)王欽若等編纂:《册府元龜》卷五九《帝王部》

(同光)二年三月,安義李存霸奏:"屯留縣坊市百姓韓德兄弟,累世同居,母死,割乳以祭,廬於墓側,累年種瓜,合歡同蒂。"旌表之。

(宋)王欽若等編纂:《册府元龜》卷一四〇《帝王部》

明宗天成二年五月,敕:"朕自恭承景運,祗荷丕圖,念寰海生靈,録勛賢骨肉,保家莫尚於孝,報國莫大於忠,忠孝兩全,古今所重。在朝文武臣僚並諸道節度、刺史等有父母者,宜遍加恩澤,使天下爲人父者知感,爲人子者知恩,競揚家國之風,顯著君臣之道。"

(宋)王欽若等編纂:《册府元龜》卷八一《帝王部》

(天成二年)五月,敕:"朕自恭承景運,祗荷丕圖,念寰海生靈,録勛賢骨肉。承家莫尚於孝,報國莫大於忠。忠孝兩全,古今所重。在朝文武臣僚並諸道節度、刺史等有父母者,宜遍加恩澤,使天下之爲人父者知感，爲人子者知恩，競揚家國之風，顯著君臣之道。”

（宋）王欽若等編纂：《冊府元龜》卷一三一《帝王部》

明宗天成二年十月辛丑，詔：“許國之心，忠貞爲本；承家之法，孝友爲先。應天下有孝子順孫、義夫節婦、兄弟繼世義居者，隨處長吏聞奏，當行旌表。”

（宋）王欽若等編纂：《冊府元龜》卷五九《帝王部》

（天成）三年正月己丑，先準天成二年五月十二日敕中外臣寮（僚）及諸道節度使等，有父母者，並許加恩。奉敕凡居臣下，盡抱公忠，共爲朝廷，各榮家族具慶者，繼頌恩渥，俾耀晨昏；既亡者，宜漏泉扃，以光封樹。應中外群臣及諸道節度、防禦、團練、刺史等父母亡殁者，並與追贈加封。

（宋）王欽若等編纂：《冊府元龜》卷八一《帝王部》

（天成）三年二月己丑，敕：“準二年五月十二日敕，中外臣僚及諸道節度使等有父母者，並許加恩。凡居臣下，盡抱公忠，共爲朝廷，各榮家族。具慶者繼頌恩渥，俾光晨耀昏，既亡者宜澤泉扃，以光封樹。應中外群臣，諸道節度、防禦、團練、刺史等父母亡殁者，並與追贈追封。”

（宋）王欽若等編纂：《冊府元龜》卷一三一《帝王部》

（天成）三年八月，帝聞隨、鄧、復、郢、均、房之間，父母骨肉有疾，以竹竿遥致粥食於病者之側；出嫁女父母有疾，夫家亦不令知，聞哀始奔喪者，敕曰：“萬物之中，人曹爲貴；百行之内，孝道居先。凡戴北辰，並遵皇化。備聞南土，多爽時風，皆傾事鬼之心，不守敬親之道。於父母如此無行，被日月何以立身？弊久積於鄉閭，化全繇於長吏。昔西門豹一縣令耳，尚能投巫，百姓保女子之愛，絶河伯之虞，斷自一時，傳於千古。況位居侯伯，化洽封巡，豈不能宣北闕之風，變南方之俗。宜令隨處觀察使、刺史丁寧曉告，自今後父母骨肉有疾者，並須日夕專切，不離左右看侍，使子奉其父母，婦侍其舅姑，弟不慢於諸兄，侄不怠於諸父。如或不移故態，老者臥病，少者不勤侍養，子女弟侄並加嚴斷。出嫁女父母有疾，不令其知者，當罪其夫及舅姑。”

（宋）王欽若等編纂：《册府元龜》卷五九《帝王部》

（天成三年八月）是月，帝聞隨、鄧、復、郢、均、房之間，父母骨肉有疾，以竹竿遥致粥食於病者之側；出嫁女父母有疾，夫家亦不令知聞，哀始奔喪者。敕曰：“萬物之中，人曹爲貴；百行之内，孝道爲先。凡戴北辰，並遵皇化。備聞南北多爽，時風皆傾事鬼之心，不守敬親之道，於父母如此無行，披日月何以立身？弊久積於鄉閭，化全由於長吏。昔西門豹一縣令耳，尚能投巫，百姓保女子之愛，絕河伯之虞，斷自一時，傳於千古。況位居侯伯，化洽封巡，豈不能宣北闕之風，變南方之俗？宜令逐處觀察使、刺史丁寧曉告。自今以後，父母骨肉有疾者，並須日夕專切不離左右看侍，使子奉其父母，婦侍其舅姑，弟不慢於諸兄，侄不怠於諸父母。如或不移故態，老者臥病，少者不勤事奉，子女弟侄並加嚴斷；出嫁女父母有疾不令知者，當罪其夫及其舅姑。”

（宋）王欽若等編纂：《册府元龜》卷一六〇《帝王部》

（天成）三年九月，密州上言：“輔唐縣民華延福事父母有至孝之行。”旌表之。

（宋）王欽若等編纂：《册府元龜》卷一四〇《帝王部》

（天成）四年三月，中書奏：“孔子有言曰：‘教以孝，所以敬天下之爲人父者；教以悌，所以敬天下之爲人兄者；教以忠，所以敬天下之爲人君者。’往聖深旨，終古明規。方當孝理之朝，尤重人倫之本。今後群臣内有乞假觀省者，欲請量賜茶藥，所貴勸人之善，表主之恩，誠有益於皇猷，且無損於國勢。況在班行，有父母者甚少，既資風化，動挂宸衷。"從之。

（宋）王欽若等編纂：《冊府元龜》卷五九《帝王部》

程遜，爲主客郎中，知制誥。天成四年四月丙辰，上言曰："臣聞身體髮膚，受之父母，不敢毀傷。所以樂正子春，下堂傷足，三月不出，而有憂色。民間多有割股上聞天聽者，伏以堯代則共推虞舜，孔門則首舉曾參，皆以至孝奉親，不聞割股肉療疾。或真有懷怙恃之感，報劬勞之恩，孝起因心，痛忘遺體，實行此事，自是人子之常情，不合鼓扇聲名，希沾恤賚。伏惟陛下，道齊覆載。孝治寰區，漸致昇平，全除矯妄。乞願明敕，遍下諸州，更有此色之人，不令舉奏。所冀真誠者自彰孝感，詐僞者免惑鄉閭。咸歸樸素之風，永布雍熙之化。"

（宋）王欽若等編纂：《冊府元龜》卷四七五《臺省部》

（長興元年）七月，敕旨："今年二月二十一日郊天赦書節文：朝臣及藩鎮郡守亡父母、祖父母及父母在並妻室未沾恩命，並與追封贈及叙封者。今赦書頒下已及半年，所行追贈叙封，所司尚未奏覆。深慮留滯，各速指揮，朝臣限兩月內齊具録奏，外處與限一年，仍並據品秩準格列指揮，朝臣不得逾越。"

（宋）王欽若等編纂：《冊府元龜》卷六六《帝王部》

（長興元年）十二月，邢州奏："光山彭爽，四世義居，乞改鄉里名號。"從之。

（宋）王欽若等編纂：《冊府元龜》卷一四〇《帝王部》

（長興元年十二月）己未，滄州乾符縣人張建立，乾寧五年割股治母病，母卒，割心瀝血祭，辮髮跣足，廬於墓所三十年。敕旨以其鄉爲孝友鄉和順里。

（宋）王欽若等編纂：《冊府元龜》卷一四〇《帝王部》

長興二年八月壬申,敕:"朕聞教化之本,禮讓爲先,欲設規程,在循典故。蓋以中興之始,兆庶初安,將使知方,所宜漸誘。準儀制令,道路街巷,賤避貴,少避長,重避輕,去避來。有此四事,承前每於道途立碑刻字,令路人皆得聞見。宜令三京、諸道州府各遍下管内縣鎮,準舊例於道路明置碑,雕刻四件事文字,兼於要會坊門及諸橋柱刻碑,曉諭路人。委本縣所隸官司共切巡察,有敢犯者科違敕之罪。貴在所爲簡易,所化弘多。既禮教興行,則風俗淳厚,庶皆順序,益致和平。"

(宋)王欽若等編纂:《册府元龜》卷五九《帝王部》

(長興)二年九月,前遼州和順縣令劉虔膺上時務云:"里俗有父母在而析財别居,又宗族之間,或有不義凌其孤弱者,請行止絶。"敕旨:"王者以孝理萬邦,化敷兆庶,用勗賢而接部,專刑賞以宣風,其在懲勸知方,統臨得術,比屋有可委之俗,六親無不和之人。劉虔膺曾州縣爲官,見鄉閭弊事,宜加條理,免亂彝章。宜令諸道長吏嚴行誡約,如有違者,準法加刑。"

(宋)王欽若等編纂:《册府元龜》卷一五八《帝王部》

(長興)二年九月,登州黄縣人苗珣,四世義居,宜改爲和孝鄉邕順里。

(宋)王欽若等編纂:《册府元龜》卷一四〇《帝王部》

(長興二年)十月,棣州渤海縣人邢釗,四世義居,旌表門閭。

(宋)王欽若等編纂:《册府元龜》卷一四〇《帝王部》

(長興)四年正月丙戌,磁州武安縣崇禮鄉萬善里人馬肇三世義居,旌表門閭,仍改崇禮鄉爲崇孝鄉,萬善里爲和慶里。

(宋)王欽若等編纂:《册府元龜》卷一四〇《帝王部》

（長興四年）九月，壽州奏登州黃縣累世義居人王義雲，下所司旌表門閭。所司初言：自喪亂已來，亡失旌表式樣，令式雖載條目，別無制度。時有明經生王守誠者，即義雲之孫，自言累代義居，今鄉里尚有載初元年旌表門閭見在。載初中，奏臣遠祖六代同居，有白雀、嘉禾之瑞，其旌表門閭樣請下本州檢驗以聞。即召房知溫遣畫工至王義雲鄉里，畫門閭以進，所司方得安行。

（宋）王欽若等編纂：《冊府元龜》卷一四〇《帝王部》

末帝清泰二年七月，鎮州元氏縣文成鄉七義里民曹重興七世義居，孝義聞於鄉黨。詔文成鄉改爲仁孝鄉，七義里改爲旌義里，仍委本道依令式旌表門閭，其曹重興宜令授本府。不赴，任文參。

（宋）王欽若等編纂：《冊府元龜》卷一四〇《帝王部》

（清泰二年）十月，晉州臨汾縣平陽鄉聖泉里民宗連、同縣原隰鄉百社里民劉環累世同居，義聞州里。詔改平陽鄉聖泉里爲敦俗鄉崇仁里，劉環改爲廣孝鄉永和里，仍委本道版署文參之名。

（宋）王欽若等編纂：《冊府元龜》卷一四〇《帝王部》

劉玭，魏州人，歷令錄。子贊幼有文性，玭誨以《詩》《書》。志學之年，夏月青布襦單衫。玭每食肉食，別於床下置蔬食以飯贊，謂之曰：“肉食君之禄也，爾欲食肉，則苦心文藝，自可致之。吾禄不可分也。”繇是，贊既及冠，有文辭，三十餘舉進士。

（宋）王欽若等編纂：《冊府元龜》卷八一七《總録部》

晉高祖天福元年即位，敕制曰：“易俗移風，宜遵善教；尊本敬始，自有常規。應明宗朝所行敕命法制，仰所在遵行，不得改易。”

（宋）王欽若等編纂：《冊府元龜》卷六六《帝王部》

晉高祖天福元年閏十一月壬午，敕：“義夫節婦，孝子順孫，委逐道奏聞,當加旌表。"

(宋)王欽若等編纂:《册府元龜》卷五九《帝王部》

(天福二年)六月,宗正卿石光贊奏:"昔周武王奄有天下,過商容之閭必式,見比干之墓即封,蓋褒賞賢良,尊崇忠義。伏惟皇帝陛下,顯膺天命,開創鴻圖,解網行仁,救時順動,樂業不知於帝力,悦隨但聽於山呼,盛德難名,太平可待。臣伏見滎陽道左有萬石君廟,本前漢太中大夫石奮之廟。奮有子四人,各二千石禄。景帝曰:'人臣尊寵,畢集其門。'故號萬石君。德行懿績,備列前書。唐大中十三年,鄭州司馬石貫稱裔孫,刊石廟廷,備紀其事。伏遇皇帝行幸浚郊,經過滎水,展義已聞於岐路,覃恩宜布於幽明。其萬石君廟,伏乞俯弘霈澤,特降封崇,俾光遠祖之徽猷,益茂我朝之盛典。"敕:"漢太中大夫石奮,德盛軒裳,道光簡素,享萬石休明之禄,成一門忠孝之名,彰茂實於前修,契興隆於景運。宗正卿石光贊特上章疏,欲示封崇,冀表深原,式昭豐祚,宜贈太傅。"

(宋)王欽若等編纂:《册府元龜》卷一四〇《帝王部》

(天福)四年正月,尚書户部奏:"深州司功參軍李自倫六世義居,奉敕準格處分。按格敕節文孝義旌表,苟存虚濫,不可褒稱。必在累世同居,一門和睦,尊卑有序,財食無私,遐邇欽承,鄉閭推伏,州縣親加按驗,狀迹殊尤,簡覆既同,準令申舉,方得旌表。"當司當本州審到,鄉老呈言等:自倫高祖訓,訓生燦,燦生財,財生忠,忠生自倫,自倫生光厚,六從弟兄同居不異。敕以所居飛鳧鄉爲孝義鄉,孕聖里爲仁和里,仍準式旌表門閭;自倫委吏部以本道一官注擬。閏七月丙子,尚書户部奏:"李自倫義居六世,準敕旌表門閭。先有登州義門王仲昭,六代同居,其旌表府廳事,步欄前列屏樹,烏頭正門閥閱一丈二尺,二柱相去一丈,柱端安瓦桷墨染,號烏頭築雙闕,一丈在烏頭之南,三丈七尺去街十有五步,槐柳成列,今舉此爲例,則令式不該。"敕曰:"仲昭正廳烏頭門等事,不載令文,又無敕命,既非故事,難瀆大倫。凡創業之朝,求理是務。靜執守常之本,動爲經久之期,志在普勵人情,永孚王化。據自倫之家所立,實耀時風;依仲昭之語便行,何成世範。至於問古官於刾子,得墜典於伏生,以昔方今,彼與此異,宜從令式,只表門閭。於李自倫所居之前,量地之宜,高其外門,人安集褉門外,右左各建一臺,高一丈二尺,廣狹方正稱臺之形,圬以白泥,四隅染赤,其行列樹鎮,隨其事力。使不孝者見以悦心,不義者聞而易行,豈獨榮於趙國,實亦光於晉朝,廣訓黔黎,永標青史。其同籍課役,一準今文。"

    (宋)王欽若等編纂:《册府元龜》卷一四〇《帝王部》

  (天福四年)十二月丁未,趙郡民曹典義居七世,表其門閭。

    (宋)王欽若等編纂:《册府元龜》卷一四〇《帝王部》

  (天福五年)八月辛亥,磁州武安民郝平義居五世,改所居武成鄉爲興孝鄉,崇福里爲光和里,仍旌表其門閭。

    (宋)王欽若等編纂:《册府元龜》卷一四〇《帝王部》

(天福)六年八月,詔孝子順孫義夫節婦並與旌表門閭。

    (宋)王欽若等編纂:《册府元龜》卷五九《帝王部》

  (天福)六年八月,帝幸鄴都,制管内耆老八十以上者並與板授上佐。

    (宋)王欽若等編纂:《册府元龜》卷五五《帝王部》

  (天福)七年閏三月辛丑,旌表陳州西華縣人張厚門閭,仍改禮教鄉爲孝義鄉,株林里爲和順里。厚家四十餘口,五世聚居,家門雍睦,鄉黨稱之。本州以聞,故有是命。

    (宋)王欽若等編纂:《册府元龜》卷一四〇《帝王部》

  少帝以天福七年六月即位。七月,制曰:"敦崇孝義,旌表門閭,式恢王化之基,用正人倫之本。應有孝子順孫、義夫節婦,委逐處長吏具名奏聞,當議旌表。"

（宋）王欽若等編纂:《冊府元龜》卷五九《帝王部》

（開運）三年,敕孟州奏河陰縣版籍鄉謝明里義居百姓王均,宜改版籍鄉爲孝悌鄉,謝明里爲積慶里,餘準格文處分。

（宋）王欽若等編纂:《冊府元龜》卷一四〇《帝王部》

漢高祖乾祐三年正月,制:"義夫節婦、孝子順孫,仰具奏聞,即議旌表。"

（宋）王欽若等編纂:《冊府元龜》卷五九《帝王部》

周太祖廣順元年正月即位,制曰:"孝子順孫、義夫節婦,所宜旌表,以勵時風。"

（宋）王欽若等編纂:《冊府元龜》卷五九《帝王部》

（廣順）二年十一月丙子,詔曰:"應内外文武臣僚、幕職、州縣官舉選人等,今後有父母、祖父母亡殁未經遷葬者,其主家之長不得輒求仕進,所隸司亦不得申舉解送。如是卑幼在下者,不在此限。"

（宋）王欽若等編纂:《冊府元龜》卷五九《帝王部》

周太祖廣順二年十一月,左監門衛上將軍李建崇、石神武大將軍安伸、左領軍將軍慕容業、右領衛將軍劉彥章,各賜紫、㪍正錦袍金塗銀束帶。建崇等皆年七十餘,太祖以舊將,累爲刺史、留後,老居班列,故有是賜。仍令每日内殿起居,退就公食。

（宋）王欽若等編纂:《冊府元龜》卷五五《帝王部》

（廣順）三年五月,户部言:濟州金鄉縣民索修己,陳州項城縣民常真,皆散髮跣足守墳,本州以聞,户部以敕書節文孝子義夫,所宜旌表,以厚時風。敕宜依令文施行。

> (宋)王欽若等編纂:《册府元龜》卷一四〇《帝王部》

顯德元年正月,詔曰:"應孝子順孫、義夫節婦州縣以名聞者,並與旌表門閭。"

> (宋)王欽若等編纂:《册府元龜》卷五九《帝王部》

世宗以是月丙申即位。三月,詔曰:"其有孝子順孫、義夫節婦,所宜旌表,以厚人倫。"

> (宋)王欽若等編纂:《册府元龜》卷五九《帝王部》

世宗顯德元年三月,敕:"化理之本,孝弟爲先,苟或虧違,實亂名教。則有士庶之內,凶卒之徒,不順於父兄,不恭於尊長,狂悖難狀,訓誨莫從,親族容隱而不言,里巷畏避而不告,傷化敗俗,莫甚於茲。今後或有不仁義之人,違戾尊長,誼避毀辱,及父母在,異財別居,略不共待,如此之輩,不計官、軍人、百姓之家,宜令御史臺及本軍大使所在州縣厢界彈察,如或容縱,不切檢舉,罪有所歸。"

> (宋)王欽若等編纂:《册府元龜》卷六六《帝王部》

錢寬爲杭越節度使鏐之父,鏐嘗於臨安故里興造第舍,窮極壯麗,歲時游於里中,車從雄盛,萬夫羅列。寬每聞鏐至,竄避之。鏐即徒步訪寬,請言其故。寬曰:"吾家世田漁爲事,未嘗有貴達如此。爾爲十三州上將,三面受敵,與人爭利,吾所以不忍見汝矣。"鏐即泣謝之。

> (宋)王欽若等編纂:《册府元龜》卷八一七《總録部》

漢張瑾,同州車渡村人,故太原監軍使承業之猶子也。承業佐後唐武皇莊宗有功,甚見委遇。瑾聞之,與昆仲五人,自故里奔於太原。莊宗皆任用之。瑾天祐十三年,補麟州刺史。承業治家嚴毅,小過無所容恕。一倅爲磁州副使，以其殺河西賣羊客，承業立捕斬之。常誡璀等曰："汝車渡村百姓劉開道，下賊慣作非違，今須改行。若故態不除，死無日矣。"故璀所至，不敢誅求。

（宋）王欽若等編纂：《冊府元龜》卷八一七《總録部》

（廣政二十年）十二月，旌表蓬州縣孝子程崇雅門，以割股啖父，及泣竹林而得冬笋，以療母疾也。

（明）陶宗儀：《説郛》卷四五《蜀檮杌》

七、地理類

1. 城市

　　唐氏庚曰:"自古天下裂爲南北,其得失皆在淮南。晉元帝渡江迄於陳,抗對北敵者,五代得淮南也。楊行密割據迄於李氏,不賓中國者,三姓得淮南也。吳不得淮南而鄧艾理之,故吳並於晉。陳不得淮南而賀若弼理之,故陳並於隋。南得淮則足以拒北,北得淮則南不可復保矣。"

(清)顧祖禹:《讀史方輿紀要》卷一九

　　梁太祖開平元年四月,受唐禪,都汴。詔曰:"古者興王之地,受命之邦,集大勛有異庶方,沾慶澤所宜加等。故豐、沛著起祚之美;襄、鄧有建都之榮。用壯洪基,且旌故里,爰遵令典,先示殊恩。宜升汴州爲開封府,建名東都。其東都改爲西都,仍廢京兆府爲雍州刺史、佐國軍節度使。是月,制宮殿門及都門名額:正殿爲崇元殿,東殿爲玄德殿,内殿爲金祥殿,萬歲堂爲萬歲殿,門如殿名。大内正門爲元化門,皇墻南門爲建國門,滴漏門爲啓運門,下馬門爲升龍門,玄德殿前門爲崇明門,正殿東門爲金烏門,西門爲玉兔門,正衙東門爲崇禮門,東偏門爲銀臺門,宴堂門爲德陽門,天王門爲賓天門,皇墻東門爲寬仁門,浚儀門爲厚載門,皇墻西門爲神獸門,望京門爲金鳳門,宋門爲觀化門,尉氏門爲高明門,鄭門爲開明門,梁門爲乾象門,酸棗門爲興和門,封丘門爲含曜門,曹門爲建陽門。升開封、浚儀爲赤縣,尉氏、封丘、雍丘、陳留爲畿縣。"

(宋)王欽若等編纂:《册府元龜》卷一九六《閏位部》

　　末帝貞明初,租庸使趙岩、租庸判官邵贊獻議於帝,曰:"魏博六
州,精兵數萬,盡害唐室,百有餘年。羅紹威前恭後倨,太祖每深含
怒。太祖口未屬纊,師厚即肆陰謀。蓋以地廣兵强,得肆其志,不如
分削,使如身使臂,即無不從也。陛下不以此時制之,寧知後之人不
爲師厚邪? 若分割相魏爲兩鎮,則朝廷無北顧之患矣。"帝曰:"善。"
詔以平盧軍節度使賀德倫爲天雄軍節度使,遣劉鄩率兵六萬屯河朔,
詔曰:"分疆裂土,雖賞勛勞,建節屯師,亦從機便。比者魏博一鎮,巡
屬六州,爲河朔之大藩,實國家之巨屏。所分憂寄,允爲重難,將葉事
機,須期通濟。但緣鎮、定賊境,最爲魏博親鄰;其次相、衛兩州,皆控
澤潞山口。兩道並連,於并、晉分頭,常寇於魏封,既須日有枝梧,未
若俱分節制。免勞兵力困,奔命於兩途;稍泰人心,俾安居於終日。
其相州宜建節爲昭德軍,以澶、衛兩州爲屬郡,以張筠爲相州節
度使。"

　　　　　　　(宋)王欽若等編纂:《册府元龜》卷二一四《閏位部》

　　東京開封,唐汴州,梁爲東京開平元年四月二十三日,後唐罷,晉復爲
東京天福三年十月。
　　北京大名唐魏博節度後唐同光元年四月爲東京三年三月改鄴都,周天
雄軍,慶曆二年五月戊午,升大名府爲北京正殿曰班瑞。詔曰:席萬盈
之懿,兆冠千里之上腴,隱然北門,壯我中夏。

　　　　　　　　　　(宋)王應麟:《玉海》卷一六《地理》

　　東京,唐之汴州,梁建爲東都,後唐罷之,晉復爲東京,國朝因其名。
　　舊城,周回二十里一百五十五步。即唐汴州城,建中初,節度使
李勉築。國朝以來,號曰闕城,亦曰裏城。南三門:中曰朱雀,梁曰高
明,晉曰薰風,太平興國四年九月改;東曰保康,大中祥符五年賜名;
西曰崇明,周曰興禮,太平興國四年九月改。東二門:南曰麗景,梁曰
觀化,晉曰仁和,太平興國四年九月改;北曰望春,梁曰建陽,晉曰迎
初,國初曰和政,太平興國四年九月改。西二門:南曰宜秋,梁曰開

明,晉曰金義,太平興國四年九月改;北曰閶闔,梁曰乾象,晉曰乾明,國初曰千秋,太平興國四年九月改。北三門:中曰景龍,梁曰興和,晉曰元化,太平興國四年改;東曰安遠,梁曰含輝,晉曰宣陽,太平興國四年九月改;西曰天波,梁曰大安,太平興國四年九月改。

新城,周回四十八里二百三十三步。周顯德三年,令彰信節度韓通、董役興築。國朝以來,號曰國城,亦曰外城,又曰羅城。南五門:中曰南薰,周曰景風,太平興國四年九月改;次東曰普濟,惠民河水門,太平興國四年九月賜名;次東曰宣化,周曰朱明,太平興國四年九月改;次西曰廣利,惠民河水門,太平興國四年九月賜名;次西曰安上,周曰畏景,太平興國四年九月改。東五門:南曰上善,汴河東水門,太平興國四年九月賜名;次北曰通津,汴河東水門,太平興國四年九月賜名通津,天聖初改廣津,後復今名;次北曰朝陽,周曰延春,太平興國四年九月改;次北曰含輝,周曰含輝,太平興國四年九月改寅賓,後復今名;次北曰善利,廣濟河水門,太平興國四年九月賜名咸通,天聖初改。西六門:南曰順天,周曰迎秋,太平興國四年九月改;次北曰大通,汴河南水門,太平興國四年九月賜名大通,天聖初改順濟,後復今名;次北曰宣澤,汴河北[水]門,熙寧十年賜名;次北曰開遠,太平興國四年賜名通遠,天聖初改;次北曰金耀,周曰肅政,太平興國四年九月改;次北曰咸豐,廣濟河西水門,太平興國四年九月賜名。北五門:中曰通天,周曰元德,太平興國四年九月改曰通天,天聖初改寧德,後復今名;次東曰景陽,周曰長景,太平興國四年九月賜名;次東曰永泰,周曰愛景,太平興國四年九月改;次西曰安肅,國初號衛州門,太平興國四年九月賜名;次西曰永順,廣濟河南水門,熙寧十年賜名。

大内,據闕城之西北。宮城周回五里,即唐宣武軍節度使治所,梁以爲建昌宮,後唐復爲宣武軍治,晉爲大寧宮。國朝建隆三年五月詔廣城,命有司畫洛陽宮殿,按圖以修之。南三門:中曰宣德,梁初曰建國,後改咸安,晉初曰顯德,又改明德,太平興國三年七月改丹鳳,九年七月改乾元,大中祥符八年六月改正陽,景祐元年正月改今名;

東曰左掖,西曰右掖,乾德六年正月賜名。東一門曰東華,梁曰寬仁,開寶四年改;西一門曰西華,梁曰神獸,開寶四年改。北一門曰拱宸,梁曰厚載,後改玄武,大中祥符五年十一月改。宣德門內正南門曰大慶,梁曰元化,國朝常隨正殿名改。東西橫門曰左、右昇龍,乾德六年正月賜名。正殿曰大慶,梁曰崇元,乾德四年重修,改乾元。太平興國九年五月,殿災,改朝元。大中祥符八年四月,殿災,六月改天安。景祐元年正月改今名。殿九間,挾各五間,東西廊各六十間,有龍墀、沙墀。正至朝會、冊尊號御此殿,饗明堂、恭謝天地,即此殿行禮,郊祀齋宿殿之後閣。東西兩廊門曰左、右(大)[太]和,梁曰金烏、玉兔,國初改日華、月華,大中祥符八年六月改今名。右昇龍西北偏曰端禮門,凡三門,各列戟二十四枝,熙寧十年八月賜名。門內廟堂:次北文德殿門,次文德殿,後唐曰端明,國初改文明,太平興國九年五月殿災,改今名,即正衙殿。太祖時元、朔亦御此殿,其後常陳入閣儀如大慶殿,饗明堂、恭謝天地即齋於殿之後閣。熙寧以後,月朔視朝御此殿。殿東西兩廊門曰左、右嘉福,舊名左、右勤政,明道元年十月改。殿庭東南隅有鼓樓,其下漏室,西南隅鍾樓。殿兩挾有東上、西上閣門。左、右掖門內正南門曰左、右長慶,乾德六年正月賜名;次北門曰左、右嘉肅,熙寧十年八月賜名;次北門曰左、右銀臺。大慶殿後東西道,其北門曰宣祐,舊曰天光,大中祥符八年六月改大寧,明道元年十月改今名。門西紫宸殿門,殿門皆兩重,名隨殿易,其中隔門,遇雨雪群臣朝其上。紫宸殿舊名崇德,明道元年十月改,即視朝之前殿。每誕節稱觴及朔望御此殿。次西垂拱殿門,門有柱廊接文德殿後,其東北角門子通紫宸殿。每日樞密使以下立班殿庭候傳宣,不座,即(遇)[過]赴垂拱殿起居。每門內東西廊設二府、親王、三司、開封府、學士至待制、正刺史以上候班幕次。垂拱殿舊曰長春,明道元年十月改勤政,十一月改今名,即常日視朝之所。節度使及契丹使辭、見,亦宴此殿。其後福寧殿,國初曰萬歲,大中祥符七年改誕慶,明道元年十月改今名。殿即正寢。殿東西門曰左、右昭慶,大中祥符七年賜名。次後柔儀殿,國初但名萬歲後殿,章獻明肅皇太后居之,

乃名崇徽,明道元年十月改寶慈,景祐二年改今名。次後欽明殿,舊
曰天和,明道元年十月改觀文,後改清居,治平三年六月改今名。其
西睿思殿。福寧殿東慶壽宮,慶壽、萃德二殿,太皇太后所居。福寧
殿西寶慈宮,寶慈、姒徽二殿,皇太后所居。福寧殿後坤寧殿,皇后所
居。凡禁中殿(閣)[閣],有嘉慶殿,咸平初,明德太后居此殿,後徙
萬安宮。觀文殿,舊曰延恩,大中祥符元年,以聖祖降此殿,因繕完,
改曰真游,奉道像。後改集聖,明道二年十一月,改葺爲内外命婦容
殿,名肅儀。慶曆八年五月改今名。延真門,大中祥符七年,賜真游
殿西門曰延真。積慶殿、感真閣,大中祥符七年,賜真游殿真君殿曰
積慶,前又建感真閣。福聖殿,明道中奉真宗御容於此。壽寧堂,明
道中奉太祖御容於此。慶雲殿、玉京殿、清景殿、西涼殿,景祐二年重
修,在天章閣東。慈德殿,章惠太后所居,初係嘉慶殿,景祐四年改今
名。景寧殿,治平二年正月,誠内中神御殿,賜名景寧。垂拱殿門次
西皇儀殿門,皇儀殿舊曰明德,亦曰滋德,開寶四[年]改滋福,咸平三
年明德太后居之,號萬安宮,(萬安殿)大中祥符七年復爲殿,標舊額,
明道元年十月改今名。次西集英殿門,集英殿舊曰玄德,亦曰廣政,
開寶二年改大明,淳化元年正月改含光,大中祥符八年六月改會慶,
明道元年十月改元和,尋改今名。每春秋、誕聖節,錫宴此殿。熙寧
以後,親策進士於此殿。後有需雲殿,舊曰玉華,後改瓊英,熙寧初改
今名。東有昇平樓,舊曰紫雲,明道元年十月改今名,宮中觀宴之所。
次西安樂門。門外西北景暉門,天禧五年三月賜名;其東含和門,熙
寧十年八月賜名。門內有橫廊,廊北龍圖閣,大中祥符初建,以奉太
宗御集、御書。閣東序資政、崇和二殿,西序宣德、述古二殿。又列六
閣:曰經典,曰史傳,曰子書,曰文集,曰天文,曰圖畫。其北天章閣,
天禧五年三月建,以奉真宗御集、御書。閣東西序群玉、蘂珠二殿。
次北寶文閣,舊曰壽昌,慶曆初改今名,以奉仁宗御筆、御書。閣東、
西序嘉德、延康二殿,殿間以桃花文石,爲流杯之所。東華門內,次西
左承天祥符門,乾德六年正月賜名左承天,大中祥符元年正月天書降
其上,詔加其名而增葺之。次西北廊元符觀,大中祥符七年,以皇城

司廨舍爲觀,奉天書道場,後罷之,復並入皇城司。直北東向有諫門,舊無榜,熙寧十年始標額。門內南廊慶寧宮,英宗爲皇子所居,治平二年賜名。西華門內次西右承天門,乾德六年正月賜名。南北夾道北延福宮,穆清、靈顧、性智三殿,靈顧以奉真宗聖容。宮中又有奉宸五庫。次北廣聖宮,天聖二年建長寧宮,以奉三清玉皇道像。後安真宗御容於宮之降真閣。景祐二年改今名。宣祐門內東廊,次北資善堂,大中祥符九年二月建資善堂於元符觀南,爲仁宗就學之所,天禧四年徙於此。講筵所,舊曰說書所,寓資善堂,慶曆初改今名。次北引見門,次北通極門,熙寧十年八月賜名。次北臨華門,熙寧十年八月賜名。西廊次北內東門,有柱廊與御廚相直,門內有小殿,即召學士之所。次北崇政殿門,崇政殿舊曰簡賢講武,太平興國八年改,大中祥符七年始建額,即閱事之所。殿東西延義、邇英二閣,侍臣講讀之所。閣後隆儒殿,皇祐三年十月賜名。崇政殿後有柱廊、倒座殿,次北景福殿,前有水閣,舊試貢舉人,考官設次於兩廊。殿南延和殿,大中祥符七年建,賜名承明,章獻太后垂簾參決朝政於此,明道元年十月改明良,尋改端明,景祐元年改今名。殿北向,俗呼倒座殿。殿西北迎陽門,大中祥符七年建,賜名宣和,明道元年十月改開曜,十一月改今名,俗號苑東門,召近臣入苑由此門。門內後苑,苑有(大)[太]清樓,樓貯四庫書。走馬樓延春閣,舊曰萬春,寶元中改。儀鳳、翔鸞二閣,景祐中有瑞竹生閣首。宜聖殿,奉祖宗聖容。嘉瑞殿,舊曰崇聖,後改今名。宣明殿。安福殿。寶岐殿。化成殿,舊曰玉宸,明道元年改,四方貢珍果常貯此殿。金華殿,大中祥符中常宴輔臣。清心殿,真宗奉道之所。流杯殿,唐明皇書山水字於(右)[石],天聖初自長安輦入苑中,構殿爲流杯,嘗令侍臣、館閣官賦詩。清輝殿。(親)[觀]稼殿,景祐二年建,賜名。華景亭、翠芳亭,景祐中橙實亭前,命近臣觀。瑤津亭,象瀛山池。

(清)徐松輯:《宋會要輯稿》方域一之一一——七

《宋朝會要》曰:自朱梁建都,以汴州爲東京,皆因藩鎮舊制,但改

名額。而周顯德五年，始廣新城周回四十八里二百三十步。宋敏求
《東京記》曰：周世宗顯德二年四月，詔京城四面別築羅城。三年正
月，發京畿、滑、鄭、曹之民，命薛可言等四面督之，韓通總其事，王朴
經度。凡通衢委巷，廣袤之間，皆朴定其制。逾年而成。

（宋）高承：《事物紀原》卷六

今大内即宣武軍節度治所，朱梁建都，遂以衙第爲建昌宮。晉天
福初，又爲大寧宮第，改名號而已。周世宗雖加營繕，猶未合古制。
建隆三年，發開封、浚儀民廣皇城。四年五月，太祖遣有司畫洛陽宮
殿，按圖修之，自是皇居始壯麗矣。

（宋）高承：《事物紀原》卷六

初，梁太祖因宣武府第修之爲建昌宮，晉改名曰太寧宮，周世宗
復加營繕，猶未盡如王者之制。太祖始命改營之，一如洛陽宮之制。

（宋）江少虞：《宋朝事實類苑》卷一

初，梁太祖因宣武府署修之爲建昌宮，晉改名曰大寧宮，周世宗
復加營繕，猶未盡如王者之制。太祖始命改營之，一如洛陽宮之制。
既成，太祖坐正殿，令洞開諸門直望之，謂左右曰：“此如我心，小有邪
曲，人皆見之。”

（宋）司馬光：《涑水記聞》卷一

晉高祖天福三年五月，中丞張昭遠奏，據前代行幸所至，皆立宮
名，遂改汴州衙城門爲天寧宮。

（宋）李上交：《近事會元》卷四

晉高祖天福三年十月，升汴州爲東京，又改洛陽爲西京也。

（宋）李上交：《近事會元》卷四

（東京）新城創於周，其城四十八里二百二十三步，十三門。周世宗顯德三年以其土隘，取鄭州虎牢關土築之，俗呼爲臥牛城。

（宋）孟元老：《東京夢華録》卷一

本朝東京宮城周回二十里一百五十五步，即汴州城。唐建中二年，節度使李勉重築，國初號曰闕城，亦曰裏城。新城，乃周世宗顯德二年四月詔別築。新城周回四十八里二百二十三步，號曰外城，又曰羅城，亦曰新城。元豐中，裕陵命內侍宋用臣董之。

（宋）孟元老：《東京夢華録》卷一

周世祖展汴京外郭，登朱雀門，使太祖走馬，以馬力盡處爲城也。

（宋）張舜民：《畫墁録》

（開封）新城，乃周世宗顯德二年四月詔別築。新城周回四十八里二百三十三步，號曰外城，又曰羅城，亦曰新城。

（宋）趙令畤：《侯鯖録》卷三

金明池在城西鄭門外西北，周回九里餘。周世宗顯德四年，欲伐南唐，始鑿內習水戰。宋太平興國七年，太宗嘗幸其池，閱習水戰。

（宋）孟元老：《東京夢華録》卷七

周世宗顯德五年五月，改新東京諸門名也。

（宋）李上交：《近事會元》卷四

宋太祖次陳橋驛，整軍從仁和門入。

（元）劉一清：《錢唐遺事》卷一

宋襲五代之舊，建都於汴，中外官署雖多改革，而因循仍舊者寔多,遺址湮没,莫可考見。間嘗詢諸耆宿父老,皆謝以不知。

(明)李濂:《汴京遺迹志》卷二

開封府,在宋爲京兆,舊治在京城内浚儀街西北,即唐舊汴州也。五代,梁都汴,號爲東京,置開封府。後唐復爲汴州。晉、漢、周皆爲東京開封府,宋因之。

(明)李濂:《汴京遺迹志》卷三

宋敏求《東京記》:啓聖院,本晉護聖營。天福四年,宣祖典禁兵,太宗誕聖其地,興國中建院。

(明)李濂:《汴京遺迹志》卷一一

真宗大中祥符六年,以應天府爲南京。國初,因五代之舊,以大梁爲東京開封府,洛陽爲西京河南府。後以太祖舊藩歸德軍在宋州,改宋州爲應天府,至是建爲南京。……仁宗慶曆二年五月,以大名府爲北京。

(明)李濂:《汴京遺迹志》卷一三

玉津園,則五代之舊也。

(明)李濂:《汴京遺迹志》卷一三

周顯德二年,以天福普利禪院建國子監。宋初,增修國子監學舍,修飾先聖十哲像,畫七十二賢及先儒二十一人像於東西廊之板壁。

(明)李濂:《汴京遺迹志》卷三

自朱梁建都,以汴州爲東京,皆因藩鎮舊制,但改名額。而周顯德初,始廣新城,周回四十八里二百二十三步。

(明)李濂:《汴京遺迹志》卷一

趙德麟《侯鯖録》：舊城周回二十里一百五十五步，即汴州城。唐建中二年，節度使李勉重築。國初，號曰闕城，亦曰裹城。新城，乃周世宗顯德二年四月詔別築。新城周回四十八里二百二十三步，號曰外城，又曰羅城，亦曰新城。

（明）李濂：《汴京遺迹志》卷一

宋敏求《東京記》：周世宗顯德二年四月，詔京城四面別築羅城。三年正月，發京畿、滑、鄭、曹之民，命薛可言等督之，仍命韓通總其事，王朴經度，凡通衢委巷廣袤之間，皆朴定其制，逾年而成。神宗熙寧中，始四面爲敵樓，作瓮城，及濬治濠塹。

（明）李濂：《汴京遺迹志》卷一

五丈河在安遠門外，唐武后時，引汴水入白溝，接注湛渠，以通曹、兗之賦，因其闊五丈，名五丈河，即白溝河之下流也。唐末湮塞，周世宗顯德四年，疏汴水入五丈河，自是齊、魯舟楫皆達於汴。

（明）李濂：《汴京遺迹志》卷七

京城

按韋述記曰：東面十五里二百一十步，南面十五里七十步，西面十二里一百二十步，北面七里二十步，周回六十九里二百十步。

隋大業元年築，唐長壽二年，命李昭德增築。唐末兵亂，摧圮殆盡。周世宗顯德元年，命留守武行德葺之，然甚庳陋。

（清）徐松輯：《河南志》"京城門坊街隅古迹"

次北道化坊

悟寂禪院，晉開運二年將軍牛氏、漢乾祐二年沂州刺史李奉先奏賜名。

（清）徐松輯：《河南志》"京城門坊街隅古迹"

次北宣教坊

本名弘教,唐神龍初,避孝敬皇帝諱改。有懷音府溪園,五代時官園。舊有東西兩溪,今故基、石柱僅存。唐太子少師皇甫鏞宅。全真觀,後唐天成四年,改崇聖宫。

(清)徐松輯:《河南志》"京城門坊街隅古迹"

次北陶化坊

隋有修行寺、史祥宅。唐有桓彦範宅、蘇頲宅、盧從願宅、王光輔宅。唐太子賓客高重宅,失處所。國子監,後唐同光三年建文宣王廟於尊賢坊。

(清)徐松輯:《河南志》"京城門坊街隅古迹"

次北嘉善坊

隋有元文都宅、韋津宅。唐有菏澤寺經坊、鄭果宅。都商税院,舊曰鹽鐵分巡院。唐嗣虢王邕宅。周中書令馮道宅,本後唐尚書、禮部侍郎、同中書門下平章事韋説宅。説貶夷州,宅没官,明宗天成三年以賜道。晉天福三年,復詔以宅賜道爲永業。次西,太子少傅致仕柴守禮宅。守禮即世宗父。世宗即位,拜光禄卿致仕,爲造大第於洛陽,月給優厚。恭帝嗣位,加太子少保。國初加少傅。守禮在洛十五年,頗縱恣。當時將相王溥、王晏、王彦超、韓令坤等,父皆在,悉居洛中,常與守禮游處,任意所適,無復拘檢,而守禮尤暴橫,洛中號爲"十阿父"。按此宅,顯德六年守禮爲太子少保致仕方買之,疑爲別宅。其官修大第,今失其處。至天禧中,守禮玄孫元吉復鬻之爲陳氏居。御史中丞李及宅。尚書右丞趙安仁宅。太子少傅致仕趙積宅。太子少師致仕任布宅。龍圖閣直學士劉燁宅。

(清)徐松輯:《河南志》"京城門坊街隅古迹"

今通利坊

即南市。通利坊,張全義築壘以居,今號舊門。……妙法尼院,漢乾祐二年,檢校太師安叔千爲女登廣以宅建之。

(清)徐松輯:《河南志》"京城門坊街隅古迹"

其東賢相坊

晉少帝開運二年,改中書令桑維翰本貫河南縣章善坊爲賢相坊。

(清)徐松輯:《河南志》"京城門坊街隅古迹"

次北綏福坊

净寶尼院,晉天福三年,後唐明宗王淑妃兄萬榮以宅建。

(清)徐松輯:《河南志》"京城門坊街隅古迹"

次北從善坊

周司空蘇禹珪宅,在趙普宅東相鄰。太子太保致仕楊凝式宅,宅緫三十餘間。其地南北長,園林稱是,而景趣蕭灑,人號"錦纏鑷"。自後凡更數主。凝式爲太子少師最久,又歷左右僕射。致仕,改太子太保,卒而世人但呼楊少師。今保平軍節度使、同中書門下平章事文彦博家廟並宅。慶曆元年郊祀敕,許三品以上立家廟,而未有奉其詔者。皇祐三年,公爲宰相,奏於河南府建私廟,可之。其制四室。自宋大臣有家廟,此爲始焉。其地本梁宋州宣武軍節度使袁象先宅。寧福觀,晉天福二年建。

(清)徐松輯:《河南志》"京城門坊街隅古迹"

次北睦仁坊

甘露院,漢乾祐三年建,周廣順三年賜名。有雕木經藏,其制甚巧麗。……太子太傅致仕李迪園,本袁象先宅,園有松島。

(清)徐松輯:《河南志》"京城門坊街隅古迹"

次北歸仁坊

香林禪院,晉天福五年,故相盧文紀嘗園地建,漢乾祐二年賜名。殿壁道士焦知雄畫羅漢,世稱奇筆。歸仁亭,見會節坊張全義宅注中。……進過園,後唐明宗時民楊行己獻之,俗以進過爲名。

(清)徐松輯:《河南志》"京城門坊街隅古迹"

次北觀德坊

景福寺,本唐千金公主宅。垂拱中,自教業坊徙景福尼寺於此,會昌中廢。晉時爲宣徽院軍將朱崇宅。因穿地得石佛,遂奏建爲寺。天福二年賜以舊額,而僧居之。寶華院,後唐長興二年建,晉天福三年賜名。

(清)徐松輯:《河南志》"京城門坊街隅古迹"

(積善)坊之北月陂

福嚴院,晉天福八年建,開運元年賜名,院多植牡丹。

(清)徐松輯:《河南志》"京城門坊街隅古迹"

次北立德坊

在宣仁門外街南。唐有王本立宅,後爲都水監。吏部選院。胡袄祠。慶福尼院,後唐明宗孫女公主爲尼,號弘願大師永洛,長興三年建院,賜名長興積慶尼院,命翰林學士李懌爲之記。晉天福三年,改廣福院,至宋,昭憲太后侄女出俗,居此院。太平興國三年,賜今名,洛人但名公主院。今院内有明宗及晉高祖畫像,檠桌器用,尚有舊物。立德禪院,後唐同光二年,莊宗爲僧無學大師契澄建,三年賜名。契澄,姓史,雲州人。驍勇善鬥戰,號史銀槍。從莊宗入洛,自請度爲僧。壽安禪院,梁開平二年,龍虎軍統軍袁象(原作"相",繆本作"象"。查《舊五代史》卷五十九及《新五代史》卷四十五,均有《袁象先傳》,據改。)先建,正明二年賜名。院有羅漢閣。净衆禪院,梁正明元年建,後唐天成二年賜名。普濟尼院,後唐同光二年建,賜名。

四年兵火焚蕩,後重葺之。

(清)徐松輯:《河南志》"京城門坊街隅古迹"

次北清化坊

梁泰寧軍節度使劉鄩宅。(以下至劉濤宅,皆失處所)後唐昭懿夏皇后廟。明帝後,泰王閔帝之母。晉革命,徙後唐神主於此。天福四年,又遷入至德宮。後唐廢帝宅,天成二年賜。帝爲河中節度使,失守,命歸私第。後唐端明殿學士呂琦宅,與廢帝宅相近。秘書監致仕劉濤宅,太祖時人。太微宮,唐之弘道觀,有老君像,明皇、肅宗二像侍立。天祐二年,柳璨奏改曰太清宮,尋改爲太微宮。又云:璨於清化坊舊昭成寺基建太微宮。按,寺在其北道光坊,而此通入清化,未詳。梁開平元年改太微;後唐同光元年復爲宮。

(清)徐松輯:《河南志》"京城門坊街隅古迹"

次北道義坊

續添。長興應聖禪院,梁正明四年建,後唐長興二年賜名。

(清)徐松輯:《河南志》"京城門坊街隅古迹"

次北道政坊

法會禪院,後唐清泰元年建,晉開運三年,兼侍中景延廣奏賜名。長興保壽禪院,梁正明三年建,後唐長興三年賜名,周時廢,至宋開寶五年重修。集福禪院,後唐長興四年,兼中書令李從敏建,漢乾祐元年賜名。

(清)徐松輯:《河南志》"京城門坊街隅古迹"

從南第一曰永福坊

奉慈禪院,晉開運二年兼中書令景延廣爲母建,三年賜名。

(清)徐松輯:《河南志》"京城門坊街隅古迹"

其東思恭坊

普慶禪院,梁正明六年建,後唐長興二年賜名。天福資慶尼院,後唐長興二年,前金州防禦使萇從簡建,晉天福二年賜名。

(清)徐松輯:《河南志》"京城門坊街隅古迹"

次北歸義坊

福勝禪院,本唐大中,福建觀察使李貽孫宅。後唐清泰中,曹太后爲明宗追福建。院殿東有經藏、經秩純緣,皆用太后宮中衣服裁製,今尚鮮明。板廊周匝,東臨瀍水,西有羅漢殿,洛人因此但名羅漢院。……廣順智度禪院,漢乾祐元年建,周廣順元年賜名。隆慶尼院,周廣順二年,符彦卿女爲尼,以宅建院,顯德元年賜名。魏王符彦卿宅,今廢。慧雲尼院,晉天福五年建。

(清)徐松輯:《河南志》"京城門坊街隅古迹"

次北履順坊

天慶尼院,周顯德二年,太祖妃李氏爲尼,皇城內建院。端拱二年,詔徙於舊宅,因賜名。按《實錄》:廣順二年,以洛京潛龍宅爲天勝禪院。今洛城更無有,疑便是此。今院內有周太祖、世宗二畫像,俗號太后院。安化禪院,後唐長興二年建,晉天福三年賜名。

(清)徐松輯:《河南志》"京城門坊街隅古迹"

次北進德坊

長興應福禪院,後唐長興二年,僧惠玘建,四年賜名。惠玘仕莊宗爲將軍,後爲僧,俗號將軍院。天福寶地禪院,後唐天成二年建,晉天福七年賜名,有慈氏閣。

(清)徐松輯:《河南志》"京城門坊街隅古迹"

次北鄰德坊

亦北市之地,後增此坊。天福延慶禪院,後唐長興中,義州刺史劉再金以宅建,晉天福六年賜名。資聖禪院,後唐同光二年建,天福二年賜名。普安禪院,梁正明五年建尼院。

(清)徐松輯:《河南志》"京城門坊街隅古迹"

從南第一曰時泰坊

水北倉,本梁太祖宅,開平元年號大昌宮,敬翔《興創編遺録》云:竟不施行,乃以爲太倉。興福尼院,太子太師致仕宋彥筠以宅建,漢乾祐三年賜名。

(清)徐松輯:《河南志》"京城門坊街隅古迹"

其東時邕坊

嚴因院,晉天福七年公主建尼院,九年賜名,至宋淳化三年改爲僧院。廣順洪福尼院,晉天福七年建,周廣順元年賜名弘福,至宋避廟諱改。

(清)徐松輯:《河南志》"京城門坊街隅古迹"

次北殖業坊

廣順洪壽禪院,梁乾化二年建。周廣順二年賜名。

(清)徐松輯:《河南志》"京城門坊街隅古迹"

從南第一曰教業坊

按,其地乃唐毓材坊。其南即教弩場之地。長興保慶尼院,本泰山廟地,梁正明五年建,後唐長興二年賜名。中有慈氏閣,俗曰閣子寺。

(清)徐松輯:《河南志》"京城門坊街隅古迹"

次北毓材坊

其地乃廣德戀坊之南半坊之地。隋洛陽縣廨居此。西去宮城八里,又有李雄宅。大雲寺,後魏建净土寺,隋大業四年,自故城徙建陽門內,唐貞觀三年復徙於此。長壽二年改大雲,會昌中廢,後唐同光二年重建。今小院七。

(清)徐松輯:《河南志》"京城門坊街隅古迹"

次北賜福坊

續添。本教業坊之南半坊之地。隋有長孫熾宅。天女尼寺,唐貞觀九年建景福寺,武后改天女,會昌中廢,後唐同光二年重建。今有小院二十九。

(清)徐松輯:《河南志》"京城門坊街隅古迹"

右東都苑

按朱梁□□□□□廢,明宗長興□□□□□新園,名永芳園,新殿名和慶殿,今在宮苑界。又有士和亭、冷泉宮。

(清)徐松輯:《河南志》"唐城闕古迹"

殿曰太極殿

隋之乾陽,唐之乾元。明堂□□□□□□□三年改朔元殿。後唐同光□年,□□□□□□福七年,避高祖諱,改宣德殿,後復爲明堂。

(清)徐松輯:《河南志》"宋城闕古迹"

朱梁既立,署宮之南門爲建國,議者謂:建國,王莽之年號,與此僞同,殆前定矣。先是許州節度溫爲於壕內得一小黿,金色綠毛,進之,後湖池養之,建堂號曰"金黿堂"。至來年,莊宗立國號唐,及入汴見之,指謂左右曰:"金黿堂者,歸我也。"非廢興前定,而形之於先兆乎。

(宋)佚名:《分門古今類事》卷一四

先君言:宣德門本汴州鼓角門,至梁建都,謂之建國門。歷五代,制度極庳陋,至祖宗時,始增大之,然亦不過三門而已。蔡京本無學術,輒曰:"天子五門,今三門,非古也。"天子五門,謂皋、庫、雉、應、路,蓋以重數,非橫列五門。

(宋)陸游:《家世舊聞》卷下

唐洛陽經黃巢之亂,城無居人,縣邑荒圮,僅能築三小城,又遭李罕之爭奪,但遺餘堵而已。張全義招懷理葺,復爲壯藩,《五代史》於《全義傳》書之甚略,《資治通鑒》雖稍詳,亦不能盡。輒采張文定公所著《搢紳舊聞記》,芟取其要而載於此。

"厥今荆、襄、淮、沔,創痍之餘,綿地數千里,長民之官,用守邊保障之勞,超階擢職,不知幾何人,其真能髣髴全義所爲者,吾未見其人也,豈局於文法議議,有所制而不得騁乎? 全義始至洛,於麾下百人中,選可使者十八人,命之曰屯副,人給一旗一榜,於舊十八縣中,令招農戶自耕種,流民漸歸。又選可使者十八人,命之曰屯副,民之來者綏撫之,除殺人者死,餘但加杖,無重刑,無租稅,歸者漸衆。又選諳書計者十八人,命之曰屯判官,不一二年,每屯戶至數千。於農隙時,選丁夫,教以弓矢槍劍,爲坐作進退之法。行之一二年,得丁夫二萬餘人,有盜賊即時擒捕。關市之賦,迨於無籍,刑寬事簡,遠近趨之如市,五年之內,號爲富庶,於是奏每縣除令簿主之。喜民力耕織者,知某家蠶麥善,必至其家,悉召老幼,親慰勞之,賜以酒食茶綵,遺之布衫裙褲,喜動顔色。見稼田中無草者,必下馬觀之,召田主賜衣服;若禾下有草,耕地不熟,則集衆決責之。或訴以鬬牛,則召責其鄰伍,曰:'此少人牛! 何不衆助!'自是民以耕桑爲務,家家有蓄積,水旱無飢人。在任四十餘年,至今廟食。"

嗚呼! 今之君子,其亦肯以全義之心施諸人乎!

(宋)洪邁:《容齋隨筆》卷一四

梁太祖開平元年四月,以東都爲西都,即洛陽也。

(宋)李上交:《近事會元》卷四

洛陽大内臨芳殿，莊宗所建。牡丹千餘本，其名品亦有在人口者，具於後：

百葉仙人淺紅	月宫花白	小黄嬌深黄
雪夫人白	粉奴香白	蓬萊相公紫花黄緑
卵心黄	御衣紅	紫龍杯
三雲紫	盤紫酥淺紅	天王子
出樣黄	火焰奴正紅	太平樓閣千葉黄

（宋）陶穀：《清異録》卷上

後唐龍輝殿，安假山水一：鋪沉香爲山阜，薔薇水蘇合油爲江池，零藿丁香爲林樹，薰陸爲城郭，黄紫檀爲屋宇，白檀爲人物。方圍一丈三尺，城門小牌曰靈芳國，或云平蜀得之者。

（宋）陶穀：《清異録》卷下

後唐龍輝殿，安假山水一鋪，沉香爲山阜，薔薇水、蘇合油爲江池，苓藿、丁香爲林樹，薰陸爲城郭，黄紫檀爲屋宇，白檀爲人物，方圍一丈三尺，城門小牌曰“靈芳國”。

（明）彭大翼：《山堂肆考》卷一八三

徽安門，舊洛城北面最西門也。樓上先多雀鴿，後亦絶無。至清泰中，帝上此樓自焚，今俗謂之“火燒門”。

（宋）錢易：《南部新書》戊

又王仁裕《入洛記》：華清宫温泉有七聖堂，當堂塑元元皇帝，以太宗、高、中、睿、玄、肅及竇太后，兩面行列侍立，具冠劍衮冕，洒掃甚嚴。仁裕以蜀俘歸後唐，華清更涉兵亂，不知其幾，而所見尚如此，則昭武廟所塑立侍者，未必非高祖、太宗像也。唐以老聃爲祖，則雖立侍而傳冠服，不以爲嫌。

（宋）程大昌：《考古編》卷七

（續注：）唐開元元年，改雍州爲京兆府，以京城爲西京。天祐元年，昭宗東遷，降爲佑國軍。梁開平元年，改府曰大安。越二年，改軍曰永平。後唐同光元年，復爲西京。晉天福元年，改軍曰晉昌。漢乾祐元年，改軍曰永興。其府名皆仍舊，有宋因之。

（宋）張禮：《游城南記》

（張注曰：）（仇家）莊即唐宦官仇士良別業也。士良死，籍没其家。後晉賜晉昌軍節度使安彦威，安氏子孫世守之。士良墓碑俱存。

（宋）張禮：《游城南記》

（張注曰：）五代周太子太師致仕皇甫元莊在趙村，建隆二年置。墓在村東，（撥川王論弓仁墓）碑在其莊内。

（宋）張禮：《游城南記》

梁太祖過内黄，問曰："此何故名内黄？"李挺曰："河南有外黄、小黄，故此有内黄。"又曰："在何處？"對曰："秦有外黄都尉理外黄，其故墟今在雍邱；小黄爲高齊所廢，其故墟今在陳留。"太祖稱獎數四。

（宋）孔平仲：《續世説》卷四

鎮陽池苑之盛，冠於諸鎮，乃王鎔時海子園也。鎔嘗館李匡威於此。亭館尚是舊物，皆甚壯麗。鎮人喜大言，矜大其池，謂之"潭園"，蓋不知昔嘗謂之"海子"矣。中山人常好與鎮人相雌雄，中山城北園中亦有大池，遂謂之"海子"，以壓鎮之潭園。

（宋）沈括：《夢溪筆談》卷二四

西京，唐曰洛州，後爲東都、河南府，尋改爲京。梁爲西都，晉復爲西京，國朝因之。京城周回五十二里。南三門：中曰定鼎，東曰長夏，西曰厚載。東三門：中曰羅門，南曰建春，北曰上東。北二門：東曰安喜，西曰徽安。城内一百二十坊：明教、宜人、淳化、安業、修文、尚善、樂和、正平、修行、崇業、修業、旌善、尚賢、敦行、崇政、宣範、恭安、勸善、惠訓、道術、歸德、康俗、敦化、道化、温柔、擇善、道德、仁和、正俗、永豐、修善、思順、福善、惠和、安衆、興教、宣教、陶化、嘉善、通利、樂成、安遠、慈惠、上林、游奕、游賢、尊賢、章善、賢相、永泰、臨闤、延福、富教、詢善、銅（馳）〔駝〕、崇讓、履道、履信、會節、綏福、從善、睦仁、嘉猷、里仁、永通、利仁、歸仁、懷仁、仁風、静仁、延慶、寧人、寬政、淳風、宣風、觀德、積善、從政、大同、承義、明義、教義、廣利、通濟、懷義、淳和、南里、北里、承福、立德、清化、道光、道義、道政、永福、思恭、歸義、履順、進德、景行、温洛、北市、鄰德、敦厚、修義、時泰、時邕、立行、殖業、豐財、教業、毓財、德懋、毓德、審教、積德、賜福、教善、興藝、通遠。

大内，據京城之西北。宫城周回九里三百步。舊名紫微城。南面三門：正南曰五鳳樓，國初建名；東曰興教，西曰光政，隋、唐舊名。東面一門曰蒼龍，隋、唐曰重光，後改。西面一門曰金虎，隋曰寶城，唐曰嘉豫，後改。北面一門曰拱宸，隋、唐曰（元）〔玄〕武，大中祥符中改今名。五鳳樓内正内曰太極殿門，隋曰永泰，唐曰通天，乾元後隨殿名改易，太平興國三年名太極門，景德四年改今名。門東西各有門，唐初曰萬春、千秋，今無榜。太極殿門外東西横門曰左、右永泰門，隋曰東、西華，唐曰左、右延福，後改。正殿曰太極殿，隋曰乾陽，唐初曰乾元、明堂，後改含元，梁曰朝元，後唐曰明堂，晉曰宣德，後復爲明堂，太平興國三年改今名。殿前有左、右龍尾道，日樓、月樓，東西横門曰日華、月華。殿後有柱廊。次天興殿，舊曰太極後殿，太平興國三年改今名。後有殿閣，其地即隋之大業，唐之天堂。後門北對建禮門。太極殿門之西面，南曰應天門，唐曰敷政、光範，後改；次北曰乾元門，唐曰千福、乾化，後改；次北曰敷政門，唐曰武成、宣政，後改。次北曰文明殿，唐曰真觀，梁曰文明。殿東南隅有鼓樓，西南隅有鍾樓。東、西横門曰左、右延福門。殿兩挾曰東上、西上閣門，殿後有柱廊。次曰垂拱殿，唐曰延英，太平興國三年改今名。殿後通天門，後有柱廊。興教門内曰左安禮門，隋、唐曰會昌門。西北曰鑾和，太平興國三年,以車輅院門改今名。左安禮門北曰左興善門,唐曰左銀臺,梁改。其北左銀臺門,唐曰左章善,梁改光政。門內西偏右安禮門,隋、唐曰景運,後改。次西橫門曰永福門,後唐之名。右安禮門北曰右興善門,唐曰右銀臺,梁改蒼龍。門之正西有東隔門,次西曰膺福門,唐曰含章,後改。次西接通天門柱廊。金虎門之正東有西隔門;次東曰千秋門,唐曰金鑾,後改;次東接通天門柱廊。建禮門,在天興殿後,南對五鳳樓,北有隔門,次北拱宸門。建禮門之西曰廣壽殿門,門內廣壽殿,唐曰嘉慶,後唐改。殿後隔舍即內東門道,其北明德殿,太平興國三年改廣壽。第二殿曰明德,第三殿曰天和,第四殿曰崇徽。其次天和殿,其次崇徽。廣壽殿門之西曰明福門,其次北(廊)[廊]接通天門,南對文明殿。明福門內曰天福殿門,門內天福殿,唐曰崇勛,後唐曰中興,晉改今名。其次太清樓,後唐曰絳霄,太平興國三年改寢殿曰太清。第二殿曰思政,第三殿曰延春。其次思政殿,其次延春殿。其次面北曰武德殿,後唐曰解卸,又曰端明,太平興國三年改今名。明福門之西曰金鑾殿門,門內金鑾殿,唐曰太極,又名思政,梁改今名。其次壽昌殿,梁曰雍和,太平興國三年改金鑾。第二殿曰壽昌,第三殿曰玉華,第四殿曰長壽,第五殿曰甘露,第六殿曰乾陽,第七殿曰嘉興。其次玉華殿,其次甘露殿,其次長壽殿,其次乾陽殿,其次嘉興殿。金鑾殿門之西曰含光殿門,門內含光殿,宴殿也。其南廊有裝戲院,殿東(廊)[廊]後有紫雲樓,宮中觀宴之所。樓前射弓小院。含光殿後洗澤宮一位。建禮門北之東廊曰內東門,其北即北隔門。門南之西廊曰保寧門,門西有隔門,門內面南有講武殿,唐曰文思毬場,梁以行從殿爲興安殿毬場,後改今名。殿後有柱廊,有後殿。(無名)隔門,相對西隔門。門西淑景亭,又有隔門。以西入後苑,內有長春殿,後唐建石殿,有柱廊。後殿以西即十字池亭,其南砌臺、水井。婆羅亭,貯奇石處。世傳是李德裕醒酒石,以水沃之,有林木自然之狀,謂之婆羅石,故以名亭。前有九江池,一名九曲池。其南有內園門,(左)[在]含光殿門之西。東宮在蒼龍門之西,(興)[與]左銀臺門相對,其門在東池門之內。宮後東池門內有飛龍院,西有散甲殿,梁改弓箭庫殿爲宣威,後改今名。殿後柱廊,有後殿,其北相對有夾道門,在拱宸門内。

皇城,隋曰太微城,亦號南城,宮城之外夾城。南面三門:中曰端門,北對五鳳樓,南對定鼎門。東曰左掖,西曰右掖。東面二門:南曰賓耀,隋曰東太陽,唐曰東明,後改。北曰啓明,西對宮城之蒼龍門。西面二門:南曰金耀,隋曰西太陽,後改;北曰乾通,東對宮城之金虎門。西面外(挾)[夾]城又二門:南曰麗景,東對金耀門;北曰開化,東對乾通門。北面一門曰應福,五代以來曰甲馬門,蓋諸班宿直其内。次北左軍二門,在興教門之東,門内皆班院。次西右軍一門,在光政門之西,門内皆班院及御園。

東城,宮東之外城也,隋築。東面一門曰宣仁,東對上東門;南面一門曰承福,今爲洛陽監前門;北面一門曰含嘉,今不復有門構。

(清)徐松輯:《宋會要輯稿》方域一之七——一一

講武殿

《京都雜録》:西京大内保寧門西有隔門,門内面南有講武[殿],唐曰文思毬場,梁以行從殿爲興安殿毬場,後改今名。

(清)徐松輯:《宋會要輯稿》方域三之三

集英殿

集英殿舊曰元德,亦曰廣政,晉天福二年改元德爲廣政。開寶三年改大明,淳化元年二月己酉改含光,祥符八年六月十五日甲子改會慶,明道元年十月甲辰改元和,尋改今名。

(清)徐松輯:《宋會要輯稿》方域三之三

武德殿

《京都雜録》:西京大内延春殿,其次面北曰武德殿,後唐曰解卸,又曰端明,太平興國三年改今名。

(清)徐松輯:《宋會要輯稿》方域三之三

散甲殿

《京都雜録》:西京大内東宫後東池門内有飛龍院,西有散甲殿,梁弓箭庫殿爲宣威,後改今名。

(清)徐松輯:《宋會要輯稿》方域三之三

垂拱殿

《京都雜録》:西京大内次曰垂拱殿,唐曰延英,太平興國三年改今名。

長春殿

《京都雜録》:西京大内後苑南有長春殿,後唐建名。

天福殿

《京都雜録》:唐曰崇勛,後唐曰中興,晉改今名。

廣壽殿

《京都雜録》:西京大内建禮門之西曰廣壽殿,唐曰嘉慶,後唐改今名。

(清)徐松輯:《宋會要輯稿》方域三之四

玉津園

在南薰門外,夾道爲兩園,中引閔河水别流貫之。周顯德中置,宋朝因之,以三班及内侍監領,軍校兵隸及主典凡二百六十六人。

(清)徐松輯:《宋會要輯稿》方域三之一〇

娑羅亭

《京都雜録》:西京大内長春殿有柱廊,後殿以西即十字池亭,其南砌臺、冰井。娑羅亭,貯奇石處,世傳是李德裕醒酒石,以水沃之,有林木自然之狀,謂之娑羅石,故以名亭。

(清)徐松輯:《宋會要輯稿》方域三之一五

東京大内

《京都雜録》：東京大内南中三門，中曰宣德，梁初曰建國，後改咸安，晉初曰顯德，又改明德，太平興國三年七月改丹鳳，九年七月改乾元，大中祥符八年六月改正陽，景祐元年正月改宣德，政和八年十月六日改爲太極之樓，重和元年正月復今名。

《京都雜録》：東京大内東一門曰東華，梁曰寬仁，開寶四年改曰東華門。

《京都雜録》：東京大内西一門曰西華門，梁曰神獸，開寶四年改今名。

《京都雜録》：東京大内北一門曰拱宸，梁曰厚載，後改玄武，大中祥符五年十一月又改玄武爲拱宸。又云：西京宮城北門。

（清）徐松輯：《宋會要輯稿》方域三之三一

《京都雜録》：東京大内宣德門内正南門曰大慶，梁曰元化，國朝常隨正殿名改。

《京都雜録》：西京大内次北曰乾元門，唐曰千福，乾化後改乾元門。

（清）徐松輯：《宋會要輯稿》方域三之三二

《京都雜録》：東京大内文德殿東、西兩廊門曰左、右嘉福，舊名左、右勤政，明道元年十月改左、右嘉福門。

《京都雜録》：西京大内左安禮門，其北左銀臺門，唐曰左章善，梁改光政。

《京都雜録》：西京太極殿門外東、西橫門曰左、右永泰門，隋曰東、西華，唐曰左、右延福，後改左、右永泰門。

（清）徐松輯：《宋會要輯稿》方域三之三四

《京都雜録》：西京大内東面一門曰蒼龍門，隋、唐曰重光，後改曰蒼龍門。

《京都雜録》：西京大内西面一門曰金虎，隋曰寶成，唐曰嘉豫，後改金虎門。

《京都雜録》：西京大内左、右安禮門西北曰鑾和，太平興國三年，以車輅院門改，今名鑾和門。

《京都雜録》：西京大内右興善門之正西有東隔門，次西曰膺福門，唐曰含章，後改膺福門。

《京都雜録》：西京大内膺福門次西接通天門柱廊，金虎門之正東有西隔門，次東曰千秋門，唐曰金鑾，後改千秋門。

《京都雜録》：西京大内天和殿，其次崇徽。廣壽殿門之西曰明福門，其北廊接通天門。

《京都雜録》：西京大内右安禮門次西横門曰永福門，後唐之名。

（清）徐松輯：《宋會要輯稿》方域三之三六

《京都雜録》：西京大内乾元門次北曰敷政門，唐曰武成、宣政，後改敷政門。

《京都雜録》：西京大内太極殿門之西，面南曰應天門，唐曰敷政、光範，後改應天門。

《京都雜録》：西京大内五鳳樓内，正南内太極殿門，隋曰永泰，唐曰通天、乾元，太平興國三年名太極門，景德四年改今名。太極門門東西各有門，唐初曰萬春、千秋，今無榜。

《京都雜録》：西京皇城東面二門，南曰賓耀，隋曰東太陽，唐曰東明，後改今名。

《京都雜録》：西京皇城西面二門，南曰金耀，隋曰西太陽，後改今名。又云即唐宣耀。

（清）徐松輯：《宋會要輯稿》方域三之三七

《京都雜録》：西京皇城北面一門曰應福，五代以來曰甲馬門，蓋諸班直宿其内。

（清）徐松輯：《宋會要輯稿》方域三之三八

《京都雜録》：西京大内興教門内曰左安禮門，隋、唐曰會昌。

西京大内左銀臺門門内西偏右安禮門，隋、唐曰景運，後改今名。

《京都雜録》：西京大内左安禮門，北曰左興善門，唐曰左銀臺，梁改左興善門。

《京都雜録》：西京大内右安禮門，北曰右興善門，唐曰右銀臺，梁改右興善門。

（清）徐松輯：《宋會要輯稿》方域三之三九—四〇

《京都雜録》：東京新城東五門，次北曰含輝，周曰含煇，太平興國四年九月改寅賓，後復今名曰含輝門。

《京都雜録》：東京新城東五門，次北曰朝陽，周曰延春，太平興國四年九月改曰朝陽門。

《京都雜録》：東京新城西六門，次北曰金耀，周曰蕭政，太平興國四年九月改曰金耀門。

《京都雜録》：東京新城西六門，南曰順天，周曰迎秋，太平興國四年九月改曰順天門。

（清）徐松輯：《宋會要輯稿》方域三之四三

《京都雜録》：東京新城北五門，中曰通天，周曰元德，太平興國四年九月改曰通天，天聖初改寧德，後復名通天門。

《京都雜録》：東京新城北五門，次東曰景陽，周曰長景，太平興國四年九月賜名曰景陽門。

《京都雜録》：東京新城北五門，次東曰永泰，周曰愛景，太平興國四年九月改曰永泰門。

（清）徐松輯：《宋會要輯稿》方域三之四四

滁州清流關，昔在五季，太祖皇帝以五千之兵敗江南李氏十五萬衆，執皇甫暉、姚鳳以獻周世宗，寔爲本朝建國之根本。明清昨仕彼郡，考之《圖經》云："皇祐五年十月，因通判州事王靖建言，始創端命殿宇於天慶觀之西,奉安太祖御容。初以兵馬都監一員兼管,至元豐六年,專差內侍一名,管勾香火。每月朔望,州官朝拜,知州事酌獻。歲朝、寒食、冬旦至節,詔遣內侍酌獻。"今焉洊罹兵革,殿宇焚蕩之久,茂草荊棘,無片瓦尺椽存者,周視太息。還朝上言,以謂太祖皇帝歷試於周,應天順人,啓運立極;功業自此而成,王基自此而創,故號端命,誠我宋之咸、鎬、豐、沛,命名之意可見。乞再建殿宇,以永崇奉。得旨下禮部討論,而有司以謂增置兵衛,重有浮費,遂寢所陳。蓋明清親嘗至其地,恭睹太祖入滁之偉績。當其始也,趙韓王教村童於山下,始與太祖交際,用其計畫,俾爲鄉道,提孤軍,乘月夜,指縱銜枚,取道於清流關側蘆子艿;浮西澗,入自北門,直搗郡治。皇甫暉方坐帳中,燕勞將士,養銳待戰;倉黃聞變,初不測我師之多寡,躍其愛馬號千里電奔東郊。太祖追及於河梁,以劍揮之,人馬俱墜橋下,暉遂擒。姚鳳即以其衆解甲請降。自此兵威如破竹,盡取淮南之地。鳳之投降,時正午刻,擊諸寺鐘以應之,至今不改。紹興壬戌,郡守趙時上殿陳其事,詔付史館。東渡猶有落馬橋存焉。如是,則端命之殿,其可置而不問邪!

(宋)王明清:《揮麈後錄》卷一

長干橋,在城南門外。五代楊溥城金陵,鑿濠引秦淮,繞城西入大江,遂立此橋。

(宋)周應合:《景定建康志》卷一六

銅橋,在城東一十里。按《五代史》:李昇天祚三年十一月,以步騎八萬講武於銅橋。今字作桐,訛也。

(宋)周應合:《景定建康志》卷一六

南唐宮,即皇朝舊府治,中興修爲行宮。考證:《五代史》清泰元年,吳徐知誥治私第於金陵。乙未,遷居於私第,虛舍以待吳王。吳王詔知誥還府舍。甲申,金陵大火。乙酉,又火,知誥疑有變,勒兵自

衛。己丑，復入府舍。天福二年，徐知誥建太廟社稷，名城曰宮城，廳
堂曰殿。《南唐書》云：先主建號，即金陵府爲宮，惟加鴟尾欄檻而已，
終不改作。《江南野錄》云：初臺殿閣各有鴟吻。自乾德之後，天王使
至則去之，還則復用，至是遂除。

（宋）周應合：《景定建康志》卷二一

孫晟宅，在鳳臺山西。考證：鄭文寶《南唐遺事》云：孫晟爲尚書
郎，賜宅一區，在鳳臺山西崗壠之間。徙居之日，群公萃止，韓熙載見
其門巷卑陋，謂孫曰：“湫隘若此，豈稱爲相第邪！”舉坐莫喻其旨。明
年，孫拜御史大夫，百日之間，果登臺席。

（宋）周應合：《景定建康志》卷四二

徐鉉宅，舊在攝山栖霞寺西，今日陶莊者是也，園池甚盛。考證：
裴迪《留題徐氏來賢亭》云：“常侍江東第一流，子孫今不泯先猷。結
亭意在來賢者，誰慕清風爲駐留。”王荆公《題徐秀才園亭》詩云：“茂
林修竹翠紛紛，正得山阿與水濆。笑傲一生雖有樂，有司還欲選方
聞。”二詩刻石今在栖霞市酒坊。

（宋）周應合：《景定建康志》卷四二

高越墓，在栖霞寺舊門外北山之麓，去城四十五里，有石題云“侍
郎高府君墓”。南唐人也。

（宋）周應合：《景定建康志》卷四三

韓熙載墓，在梅頤崗。考證：熙載病卒後，主謂近臣曰：“吾竟不
得熙載爲相。”乃追贈平章事，謚文靖，葬於此。

（宋）周應合：《景定建康志》卷四三

南唐郊壇，即梁故處長樂鄉去城十二里。今爲藏冰之所。

（宋）周應合：《景定建康志》卷四四

城隍廟,唐天祐二年置。舊在城西北,今在府治南御街東、太廟街内。

（宋）周應合:《景定建康志》卷四四

蔣帝廟,在蔣山之西北,去城一十二里。……南唐謚曰莊武帝,更修廟宇。

（宋）周應合:《景定建康志》卷四四

晉元帝廟,唐天祐二年置。舊在城内西北卞將軍廟側。國朝景德四年重修,後移就嘉瑞坊城隍廟東廡。

（宋）周應合:《景定建康志》卷四四

忠烈廟,即卞將軍廟,在天慶觀西。晉蘇峻亂,尚書令卞壺與其二子死難。南唐保大中,始建忠貞亭於其墓北。國朝慶歷三年,改亭曰忠孝。元祐八年,列於祀典。

（宋）周應合:《景定建康志》卷四四

武成王廟,在右南廂鎮淮橋之北,御街西。唐開元中,詔京師及天下州府並立太公廟。南唐徐鉉《武成王廟碑》云:入端門而右回,旁太廟以西顧。即今處也。

（宋）周應合:《景定建康志》卷四四

李王廟,在城東南十里,南唐李主也。里俗呼曰李帝廟,歲時祀之。

（宋）周應合:《景定建康志》卷四四

故孫皓捨建鄴而之武昌,吳因以衰。梁元帝捨建鄴而守江陵,梁遂以亡。李嗣主捨建鄴而還洪府,南唐遂不能以立。……南唐嗣主用唐鎬計遷豫章,而王都官舍、軍壘十不容其一二,自公卿下至軍士,莫不思歸。自此論之,六朝以來,都邑之議,莫不以建康爲根本也。

(宋)張敦頤:《六朝事迹編類》卷上

翠微亭,城西五里清凉寺山頂,南唐時建。林逋有詩云:"亭在江干寺清凉,更翠微陳軒金陵。"詩集注云:清凉寺、翠微亭,最爲佳處。

(宋)張敦頤:《六朝事迹編類》卷上

湯泉館,徐鉉有《湯泉舊館詩》,今遺基尚存,在神泉鄉湯山之下。

(宋)張敦頤:《六朝事迹編類》卷上

宋齊丘宅,舊傳在鎮淮橋之北,御街之東,今南北較務是也。其後又爲南唐國子監。

(宋)張敦頤:《六朝事迹編類》卷下

張僕射廟,舊經云:唐天祐中,有清河張司徒者,營建金陵,百姓懷而祀之,今呼張僕射廟。廟之北,相去四里,有南唐張懿公墓道,或云僕射即懿公也,名君咏,字德之。嘗爲特進、太子太傅,初不曾任司徒。其説未詳,今在府城西門外十里。

(宋)張敦頤:《六朝事迹編類》卷下

南唐張懿公墓,公名君咏,字德之。有神道碑題云:大唐順天翊運功臣、特進、守太子太傅、上柱國、清河郡開國張懿公神道。去府城十里,在石頭城後。

(宋)張敦頤:《六朝事迹編類》卷下

南唐李順公墓,公名金全,字德鏐。有神道碑題云:唐故開府儀同三司、檢校太尉、兼侍中、贈中書令李順公神道。在城西金陵鄉七里鋪。

（宋）張敦頤：《六朝事迹編類》卷下

南唐高越墓，攝山栖霞寺舊門外，北山之麓，有石題云：侍郎高府君墓。去縣四十五里。

（宋）張敦頤：《六朝事迹編類》卷下

僞吳興化院銅鐘鑄文，徐温鑄，在丹陽鄉香林寺。

僞吳矴石鑄文，順義元年鑄，在靖安鎮。

南唐方山寶華宮碑，在方山崇真觀。

南唐洞元觀請鍾記，在崇真觀。

南唐寶華宮功德什物，在崇真觀。

南唐李順公神道碑，高越書，在石頭城北。

南唐張懿公神道碑，朱銑書，在石頭城後。

南唐蔣莊武帝廟碑，徐鉉撰，朱銑書。《圖經》云已亡。今碑石在蔣廟門外，此《圖經》之誤也。

（南唐）夫人易氏墓志額，在土山净名寺。

南唐李後主祭悟空禪師文，并親書“德慶堂”三字，在清凉寺。

南唐開善寺井記，在蔣山寺。

南唐義井欄刻字，在石頭城後七里鋪。

南唐僧用虛題栖霞寺詩，在本寺千佛嶺。

宋齊丘鳳臺詩刻，在保寧寺。

（宋）張敦頤：《六朝事迹編類》卷下

澄心堂，南唐烈祖節度金陵之燕居也。世以爲元宗書殿，誤矣。趙内翰彦若家有《澄心堂書目》，才二千餘卷，有“建業文房”之印，後有主者，皆牙校也。

（宋）陳師道：《後山談叢》卷二

建業文房，南唐烈祖節度金陵之別室也，趙元考家有《建業文房書目》，才千餘卷，有"金陵圖書院"印焉。

（宋）陳師道：《後山談叢》卷三

南唐故宮在今内橋北，上元縣中兵馬司盧妃巷是其地。相傳内橋爲宮之正門所直，南宋行宮亦在此地，改内橋爲天津橋。而橋北大街，東西相距數百步，有東虹、西虹二橋，東虹自上元縣左，北達娃娃橋，有石嵌古河遺迹；西虹在盧妃巷大西，穿人家屋而北達園地，亦有石嵌河迹。土人言：此南唐護龍河者是也。自盧妃巷北，直走里許，又有一橋，亦名虹橋，而東虹、西虹兩橋北達之水，環絡交帶，俱縮轂於此。想當日宮内小河四周相通，形迹顯明，第近多堙塞，不復流貫耳。

（明）顧起元：《客座贅語》卷一

南唐都城，南止於長干橋，北止於北門橋。蓋其形局，前倚雨花臺，後枕雞籠山，東望鍾山，而西帶冶城、石頭。四顧山巒，無不攢簇，中間最爲方幅。而内橋以南大衢直達鎮淮橋與南門，諸司庶府，拱夾左右，垣局翼然。當時建國規摹，其經畫亦不苟矣。因思陳同甫言：臺城東環平岡以爲安，西城石頭以爲重，帶玄武湖以爲險，擁秦淮、青溪以爲阻。而地當南唐宮之東北，在今上元縣東北府軍倉、花牌樓等地。陳魯南《金陵圖》考證六朝大司馬門在中正街。案六朝都城東阻於白下橋，即今之大中橋也，中正街距大中橋甚近，臺城偏倚一隅，恐難立止。《記》又言：六朝都城，北據雞籠、覆舟等山。亦恐誤。晉元帝、明帝、成帝、哀帝四陵並在雞籠山下，若城帶諸山，恐無倚城起陵之理。余臆斷六朝都城亦當如南唐，北止於北門橋之南岸；玄圃、華林、樂游諸苑，或是城外離宮，未必盡括城内也。

（明）顧起元：《客座贅語》卷一

　　偶聞友人論古事,以烏衣巷在今報恩寺右,西天寺前,傍重譯橋者是,不知西天寺門所臨之河,乃楊吳所鑿之城壕,六代時未有此也。

(明)顧起元:《客座贅語》卷二

　　小長干在瓦官寺南,巷西頭出大江,梁初起長干寺。按是時瓦官寺在淮水南城外,不與長干隔。而今日賽工橋西即是江水流處。其後洲渚漸生,江去長干遂遠,而楊吳築城圍淮水於內,瓦官遂在城中,城之外別開今壕,而長干隔遠不相屬矣。

(明)顧起元:《客座贅語》卷五

　　六朝舊城近北,去秦淮五里,至楊吳時改築,跨秦淮南北周回二十里,近南聚寶山。

(明)顧起元:《客座贅語》卷六

　　冶城最古而最爲勝地。吳爲冶城,晉初爲冶城,後爲西園,宋爲總明觀,楊吳於此建紫極宮。宋改天慶觀,大中祥符間,賜額爲祥符宮。

(明)顧起元:《客座贅語》卷一〇

　　因思金陵形勢,自吳至梁、陳,宮闕都邑相因不改。隋文平陳,詔建康城池,並平蕩耕墾,而六朝都邑宮室之迹盡矣。楊吳跨淮水爲城,朱雀航、驃騎航、禪靈渡囊括城內,而六朝山水之形變矣。

(明)顧起元:《客座贅語》卷一〇

　　新橋本名萬歲橋,唐詩句中"萬歲橋邊此送君",新橋乃楊吳時所名,又名飲虹橋。……南門外橋,五代楊吳名長干橋。

(明)顧起元:《客座贅語》卷一〇

李嗣主捨建業而還洪府,南唐遂不能以自立。

(宋)章如愚:《群書考索》卷六二

唐保大二年,國主幸飲香亭,賞新蘭,詔苑令取滬溪美土,爲馨列侯壅培之具。

(宋)陶穀:《清異録》卷上

《雜志》:南唐苑中有紅梅亭,四面專植紅梅。

(明)彭大翼:《山堂肆考》卷一九八

李後主每春盛時,梁棟窗壁柱拱階砌並作隔筒,密插雜花,榜曰錦洞天。

(宋)陶穀:《清異録》卷上

廬山僧舍有麝囊花一藂,色正紫,類丁香,號紫風流。江南後主詔取數十根植於移風殿,賜名蓬萊紫。

(宋)陶穀:《清異録》卷上

六朝建國江左,臺城爲天闕,復築石頭城於右,宿師以守,蓋如古人連營之制。然古今議攻守者,多疑以爲分兵力而無用。東陽陳同父亮嘗上書乞移都建康,謂古臺城當在今鐘山,而大司馬門在馬軍新營之側,今城乃江南李氏所築耳。

(宋)岳珂:《桯史》卷一

汪司空廟,在縣(婺源縣)東南,唐汪武始遷今縣者也。

(宋)羅願:《新安志》卷五

舊倉城,在縣(餘杭縣)東南二里安樂山上,高二丈,上廣八尺,下廣二丈,周回四里一百五十步。唐永正五年,刺史張綱奏置倉宇四十二間。天寶八載，采訪使奏置常平倉，同在城内，錢氏廢倉建寺，今名善法院，倉址仍存。

（宋）潛説友：（咸淳）《臨安志》卷一八

（富陽縣）古城，在榮國寺西北隅，周十二里，高二丈一尺，闊二丈，有屋七百一十七間，樓十二間。五代時城在縣東南，錢氏以地逼江，乃壘磚礫爲之，略存封邑。

（宋）潛説友：（咸淳）《臨安志》卷一八

虎林山：在太一宮高士堂後，有小土阜，上有亭曰：'武林'；或云：一名'武林山'。按高士楊□質記亭始末，謂嘗訪之耆舊，知錢氏有國時，此山復在郭外，叢薄蒙密，異虎出焉，故得名爲'虎林'。吴音承訛，轉虎爲武耳。葉紹翁《四朝聞見録》乃謂虎林即靈隱山，因避唐諱改爲武林。

（宋）潛説友：（咸淳）《臨安志》卷二三

後唐莊宗同光元年四月即位於魏州，是月升魏州爲東京，改元城縣曰興唐，貴鄉縣曰唐晉，都督府曰興唐府，以太原爲西京，鎮州爲北都。

（宋）王欽若等編纂：《册府元龜》卷一四《帝王部》

馬殷爲湖南節度使。同光三年八月，奏增築岳州城。

（宋）王欽若等編纂：《册府元龜》卷四一〇《將帥部》

（天成元年七月）是月，敕："漢朝昇沛，魏祖封譙，當化家爲國之時，行奉先思孝之道。睠惟應郡，迹乃帝鄉，宜師古而建邦，亦推恩而及物，俾崇國本，以洽人情。其應州宜置彰國軍節度，仍以興唐軍爲寰州，隸彰國軍。"

（宋）王欽若等編纂：《册府元龜》卷一七二《帝王部》

（天成四年）十月癸酉，敕昭宣光烈孝皇帝曾居寶位，久抱幽冤，近始追崇，方安寢廟，宜昇縣邑，以奉園陵。宜升曹州濟陰縣爲次赤，以本縣令兼陵令。

（宋）王欽若等編纂：《册府元龜》卷三一《帝王部》

楊漢章爲雲州節度使。天成四年，奏修築寰州城池。

（宋）王欽若等編纂：《册府元龜》卷四一〇《將帥部》

晉高祖，諱敬瑭，少帝天福七年敕：應殿名及州縣名、職名等，有與高祖諱犯者，悉改之。明堂爲宣德殿，唐州爲沁州，思唐州爲思化州，密州附唐縣爲膠西縣，蔚州與唐縣爲靈山縣，博州堂邑爲河濱，高唐爲濟城，定州唐縣爲博陵，莫州唐興爲宜州，真定府行唐爲永昌，堂陽爲蒲澤，彭州唐化爲彭山，蜀州唐興爲鄉城，道州延唐爲延喜，福州福唐爲南臺，壽州盛唐爲來化，鄂州唐年爲臨江，杭州錢塘爲錢江，唐山爲橫山，台州唐興爲台興，隨州唐城爲漢東，代州唐林爲廣武，漢州金堂爲漢城，合州石鏡爲仙覽，復州竟陵爲景陵，中書政事堂爲廳，堂後官諸房頭爲録事，餘並爲主事。所有諸邑人姓名犯者並改，又改陝府甘棠驛爲通津驛。

（宋）王欽若等編纂：《册府元龜》卷三《帝王部》

漢高祖即位初，自晉赴洛，次絳郡。有司奏置頓厄口鎮，帝曰："地名稍惡，安可宿之？朕記此别有好路。"乃遣人導之，果坦夷而至於聞喜縣。有從騎槖駝由厄口者，多爭路墮於絶壑。從臣嘆曰："昔高皇帝避柏人之名，其智若神，我帝惡厄口而入聞喜，何千載之暗合邪！"

（宋）王欽若等編纂：《册府元龜》卷二六《帝王部》

漢高祖以天福十二年二月即位於太原宫，以太原爲北京。五月，車駕至東京（即汴州也）。

（宋）王欽若等編纂：《册府元龜》卷一四《帝王部》

世宗顯德元年七月，西京留守武行德率其部民萬數完洛陽羅城。先是，車駕自太原回，行德覲於河陽，帝以洛表城隍頹缺有日矣，因面諭行德，令葺之。由是徵丁夫數千而加板築焉。

（宋）王欽若等編纂：《冊府元龜》卷一四《帝王部》

顯德二年正月，帝謂宰相等曰：“朕昨昇府州爲節鎮，就拜折德扆爲帥，而夏州李彝興以土壤相接，惡其與已並爲藩鎮，乃取扼塞道路，阻絕使臣。卿等以爲如何？”宰臣奏曰：“夏州地起邊徼，朝廷向來常與優借，府州甚爲褊小，近建節旄，得之何利，失之無害。且宜撫諭彝興，庶合大體。”上曰：“折德扆三數年來竭盡心力，御捍劉崇，如何一旦弃之度外？且夏州雖産羊馬，博易資貨，悉在中土，儻與阻絕，何能爲之？”乃命供奉官齊藏珍賫詔書，責其悖慢，諭以安危。後彝興果恐懼，俯伏聽命焉。

（宋）王欽若等編纂：《冊府元龜》卷五七《帝王部》

（顯德二年）十一月，帝謂侍臣曰：“近以開廣京城，存殁皆有起動，若聽泛言卒行，未得沸騰之語。朕自當之久遠，即當利於人矣。”

（宋）王欽若等編纂：《冊府元龜》卷五七《帝王部》

楊信，爲壽州節度使。顯德四年四月，奉詔發部内丁夫廣壽州新城。

（宋）王欽若等編纂：《冊府元龜》卷四一〇《將帥部》

王蜀有劉隱者善於篇章，嘗説。少年賫益部監軍使書，索於黔巫之南，謂之南州。州多山險，路細不通乘騎，貴賤皆策杖而行，其囊橐悉皆差夫背負。夫役不到處，便遣縣令主薄自荷而行。將至南州，州牧差人致書迓之。至則有一二人背籠而前，將隱入籠内，掉手而行。凡登山入谷，皆絕高絕深者，日至百所，皆用指爪攀緣，寸步而進。在於籠中，必與負荷者相背而坐，此即彼中車馬也。洎至近州，州牧亦坐籠而迓於郊。其郡在桑林之間，茅屋數間而已。牧守皆華人，甚有心義。翌日牧曰:"須略謁諸大將乎。"遂差人引之衙院,衙各相去十餘里,小在林木之卜。一茅齋,大校三五人,逢迎極至。於是烹一犢兒,乃先取犢兒結腸中細糞,置在盤筵,以箸和調在醯中,方餐犢肉。彼人謂細糞爲聖齏,若無此一味者,即不成局筵矣。諸味將半,然後下麻蟲裹蒸。裹蒸乃取麻蕨蔓上蟲,如今之刺猹者是也,以荷葉裹而蒸之。隱勉强餐之,明日所遺甚多。

(宋)李昉:《太平廣記》卷四八三《南州》

曹英爲成德軍節度使。英本貫鎮州,詔真定縣宜改"臺輔鄉"爲"衣錦鄉","鴻儒坊"爲"勛德里"。

(宋)王欽若等編纂:《册府元龜》卷八二〇《總録部》

密州,漢防禦州,周降軍事,建隆元年復爲防禦,開寶五年升爲安化軍節度,尋復降爲防禦。六年,復升節度。元祐三年,改臨海軍。

襲慶府,舊兗州,唐泰寧軍節度,周降防禦,建隆元年復節度,大中祥符元年升爲大都督府,政和八年升爲襲慶府。

金州、晉懷[德]軍節度,後爲防禦,乾德五年升爲昭化軍節度。

滑州,後唐義城軍節度,太平興國元年改武成軍,熙寧五年廢隸開封府。

(清)徐松輯:《宋會要輯稿》方域五之一

濬州,舊通利軍,政和五年八月升爲州、濬[川]軍節度,九月又改爲平川軍。《金坡遺事》:澶州、鎮寧軍管内觀察處置河堤等使,漢頓丘地,唐武德四年置澶州,五代時自梁以刺史理之,晉升爲防禦,隸相州,移理德勝。南渡後升爲節度,以濮州隸之。

(清)徐松輯:《宋會要輯稿》方域五之二

同州,唐正德軍節度,梁爲忠武軍,後唐復舊,周降爲軍事,國朝改定國軍節度。

華州，唐鎮國軍節度，周降爲軍事，國朝初爲鎮國軍節度，皇祐五年改鎮潼軍。

鄜延路：耀州，後唐順義軍節度，後爲團練，開寶五年復爲感義軍節度，太平興國元年改感德軍。

《金坡遺事》：華州，鎮國軍管內觀察處置等使，即華陰郡，古雍州分，周畿內國，秦爲內史地，漢屬京兆尹，後魏置東雍州，唐復爲華州，西岳在焉。耀州，感德軍管內觀察處置等使，本華原縣，唐屬京兆府。李茂貞建節，爲耀州，號義勝軍，以同州美原縣爲鼎州以隸之。梁改爲崇州、靜勝軍，後唐改爲順義軍，後降爲團練州，周降爲刺史州，直屬京師，皇朝復爲節鎮。

（清）徐松輯：《宋會要輯稿》方域五之三

《金坡遺事》：麟州、鎮西軍管內觀察處置等使，即新秦郡，古雍州分，隋已來銀、勝二州地。漢武帝徙貧民充朔方已南新秦中，即其地也。銀城縣有光祿塞。府州、永安軍管內觀察處置等使，五代時漢升爲永安軍，後降爲團練州，周復爲節度。

（清）徐松輯：《宋會要輯稿》方域五之四

蘇州，後唐中吳軍節度，太平興國三年改平江軍節度。

婺州，晉武勝軍節度，淳化元年改保寧軍。

明州，唐浙東觀察使，錢鏐置望海軍，建隆二年改奉國軍節度。

（清）徐松輯：《宋會要輯稿》方域五之四

亳州，晉爲防禦，大中祥符七年升爲集慶軍節度。

福建路：福州，唐威武軍節度，周改彰武軍，太平興[國]二年復爲威武軍，建炎三年升爲帥府。

建寧府，舊建州，僞閩鎮武軍，僞唐改永安軍，又爲忠義軍，復爲軍事。端拱元年升爲建寧軍節度，紹興三十二年十月二十二日，以孝宗潛藩升建寧府。

泉州，僞唐清源軍節度，太平興國三年改平海軍。

江南路：江寧府，僞唐江寧府，開寳八年爲昇州，天禧二年復爲江寧府，建康軍節度。

（清）徐松輯：《宋會要輯稿》方域五之五

江州，僞唐奉化軍節度，開寳八年降軍事州。

撫州，僞吳昭武軍節度，開寳八年降軍州事。

鄂州，唐武昌軍節度，後唐改武清軍，太平興國三年復爲武昌軍。

德安府，舊安州，唐安遠軍節度，晉降爲防禦州，後復爲安遠軍，周又降爲防禦，建隆元年復爲安遠軍節度，宣和元年升爲德安府。

常德府，唐朗州，周武平軍節度，建隆四年降爲團練州，大中祥符五年改鼎州，後爲永安軍額。以犯陵名，崇寧元年改爲靖康軍，政和七年升爲常慶軍節度。乾道元年九月二十一日，以孝宗潛藩升常德府。

潼川府，舊梓州，唐劍南東川節度，僞蜀改天正軍，乾德三年改安靜軍，端拱二年復劍南東川節度，元豐三年閏九月復詔稱劍南東川，重和元年十一月賜名潼川府。

果州，僞蜀永寧軍節度，乾德三年降爲團練。

（清）徐松輯：《宋會要輯稿》方域五之六

利州，僞蜀昭武軍節度，景祐四年改寧武軍。

閬州，後唐保寧軍節度，乾德四年改安德軍。

洋州，僞蜀武定軍節度，景祐四年改武康軍。

夔州路：夔州，唐乾元二年升爲都督府，尋罷，天成二年升爲寧江軍節度。

廣南路：廣州，梁清海軍節度，後入僞漢，開寳四年收復，仍舊節度，大觀元年升爲帥府。

（清）徐松輯：《宋會要輯稿》方域五之七

《金坡遺事》：……新州、威塞軍管內觀察處置等使，後唐升爲威塞軍，嫣、儒、武三州隸之。應州、彰國軍管內觀察處置等使，後唐升爲彰國軍，以寰州隸焉。……慎州、昭化軍管內觀察處置等使，唐武德初隸幽州，五代爲慎瑞師觀察，皇朝建節。

（清）徐松輯：《宋會要輯稿》方域五之八

密州：漢防禦州，周降軍事，建［隆］元年復爲防禦，開寶五年升爲安化軍節度，尋復降爲防禦。六年，復升節度。元祐三年改臨海軍。
安丘縣，唐輔唐縣，梁改安丘，晉改膠西，開寶四年復今名。

（清）徐松輯：《宋會要輯稿》方域五之一三

襲慶府：舊兗州，唐泰寧軍節度，周降防禦，建隆元年復節度，大中祥符元年升爲大都督府，政和八年升爲襲慶府。

（清）徐松輯：《宋會要輯稿》方域五之一六

金州：晉懷德軍節度，後爲防禦。

（清）徐松輯：《宋會要輯稿》方域五之二二

滑州：後唐義成軍節度，太平興國元年改武成軍，熙寧五年廢隸開封府。劉豫改爲平涼府，紹興九年收復，依舊。

（清）徐松輯：《宋會要輯稿》方域五之二五

同州：唐匡國軍節度，梁爲忠武軍，後唐復舊，周降爲軍事，宋朝改定國軍節度。
華州：唐鎮國軍節度，周降爲軍事，宋朝初爲鎮國軍節度，皇祐五年改鎮潼軍。

（清）徐松輯：《宋會要輯稿》方域五之四〇

耀州：後唐順義軍節度，後爲團練。

環州:唐靈州方渠鎮,晉置威州,周爲環州,後降通遠軍。

(清)徐松輯:《宋會要輯稿》方域五之四一

安化縣,唐安化縣,後改順化,宋朝初爲安化,太平興國二年省邠州甘井、寧羌二縣地入焉。

(清)徐松輯:《宋會要輯稿》方域五之四一——四二

利豐監,僞唐鬻鹽之所,在通州城南,太平興國八年移治州西南琅山,後廢。

海陵監,僞唐於泰州海陵縣置鬻鹽監,開寶七年移治於如皋,後廢。

鹽城縣,僞唐於泰州鹽城縣置鬻鹽監,太平興國二年隸楚州,大中祥符二年廢爲倉。

(清)徐松輯:《宋會要輯稿》方域六之二〇

蘇州:後唐中吳軍節度,政和三年升爲平江府、平江軍節度。

(清)徐松輯:《宋會要輯稿》方域六之二一

明州:唐浙東觀察使錢鏐置望海軍,大觀元年升爲望郡。

常州:宜興縣,舊名義興,太平興國元年改。僞唐以杭州安國縣建衣錦軍,太平興國三年改順化軍,五年軍廢。

(清)徐松輯:《宋會要輯稿》方域六之二二

應道軍,舊溫州,晉靜海軍節度。太平興國三年降爲軍事,政和七年升爲應道軍。

〔台州〕:天台縣,唐爲唐興縣,梁爲天台,晉爲台興。

(清)徐松輯:《宋會要輯稿》方域六之二三

江州:僞唐奉化軍節度,開寶八年降軍事州,大觀元年升爲望郡。

（清）徐松輯：《宋會要輯稿》方域六之二四

撫州：僞吳昭武軍節度，開寶八年降軍〔事州〕。

（清）徐松輯：《宋會要輯稿》方域六之二六

常德府：唐朗州，周武平軍節度，建隆四年降爲團練州，大中祥符五年改鼎州，後爲永安軍額。

（清）徐松輯：《宋會要輯稿》方域六之三四

〔漢陽軍〕：漢陽縣，周即鄂州漢陽縣地建軍，熙寧四年廢。

（清）徐松輯：《宋會要輯稿》方域六之三六

潼川府：舊梓州，唐劍南東川節度，僞蜀改天正軍，乾德三年改靜戎軍，端拱二年復東川節度。

（清）徐松輯：《宋會要輯稿》方域七之四

果州：僞蜀永寧軍節度，乾德三年降爲團練。紹興二十七年十月二日，詔果州流溪鎮復升爲縣。

（清）徐松輯：《宋會要輯稿》方域七之五

洋州：僞蜀武定軍節度，景祐四年改武康軍。

（清）徐松輯：《宋會要輯稿》方域七之七

夔州路，唐乾元二年升爲都督府，尋罷。天成二年升爲寧江軍節度。

（清）徐松輯：《宋會要輯稿》方域七之八

〔建寧府〕：舊建州，僞閩鎮武軍，僞唐改永安軍，又爲忠義軍，後爲軍事。紹興三十一年十二月二十二日，以孝宗潛藩升建寧府。

〔南劍州〕：僞唐劍州，太平興國四年以利州路有劍州，加
"南"字。

（清）徐松輯：《宋會要輯稿》方域七之一一

〔漳州〕：唐漳州，僞閩南州，乾德四年復舊。

〔廣州〕：梁[清]海軍節度，後入僞漢，開寶四年收復，仍舊節度，
大觀元年升爲帥府。

開寶五年五月七日，詔廢僞漢廣州常康、咸寧二縣，依舊爲南海
鎮。南海之名，自秦、漢以來未嘗改，劉氏割據嶺表，僞建都於廣州，
乃分南海縣地爲常康、咸寧二縣，以爲京邑，且就美名。至是，以本道
上言，乃改正之。

（清）徐松輯：《宋會要輯稿》方域七之一二

南雄州：宣和三年八月七日，詔南雄州爲保昌郡。南雄州，僞漢
以韶州保昌縣置雄州，開寶四年，以河北路有雄州，加"南"字。

（清）徐松輯：《宋會要輯稿》方域七之一七

廣南東路：端州高要縣三水鎮，僞漢置，開寶中廢，淳化三年
復置。

鬱林州南流縣録鵶[鎮]，僞唐爲録鵶鐵場，咸平四年改爲鎮。

（清）徐松輯：《宋會要輯稿》方域一二之一七

開寶七年十一月，江南行營曹彬等言大江浮梁成，命前汝州防禦
使陸萬友往守之。先是，江南布衣樊若水嘗漁於采石磯，以小舟載絲
繩維南岸，疾櫂至北岸，以渡江之廣狹。遂詣闕獻策，請造舟爲梁
以濟師。太祖即命高品石全振往荆湖造黃黑龍船數十艘，又以大
艦載巨竹絙，自荆南而下。及命曹彬等出師，（及）[乃]遣八作使
郝守濬等率丁夫營之。議者以爲自古未有浮梁渡大江者，恐不能

就。至是先試於石碑口造之,移置采石磯,三日而橋成。由是大軍長驅以濟,如履平地。

(清)徐松輯:《宋會要輯稿》方域一三之一九

梁太祖宣陵,在河南伊闕縣東北。後唐莊宗雍陵,在河南新安縣東。明宗徽陵,在河南洛陽縣東北。晉高祖顯陵,在河南壽安縣西北。

(清)徐松輯:《宋會要輯稿》禮三八之一

秦望山,《兩朝國史志》:錢塘有秦望山,舊志云在錢塘縣舊治之南一十二里一百步,高一百六十丈,周回一百步。晏元獻公《輿地志》:秦始皇東游,登此山,欲度會稽。後唐同光中,錢氏於秦望山建上清宮,有巨石二十餘株,自然成行,名曰金洞門。晏公云:"近東南有羅剎石,大石崔巍,橫截江濤,商船海舶,經此多爲風浪傾覆,因呼爲羅剎。"每歲仲秋既望,必迎潮設祭,樂工鼓舞其上。李建勳詩曰:"何年遺禹鑿,半里大江中。"白居易詩曰:"嵌空石面標羅剎,壓捺潮頭敵子胥。"後改名鎮江石。五代開平中,爲潮沙漲没。

(宋)潛説友:(咸淳)《臨安志》卷二三

巨石山……《太平寰宇記》:在錢塘縣舊治南三里。《祥符志》云:"高六十三丈,周回二十三里一百步。"《郡國志》云:"上有七層古塔,妙絶人工,北有落星二石,吴越王錢氏號壽星寶石山。"後改爲匡石山。

(宋)潛説友:(咸淳)《臨安志》卷二三

鳴鳳洞,去大滌一里許,山之上,石門阻隘,童稚可入者閱其内,石屋旁一小路,不知其極。上有穴泉,溜環佩之聲,入於方池,未嘗減溢。《耆舊傳》云:錢氏時,因鳳凰來故名,亦改爲靈鳳鄉。

(宋)潛説友:(咸淳)《臨安志》卷二四

安樂山，在縣（餘杭縣）東二里，高一百五十步，周回五里。耆老云：錢氏之子於此築庵，養病而愈，故號安樂。

（宋）潛説友：（咸淳）《臨安志》卷二四

閲武山，在縣（於潛縣）北五十里，千秋嶺泗州庵後。吳越王錢氏置寨，以禦江南李氏，因以名焉。

（宋）潛説友：（咸淳）《臨安志》卷二六

大陽岩，在縣（於潛縣）北三十五里，寨村東。岩獨高峻，四圍甃石如小城，鄉老言錢氏屯軍於此，本不甚衆，但數令兵卒更易服色、旗幟，繞岩頂以張虛勢。岩頂平廣十餘畝，一池闊四丈，深不可測，久旱不涸。四岸有竹，交覆池上。鄉民或縱野燒，惟此竹獨存。遇天色陰雨時，有仙樂之音，聞一二里間。

（宋）潛説友：（咸淳）《臨安志》卷二八

岩嶺，在縣（於潛縣）北五里。五季中，錢氏以日者言，其地有王氣，命鑿之。

（宋）潛説友：（咸淳）《臨安志》卷二八

水樂洞，在南山烟霞嶺下。舊爲錢氏西關淨化院。

（宋）潛説友：（咸淳）《臨安志》卷二九

烟霞洞，《祥符志》云，在錢塘縣舊治之西一十六里。晉開運元年，有僧彌洪結庵洞口，遇一神人，指此山後有聖迹，何不顯之。洪尋至山後，見一洞内有石刻羅漢六尊。洪既卒，吳越王錢氏夢僧告云：吾有兄弟一十八人，今方有六王可聚之。夢覺，訪得烟霞洞有六羅漢，遂别刻一十二尊，以符所夢。其洞極大，乃諸洞之首，在烏塢内。洞旁有岩曰佛手岩、象鼻岩。

（宋）潛説友：（咸淳）《臨安志》卷二九

杭州之有西湖，如人之有眉目，蓋不可廢也。唐長慶中，白居易爲刺史，方是時，湖溉田千餘頃。及錢氏有國，置撩湖兵士千人，日夜開濬。自國初以來，稍廢不治，水涸草生，漸成葑田。

（宋）潛説友：（咸淳）《臨安志》卷三二

鐵幢浦，在今便門側。土人相傳云，吳越王射潮，箭所止處，嘗立銕幢，因以名之。又有聞諸錢氏子孫者，謂錢王築塘時，高下置銕幢，凡三，以衛水，此則其一也。淳祐戊申，趙安撫與𢝼買民地，置亭其上。

（宋）潛説友：（咸淳）《臨安志》卷三六

吳山井，在吳山之北。錢氏時，有韶國師者，始開此井，品其水味，爲錢塘第一，蓋山脉融液，獨源所鍾，不雜江湖之味，故泓深瑩潔，異於衆泉。

（宋）潛説友：（咸淳）《臨安志》卷三七

靈鰻井，在鳳凰山南塔寺，今額曰梵天寺。先是四明阿育王山有靈鰻井，傳云護塔神也。後錢氏迎育王舍利歸國，井中鰻不見，錢氏乃於寺廊南鑿石爲井，而鰻常現。僧録贊寧有《鰻井記》，刻塔石上，今不存。

（宋）潛説友：（咸淳）《臨安志》卷三七

府治，舊在鳳凰山之右，自唐爲治所，子城南曰通越門，北曰雙門，吳越王錢氏造。

（宋）潛説友：（咸淳）《臨安志》卷五二

碧波亭，晏元獻公《輿地志》云在子城北門外。五代史載，錢氏大閲兵於碧波亭，亭臨水面，闊數丈。元豐中，郡守張銑重建。

（宋）潛説友：（咸淳）《臨安志》卷五二

杭於東南爲大州,而其官府多因錢氏之故居,特爲宏壯。自州之掾曹,與比邑之主,簿尉皆得大第以居,而管庫官之舍,以數十計。

（宋）潛説友:（咸淳）《臨安志》卷五五

吴越錢武肅王廟,在錢湖門外方家峪寶藏寺之左,錢氏五王皆祠焉。前有豐碑螭首龜趺,極高大,雖已駁蝕,然細捫之,若未嘗刻字者。今在陳寺房廊之墙陰山後,有井頗大,欄甃甚古,名烏龍井,土人至今名此地爲錢王大廟云。

（宋）潛説友:（咸淳）《臨安志》卷七一

吴越錢文穆王廟,《吴越備史》云:天福七年十二月,以龍山武功堂爲文穆王廟。

（宋）潛説友:（咸淳）《臨安志》卷七一

嘉澤廟,舊在錢塘門外二里。號錢塘湖龍君,錢氏表請封廣潤龍王。

（宋）潛説友:（咸淳）《臨安志》卷七一

金華將軍廟,在豐豫門内,涌金池前。神姓曹名果,真定人,仕後唐爲金華令。時郡兵叛,神以計平之。吴越王嘉其功,就擢婺守。國初,錢氏來朝,委以國事,嘗即城隅浚三池,曰涌金,邦人德之,爲立祠池上。

（宋）潛説友:（咸淳）《臨安志》卷七三

通應侯祠,在開道坊,錢氏時建。

（宋）潛説友:（咸淳）《臨安志》卷七三

蘇將軍廟,在肇元鄉,錢氏建。按神東晉驃騎將軍蘇氏崇善,王之麾下。

（宋）潛説友:（咸淳）《臨安志》卷七三

尚將軍廟,在肇元鄉,去城四十里,元係錢氏建。

(宋)潛說友:(咸淳)《臨安志》卷七三

義橋前後廟,在肇元鄉。按神係崔總管評事等神,錢氏建。

(宋)潛說友:(咸淳)《臨安志》卷七三

廣利廟,在縣(新城縣)北五里,地名松溪。神姓朱諱徹,字仲通,仕晉爲分水令,與郭文爲友。既卒,溪中忽有靴,泝回而上者數四,居人異之,乃即靴之所止立廟。吳越錢氏封爲安境通靈侯。

(宋)潛說友:(咸淳)《臨安志》卷七四

杜太師廟,在縣(新城縣)西一里。按神諱梭,爲吳越錢王行軍司馬。梁光(乾)化二年敕,許立祠。歲久廢壞,僧智澄爲重立於護國院。

(宋)潛說友:(咸淳)《臨安志》卷七四

潘將軍廟,在(新城縣)祥禽鄉。本吳越錢氏之將。

(宋)潛說友:(咸淳)《臨安志》卷七四

柯相公廟,在縣(鹽官縣)西七里西晚村,舊傳爲錢氏將。

(宋)潛說友:(咸淳)《臨安志》卷七四

望湖樓,一名看經樓。乾德五年,忠懿王錢氏建,去錢塘門一里。蘇軾有《望湖樓》詩。

(宋)周淙:(乾道)《臨安志》卷二

望湖樓,在杭州府城西北,吳越錢忠懿王建,蘇軾有詩。

(明)彭大翼:《山堂肆考》卷一七一

熙寧十年五月癸亥，以知越州、資政殿大學士、右諫議大夫趙抃知杭州。十月戊子，抃言：吳越國王錢氏有墳廟在錢塘臨安縣，棟宇頹圮，林木荒穢，欲令兩縣選僧道主管，歲度其徒各一人。從之。

（宋）周淙：（乾道）《臨安志》卷三

有美堂，錢氏初建江湖亭於此，當在吳山最高處，左江右湖，故爲登覽之勝，而前賢題咏如此。

（宋）施諤：（淳祐）《臨安志》卷五

南高峰，在南山石塢烟霞山後，高崖峭壁，怪石尤多，北望晴烟，江湖接目。峰下出寒水石，山中人競采之，擣爲齒藥。上有磚塔，高可十丈，相傳云天福中建。

（宋）施諤：（淳祐）《臨安志》卷八

登雲洞，在郊臺天真院山內，錢氏武肅王嘗置登雲臺，義取於此。

（宋）施諤：（淳祐）《臨安志》卷九

沿（杭州）江十二里，要是上至六和塔，下至東青門，正昭覩所築。今顧諉之錢王，則尤繆矣。

（宋）葉紹翁：《四朝聞見録》甲集

羅隱爲錢塘令，手植海棠一本於庭前。王黃州有詩稱之。舊治在錢塘門裏三十步，今車馬門是也。案《杭州府志》，錢塘縣治，漢魏時在靈隱山麓，後徙錢唐門外。唐武德四年，徙錢唐門內。宋南渡後，徙紀家橋華嚴寺故址，即今治處也。

（宋）韓淲：《澗泉日記》卷下

錢氏甓城，前後相押凡四重，號押塼，故久而不壞。司業黃君守徐新彭祖樓，砌用在重，使草不生。

（宋）陳師道：《後山談叢》卷六

金谷園，吳越錢氏時，廣陵王元璙所作，今朱氏樂圃是其地。

（元）陸友仁：《硯北雜志》卷上

四明大人堂，在子城内府治北，俗呼曰"闞相公祠"。侍郎高閌撰記，謂節度使錢億祠，土人不敢稱其名，尊曰"大人"。《新志》疑之，以其義不明也。按：億，吳越王俶弟。自漢乾祐二年判明州，乾德五年終於任，首尾二十三年。時俶據吳越，億在鎮久，官府即家也。自乾德五年至開寶七年，雖莫考所繼之人，然億以前，如鏵（錢）元球、璙（錢）元珣，皆錢氏子弟，億死非子世襲，置家廟於府治，則開寶八年，俛惟治爲節度使，創爲祠以奉香火。蓋大人之名，特子弟尊稱諸父之通號。《家語》：曾子曰："參得罪大人。"《漢書》高帝曰："始大人常以臣亡賴。"疏受答叔廣曰："從大人議。"以大人名祠，錢氏子及俛惟治祀億甚明。謂之堂，即祠堂也。以便於往來，立祠於府治内。矧億浚湖築塘、修他山堰等，有功於民。建奉國節度自億始，與泛爲郡守不同。億既久任，惟治在鎮又五六年，繼此遂列祠於五廟。若謂闞燔，燔無顯功，且吳越家臣無緣錢氏子弟肯奉祠於治所。以大人稱之，無嫌也。今所謂闞相公者，以燔乃錢氏臣，曾守此土，從祀其旁，民有祈禱者，不敢瀆其尊而請於闞，後遂知有闞不知有億。今又有闞相公、五通神之號，尤可笑。或訛爲吳太傅闞澤。澤，慈水人，不曾守此土。郡未移治，不應先有此祠。大人之名，益爲無據。

（宋）戴埴：《鼠璞》卷上

新羅坊，在縣（黃岩縣）東一里。舊志云：五代時，以新羅國人居此，故名。

（宋）陳耆卿：《赤城志》卷二

獨孤廟，在縣（天台縣）西四十里石壁嶺東，俗傳一婦人也，周顯德二年建。

（宋）陳耆卿：《赤城志》卷三一

魚脯，《舊編》：儀鳳橋南有魚脯樓。吳越錢氏於此曝魚脯，修貢上國。今鄉土魚脯甚美，春月尤多，作以供盤飣。

（宋）談鑰：《嘉泰吳興志》卷一八

邱城，《舊編》云在縣（烏程縣）北十八里，近太湖漢邱氏所居也。吳越錢氏嘗築城屯戍，以拒南唐，城今尚存。紹興間，亦嘗牧馬。

（宋）談鑰：《嘉泰吳興志》卷一八

錢氏飲馬井，在武康縣北十五里，名懷德。耆舊相傳吳越王錢鏐微時，過此飲馬，坎中水泉迸流，里人因浚治之。

（宋）談鑰：《嘉泰吳興志》卷一九

吳越武肅王廟，在府南四里三百二十六步。本甚閎壯，歲久墮圮，今僅餘四楹，有巨碑舊在廡下，今乃立荒園中，皮光業之詞也。具載唐長興七年，吳越王弃宮館。後二年，嗣王建廟於越。按長興，後唐明宗年號，止於四年而崩。歷閔帝、清泰帝，凡三年而晉高祖即位，改元天福。若不數閔帝，清泰則七年，乃天福元年。劉恕《吳越紀年》稱，天福元年七月乙卯立，武肅王廟於東府，今考之碑，與紀年雖不同，其實皆歲丁酉，清泰廢，閔帝爲鄂王，晉祖追貶清泰爲庶人，皆削其年號。而天福改元，以其年十一月，則十一月以前皆長興七年矣。漢高祖削晉出帝開運之號，稱天福十二年，亦用此比也。然武肅王實以壬辰歲薨，文穆王襲位壬辰，蓋長興三年，不得云長興七年矣。吳越王弃宮館，後二年嗣王建廟於越也。按《五代史》及劉恕《紀年》《開皇紀》《吳越備史》，皆言武肅王以三年薨，則碑爲誤。然碑當時立,光業爲其國丞相,亦不應誤繆至此,蓋皆不可知。光業,曰休子。紹興中,王裔孫暬叔廣言,廟中神像雖從者及伶人皆坐,示不可遷也。

(宋)施宿:《嘉泰會稽志》卷六

城隍顯寧廟,在子城内卧龍山之西南。自昔紀載皆云,神姓龐諱玉。……梁開平二年,吳越武肅王上其事,封崇福侯。《五代會要》作開平元年。

(宋)施宿:《嘉泰會稽志》卷六

城隍顯寧廟,在卧龍山之西南,神州牧龐玉也。自唐初立祠於此,廟有梁開平武辰歲吳越錢王《重修墙隍神廟記》。墙隍即城隍也。武辰即戊辰也,避朱梁諱,故以墙代城,武代戊也。

(宋)張淏:《寶慶會稽續志》卷三

新昌縣,本剡縣地,唐末錢氏析十三鄉置新昌縣,後並其鄉爲八。在府東南二百二十里,東西八十里,南北一百五里。

(宋)施宿:《嘉泰會稽志》卷一二

乾元元年,復爲蘇州,置浙江西道都團練、觀察使,管蘇、常、潤、杭、湖、睦六州,後移使額於潤州,而蘇州屬焉。乾寧之後屬錢氏吳越國。黃巢之亂,伐鏐聚兵,淮南楊行密據揚州,鏐奔渡江據蘇州,遂定浙西數州。光啓三年,六合鎮將徐約攻陷蘇州。龍紀元年,鏐遣其弟銶討約,破走之。大順元年七月,楊行密將李友陷蘇州。九月,孫儒圍蘇州。十一月,陷之,殺李友。二年,鏐復平蘇州,詔以鏐兼蘇、杭等州觀察、處置等使。乾寧三年,楊行密將臺濛陷蘇州。五年九月,鏐討平之。梁開平二年,楊行密復圍蘇州。三年,鏐復討平之。唐同光二年,升蘇州爲中吳軍。晉天福五年,割嘉興縣爲秀州。本朝開寶八年,改中吳軍爲平江軍。太平興國三年,錢俶納土。

(宋)范成大:《紹定吳郡志》卷一

南雙廟,在盤門里城之西隅。二廟:左英烈王伍員也,右福順王隋陳果仁也。果仁又稱武烈帝,或云五代初常、潤尚屬淮南,仁果廟在常、潤間,錢氏得常、潤,遂移廟於蘇。

（宋）范成大:《紹定吳郡志》卷一二

滄浪亭,在郡學之南,積水彌數十畝,傍有小山,高下曲折,與水相縈帶石林。《詩話》以爲錢氏時,廣陵王元璙池館。或云其近戚中吳軍節度使孫承佑所作,既積土爲山,因以瀦水。慶曆間,蘇舜欽子美得之,傍水作亭曰滄浪。

（宋）范成大:《紹定吳郡志》卷一四

南園,吳越廣陵王元璙之舊圃也。老木皆合抱,流水奇石,參錯其間。

（宋）范成大:《紹定吳郡志》卷一四

東莊,《九國志》謂之東墅。與南園皆廣陵王元璙帥吳時,其子文奉爲衙內指揮使時所創營之。三十年間,極園池之賞,奇卉異木及其身見,皆成合抱。又累土爲山,亦成岩谷,晚年經度不已。每燕集其間,任客所適,文奉跨白駱披鶴氅,緩步花逕。或泛舟池中,容與往來,聞客笑語,就之而飲,蓋好事如此。

（宋）范成大:《紹定吳郡志》卷一四

踞湖山,即橫山也,在城西南十五里。以其背臨太湖,若箕踞之勢。然錢氏有國日,造寺於山下,曰薦福寺。至今里人不以踞湖名山。或以寺名名之。山有五大塢,《圖經》又名五塢山。五塢,舊名不雅。

（宋）范成大:《紹定吳郡志》卷一五

五代時（蘇州）分嘉興、海鹽、華亭,別爲秀州,隸蘇者唯五縣。

（宋）朱長文:《吳郡圖經續記》卷上

　　唐季盗起，浙西帥周寶以楊茂實爲（蘇州）刺史，爲盗所據。龍紀元年，錢鏐遣其弟銶破徐約於此州，以都將沈粲權領。其後，李宥、一作宿。孫儒、楊行密將臺濛，三陷郡城。乾寧五年，鏐既平董昌，遣其將顧全武自會稽航海道，帥師擊之，臺濛遁去，蓋於此。十餘年間，民困於兵火，焚掠赤地，唐世遺迹殆盡。錢氏有吳越，稍免干戈之患。自乾寧至於太平興國三年錢俶納土，凡七十八年。

（宋）朱長文：《吳郡圖經續記》卷上

　　南園之興，自廣陵王元璙帥中吳，好治林圃，於是釃流以爲沼，積土以爲山，島嶼峰巒出於巧思，求致異木，名品甚多，比及積歲，皆爲合抱。亭宇臺榭，值景而造，所謂三閣八亭二臺，龜首旋螺之類，名載《圖經》，蓋舊物也。錢氏去國，此園不毀，王黃州詩云："他年我若功成後，乞取南園作醉鄉。"迺玩而愛之之至也。或傳祥符中，作景靈宮，構求珍石，郡中嘗取於此，以供京師。其間樓榭，歲久摧圮。

（宋）朱長文：《吳郡圖經續記》卷上

　　自錢武肅王吳越以其子元璙爲刺史，當兵火剽焚之後，而元璙以儉約慎静鎮之者三十年，與江南李氏接境，而能保全屏蔽者，元璙之功也。元璙後封廣陵郡王，子文奉嗣之，頗亦好士，有勝致。卒官。其後忠懿王納土，請吏朝廷，始除守以治之。

（宋）朱長文：《吳郡圖經續記》卷上

　　廣陵王元璙墓在橫山。元璙，字德輝，武肅之子，文穆之兄也，爲中吳節度。文穆既襲位，元璙來觀，置宴宮中，用家人禮。文穆起酌酒爲壽曰："先王之位，兄宜當之，俾小子至是，實兄推戴之力。"元璙俯伏曰："王功德高茂，先王擇賢而立，君臣之分，敢忘忠順。"因相顧感泣，酣樂而罷。元璙卒，子文奉嗣，爲中吳節度。涉獵經史，好賓客，飲兼數人，常乘白騾，披鶴氅，泛舟池中，遠近聞賓客笑語聲，則就飲爲樂。卒官,亦葬橫山。

(宋)朱長文:《吴郡圖經續記》卷下

光啓初,董昌知杭州軍事,浙西周寶懼其强,乃用徐約爲蘇州刺史以禦之。約至未逾年,建九江王廟殿堂屋壁,塑神龍蛟螭,繪畫雲雷波濤之狀。自是姑蘇連大水,民幾不粒食者三載。傳云妖由人興,釁不自作,其斯之謂乎。

(宋)朱長文:《吴郡圖經續記》卷下

闔閭城,即今郡城也。舊説子胥伐楚,還師取丹陽及黄瀆土以築,蓋利其堅也。郡城之狀如亞字。唐乾符三年,刺史張傳嘗修完此城。梁龍德中,錢氏又加以陶甓。

(宋)朱長文:《吴郡圖經續記》卷下

滸市,在郡西二十五里。《圖經》云:秦王求吴王劍,白虎蹲於丘上,遂西走二十五里,而失劍不能得,地裂爲池,因名其地曰虎疁。蓋此地是也。唐諱虎,錢氏諱鏐,故改云滸市。

(宋)朱長文:《吴郡圖經續記》卷下

南海城中蘇氏園,幽勝第一。廣主嘗與幸姬李蟾妃微至此憩酌綠蕉林,廣主命筆大書蕉葉曰:"扇子仙"。蘇氏於廣主草宴之所起扇子亭。

(宋)陶穀:《清異録》卷上

荔枝洲,在廣州府城東,周圍可五十里。南漢劉氏嘗創昌華苑於其上。

(明)彭大翼:《山堂肆考》卷二四

素馨,廣州城西九里曰花田,彌望皆植素馨花。《南征録》云:

“南漢劉隱時,美人死,葬骨於此,至今花香,異於他處。”劉玉女冢,在
肇慶府陽江縣。玉女名素馨,死葬於此,其墓上生那悉茗花,因名素
馨。其花舊名那悉茗,因生於素馨冢上,故名。

（明）陳耀文:《天中記》卷五三

　　寧德縣,州東北三百里。唐開成中,析長溪、古田二縣地,置感德
場。僞閩龍啓元年升爲縣。

（宋）梁克家:《淳熙三山志》卷三

　　羅源縣,州東北百六十里。唐大中元年,觀察使韋岫以連江縣一
鄉爲羅源場。僞閩龍啓元年,升爲永貞縣。

（宋）梁克家:《淳熙三山志》卷三

　　西湖,舊記在州西三里。僞閩時,湖周回十數里,築室其上,號水
晶宮。其後盡爲民田。

（宋）梁克家:《淳熙三山志》卷四

　　乾寧錫軍號威武,遂作重鎮。梁貞明復升府,大都督勢望雄偉,
蓋與岐、益、揚、越齊列。僞閩僭號,改作逾制。通文、永隆之間,宮有
寶皇、大明、長春、紫薇、東華、躍龍,殿有文明、文德、九龍、大酺、明
威,門有紫宸、啓聖、應天、東清、安泰、金德。錢氏內附,廢撤無留者,
獨面衙門一殿故址猶在,至今呼爲明威。

（宋）梁克家:《淳熙三山志》卷七

　　州都倉,舊名西版倉,閩王審知創子城外。

（宋）梁克家:《淳熙三山志》卷七

　　武烈英護鎮閩王廟,釣龍臺山之西。昔漢遣使封王爲閩粵王,授
册命於此,其後即此立廟。武帝既誅郢,封繇君丑,奉王祭祀,居股繼

之,及殺餘善以降,祀遂廢。至唐大中十年建祠,後唐長興元年,閩忠
懿王復追封爲閩粵王。皇朝因之,號顯聖武勇王廟。

（宋）梁克家:《淳熙三山志》卷八

明德贊福王廟,西湖之旁。……唐咸通六年,觀察使李瓚奏封龍
驤侯。梁貞明中,閩忠懿王奏封弘潤王。

（宋）梁克家:《淳熙三山志》卷八

忠懿王廟,慶成寺之東。王諱審知,字詳卿,姓王氏,本琅琊人。
高祖曄,唐貞元中爲光州定城令,遂世爲固始人。黃巢之亂,王與兄
潮從王緒入閩。景福初,攻福州,兵馬使范暉殺之,詔授潮廉帥。乾
寧三年,拜威武軍節度觀察、處置等使。明年潮卒,王代立。天復初,
敕列十二戟於私門。天祐元年,封琅琊郡王。三年閏十二月,敕立王
德政碑銘。禮部侍郎于兢之文也,碑今立廟中。梁開平二年,加封琅琊
王,尋進封閩王。後唐同光三年薨,年六十四,册贈尚書令,謚忠懿。
王奉身儉約,至躧敝屨,聚書建學,以養閩士之秀者。屬諸邦僭竊,獨
遣使出海道,奉朝貢民,不見兵革殆三十年。晉開運三年,地入吳越,
錢氏始命即正舊第立廟。開寶七年,刺史錢昱復繕新之塑,故都押衙
建州刺史孟威等二十六人配饗。

（宋）梁克家:《淳熙三山志》卷八

東嶽行宮,僞閩所建,東華宮之太山廟也。錢氏時,廟祀始盛。

（宋）梁克家:《淳熙三山志》卷八

惠安明應王廟,烏石山之西。王姓陳氏,舊隱是山,廟碑云:“心游
典墳,性愛山水,游息於宿猿之洞闢,臨乎落景之平注。”山下舊有古迹,結石垂
藤,號宿猿洞,山號朝陽,頂落景平。没而顯靈。唐元和後,始立廟,凡水
旱疾疫必禱焉。大中時,羅中丞祈雨霑,立應。咸通間,李大夫運餉
湖湘,亦獲陰佑。至閩王忠懿,乃表其事曰:寧遠將軍,封武寧侯,增

至顯應王。後唐長興三年，改服遠昌運王。後五年，改振義保成王。
又十年，改貞閩安吉王。後歸吳越，封宣威感應王。先是石人娘舊廟
於城西，忠懿王移以配享，別創閨閣。

（宋）梁克家：《淳熙三山志》卷八

北廟，遺愛門之外，去州十里。王姓劉氏，諱行全唐，末事其妻兄
王緒爲將，緒爲秦宗權所逼，拔其軍南徙，以王爲兵鋒。至漳州，緒忌
而殺之。忠懿有國，悼其死非罪，爲立廟州北。時烏石廟號南山廟，故指
此爲北廟。乾寧四年，奏封武寧侯。梁初，累封昭感王。凡出師捍敵，
陰助顯著。貞明五年，備以聞於朝，進封崇順王。棟宇宏麗，有果園、
稻田，歲殖其利，祀事以給。時移事變，廟宇圮壞。

（宋）梁克家：《淳熙三山志》卷八

鍾山蕭安王廟，子城西。梁普通二年，袁士俊捨宅爲鍾山寺，王
其寺之土地也。後唐長興三年，閩惠宗始崇建廟宇。龍啓初，封感化
將軍。永隆二年，改玄應將軍。明年進封洪音侯，塑立夫人像。晉開
運三年，江南兵至，攻城，王有神助，李仁達升拜武靈王，夫人封號昭
德。漢天福十二年，改蕭安王，建堂三間，亭一間。周廣順二年，林嗣
宗爲記。

（宋）梁克家：《淳熙三山志》卷八

武勝王廟，今南臺教場之北。見治平《熙寧圖》，舊記南臺節後，知此
舊別有館也，今猶呼館前廟。舊傳陳九郎神。僞閩通文二年，封寧應侯。

（宋）梁克家：《淳熙三山志》卷八

靈澤廟，通仙門外。廟舊號五龍順化王，塑位五方，配以方色，相
傳僞閩王氏所建，本朝因之。

（宋）梁克家：《淳熙三山志》卷八

九仙安境侯廟，光孝觀之北。僞閩永隆元年，封光威振遠將軍。

（宋）梁克家：《淳熙三山志》卷八

效節護君侯廟，南澗寺。開運二年，卓岩明所封告，今存。

（宋）梁克家：《淳熙三山志》卷八

泉州萬安渡水闊五里，上流接大溪，外即海也。每風潮交作，數日不可渡。劉鋹據嶺表，留從效等據漳、泉，恃此以負固。

（宋）方勺：《泊宅編》卷二

幬宮，孟蜀高祖晚年作。以畫屏七十張，關百紐而鬥之，用爲寢所。

（宋）陶穀：《清異録》卷下

孟昶時，每臘日，内官各獻羅體圈金花樹子，梁守珍獻忘憂花，縷金於花上，曰獨立仙。

（宋）陶穀：《清異録》卷上

孟後主於成都四十里羅城上種此花（指芙蓉花），每至秋，四十里皆如錦綉，高下相照，因名曰錦城。

（宋）陳景沂：《全芳備祖》前集卷二四

按《酉陽雜俎》云：隋朝文士集中無牡丹歌詩。又《隋朝種植法》七十卷，亦無牡丹者。至僞蜀王氏，自京、洛及梁、洋間移植，廣開池沼，創立臺榭，奇異花木，怪石修竹，無所不有，署其苑曰"宣華"。其公相勛臣，競起第宅，窮極奢麗。時元舅徐延瓊，新創一宅，雕峻奢壯，花木畢有，唯無牡丹。或聞秦州董城村僧院有紅牡丹一樹，遂賂金帛令取之，掘土方丈，盛以木匣，歷三千里至蜀，植於新宅。花開日，少主臨幸，嘆其屋宇華麗，壯侔宮苑，命筆書"孟"字於柱上。俗謂孟爲不堪。明年,後唐弔伐,孟知祥自太原馳赴蜀,即知其先兆矣乎?
僞通政王宗裕亦於北門清遠江東創一亭,臺榭池塘,駢植花竹,泉石縈
繞,流杯九曲,爲當時之甲也。唯牡丹花初開一朵,王與諸親屬携妓樂
張宴賞其初開者,花已爲一女妓所折,王怒,欲誅之,其妻諫曰:"此妓善
琵琶,可令於階前執樂就賞。"王怒稍解,其難得也如此。至孟氏,於宣
華苑廣加栽植,名之曰牡丹花。外有麗春,與黎州所有者小不同爾。

(宋)黄休復:《茅亭客話》卷八

　　徐延瓊,僞蜀王衍之舅,於興義門造宅。宅內有二十餘院,皆雕
墻峻宇,高臺深池,奇花異木,叢桂小山,山川珍物,無不畢集。秦川
董城一村院,有紅牡丹一株,所植年代深遠,使人取之,掘土方丈,盛
以木櫃,自秦川至成都數千里,歷大小曼天,臨狹險絶之路,方致焉。
乃植於新第,因請少主臨幸。少主嘆基創之大,俾於宮禁,遂戲取筆
於柱上大書一"孟"字。時俗謂孟爲不佳也。明年,孟氏入成都,據其
第,忽睹楹間有絳紗籠,迫而視之,乃一孟字。孟曰"吉祥",吾無易此
居矣。孟之有蜀,蓋先兆也。

(宋)佚名:《分門古今類事》卷一四

　　《蜀檮杌》載:孟昶十月宴芳林園賞紅栀花,乃青城山進三粒子種
之而成者。其花六出而紅,清香如梅,今不可得見。

(明)何宇度:《益部談資》卷上

　　錦城,又名芙蓉城。昔蜀孟昶僭擬宮苑,城上盡種芙蓉,謂左右
曰:真錦城也。後世因之,亦種芙蓉於上,有直指登城不便輿,從命稍
芟之,軍卒因盡芟去。

(明)何宇度:《益部談資》卷中

　　王蜀號其苑曰宣華,權相勛臣,競起第宅,上下窮極奢麗,皆無牡
丹。惟蜀主舅徐延瓊聞秦州董成村僧院有紅牡丹一株,所植年代深

遠,使人取之,掘土方丈,盛以木櫃,自秦州至成都三千餘里,歷九折七盤,望雲九井,大小漫天,懸險之路,方至焉,乃植之新第。至孟氏,於宣華苑廣加栽植,名之曰牡丹苑。廣政五年,牡丹雙開者十,黃者、白者三,紅白相間者四,後主宴苑中賞之。時彭門爲輔郡典州者,多其戚里得之上苑,而彭門花之所始也。天彭亦謂之花州,而牛心山下謂之花村。蜀平,花散落民間,小東門外有張百花、李百花之號,皆培子分根種以求利,每一本或獲數萬。

（明）陳耀文:《天中記》卷五三

廣安石聖廟,在州治東二百步,祀五代義士何龍也。龍讀書博雅,積而能散,秀屏山下濃洄鎮皆其產業,賑貧濟乏,多不責償。周急婚喪,遠近無間。後卒,邦人思其德,於秀屏山下大石上刻像立廟祀之,東向。

（明）曹學佺:《蜀中廣記》卷七九

唐貞元二年,建榮縣碑。今移植於東橋,有榮州院碑,僞蜀司倉參軍苟延慶撰。

（明）曹學佺:《蜀中廣記》卷一一

鹽亭,雍江草市也。僞蜀明德,以地去縣遠,遂立招輯院。

（明）曹學佺:《蜀中廣記》卷五四

《渭南集》云,摩訶池入王蜀宮中,舊時泛舟入此池,曲折十餘里。至宋世蜀宮後門,已爲平陸,然猶呼爲水門也。

（明）曹學佺:《蜀中廣記》卷四

（青神縣）東門外有青羊橋,相傳老子騎青羊過此而入成都。又云長泉鎮有麒麟橋,王蜀時麒麟見於此,因立麒麟院。

（明）曹學佺:《蜀中廣記》卷一二

太原劉氏舊城，雖已殘廢，而餘址巋然，形勢山聳，當時匝合及四十里，氣概雄壯可想也。周世宗征之不克，祖宗相繼親御六師，方縶頑童，以區區一隅之力，抗中原全盛之鋒，非恃金湯雄壯，安能遷延歲月耶。四陲要地，今雖壁壘整固，或浸增大，能與彼相類，則非惟足以待寇之來，寇亦自潛戢矣。

（宋）高晦叟：《珍席放談》卷下

黃龍府，即慕容氏和龍城。五代時，契丹封晉王重貴爲負義侯，徙之黃龍府，即其地也。

（明）彭大翼：《山堂肆考》卷二九

五鳳樓，在河南府城。後梁太祖即位，羅紹威取魏良材爲之。

（明）彭大翼：《山堂肆考》卷一七一

保定府易州大寧山，有吟詩臺。相傳五代時，馮道吟詩於此。

（明）彭大翼：《山堂肆考》卷一七二

藥主山，在南昌府奉新縣。南唐文簫彩鸞仙去，留藥一粒與其主人，因以名山。

（明）彭大翼：《山堂肆考》卷一七

懷玉山，在廣信府玉山縣北。南唐時，縣令楊文逸嘗夢一羽衣，自稱懷玉山人來謁。未幾，其孫億生。山有法海院，宋李彌大作記。

（明）彭大翼：《山堂肆考》卷一八

寶蓋洲，在建寧府建陽縣北。相傳閩王審知有一叛將敗亡，以其所竊寶蓋弃此，因名。

（明）彭大翼：《山堂肆考》卷二四

《南唐書》云：昇元閣，因山爲基，高可十丈，平思閣，影半江。開寶中，王師收復，士大夫暨豪民富商之家美女、少婦避難於其上，迨數千人。吳越兵舉火焚之，哭聲動天，一旦而燼。

（明）陳耀文：《天中記》卷一四

忻州西城，半在九龍岡之上，置宣聖廟、鐵佛寺、天慶觀，爲州之鎮。天慶觀老君殿尊像極高，大唐七帝列侍，父老云是神人所塑。晉天福二年重修。

（金）元好問：《續夷堅志》卷一

洪州有娉婷市，五代鍾傳侍兒所居，可對溫柔鄉。

（清）褚人獲：《堅瓠集》十集卷二

2. 交通

（開平元年）九月，敕以近年文武官諸道奉使，皆於所在分外停住，逾年涉歲，未聞歸闕。非唯勞費州郡，抑且侮慢國經，臣節既虧，憲章安在？自今後兩浙、福建、廣州、南安、邕容等道，使到發許任一月；湖南、洪、鄂、黔、桂許任二十日；荆、襄、同、雍、鎮、定、青、滄許任十日；其餘側近不過三五日。凡來往道路，據遠近里數，日行兩驛。如遇疾患及江河阻隔，委所在長吏具事由奏聞；如或有違，當行朝典，命御史點檢糾察，以儆慢官。

（宋）王欽若等編纂：《册府元龜》卷一九一《閏位部》

（開平三年）十月，敕司門過所先是司門郎中、員外郎出給，今以寇盜未平，恐漏奸詐，令宰臣趙光逢專判。凡諸給過所，先具狀，經中書點檢。判下，即本判郎官據狀出給。

（宋）王欽若等編纂：《册府元龜》卷一九一《閏位部》

（開平四年）十一月乙巳，詔曰：“關防者，所以譏異服，察異言也。況天下未息，兵民多奸，改形易衣，覘我戎事。比者有諜皆以詐敗，而未嘗罪所過地；叛將逃卒，竊其妻孥而影附使者，亦未嘗詰其所經。今海內未同，而緩法弛禁，非所以息奸詐、止奔已也。應在京諸司，不得擅給公驗。如有出外，須執憑由者，其司門過所，先須經中書門下點檢，宜委宰臣趙光逢專判出給，俾由顯重，冀絕奸源。仍下兩京、河陽及六軍諸衛、御史臺各加鈐轄，公私行李，復不得帶挾家口向西。其襄、鄧、鄜、延等道，並同處分。”

（宋）王欽若等編纂：《冊府元龜》卷一九一《閏位部》

明宗長興元年正月，宗正少卿李延祚奏請止絕車牛不於天津橋來往。

（宋）王欽若等編纂：《冊府元龜》卷一四《帝王部》

（長興）三年正月，前攝臨沂縣令孟師敏獻時務：切見齊州村店要津皆有闌頭，乞賜止絕。敕旨：“比置關防津鋪，爲要禁察奸凶。如或縱捨賊徒，透漏商稅，既虧職分，難逭刑章。若敢阻滯行人，僥求潤己，但有發覺，並以枉法贓論。宜令諸道嘗切指揮，無使違犯。”

（宋）王欽若等編纂：《冊府元龜》卷六六《帝王部》

後唐明宗長興元年正月，宗正少卿李延祚奏請止絕車牛，不許於天津橋來往。

末帝清泰二年，御史中丞盧損請止絕天津橋車牛往來中道，兩頭下關，駕出即開。兩旁之路，士庶往來，其車牛並浮橋路往來。

（清）顧炎武：《日知錄之餘》卷二

晉高祖天福五年八月，改東京之上元驛爲都亭驛。

（宋）李上交：《近事會元》卷一

世宗開御河,本爲薊燕漕運計,御河其不可廢也。

(宋)王鞏:《聞見近録》

周世宗顯德六年二月,發滑、亳丁夫濬五丈河,東流於定陶,入於濟,以通青、鄆運路。又疏蔡州以通陳、潁。

(宋)李上交:《近事會元》卷四

《通鑒》周顯德二年正月,詔浚胡盧河,築城於李晏口。注:冀州蓚縣東北有李晏鎮,時築城屯軍,以爲靜安軍。按薛《史》其軍南距冀州百里,北距深州三十里,夾胡盧河爲界。大昕案:《舊五代史》,是年三月以李晏口爲靜安軍,與胡注合,但注云其軍南距冀州百里,則是在冀州之北,蓚縣又在冀州東北一百五十里,則不得以蓚縣之李晏鎮當之矣。考《一統志》,李晏鎮在景州東北,當胡盧河南岸,此爲東李晏口,又有西李晏口,在今深州南,皆五代時置軍屯守處。是則李晏木有東西兩口,而周所置之靜安軍,則在深州,不在蓚縣。胡氏殆混而一之矣。沈存中《筆談》云:深州舊治靖安,其地鹹鹵。景德中議遷,時傅潛家在李晏,乃奏請遷州於李晏,今深州是也。此説亦不然,深州本治陸澤,後周置靜安軍於李晏口,在州南卅里。洎宋雍熙二年,靜安軍廢,四年移州治李晏,因故軍名爲靜安縣,省陸澤、下博二縣入焉。此深州改治之,見於《九域志》者。沈誤以爲景德中,又謂州舊治靖安,皆考之未審也。《九域志》:冀州蓚縣有李晏鎮,此東李晏鎮。

(清)錢大昕:《十駕齋養新録》卷一一

《五代史》:王周爲義武節度使。定州橋壞,覆民租車。周曰:"橋梁不修,刺史過也。"乃償民粟,爲治其橋。此又當今有司之所愧也。

(清)顧炎武著,黃汝成集釋:《日知録集釋》卷一二

陳橋驛,在京師陳橋、封丘二門之間。唐爲上元驛,朱全忠縱火

欲害李克用之所，藝祖啓運立極之地也。始藝祖推戴之初，陳橋守門者距而不納，遂如封丘門。抱關吏望風啓鑰。逮即帝位，斬封丘而官陳橋者，以旌其忠於所事焉。後來以陳橋驛爲班荆館，爲夷使迎餞之所。至宣和五年，因曾讜建言，遂命羽流居之，錫號曰鴻烈觀。

（宋）王明清：《玉照新志》卷四

夏侯坦，清泰三年爲司門郎中。上言：“去年六月，詔京百司，舉本司公事，當司官屬、關令、丞及京城諸色人出入過所事，久不施行。其關牙官、守捉、權知者，伏以關防，以備奸詐。令式素有規程，既奉綸言，合申職分。關防所過，請準令式。”初，莊宗定河南，都洛陽，司門申舉自梁朝，元給過所公據。邇來本司官既非才，事或擁滯遂廢。今坦雖舉職，竟不施行。

（宋）王欽若等編纂：《冊府元龜》卷四六七《臺省部》

（天福二年）十一月，禁黎陽至楊劉岸渡人，以魏、博未下故也。

（宋）王欽若等編纂：《冊府元龜》卷六六《帝王部》

（天福）五年九月戊子，改東京上源驛爲都亭驛。

（宋）王欽若等編纂：《冊府元龜》卷一四《帝王部》

（廣順）三年正月，宣河北諸州凡有急切公事，即入馬遞奏報。

（宋）王欽若等編纂：《冊府元龜》卷六六《帝王部》

（廣順四年）六月，詔諸州府沿路縣鎮使臣經過，不得差借遞驢。

（宋）王欽若等編纂：《冊府元龜》卷六六《帝王部》

（廣順四年）九月辛卯，詔曰：“西道軍鎮藩部經過，不得與之市買鞍馬器仗。”

（宋）王欽若等編纂：《册府元龜》卷六六《帝王部》

周世宗復三關。顯德六年三月甲戌北征，四月壬辰取乾寧軍，辛丑取益津關爲霸州，癸卯取瓦橋關爲雄州。及淤口關上置塞今信安軍是也，五月乙巳朔取瀛州。

（宋）王應麟：《玉海》卷二四《地理》

五代吴越貢賦，朝廷遣使皆由登、萊泛海，歲常漂没其使。

（元）王惲：《玉堂嘉話》卷五

初，蕭翰聞德光死，北歸。有同州郃陽縣令胡嶠爲翰掌書記，隨入契丹。而翰妻争妒，告翰謀反，翰見殺。嶠無所依，居虜中七年，當周廣順三年，亡歸中國，略能道其所見。云自幽州西北入居庸關。明日又西北，入石門關，關路崖狹，一夫可以當百，此中國控扼契丹之險也。又三日，至可汗州，南望五臺山，其一峰最高者，東臺也。又三日，至新武州，西北行五十里有雞鳴山，云唐太宗北伐聞雞鳴於此，因以名山。明日，入永定關北，此唐故關也。又四日，至歸化州。又三日，登天嶺。嶺東西連亘，有路北下，四顧冥然，黄雲白草，不可窮極。契丹謂嶠曰：“此辭鄉嶺也，可一南望而爲永訣。”同行者皆慟哭，往往絶而復蘇。又行三四日，至黑榆林。時七月，寒如深冬。又明日，入斜谷，谷長五十里，高崖峻谷，仰不見日，而寒尤甚。已出谷，得平地，氣稍温。又行二日，渡湟水。又明日，渡黑水。又二日，至湯城澱，氣候最温。契丹若大寒，則就温於此。其水泉清冷，草軟如茸，可藉以寢而多異花。記其二種：一曰旱金，大如掌，金色爍人；一曰青囊，如中國金燈而色類蘭，可愛。又二日，至儀坤州，渡麝香河。自幽州至此無里候，其所向不知爲南北。又二日，至赤崖，翰與兀欲相及，遂及述律，戰於沙河。述律兵敗而北，兀欲追至獨樹渡，遂囚述律於撲馬山。又行三日，遂至上京，所謂西樓也。西樓有邑屋、市肆，交易無錢而用布。有綾錦諸工作，宦者、翰林、伎術、教坊、角觝、秀才、僧、尼、道士等，皆中國人，而并、汾、幽、薊之人尤多。自上京東去四十里，至真珠寨，始食菜。明日東行，地勢漸高，西望平地，松林鬱然數十里。遂入平川，多草木，始食西瓜，云契丹破回紇，得此種，以牛糞覆棚而種，大如中國冬瓜而味甘。又東行，至裏潭，始有柳，而水草豐美。有息雞草尤美而本大，馬食不過十本而飽。自裏潭入大山，行十餘日而出。過一大林，長二三里，皆蕪荑，枝葉有芒刺如箭羽。其地皆無草，兀欲時卓帳於此，會諸部人葬德光。自此西南行，日六十里，行七日，至大山門。兩高山相去一里，而長松豐草，珍禽野卉，有屋室碑石，曰陵所也。兀欲入祭，諸部大人惟執祭器者得入，入而門闔。明日開門，曰"抛盞"禮畢，問其禮，皆秘不肯言。

　　嶠所目見兀述律、葬德光等事，與中國所記差異。

　　已而翰得罪被鎖，嶠與部曲東之福州。福州，翰所治也。嶠等東行，過一山，名十三山，云此西南去幽州二千里。又東行數日，過衛州，有居人三十餘家。蓋契丹所虜中國衛州人，築城而居之。嶠至福州而契丹多憐嶠，教其逃歸。嶠因得其諸國種類遠近，云："距契丹國東至於海，有鐵甸，其族野居皮帳而人剛勇。其地少草木，水鹹濁，色如血，澄之，久而後可飲。又東，女真，善射，多牛、鹿、野狗。其人無定居，行以牛負物，遇雨則張革爲屋。常作鹿鳴，呼鹿而射之，食其生肉。能釀麋爲酒，醉則縛之而睡，醒而後解，不然則殺人。又東南，渤海。又東，遼國，皆與契丹略同。其南，海曲，有魚鹽之利。又南，奚，與契丹略同，而人好殺戮。又南，至於榆關矣。西南，至儒州，皆故漢地。西則突厥、回紇。西北至嫗厥律，其人長大，髡頭，酋長全其髮，盛以紫囊。地苦寒，水出大魚，契丹仰食。又多黑、白、黃貂鼠皮，北方諸國皆仰足。其人最勇，鄰國不敢侵。又其西，轄戛。又其北，單于突厥。皆與嫗厥律略同。又北，黑車子，善作車帳。其人知孝義，地貧無所產。云契丹之先，常役回紇，後背之，走黑車子，始學作車帳。又北，牛蹄突厥，人身牛足。其地尤寒，水曰瓠蘆河，夏秋冰厚二尺，春冬冰徹底，常燒器銷冰，乃得飲。東北，至轆劫子。其人髠首，披布爲衣，不鞍而騎，大弓長箭，尤善射。遇人輒殺而生食其肉，契丹等國皆畏之。契丹五騎遇一轆劫子，則皆散走。其國三面皆室韋，一曰室韋，二曰黃頭室韋，三曰獸室韋。其地多銅、鐵、金、銀，其人工巧，銅、鐵諸器皆精好，善織毛錦。地尤寒，馬溺至地，成冰堆。又北，狗國。人身狗首，長毛不衣，手搏猛獸，語爲犬嗥。其妻皆人，能漢語。生男爲狗，女爲人，自相婚嫁，穴居食生，而妻女人食。云嘗有中國人至其國，其妻憐之，使逃歸，與其箸十餘只，教其每走十餘里遺一箸，狗夫追之，見其家物，必銜而歸，則不能追矣。"其説如此。又曰："契丹嘗選百里馬二十匹，遣十人賫干麨北行，窮其所見。其人自黑車子歷牛蹄國以北，行一年，經四十三城，居人多以木皮爲屋。其語言無譯者，不知其國地山川、部族名號。其地氣，遇平地則温和，山林則寒冽。至三十三城，得一人，能鐵甸語，其言頗可解，云地名頡利烏于邪堰。云：'自此以北，龍蛇猛獸、魍魅群行，不可往矣。'其人乃還。此北荒之極也。"

　　契丹謂嶠曰："夷狄之人豈能勝中國？然晉所以敗者，主暗而臣不忠。"因具道諸國事，曰："子歸，悉以語漢人，使漢人努力事其主，無爲夷狄所虜。吾國非人境也。"嶠歸，録以爲《陷虜記》云。

　　　　賈敬顏：《五代宋金元人邊疆行記十三種疏證稿》引《陷遼記》

　　從桴府至中國的第一個港口魯金（Lūqin，龍編），陸路、海路皆爲100法爾薩赫。在魯金，有中國石頭，中國絲綢，中國的優質陶瓷，那裏出産稻米。從魯金至漢府（Khānfū，即廣州），海路爲4日程，陸路爲20日程。漢府是中國最大的港口。漢府有各種水果，並有蔬菜、小麥、大麥、稻米、甘蔗。從漢府至漢久（Khānjū，疑爲杭州）爲8日程。漢久的物産與漢府同。從漢府至剛突（Qāntū）爲20日程，剛突的物産與漢府、漢久相同。中國的這幾個港口，各臨一條大河，海船能夠在這大河中航行。這些河均有潮汐現象。在剛突的河裏可見到鵝、鴨、雞。中國海疆的長，即從艾爾瑪碧勒（Armābil）起始，終至另一端有兩個月行程。

> （阿）伊本・胡爾達茲比赫：《道里邦國志・通向中國之路》

廣府（Khānfū，指廣州）河在距廣府下游六日行或七日行的地方入中國海。從巴士拉、錫拉夫、阿曼、印度各城、闍婆格諸島、占婆以及其它王國來的商船，滿載着各自的商貨逆流而上。

> （法）G. 費瑯：《阿拉伯波斯突厥人東方文獻輯注》第一卷

3. 行政區劃

朱梁及十一國土宇。梁太祖朱温都汴，傳世三。梁初，天下別爲十一，南有吳、浙、荆、湖、閩、漢，西有岐、蜀，北有燕、晉，而朱氏所有七十八州，以爲梁。劉仁恭稱燕。昭宗乾寧初，爲幽州盧龍節度使。梁初，其子守光因之。李克用稱晉。昭宗封晉王，子存勗立，是爲莊宗，國號唐。李茂正稱岐。僖宗時，節度鳳翔。後取興元，有州二十，岐、隴、涇、原、渭、武、秦、成、階、鳳、邠、寧、慶、衍、鄜、坊、丹、延、梁、洋。其被梁圍也，興元入於蜀。開平以後，鄜、坊入於梁，秦、鳳、階、成又入於蜀。當梁末年，所有七州，封岐王。錢鏐稱吳越。僖宗時，兼鎮杭、越，其後爲楊行密所侵，止十三州，梁封爲尚父、吳越王。楊行密稱吳王。盡有淮南之地，昭宗封爲弘農王，兼有宣、鄂。子渥嗣，自稱吳王。王審知稱閩。黄巢寇亂，審知因有閩嶺五州之地，昭宗就封閩。馬殷稱楚。盡有湖南之地，後兼衡、潭、鼎、澧二十餘州，梁封爲楚王。王建稱蜀。昭宗授之西川節度，後並東川及山南諸郡。高季興稱南平。梁初，領荆南節度十州，後爲諸道所侵，季興所有，一城而已。劉隱稱南漢。梁初，封爲海東王。卒，其弟陟襲位，盡有嶺表之地，僭號於廣州，國號南漢。

後唐及五國地理。後唐莊宗，諱存勗。晉李克用之子，都洛陽，傳世凡四。莊宗初起，並代取幽、滄，有州三十五，其後又取梁魏、博等十有六州，合五十一州，以滅梁。岐王稱臣，又得其州。至同光破蜀，已而復失，惟得秦、鳳、階、成四州，而營、平二州陷於契丹。其王置之州一，合一百二十三州，以爲唐。夏李仁福卒，子彝超留後。卒，弟彝興立。岐李茂正卒，子從儼立。蜀，前蜀王衍，後孟知祥殂，子昶立。楚湖南馬霸圖薨，子希聲立。薨，弟希範立。吳，明宗天成二年，吳王楊溥稱帝。

石晉及七國地理。晉高祖石敬瑭，太原人，爲鄆帥。唐末帝清泰三年，以雁門之北及幽州所管州，結契丹以攻唐自立，都洛陽，傳世凡二。謹按五代職方考，石氏立，獻十有六州於契丹，而復得蜀金州，又增置州一，合一百九州，以爲晉。蜀孟昶、南平高從誨、楚馬希範。南漢劉龑，子玢。南唐，吳王楊溥遜於其相徐知誥，改號齊，知誥改姓李，名昪，號唐。殂，子璟嗣位。閩，天福三年，閩王王昶立，審知之子。延義爲王。五年，制授福州王延義閩王，延義爲其臣朱文進所弒，詔授文進節度，封閩王。吳越，天福六年，吳越王錢元瓘薨，子佐襲位。

劉漢及六國地理。漢高祖姓劉，名嵩，本名知遠。晉少帝開運二年，初封北平王。三年，即皇帝位於太原，號大漢，稱天福十二年云。謹按五代職方考，劉氏之初，秦、鳳、階、成復入於蜀。隱帝時，增置州，合一百六州以爲漢。蜀孟昶，南平高從誨子保融，楚馬希範、希廣、希萼，南漢劉晟，南唐李璟，吳越錢佐，即解州也。

郭周及七國地理。周太祖姓郭，名威，都汴，傳世三。謹按五代職方考，郭氏代漢，十州入於劉晟。世宗取秦、鳳、階、成、瀛、莫及淮南十四州，又增置州五濟、濱、通、雄、霸，而廢者三景、武、莫，合一百一十八州以爲周。石晉末，閩已先亡，而在者七國，自江以南二十一州爲南唐，自劍南以及山南西道四十六州爲蜀，自湖南北十州爲楚，自浙東西十三州爲吳越，自嶺南北四十七州爲南漢，自太原以北十州爲東漢，荊、歸、峽三州爲南平。右合七國所有，一百六十八州，而軍不在焉。

宋朝肇造混一及升改廢置州郡。太祖受周禪，建隆元年，李筠反澤潞，遣石守信、高懷德進討，上親征，筠赴火死。李重進反淮南，遣

石守信、王審琦、李處耘討之,上親征,重進赴火死。建隆四年二月,
王師入荆南,南平高繼冲舉族歸朝,得州三縣一十五。三月,克湖湘
周保權,得州十四,縣五十八。六年正月,蜀孟昶降,兩川悉平,得州
四十五,縣一百九十八。開寶四年二月,拔廣州,擒劉鋹,嶺南悉平,
得州四十一,縣六十五。八年十一月,拔昇州,擒李煜,江南悉平,得
州一十九,軍三,縣一百八。太宗太平興國三年四月,平海軍節度使
陳洪進上表,以所管十三州歸於有司。三年五月,錢俶獻所管十三
州、一軍,八十六縣。四年,上親征太原,東漢劉繼元上表納款,得州
十,縣四十一。七年,得西夏李繼捧銀、夏二州。

(宋)章如愚:《群書考索》卷六〇

五代、唐汴州宣武軍節度,領縣六。梁升爲開封府,以滑州之酸
棗、長垣、鄭州之中牟、陽府,宋州之襄邑,曹州之戴邑,許州之扶溝、
鄢陵,陳州之太康九縣隸焉。後唐復爲汴州宣武軍,以酸棗、中牟、襄
邑、鄢陵、太康五縣,還屬諸州。晉天福三年,復爲開封府,以五縣還
隸。國朝又置東明、咸平二縣令,領縣十七,治開封府。祥符,戴邑後
改考城。

(宋)孫逢吉:《職官分紀》卷三八

梁太祖開平元年七月,敕:"宜以關東爲内,仍以潼關隸陝州。"初
置河潼軍使,命虢州刺史兼領之。是月,又改武牢關爲虎牢關。仍置虎牢
軍使。

(宋)王欽若等編纂:《册府元龜》卷五〇四《邦計部》

《五代史》曰:梁開平元年,梁祖初開國,升汴州爲開封府,建名東
京,元管開封、浚儀、陳留、雍丘、封丘、尉氏六縣,至是割滑州之酸棗、
長垣、鄭州之中牟、陽武,宋州之襄邑,曹州之戴邑,許州之扶溝、鄢
陵、陳州之太康九縣隸焉。後唐復降爲汴州,以宣武軍爲額,其陽武、
長垣、扶溝、考城等四縣仍且隸汴州,其餘五縣却還本部。晉天復中,

復升爲東京,復以前五縣隸之,漢、周並因之。

(宋)李昉:《太平御覽》卷一五八,州郡部四

《五代史》曰:耀州,本京兆府華原縣,唐末李茂貞據鳳翔僭行墨制,建爲耀州。以義勝爲軍額,命温韜爲節度使。

(宋)李昉:《太平御覽》卷一六四,州郡部十

《五代史》曰:單州,本單父縣,梁爲輝州,後唐同光二年復舊,隸宋州。周廣順中,割隸曹州。

(宋)李昉:《太平御覽》卷一五九,州郡部五

(同光)三年三月,詳定院奏:"近并、魏州爲東京,檢諸道州縣,須先定兩府,始可各定官品。未審依故事,京兆、河南爲兩府,太原、興唐爲次府,天復以興王之地,別有進止,敕不唯府額,各定於等差,兼亦都名須正於昇降,將爲經久之制,宜遵固本之文。本朝故事:雍州爲西京京兆府,洛州爲東都河南府,是謂京都兩府;并州舊爲北都,太原府在兩府之次。近以中興大業,以魏州爲東京興唐府,權爲東京爲洛京。竊以洛京歷代帝王之都,四方朝貢所便,爰自漢魏,迄於隋唐,方建都城,是比宸極。宜依舊以洛京爲東都,魏州改爲鄴都,興唐府與北京太原府並爲次府。豈獨設官分職,命秩免惑於有司,抑亦畫界分疆,取則無違於故事。"

(宋)王欽若等編纂:《册府元龜》卷一一四《帝王部》

(天成)三年八月,以山南西道久從僞命,有不益於國,患於民者六事,咸命除之。

(宋)王欽若等編纂:《册府元龜》卷一六〇《帝王部》

崔悕,爲左諫議大夫。天成四年六月,上言曰:"臣伏見洛都,頃當制葺之初,荒凉至甚,纔通行逕,遍是荆榛。此際配人開耕,便許爲

主。或農或圃,逾三十年。近歲居人漸多,里巷頗隘。須增屋室,宜正街坊。都邑之制度既成,華夏之觀瞻益壯。因循未改,污濁增深。竊惟舊制,宮苑之側,不許停穢惡之物。今以菜園相接宗廟祠宇,公府民家,穢氣薰蒸,甚非蠲潔。清議條制,俾四方則之。"

(宋)王欽若等編纂:《冊府元龜》卷四七五《臺省部》

(天成四年八月)是月乙丑,左補闕楊途奏:"明公舉事,須合前規。竊見京城之內,尚有南州、北州。縱市井不可改移,城池即宜廢毀。復見郡城舊墻,多已摧塌,不可使浩穰神京,旁通綠野,徘徊壁壘,俯近皇居。無復因循,常宜修葺。"初,光啓末,張全義爲河南尹,爲蔡賊所攻,乃於南市一方之地,築壘自固。後延於市南,又築嘉善坊爲南城。天復修都之際,元未毀徹。途之所奏,頗適事宜,後爲金部員外郎。

(宋)王欽若等編纂:《冊府元龜》卷四七五《臺省部》

(長興三年)四月,河南府奏:"據陸渾縣令陳岩狀申,縣邑荒涼欲修葺,今有客戶各欲蓋造屋宇,有礙同光二年條格,乞準近敕,屬縣亦許客戶於坊市修營屋宇,所期完葺。"敕旨:"凡興舍宇,務廣人烟,既聞完葺之期,式葉綏安之道。況京城之內,已有條流;縣邑之中,可援事例。應諸縣有臨街店舍田地,宜準敕許人收買,依限修蓋。其佐官宅基,舊屬縣廨宇,並寺院伽藍地,如人户已蓋造屋舍居止,不在起移之限,便任永遠爲主。如更別占據空地作園圃,及種蒔苗稼,仍仰縣司與寺家決定,辦得修蓋,即許識認,交割限兩月內了絕。其地畝租税,隨地供輸。如未辦修營,不得妄陳識認。"

(宋)王欽若等編纂:《冊府元龜》卷六六《帝王部》

(長興三年)四月戊午,中書奏:"奉敕重定三京、諸道州府地望次第者,據《十道圖》,舊制以王者所都之地爲上,本朝都長安,遂以關內道爲上。今宗廟宮闕見都洛陽,請以河南道爲上,關內道第二,河東道第三，餘依舊制。又本朝都長安，以京兆府爲上。今都洛陽，請以河南府爲上。其五府，按《十道圖》，以關内道爲上，遂以鳳翔府爲首，河中、成都、江陵、興元爲次。中興初，昇魏博爲興唐府，鎮州爲真定府，皆是創業興王之地，不與諸府雷同。今望以興唐、真定二府昇在五府之上，合爲七府，餘依舊制。”

（宋）王欽若等編纂：《册府元龜》卷一四《帝王部》

《五代史》：晉天福五年，楚馬希範平群蠻，自謂伏波之後，立銅柱於溪州，高一丈二尺，入地六尺，銘誓狀於上。

（宋）王應麟：《玉海》卷二五《地理》

後周平邊策 周顯德二年三月—云四月世宗命近臣徐台符等二十人著爲君難爲臣，不易論及開邊策一篇，比部郎中王朴獻策傳云平邊策。

（宋）王應麟：《玉海》卷二五《地理》

初，周世宗顯德五年五月，江南稱藩城東置懷信驛，以待其使四年四月，改赤倉驛爲通吳驛。

（宋）王應麟：《玉海》卷一七二《宮室》

周張昭遠，爲吏部侍郎。奏疏：“内銓見行用十道圖，除舊洛都，並都外有新昇京都，及節度、防禦、團練等，名目不一。又自明宗已來，回避廟諱，所改州縣名，多未結入十道圖。銓司入官之時，格式旋簡，元敕施行，未曾添入十道圖，無所準的。請下當司改定。”從之。

（宋）王欽若等編纂：《册府元龜》卷四六七《臺省部》

詔洊州復爲懿州。時五溪團練使、洊州刺史田處崇言：“先是，湖南節度使馬希範以叙州潭陽縣爲懿州，命臣叔萬盈爲刺史。希範死，其弟希尊改爲洽州，願復舊名。"從之，仍鑄印以賜處崇。

（宋）李燾：《續資治通鑑長編》卷六，太祖乾德三年（965）

甲午，詔南州復爲漳州。先是，王氏據閩中，董思安爲漳州刺史，思安父諱章，故改爲南州，至是復之。董思安，初見開運元年。

（宋）李燾：《續資治通鑑長編》卷六，太祖乾德三年（965）

初，蜀置靜南軍，使扼邛崍、百丈，曹光實父子繼居其任。光實後遷永平捕盜游奕使，有夷人張忠樂者，常群行攻劫，且憾光實嘗殺其徒黨，乘蜀之亡，夜率衆數千環光實所居，鼓噪並進。光實負其母揮戈突圍以出，賊衆辟易不敢進。光實舉家三百餘口，賊殺之無噍類。又發其父冢，壞棺椁。光實詣全斌訴其事，且圖雅州地形要害及用兵攻取之計，請官軍先下之。全斌壯其勇敢，遂令爲大軍鄉導，果克其城，獲忠樂而甘心焉。全斌乃署光實爲義軍都指揮使，光實又以所部兵盡平黎州殘寇，全斌令光實權知黎州，兼黎、雅二州都巡檢使。安集勞來，蠻夷懷之。

（宋）李燾：《續資治通鑑長編》卷七，太祖乾德四年（966）

丁巳，改嶺南思唐州爲司明州，雄州爲南雄州，天下縣以"唐"爲名者，皆改之。

（宋）李燾：《續資治通鑑長編》卷一二，太祖開寶四年（971）

戊寅，改義州爲南義州，敬州爲梅州。

（宋）李燾：《續資治通鑑長編》卷一二，太祖開寶四年（971）

以嶺南儋、崖、振、萬安等四州隸瓊州，令廣州擇官分知州事。

（宋）李燾：《續資治通鑑長編》卷一二，太祖開寶四年（971）

有司言官階、州縣名與御名下字同者，皆改之。彰義軍爲彰化軍,義成軍爲武成軍,保義軍爲保平軍,感義軍爲感德軍,義武軍爲定武軍,昭義軍爲昭德軍,崇義軍爲崇信軍,歸義軍爲歸化軍,大義軍爲大順軍,義州爲儀州,南義州爲南儀州,義陽軍爲信陽軍。鎮寧節度使劉光義改名庭讓,武定節度使祁廷義改名廷訓。

（宋）李燾:《續資治通鑑長編》卷一七,太祖開寶九年(976)

邕州言:"廣源州蠻酋坦綽儂民富案《宋史》作坦綽農民富。以僞漢時所置十州首領詔敕來獻,欲比七源州内附輸賦稅,而思琅州蠻蔽塞,使不得通。願朝廷舉兵誅思琅州。"詔授坦綽儂民富檢校司空,案《宋史》作檢校司空、御史大夫、上柱國。令廣州轉運使徐道招來之。徐道,未見。

（宋）李燾:《續資治通鑑長編》卷一八,太宗太平興國二年(977)

初,北漢置固軍於嵐州,北漢亡,廢爲宣化縣,甲戌,復號寧化軍。

（宋）李燾:《續資治通鑑長編》卷二三,太宗太平興國七年(982)

兗州泰寧軍。周廣順二年降爲防禦州,以慕容彦超叛命初平故也。國朝改泰寧軍。

（宋）孫逢吉:《職官分紀》卷三九

陝州保平軍。梁開平二年改鎮國,後唐同光元年爲保義,國朝改保平。

（宋）孫逢吉:《職官分紀》卷三九

潞州昭德軍。梁龍德三年,改正義軍節度,以李繼韜歸順故也。後唐同光元年,復爲安義軍。長興元年復舊名昭義。國朝改爲昭德軍。

（宋）孫逢吉:《職官分紀》卷三九

安州安遠軍。後唐同光元年,改爲安遠軍節度。至晉天福五年,降爲防禦使，所管申州割隸許州，以李金全叛命，初平故也。漢天福十二年，復爲安遠軍節度，至周顯德元年十月，又降爲防禦使。國朝復舊。

（宋）孫逢吉：《職官分紀》卷三九

青州鎮海軍。晉開運元年降防禦州，與登州、萊、淄三州並屬京，以楊光遠叛命，初平故也。漢天福十二年，復爲平盧軍節度。國朝改鎮海軍、兼押新羅、渤海兩蕃使。

（宋）孫逢吉：《職官分紀》卷三九

曹州彰信軍。晉開運二年，升爲威信軍節度。漢天福十二年，降爲刺史。周廣順二年，復升彰信軍節度，以單州隸之。國朝因其名。

（宋）孫逢吉：《職官分紀》卷三九

陳州鎮安軍。晉開運二年，升鎮安軍節度。漢天福十二年，降爲刺史。周廣順元年，升爲防禦州。二年，升爲鎮安節度，以潁州隸之。國朝因其名。

（宋）孫逢吉：《職官分紀》卷三九

許州忠武軍。梁開平元年，改正國軍。後唐元年十月，復改忠武軍。國朝因之。

（宋）孫逢吉：《職官分紀》卷三九

襄州山南東道。晉天福七年，降爲防禦州，直屬京，所管均、房二州，割隸鄧州，以安從進叛命，初平故也。漢天福十二年，復舊爲河陽三城節度使。國朝因之，兼橋道使。

（宋）孫逢吉：《職官分紀》卷三九

鄧州武勝軍。梁開平三年，升爲宣化軍節度，割泌、隨、復、鄖四州隸之，與襄州分江心爲界。後唐同光元年，改爲威勝軍。周廣順二年，改武勝軍。改諱也。國朝因之。

（宋）孫逢吉：《職官分紀》卷三九

滑州武成軍。唐光啓二年,改宣義軍節度。唐同光元年,復爲義成軍。國朝改武成軍,兼河堤使。熙寧中廢爲郡,今復爲軍。

(宋)孫逢吉:《職官分紀》卷三九

金州昭化軍。晉天福四年,升爲懷德軍節度。天福十二年,復降爲防禦州。國朝又改爲昭化軍。

(宋)孫逢吉:《職官分紀》卷三九

澶州鎮寧軍。晉天福三年初升爲防禦,隸相州,移理所於德勝渡。九年,升爲節度,號鎮寧軍,以濮州隸之。國朝因之。

(宋)孫逢吉:《職官分紀》卷三九

相州彰德軍。梁貞明元年,魏博節度楊師厚薨,乃制相州建節,尋軍亂,以地歸。後唐莊宗復爲屬郡,隸魏州。晉天福三年,復升爲彰德軍節度,以澶、魏二州隸之。

(宋)孫逢吉:《職官分紀》卷三九

滄州橫海軍。梁乾化二年,改爲順化軍節度,以張萬進歸順故也。後唐同光元年,復改爲橫海軍。國朝因之。

(宋)孫逢吉:《職官分紀》卷三九

貝州永清軍。晉天福三年,升爲永清軍節度,以博、冀二州隸之。周顯德元年,降爲防禦。國朝復舊,今降刺史。

(宋)孫逢吉:《職官分紀》卷三九

邢州安國軍。梁開平二年,建爲保義節度使,割洺、恩二州隸之。後唐同光元年,改爲安國軍。

(宋)孫逢吉:《職官分紀》卷三九

晉州建雄軍。梁開平四年,升爲定昌軍節度,以絳、泌二州隸之。後唐同光元年,改建雄軍。國朝因之。

(宋)孫逢吉:《職官分紀》卷三九

華州鎮潼軍。初名感化。後唐同光元年,改鎮國。周顯德元年,降爲刺史,直屬京。國朝改爲鎮潼軍。

(宋)孫逢吉:《職官分紀》卷三九

耀州感德軍。梁正明元年,改崇州,升爲静勝軍節度。後唐同光元年,改順義軍。二年,降團練州。周顯德二年,升爲刺史,屬京。國朝復舊。

(宋)孫逢吉:《職官分紀》卷三九

壽州忠信軍。後唐天成三年,升爲忠信軍節度。國朝因之。

(宋)孫逢吉:《職官分紀》卷三九

虔州昭信軍。後唐長興二年,升爲昭信軍節度。國朝因之。

(宋)孫逢吉:《職官分紀》卷三九

閬州安德軍。後唐天成四年,升爲保寧軍節度。國朝改爲安德。

(宋)孫逢吉:《職官分紀》卷三九

應州彰國軍。後唐天成元年,升爲節度,以興唐軍爲應州,以隸之。國朝因其名。

(宋)孫逢吉:《職官分紀》卷三九

雲州大同軍。後唐同光二年,復爲大同軍節度,以應隸之。國朝因其名。

(宋)孫逢吉:《職官分紀》卷三九

周世宗顯德五年三月,於上元縣置昇州。

(宋)李上交:《近事會元》卷四

瓦橋關爲雄州,益津關爲霸州,周世宗顯德六年五月改也。

(宋)李上交:《近事會元》卷四

晉高祖天福六年八月,改舊檀州爲清德軍。

(宋)李上交:《近事會元》卷四

太祖仕周日,尚未領宋州節鉞,時有狂僧,携彈走荆棘中,顧謂人曰:"此地當出天子。"又,顯德末,一人青巾白衫,登中書政事堂。吏批其頰,曰:"汝是何人,敢至此!"其人曰:"宋州官家遣我來擒見宰相范質。"質曰:"此病心耳,安足問。"遂叱去。其後太祖果自歸德軍節度使受禪,遂升宋州爲應天府,後號南郡。一名南京,事具國史。

(宋)張師正:《括異志》卷一

嘉定戊辰,詔改雄淮軍爲武定。珂按此名有二不可:《五代史》晉開運元年三月癸巳,籍民爲武定軍。是嘗爲復名,不可一也;真宗廟諡曰武定,僞蜀嘗以洋州爲武定軍節度,景祐四年四月,詔以犯廟諡,改爲武康軍矣,不可二也。立軍經武,爲一代之制,而襲季世之號,瀆宗廟之制,在今日所當亟正焉。

(宋)岳珂:《愧郯録》卷一三

化外州郡。契丹自唐末陷營、平二州,晉祖起并州,借其兵勢,割、幽、瀛、莫、涿、檀、順、新、媯、儒、武、雲、應、寰、朔、蔚、易十六州以報之。顯德六年,周世宗復瀛、莫二州,至今十六州爲敵所據。

(宋)章如愚:《群書考索》卷六〇

西涼府六谷首領廝鐸督,即涼州也。自唐末陷河西之地,雖爲吐蕃所隔，然其地亦自置牧守，或請命於中朝。天成中，權知涼州府留後孫超，遣大將拓拔承誨來朝，明宗召見。後漢乾祐初，超卒，土人折溝嘉權知留後事，遣使來貢。

（宋）章如愚：《群書考索》後集卷六四

晉天福四年，絳州置防禦使額。敕宜升禦侮之名，以重分憂之寄。

（宋）謝維新：《古今合璧事類備要》後集卷六三

莊宗起義太原，河北創始，乃升魏州爲鄴都，置興唐府，改貴鄉縣爲唐縣，元城縣爲廣晉縣。及晉祖立，改爲唐晉府，乃知唐後即晉，亦先兆也。

（宋）佚名：《分門古今類事》卷一四

幽薊八州陷北虜幾二百年，其間英主賢臣欲圖收復，功垂成而輒廢者三矣，此豪傑之士每每深嗟而痛惜。初，周世宗既下關南，欲乘勝進攻幽州，將行，夜中疾作，乃止。藝祖貯財別庫，欲事攻取，會上仙，乃寢。

（宋）王闢之：《澠水燕談錄》卷九

世宗自滄州北，順水而行，先降益津關，次瓦橋關，次瀛州。以瓦橋關爲雄州，以益津關爲霸州。

（宋）程大昌：《演繁露》卷八

燕山以南，石晉以來失之。安肅軍以南，我朝南渡失之。河、湖之水，皆出太行。公所渡二十五河，睢、漳與滹沱最大。滹沱闊不減黃河，俗稱小黃河。

（宋）范成大：《攬轡錄》

平江本吳國,在秦屬會稽郡。東漢分會稽置吳郡,陳爲吳州。隋爲蘇州。大業末,復爲吳郡。唐武德中,復爲蘇州;乾寧中,錢氏據錢塘,蘇、湖之南,悉其奄有。後唐爲中吳軍節度。皇朝興國中,置平江軍節度,又復謂之蘇州。嘗爲徽宗潛藩,遂升爲府。

(宋)龔明之:《中吳紀聞》卷四

姑蘇自劉、白、韋爲太守時,風物雄麗,爲東南之冠。乾符間,雖大盜蠭起,而武肅錢王以破黃巢,誅董昌,盡有浙東西。五代分裂,諸藩據數州自王,獨錢氏常順事中國。本朝既受命,盡籍土地府庫,帥其屬朝京師,遂去其國。蓋自長慶以來,更七代三百年,吳人老死不見兵革。承平時,太伯廟棟猶有唐昭宗時寧海鎮東軍節度使錢鏐姓名書其上,可謂盛矣。

(宋)龔明之:《中吳紀聞》卷六

太祖皇帝立極之初,西蜀未下,益州三泉縣令間道馳騎賫賀表,率先至闕下。上大喜。平蜀後,詔令三泉縣不隸州郡,遇賀慶,許發表章直達榻前。至今甲令,每於諸州軍監下注云"三泉縣同",是矣。

(宋)王明清:《揮麈前錄》卷四

唐末,營、平二州陷於契丹。梁初,劉仁恭父子據幽、燕,繼而爲晉王所滅。晉滅梁,稱唐。唐末,石敬瑭叛,以幽、涿、薊、檀、順、瀛、莫、蔚、朔、雲、應、新、媯、儒、武、寰十六州賂契丹,資其兵伐唐,爲晉。晉亡,漢繼之。漢亡爲周,劉旻據河東。周世宗伐契丹,取瀛、莫二州。周亡,宋受命,太宗以太平興國四年平劉繼元,盡得河東之地。

(元)馬端臨:《文獻通考》卷三一六《輿地考二》

梁初,天下別爲十一國,南有吳、浙、荆、湖、閩、漢,西有岐、蜀,北有燕、晉,而朱氏所有六十九州以爲梁。

莊宗初起并、代,取幽、滄,有州三十五,其後又取梁魏、博等十有六州,合五十一州以滅梁。岐王稱臣,又得其州七。同光破蜀,已而復失,惟得秦、鳳、階、成四州,而營、平二州陷於契丹,其增置之州一,合一百二十三州以爲唐。

石氏入立,獻十有六州於契丹,而得蜀金州,又增置之州一,合百九州以爲晉。

劉氏之初,秦、鳳、階、成復入於蜀,隱帝時,增置之州一,合一百六州以爲漢。

郭氏代漢,十州入於劉旻,世宗取秦、鳳、階、成、瀛、莫及淮南十四州,又增置之州五而廢者三,合一百十八州以爲周。宋因之。此中國之大略也。其餘外屬者,強弱相并,不常其得失。至於周末,閩已先亡,而在者七國。自江以南二十一州爲南唐,自劍以南及山南西道四十六州爲蜀,自湖南、北十州爲楚,自浙東、西十三州爲吳越,自嶺南、北四十七州爲南漢,自太原以北十州爲東漢,而荆、歸、峽三州爲南平。合中國所有,二百六十八州,而軍不在焉。

宋太祖皇帝受周禪,凡州、府、軍、監一百三十九,縣六百六十一,戶九十六萬七千三百五十三。建隆四年,荆南高繼冲來朝,得州、府三,江陵府,歸、峽。縣一十七,戶一十四萬二千三百;是年,平湖南,得州一十五,監一,潭、衡、邵、郴、道、永、全、岳、澧、朗、溥、辰、錦、溪、叙、桂陽監。縣六十六,戶九萬七千三百八十八。乾德三年,平蜀,得州、府四十六,益、彭、眉、嘉、邛、蜀、綿、漢、資、簡、梓、遂、黎、雅、陵、戎、瀘、維、茂、昌、榮、果、閬、渠、合、龍、普、利、興、文、巴、劍、蓬、壁、夔、忠、萬、集、開、渝、涪、黔、施、達、洋、興元府。縣二百四十,戶五十三萬四千二十九。開寶四年,平廣南,得州六十,廣、韶、潮、循、封、端、英、連、雄、恭、惠、康、恩、春、瀧、勤、新、高、潘、雷、羅、辨、桂、賀、昭、梧、蒙、龔、象、富、融、宜、柳、嚴、思唐、邕、澄、貴、蠻、橫、賓、欽、潯、容、牢、白、廉、黨、綉、鬱林藤、竇、義、禺、順、瓊、崖、儋、萬安、振。縣二百一十四,戶一十七萬二百六十三。八年,平江南,得州一十九,軍三,昇、宣、歙、池、洪、潤、常、鄂、筠、饒、信、虔、吉、袁、撫、江、汀、建、劍,江陰、雄遠、建昌軍。縣一百八,戶六十五萬五千六十五。太宗太平興國二年八月,盡罷天下節鎮所領支郡。唐及五代節鎮皆有支郡。國初平湖南,始令潭、朗數郡直屬京,長吏得自奏事。乾德元年,以隴州、義州直屬京。二年,又以階、成、乾三州屬京。其後,大縣屯兵亦有直屬京者,興元府二泉縣是也。五年,又析慶州、商州;開寶二年,又析歸、峽,四年,又析澤州、通遠軍,並屬京。以邠、寧、原、渭、鄜、坊、延、丹、陝、虢、襄、均、房、復、鄧、唐、澶、濮、宋、亳、鄆、齊、滄、德、曹、單、青、淄、兗、沂、貝、冀、滑、衛、鎮、深、趙、定、祁等十八鎮所領郡皆直屬京,天下藩鎮除羈縻州,無復領支郡矣。三年,陳洪進獻其地,得州二,漳、泉。縣十四,户一十五萬一千九百七十八;是年,錢俶亦獻其所管,得州一十三,軍一,杭、蘇、越、湖、衢、婺、台、明、温、秀、處、睦、福,衣錦軍。縣八十六,户五十五萬六百八十四。四年,平太原,得州十,軍一,并、汾、嵐、憲、忻、代、遼、沁、隆、石州,寶興軍。縣四十一,户三萬五千二百二十。

(元)馬端臨:《文獻通考》卷三一五《輿地考一》

沙州……至朱梁時,張氏之後絶,州人推長史曹義金爲帥。義金卒,子元忠嗣。周顯德二年,來貢,授本軍節度、檢校太尉、同中書門下平章事,鑄印賜之。

(元)馬端臨:《文獻通考》卷三三五《四裔考十二》

真定府……後唐爲北都真定府,俄罷都,復爲成德軍。晉改爲常州順國軍。漢復爲成德軍,真定府,後以趙州之元氏、欒城二縣來屬。

相州……梁爲昭德軍節度。後唐降爲軍事。晉爲彰德節度,後以内黄、成安、洹水三縣屬大名府。

邢州……梁保義軍節度,後唐改安國軍。

定州……後周以深州博野來屬。

磁州……天祐三年,以“磁”“慈”聲一,更名惠州。屬河北道。後唐復名磁州。

瀛州……晉高祖以賂契丹。周世宗復取之,以大城屬霸州。

深州……周以博野屬定州,以冀州武强來屬。

雄州　本唐涿州瓦橋關,在易水之東,當九河之末,其地控扼幽薊。晉陷契丹。周克復，建爲州，治歸義縣，以易州容城來屬。自周世宗以來，兩河之地置三關，霸州益津關、雄州瓦橋關、瀛州高陽關，分置重兵，與真定府、定州相掎角。……領縣二，治歸信。歸信，唐歸義縣，隸涿州。周置於瓦橋關，太平興國初改。有拒馬河。容城。唐縣，周廢，建隆初復。

霸州　本唐幽州永清縣地，後置益津關。晉陷契丹。周復，以其地置霸州，以莫州之文安，瀛州之大城來屬。古上谷郡地，瀕海，皆斥鹵沮洳，東北近三百里，野無所掠，非入寇之徑。何承矩曰："自陶河至泥姑口，屈曲九百里，天設險阻，真地利也。講習水戰之具，大爲要害。"

莫州……晉初，陷契丹。周世宗復取之，以文安屬霸州，後又廢。

冀州……晉以堂陽屬真定府。周以武强隸深州，以堂陽還屬。

安肅軍　本唐易州遂城縣地。後唐置宥戎鎮。周爲梁門口寨。

乾寧軍　本唐幽州盧臺軍之地，石晉陷虜。周平三關，置永安縣，屬滄州。

并州……後唐爲西京，又爲北京。周太祖即位，劉旻據河東稱帝，都其地。

潞州……梁改正義軍。後唐改安義軍，俄復爲昭義軍。

晉州……梁爲定昌軍節度，後唐改建雄軍。

絳州……後唐以河中府稷山來屬。

河中府……後漢以聞喜、安邑、解三縣，屬解州。

解州　五代漢以河中府解縣置州，又以安邑、聞喜二縣來屬。

慈州……周廢仵城、呂香二縣。

遼州……梁改爲遼州，宋因之。

憲州……龍紀元年，李克用表置州，領樓煩、元池、天池三縣，治樓煩。屬河東道。

寧化軍　本嵐州地，劉崇置固軍。

火山軍　本嵐州地，劉崇置雄勇鎮。

營州……唐末，劉仁恭以遺契丹，後唐莊宗滅仁恭而取其地。既滅梁,復陷契丹。迄晉、漢、周及宋,皆不能取。

平州……唐末,劉仁恭以遺契丹。後唐莊宗取之,後復陷契丹。契丹改平州爲遼興府,以榮、灤二州隸之,號爲平州路。迄晉、漢、周及宋,皆不能取。

檀州……後晉高祖初起,以遺契丹,迄漢、周及宋,皆不能取。

薊州……後晉没於契丹,迄漢、周及宋,皆不能取。

幽州……後唐爲盧龍節度。石晉初,没於契丹。

涿州……石晉初,没於契丹,漢、周俱不能取。

順州……石晉初,没於契丹。

嬀州……石晉没於契丹,契丹改爲可汗州。

朔州……後唐爲振武軍。石晉初,没於契丹。

雲州……石晉時,没契丹。契丹號爲西京。

應州　唐末置。後唐天成七年,升彰國軍節度。石晉時,没於契丹。

新州　唐末置。後唐同光二年,升威塞軍節度。屬河東道。石晉時,没於契丹,改爲奉聖州。其地在雲中府之東。領縣四,治永興。永興,礬山,龍門,懷安。

儒州　唐末置。石晉時,没於契丹。領縣一:縉山。

武州　唐末置,屬河東道。後唐改爲毅州。石晉時,没於契丹。契丹改爲歸化州。南至新州七十里。

(元)馬端臨:《文獻通考》卷三一六《輿地考二》

古兗州……梁時滄、德二州爲唐所有,末年貝、博二州爲唐所取。唐滅梁,傳晉、漢、周,皆有其地。

滑州……梁以酸棗、匡城二縣,屬開封府。後唐復爲義成軍。晉以衛南屬澶州,以衛州黎陽來屬。

濟州……周復置,以鄆州之鉅野、鄆城,兗州之任城、金鄉四縣隸之。

魏州……梁爲天雄軍節度。後唐爲東京興唐府,俄改鄴都,以貝州臨清來屬。晉爲廣晉府,以臨清屬澶州。漢爲大名府。周罷都,復爲天雄軍,又以貝州之永濟、宗城、經城,相州之內黄、成安、洹水,博州之清平七縣來屬。

博州……周廢武水縣入聊城。

鄆州……周以鄆城、鉅野二縣屬濟州。

德州……周以景州安陵來屬,廢長河。

棣州……周以蒲臺、渤海二縣置濱州。

濱州　本棣州蒲臺、渤海縣,後唐以其地斥鹵,置榷鹽務。漢改贍國軍,周建爲州。

滄州……梁改順化軍,後唐復爲橫海軍。周廢長蘆、乾符二縣入清池。

恩州……後唐以臨清改屬興唐府。晉爲永清軍節度。周爲防禦。

澶州……晉爲鎮寧軍節度,以廣晉府之臨河、濮州之濮陽來屬。

景州……周降爲定遠軍,屬滄州,以安陵隸德州,廢弓高。

青州……晉爲防禦。漢復爲平盧軍節度。

古徐州……唐末,海、泗二州爲楊行密所據。後爲南唐所有。周世宗伐南唐,取二州。

泗州……唐末,爲楊行密所有,周世宗伐南唐而取之。

兗州……後唐以魚臺屬單州。周爲防禦,以任城、金鄉屬濟州。

(元)馬端臨:《文獻通考》卷三一七《輿地考三》

古揚州……五代淮南、江東西爲南唐,兩浙爲吴越,閩爲王氏。其後南唐取閩,至宋開寶八年,取南唐。太平興國三年,吴越納土,始盡有揚州之地。

揚州……吴改江都府,置興化縣。南唐以海陵、興化二縣屬泰州。周復爲大都督府,節度。……廣陵,唐江陽縣,南唐改。有召伯埭、邗溝。天長。唐縣。僞唐置建武軍,又改雄州。周改天長軍。

泰州……南唐置州,以揚州之興化,楚州之鹽城二縣來屬。周爲團練。

通州　本唐鹽亭場，南唐立爲静海制置院。周升爲静海軍，屬揚州，俄改爲州，析其地爲静海、海門二縣以隸焉。州之東北正係海口，南接大江。

真州　本唐揚州揚子縣之白沙鎮，南唐改迎鑾鎮。……永正，唐揚子縣，僞唐改，後復爲揚子。有運河、淮子河。

楚州……吳順化軍節度。南唐以鹽城屬泰州。周爲防禦。

壽州……吳忠正軍節度。周以潁州下蔡來屬，徙州治焉，在淮北。

滁州……來安。即唐永陽縣，僞唐改。

廬州……吳昭順軍節度。周改保信軍。

寧國府……吳寧國軍節度使。南唐分入江寧，而此州領縣六。

建康府……吳爲金陵府。南唐改江寧府，置蕪湖、銅陵、繁昌三縣；又以宣州之當塗、廣信來屬。尋以當塗爲雄遠軍，復以池州之青陽來屬。

池州……南唐爲康化軍節度，後爲軍事，以青陽隸江寧。

太平州　本宣州地。南唐於江寧、當塗置新和州，後改雄遠軍。

饒州……南唐置德興縣。

信州……南唐置鉛山縣。

鎮江府……南唐以上元、句容隸江寧。

常州……吳以江陰爲郡。

江陰軍　唐武德三年，以晉陵郡之江陰縣置暨州，九年廢。吳復以其地置江陰軍。

平江府……梁時，吳越王錢鏐奏置吳江縣。後唐爲中吳軍節度。晉時以嘉興、海鹽、華亭三縣置秀州。

嘉興府　晉天福中，吳越王錢元瓘，奏以蘇州嘉興、海鹽、華亭置秀州，又置崇德縣。

湖州……周爲宣德軍節度。

臨安府……臨安。唐縣。梁時，吳越王奏置衣錦軍。

紹興府……晉時,吴越王錢元瓘奏置新昌縣。

慶元府……梁時,吴越王錢鏐奏置望海縣。

温州……晉爲静海軍節度。

婺州……晉爲武勝軍節度。

衢州……江山,唐須江縣,錢王改。有騎石山、江郎山。龍游,唐龍邱縣,錢王改。有姑蔑城。

江州……南唐爲奉化軍節度,置瑞昌、湖口、東流三縣。

洪州……南唐以高安屬筠州,又置靖安縣。……奉新。唐新吴縣,南唐改。

撫州……吴昭武軍節度。南唐以南城置建武軍。

吉州……南唐置龍泉縣。

贛州……後唐爲昭信軍節度。南唐置瑞金、龍南、石城、上猶四縣。

筠州　南唐以洪州高安置州,仍置上高、萬載、清江三縣,隸之。

建昌軍　南唐以撫州南城縣置建武軍。

建寧府……閩王氏爲鎮武軍節度,增松溪縣。南唐改永安軍,又改忠義軍,置歸化、建寧二縣。

福州……閩王氏置寧德縣。南唐得尤溪,以屬劍州。晉末,地入錢氏。周改彰武軍。

泉州……閩王氏置同安、清溪、永春、德化、長泰五縣。南唐爲清源軍節度。

漳州……南唐改南州,尋以泉州長泰來屬。

南劍州　閩以建州永平鎮置鐔州及龍津縣,後州廢。南唐改延平鎮,俄置爲劍州,以汀州之沙縣、福州之尤溪來屬;又升永順場爲順昌縣。

潮州……南漢以程鄉置恭州。

梅州　南漢以潮州程鄉縣置恭州。

(元)馬端臨:《文獻通考》卷三一八《輿地考四》

江陵府……梁以復州監利來屬。

復州……梁以監利入江陵府。晉爲防禦。

郢州……周廢富水入京山。

德安府……後唐安遠軍節度。周以郢州漧川來屬。

漢陽軍……周平淮南得其地，建爲軍。

鄂州……唐末，屬湖南馬氏。後入南唐，置嘉魚、永安、通山三縣。周以漢陽、川屬漢陽。

潭州……唐末，馬氏據其地，建爲武安軍節度；梁以衡州攸縣來屬。

衡州……梁以攸縣屬潭州。

永州……晉以湘源、灌陽二縣屬全州。

全州　晉天福中，馬希範奏以永州湘源縣置州，以灌陽來屬。

郴州……晉改爲敦州，廢臨武、高平二縣，以其地入桂陽監；又廢資興縣。漢復爲郴州。

鼎州……後唐爲武正軍節度，又改武平軍。

靖州……後周時，節度使周行逢死，敘州刺史鍾存志奔武陽，而楊正岩以十洞稱徽、誠二州。

黔州……孟蜀爲武泰軍節度，宋平蜀因之。

（元）馬端臨：《文獻通考》卷三一九《輿地考五》

河南府……漢乾祐中，置望陵縣。周顯德中，廢陽城縣。

陝州……梁改鎮國軍，後唐復。

汝州……梁爲防禦。周廢臨汝縣。

鄭州……梁爲防禦，以陽武、中牟二縣屬開封府。

開封府……梁都之，升爲開封府，以滑州之酸棗、長垣，鄭州之中牟、陽武，宋州之襄邑，曹州之戴邑，許州之扶溝、鄢陵，陳州之太康九縣來屬，號東都。後唐爲汴州，宣武軍，罷東都，以酸棗、中牟、襄邑、鄢陵、太康五縣屬諸州。晉復爲開封府，號東京，以五縣還隸焉。……朱梁置建昌宮，晉爲大寧宮，皆因舊牙署改名而已。周世宗雖加營繕,猶未合古制。

應天府……梁爲宣武軍節度,以襄邑屬開封府,碭山屬輝州,以輝州楚邱來屬。後唐故歸德軍。

單州　唐光化二年,朱全忠奏以宋州碭山、虞地、單父,曹州之武成置輝州。梁以楚邱還屬宋州。後唐改爲單州,以兗州魚臺來屬。

亳州……梁爲防禦,晉因之。

曹州……梁以考城屬開封府,升爲威信軍節度。周改彰德軍。

廣濟軍……周建廩庾,筦榷於此。

許州……梁改正國軍,以扶溝、鄢陵二縣屬開封。後唐復爲忠武軍。

陳州……梁以太康屬開封府。晉爲鎮安軍節度。

潁州……漢爲防禦。周爲團練,以下蔡屬壽州。

唐州……梁改爲泌州,後唐復,晉又爲泌州,漢復。周廢慈邱縣。

鄧州……梁爲宣化軍節度。後唐改威勝軍。周改武勝軍,廢菊潭縣。

(元)馬端臨:《文獻通考》卷三二〇《輿地考六》

古梁州……唐末,蜀地爲王建所據。後唐滅王氏,而取其地。孟知祥復據之。至宋乾德三年,平孟蜀,始盡得梁州之地,分爲益州、利州、梓州、夔州四路云。

興元府……王蜀改天義軍,後復。

洋州……蜀爲武定平節度。

閬州……後唐保寧軍節度。

夔州……後唐寧江軍節度。

成州……梁改汶州。後唐復又置栗亭縣。

利州……孟蜀昭武軍節度。

成都府　五代時,王建、孟知祥據蜀,皆都其地。

蜀州……前蜀析青城置永康縣。

(元)馬端臨:《文獻通考》卷三二一《輿地考七》

永興軍……梁爲佑國軍節度，大安府，俄改爲永平軍，以同官、奉先二縣屬同州。後唐復爲西京，府名仍舊，以富平、雲陽、三原三縣屬耀州，以奉先還隸。晉改晉昌軍。漢改永興軍，以商州乾祐來屬。周以渭南屬華州。

耀州　唐末，李茂貞以京兆華原縣置耀州，義勝軍節度。領縣一。梁改崇state，静勝軍。後唐復爲耀州，順義軍，以京兆府之富平、三原、雲陽，同州之同官、美原五縣來屬。……美原。唐縣。梁改裕州。後唐復爲縣。

乾州　唐末，李茂貞以京兆府奉天縣置乾州，領縣一。梁爲威勝軍。

華州……梁改威化軍。後唐復爲鎮國軍。周以洛南屬商州，以京兆府渭南來屬。

同州……梁改忠武軍，以京兆府之同官、奉先來屬，以郃陽、澄城、韓城屬河中府。後唐復爲正國軍，以奉先還隸京兆府，及廢裕州，以美原來屬及以同官、美原屬耀州，郃陽、澄城、韓城還隸。

鳳翔府……後唐以清水屬秦州。

儀州　唐末，李茂貞於隴州廢華亭縣以縣爲州治。

邠州　周廢衍州爲定平縣，來屬。

涇州……後唐以平涼置渭州，臨涇置原州。周以潘原屬渭州，又廢靈臺軍，以縣來屬。

慶州……李茂貞建爲安定軍節度。梁爲武静軍。周廢延慶、合水二縣。

鄜州……李茂貞建爲保太軍節度。後唐以坊州鄜城來屬。周廢咸寧。

坊州……後唐以鄜城屬鄜州。

延安府……梁改忠義軍。後唐改彰武軍。

銀州……五代以來，爲西夏所有。

府州　歷代地界與麟州同。唐末爲河西蕃界之地，於此置府谷鎮，屬麟州。土人折太、折嗣倫代爲鎮將。後唐莊宗以代北諸郡屢爲邊患,乃升府谷爲縣。八年,麟州刺史折嗣倫男從阮招回紇歸國。詔以府谷縣建府州,仍授從阮刺史,尋爲契丹侵擾。晉高祖賂契丹以雲中、河西之地,契丹欲遷河西之民實遼東,人心大擾,從阮因保險拒之。少帝絕契丹,詔從阮出師。從阮乃深入,拔十餘寨。漢時,從阮歸命,升府州爲永安軍。周顯德元年,復升府州爲節度,仍以永安爲額,拜從阮子德扆爲刺史。

夏州……唐末,拓拔思恭鎮夏州,討黃巢有功,賜姓李氏。世有夏、銀、綏、宥、靜五州之地,八傳至繼捧,

環州　石晉以靈州方渠鎮置威州,以寧州木波、馬嶺二鎮隸焉。周改爲環州,後降爲通遠軍,置通遠縣。

鹽州……五代及宋時,俱没於夏。

宥州……五代以後,没於西夏。

秦州……後唐以鳳翔府清水來屬。

渭州……後周廢武州,以潘原來屬。

　　　　　　(元)馬端臨:《文獻通考》卷三二二《輿地考八》

古南越……五代時,爲劉氏所據。

韶州……南漢以保國隸南雄州。

南雄州　南漢以韶州保昌縣置雄州。

英州　南漢以廣州湞陽縣置英州。

循州……南漢以歸善、博羅、海豐、河源屬惠州。

惠州　南漢以循州歸善縣置禎州,以歸善、海豐、博羅、河源四縣來屬。

靜江府……湖南馬氏置義寧縣。

宜州……五代時,爲楚馬氏所有。後入南漢,省崖山、東璽。

吉陽軍……南漢省延德、臨川、落屯。

瓊州……五代時,省曾口、顏羅。

萬安軍……南漢省富雲、博遼。

　　　　　　(元)馬端臨:《文獻通考》卷三二三《輿地考九》

博興州下……隋開皇十六年復爲博昌，屬北海。唐屬青州。五代唐避李國昌諱，改曰博興。宋金因之，歷代止爲縣，國朝升爲州。

（元）于欽：《齊乘》卷三

安丘縣下……大業二年，省昌安，改牟山爲安丘縣。三年，移於漢平昌城。唐武德六年，移今理。乾元二年，以安禄山亂，改名輔唐。五代梁開平二年，復爲安丘。後唐又名輔唐。石晉避諱，改曰膠西。宋開寶四年，復曰安丘。金因之，並屬密州。

（元）于欽：《齊乘》卷三

萊陽縣下……高齊天保七年，廢長廣，以昌陽屬東萊郡。隋開皇三年罷郡，以縣屬萊州，唐因之。五代唐莊宗避國諱，改爲萊陽，宋金因之。

（元）于欽：《齊乘》卷三

濱州中。府東北三百五十里，漢渤海郡地，沿革同棣州。五代之際，置榷鹽務於海濱，因立贍國軍。周顯德三年，始割棣州之渤海、蒲臺兩縣，置濱州。宋因之。

（元）于欽：《齊乘》卷三

東昌路之聊城縣。……又唐馬周、五代葛從周，皆有墓，土人名曰葛塊。

（元）于欽：《齊乘》卷三

舊州城。北舊州城，棣州南四十里。唐棣州理此城。五代梁刺史華溫琪，以河水爲害，又南徙十餘里，土人謂之南舊州城。至宋大中祥符四年，清河水復犯此城，乃移州北，置今理。

（元）于欽：《齊乘》卷四

　　唐開元二十六年，以鄮縣置明州，領縣四，曰翁山，今之昌國也，立縣始於唐。五代時，改鄮爲鄞，則又屬鄞。往宋端拱二年，始置鹽場，熙寧六年，部使者以蓬萊、安期、富都三鄉，居大海中，期會不時，置尉主鬥訟之事，既而創縣名爲昌國。

　　　　　　　　　　　　　（元）馮福京、郭薦：《昌國州圖志》卷一

　　漢承三代，舊制置揚州，統丹陽郡所領縣邑，有今浙西、浙東二道及江東道之半。吳、晉、宋、齊、梁、陳代加分割，隋立蔣州，唐以隸潤州，又改昇州，管屬始隘於舊。南唐建金陵府，縣邑猶更屬不常。

　　　　　　　　　　　　　（元）張鉉：《至正金陵新志》卷一

　　光啓三年，還爲昇州治所，仍置節鎮。天祐二年，吳王楊行密大城昇州，建大都督府。其子溥改爲金陵府治。石晉天福二年，建西都，改爲江寧府治。李升僭位，號南唐，因即居之。至宋初，平江南，置昇州治。

　　　　　　　　　　　　　（元）張鉉：《至正金陵新志》卷四上

　　昇州大都督府，尋改金陵府，以徐溫爲尹。又以徐知誥爲鎮海寧國節度使，鎮金陵，徐景通爲節度副大使。尋以昇、潤等十州爲齊國，封知誥齊王。

　　　　　　　　　　　　　（元）張鉉：《至正金陵新志》卷六上

　　思州，五代時，中國無主，冉氏遂據之。

　　　　　　　　　　　　　（明）曹學佺：《蜀中廣記》卷三八

　　歐公改“志”作“考”，而《職方考》每行分六格橫列之，即表也。第一行第一格書“州”字，下五格書五代名。第二行以下，第一格皆州名，下五格每代有者書“有”，無者空；始置者書“有”，而小字注某帝置；爲都者書“都”，在他國者書他國名；本有而後入他國者，先書

"有"，而又書他國名；先有而後廢者，先書"有"，而小字注罷；軍罷、州存者注罷軍，都罷者注罷都；軍名改易者，"有"字下注軍名。梁之州多有先書"有"，又書"唐"者，若澤、潞，直書"唐"，不曰"有"，以其有之甚暫，不足以爲有也。觀此益見顧寧人之誤。

《通鑒》同光元年四月，即帝位，下云："時唐國所有凡十三節度、五十州。"《通鑒》此文采自薛《史》，胡三省注云："十三節度，天雄、成德、義武、橫海、盧龍、大同、振武、雁門、河東、護國、晉絳、安國、昭義。五十州，魏、博、貝、澶、相、鄆、洺、磁、鎮、冀、深、趙、易、祁、定、滄、景、德、瀛、莫、幽、涿、檀、薊、順、營、平、蔚、朔、雲、應、新、嬀、儒、武、忻、代、嵐、石、憲、麟、府、并、汾、慈、隰、澤、潞、沁、遼，凡五十州。而昭義領澤、潞二州，已附於梁，止有十二節度、四十八州耳。"胡雖云云，其實此時潞州雖附梁，澤州仍爲唐守。

（清）王鳴盛：《十七史商榷》卷九六

陸游《南唐書》後附戚光《音釋》，列州軍之名，自注凡三十八，數之止三十七，此或傳寫之誤。就其三十七州軍中有一處但作空格，旁注一"攝"字，不可解，餘三十六州軍則似的然者。馬令《南唐書》第三十卷《建國譜》列州凡三十五，數其下文所列之州，其目相符。今以二者校之，除兩處皆有之三十三州不論外，戚有而馬無者，一雄州、二通州、三雄遠軍、四南州。考馬令《譜》彰州注云："保大三年取，改爲南州，俄復舊。"戚於"南"下，夾注多作空格，中有"漳"名云云。蓋馬《譜》"漳"字傳寫訛爲"彰"耳。歐陽氏《五代史·職方考》亦作"漳"也，此即今福建漳州府。既是暫改俄復，何得言南不言漳？戚光謬甚。然則此州兩處實皆有。以上凡三十四州，此外所謂雄州者，據戚謂割揚之六合、天長置，此必暫置俄並者，故馬《譜》不取，戚列入亦非。通州亦不宜列入，戚誤甚，説詳後。其雄遠軍，據戚於昇州注，謂以當塗置此軍，乃昇州所屬，何必另列？戚亦誤。若然，馬所有之三十五州，戚尚少一，則歙州也。此州《職方》亦有，不應戚獨無，空格注"攝"字者，必即"歙州"也，因音近而誤。再以《職方》校馬《譜》，三十五州並同，南唐州數，以歐、馬爲是，戚光不可用。

（清）王鳴盛：《十七史商榷》卷九六

　　歐《史·職方考》於吳、南唐所有各州，濠州之後列通州，其下於梁、唐、晉、漢，四格皆空，於周則書一“有”字，又注云：“世宗置。”其横格之後繼以直行，則云：“通州，本海陵之東境，南唐置静海制置院，周世宗克淮南，升爲静海軍，後置通州，分其地置静海、海門二縣爲屬而治静海。”考《輿表》第三卷揚州府通州下云：“南唐於海陵縣鹽亭場置静海都鎮，周升爲静海軍，尋改爲通州，置静海縣爲州治。”略與歐《考》同。蓋自顯德五年以後，兹地已爲周有，方置州，其前本無州，歐《史》不誤也。陸游《南唐書》後附戚光《音釋》，列南唐州軍之名，中有“通”，注云“静海軍”，則直以周、宋之州，入之南唐州數中，此則戚光之誤矣。

（清）王鳴盛：《十七史商榷》卷九六

　　唐復置汴州，後改爲陳留郡，浚儀、開封二縣屬之。五代梁以爲東都，升開封爲府。後唐爲汴州，罷東都。後晉復爲開封府，號東京。宋因之。

（清）顧炎武：《天下郡國利病書》

　　吳越有國時，嘗以蘇州爲中吳府。正史、郡志皆失載，此《志》叙沿革云：五代屬錢氏，中吳府勝於郡志多矣。

（清）錢大昕：《十駕齋養新録》卷一四

4. 山川

　　麥積山者，北跨清渭，南漸兩當，五百里岡巒，麥積處其半。崛起一石塊，高百萬尋，望之團團，如民間積麥之狀，故有此名。其青雲之半，峭壁之間，鐫石成佛，萬龕千室。雖自人力，疑其鬼功。隋文帝分葬神尼舍利函於東閣之下，石室之中，有庾信銘記，刊於岩中。古記云："六國共修。自平地積薪，至於岩巔，從上鐫鑿其龕室佛像。功畢，旋旋折薪而下，然後梯空架險而上。其上有散花樓，七佛閣，金蹄銀角犢兒。由西閣懸梯而上，其間千房萬屋，緣空躡虛，登之者不敢回顧。將及絕頂，有萬菩薩堂，鑿石而成。廣若今之大殿。其雕梁畫栱，綉棟雲楣，並就石而成。萬軀菩薩，列於一堂。自此室之上，更有一龕，謂之天堂，空中倚一獨梯，攀緣而上。至此，則萬中無一人敢登者。於此下顧，其群山皆如培塿。"王仁裕時獨能登之，仍題詩於天堂西壁上曰："躡盡懸空萬仞梯，等閑身共白雲齊。檐前下視群山小，堂上平分落日低。絕頂路危人少到，古岩松健鶴頻栖。天邊爲要留名姓，拂石殷勤手自題。時前唐末辛未年，登此留題。"於今三十九載矣。

（宋）李昉：《太平廣記》卷三九七《麥積山》

芒山，一作邙山，在縣北十里；一名平逢山，亦郟山之別名也。都城所枕。又有光武陵，魏明帝欲平北邙山，令登臺便觀，見孟津。廷尉辛毗諫曰："天地之性，高高下下，今而反之，既非其理。若九河盛溢，洪水爲害，丘陵皆夷，何以禦之？"帝乃止。又楊佺期《洛城記》曰："北山連嶺修亘四百餘里，實古今東洛九原之地也。"又戴延之《西征記》云："邙山西岸東垣亘阜相屬，其下有張母祠，即永嘉中此母。有神術，能愈病，故元帝渡江時，延聖火於丹陽，即此母，今祠存。"伊尹、蘇秦、張儀、扁鵲、田横、劉寬、楊修、孔融、吳後主、蜀後主、張華、嵇康、石崇、何晏、陸倕、阮籍、羊祜皆有冢在此山。後漢梁鴻登芒山，作《五噫之歌》曰："陟彼北芒兮，噫！顧覽帝京兮，噫！宮室崔巍兮，噫！人之劬勞兮，噫！遼遼未央兮，噫！"

（宋）樂史：《太平寰宇記》卷三《河南道三》

琅邪山，在縣（諸城縣）東南百四十里。《秦本紀》：始皇二十八年，"南登琅邪，大樂之，留三月。乃徙黔首三萬户琅邪臺下，復十二歲。作琅邪臺,立石刻,頌秦德"。臺基三層,層高三丈,在琅邪城東南十里。臺下種衆果樹,上有始皇碑,碑上有六百字可識,餘多剝落,李斯書。臺上有神泉,至靈,人污之,即立竭。漢武亦嘗登之。

(宋)樂史:《太平寰宇記》卷二四《河南道二四》

北岳常山,今謂之大茂山者是也,半屬契丹,以大茂山分脊爲界。岳祠舊在山下,石晉之後,稍遷近裏,今其地謂之神棚,今祠乃在曲陽。祠北有望岳亭,新晴氣清,則望見大茂。祠中多唐人故碑,殿前一亭,中有李克用題名云:"太原河東節度使李克用,親領步騎五十萬,問罪幽陵,回師自飛狐路,却歸雁門。"

(宋)江少虞:《宋朝事實類苑》卷五九

興元之南,有大竹路,通於巴州,其路則深溪峭岩,捫蘿摸石,一上三日,而達於山頂。行人止宿,則以縆蔓繫腰,縈樹而寢。不然,則墮於深澗,若沈黃泉也。復登措大嶺,蓋有稍似平處,路人徐步而進,若儒之布武也。其絶頂謂之孤雲兩角,彼中諺云:"孤雲兩角,去天一握。"淮陰侯廟在焉。昔漢祖不用韓信,信遁歸西楚,蕭相國追之,及於兹山,故立廟貌。王仁裕嘗佐褒梁師王思同,南伐巴人,往返登陟,亦留題於淮陰祠,詩曰:"一握寒天古木深,路人猶説漢淮陰。孤雲不掩興亡策,兩角曾懸去住心。不是冕旒輕布素,豈勞丞相遠追尋。當時若放還西楚,尺寸中華未可侵。"崎嶇險峻之狀,未可殫言。

(宋)李昉:《太平廣記》卷三九七《大竹路》

終南山,在縣(萬年縣)南五十里。《禹貢》:"終南、惇物,至於鳥鼠。"孔安國注:"三山名,言相望也。"《詩》云:"終南何有? 有條有梅。"毛注云:"周之名山終南也。"《左傳》:"荆山、終南,九州之險也。"杜注云:"終南在始平、武功縣南。"皇甫謐《高士傳》曰:"秦有東園公、夏黃公、綺里季、角里先生,時呼爲'四皓',共入商洛,隱地肺山,以待天下定。及秦敗,漢高祖重其節,四人乃深自匿終南山,不能屈之。"漢《東方朔傳》:"夫南山,天下之阻也。其山出玉石,金、銀、銅、鐵、豫章、檀、柘,異類之物,不可勝原,此百工所取給,萬民所仰足也。"

(宋)樂史:《太平寰宇記》卷二五《關西道一》

5. 古迹

天清寺繁臺,本梁王鼓吹臺,梁高祖常閱武於此,改爲講武臺。其後繁氏居其側,里人乃呼爲繁臺,則繁臺之名始於此也。

(宋)吳處厚:《青箱雜記》卷八

汴州之南有地名曰繁臺,梁開平二年七月改爲講武臺,本梁王吹臺也,因繁氏居之。

(宋)李上交:《近事會元》卷五

太平興國講武臺

後梁開平元年十月幸繁臺講武。本梁孝王吹臺。二年七月,改爲講武臺。

(宋)王應麟:《玉海》卷一六二《宮室》

吹臺,《十道志》:大梁有師曠蒼頡吹臺,漢梁孝王增築,曰明臺。孝王常案歌吹於此,亦曰吹臺。按《陳留風俗傳》云,縣有蒼頡師曠城,城上有列仙吹臺,梁王增築之。後有繁姓居其側,亦謂之繁臺。梁開平中,嘗閱武於此,又曰講武臺。

(宋)晁載之:《續談助》卷二

吹臺,在縣(開封縣)南五里。《陳留風俗傳》:"縣有蒼頡師曠城,其城上有列仙吹臺,梁孝王亦增築焉。"朱梁開平二年改繁臺爲講武臺，此即吹臺也。其後有繁氏居其側，里人乃以姓呼之。

（宋）樂史：《太平寰宇記》卷一《河南道一》

蜀城舊有興聖觀，廢爲軍營，庭宇堙毀已數十年。軍中生子者，奕世擐甲矣，殊不知此爲觀基。甲申歲，爲蜀少主生日，僚佐將率俸金設齋。忽下令以營齋之費，亟修興聖觀，庀材蔵事，急如星火。不日而觀成，丹艧未終，興聖太子統師入蜀。蜀地無駱駝，人不識之，將亡之前，王公大人及近貴權幸入宮省者，競執駱駝杖，以爲得禮。自是内外效之，其杖長三尺許，屈一頭，傅以樺皮，識者以爲不祥。明年，北軍至，駱駝塞劍棧而來，乃其應也。

（宋）佚名：《分門古今類事》卷一三

宜興善權、張公兩洞，天下絕境也。壬子夏，余罷建康歸，大雨中枉道過之。張公洞有觀，訪其舊事，惟南唐李氏時碑，言張道陵嘗居爾。善權洞有咸通八年昭義軍節度使李蟾贖寺碑，蓋嘗廢於會昌中，蟾以己俸贖之。

（宋）葉夢得：《避暑錄話》卷一

錢王拄杖孔，在縣（分水縣）東北三里。圓徑一尺，中有泉一，泓清冽可愛，冬夏不竭，相傳爲錢王經行植杖之地。

（宋）鄭瑶、方仁榮：《景定嚴州續志》卷九

古鳴鶴橋，在府（松江府）東北岡身。考證：吳越武肅王錢氏，造華嚴院於此，今呼爲北板橋。

（元）徐碩：《至元嘉禾志》卷八

榷鹽務。州北門外，五代之際所置，遺迹尚存。

（元）于欽：《齊乘》卷四

唐明宗廟。五代唐莊宗拔德州，以李嗣源守之。莊宗敗，嗣源入大梁，是爲明宗。民號其屯兵之地爲明靈寨，今清平縣也。立廟祀焉。

（元）于欽：《齊乘》卷五

行臺公署。宋初爲轉運使在江寧府治，東南府治在南唐宮城，今之舊內。高宗紹興三年以府治建行宮，遂改轉運司廨，爲建康府治，凡曰行宮留守司。江東安撫司、沿江制置司兵馬總管、都督，皆知府兼之，其公署創建雄盛。

（元）張鉉：《至正金陵新志》卷一

南唐都建康，濱秦淮開國子監。

（元）張鉉：《至正金陵新志》卷一

梁大同六年於臺城西立士林館，延集學者。武帝初好儒術，其後尊信佛法，講譯內典，而士林輕矣。南唐跨有江淮，鳩集典墳，特置學官，濱秦淮開國子監。今鎮淮橋北御街東，舊比較務即其地，里俗呼爲國子監巷。

（元）張鉉：《至正金陵新志》卷九

南唐郊壇，即梁故處，在長樂鄉去城十二里，宋爲藏冰所。

（元）張鉉：《至正金陵新志》卷一一上

秦淮柵。即柵塘也。案《實錄》注，吳時夾淮立柵。又梁天監中，作重柵，皆施行馬。至南唐時，置柵如舊。

（元）張鉉：《至正金陵新志》卷一二上

百尺樓。南唐宮中有百尺樓、綺霞閣，宋曾慥《類說》云：唐主於宮中作高樓，召群臣觀之，衆皆嘆美。蕭儼曰：“恨樓下無井耳。”唐主問其故，對曰：“恨不及景陽樓。”唐主怒，貶於舒州。

（元）張鉉：《至正金陵新志》卷一二上

昇元閣。舊在昇元寺,即瓦棺寺也,在城西南隅。京師寺記,瓦棺寺有瓦棺閣,乃梁朝所建,高二百四十尺。……吳順義中,改寺爲昇元,寺閣爲昇元閣。……《南唐書》云:昇元閣,因山爲基,高可十丈,平旦閣影半江。開寶中,土師收復,士大夫暨豪民、富商之家、美女少婦,殆數千人,避難於其上,越兵舉火焚之,哭聲動天,一旦而燼。

(元)張鉉:《至正金陵新志》卷一二上

涵虎閣。南唐後湖東官園内。見《徐鉉集》。

(元)張鉉:《至正金陵新志》卷一二上

翠微亭。在城西五里清涼寺山頂,南唐時建。宋乾道間,亭已不存。

(元)張鉉:《至正金陵新志》卷一二上

紅羅亭。《古今詩話》:南唐後主作紅羅亭,四面栽紅梅。

(元)張鉉:《至正金陵新志》卷一二上

望湖亭。在雞籠山上,或云南唐立,今遺址見存。

(元)張鉉:《至正金陵新志》卷一二上

不受暑亭。在清涼寺後,景定二年,馬光祖重建。考證:清涼廣惠禪寺,南唐爲避暑宮,宮内有德慶堂,法堂前亭基是也。寺後有亭名,不受暑,光祖所建者今廢。

(元)張鉉:《至正金陵新志》卷一二上

南唐月臺。胡宿《高齋記》:□(闕)子城東北,趨鍾山爲便,南唐李氏因城作臺望月,人呼爲月臺。

(元)張鉉:《至正金陵新志》卷一二上

南唐舊子城內有玉燭殿基。《五代史》：清泰元年，吳徐知誥治私第金陵，乙未遷居，私第虛府舍以待吳王。甲申金陵大火，乙酉又火，知誥疑有變，勒兵自衛，己丑復入府舍。天福二年，知誥建太廟、社稷，牙城曰宮城，廳堂曰殿，及建號，即金陵府爲宮，唯加鴟尾闌檻，終不改作。昇元三年，御興祥殿，復李姓，爲考妣發喪。四年，以西都崇英殿爲延英殿，凝華內殿前爲昇元殿，後爲雍和殿，興祥殿爲昭德殿，積慶殿爲穆清殿。時以建康爲西都，廣陵東都也。又有萬壽殿、清輝殿，有澄心堂、百尺樓、綺霞閣，德昌宮係內府庫藏收貯之所，規制甚盛。唐亡，宋以爲昇州江寧府治。慶曆八年正月，江寧火，知府李宥懼有變，闔門不救，延燒幾盡。

（元）張鉉：《至正金陵新志》卷一二上

南唐北苑。徐鉉、湯悅、徐鍇有北苑侍宴賦咏，序云：望蔣嶠之嶔崟，祝爲聖壽，泛潮溝之清淺，流作恩波。其地在城北。

（元）張鉉：《至正金陵新志》卷一二上

金波園。南唐烈祖葬方士潘扆園中，未詳其處。

（元）張鉉：《至正金陵新志》卷一二上

宋子嵩宅。齊丘宅在國子監巷。

（元）張鉉：《至正金陵新志》卷一二下

南唐韓熙載宅。宅在城南戚家山。

（元）張鉉：《至正金陵新志》卷一二下

孫晟宅。鳳臺山西岡壠之曲，韓熙載見門巷卑陋，謂曰：湫隘若此，豈稱爲相第邪！明年果拜相。

（元）張鉉：《至正金陵新志》卷一二下

徐鉉宅。攝山栖霞寺西,今曰陶庄是也。

（元）張鉉:《至正金陵新志》卷一二下

南唐《五龍堂玄元像記》。徐鍇文,舊在石頭城云。

（元）張鉉:《至正金陵新志》卷一二下

楊吳《興化院鑄銅鐘文》。在香林寺。

（元）張鉉:《至正金陵新志》卷一二下

李後主《祭悟空禪師文》。在清凉寺。

（元）張鉉:《至正金陵新志》卷一二下

南唐追封慶王碑。在城南婁湖橋,韓熙載作,徐鉉篆額,文則漫滅矣。

（元）張鉉:《至正金陵新志》卷一二下

沈傳師並徐鉉題名。在攝山千佛嶺。

（元）張鉉:《至正金陵新志》卷一二下

德慶堂題榜。南唐後主書,宋僧曇月刻石,在清凉寺。

（元）張鉉:《至正金陵新志》卷一二下

寶華宮碑。並陰,南唐奉敕立,行書入品,但人名漫滅,在方山崇真觀。

（元）張鉉:《至正金陵新志》卷一二下

騎省石。徐鉉題字。

（元）張鉉:《至正金陵新志》卷一二下

宋齊丘鳳凰臺詩。石刻在臺上。

（元）張鉉:《至正金陵新志》卷一二下

南唐慶王墓。名弘茂,有碑,元宗第二子,幼穎異,不喜戎事。每與賓客、朝士燕游,惟以詩賦爲樂。年十九卒,追封慶王。有異僧言人壽夭禍福多驗,元宗使視之,書九十一字以獻。

(元)張鉉:《至正金陵新志》卷一二下

高越墓。栖霞寺舊門外,北山之麓,去城四十五里。

(元)張鉉:《至正金陵新志》卷一二下

韓熙載墓。在梅頤岡。

(元)張鉉:《至正金陵新志》卷一二下

在城武烈帝廟記。南唐徐鉉有武烈帝廟碑。

(元)張鉉:《至正金陵新志》卷一二下

韓熙載讀書堂。在溧水無想寺中,《熙載集》有贈寺僧詩。

(元)張鉉:《至正金陵新志》卷一二上

南唐澄心堂。李後主藏書籍、會文士、撰述之所。

(元)張鉉:《至正金陵新志》卷一二上

歐《史》:"同光三年正月,如東京。射雁於王莽河。"東京即魏州,今大名。此事薛《史》亦載。前九十二卷據新舊《唐書》考王莽河在唐代、德間尚微有河形,至莊宗,又一百六七十年,河身更涸,大約僅存洲渚,要與滑縣之河不相通矣。予嘗行大名城外,投宿旅店,一望斷壠荒岡,並塘濼涓流渺不可見。蓋金元以降,汲胙之流已絶,滑且無河,矧此地邪?

(清)王鳴盛:《十七史商榷》卷九四

興聖宮莊宗即位於魏州,以子継岌苗守居此(留守據此)。

(清)顧炎武:《天下郡國利病書》

6. 物産

天下有九福:京師錢福、眼福、病福、屏帷福,吳越口福,洛陽花福,蜀川藥福,秦隴鞍馬福,燕趙衣裳福。

(宋)陶穀:《清異録》卷上

同光中,秦隴野人得柏樹,解截爲版,成器物,置密室中時,馨芳之氣稍類沉水。初得而焚之亦不香,蓋性不宜火。此淺色沉耳。

(宋)陶穀:《清異録》卷上

嶺南荔枝固不逮閩蜀。劉鋹每年設紅雲宴,正紅荔枝熟時。

(宋)陶穀:《清異録》卷上

(荔枝)閩中唯四郡有之,福州最多,而興化軍最爲奇特,泉漳時亦知名。

(宋)蔡襄:《荔枝譜》

將軍荔枝。五代間有爲此官者種之,後人以其官號其樹,而失其姓名之傳,出福州。

(宋)蔡襄:《荔枝譜》

十八娘荔枝。色深紅而細長,時人以少女比之。俚傳閩王王氏有女第十八,好啖此品,因而得名。其冢今在城東報國院,冢旁猶有此樹云。

(宋)蔡襄:《荔枝譜》

賈人自嶺外還，得一枝龍眼，已鹽乾，凡四十團，共千枚。至荊南獻高保勉，因作小琅玕檻子立置之，名之曰海珠藂。

（宋）陶穀：《清異録》卷上

江南無野狐，江北無鷓鴣，舊説也。晉天福甲辰歲，公安縣滄渚民家，犬逐一婦人，登木而墜，爲犬嚙死，乃老狐也，尾長七八尺。則邱首之妖，江南不謂無也，但稀有耳。蜀中彭、漢、邛、蜀絶無，惟山郡往往而有，里人號爲野犬。更有黑腰、尾長、頭黑、腰間燋黄，或於村落鳴，則有不祥事。

（宋）錢易：《南部新書》辛

聖朝未克蜀之前，劍、利之間，虎暴尤甚。白衛嶺石筒溪虎名披鬃子，地號税人場，綿、漢間白楊林虎名裂蹄子，商旅聚徒而行，屢有遭搏噬者。嘉州牛頸山有子母虎，陵州鐵爐山有青豹子，彭蜀近山鎮縣，暴獸成群，農家不敢放牧及出門采樵，行旅共苦之。又有群盜，諸州縣結聚，各有百人至二百人，官軍掩捕則與格鬥，勝則禦敵官軍，敗則奔入林藪，雖有捕盜之吏，莫能擒獲。僅四十餘年，民無安業。聖朝克復後，歲貢綱運，使命商旅，晝夜相繼，廬舍駢接，犬豕縱横，虎豹群盜，悉皆屏迹。得非係國朝之盛衰，時政之能否乎？

（宋）黄休復：《茅亭客話》卷一

魏家花者，千葉，肉紅，花出於魏相仁溥家。始樵者於壽安山中見之，斫以賣魏氏。魏氏池館甚大。傳者云："此花初出時，人有欲閲者，人税十數錢，乃得登秀舟渡池至花所。魏氏日收十數緡。其後破亡，鬻其園。"今普明寺後林池乃其地，寺僧耕之以植桑麥，花傳民家甚多，人有數其葉者，云至七百葉。錢思公嘗曰："人謂牡丹花王，今姚黄真可爲王，而魏花乃后也。"

（宋）歐陽修：《洛陽牡丹記》

葉底紫者,千葉,紫花,其色如墨,亦謂之墨紫花。在蕻中旁必生
一大枝,引葉覆其上。其開也,比他花可延十日之久。噫!造物者亦
惜之耶。此花之出,比他花最遠。傳云:唐末有中官爲觀軍容使者,
花出其家,亦謂之軍容紫,歲久失其姓氏矣。

(宋)歐陽修:《洛陽牡丹記》

潛溪緋者,千葉,緋花。出於潛溪寺,在龍門山後,本唐相李藩別
墅。今寺中已無此花,而人家或有之。本是紫花,忽於蕻中特出緋者
不過一二朵,明年移在他枝,洛人謂之轉枝花,故其接頭尤難得。

(宋)歐陽修:《洛陽牡丹記》

鹿胎花者,多葉,紫花。有白點如鹿胎之紋,故蘇相禹珪宅今
有之。

(宋)歐陽修:《洛陽牡丹記》

姚黃者,千葉黃花出於民姚氏家。此花之出於今未十年,姚氏居
白司馬坡,其地屬河陽。然花不傳河陽傳洛陽,亦不甚多,一歲不過
數朵。

(宋)歐陽修:《洛陽牡丹記》

左花者,千葉,紫花,葉密而齊如截,亦謂之平頭紫。

(宋)歐陽修:《洛陽牡丹記》

多葉紫,不知其所出。初,姚黃未出時,牛黃爲第一;牛黃未出
時,魏花爲第一;魏花未出時,左花爲第一;左花之前,唯有蘇家紅、賀
家紅、林家紅之類,皆單葉花,當時爲第一。自多葉、千葉花出後,此
花黜矣。今人不復種也。

(宋)歐陽修:《洛陽牡丹記》

宋建隆初,王師下湖南,澧、鄂之民素不識駱駝,村落婦人詫觀,稱爲山王。拜求福佑者,拾其遺糞,穿係頸上,用禳兵疫。

(宋)葉寘:《愛日齋叢抄》卷五

孟蜀之邦,乃至多於大彘,不知果何物耶。

(明)陳耀文:《天中記》卷六〇

蜀人呼鶻鴒爲連點七。五代時,有問洪呆禪師曰:"如何是連點七?"師云:屈指數不及,地上無蹤迹。

(明)曹學佺:《蜀中廣記》卷五九

《清異錄》:吳越有一種玲瓏牡丹,鮓以魚葉,鬥成牡丹狀,既熟,出盎中微紅,如初開牡丹。

(明)彭大翼:《山堂肆考》卷一九四

中國人的糧食是大米,有時,也把菜餚放入米飯再吃。王公們則吃上等好麵包及各種動物的肉,甚至豬肉和其他肉類。水果有蘋果、桃子、枸櫞果實、百籽石榴、榲桲、丫梨、香蕉、甘蔗、西瓜、無花果、葡萄、黃瓜、睡蓮、核桃仁、扁桃、榛子、黃連木、李子、黃杏、花楸核,還有甘露椰子果。中國没有多少棗椰樹,除非某些家庭偶爾種植一兩株外,一般是很少見的。他們喝自己用發酵稻米制成的飲料,因爲中國没有葡萄酒,中國人既不知道這種酒,也不喝這種酒,所以也就没有人帶葡萄酒到中國來。在中國,人們用米造醋,釀酒,制糖以及其他類似的東西。

(阿)佚名:《中國印度見聞錄》卷一

王奭善營度,子弟不許仕宦。每年止種火田玉乳蘿蔔、壺城馬面菘,可致千緡。

(宋)陶穀:《清異錄》卷上

《清異録》：五代宮中呼蒜爲麝香草。

(清)陳元龍：《格致鏡原》卷六二

清泰中，薄游京輦，曾與盧泳巡官、鄭宸博士、僧季雅及三五知友，夜會於越波堤僧院。是時清秋欲杪，明月方高。句聯五字之奇，酒飲八仙之美。柿新紅脯，茗醱綠芽。一咏一觴，或醒或醉。座上因相與徵引古今，遂及果實之事。有叙及紫花梨者，衆云："真定有之。"雅公獨顰蹙而言曰："此微僧先祖之遺恨。"衆驚而問之。雅曰："昔武宗皇帝御天下之五載，萬國事殷，聖情不懌。忽患心熱之疾，名醫進藥，厥疾罔瘳。遂博詔良能，遐徵和、緩。時有言青城山邢道士者，妙於方藥，帝即召見之。道士以肘後綠囊中青丹兩粒，及取梨數枚，絞汁而進之。帝疾尋愈。旬日之內，所賜萬金，仍加廣濟先生之號。帝從容問其丹爲何物，先生曰：'赤城山頂，有青芝兩株。太白南溪，有紫花梨一樹。臣之昔歲，曾游二山，偶獲兩寶，合煉成丹。五十年來，服食殆盡，唯餘兩粒，幸逢陛下服之。更欲此丹，須求二物也。'經數月，邢生辭帝歸山。後疾復作，再詔邢先生於青城，則不知何適也。帝遂詔示天下，有紫花梨，即時奏上。

"時恒州節度太尉公王達，尚壽春公主，即會昌之女弟。聞真定李令種梨數株，其一紫花梨，即遣寺人，就加封檢，剪其旁樹，匝以朱欄。寶惜纖枝，有同月桂。當花發之時，防蜂蝶之窺耗，每以輕綃紗縠，遠加籠罩焉。守樹者不勝艱苦。洎及秋實，公主必手選而進之。此達帝庭，十得其六七。帝多食此梨，雖不及邢氏者，亦粗解其煩躁耳。是時有李遵來侍御，任恒州記室，作《進梨表》云：'紫花開處，擅美春林。縹蔕懸時，迥光秋景。離離玉潤，落落珠圓。甘不待嘗，脆難勝口。'表達闕下，公卿見者，多大笑之曰：'常山公何用進殘梨於天府也？蓋以其表有脆難勝口之字。'明年，武宗崩，公主亦相次逝。此梨自後以爲貢賦之常物。縣官歲久，亦漸怠於寶守焉。至天祐末焉，趙王爲德明之所篡弒。其後縣邑公署，多歷兵戎。紫花之梨，亦已枯朽。今之真定，無復繼種者焉。當武宗時，縣宰李公名尚，即雅之祖

也,嘗以守樹不謹,曾風折一枝,降爲冀州典午。由是追感而顰
蹙也。”

(宋)李昉:《太平廣記》卷四一一《紫花梨》

(廣政五年)三月,宴後苑,賞瑞牡丹,其花雙開者十,黄者、白者
三,紅白相間者四,從官皆賦詩。

(明)陶宗儀:《説郛》卷四五《蜀檮杌》

(廣政十二年)十月,召百官宴芳林園,賞紅梔花。此花青城山中
進三粒子,種之而成,其花六出而紅,清香如梅,當時最重之。

(明)陶宗儀:《説郛》卷四五《蜀檮杌》

紅梔花
蜀孟祥僭位,召百官宴芳林園,賞梔花,其形六出。

(宋)曾慥:《類説》卷二七《外史檮杌》

蕉迷
南漢貴璫趙純節,性惟喜芭蕉,凡軒窗館宇咸種之,時稱純節爲
“蕉迷”。

(明)陶宗儀:《説郛》卷六一《清異録》

馨列侯
唐保大二年,國主幸飲香亭,賞新蘭,詔苑令取滬溪美土爲馨列
侯,擁培之具。

(明)陶宗儀:《説郛》卷六一《清異録》

淺色沉
同光中,秦隴野人得柏樹,解截爲版,成器物,置密室中,時馨
芳之氣稍類沉水。初得而焚之,亦不香。蓋性不宜火,云此淺色

沉耳。

（明）陶宗儀：《説郛》卷六一《清異録》

小南强

南漢地狹力貧，不自揣度，有欺四方傲中國之志。每見北人，盛
誇嶺海之强。世宗遣使入嶺，館接者遺茉莉，文其名曰"小南强"。及
本朝國主劉鋹面縛，僞臣到闕，見洛陽牡丹，大駭嘆。有搢紳謂曰：
"此名大北勝。"

（明）陶宗儀：《説郛》卷六一《清異録》

獨立仙

孟昶時，每臘日，内官各獻羅體圈金花樹子，梁守珍獻忘憂花，縷
金於花上，曰"獨立仙"。

（明）陶宗儀：《説郛》卷六一《清異録》

錦洞天

李後主每春盛時，梁棟、窗壁、柱拱、階砌並作隔筒，密插雜花，榜
曰錦洞天。

（明）陶宗儀：《説郛》卷六一《清異録》

黄玉玦

錢俶以弟信鎮湖州，後圃芙蓉枝上穿一黄玉玦，枝梢交雜，不知
從何而穿也。信截幹取玦以獻，人謂真仙來游，留此以驚世耳。

（明）陶宗儀：《説郛》卷六一《清異録》

百葉仙人

洛陽大内臨芳殿，莊宗所建。牡丹千餘，本其名品，亦有在人口
者，具於後：百葉仙人淺紅、月宮花白、小黄嬌深黄、雪夫人白、粉奴香
白、蓬萊相公紫花黄緑、卯心黄、御衣紅、紫龍杯、三雲紫、盤子酥淺白、

天王紫、出樣黃、太平樓閣千葉黃、火焰奴正紅。

(明)陶宗儀:《説郛》卷六一《清異録》

樓羅歷

劉鋹在國,春深令宮人鬥花。凌晨開後苑,各任采擇。少頃,敕還宮,鎖苑門,膳訖,普集,角勝負於殿中。宦士抱關,宮人出入皆搜懷袖,置樓羅歷以驗姓名,法制甚嚴,時號"花禁"。負者獻耍金耍銀買燕。

(明)陶宗儀:《説郛》卷六一《清異録》

雨天三昧

閩昶春餘宴後苑,飛紅滿空,昶曰:"《彌陀經》云:'雨天曼陀羅華',此景近似。今日觀化工之雨天三昧,宜召六宮設三昧燕。"

(明)陶宗儀:《説郛》卷六一《清異録》

金香大丞相

莊宗小酌,進新橘,命諸伶咏之。唐朝美詩先成,曰:"金香大丞相,兄弟八九人。剥皮去滓子,若個是汝身?"帝大笑,賜所御軟金杯。

(明)陶宗儀:《説郛》卷六一《清異録》

河東飯

晉王嘗窮追汴師,糧運不繼,蒸栗以食,軍中遂呼栗爲"河東飯"。

(明)陶宗儀:《説郛》卷六一《清異録》

月一盤

蜀孟昶月旦必素餐,性喜薯藥,左右因呼薯藥爲"月一盤"。

(明)陶宗儀:《説郛》卷六一《清異録》

四十團

賈人自嶺外還,得一枝龍眼,已鹽乾,凡四十團,共千枚。至荆南獻高保勉,因作小琅玕檻子立置之,名之曰海珠叢。

（明）陶宗儀:《説郛》卷六一《清異録》

子母蔗

湖南馬氏,有雜狗坊卒長,能種子母蔗。

（明）陶宗儀:《説郛》卷六一《清異録》

鼈還丹

孟貫獻詩於世宗,遂聯九品,有《藥性論》,序曰:"紅莧爲跛鼈之還丹。"

（明）陶宗儀:《説郛》卷六一《清異録》

題頭菌

保大中,村民於爛木上得菌,幾一擔,狀如蓮花葉而色赤黄,因呼"題頭菌"。

（明）陶宗儀:《説郛》卷六一《清異録》

麝香草

蒜,五代宫中呼"麝香草"。

（明）陶宗儀:《説郛》卷六一《清異録》

三無比

鍾謨嗜波薐菜,文其名曰"雨花菜",又以蔞蒿、萊菔、波薐爲"三無比"。

（明）陶宗儀:《説郛》卷六一《清異録》

《五代史》:契丹城有異花,名曰旱金。其花大如掌,金色爍人。又一種曰青囊,如中國金燈,而色類藍。

（清）陳元龍:《格致鏡原》卷七三

八、祥瑞與灾異

1. 祥瑞

梁太祖即位,羅紹威取魏良材爲五鳳樓。

(宋)祝穆:《古今事文類聚》續集卷七

梁太祖開平元年正月壬寅,帝至自長蘆。是日,有五色雲覆於府署之上。又丙辰,慶雲見。丁巳,宋州刺史王皋進赤烏一。

(宋)王欽若等編纂:《册府元龜》卷二〇二《閏位部》

(開平元年)四月乙丑,潁州刺史張實進白兔一。戊辰,宋州刺史王皋進兩岐麥,陳州袁象先進白兔一,付史館編録,兼示百官。

(宋)王欽若等編纂:《册府元龜》卷二〇二《閏位部》

(開平元年)五月丙戌,荆州高季昌進瑞橘七十顆。是月,宿州刺史王儒進白兔一。濮州刺史圖嘉禾瑞麥以進。

(宋)王欽若等編纂:《册府元龜》卷二〇二《閏位部》

(開平元年)八月甲子平明前,老人星見於南極。壬申,密州進嘉禾,又有合歡榆樹,並圖形以獻。是月,隰州奏大寧縣至固鎮,上下二百里,今月八日黄河清,至十月如故。

(宋)王欽若等編纂:《册府元龜》卷二〇二《閏位部》

（開平元年）十一月，廣南管内獲白鹿，並圖形來獻，耳有兩缺。按《符瑞圖》：“鹿壽千歲變白，耳一缺。”今驗此鹿耳有二缺，其獸與色皆應金行，實表嘉瑞。

（宋）王欽若等編纂：《册府元龜》卷二〇二《閏位部》

（開平）二年四月，鄢陵居人程震以兩岐麥穗并畫圖來進。

（宋）王欽若等編纂：《册府元龜》卷二〇二《閏位部》

（開平二年）八月甲寅，太史奏：壽星見於南方。甲子，廣州上言白龍見，圖形以進。

（宋）王欽若等編纂：《册府元龜》卷二〇二《閏位部》

（開平）三年八月，司天臺奏：今月二十七日平明前，東南丙上，去山高三尺以來，老人星見，測在并宿十一度，其色光明闊大。

（宋）王欽若等編纂：《册府元龜》卷二〇二《閏位部》

（開平三年）十一月，司天臺奏：冬至日自夜半後，祥風微扇，帝座澄明；至曉，黄雲捧日。

（宋）王欽若等編纂：《册府元龜》卷二〇二《閏位部》

（開平）四年四月丁卯，宋州節度使衡王友諒進瑞麥，一莖三穗。

（宋）王欽若等編纂：《册府元龜》卷二〇二《閏位部》

（開平四年）八月辛未，老人星見。

（宋）王欽若等編纂：《册府元龜》卷二〇二《閏位部》

乾化元年八月癸亥，老人星見。

（宋）王欽若等編纂：《册府元龜》卷二〇二《閏位部》

《朱宣傳》：賀瓌以奇兵擊全忠輜重，不及，戰鉅野東，瓌大敗，見擒，師無孑餘。軍道大陂，風大起，全忠曰：“豈殺人有遺耶！”乃搜軍中，復斬數千人，風亦止。

（唐）白居易、（宋）孔傳：《白孔六帖》卷二

梁祖親征鄆州，軍次衛南。時築新壘土工畢，因登眺其上，見飛鳥止於峻堞之間而噪，其聲甚厲。副使李璠曰：“是烏鳥也，將有不如意之事。”其前軍朱友裕爲朱瑄掩撲，拔軍南去，我軍不知，因北行。遇朱瑄軍來迎，梁祖策馬南走，入村落間，爲賊所迫，前有溝坑，頗極深廣。忽遽之際，忽見溝內蜀黍稭積以爲道，正在馬前，遂騰躍而過，因獲免焉。副使李璠、都將高行思，爲賊所殺。張歸宇爲殿騎，授戈力戰，僅得生還，被十四五箭。乃知衛南之烏，先見之驗也。

（五代）孫光憲：《北夢瑣言》卷一六

後唐武皇初爲太原節度使，以昭宗景福二年十二月狩於近郊，獲白兔，有角，長三寸。

（宋）王欽若等編纂：《册府元龜》卷二一《帝王部》

後唐莊宗同光元年四月即位於魏州，時正月不雨，至是人心憂恐。洎宣赦之夕，降雨彌溥，耒耜滿野，上下歡康，稿苗復茂，麥熟倍常。

（宋）王欽若等編纂：《册府元龜》卷二六《帝王部》

後唐莊宗同光元年十二月，亳州太清宮道士奏聖祖玄元皇帝殿前枯檜再生枝，畫圖以進。宣示百官，其表云：“按《瀨鄉記》，此樹枯來莫知年代，自高祖神堯皇帝武德二年太上老君見於晉州羊角山，語樵人吉善行云：‘爲報唐天子，吾是爾遠祖，亳州曲仁里是吾降生之地，有枯檜重榮，唐祚永興。’高祖遂於羊角山置興唐觀，其地改爲神山縣，封羊角山爲龍角。既至亳州，果有枯檜樹復生枝蓊鬱，後因安

禄山僭號之時萎悴。及禄山殄滅，玄宗翠華歸奏，枝葉復榮。今年十月中，又於其上再生一枝，約長二尺，聳身直上，迥出凌虛，葉密枝繁，獨異衆木。"敕："當聖祖舊殿生枯檜新枝，應皇家再造之期，顯大國中興之運。同上林仆柳，祥既協於漢宣；比南頓嘉禾，瑞更超於光武。宜標史册，以示寰瀛。宜委本州太清宫副使常加檢察，兼令功德使差道士一人往彼告謝，仍付史館編録。"

（宋）王欽若等編纂：《册府元龜》卷二五《帝王部》

（同光）三年正月，西都留守張筠奏：昭應縣華清宫道士張冲虛狀四聖天尊院枯檜樹重生枝葉，畫圖以進。三月，唐州奏：淮瀆廣閏王廟前有兩樹，東西相去七尺五寸，其樹各出地亦七尺五寸，兩樹相向連理。五月，許州進納兩岐麥一科。其月，汴州進兩岐麥，兗州奏：任城縣百姓大麥地内有兩岐三穗至四穗者。八月丙子夜平明，壽星見。十一月，青州符習奏萊州即墨縣人鄉貢士李夢徵室内柱上生芝草兩岐，畫圖而進。敕："符習累居藩翰，屢顯政能，静以臨人，寬而得衆，撫裕已彰於惠愛，輔時又致於休徵。固得和氣潛蒸，靈芝遽産，同九莖而表瑞，比三秀以呈祥。載閲奏陳，良深嘉嘆。"

（宋）王欽若等編纂：《册府元龜》卷二五《帝王部》

（同光）三年三月，振武節度使、洛京内外蕃漢馬步使朱守殷奏："臣修洛陽月波堤，至立德坊南古岸，得玉璽一面上進。伏以皇帝陛下明德動天，聖靈御宇，遂使千年之瑞出於九地之間，輝煥簡編，光華帝道。臣竊觀異瑞，益表太平。"敕："玉以呈祥，印惟示信，况坊名立德，地近洛陽，當鳳曆之再新，與龜書而葉瑞，獲兹至寶，得自忠臣，所宜載在簡編，垂爲盛美。可送中書門下，宣示百官。"宰相豆盧革等驗其篆文曰"皇帝行寶"四字，圓方八寸，厚二寸背紐交龍，光瑩精妙，莫知湮墜之由也。謹按自秦漢以來，天子之璽六，文曰"皇帝之璽""皇帝信璽""皇帝行璽""天子之璽""天子信璽""天子行璽"，至玄宗時，惡神器以璽爲名，改名"國寶"。漢末董卓遷獻帝於長安，燔燒洛陽宮,袁術將孫堅攻卓,收復京城,營於城南。軍士見甄宮井上有五色氣入,懼不敢汲。堅令浚井,得漢傳國璽,文曰"受命於天,既壽永昌",方圓四寸,細交五龍,一角小缺,王莽逼奪之時投地稍損。議者意張讓劫帝出奔,掌璽者投之甄井也。自六璽之外,有傳國璽,即謂此受命璽也,起於秦相李斯爲之,傳於高皇帝,即漢末甄井所得,即乘輿六寶之一也。自隋末迄今,喪亂弘多,湮墜者恥而不言,好事者落然無記。吁哉!守殷又於積善坊役所得古文錢四百五十六,一十六文"得一元寶",四百四十文"順天元寶",守殷進納。敕:"凡窺奇異,盡繫休明,所獲錢文,式昭玄贶。得一者,佇歸於一統;順天者,式契於天心。道煥一時,事光千載,殊休繼出,信史必書。宜付史館。"四月,陝州柳溪樹連理。五月,陝州進白兔。八月己卯,司天奏老人星見。十月癸亥,司天奏老人星見。其月,密州諸城縣人徐霸送芝草兩莖、嘉禾九穗,刺史李紹岳畫圖以進。

(宋)王欽若等編纂:《册府元龜》卷二五《帝王部》

後唐同光二年三月,唐州奏,淮瀆廣潤王廟有兩樹,東西相去七尺五寸,各出地七尺五寸,兩樹相向連理。畫圖以進。

(元)馬端臨:《文獻通考》卷二九九《物異考五》

後唐同光二年九月,萊州奏:"即墨縣人李夢徵室內柱上生芝草兩本。"畫圖以進。長興三年十月,萊州奏:"即墨縣人王友家生芝草一本三枝,分兩岐或三岐,上漸相向成片而圓,色紫,葉莖一色,其表白,高尺餘。上命宮中舊進芝草四本,色莖皆同。"

(元)馬端臨:《文獻通考》卷二九九《物異考五》

明宗天成元年十月,巴州進嘉禾合穗並圖。十一月,密州獻芝草並圖,宣示中書門下,百僚稱賀。

(宋)王欽若等編纂:《册府元龜》卷二五《帝王部》

（天成）二年四月，郓州進白鵲。五月癸亥，懷州進白雀。乙丑，滄州進白鵲。六月，巴州進兩岐麥。其月，兗州進三足烏，華州上言鄭縣羅文鄉百姓李存家有兩岐麥，畫圖進上。八月丁酉，青州進芝草。其月壬寅平明前，壽星見於丙上。

（宋）王欽若等編纂：《冊府元龜》卷二五《帝王部》

（天成）三年九月，閬州上言度支巡官陳知禮家生芝草兩本，畫圖以進。是月，宰臣王建立進玉杯壹隻，上有“傳家國寶萬歲杯”字。水運都將段洪、趙實於臨河縣下得之。

（宋）王欽若等編纂：《冊府元龜》卷二五《帝王部》

（天成）四年七月，遂州夏魯奇進嘉禾，一莖九穗。敕旨：“三秀靈芝，標仙籍而罔資世務；九莖嘉穀，按地諜而實表豐年。既呈殊異之祥，雅葉治平之運。宜付史館編記。”

（宋）王欽若等編纂：《冊府元龜》卷二五《帝王部》

石晉張篯在雍州，因春景舒和出游近郊，憩於大冢之上，忽有黃雀銜一銅錢置於前而去。歸復於廨院晝卧，見二燕相鬥畢，各銜一錢落於篯首。前後所獲三錢，常秘於巾箱，識者以爲大富之兆。篯後爲富家積白金萬鎰，藏之窟室。出入以庖者十餘人從行，食皆水陸之珍鮮，厚自奉養，無與爲比。

（宋）孔平仲：《續世説》卷九

後唐天成四年七月，遂州進嘉禾一莖九穗。

（元）馬端臨：《文獻通考》卷二九九《物異考五》

後唐天成中，偽漢欽州羅浮山民掘得古劍，有篆文曰“己與水同宮，王將耳口同，尹來居口上，山岫護重重”。以獻偽王劉陟，國人莫之辨。及平廣南，競傳其言，知者云：“太宗以己亥年降誕，是己水同宮也。於文‘耳口王’爲‘聖’，‘尹口’爲‘君’，‘重山’爲‘出’，蓋己亥年聖君出也。”

（元）馬端臨：《文獻通考》卷三〇〇《物異考六》

（天成四年）八月戊戌，司天奏老人星見，其色黃明。

（宋）王欽若等編纂：《册府元龜》卷二五《帝王部》

莊宗初嗣晉王，時長柳巷田家有桃樹，伐已經年，舊坎仍在，其仆木一朝屹然而起，行數十步，復於舊坎，其家驚駭，蒼黃散走。議者以漢昭帝時，上林仆木起立生枝，蟲蠹成文而宣帝興。今木理成文，仆而重起，亦李氏中興之符也。又天祐十七年，幽州人於田中得金印，文曰“關中龜印”，李紹宏使人送於行臺，議者曰：“關中，列聖所都；龜者，卜年之物。符璽傳授之器湮落在田，乃今復見，蓋王者受命之符也。”十八年正月，魏州開元寺僧傳真獲傳國寶一，送於行臺。傳真之師於廣明中，遇京師喪亂得之，緘秘已四十年，篆文古體，人不識之。唯以珍物秘藏，非以爲國璽也。興建初，法物司收市寶玉，傳真將鬻之，玉人識而嘆曰：“國寶之一也，何至於斯！”傳真且喜，送於行臺。帝出之以示諸將，驗其文，即“受命”八字也，光彩瑩曜，希世罕工。群僚諸將奉觴稱賀，帝曰：“天祚有德，錫之神器，顧於眇末，何敢當之。止於緘藏，俟其真人耳。”二十年正月丙子朔，五臺山僧獻銅鼎二枚，每容二斗，言於山中石崖夥裂得之。形器古異，識者以爲中興之瑞。按西漢哀、平之間，扶風王延年獲銅鼎二枚，赤色有光，後光武誅新莽，中興漢室。鼎者，帝王重器，以異爲瑞，不必貢金九牧，質重萬鈞以爲異也。

（宋）王欽若等編纂：《册府元龜》卷二一《帝王部》

長興元年七月，宿州進白兔，以銀籠盛之。八月丁未，司天奏老人星見，黃明潤大，在井十一度。時帝御便殿對宰臣，因問曰：“司天奏老人星見，卿等見否？”馮道曰：“老人，壽星也。每歲秋分見爲常，其色黃明,則表聖壽。臣等雖不見,星出則定矣。"

(宋)王欽若等編纂:《冊府元龜》卷二五《帝王部》

瑞雲靈迹。唐(周)顯德中,世宗營道宮於城西,二人發得石一片,上有字,題"瑞雲靈迹鎮梁東"。他日多應,與古同。

(宋)佚名:《錦綉萬花谷》前集卷二五

唐(周)顯德中,世宗營道宮於城西,二人發得石一片,上有字,題"瑞雲靈迹鎮梁東"。他日多應,與古同。

(宋)謝維新:《古今合璧事類備要》前集卷五一

邢州城東十餘里,周世宗之祖莊也。門側有井,上有大棗一株,世宗時柯葉茂盛,垂蔭一畝。恭帝既禪,棗遂枯死。明道中,枯井復生一枝,長一丈餘,蔚然可愛,井中水如覆錦綉。柴氏懼,遂塞井伐木。明年,詔求五代帝王之後,柴氏自邢、蔡、虢等州諸族被甄叙入官者三十餘人。井棗之祥亦非虛應。

(宋)張師正:《括異志》卷五

(長興)三年十月,萊州即墨縣人王友家生芝草,一莖三枝,其枝又分兩岐或三岐,上漸闊成片而圓,色紫,其片即爲葉;葉、莖一色,其表白,高尺餘。青州節度使進之並圖。上又出宮中舊獻芝草四株,其色莖葉皆同,而枝葉多少爲異耳。

(宋)王欽若等編纂:《冊府元龜》卷二五《帝王部》

末帝清泰三年六月,洺州獻野繭二十斤。

(宋)王欽若等編纂:《冊府元龜》卷二五《帝王部》

晉高祖天福五年五月,宋州貢瑞麥,兩岐。八月,萊州芝草生。

（宋）王欽若等編纂:《冊府元龜》卷二五《帝王部》

（天福）六年八月,登州蓬萊縣民楊蔚家芝草生,畫圖進之。

（宋）王欽若等編纂:《冊府元龜》卷二五《帝王部》

晉高祖天福六年冬十月丁亥朔,遣鴻臚少卿魏玭、將作少監霍廷讓、左領軍衛將軍安滲、右驍衛將軍田峻於滑、濮、鄆、澶四州檢河水害稼處,並安撫百姓。

（宋）王欽若等編纂:《冊府元龜》卷一六二《帝王部》

（天福）七年四月甲寅朔,避正殿,不視朝,司天前奏日蝕故也。是月,百官守司,太陽不虧,上表稱賀。

（宋）王欽若等編纂:《冊府元龜》卷二五《帝王部》

少帝天福八年,有白鳥栖於作坊桐樹,作坊使周務勍上言,令捕而進之。

（宋）王欽若等編纂:《冊府元龜》卷二五《帝王部》

開武（運）元年六月,襄州獻白鵲。

（宋）王欽若等編纂:《冊府元龜》卷二五《帝王部》

晉開運三年六月,登州文登縣地内涌出金銅佛像四。

（元）馬端臨:《文獻通考》卷三〇〇《物異考六》

晉開運二年十一月,鄧州奏,穰縣和平鄉竹合歡。畫圖進之。

（元）馬端臨:《文獻通考》卷二九九《物異考五》

漢高祖天福十二年二月辛未即位於晉陽,乙酉,陽曲縣令崔握遣主簿呂光鄴進白兔壹隻，帝覽而嘉之。識者曰："殷有白狼，周有白魚，唐有白雀皆爲瑞。況帝以乙卯降生，而有此兆，得不爲大慶乎！"四月，星官奏有氣黃紫，多龍鳳之狀，垬莽盤旋，不離城上。識者曰："天不能無雲而雨，不能無氣而立。今瑞氣如此，劉氏其大昌盛乎。"

（宋）王欽若等編纂：《册府元龜》卷二五《帝王部》

漢劉晟時，鳳凰見邕州。

（元）馬端臨：《文獻通考》卷三一二《物異考十八》

隱帝乾祐二年四月，潁州獻紫兔白兔，皆緘之於櫝，出示群臣。六月，潁州獻白鹿。

（宋）王欽若等編纂：《册府元龜》卷二五《帝王部》

後漢隱帝乾祐二年五月，潁州進白兔。三年正月，有狐出明德門，獲之。比常狐毛長，腹剩二足。五月，太白進白兔。

（元）馬端臨：《文獻通考》卷三一一《物異考十七》

（乾祐）三年五月，澶州衛南縣民王縉田麥兩岐，凡十二莖二十四穗；曹州乘氏縣民王豐麥，一莖三穗。

（宋）王欽若等編纂：《册府元龜》卷二五《帝王部》

後漢高祖（隱帝）乾祐三年五月，太原進白烏。

（元）馬端臨：《文獻通考》卷三一二《物異考十八》

周太祖廣順二年四月，徐州以兩岐麥二十本來獻。八月，靈武獻嘉禾二銀盤。

（宋）王欽若等編纂：《册府元龜》卷二五《帝王部》

世宗顯德元年正月朔，日後景色昏晦，日月多暈。及帝即位之日，天氣晴朗，中外肅然。五月丁亥，是夕月重輪。是月辛卯，世宗親征河東，午後慶雲見於西南。既晡，風雲雨雹起於東北。

（宋）王欽若等編纂：《册府元龜》卷二五《帝王部》

周顯德元年，河陽奏："汜水縣民家生紫芝數莖。"
南漢劉鋹時，芝菌生宮中。

（元）馬端臨：《文獻通考》卷二九九《物異考五》

周顯德元年，汜水獻紫芝。三年潁州獻白兔。四年五月癸卯，學士陶穀進頌：玉兔曲毓質，雪園淪精月殿。表記周宣舞鎬之年，外攘復古，按韓愈辨徐之説，不戰來戎。

（宋）王應麟：《玉海》卷一九八《祥瑞》

後周世宗顯德三年，潁州進白兔。

（元）馬端臨：《文獻通考》卷三一一《物異考十七》

周世宗顯德四年五月癸卯，翰林學士、兵部侍郎、知詔誥陶穀進《紫芝白兔頌》，曰："陛下嗣位之元年，歲次甲寅，薄伐太原，興六月之師，定王業也。虎賁振旅，兵度孟津，汜水獻紫芝三莖，曄曄分化，惹度關之氣。越三載，歲在丙辰，親征淮夷，破十萬之衆，宣武功也。戎輅旋軫，途次商唐，潁州獻白兔一頭，皎皎效質，凝照社之光。謹案《瑞應圖》曰：'王者恩沾行葦，則紫芝秀。'《五行傳》曰：'國君德及昆蟲，則白兔馴。'上宴息之暇，有時臨玩，睹禎祥而修德，善馴擾之遂性。三者昭萬物肇生之數，白者葉太素返樸之義。芝爲瑞也，左盤右屈，而自然成形；兔之異也，或白或蒼，亦不常其色。豈可使曠代嘉瑞，來者無聞！今聖君儉德罷露臺，至仁祝疏羅，重林衡不時之禁，則草木茂矣；崇宗廟祐祭之禮，則禽魚樂矣。若然，則朱草蓂莢，將擢秀於庭際；丹鳳麒麟，豈空游於郊藪。下臣不佞，再拜作頌，頌曰：美哉

靈草,邈矣明視。慶上帝之所臨,昭王者之嘉瑞。考其祥,稽其事,芝
爲草也,豈奪朱而效靈;兔乃獸焉,取守黑而爲異。徵其薦瑞之日,俱
在回鸞之次,酌物情,順天意,吾君當垂衣而治。"

(宋)王欽若等編纂:《册府元龜》卷三七《帝王部》

(顯德)五年二月,登州貢芝草三枝。十月,登州刺史劉福進牟平
縣畫到芝草圖一面。十二月丁丑朔,朗州上言:醴陵縣玉仙觀山門中
舊有田二萬餘頃,久爲山石閉塞,昨於七月十七日夜,有暴雷霹開,其
路復通。詔褒之。

(宋)王欽若等編纂:《册府元龜》卷二五《帝王部》

(顯德)六年正月,唐州民於野田中得玉璽、玉紐,本部遣使來上。

(宋)王欽若等編纂:《册府元龜》卷二五《帝王部》

乾德五星聚奎《實錄》:初顯德中,竇儼楊徽之、盧多遜同在諫垣,
儼曰,丁卯歲五星聚奎,自此天下太平矣。

(宋)王應麟:《玉海》卷一九五《祥瑞》

蜀皇帝乾德元年己卯七月十五日庚辰降誕廣聖節,埗口鎮將王
彥徽於羅真人宮內得白龜以進。

(前蜀)杜光庭:《録異記》卷五

蜀王建元年,萬歲縣黃龍見。武定三年八月,有龍五十見洵陽水
中。永平二年十二月,黃龍見富義江。又見大昌池。

(元)馬端臨:《文獻通考》卷三一三《物異考十九》

蜀王建元年,嘉陽諸州言甘露降。

(元)馬端臨:《文獻通考》卷三〇三《物異考九》

蜀王建元年,騶虞見武定。三年十月,麟見壁州。永平二年六月,麟見文州。

三年(永平三年)正月,麟見永泰。五月,騶虞見壁山,有二鹿隨之。四年,麟見昌州。

(元)馬端臨:《文獻通考》卷三一一《物異考十七》

蜀王建元年,鳳凰見萬歲縣。

(元)馬端臨:《文獻通考》卷三一二《物異考十八》

蜀王建武定(成)二年,廣都嘉禾合穗。

(元)馬端臨:《文獻通考》卷三〇〇《物異考六》

蜀王建永平二年,劍州木連理。

(元)馬端臨:《文獻通考》卷二九九《物異考五》

蜀孟氏時,苑中忽生百合花一本,數百房,皆並蒂。圖其狀於聖壽寺門樓之東頰壁間,謂之瑞百合圖,至今尚存。乃知草木之妖,無世無之。

(宋)陸游:《老學庵筆記》卷三

(孟蜀)江原縣民張元母死,負土成墳,有白兔馴繞其廬,群鳥銜土置於墳上。賜帛三十段及米酒,仍付史館編録。

(明)陶宗儀:《説郛》卷四五《蜀檮杌》

孟氏初,徐光溥宅虹蜺入井飲水。其母曰:"王蜀時,有虹入吾家井中,王先主取某家女爲妃。今又入吾家,必有女爲妃後,男爲將相,此先兆矣。"未浹旬,選其女入宮,後從蜀主歸闕,即惠妃也。

休復母氏常説眉州眉山縣桂枝鄉程氏,某之祖裔焉。伯父在僞蜀韓保貞幕,任本州眉山縣令。丁母憂,歸村野,服將闋,時當夏杪,天或陰翳,見家庭皆如晚霞晃耀,紅碧靄然。時餉開霽,甕釜之中,井泉之内,水皆涸盡,時餉大雨霧霈而已。未幾,韓侍中授秦州節制,伯父署節度推官,將知虹蜺者,多爲祥矣。

(宋)黄休復:《茅亭客話》卷五

王建爲壁州刺史,後僭位。永平三年,麟見於壁山,二鹿隨之,此立祠之始也。

(明)曹學佺:《蜀中廣記》卷二五

金龜亭者,僞蜀武成三年庚午六月五日癸亥,廣漢太守孟彦暉奏,西湖有金龜徑寸,游於荷葉之上,畫圖以獻,故以之名亭也。

(明)曹學佺:《蜀中廣記》卷九

《孔六帖》:前蜀王建武成元年十月,麟見壁州。永平二年六月,麟見文州。三年,麟見永泰。四年,麟見昌州。

(清)陳元龍:《格致鏡原》卷八二

南唐元宗溧文桑樹中生一木人,長六寸,如僧狀,右袒左跪,衣袦皆備,其色如純漆可鑒,謂之須菩提。

(明)顧起元:《客座贅語》卷五

李煜在國時,自作祈雨文曰:"尚乖龍潤之祥。"

(明)陳耀文:《天中記》卷三

《僞史》:南唐時,有蒼頭持龍水圖求貨。或得之,將練以爲服,忽釜中雲起蒸,見二龍騰躍,穿壁而去。

(清)陳元龍:《格致鏡原》卷九〇

《見聞録》:南唐末年,溧水天興寺桑,生木人,長六寸,如僧狀,右祖而左跪，衣祴皆備，其色如純漆可鑒，謂之須菩提，縣掇置龕中。以仁壽節日來獻，烈祖驚異，迎置宫中，奉事甚謹。

（清）陳元龍：《格致鏡原》卷六四

《五代史》：劉鋹四年，苑中羊吐珠，樊胡子以爲符瑞，諷群臣入賀。

（清）陳元龍：《格致鏡原》卷八六

乙巳，知通利軍錢昭序，表獻部内赤烏、白兔各一，云：“烏禀陽精，兔昭陰瑞，報火德蕃昌之兆，示金方馴服之徵。念兹希世之珍，罕有同時而見，望宣付史館。”從之。上謂侍臣曰：“烏色正如渥丹，信火德之符矣。”昭序，俶之從子也。

（宋）李燾：《續資治通鑒長編》卷三七，太宗至道元年（995）

2. 灾異

唐天復甲子歲，自隴而西，迨於襃梁之境，數千里内亢陽，民多流散。自冬經春，飢民啖食草木，至有骨肉相食者甚多。是年，忽山中竹無巨細，皆放花結子。飢民采之，舂米而食，珍於粳糯。其子粗，顔色紅纖，與今紅粳不殊，其味尤更馨香。數州之民，皆挈累入山，就食之。至於溪山之内，居人如市，人力及者，競置囷廪而貯之。家有羡糧者不少者，又取與葷茹血肉而同食者，嘔噦。如其中毒，十死其九。其竹，自此千蹊萬谷，並皆立枯。十年之後，復産此君。可謂百萬圓顱，活之於貞筠之下。

（宋）李昉：《太平廣記》卷四一二《竹實》

唐天祐末歲，蝗蟲生地穴中，生訖。即衆蝗銜其足翅而拽出。帝謂蝗曰：“予何罪，食予苗。”遂化爲蜻蜓，洛中皆驗之。是歲，群雀化燕。

（宋）李昉：《太平廣記》卷四七九《蝗化》

後梁太祖開平元年六月，許、陳、汝、蔡、潁五州蝗生，有野禽群飛蔽空，食之皆盡。

（元）馬端臨：《文獻通考》卷三一四《物異考二十》

梁高縉爲封丘令，太祖開平元年六月，以封丘境內蟲蝗爲灾最甚，太祖令近界撲滅，下明敕以懸賞罰之戒。以縉不恭，罰金，仍免官。

（宋）王欽若等編纂：《册府元龜》卷七〇七《令長部》

梁高祖開平二年二月，自去冬少雪，春深農事方興，久無時雨，兼慮有灾疾。帝深軫下民，遂命庶官遍祀於群望，掩瘞暴露。令近鎮案古法以禳祈，旬日乃雨。

（宋）王欽若等編纂：《册府元龜》卷一九三《閏位部》

（開平二年）五月己丑，令下諸州去年有蝗蟲下子處，蓋前冬無雪，今春亢陽，致爲灾沴，實傷壠畝。必慮今秋，重困稼穡，自知多在荒陂榛蕪之內，所在長吏各項，分配地界，精加蒭撲，以絕根本。壬辰夜，火星犯月。太史奏灾分合在荆楚，乃令設武備，寬刑罰，恤人禁暴以禳之。

（宋）王欽若等編纂：《册府元龜》卷一九三《閏位部》

（開平二年）六月辛亥，以亢陽，慮時政之闕，乃詔曰：“邇者下民喪禮，法吏舞文，銓衡既失於選求，州鎮又無其舉刺。風俗未厚，獄訟實繁。職此之由，上貽天譴。”至是決遣囚徒及戒勵中外。丙寅，月犯角宿。帝以其分野在兖州，乃令長吏治戎事，設武備，省獄訟，恤疲病，祈福禳灾，以順天戒。

（宋）王欽若等編纂：《册府元龜》卷一九三《閏位部》

（開平）三年六月己亥，以久雨，命官祈禱於神祠靈迹。

（宋）王欽若等編纂：《册府元龜》卷一九三《閏位部》

（開平三年）八月甲午，以秋稼將登，霖雨特甚，命宰臣已下禱於社稷諸祠。

（宋）王欽若等編纂：《冊府元龜》卷一九三《閏位部》

（開平）四年五月己丑朔，以連雨不止，至壬辰，御文明殿，命宰臣分拜祠廟。

（宋）王欽若等編纂：《冊府元龜》卷一九三《閏位部》

（開平四年）八月，車駕西征。己巳，次陝府。是時憫雨，且命宰臣從官分禱靈迹。既中而雨，翌日止，帝大悅。

（宋）王欽若等編纂：《冊府元龜》卷一九三《閏位部》

（開平四年）九月辛丑，以久雨，命宰臣薛貽矩禜鼎門，趙光逢祠嵩嶽。

（宋）王欽若等編纂：《冊府元龜》卷一九三《閏位部》

乾寧三年四月，河圮於滑州，朱全忠決其隄，因爲二河，散漫千餘里。梁太祖開平四年十月，滑、宋、許、亳水。

（元）馬端臨：《文獻通考》卷二九六《物異考二》

（開平四年）十一月戊戌，詔曰：“自朔至今，暴風未息，諒惟不德，致此咎徵。皇天動威，罔敢不懼？宜遍命祈禱，副朕意焉。”差官分往祠所止風。

（宋）王欽若等編纂：《冊府元龜》卷一九三《閏位部》

乾化元年正月丙戌朔，日有蝕之。帝素服避殿，百官守司，以恭天事，明復而止。庚寅，制曰：“兩漢以來，日蝕地震，百官各上封事，指陳得失。今兹謫見，當有咎徵。其令列辟群僚，危言正諫。”

（宋）王欽若等編纂：《冊府元龜》卷一九三《閏位部》

（乾化元年）三月辛卯，以久旱，令宰臣分禱靈迹。翌日，大澍雨。丙子，復憫雨，命宰臣分往嵩、華祈禱。

　　（宋）王欽若等編纂：《册府元龜》卷一九三《閏位部》

（乾化元年）十一月，宣宰臣各赴望祠禱雨。故事，皆以兩省無功職事爲之，帝憂民重農，猶以足食足兵爲念，爰自御極，每愆陽積陰，多命丞相躬其事。辛丑，大雨雪，宰臣及文武師長各奉表賀焉。

　　（宋）王欽若等編纂：《册府元龜》卷一九三《閏位部》

（乾化元年）十二月，詔以時雪稍愆，命丞相及三省官各於望祠祈禱。

　　（宋）王欽若等編纂：《册府元龜》卷一九三《閏位部》

（乾化）二年正月甲申，以時雪稍愆，命丞相及三省官群望祈禱。

　　（宋）王欽若等編纂：《册府元龜》卷一九三《閏位部》

（乾化二年）二月癸丑，敕曰：“今載春寒頗甚，雨澤仍愆，司天監占以夏秋必多霖潦。宜令所在郡縣告喻百姓，備淫雨之患。”

　　（宋）王欽若等編纂：《册府元龜》卷一九三《閏位部》

（乾化二年）三月丙午，帝北巡，次至濟源縣。詔曰：“淑律將遷，亢陽頗甚，宜令魏州差官攪龍祈禱。”戊申，詔曰：“雨澤愆期，祈禱未應。宜令宰臣各於魏州靈祠精加祈禱。”

　　（宋）王欽若等編纂：《册府元龜》卷一九三《閏位部》

（乾化二年）四月甲寅夕，月掩心大星。丙辰，敕近者星辰違度，式在修禳，宜令兩京及宋、魏州取此月至五月，禁斷屠宰，仍各於佛寺開建道場，以迎福應。

　　（宋）王欽若等編纂：《册府元龜》卷一九三《閏位部》

（乾化二年）五月丁亥，以彗星謫見，詔兩京見禁囚徒，大辟罪以卜，遞減一等。限三日内疏理訖聞奏。

（宋）王欽若等編纂：《册府元龜》卷一九三《閏位部》

（乾化二年五月）辛卯，詔曰："亢陽滋甚，農事已傷，宜令宰臣於競赴中嶽、杜曉赴西嶽，精切祈禱。其近京靈廟，宜委河南尹。五帝壇、風師、雨師、九宮真人，委中書各差官祈之。"

（宋）王欽若等編纂：《册府元龜》卷一九三《閏位部》

朱梁時，有士人自雍之邠，數舍，遇天晴月皎，中夜而進。行至曠野，忽聞自後有車騎聲，少頃漸近。士人避於路旁草莽間，見三騎，冠帶如王者，亦有徒步，徐行談話。士人躡之數十步，聞言曰："今奉命往邠州，取三數千人，未知以何道而取，二君試爲籌之。"其一曰："當以兵取。"又一曰："兵取雖優，其如君子小人俱罪其禍何。宜以疫取。"同行者深以爲然。既而車騎漸遠，不復聞其言。士人至邠州，則部民大疫，死者甚衆。

（宋）李昉：《太平廣記》卷三五四《邠州士人》

梁祖末年，多行誅戮。一夕，寢殿大棟忽墜於御榻之上。初，聞土落於寢帳上，乃驚覺。久之，又聞有小木墜於帳頂間，遂懼然下床。未出殿門，其棟乃墜。遲明，召諸王近臣令觀之，夜來驚危，幾不相見，由是君臣相泣。又曰："驚憂之時，如有人引頭於寢閣門内，云：'裏面莫有人否？'所以忽忙奔起，得非宮殿神乎？"他日，又游於大内西九曲池，泛鷁舟於池上。忽聞傾側，上墜於池中。宮嬪並内侍從官並躍入池，扶策登岸，移時方安。爾後發痼疾，竟罹其子郢王友珪弑逆之禍，舟傾棟折，非佳事也。

（五代）孫光憲：《北夢瑣言》卷一六

五代梁果州節度使友諒，進瑞麥，一莖三穗。太祖怒曰："宋州大水,何用此爲?"

(明)陳耀文:《天中記》卷四五

後唐莊宗同光元年十二月庚寅,自冬無雪,差官分道禜於百神。

(宋)王欽若等編纂:《册府元龜》卷一四五《帝王部》

(同光元年)二年二月,自冬不雨,命禱百神。

(宋)王欽若等編纂:《册府元龜》卷一四五《帝王部》

(同光元年)三月,敕:時雨稍愆,差官祈禱。

(宋)王欽若等編纂:《册府元龜》卷一四五《帝王部》

(同光元年)八月乙未,敕:旬日霖雨,恐傷秋稼,須命祈止,冀獲開晴。可差官分禱祠廟。

(宋)王欽若等編纂:《册府元龜》卷一四五《帝王部》

明宗廣壽殿火灾,有司理之,請加丹艧。喟然嘆曰:"天以火戒我,我豈宜增以侈耶!"

(唐)白居易、(宋)孔傳:《白孔六帖》卷三

(同光元年)九月,有司上言,以八月二日夜五鼓四籌,熒惑犯星二度,星周之分,請依法禳之,於京城四門懸東流水一罌,兼令關坊都市嚴備盜火,止絶夜行。從之。

(宋)王欽若等編纂:《册府元龜》卷一四五《帝王部》

(同光元年)十二月戊寅,敕:節及杪冬,稍愆時雪,須命祈禱,以濟農功。宜令有司差官分命祈祭諸神廟。乙酉,輿駕幸廣化寺祈雪。

(宋)王欽若等編纂:《册府元龜》卷一四五《帝王部》

後唐莊宗同光二年秋,水灾。三年七月,洛水泛漲,壞天津橋,漂近河廬舍,艤舟爲渡,覆没者日有之。鄴都奏,御河漲,於石灰窰口開故河道,以分水勢。鞏縣河決,注倉敖。明帝長興三年七月,諸州大水,宋、亳、潁尤甚。

(元)馬端臨:《文獻通考》卷二九六《物異考二》

(同光)三年正月戊午,時雨稍愆,命興唐府差官分禱祠廟。

(宋)王欽若等編纂:《册府元龜》卷一四五《帝王部》

(同光三年)二月辛丑,帝祈雨於郭伯神祠。

(宋)王欽若等編纂:《册府元龜》卷一四五《帝王部》

(同光三年)四月丁卯,敕:時雨少愆,恐妨農事,須命祈禱,冀遂豐登。宜令差官分道祈禱百神。癸酉,租庸院奏:"時雨少愆,恐傷宿麥,兼慮有妨耕稼,請諸道州府依法祈禱。"從之。辛巳,敕:亢陽稍甚,祈禱未徵,將致感通,難避勞擾。宜令河南府於府門造五方龍,集巫禱祭,徙市。

(宋)王欽若等編纂:《册府元龜》卷一四五《帝王部》

(同光三年)五月壬子,敕:時雨尚未沾足,宜令河南府徙市閉坊門,依法畫龍,置水祈請,令宰臣於諸寺燒香。戊申,帝幸龍門之廣化寺,開佛塔請雨。

(宋)王欽若等編纂:《册府元龜》卷一四五《帝王部》

(同光三年)七月丁酉,敕河南尹依法祈晴。己亥,敕:淫雨稍甚,宜差官分道祈晴。

(宋)王欽若等編纂:《册府元龜》卷一四五《帝王部》

(同光三年)九月辛卯朔,敕:霖雨未止,恐傷苗稼,及妨收獲,宜令差官於諸寺觀神祠虔心祈禱。仍令河南府差官應有靈迹處精虔祈止。丙午,敕:霖雨未晴,宜令宰臣、尚書丞郎分於寺觀祈晴。

　　(宋)王欽若等編纂:《册府元龜》卷一四五《帝王部》

後唐莊宗同光三年六月至九月,大雨,江河决,壞民田。
廢帝清泰元年九月,連雨,害稼。

　　　　(元)馬端臨:《文獻通考》卷三〇三《物異考九》

後唐莊宗同光三年九月,鎮州奏飛蝗害稼。

　　　　(元)馬端臨:《文獻通考》卷三一四《物異考二十》

(同光)四年正月,諸道各奏準,宣爲去年十月地震,命僧道置消灾道場。

　　(宋)王欽若等編纂:《册府元龜》卷一四五《帝王部》

明宗天成元年五月辛未,以時雨稍愆,分命朝臣禱祠嶽瀆。八月,敕:久雨不晴,慮傷農稼,可申命禱禜,仍曉諭天下州府疏理繫囚,無令冤滯。

　　(宋)王欽若等編纂:《册府元龜》卷一四五《帝王部》

(天成元年)十月己丑,日月色皆赤。庚寅,日月尚赤,遣使祠五嶽。丁酉,敕:自秋涉冬,稍愆雨雪,慮傷宿麥,宜令禱祠,分遣朝臣告祠群望,宜付所司。

　　(宋)王欽若等編纂:《册府元龜》卷一四五《帝王部》

(天成)二年正月,司天奏:"今年歲日五鼓後,東方有青黑雲,主歲多陰雨,宜行禳禜禱祠。"從之。

　　(宋)王欽若等編纂:《册府元龜》卷一四五《帝王部》

（天成二年）六月癸未，宣宰臣於諸寺祈雨。辛丑，敕：近以時雨稍愆，恐傷禾稼，爰命祈禱，果獲感通，宜令本官各於本處賽謝。

（宋）王欽若等編纂：《冊府元龜》卷一四五《帝王部》

（天成）三年七月，霖雨稍甚，命宰臣散於寺觀祈晴。八月，汴州稍旱，命丞相祈雨於寺觀。

（宋）王欽若等編纂：《冊府元龜》卷一四五《帝王部》

（天成三年）閏八月癸卯朔，散騎常侍蕭希甫上言曰："神聞天地助順，神理福謙。既物性之得宜，何靈心之致誤？伏惟陛下，自統臨四海，勤恤萬方，每崇恭儉之風，常布仁慈之德。即合陰陽無爽，灾眚不生，百穀豐盈，五兵息偃。今乃川瀆決溢，水旱潛違，必恐是調燮有乖，祭祀未潔。軫吾君宵旰之慮，負陛下覆育之恩。臣實痛心，誰不抱愧？伏乞特頒明詔，下訪有司，詢其銷遣之方采彼妖祥之本。應是前皇古帝，往哲先賢，或有違祠，但存舊址在祀典者，咸加嚴飾；禀靈通者，略盡修崇。悉遵虔肅之誠，無隳精祈之懇。然後別宣長史，側聽庶民，稍關疾苦之由須整撫循之策。冀其昭感，仰贊昇平。"

（宋）王欽若等編纂：《冊府元龜》卷四七五《臺省部》

後唐明帝天成四年十一月，汝州火，燒羽林軍營五百餘間。先是，司天奏："熒惑入羽林，請京師爲火備。"至是應之。長興二年四月，汴州封禪寺門上忽有火起，延燒近寺廬舍，相次黎陽縣亦火。

（元）馬端臨：《文獻通考》卷二九八《物異考四》

（天成三年）十二月，以十月至是月少雪，命公卿散祈於祠廟。

（宋）王欽若等編纂：《冊府元龜》卷一四五《帝王部》

（天成）四年十二月丙午，中書舍人程遜奏："三冬未降時雪，請命臣僚虔申祈禱。”從之。

（宋）王欽若等編纂：《册府元龜》卷一四五《帝王部》

長興元年四月甲辰，敕：自夏以來，稍愆時雨，宜差官祈禱。

（宋）王欽若等編纂：《册府元龜》卷一四五《帝王部》

（長興）二年三月，敕：自春以來，稍愆時雨，宜分命朝臣祈禱。四月乙巳，帝幸龍門寺祈雨，至晚還宮。乙卯，敕：“久愆時雨，深疚予心，雖遍虔祈，猶未溥足。宜廣推恩之道，更敷恤物之懷，貴獲感通，必彰靈應。宜令諸道州府各委長吏親問刑獄，省察冤濫，應見禁囚徒，除犯死刑外，餘盡時疏放。除省司主持回圖敗闕軍將及諸色人等，見别指揮三司商量，或有情可矜憫，或非欺罔積年，致有逋懸，各具分析，續行敕命，並公私債負放至秋熟填納，今年取者，不在此限。”

（宋）王欽若等編纂：《册府元龜》卷一四五《帝王部》

（長興二年）八月丙子，敕：陰雨稍頻，慮妨收穫，宜令河南府依古法祈晴。

（宋）王欽若等編纂：《册府元龜》卷一四五《帝王部》

李詳爲左補闕，長興二年十月上疏曰：“臣聞天地之道，以簡易示人。鬼神之情，以禍福爲務。王者，祥瑞至而不喜，灾異見而輒驚。罔不寅畏上玄，思答譴告。臣聞北京地震，日數稍多。臣曾覽國書，伏見高宗時晉州地震，上謂群臣曰：‘朕政教不明，使晉州屢有震動耶？’侍中張行成對曰：‘天，陽也；地，陰也。陽，君象；陰，臣象。君宜動轉，臣宜安静。今晉州地震，彌旬不休，將恐女謁使事，臣下陰謀。且晉州，陛下本封，今地震焉，尤彰其應。伏願深思遠慮，以杜未萌。’又，開元中，泰州地震，尋差官宣慰，又降使致祭山川。所損之家，委隨事制宜奏聞。伏惟陛下中興唐祚，起自晉陽，地數震於帝鄉，理合思於天誡。臣伏思陛下統臨萬國，於今六年，猛將如雲，鋭師如虎，出無不捷，叛無不擒，歲稔時豐，人安物阜。臣慮天意恐陛下忘創業艱難之時，有功成矜滿之意，欲陛下有始有卒於兢兢業業也。今伏望聖慈，特委親信，兼選勛賢，且往北京慰安，密令巡察；問疾苦於黎庶，俾議蠲除；備祭祀於山川，各加虔禱。然後乞陛下鑒前朝得喪之本，采歷代聖哲之規。近君子而遠小人，任賢無貳，杜邪言而求讜議，擇善而從，崇不諱之風，罷不急之務。則景公修德，熒惑退舍以爲祥；太戊小心，桑穀生朝而不害。自然妖不勝德，所謂弘之在人，寰瀛永戴於無疆，遐邇長歸於有道。"帝甚嘉之。

（宋）王欽若等編纂：《册府元龜》卷五四七《諫諍部》

　　明宗長興二年十月，北京地震。左補闕李祥上疏曰："臣聞北京地震，日數稍多。臣曾覽國書，見開元中秦州地震，尋差官宣慰，又降使致祭山川，所損之家，委隨事制置。陛下中興唐祚，起自晉陽，地既數震，合思天誡。臣思天意慮陛下忘創業艱難之時，有功成矜滿之意，欲陛下有始有卒，兢兢業業也。望委親賢，往彼宣慰，問其疾苦，俾議蠲除。"詔曰："地道安靜，以動爲異。前文備載，歷代不無。因有灾祥，深加儆戒。朕自登九五，每念生靈，樂聞忠正之言，惡見驕奢之事。歲時豐稔，中外和同。近聞河南數數地動，駭彼群聽，深軫予衷。李祥居諫諍之官，抱讜直之氣，懇裨正道，特上封章。恐朕忘創業艱難之時，有功成矜滿之意。不唯舉職，備見爲時。況朕守聽政之勤，如踐祚之始，常持翼翼，不忘兢兢。今更體李祥之言，以前代爲鑒。理不忘亂，安不忘危，臣下須進思盡忠，退思補過。日慎一日，有始有終。如此則何休祥之不臻，何咎徵之不泯？唯并州之地，乃豐沛之鄉。已命親賢，往分憂寄。必資慎靜，專務葺綏。刑獄之間，不得令有冤滯，凡關利濟，並許奏聞，事有不便於民，皆須止絕。其北京山川之神，仍宜差官專往祭禱。朝廷靜可以惠四海，侯伯靜可以福一方，冀安比屋之人，以鎮興王之地。"先是，太原地震，留守密奏，人不之知，無敢言者。及祥有是奏，帝甚嘉之，賜祥四品章服。

　　（宋）王欽若等編纂：《册府元龜》卷一○一《帝王部》

後唐李詳任左補闕,長興二年上疏直諫。先是,太原地震,留守密奏,人不之知,無敢言者。及詳奏聞,帝甚嘉之,賜詳五品章服。

  (宋)王欽若等編纂:《册府元龜》卷五四九《諫諍部》

(長興)三年三月丙申,帝以春雨稍頻,慮妨耕種,宜令河南府依古法祈晴。帝問翰林參謀趙延文:“自春以來,頻雨何故?”奏曰:“緣火犯井,所以頻雨,兼雷聲似夏,並不益時,乞寬刑獄。”從之。壬寅,司天奏:“以時雨過多,請差官禱禜。”從之。六月辛酉,命文武百官,應在京寺觀神祠祈晴。又救:“霖雨積旬,尚未晴霽,眷言刑獄,慮在滯淹。京城諸司繫囚並宜疏理釋放。”

  (宋)王欽若等編纂:《册府元龜》卷一四五《帝王部》

(長興三年)七月,以久雨未晴,分命禱禜。救天下州府見禁囚徒,據事理疾速斷決,不得滯淹。久雨未晴,恐至淹抑。

  (宋)王欽若等編纂:《册府元龜》卷一四五《帝王部》

後唐明宗長興三年七月,夔州奏,赤甲山崩。

  (元)馬端臨:《文獻通考》卷三〇二 物異考八

(長興)四年七月壬午,救:時雨稍愆,慮傷時稼,分命朝臣禱禜諸神。

  (宋)王欽若等編纂:《册府元龜》卷一四五《帝王部》

末帝清泰元年六月丙子,諸內外差官祈雨,自去年秋不雨,冬無雪。帝初至至德宮,雨數寸。至是旱,京師渴死十數人。帝命韓昭裔開廣化寺三藏塔,是夕,雨至三寸。丁酉,以久旱京師酷熱,自七日至十三日,喝死者數百,道路死者相望。帝深憫惻,日遣中使往龍門廣化寺禱雨,百僚奔走祠宇,至十三日,雨四寸。

  (宋)王欽若等編纂:《册府元龜》卷一四五《帝王部》

（清泰元年）七月己亥，分命宰臣百僚諸祠廟祈雨。甲辰，幸龍門佛寺禱雨，至晚還宮。又詔以京畿旱，遣供奉官賀守圖湯王廟取聖水。澤州西界有析城山，山巔有池水，側有湯廟，土人遇旱取水禱雨多驗。先是，帝憂旱甚，房暠言聖水可以致雨故也。

（宋）王欽若等編纂：《册府元龜》卷一四五《帝王部》

（清泰元年）八月甲申，詔曰：“霖雨稍頻，慮妨收穫，分命朝臣諸祠宇祈晴。”乙未，詔曰：“苦雨連綿，已逾旬浹，差官祈祭，尚未晴明。宜令宰臣李愚、劉昫、盧文紀、姚顗各於諸寺觀虔告。”自十一日後霖不止，至是日稍霽。

（宋）王欽若等編纂：《册府元龜》卷一四五《帝王部》

（清泰元年）九月己亥，詔曰：“久雨未霽，禮有祈禳，祭都城門，三日不止，乃祈山川，告宗廟社稷，宜令太子賓客李延範等祭諸城門，太常卿李懌、工部尚書崔居儉告宗廟社稷。”甲辰，詔曰：“霖霪稍甚，愆伏爲灾，朕燭理不明，慮傷和氣。都下諸獄委御史臺差官慮問，西都差留守判官，藩鎮差觀察判官、刺史，州委軍事判官，諸縣委令録，據見繫罪人，一一親自録問，恐奸吏逗留，致其湮抑，盡時疏理，如是大獄，即具奏聞。”癸卯，司天監靈臺郎李德舟以霖雨爲灾，獻唐初太史令李淳風祈晴法，天皇大帝、北極北斗、壽星、九曜、二十八宿、天地水三官、五嶽神，又有陪位神、五嶽判官、五道將軍、風伯、雨師、名山大川，醮法用紙錢、馳馬有差。詔曰：“李德舟顯陳藝術，特貢封章，以霖雨之爲灾，恐粢盛之不稔，請修祈醮，以示消禳。恭以天地星辰、宗廟社稷、雨師風伯，皆遵祀典，薦告不虧，名山大川，屢行祈禱。今據德舟所陳，據祠禱不該者，所司嚴潔祠祭，以表精虔。”

（宋）王欽若等編纂：《册府元龜》卷一四五《帝王部》

（清泰元年）十一月辛亥，詔曰：“朕君於人上，燭理不明，自冬初迄今，未降密雪，深虞愆伏，灾及黎民。宜令宰臣百僚分詣諸祠壇祈告。”

（宋）王欽若等編纂：《册府元龜》卷一四五《帝王部》

（清泰元年）十二月戊子，以自冬無雪，詔宰臣盧文紀祈嵩嶽。庚寅，幸龍門廣化寺，開無畏塔祈雪，自卯至申時還宮。又侍御史陳保極上疏：“玄冬告謝，密雪未零，竊慮今夏龍德啓圖，鑾旌赴闕，擁十萬衆，臨九重城，讋怖龍神，震驚方位，致瘥札爲沴，風雨失時，請在京諸寺觀置迎年、消灾、資福、安土地龍神道場。”優詔從之。甲午，詔曰：“李元龜官處法司，次當侯對，以稍愆於時雪，請特降於優恩。初則以貶謫官亡殁外州，乞容歸葬；次則以亡殁者兒孫絶嗣，請本處瘞埋。宜依所陳，頒告諸道。”時元龜爲刑部郎中，上言以開成格，凡貶官降本處，春秋以存亡報省。如殁於貶所，有骨肉許歸葬。如無骨肉，本處便與葬埋，故有是命。

（宋）王欽若等編纂：《册府元龜》卷一四五《帝王部》

清泰元年，百川水淺，人言比舊日十無二三。滄州人言海水縮狹四百盡，漳沱乾涸絶流者數月，行人車馬縱橫揭厲。是年大熱，深室之内鐵器如燒，暍死者無數。長興四年冬，明宗晏駕，宗主嗣位。是歲天多陰晦。十二月中寒霧數日，又加微雲花，墜地皆青墨色。屋室中多生白物，狀如毛，長者二三寸。明年正月改元夜，閏二月大風拔樹，屋瓦多飛，天地變異，三日方止。四月，潞王即位，改元清太也。

（明）陶宗儀：《説郛》卷三四《耳目記》

（清泰）二年三月丙申，詔宰臣姚顗告嵩嶽、右丞陳韜光告亳州太清宮祈雨。

（宋）王欽若等編纂：《册府元龜》卷一四五《帝王部》

（清泰二年）四月壬午，以京畿旱，命宰臣盧文紀告太微宮太廟，姚顗告嵩嶽。七月戊辰，以京師苦雨，遣左武衛將軍穆延輝嵩山祈晴。

  （宋）王欽若等編纂：《册府元龜》卷一四五《帝王部》

（清泰二年）九月乙酉,京師以大雨霖祈晴。

  （宋）王欽若等編纂：《册府元龜》卷一四五《帝王部》

（清泰二年）十二月癸未,詔曰：“陰陽爽候,時雪稍愆,分命臣僚,詣祠廟祈請。”

  （宋）王欽若等編纂：《册府元龜》卷一四五《帝王部》

李慎儀,爲考功員外郎。清泰二年,上言：“今春已來,稍愆雨澤,陛下念稼穡之重,深宵旰之憂,倍軫聖心,遍走群望。盈尺則告瑞於元朔,如膏則潤浹於暮春。可卜豐穰,動諧響應。請天下凡祠宇有益於人者,下本處常令修飾,冀集洪休。”從之。

  （宋）王欽若等編纂：《册府元龜》卷四七六《臺省部》

（清泰）三年正月戊戌,以自去冬少雪,幸龍門廣化寺,開無畏師塔祈禱。三月庚寅,詔曰：“時雨稍愆,宜分命朝臣祠廟祈禱。”

  （宋）王欽若等編纂：《册府元龜》卷一四五《帝王部》

（清泰三年）五月庚午,詔曰：“時雨稍愆,頗傷農稼,分命朝臣祈禱。”居數日,以庶官禱請不虔,乃命宰臣盧文紀禱太微宮,姚顗崇道宮,馬裔孫清宮嵩岳,又無雨。帝問宰臣愆伏之故。文紀等奏曰：“愆伏之本,《洪範》有其説。若考較往代,理義相違。臣等思之,此蓋時數,若求於政失,則兵戰之氣生陰霖,擾攘之氣生蝗旱,稍近理也。自頃皇祚甫寧,徵求過當,雖宸念疾心,事不獲已,無足論其變沴也。”帝俛首而已。

  （宋）王欽若等編纂：《册府元龜》卷一四五《帝王部》

（清泰三年）七月丁亥，同、華言自夏不雨，京畿旱，遣供奉官杜紹懷往析城山取聖水。

（宋）王欽若等編纂：《册府元龜》卷一四五《帝王部》

晉天福中，蝗食猪。平原一小兒爲蝗所食，吮血，惟餘空皮裹骨耳。

（宋）周密：《癸辛雜識·别集》下

晉高祖天福元年十二月辛卯，以自秋不雨，經冬無雪，命群官散禱山川。

（宋）王欽若等編纂：《册府元龜》卷一四五《帝王部》

（天福）二年十二月甲辰，幸相國寺祈雪。

（宋）王欽若等編纂：《册府元龜》卷一四五《帝王部》

後晉高祖天福三年十一月，襄州奏，火焚居民千餘家。

（元）馬端臨：《文獻通考》卷二九八《物異考四》

少帝初爲金吾上將軍。天福三年，從高祖幸大名，其年天旱，高祖遣祈雨白龍潭，焚請未罷，有白龍見於潭心。是日，澍雨尺餘，人甚異之。

（宋）王欽若等編纂：《册府元龜》卷二一《帝王部》

（天福）四年六月己亥，司天臺奏：“七月一日，太陽有虧缺於北極、於東、於南，未盈而没。太常禮官詳舊制，日有變，天子素服避殿。太史以所司救日，於社陳五嶽。五鼓，麾東戟、南矛、西弩、北楯，中央置鼓，服從其位。百職廢務，素服守司，重列於庭，每等異位，向日而立，明復而罷。今所司法物，咸不能具。且去歲正旦，日有食之，唯謹藏兵仗，皇帝避正殿、尚素食，百官守司而已。”中奏欲行近禮，從之。

（宋）王欽若等編纂：《册府元龜》卷一四五《帝王部》

晉高祖天福四年七月，西京大水、伊、洛、瀍、澗皆溢，壞天津橋。八月，河決博平，甘陵大水。六年九月，河決於滑州，一溉東流，居民登丘冢，爲水所隔，詔所在發舟船以救之。兗州、濮州界，皆爲水所漂溺。兗州奏，河水東流，闊七十里，水勢南流，入沓河、揚州河。出帝開運元年六月，黃河、洛河泛溢，壞堤堰；鄭州原武、滎澤縣界河決。

（元）馬端臨：《文獻通考》卷二九六《物異考二》

晉趙賡爲壽張令。高祖天福四年閏七月，詔賡考滿之外量留年，以飛蝗避境故也。

（宋）王欽若等編纂：《册府元龜》卷七〇三《令長部》

晉高祖天福四年十二月丁巳，御便殿。謂宰臣馮道曰："大雪害民，五旬不止，京城之下，十八神祠、六寺、二觀，悉令祈禱，了無其驗。得非朕之凉德，不儲神休者乎？"道對曰："陛下克己恭儉，無荒無怠，推恩四海，必合天心。但愛民慎刑，始終如一，雖景宿之變，水旱之沴，亦將警聖人而成其德也。"帝曰："朕聽斷有悮，卿當再三止之，安静小心，共相保守。"因令出薪炭、米粟，給軍士、貧民等。

（宋）王欽若等編纂：《册府元龜》卷一七五《帝王部》

（天福四年）十二月丁巳，帝御便殿，謂馮道曰："大雪害民，五旬不止，京城之下，十八神祠、六寺、二觀悉令祈禱，了無其驗，得非朕之凉德不儲神休者乎？"道對曰："陛下克己恭儉，無荒無怠，推恩四海，必合天心。但愛民慎刑，始終如一，雖星宿之變，水旱之沴，亦將警聖人而成其德也。"帝曰："朕聽斷有誤，卿當再三正之！安静小心，共相保守。"因令出薪炭、米粟給軍士、貧民等。

（宋）王欽若等編纂：《册府元龜》卷一四五《帝王部》

（天福）七年三月壬戌，以春旱分命朝臣諸寺觀神祠禱雨。丁丑，詔宰臣馮道等於開元諸寺及紫極宮祈雨。

（宋）王欽若等編纂：《冊府元龜》卷一四五《帝王部》

晉高祖天福七年四月，山東、河南、關西諸郡蝗，害稼。至八年四月，天下諸道州飛蝗害稼，草木葉皆盡。詔州縣長吏捕蝗。華州節度使楊彥珣、雍州節度使趙瑩命百姓捕蝗一斗，以禄粟一斗賞之。時蝗旱相繼，人民流遷，飢者盈路，關西餓殍尤甚，死者十有七八。朝廷以軍食不充，分命使臣諸道括借粟麥。晉氏自此衰矣。

（元）馬端臨：《文獻通考》卷三一四《物異考二十》

少帝天福八年五月癸巳，敕：以久愆時雨，遣宰臣馮道等諸寺觀虔祈。其餘祠廟，仍下開封府遍差官禱之。甲辰，敕：以飛蝗作沴，膏雨久愆，應三京、鄴都、諸道州府見禁囚人，除十惡、行劫、諸殺人者及偽行印信、合造毒藥、官與犯贓外，罪者減一等，餘並放。內有欠官錢者，宜令三司酌量與限，監出徵理。乙巳，幸相國寺祈雨。

（宋）王欽若等編纂：《冊府元龜》卷一四五《帝王部》

（天福八年）六月庚戌，宣差侍衛馬軍都指揮使李守貞，以蝗為害，往皋門村祭告。丁巳，宣遣供奉官衛延韜嵩山投龍祈雨。壬戌，宣供奉官朱彥威等七人各部領奉國兵士一指揮於封丘、長垣、陽武、浚儀、酸棗、中牟、開封等縣捕蝗。又遣內班秦宗超亳州太清宮祈雨。

（宋）王欽若等編纂：《冊府元龜》卷一四五《帝王部》

《玉堂閑話》：蝗之羽翼未成，跳躍而行，其名蝻。晉天福之末，天下大蝗，連歲不解，行則蔽地，起則蔽天，禾稼草木，赤地無遺。其蝻之盛也，流引無數，甚至浮河越嶺，逾池渡壍，如履平地，入人家舍，莫能制禦，穿戶入牖，井溷填咽，腥穢床帳，損齧書衣，積日連宵，不勝其苦。鄆城縣有一農家，豢豕十餘頭，時於陂澤間，值蝻大至，群豢豕躍而啖食之，斯須腹飫，不能運動。其螟又飢，嗟嚃群豕，有若堆積，豕竟困頓不能禦之，皆爲螟所殺。癸卯年，其蝗皆抱草木而枯死，所爲天生殺也。

（清）陳元龍：《格致鏡原》卷九七

《五代史》：晉開運元年五月丙辰，滑州河決，浸汴、曹、濮、單、鄆五州之境。環梁山，合於汶水，與南旺蜀山湖連，彌漫數百里，河乃自北而東。

（清）顧炎武著，黄汝成集釋：《日知録集釋》卷一二

開運元年九月，詔曰："朕虔承顧命，獲嗣丕基，常懼顛危，不克負荷，宵分日昃，罔敢怠荒，夕惕晨興，每懷祗畏。但以恩信未著，德教未敷，理道不明，咎徵斯至。向者頻年灾沴，稼穡不登，萬姓饑荒，道殣相望。上天垂譴，涼德所招。仍屬干戈尚興，邊陲多事，倉廩不足，則輟人之糇食；帑倉不足，則率人之資財；兵士不足，則取人之中丁；戰騎不足，則假人之乘馬。雖事不獲已，而理將若何？訪聞差去使臣，殊乖體認，不能敦於勉諭，而乃臨以威刑。自有所聞，益深愧悼。旋屬守臣叛命，戎虜犯邊，致使甲兵不暇休息，軍旅有戰征之苦，人民有飛輓之勞。疲瘵未蘇，科斂尚急，言念於此，寢食何安？得不省過興懷，側身罪己，載深減損，思召和平。所宜去無用之資，罷不急之務，弃華取實，惜費省功。一則符先帝慈儉之規，一則慕前王樸素之德。向者造作軍器，破用稍多，但取堅剛，不須華靡。今後作坊製造器械，不得更用金銀裝飾。比於游畋，素非所好，凡諸服御，尤欲去奢。應天下州府，不得以珍寶玩好及鷹犬爲貢！在昔聖帝明君，無非惡衣菲食，況予薄德，所合恭行。今後太官常膳，減去多品。衣服帷帳，務去華飾，在禦寒濕而已。峻宇雕墻，昔人攸誡；玉杯象箸，前代所非。今後凡有營繕之處，丹堊雕鏤不得過度。宮闈之内，有非理費用，一切禁止。於戲！繼聖承祧，握樞臨極，昧於至道，若履春冰。屬以天灾流行，國步多梗，因時致懼，引咎推誠，期於將來，庶幾有補。更賴王公將相，貴戚豪宗，各啓乃心，率由兹道，共臻富庶，以致康寧。凡

百臣僚,宜體朕意!"

（宋）王欽若等編纂:《册府元龜》卷一四五《帝王部》

（開運）三年二月壬戌,敕令以漸及春農,久愆時雨,深慮圄圄,或有滯淹,宜恤刑章,甫召和氣。其諸道州府見禁人等,並須據罪輕重疾速斷遣。仍限半月内有斷遣訖奏。

（宋）王欽若等編纂:《册府元龜》卷一四五《帝王部》

（開運三年）四月己未,以久旱命宰臣趙瑩與群官禱雨。戊寅,帝幸相國寺祈雨。

（宋）王欽若等編纂:《册府元龜》卷一四五《帝王部》

楊彦詢爲華州節度使。在任二年,屬部内蝗旱,道殣相望。彦詢以官粟假貸,州民賴之存濟者甚衆。

（宋）王欽若等編纂:《册府元龜》卷六七五《牧守部》

安彦威爲西州留守。屬連歲蝗旱,河洛之間,民多逐食。彦威多方撫諭,未嘗繩之以法。不忍去者,亦大半焉。至有殍者,必遣人收其遺骸,掩之以蓬蕗,復有冥錢酒食,奠而瘞之。聞者美之。

（宋）王欽若等編纂:《册府元龜》卷六七五《牧守部》

趙瑩爲晉昌軍節度使。時天下大蝗,境内捕蝗者,獲蝗一斗,給禄粟一斗,使饑者獲濟,遠近嘉之。

（宋）王欽若等編纂:《册府元龜》卷六七五《牧守部》

漢高祖天福六年初爲太原節度使,赴任晉陽。大旱,帝入境謂賓從及左右曰:"吾始衣綉還鄉,甚有德色。今一境大旱,五稼將枯,豈非薄德寡祐而致是邪?"帝乃際地設脯醴,望山川而禱曰:"某本生此地,濫鎮北方,朝廷差來,不敢違旨。在上者無德而禄,甘速身殃;在下者以食爲天,難加衆咎。願興雲雨,以救焦勞。"灑泣致拜。其日,大雨。帝既下車,入謁興安王昌寧公廟,每致祈禱,由是境内大稔,蓋精誠之所感也。是歲,天下飛蝗,東距於海,西至隴右,南極湖湘,北越燕薊,川井廬舍無不填滿,惟入太原山谷中者,皆抱草木而死。時天下蝗亦相繼而死焉,但五稼已傷,而太原獨豐,人甚異焉。

(宋)王欽若等編纂:《册府元龜》卷二六《帝王部》

(乾祐元年)正月戊午,敕:以旱分命群官於諸寺觀神祠祈雨。

(宋)王欽若等編纂:《册府元龜》卷一四五《帝王部》

五代乾祐元年七月戊申,鵖鴒食蝗,丙辰禁捕。

(宋)謝維新《古今合璧事類備要》別集卷六七

漢隱帝乾祐元年四月庚辰朔,以自春不雨,敕青州收瘞用兵討楊光遠時骸骨。丁亥,以旱幸道宫、佛寺禱雨,賜僧道帛有差,未時還宫。

(宋)王欽若等編纂:《册府元龜》卷一四五《帝王部》

隱帝乾祐元年五月丙辰,以久旱,幸道宫佛寺禱雨,是日大澍。

(宋)王欽若等編纂:《册府元龜》卷二六《帝王部》

(乾祐元年)七月乙卯,以久旱,帝幸道宫、佛寺禱雨,仍分命群官祈諸神祠,賜僧道帛有差,日晚還宫,玄雲四布,猛風北至,俄而澍雨尺餘,人情熙熙。

(宋)王欽若等編纂:《册府元龜》卷一四五《帝王部》

《孔帖》:五代乾祐元年七月戊申,鸜鵒食蝗蟲,詔禁捕之。

(明)彭大翼:《山堂肆考》卷二一三

（乾祐）二年，内出宋州所送蝗抱草死者以示群臣，乃命止捕焉，差官祭之。

（宋）王欽若等編纂：《册府元龜》卷二六《帝王部》

五代漢隱帝時，宫中數有怪。大風雨發屋拔木，吹破門扇，起十餘步而落，震死者六七人，水深平地尺餘。帝召司天監趙延乂問以禳祈之術。對曰："臣之業在天文時日，禳祈非所習也。然王者欲弭灾異，莫如修德。"延乂歸，帝遣中使問如何爲修德？延乂請讀《貞觀政要》而法之。

（宋）孔平仲：《續世説》卷六

後漢隱帝乾祐元年七月，青、鄆、兖、齊、濮、沂、密、邢、曹，皆言蝝生。開封府奏陽武、雍丘、襄邑等縣蝗，開封尹侯益遣人以酒肴致祭，尋爲鸜鵒食之皆盡。敕禁羅弋鸜鵒，以其有吞蝗之異也。二年五月，博州奏有蝝生，化爲蝶飛去。宋州奏，蝗一夕抱草而死。差官祭之，復命尚書吏部侍郎段希堯祭東嶽，太府卿劉皞祭中嶽，皆慮蝗螟爲灾故也。

（元）馬端臨：《文獻通考》卷三一四《物異考二十》

後漢隱帝乾祐三年閏五月癸巳，京師西北風暴雨，至戴婁門外，壞營舍瓦木，吹鄭門門扉起十餘步落，拔大樹數十，震死者六七人，平地水深尺餘。其年十一月，隱帝遇害。

（元）馬端臨：《文獻通考》卷三〇六《物異考十二》

漢趙在禮爲晉昌節度使，在郡有飛蝗爲害。在禮使北户張幡幟、鳴聲鼓，蝗皆越境而去，人亦服其智焉。

（宋）王欽若等編纂：《册府元龜》卷六九一《牧守部》

漢侯益，乾祐初爲開封尹。時楊武、雍丘、襄邑蝗，益遣人以酒肴致祭,二縣蝗爲鸜鵒聚食。敕禁羅弋鸜鵒,以其有吞噬之異也。

(宋)王欽若等編纂:《册府元龜》卷六八一《牧守部》

《漢實錄》曰:乾祐初,開封府言陽武、雍丘、襄邑蝗,府尹侯益遣人以酒殽致祭。三縣蝗爲鸜鵒聚食,敕禁羅弋鸜鵒,以其有吞噬之異也。

(宋)李昉:《太平御覽》卷九五〇,蟲豸部七

周太祖廣順二年夏四月戊子,敕:以旱分命群臣於諸祠廟祈禱雨。

(宋)王欽若等編纂:《册府元龜》卷一四五《帝王部》

周太祖廣順二年七月,暴風雨,京師水深二尺,諸州皆奏大雨。

(元)馬端臨:《文獻通考》卷三〇三《物異考九》

周太祖廣順二年七月,暴風雨,京師水深二尺,壞墙屋不可勝計,諸州皆奏大雨,所在河渠泛溢,害稼。三年六月,諸州大水,襄州漢江漲溢,壞羊馬城,大城内水深一丈五尺,倉庫漂盡,居人溺者甚衆。

(元)馬端臨:《文獻通考》卷二九六《物異考二》

(廣順)三年正月丁卯,以自去冬京師無雪,是日分命朝臣於祠廟祈禱。

(宋)王欽若等編纂:《册府元龜》卷一四五《帝王部》

後周太祖廣順三年十一月,雨,木冰。

(元)馬端臨:《文獻通考》卷三〇五《物異考十一》

後周太祖廣順三年六月,河南、河北諸州,旬日内無烏,既而聚澤、潞之間山谷中,集於林木,壓樹枝皆折。是年,人疾疫甚衆,至顯德

元年,河東劉崇爲周師所敗,伏尸流血,故先萌其兆。世宗顯德元年二月,潞州高平縣有鵲巢於縣郭之南平地,巢中七八雛。三年,潁州進白烏。

(元)馬端臨:《文獻通考》卷三一二《物異考十八》

李穀,爲司空、平章事。顯德元年三月壬午,治河堤回見。先是,河水自揚劉北至博州界一百二十里,連歲潰東岸,而爲派者十有二焉。復匯爲大澤,彌漫數百里。又東北壞石堤而出注齊棣淄青,至於海澨。壞民廬舍,占民良田,殆不可勝計。流民但收野稗,捕魚而食。朝廷連年命使視之,無敢議其功者。世宗嗟東民之病,故命輔相親督其事,凡役徒六萬,三十日罷。

(宋)王欽若等編纂:《册府元龜》卷三二九《宰輔部》

周世宗顯德元年八月,以諸州編户皆以雨水害稼,上訴遣兵部郎中麻麟等二十三人分按之。

(宋)王欽若等編纂:《册府元龜》卷一六二《帝王部》

世宗顯德二年正月甲戌,帝謂侍臣曰:"去歲濟州臨邑民來訴灾瀰,尋命使臣遍與通檢,所望供輸,咸得均濟。昨聞廣種植户民不欲通檢,咸忿其訴灾者,至有潛蓻其家産者。朕自聞之,極深軫憫。"侍臣對曰:"時季以來,民多疾惡。"帝曰:"非民之狡,蓋朕治之未至,亦猶親人之官未當耳。此後尤宜精求令長,免使黎民受弊。"

(宋)王欽若等編纂:《册府元龜》卷六九《帝王部》

周世宗顯德五年四月,吴越王錢弘俶奏:"十日夜,杭州火,焚燒府署殆盡。"上命中使賫詔恤問。

(元)馬端臨:《文獻通考》卷二九八《物異考四》

後周世宗顯德六年六月辛卯、辰巳間,京師天地晦暝,澍雨驟降,雨中有腥氣。其日世宗崩。

（元）馬端臨：《文獻通考》卷三〇六《物異考十二》

丁卯歲，盧州刺史劉威移鎮江西。既去任而郡中大火，盧候吏巡火甚急，而往往有持火夜行者，捕之不獲。或射之殪，就視之，乃棺材板腐木敗帚之類。郡人愈恐。數月，除張宗爲盧州刺史，火災乃止。

（宋）李昉：《太平廣記》卷三七三《劉威》

前蜀王衍咸康元年十月幸秦州，至梓潼，大風發屋拔木。太史曰：“此貪狼風也，當有敗軍殺將者。”衍不省。衍至綿谷，而唐師入其境。衍懼遽還、唐師所至州縣皆迎降。

（唐）白居易、（宋）孔傳：《白孔六帖》卷二

蜀朝庚午年夏，大雨。岷江泛漲，將壞京江灌口，堰上夜聞呼譟之聲，若千百人，列炬無數。大風暴雨，如火影不滅。及明，大堰移數百丈，堰水入新津江。李冰祠中所立旗幟皆濕。導江令黃璟及鎮靜軍同奏其事。是時，新津、嘉、眉水害尤多，而京江不加溢焉。

（前蜀）杜光庭：《錄異記》卷四

五代時，王建據蜀，龜、龍、麟、鳳、騶虞之類，畢出於其國。歐陽文忠公修《五代史》，破之以爲非瑞。

（宋）王觀國：《學林》卷一

王蜀通正元年四月，有狐據於寢室，鵂鶹鳴於帳中，有大禿鶖鳴颺於摩訶池上。顧太尉瓊時爲小臣，直於內庭，潛吟曰：“昔日曾看瑞應圖，萬般祥瑞不如無。訶摩池上分明見，仔細看來是那胡。”至光天元年，帝崩，乃禿鶖之徵也。

（明）陳耀文：《天中記》卷五九

怪鳥應

王蜀光天元年，太祖寢疾經旬。文州進白鷹，茂州貢白兔。群臣
議曰："聖上本命是兔，鷹兔至甚相刑，貢二禽非以爲瑞。退鷹留兔，
帝疾必瘥。"敕命不從，是歲晏駕。又通正年，有大禿鶖鳥颺於摩訶池
上，顧太尉（夐）時爲小臣，直於内庭，遂潜吟二十八字咏之。近臣與
顧有隙者上聞，詔顧責之，將行黜辱，顧亦善對，上遂捨之。至光天元
年帝崩，乃禿鶖之徵也。詩曰："昔日曾看瑞應圖，萬般祥異不如無。
摩訶池上分明見，子細看來是那胡。"又有楊秘書（義方）者，執性强
良，所爲狂簡，亦西南少俊之士也。曾以筆硯見用於宋樞密（光嗣）。
因題《九頭鳥》，宋疑楊見咏，遂奏譴沈黎。至咸康元年，後主失位，宋
亦遭誅，乃九頭鳥之應也。詩曰："三百禽中爾最靈，就中惡爾九頭
名。數年雲外藏凶影，此夜天邊發差聲。好惜羽毛還鬼窟，莫留灾害
與蒼生。況當社稷延洪日，不合鳴時莫亂鳴。"

（後蜀）何光遠:《鑒誡録》卷六

王蜀光天元年，太祖寢疾經旬。文州進白鷹，茂州貢白兔，群臣
議曰:"聖人本命，是兔鷹，兔至甚相刑，貢禽非以爲瑞，退鷹留兔，帝
疾必瘥。"敕命不從，是歲晏駕。

（明）陳耀文:《天中記》卷五九

（乾德四年）自五月不雨，至九月，林木皆枯，赤地千里，所在盗
起，肥遺見紅樓。

（明）陶宗儀:《説郛》卷四五《蜀檮杌》

（明德二年）七月，閬州大雨，雹如雞子，鳥雀皆死，暴風飄船上民
屋。女巫云:"灌口神與閬州神交戰之所致。"

（明）陶宗儀:《説郛》卷四五《蜀檮杌》

（廣政元年）十一月，地震，屋柱皆搖，三日而後止。

（明）陶宗儀：《説郛》卷四五《蜀檮杌》

（廣政）二年六月，地震，恼恼有聲。

（明）陶宗儀：《説郛》卷四五《蜀檮杌》

（廣政三年）五月，地震，昶問大臣曰："頃年地頻震，此何祥也？"對曰："地道静而屢動，此必强臣陰謀之事。願以爲慮。"

（明）陶宗儀：《説郛》卷四五《蜀檮杌》

（廣政三年）十月，地震從西北來，聲如暴風急雨之狀。

（明）陶宗儀：《説郛》卷四五《蜀檮杌》

（廣政）五年正月，地震。

（明）陶宗儀：《説郛》卷四五《蜀檮杌》

（廣政五年）十月，地震，摧民居者數百。

（明）陶宗儀：《説郛》卷四五《蜀檮杌》

（廣政十五年）十一月，地震。十二月，天雨毛。

（明）陶宗儀：《説郛》卷四五《蜀檮杌》

（廣政）十六年三月，地震。

（明）陶宗儀：《説郛》卷四五《蜀檮杌》

（廣政）二十一年十二月，天雨血。

（明）陶宗儀：《説郛》卷四五《蜀檮杌》

（廣政二十五年）二月，壁州白石縣巨蛇見，長百餘丈、徑八九尺。

（明）陶宗儀:《説郛》卷四五《蜀檮杌》

（廣政）二十六年四月，遂州方義縣雨，雹大如斗，五十里内飛鳥、六畜皆死。

（明）陶宗儀:《説郛》卷四五《蜀檮杌》

吴越自五月不雨至七月。

（宋）李燾:《續資治通鑒長編》卷二，太祖建隆二年（961）

五代郭允明謀殺楊邠等，是日無雲而昏霧，雨如泣。

（唐）白居易、（宋）孔傳:《白孔六帖》卷三

五代周李元懿爲青州北海縣令，泥龍求雨無應，李令笞龍責之，即日雨足。

（明）陳耀文:《天中記》卷三

周世宗南伐，駐驛臨淮，因覽唐貞元中《泗州大水記》，詔竇儼論其事。儼獻文，其略曰:"夫水沴所具，厥有二理:一曰數，二曰政。天地有五德:一曰潤，二曰暵，三曰生，四曰成，五曰動。五德者，陰陽之使也;陰陽者，水火之本也。陰陽有常德，故水火有常分。奇偶收半，盈虚有準，謂之通正;羡倍過亢，極無不至，謂之咎徵。二者大期，率有常數。除之主始於淵獻，水之行紀於九六。凡千有七百二十有八歲，爲浩浩之會。當是時也，陰布固陽，澍雨天下，百水眐注，漲其通川。岸不受餘，則旁吞原隰;科坎平槩，則漂墊方割。雖堯、舜在上，皋、夔佑政，亦不能弭其沴也。過此以還，則係於時政。如其後辟狂妄以自率，權臣昧冒以下專，政不明，賢不章，則苦雨數至，潦水積厚。然陰陽之數也。貞元壬申之水，匪數之期，乃政之感也。德宗之在位也，啓導邪政，狎暱小人。裴延齡專利爲心，陰潛引納;陸贄有其位，

弃其言。由是明明上帝，不駿其德，乃降常雨，害於粢盛。百川沸騰，壞民廬舍，固其宜也。王者苟能修五政，崇五禮，禮不瀆，政不紊。則五日一霏微，十日一霢霂，十五日一滂沱，謂之時雨，所以正五運之制節。占象晷刻，無有差爽，則神農之世其驗歟？"世宗嘉之。國初，遷禮部侍郎，依前學士判太常如故。是時祠祝、樂章、宗廟、謚號，皆儼所定撰，人服該博。儼冲澹寬簡，好賢樂善，平居怡怡如也，未嘗失色於僮僕。優游文翰，凡十數年。著《大周正樂》三十卷，詔藏於史閣。其《大周通禮》，未及編纂，會儼卒，議者惜之。

（元）王惲：《玉堂嘉話》卷八

尚平王鍾傳在江西，有衙門吏孔知讓新治第，晝有一星隕於庭中。知讓方甚惡之，求典外戎，以空其第。歲餘，御史中丞薛昭緯貶官至豫章，傳取此第以居之。後遂卒於是。

（宋）徐鉉：《稽神録》卷三

吳興羅捕者得一鳶，紫翠色，俊鷙可喜。山民朱神佐以謂錢俶初即位，此是珍祥，獻之必推賞典。即重價償羅者，携諸杭，將獻鳶，無故而殞。滑稽者多以半瑞之言嘲神佐。

（宋）陶穀：《清異録》卷上

種彝叔，靖康初以保靜節鉞致仕，居長安村墅。一夕，旌節有聲，甚異，旦而中使至，遂起。五代時，安重誨、王峻皆嘗有此異，見《周太祖實録》，二人者皆得禍。彝叔雖自是登樞府，然功名不成，亦非吉兆也。

（宋）陸游：《老學庵筆記》卷三

予家有范魯公《雜録》，記世宗親征忠正，駐蹕城下，嘗中夜有白虹自淝水起，亘數丈，下貫城中，數刻方没，自是吳人閉壁逾年，殍殣者甚衆。及劉仁贍以城歸，遷州於下蔡，其城遂蕪廢。又曰，江南李璟發兵攻建州王延政,有白虹貫城,未幾城陷,捨宇焚爇殆盡。

(宋)宋敏求:《春明退朝録》下

昇元二年六月,常州大雨漲溢。

(明)朱昱:(咸淳)《重修毗陵志》卷二八

五代僞唐天祚元年二月甲申,金陵大火,乙酉又大火。大和中,徐知誥典金陵,鍾山之陽積飛蝗尺餘厚,有數十僧,白晝聚首啖之盡。昇元六年十一月丁丑,溧水縣天興寺桑樹生木人。廣順二年,建康灾,焚廬舍營署,逾月乃止。

(宋)周應合:《景定建康志》卷四二

史虛白《釣磯立談》:南唐後主時,潯陽潮退,有一大鰌環體於洲上。時時舉首噞喁水,自腦而出,數日乃死,瀕江之人臠食其肉。世說以爲海神,鑿腦取珠,因以致斃。

(清)陳元龍:《格致鏡原》卷九三

宣州節度田頵將作亂。一日向暮,有鳥赤色如雉,而大尾有火光,如散星之狀,自外飛入,止戟門而不見。翌日,府中大火,曹局皆盡,惟甲兵存焉。頵資以起事,於明年遂敗。

(宋)徐鉉:《稽神録》卷三

劉建封寇豫章,僧十朋與其徒奔分寧,宿澄心僧院。初夜見窗外有光,視之,見團火高廣數尺,中有金車子,與火俱行,嘔軋有聲。十朋始懼,其主人云:“見之數年矣,每夜必出於西堂西北隅池中,繞堂數周,復没於此。以其不爲禍福,故無掘視之者。”

(宋)徐鉉:《稽神録》卷四

饒州刺史崔彥章,送客於城東。方讌,忽有一小車,其色如金,高尺餘,巡席而行,若有求覓。至彥章,遂止不行。彥章因即絶倒,携輿歸州而卒。

（宋）徐鉉：《稽神録》卷四

舒州都虞候孫德遵。其家寢室中，鐵燈擎忽自搖動，如人撼之。至明日，有婢偶至燈擎所，忽爾仆地，遂卒。

（宋）徐鉉：《稽神録》卷四

3. 謠讖

前定録

梁太祖篡位之初，宰臣薛貽矩自御史大夫百日拜相。性懷忠正，臨莅端明，公事之間，每加寬憫。太祖忽因入閣，怪之曰："卿爲天子郎官，何得不親政事？"薛奏曰："臣少年之時，曾任封丘主簿。在官之日，嘗與僧悟因相知。每日公暇之時，便到其院。此僧預知臣至，先在院門等臣，以是殷勤，直至三年考滿，替人將至。或一旦，其僧不出院内，臣怒僧世情，以言責問。僧云：'今日實不知簿公訪及，有闕迎門。'臣因問每日又何知之？僧曰：'每日微僧齋後略睡，便有神人報云薛相公來。微僧狼忙驚起，披挂出院迎待，果是簿公臨門。今日神人不來相報，有誤迎接，非是世情。'臣遂請僧結壇持念，乞其警戒。其僧果見神人相報云：'薛主簿爲曲斷公事一件，取錢五緡，却不得宰相也。若正其公事，却還其錢，即可牽復。不然者，無計矣。'僧因報臣警戒，遂省其非。尋便還錢，改正公事。其神人果又報僧曰：'薛公名字在宰相夾中。'臣自後不敢欺公，每事審細。大凡公事，豈宜造次而行。"太祖睿知通明，悦其所奏，賜金百兩，尋加吏部尚書。後扈從太祖鑾輿自洛還汴，熒惑三犯上相，得疾而薨。是知悟因名亦前定矣。

（後蜀）何光遠：《鑒誡録》卷二

梁開平二年，使其將李思安攻潞州，營於壺口關，伐木爲柵。破一大木，木中朱書隸文六字，曰："天十四載石進。"思安表上之。其群臣皆賀,以爲十四年必有遠夷貢珍寶者。其司天少監徐鴻,謂所親曰：
"自古無一字爲年號者,上天符命,豈闕文乎? 吾以丙申之年,當有石氏
土此地者。移四字中兩豎畫,置天字左右,即丙字也。移四之外圍,以
十字貫之,即申字也。"後至丙申歲,晉高祖以石姓起并州,如鴻之言。

(宋)李昉：《太平廣記》卷一六三《木成文》

梁開平二年,使其將李思安攻潞州,營於壺關,伐木爲柵,破一大
木,木中朱書六字曰"天十四載石進"。思安表上之,其群臣皆賀,以
爲十四年必有遠夷貢珍寶者。其司天少監徐鴻獨謂其所親曰："自古
無一字爲年號者,上天符命豈缺文乎。吾以爲丙申之歲當有石氏王
此地者。移四字中兩豎畫,置天之左右,即丙字也。移四字外圍,以
十貫之,即申字也。"後至丙申歲,晉高祖以石姓起并州,如鴻之言。

(明)陶宗儀：《説郛》卷一四《稽神録》

唐朱里

高祖崩,太宗詔營獻陵,在京兆府三原縣唐朱里。及朱氏篡立,
即唐朱之驗矣。後莊宗中興,乃知里者,李也,是再造之徵。

(明)陶宗儀：《説郛》卷二〇《洛中記異録》

語忌誡

劉仁遇嘗與梁太祖葉戲,一日或遇頑盆,仁遇行伍出身,語多方
拙,謂太祖曰："得則洪溝。"太祖應之曰："縱得未可。"時太祖方據四
鎮,仁遇復在偏裨。雖是親家,太祖竟爲記忌。後太祖一居南面,仁
遇久在西班,累乞一藩,終不俞允。既而年邁,寢疾在床,新婦屢有奏
聞。太祖猶徵語忌。至於悲泣哀告,方除兗州。未及赴官,疾呕而
卒。是知凡事爲誡,寧不書紳而記之乎。

(後蜀)何光遠：《鑒誡録》卷三

末帝初在太原,嘗與晉高祖因擊毬同入趙襄子之廟,見其塑像,

屹然起立,帝私心自負。及爲護國軍節度使,一日夢明宗召至寢門,與宋王各剃頭而退。及寤,以問賓吏,皆無對者。時雨池擢鹽推官李專美在坐,屏人謂帝曰:"將來嗣主,必明公也。"帝心喜之。又帝在岐陽日,有前爲判獄吏何叟者(失其名),年逾七十,暴卒於家,見一人,爲何曰:"陰府召君。"何隨之至一公宇,甚宏敞,有吏憑几戒何曰:"召汝無他事,爲吾言於潞王:來年三月,當爲天子,善自愛也。"及蘇,密告,帝親要慮其妄誕,不敢言。月餘復卒,陰官見而叱曰:"汝安得違吾旨,不達其事?"何具陳失其名爲左右所阻。陰官曰:"且放汝還,可速言之。"何退,見廊廡下有簿書狼籍,以問主者,曰:"此朝代將改,昇降人爵之籍也。"及再蘇,謁劉延朗,密道其事。帝屏人,召何入問,謂曰:"爾雖有憑,吾無以信。"何曰:"某衰耄若此,唯有一子,請大王質之,如無驗,可殺之。"又張濛,岐州之瞽者,自言知術數,不龜不蓍,言是太白山神,其神祠元魏時崔浩廟。時事否泰,人之休咎,濛告於神,即傳吉凶之言。房暠泥於事神,酷信之。帝在岐陽,暠引濛謁見。聞帝語聲,駭然曰:"非人臣也。"令暠詢其事,即傳神語曰:"三珠并一珠,驢馬没人驅,歲月甲庚午,中興戊巳土。"暠請,曰:"神言,予不知也。"長興四年五月,府廨諸門,無故自動,人頗駭異。遣暠問濛,濛見暠來,未交言,先問暠:"衙署小異勿怪,不出三日,有恩命。"其夜報至,封潞王。及帝被疑除鎮,甚恐,再三質濛。初,濛曰:"且爲備,王保無患。"及王恩同兵將至,又召濛,謂之曰:"爾言無患,今天下兵來,萃我城下,内無兵食,外無援助,得無患乎?"濛曰:"王有天下,不能獨立,朝廷兵來迎王也。王若疑臣,臣惟一子,未及冠,請王致之麾下,以質臣心。"及帝入洛,受太后册日,御明堂,宰相讀册文"維應順元年歲次甲午四月庚午朔",帝回視房暠曰:"張濛神言甲、庚事,不亦異乎!"帝令暠共術士解三珠一珠事,言"三珠,三帝也;驢馬無人驅,失主也"。又帝在岐時,有人已死復生,言帝必登大位二十三年,好事者附其意,言帝小字"二十三"。又云:潞字一足。入洛時,石壕人胡呆通會天文,帝亦召問之。曰:"王至貴不可言。若有舉動,宜以乙未年。"及舉兵,又問,曰:"今歲曆法名陰,部首王者,不宜建功立事。王且挾今主，俟來歲入朝，則福祚永遠。”帝姓王氏，真定房山人也。邑南三里，里墅名曰“王子”，則所生之地，地稱“王子”，亦有符焉。既即位，以族兄爲令（訪名未獲）。守先舊廬，植松檟以爲墳園，其側有古佛刹，刹有石像，忽摇動不已，人駭而告令。令趣之，復爾，時甚異焉。

（宋）王欽若等編纂：《册府元龜》卷二一《帝王部》

後唐末帝，始離岐下。凡降附及本城將校，皆冀不次之賞。及從至京師，累月延望，署置不及。始望相與爲謡言：“去却生菩薩，扶起一條鐵。”

（宋）王欽若等編纂：《册府元龜》卷八九四《總録部》

晉高祖天福中，兩浙兒童聚戲，率以“趙”字爲語助，如言“得”，曰“趙得”；“可”，曰“趙可”。自是一國之人語言，無不以“趙”字兼之者。及晉末，趙延壽貴盛，浙人謂必應讖。後延壽爲北虜所縶，而謡言益盛，洎太祖受禪，始悟焉。天福末，宣州太平縣掘地得石，《記》云：“天子冀州人。”時李景據江表，名子曰冀，欲當之。及太祖開統，方悟冀州趙地也。出帝開運末，宋州宋城縣有異僧，常挾彈持銅丸走榛莽中如飛，指其地曰：“不二十年當有帝王由此建號。”

後周太祖廣順初，江南伏龜山圮，得石函，長二尺，廣八寸，中有鐵銘，云：“維天監十四年秋八月，葬寶公於是。”銘背有引曰：“寶公嘗爲此偈，大書於版，白巾冪之。人欲讀者，必施數錢乃得，讀訖即冪之。是時，名臣陸倕、王筠、姚察而下皆莫知其旨。或問之，云在五百年後。至卒，乃鑄其偈同葬焉。”銘曰：“莫問江南事，江南自有憑。乘鷄登寶位，跨犬出金陵。子建司南位，安仁秉夜燈。東鄰家道闕，隨虎遇明興。”其字皆小篆，體勢完具，徐鉉、徐鍇、韓熙載皆不能解。及煜歸朝，好事者云：“煜以丁酉年生，辛酉年襲位，即乘鷄也；開寶八年甲戌，江南國滅，是跨犬也；當王師圍其城，而曹彬營其南，是子建司南位也；潘美營其北，是安仁秉夜燈也；其後太平興國戊寅歲，淮海王錢俶舉國入覲,即東鄰也;家道闕者,意無錢也;隨虎,戊寅年也。"世宗顯德六年二月癸巳,有一人敝衣冠闌入中書,升政事堂,據床而坐。堂吏叱之曰:"何人遣爾至此?"其人曰:"宋州官家教我來此。"吏具白其事於宰臣,宰臣密令遣之,尋不知所適。其年六月十九日,世宗崩。明年正月四日,大宋受命。

　　荊南高從誨鑿池於山亭下,得石匣,長尺餘,扃鐍甚固。從誨神之,屏左右,焚香啓匣,中得石,有文云:"此去遇龍即歇。"及建隆中,從誨孫繼冲入朝,改鎮徐州。"龍""隆"音相近。

　　　　（元）馬端臨:《文獻通考》卷三一〇《物異考十六》

　　晉高祖初爲河東節度,後唐末帝出師,重圍晉陽,帝遣心腹何福單騎求援北蕃。蕃王自將諸部赴之,不以繒帛,不以珠金,若響應聲。謂福曰:"吾已兆於夢,皆上帝命我,非我意也。"時援兵未至,唐將張敬達引軍逼城設柵,柵將成,忽有大風雨暴起,柵無以立。後築長連城,城欲就,又爲水潦所壞,城竟不能合。晉陽有北宮,宮城之上有祠曰"毗沙門天王",帝曾焚修,默而禱之。經數日,城西北關正受敵處,軍候報稱:夜來有一人,長丈餘,介金執,殳行於城,久方不見。帝心異之。又牙城有僧坊曰"崇福",坊之廡下西北隅有泥神,神之首忽一日有烟生,其騰鬱如曲突之狀,坊僧奔赴,以爲人火所延,及俯而視之,無所有焉。事尋達帝,帝召僧之臘高者問焉。僧曰:"貧道見莊宗將得天下,曾有此烟。觀其噴涌,甚於當時,可知矣。"自此日傍,多有五色雲氣,如蓮荄之狀。帝召占者視之,謂曰:"此驗應誰?"占者曰:"見處爲瑞,更應何人。"又帝每詰旦,使人慰撫守陴者,率以爲常,忽一夕已暝,城上有號令之聲,聲不絕者三。帝使人問之,將吏云"從上傳來",人皆知其神助。時城中忽有數處井泉暴溢不止,及蕃軍大至,合執破唐師之衆,如拉朽焉。斯天運使然,非人力也。先是,朱梁改元之始,即天祐之四年也,潞州行營使李思安奏:"壺關縣庶穰鄉,鄉人伐樹,樹倒自分兩片,內有六字如左書,云:'天十四載石進'。"梁主藏於武庫,時遣詞臣李琪答詔,嘉其瑞焉,然莫詳其義。至帝即位,人以爲雖有國姓，計其甲子則二十年有奇矣。議者曰：“‘天’字取四字中兩畫加之於旁，則‘丙’字也，‘四’字去中之兩畫，加十字，則‘中’字也。”帝即位之年乃丙中也。又《易》云：“晉者，進也。”國號大晉，皆符契焉。又，即位之前一年，年在乙未，鄴西有柵曰李固，清、淇合流在其側。柵有橋，橋下大鼠與蛇鬥，鬥及日之中，蛇不勝而死，行人觀者數百，識者志之。後唐末帝果滅於申。

（宋）王欽若等編纂：《册府元龜》卷二一《帝王部》

漢高祖初仕爲河東兵馬使，嘗因事至代北遮虜軍，路側有唐衛公李靖祠，遇戍卒乘酒以索戲，繫其神之頸，卒尋致殞。時戍長邑老玄陳祈禱以解之，而了無應驗。帝乃爲祝曰：“公本朝名將，精爽在天，雖庸輩褻瀆，誠當其責。而人既有請，良可恕焉。”因焚香致拜，卒者俄蘇，傳其神語曰：“此非大貴人救，不可免也。”聞者神其事。後爲河東節度使。天福十一年，天下水，太原葭蘆茂盛，最上一葉如旗狀，皆南指焉。明年，遂即帝位。

（宋）王欽若等編纂：《册府元龜》卷二一《帝王部》

隱帝始高祖鎮太原，周太祖握蕃漢兵要，常侍帳中，參決戎政。時令少帝監符璽，頗相戲狎。暨從征鄴城，旦夕同侍。一日詰旦，語太祖曰：“我夜來夢爾爲驢，負我昇天，既捨爾乘，俄變爲龍，捨我南去，何祥也？”笑而言曰：“公爲驢，作少意智，勿空見玩。”撫掌而罷。爲左衛大將軍。高祖欲改年號，中書進擬“乾和”二字，高祖改爲“乾祐”，與帝名相符（乾祐，帝名）。帝微有風痰，每連唾不止，目多閃掣。即位之始，遽無恙。

（宋）王欽若等編纂：《册府元龜》卷二一《帝王部》

周太祖微時，常晝寢，有如小虵五色，出入顱鼻之間。柴后遽見愕然，始奇特之，傾資無惜。后恐人騰口貽患，每寢，戒左右俾於屏蔽之所。在太原時，有神尼同姓，見太祖，謂李瓊曰：“我宗天上大仙，當爲世界主。"瓊詰其故,曰:"頂上有肉角也。"

（宋）王欽若等編纂:《册府元龜》卷二一《帝王部》

後唐清泰末,時所居官舍之鄰吳氏有青衣佳娘者,爲山魈所魅,鬼能人言,而投瓦石,鄰伍恐悚,無敢過吳氏之舍。而性剛者强詣,必瓦石交下。太祖聞而過之,言笑侮戲,移時寂然,如是者再。太祖去,鬼言如故。或謂鬼曰:"爾既神聖,向者客來,又何寂然?"鬼曰:"向來者,大人也。"繇是軍中大異之。及爲樞密使北征,率師如澶淵,旭旦,日邊有紫氣來當太祖馬首之上,高不及百尺,從官視而異之。至鄴都,一夕在山亭院齋,忽有黃氣起於前,繚繞而上,邊際於天。太祖於黃氣中仰見星文,紫微文昌,燦然在目,駭曰:"予在室中而見天象,不其異乎!"密告知星者,乃拜賀曰:"坐見天衢,物不能隔,至貴之祥也。"異日,又於衙署中,紫氣起於幡竿龍頭之上,凡二日,觀者異之。及討李守貞於河中,帝嘗於東砦大陳師旅,鉦鼓鍧鞠,旗幟光耀。守貞登陴下瞰,氣色不懌,獨言曰:"是何妖變!"後城中人言,見太祖軍上有紫氣,如樓閣華蓋之狀故也。

（宋）王欽若等編纂:《册府元龜》卷二一《帝王部》

閩王王審知,光州人。兄潮,威武軍節度、福建觀察,審知爲副。乾寧中,潮卒,審知遂繼兄位。先是,閩中有童謠云:"潮水來,岩頭没;潮水去,矢口出。""矢口",知字也。果陳岩死,王潮代之;潮死,審知繼位。

（宋）王欽若等編纂:《册府元龜》卷八九四《總録部》

餌長虹

孟蜀侯侍中,本蒲阪人也。幼而家貧,長爲軍外子弟。年方十三歲,因寐於屋檐下。是月炎蒸,天將大雨,有長虹自河飲水,俄貫於童兒之口。惟其母見,不敢驚之,欲窺其變異,侯母可謂賢也。良久,虹自天没於童兒之口,不復出矣。母俟其睡覺,問其子曰:"夢中有所睹否?"對曰:"適夢入河飲水,飽足而歸。"母聞其言,知子必貴。後數月,有一行脚蜀僧詣門求齋,侯母竭力供養。僧臨去,謂侯母曰:"女弟子當儿儿後福,合得兒子氣力。"侯母呼其子出,請僧相之。僧視之曰:"此兒,龍也。即非真龍,乃蛟螭之輩也。但離鄉別井,直近江海,客官方有顯榮。"又曰:"此子孽毒,當食血肉,爲生靈之患。倘敬信三寶,即得令終。"言訖而去。侯後果自行伍出身,至於將領。同光三年,從興聖太子魏王收蜀。及平蜀之後,不隨太子而還。無何,與陝府節度使康延孝率河中、同、華等軍爲叛,堅守廣漢城,是時,孟高祖悉發守禦指揮使韓德遇、本州都指揮使李仁罕等破之,活擒康延孝,表送駕前。侯亦面縛麾下,高祖赦罪,令主領親軍。軍令威嚴,頗有聲譽。及高祖南面,自眉州刺史節制夔州,復自寧江遷於黔府。一州二鎮皆近大江,果至崇官,酷信三寶,遍於禪院開轉藏經。然於理務之閑,孽毒之甚。廣興第宅,竟獲善終。是知蜀僧所言,其不謬矣。

（後蜀）何光遠:《鑒誡録》卷三

産麒麟

王蜀田尚父第三子太尉生自雅安,小字獨獠兒。其母崔氏初夢一人,峨冠褒袖,自稱周公山神,牽一五色獸逼其裙,既驚且寤,因而有孕焉。後有加持崔和尚者,忽自雅安來,於成都打病。瘟疫者尋差,攣躄者立行。指人亂言,往往有據。田是時童駭,宦者抱著於窗前。和尚看之,欣然撫其背曰:"怪來近日貧道所居之山,氣色稍微。其山之神,孕靈於此。此子麒麟之精也,必爲王者之瑞焉。"宦者以告,其母曰:"往年夢中之獸,今獲解之。"遂施和尚珠金,以酬異説。田後累遷郡守,節制洋州,蜀將之中頗聞兵法。乃知異夢信而有祥者焉。

（後蜀）何光遠:《鑒誡録》卷六

偽蜀後主王衍,以唐襲宅建上清宮,於老君尊像殿中,列唐朝十八帝真,乃備法駕謁之。識者以爲拜唐,乃歸命之先兆也。先是司天監胡秀林進曆,移閏在内戌年正月。有向隱者亦進曆,用宣明法,閏乙酉年十二月。既有異同,彼此紛訴,仍於界上取唐國曆日。近臣曰:"宜用唐國閏月也。"因更改閏十二月。街衢賣曆者云:"只有一月也。"其年十二月二十八日國滅。胡秀林是唐朝司天少監,仕蜀,別造永昌正象曆,推步之妙,天下一人。然移閏之事不爽,曆議常人不可輕知之。

(宋)李昉:《太平廣記》卷一六三《唐國閏》

桃符語讖

孟蜀於宮城府近側置一策勛府,時昶之子喆嘗居之。昶以歲末,自書桃符云:"天降餘慶,聖祚長春。"喆拜受,致於寢門之左右。及蜀平,詔參政吕餘慶權知府,以内外曹署俱不便於公私,至策勛府,公曰:"此處甚便。"欣然下馬,至寢門,公忽睹桃符字,乃曰:"吾不得不至於此。"遂遷而居之。乃知天降是國家之命,吕公入蜀也。聖祚長春又是主上聖節之號,則皇運未可涯也。

(明)陶宗儀:《説郛》卷二〇《洛中記異録》

瑞應讖

孟蜀高祖,頃者未臨西川,守北京。蜀人競以擊拂之門妙絶者,戲呼"頭人"爲"孟人"。或云此毬子從太原將來。又有工人孟德,預起宮闈,上凌霄漢,雖般輸之妙,無以加焉。雖"德"與"得"之字體不同,音亦爲祥矣。又王蜀後主元舅徐太師延瓊,於錦水應聖橋西創置大第,狀若宮室,橫亘數坊。是時内外皇親宣下悉令暖宅。後主亦親幸,宴樂移時,忽於徐公堂中命筆大書"孟"字。徐雖不測其義,尋以御札謝恩。至咸康,後主降唐,孟祖自北京除蜀,莊宗憂大軍之後制禦事多,立宣鑄印離京,奔騎赴鎮。既而旌幢屆蜀,以統軍聖興太子未歸,旋令將校改換宮闈。孟祖乃權於徐公之第安下。睹紅綃所籠姓字,怪問前蜀臣僚,對曰:"此王後主御札。"高祖嘆曰:"疏狂天子,亦預知與吾交代乎！是知必有先應者也。”

（後蜀）何光遠：《鑒誡録》卷一

赤真人

周季年，東漢國大雪，盛唱曰：“生怕赤真人，都來一夜春。”後大宋受命。

（明）陶宗儀：《説郛》卷六一《清異録》

晉太常卿程遜足下有龜文，嘗招相者視之。相者告曰：“君終有沈溺之厄。”其後使於浙右，竟葬於海魚之腹。常謂《李固傳》云，固足履龜紋，而位至三公，卒無水害，同事而異應也。

（宋）李昉：《太平廣記》卷二二三《程遜》

僞蜀王氏彭王傅陳絢，常爲邛州臨溪令。縣署編竹爲藩而塗之，署久，泥忽陊落，唯露其竹。侍婢秉炬而照，一物蟠於竹節中，文彩爛然，小蛇也。俄而雷聲隱隱，絢疑其乖龍，懼懼震厄，乃易衣炷香，抗聲祈於雷曰：“苟取龍，幸無急遽。”雖狂電若晝，自初夜迨四更，隱隱不發。既發一聲，俄然開霽。向物已失，人無震驚，有若雷神佑乎懇禱。

（宋）李昉：《太平廣記》卷三九五《陳絢》

湖南馬希聲，嗣父位。連年亢旱，祈禱不應。乃封閉南嶽司天王廟，及境内神祠，竟亦不雨。其兄希振，入諫之，飲酒至中夜而退。聞堂前諠譟，連召希振復入，見希聲倒立於階下，衣裳不披，其首已碎。令親信舁上，以帛蒙首。翌日發喪，以弟希範嗣位。先是大將周達，自南嶽回，見江上雲霧中，擁執希聲而去，秘不敢言。夕有物如黑幕，突入空堂，即時而卒。

（宋）李昉：《太平廣記》卷三一三《馬希聲》

長興中，雲州雷震一物墜地，視之，有一石如拳。自契丹界走至太原，馮延贇得之，覺其中有物，遂椎破之，復有一石，莫之測也。後晉祖鎮并門，不受清泰命，潛引契丹爲援。清泰命張生鐵討之。時人謠云：“生鐵打石頭，直待圓即休。”未幾，契丹破生鐵兵。耶律德光乃曰：“我聞中國有推背圖，欲一見之。”及視之，至一挺墨處，曰：“此碑也，碑非石不立。”乃立晉祖，以兵送入洛陽。及帝東遷汴州，乃改爲東京，一依梁朝故事。洎少帝而晉氏滅，即石中有石，兩朝之應也。其石後在太原維摩院功德堂。

（宋）佚名：《分門古今類事》卷二

清泰初，在岐陽有判官姓何者，忽暴卒，云使者勾入冥間，陰君曰：“汝無他過，今放還，與吾言於潞王，來年三月當帝天下。”言訖，引出，乃甦，欲白其事。左右以爲妖。月餘，又暴卒，陰君責之，何故不達吾教？徐曰：“放去，可速導吾言。”仍請畫吾形及地藏菩薩像。何退，見簿書雜亂，問之？使者曰：“此是朝代將變，升降去留，將來之官爵耳。”及再活，托以詞訟見王，密白之。王默，遣去。來春，果下詔攻岐陽，何知其必驗。至三月，而何之言毫髮不差。清泰即位，擢何天興令。固知冥數前定，人力豈得而遏之也哉！

（宋）佚名：《分門古今類事》卷二

天福元年秋，汴州衙前馮章請假，往宋州省親。十日既滿，過八日方參朱全忠，遣王鎰責之。章曰：“某八日前，忽暴死再活，初到冥司，見判官叱云，馮章未合死，有十五年祿命，可急放還。乃令紫衣吏一人，引入別城，城中有五大殿，第一題額曰：‘河東李克用’，某窗間窺之見黑龍一目。第二曰‘蜀城皇帝王氏’，窺見一白兔坐金床，女監十人立於右。第三曰‘岐陽節度李茂貞’，窺見短小一紫衣人，憑小玉几而坐。第四曰‘梁王朱氏’，窺見一小青窠，虎鐵繩縛住中，前有雞肉一盤。吏指曰：‘此朱溫也。’又曰：‘五殿英豪勇猛，惟朱溫不得善死。’第五小殿曰‘楚王楊氏’。吏曰：‘河東大王是獨眼龍，好富貴，子孫三世承之,歲在丁卯必死。蜀王但自守一隅,又奉三教八年,當即帝位。岐陽極有福壽而無後,楚王江湖得志,梁王滅於申酉。汝慎勿泄,只與王鎰言之。'"某乃出寢,其後一一如章言。梁祖平生嗜鷄,日凡再食,前有鷄肉之應也。由是知人之嗜好飲食皆有前定,況運兆興衰乎。

(宋)佚名:《分門古今類事》卷二

錢聲如牛。五代袁象先子正辭,積錢盈室,室中常有聲如牛,以爲妖,勸其散以禳之。正辭曰:"吾聞物之有聲者,求其類耳,宜益以錢。"聞者以爲笑。

(宋)佚名:《錦綉萬花谷》前集卷二四

天福甲子歲,豫章居人近市者,夜恒聞街中若數十人語聲,向市而去,就則無人,如是累夜。人皆惝恐,夜不能寐。頃之,詔盡誅閹官。豫章所殺凡五十餘,驅之向市,聚語詎歷如前所聞。

(宋)徐鉉:《稽神録》卷二

楊光遠之叛青州也,有孫中舍者,居圍城中。族人在州西別墅,城閉既久,内外隔絶,食且盡,舉族愁嘆。有畜犬,傍偟其側,若有憂思。中舍因囑曰:"爾能爲我至莊取米耶?"犬搖耳應之。至夜,置一布囊,並簡,繫犬背上,犬即由水竇出。至莊鳴吠,居者開門,識其犬,取簡視之,令負米還,投曉入城。如此數月,比城開,孫氏闔門數十口獨得不餒,孫氏愈愛畜之。後數年斃,葬於別墅之南,至其孫彭年,語龍圖趙公師民,刻石表其墓曰"靈犬志"。

(宋)江少虞:《宋朝事實類苑》卷六九

後蜀文淡生五歲,謂母曰:"有五色香囊在杏林中。"往取得之,乃淡前生五歲失足落井,今再生也。

(宋)祝穆:《古今事文類聚》後集卷五

偽蜀進士陳熙載，字季和，文學之外，書畫之尤者，皆閱而識之。郡中好事之家所寶藏者，多經其目，真偽無所逃焉。受均賊署配連州，歲餘，或有鄉人西來，因寓書云：“某在家日，於某處埋一鐵投壺瓶，實以銅錢，書若到家，可使令掘之。”既而書至，遂於所言處掘得一鐵投壺瓶，其中唯見一龜，才容壺腹之內，無能出之。翌日取看，即不見龜，但空壺而已。夫物之所化，史傳尤多，不可以智達也。

（宋）黃休復：《茅亭客話》卷七

偽蜀末，利州路有二客，負販雜貨，往葭萌市鬻之。山程巉嶮，竹樹荒涼，時雨初霽。日將暮，去市十五里餘，蘩林高樹，上有人云：“虎過溪來，行人回避。”二客惶忙，選得一樹高枝葉蔽人形處登之。逡巡，有二虎迭來攫躍，或作人聲曰：“人在樹上。”一虎曰：“我須上樹取之。”虎欲相及，二客悸栗，以拄杖撶之。虎叫曰：“刺著我眼”，遂下樹號呼而逸。至曙，行人稍集，遂下樹。赴葭萌市徵之所，有一婦報云：“任攔頭夜來醉歸，刺損雙眼，不來檢稅。”二客相顧私語，衆怪而問之，因說夜來以拄杖撶損虎眼，是斯人偽爲虎劫路耶？衆言此處近有二虎，且暴，四遠村莊犬彘駒犢，逮將食盡。市人遂相率持杖往攔頭家驗之。才及中路，遇一虎，虎畏人多，惶怖奔逃，越山哮吼而去。衆至任攔頭家，窺其籬隙之內，但見攔頭偊形而坐，兩目流血，呻吟不已。衆乃叱之，以杖擊笆籬，其攔頭驚忙跟蹌曳一尾突門而出，目無所見，撞落深坑，吼怒拏攫，爲衆人棒及大石斃之，遂舁入市。向先見之虎，即攔頭妻也。休復見史傳人化爲猿、爲魚、爲鱉、爲龜、爲蛇、爲虎之類甚多，不可以智詰之矣。

（宋）黃休復：《茅亭客話》卷八

楊太博，資州人也。年十六，廬父母墓三年，有神燈照墓，猛虎馴伏，有白兔之異。蜀相王公上聞，降敕褒獎，表其門閭。

（前蜀）杜光庭：《錄異記》卷三

偽吴楊行密初定揚州，遠方居人稀少，烟火不接，有康氏者，以傭貸爲業，僦一室于太平坊空宅中。康晨出未返，其夕妻生一子，方席藁，忽有一異人，赤面朱衣冠，據門而坐。妻驚怖久之，乃走如舍西，訇然有聲。康適歸，欲至家，而路左忽有錢五千，羊半腔，樽酒在焉。伺之久，無行人，因持之歸。妻亦告其所見。即往舍西尋之，乃一金人仆於草間，亦曳之歸。因烹羊飲酒，得以周給。自是出入獲富，日以富贍。而金人留爲家寶。所生子名曰平平，及長，遂爲富人。有李潯者，爲江都令，行縣至新寧鄉，見大宅即平平家也。其父老爲李言如此。

（宋）徐鉉：《稽神録》卷五

信州有板山，川谷深遠，采板之所，因以名之。州人熊廼嘗與其徒入山伐木。其弟從西追之，日暮，不及其兄。忽見甲士清道自東來，傳呼甚厲。廼弟恐懼，伏於草間。俄而旗幟戈甲絡繹而至，道旁亦有行人，其犯清道者，輒爲所戮。至軍中，有一人若大將者，西馳至，度其尚遠，乃敢起行。迨曉，方見其兄，具道所見，衆皆曰："非巡邏之所。而西去溪灘險絶，往無所詣，安得有此人？"即共尋之。可十餘里，隔溪猶見旌旗，紛若布圍畋獵之狀。其徒有勇者，遥叱之，忽無所見。就視之，人皆樹葉，馬皆大蟻，取而碎之，皆有血云。貯在庭中，以火燒之，少時蕩盡。衆口所哭，廼亦尋患足腫，粗於瓮，其酸不可忍，旬月而終。

（宋）徐鉉：《稽神録》卷四

廬州軍吏蔡彦卿爲拓皋鎮將。暑夜坐鎮門外納凉，忽見道南桑林中有白衣婦人獨舞，就視即滅。明夜，彦卿扶杖先往，伏於草間。久之，婦人復出而舞，即擊之，墜地，乃白金一餅。復掘地，獲銀數千兩，遂致富裕云。

（宋）徐鉉：《稽神録》卷五

王琪爲舒州刺史,有軍吏方某者,其家忽有鬼降,自言:“姓杜,年二十,廣陵富家子,居通津橋之西。前生因欠君錢十萬,今地府使我爲人,償君此債爾。”因爲人占候禍福,其言多中。方以家貧,告琪爲一鎮將。因問鬼:“吾所求可得否?”鬼曰:“諾。吾將問之。”良久乃至,曰:“必得之,其鎮名一字正方,他不能識矣。”既而得雙港鎮將,以爲其言無驗。未及之任,琪忽謂方曰:“適得軍牒,軍中令一人來爲雙港鎮將,吾今以爾爲晥口鎮。”竟如其言。比歲餘,鬼忽言曰:“吾還君債足。”告别而去,遂寂然。方後至廣陵,訪得杜氏,問其子弟。云:“吾第二子頃忽病,如癡人歲餘,今愈矣。”

(宋)徐鉉:《稽神録》卷三

光州檢日官蔣舜卿行山中,見一人方採林檎,以二枚與之食,因爾不飢。家人以爲得鬼食,不治將病,求醫甚切而不能愈。後聞壽春有人善醫,令往訪之。始行一日,宿一所村店,有老父問以所患,具告之。父曰:“吾能救之,無煩遠行也。”出藥方寸匕使服之,吐二林檎如新,父收之去。舜卿之食如常。既歸,他日訪之,店與老父俱不見矣。

(宋)徐鉉:《稽神録》“拾遺”

里中有峻嶺,號曰“王嶺”。相傳彭玕反於吉州,僭號稱王。南唐遣兵征之,彭玕數敗,遂退保於此以死守。余嘗登嶺,上可置數萬人,倉廩府庫皆有遺址。至有一所曰“相公坪”,足見玕之僭也。旁有山,視王嶺爲卑小,曰“張欽寨”,以爲南唐遣欽來討之,駐兵其上。玕有謀士曰劉守真,挾邪術,能呼風唤雨,故欽與戰輒不利。距嶺三十里,有山曰雲火峽,玕之先壠在焉。後守真死,欽復遣人發其先壠,棺上有小赤蛇,蛇兩旁有蟻運土爲弓劍形,已而玕敗。今循驛道而上,有“劉仙堠”,其旁有劉仙師壇,皆劉之遺迹。土人遇旱,禱於壇下,間亦雨應。

(宋)曾敏行:《獨醒雜志》卷四

　　鄭咸,太原人。當劉繼元拒命,咸家苦於兵,父子離散,咸仗一劍而奔。一日,渡水舟覆,同載者皆溺,聞空中有人指呼曰:"救中允。"既而咸得岸不死,然不知一舟中有不死者幾人,中允謂誰也。既抵温州定居,舉進士,後爲武寧幕,以太子中允致仕卒。始悟空中之言"中允"爲己也。事之前定真可知矣。

(宋)佚名:《分門古今類事》卷五

《五代十國文獻叢書》總目